著者简介

陈华彬，我国当代主要民法学家之一，中央财经大学教授、博士生导师、博士后合作导师，法学博士，教育部新世纪优秀人才支持计划入选者（2008年），最高人民法院案例指导工作专家委员会委员，中国保险法学研究会副会长。

物权法要义

陈 华 彬 著

THE ESSENCE

OF

REAL RIGHT LAW

陈华彬作品系列

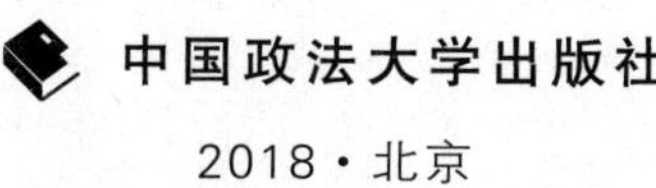

2018 · 北京

图书在版编目（CIP）数据

物权法要义/陈华彬著.—北京:中国政法大学出版社,2018.10
ISBN 978-7-5620-8688-8

Ⅰ.①物…　Ⅱ.①陈…　Ⅲ.①物权法—研究　Ⅳ.①D913.204

中国版本图书馆CIP数据核字(2018)第239166号

出 版 者　中国政法大学出版社

地　　址　北京市海淀区西土城路 25 号

邮寄地址　北京 100088 信箱 8034 分箱　邮编 100088

网　　址　http://www.cuplpress.com (网络实名：中国政法大学出版社)

电　　话　010-58908437(编辑室)　58908334(邮购部)

承　　印　北京中科印刷有限公司

开　　本　720mm×960mm　1/16

印　　张　43.25

字　　数　680 千字

版　　次　2018 年 10 月第 1 版

印　　次　2018 年 10 月第 1 次印刷

定　　价　160.00 元

序

这本书，上起古罗马、古日耳曼时代，下迄当今之世，其所论述的范围，是大陆法系主要国家的物权制度。

30年前我考上西南政法学院（现今的西南政法大学）民法研究生，从此走上民法学术之路。1991年考入中国社会科学院研究生院，攻读民法博士学位。1994年7月以后，留在中国社会科学院法学研究所民法研究室继续从事学术研究。从那时起，我将全部心力倾于物权法的研究上，倡言中国应有自己的物权法学说与理论，于1995年出版了《现代建筑物区分所有权制度研究》、1998年出版了《物权法原理》。往后，在参与《中华人民共和国物权法草案建议稿》（中国社会科学院）之起草的同时，也研习古罗马、古日耳曼时代及其以降的德国、日本、瑞士等大陆法系主要国家的物权制度，将研究所得汇编成书，是为本书。

对物的权利，即物权的起源和发达，恒较请求人为一定行为或不为一定行为的债权，为期更早。不过，在人类的开天辟地时代，是无所谓有对物的权利的。当此之时，鸿蒙未辟，宇宙洪荒，海洋在隆起，陆地在沉沦，风雪在飘摇，内海在荡漾，月桂树在摇曳，剑齿虎在咆哮，皑皑的冰河正以清洁的冰雪替人类洗刷这个原始的世界（蒯伯赞语）。往后，复经过一段深长的时期，人类在共同的生产生活中萌生了对无主物的排他的占有的观念。此对于无主物的排他的占有，直可以说是罗马法、日耳曼法以至近现代及当代民法的物权制度与物权观念的端绪。对于罗马法、日耳曼法以前的人之对于物的占有的情况，我在撰写本书时，原本想涉及之，仅因这方面的资料随着时代的悠迈而多已散佚且零零碎碎，深感文献之不足征，故把它放弃了。对它进行研究，是我多年的心愿，现在看来，这一心愿只有留待将来去实现了。

如所周知，近现代及当代意义的物权法及其系统的建立，是以1896年制定、公布的《德国民法典》设专编规定物权制度为其嚆矢的。在这以前，虽然《奥地利普通民法典》（1811年）已然规定了物权概念，但其涵义与《德国民法典》所指称的物权概念绝不可同日而语，等量齐观。《德国民法典》对物权法缜密而系统的规定肇开近现代及当代物权法的先河。《德国民法典》由此而成为后世各国家或地区物权立法的先声和母法。而《德国民法典》物权法，其制度史上的源流，自远处说源自于日耳曼法，从近处或从直接的方面说，则主要来源于普鲁士法中的物权法（尤其是它的不动产物权法）。也就是说，普鲁士物权法，乃是《德国民法典》物权法的母法。正因为如此，本书自一开始即研究日耳曼法的物权制度与物权观念，然后于有关章节中研究直接成为《德国民法典》不动产物权制度的立法蓝本和立法成例的普鲁士物权法，如1872年《普鲁士土地所有权取得法》中的不动产登记制度、所有人抵押权、登记的形式审查主义等。此点为本书的一个特色（一般的物权法著作很少涉及普鲁士物权法）。本书研究了《德国民法典》中的各项物权制度，涵括物权契约概念的肇源、确立与演进、不动产相邻关系、用益物权、债权担保权、德国不动产担保权由保全抵押权而流通抵押权的演进历程、不动产登记制度、所有人抵押权及占有制度等。作为对德国物权法研究的补充，本书的附录一和附录二附有"潘德克吞体系的肇源、确立与演进"及"19、20世纪的德国民法学说史"二文。通过此二文，我们可以于更加广阔的视野上纵览19世纪以降德国民法学的发展全貌。

瑞士是现当代大陆法系的一个重要国家，其民法系统属于德国民法支流。《瑞士民法典》作为20世纪潘德克吞法学的第二大法典，对各国家或地区民法典的制定产生了重要影响。该法典规定的不动产担保权制度颇具特色，故设专章研究。此外，作者还对《瑞士民法典》中的不动产相邻关系、不动产登记制度以及该法典是否承认有独立的物权行为等作了研究。同样，作为对瑞士物权法研究的补充，于附录三中附有"瑞士民法典的制定（统一）及其特色"一文。通过该文，我们可以更加全面地了解《瑞士民法典》与瑞士物权法的情况。

《日本民法》中的物权法主要是参考《法国民法典》的财产法而制定的，如物权变动采意思主义等，即是直接来源于法国民法。当然，它的某些物权制度也是本国传统的、固有法上的制度，譬如入会权、永小作权（永佃权）等。本书对日本物权制度的研究涵括：《日本民法》中的物权总则、用益物权、占有权、债权罹于消灭时效时担保物权的效力等。

罗马法时期虽然没有近现代及当代意义的物权概念，但存在各种物权学说，尤其是罗马法学家的法言。在民法学说史上，对于一方怀抱赠与的意思交付标的物，而对方却误为消费借贷受领标的物时，标的物的所有权是否移转，乌尔比安与尤里安形成了对立的意见：乌尔比安认为所有权不移转，而尤里安认为所有权移转。前者称为所有权移转的“有因性说”，后者称为“无因性说”。本书考量了19世纪德国普通法学（者）围绕所有权是否移转而对尤里安和乌尔比安的法言进行有因性解读或无因性解读的情况。

物权行为、物权契约、物权行为独立性及物权行为无因性此等概念，主要是20世纪90年代中期以降在我国民法学界流布开来的。这些概念皆源自于德国。在我国民法学界，一时间，曾有学者积极主张立法上采用这些概念和制度，但我国2007年通过的《物权法》从中国的实际出发，科学地拒绝了这一主张。但是，作为科学的民法学，无论出于纯粹的学术兴趣，抑或本着追根溯源的旨趣，对德国民法上的这些概念和制度进行研究始终是必要的、不可或缺的，这也是一个科学工作者应有的责任。尤其是为了使我国民法学界了解这些概念和制度的真实情况，我们更有必要对这些概念和制度进行翔实和科学的研究。为此，本书分设三章对德国民法上的此等概念和制度进行研究，即第三章“19世纪德国普通法学围绕所有权移转对尤里安与乌尔比安法言的解读”、第四章“物权契约概念的肇源、确立与演变脉络”及第五章“罗马法的交付、问答契约与私法上无因性概念的确立”。并且，在本书的附录四中附有“论基于法律行为的物权变动——物权行为与无因性理论研究”一文。该文发表于《民商法论丛》第6卷（1997年4月），时值德国民法的前述概念传播到我国，并有人士极力主张在我国民法上采取这些概念和制度。21年过去了，此文依据的材料与表述的观点丝毫未过时，反而在今天更加证实了其正确，其有力，其科学！

大陆法系各国的物权法，尤其是德国和瑞士的物权法，其源流、传统纷繁复杂，盘根错节，加之有封建的因素掺杂其间（主要指德国物权法），所以它尽管逻辑严谨、概念精确、规定细密，但相应地也就有复杂烦冗、一般人难懂的缺点。另外，一个国家的法律制度总带有各自民族的特色，德国、瑞士物权法中有许多规定是该国传统的东西，如土地债务、定期土地债务、指名证券土地债务、土地的产物负担（“物上负担”）、地租证券、抵押债务证券、土地抵押证券（登记担保权）等，我们很不熟悉，有时甚至难以理解，而且这些制度也涉及物权法以外的其他法域，如债法、证券法、票据法等，这就更增添了我们对它们理解的困难。这是研究德国、瑞士这些国家的物权法时不可避免的。

本书是我从事民法学术研究以来撰写的一部主要以域外物权法为研究对象的著作。本书中的德语法律术语、拉丁文法律术语、德国学者的德语人名、德国学者的德文著述的名称，大多出自于各章节所参考、依据的日本学者的著述。但愿我的这部著作能为民法学者、法律史学者、教员、法科学生等研究物权法、讲授物权法、学习物权法提供参考和助益！

以上所述，是为序！

陈华彬

二〇一八年十月十八日

目 录
CONTENTS

第一章

德国物权法的肇源、发展脉络与基本状况

第一节 日耳曼法中的物权制度与物权观念（公元5世纪至9世纪）[1]

一、日耳曼法概要

按照当代西洋历史学，[2]德国的历史最早可以追溯到日耳曼时代。[3]研习1896年《德国民法典》制定以前的德国物权制度与物权观念，需从日耳曼时代的日耳曼法开始。

日耳曼法是公元5世纪至9世纪以马尔克为主要制度的西欧早期封建制时期

---

1 关于德国法制史的时代区分，日本学者栗生武夫于《中世纪私法史》（1932年），西本颖于《西洋法制史讲义》里写到：中世纪前期（5世纪至9世纪）为“部族法时代”，中期（10世纪至12世纪）为“封建法时代”，后期（13世纪至15世纪）为“都市法时代”。

2 把世界历史界分为西洋史与东洋史，为日本史学界的做法。与此不同，我国史学界大抵不作如是的分隔，而是笼统地谓为“世界史”。本书作者认为，西方各民族与东方各民族于历史的起源、风俗习惯、文化传统、民族精神乃至礼仪人情等方面皆有差异，故将世界史大别为西洋史与东洋史来研究，仍有其合理性、科学性乃至妥当性。

3 德意志民族与古代日耳曼人有着历史渊源。于3000年前，古代日耳曼人即已定居在波罗的海（Ostsee）沿岸及一些岛屿上，公元前500年开始南迁。后来，一些日耳曼人部落留在易北河（Elbe）以东地区，另一些日耳曼人部落继续向西或向南迁移，直到公元前半世纪，大部分日耳曼人部落才定居于莱茵河（Rhein）以东、多瑙河（Donau）以北和北海（Nordsee）之间的广大地区，这一地区称为“日耳曼尼亚”（Germanien）。自公元3世纪左右开始，日耳曼人部落开始结成部落联盟，其中较大的部落联盟有法兰克人（Franken）、盎格鲁-撒克逊人（Angelsachsen）、苏维汇人（Sueben/sweben）、伦巴第人（Lombardei）、东哥特人（Goten）、西哥特人等。对此，请参见吴友法：《德国现当代史》，武汉大学出版社2007年版，第2—3页。

适用于日耳曼人的法律的总称。其为日耳曼各部族在侵入西罗马帝国，建立“蛮族国家”[1]的过程中，于罗马法和基督教会法[2]的影响下，由原有的氏族部落习惯逐渐发展而成的。其范围，自空间来看，凡属日耳曼人（Germane）所建立的国家的法律皆涵括在内，故此，斯堪的纳维亚人的法律，以及于不列颠岛建国的盎格鲁-撒克逊人、裘特人的法律也属于日耳曼法的范畴。[3]

恩格斯曾谓：日耳曼的法律，即古代的马尔克法律、马尔克制度，是整个德意志法的基础。马尔克是376年民族大迁徙前后，日耳曼人按地域关系组成的农村公社组织，代替了原来以血缘为基础的氏族公社。按照恩格斯的思想，学者指出，日耳曼人于侵入罗马以前尚未曾形成马尔克制度，故此也就不存在以此种制度为基础的日耳曼法。[4]于民族大迁徙之前，日耳曼人的社会制度基本上尚处于前国家阶段，氏族的原则虽然遭到了一定程度的破坏，但其主体还基本被保留着，对土地仍然实行由部落加以分配的原则。[5]此一时期，除口耳相传的习惯外，日耳曼人并无其他法规。

自376年至568年，日耳曼各部落联盟（西哥特、苏维汇、汪达尔、勃艮第、法兰克、盎格鲁-撒克逊、伦巴德等），大举侵入西罗马帝国，进行民族大迁徙。对罗马的征服，使日耳曼人的社会制度发生了戏剧性的变化。正在瓦解过程中的

1　古代罗马人将居住在其国家东北方的外来部族称为“蛮族”，这些外来部族中人数最多的是日耳曼人、克尔特人与斯拉夫人。故此，历史学家把日耳曼诸部族侵入西罗马帝国以后相继建立的各“王国”，称为“蛮族国家”。

2　与世俗法迥然不同，教会法（ius canonici/canon law）是中世纪西欧罗马法和英国普通法之外的另一主要的法律体系。在16世纪宗教改革之前，教会法是通行于全西欧教会的法律。在此之后，罗马天主教会依然保留源远流长的教会法传统，并加以改革和发展。“教会法”一语包含了源自希腊文的特殊词语（canon），该词的本义是工匠所用的规尺，引申义为规矩和规范。在教会史上，这一词语有多种用法，可以指正式认可的《圣经》卷册，或指某一主教教堂所属教士的名单，其动词化的用法（canonization）则指封神。该词语也被用来指称基督徒应该遵循的符合信仰的宗教和道德生活方式，所以信徒们也以此称呼宗教会议通过的有关法令，后来就有“教会法”这一专门的术语。对此，请参见彭小瑜：《教会法研究》，商务印书馆2003年版，第11—12页。

3　由嵘：“日耳曼法及其在西欧法律史上的地位”，载陈守一等著：《法学论文集》，北京大学出版社1984年版，第155页。

4　由嵘：“日耳曼法及其在西欧法律史上的地位”，载陈守一等著：《法学论文集》，北京大学出版社1984年版，第156页。

5　叶秋华：“论日耳曼人国家的形成和法兰克王国的法律”，载《法学家》1999年第6期，第55页。

氏族制度彻底地崩溃了，氏族机关为国家机关所替代，氏族转化为国家，这即是最初的日耳曼王国。国家产生后，日耳曼人的习惯也发生了变化，转变为法律，[1]此即日耳曼法。

日耳曼法时期，是欧洲法律史上制定成文法较多的时期。自5世纪末期开始（主要是在6世纪），多数日耳曼王国以各部族的习惯为基础，纷纷效仿罗马人将文明的成果记录于法典而编纂成文法典，即所谓“蛮族法典”。这类法典主要有5世纪末、6世纪初西哥特国王尤列克（Euric）颁布的法典，法兰克王国的萨里克法典（Lex Salica）、拜罗布里亚法典（Lex Baiuwariorum）、里普利安法典，东哥特王国的狄奥多理法典（Edict of Theodoric），勃艮第国王耿多巴德（Gundobad）颁布的法典，7世纪伦巴德王国的法典（Edict of Lombards），等等。[2]于不列颠，由盎格鲁-撒克逊建立的诸王国与后来统一的英吉利王国，也颁布了类似的法典，譬如7世纪初肯特王国的埃塞伯特法典，7世纪末西撒克斯王国的伊尼法典及9世纪末期英吉利王国的阿尔弗烈德法典等。斯堪的纳维亚的北欧各国编纂成文法典稍晚，13世纪时，地方习惯方开始编成法典，主要的一部是1241年的裘特法典。[3]

以上各法典中，最为有名的，是法兰克王国的萨里克法典。该法典是日耳曼法中最具代表性的法律文献。由于该法典几乎是对法兰克人的习惯法的原原本本的记述，[4]故而透过这部法典，可以明了日耳曼法物权制度与物权观念的基本概况。

日耳曼法中并无像罗马法那样的完整的财产制度，且无抽象的所有权主体与客体的概念。于日耳曼法中，所有权的主体与客体是具体的，主体的身份地位不同，享有所有权的特性（性质）与范围也就不同；客体不同，所有权的效力与保护方法也有差别。所有权的客体主要有不动产与动产，此种分类无疑系受罗马法

---

1 由嵘：“日耳曼法及其在西欧法律史上的地位”，载陈守一等著：《法学论文集》，北京大学出版社1984年版，第158页。

2 由嵘：“日耳曼法及其在西欧法律史上的地位”，载陈守一等著：《法学论文集》，北京大学出版社1984年版，第159页。

3 林榕年编著：《外国法制史》，中国人民大学出版社1999年版，第94页。

4 ［日］山田晟：《德国法概论》，有斐阁1987年版，第3—4页。

影响的结果。[1]以下先考量日耳曼法的土地制度，尤其是土地的总有权制度。

二、古日耳曼的土地制度概要[2]

古日耳曼的土地制度，素来为一项重要的研究课题。[3]研究此课题的基本材料，如所周知，乃系古罗马凯撒的《高卢战记》（Caesar de Bello Gallico）与塔西佗的《日耳曼尼亚志》（Tacitus，Germania）。以下根据此两部书的记述，分别考疏凯撒与塔西佗时代日耳曼土地制度的状况。

（一）凯撒时代的日耳曼土地制度

凯撒于《高卢战记》第四卷、第六卷中，对当时日耳曼人的生活状况有如下描述：日耳曼人“不大吃粮食，生活的大部分都依靠乳类和家畜，特别着重打猎”。“他们的全部生活，只有狩猎与战争”。[4]据此可以推断，当此之时，日耳曼人的生活，是以狩猎和战争为主。盖狩猎民族，原则上即为战争民族。对于当时

---

1 李宜琛：《日耳曼法概说》，商务印书馆 1943 年版，第 35—36 页。转引自林榕年编著：《外国法制史》，中国人民大学出版社 1999 年版，第 96 页。

2 以下依据与参考的文献，是日本学者石田文次郎著《土地总有权史论》（岩波书店 1936 年 9 月 5 日第 2 刷发行）的第 1 章。该书为一部研究古代日耳曼民族的固有土地制度——土地总有权制度——的重要著作，于日本有重要影响。需说明的是，石田教授的此一著作于我国台湾地区有部分译本（印斗如译，地政研究所、台湾土地银行研究室印行，1949 年版），本书作者于撰写本部分时参考了该“部分译本”，于此谨向印先生致谢。

3 8 世纪末至 9 世纪初兴起的法兰克王国，曾实行过土地的支配制度，乃为历史上确定的事实。惟法兰克时代之前的日耳曼，即此处所谓的古代日耳曼的土地制度，是否经历过一般的土地私有制与豪族的土地支配制，尔后演进为法兰克时代的封建的土地支配制，或古代日耳曼即根本上未存在过土地私有制，土地皆属于血族团体所有，村落内部实行农业共产制，耕地按年轮流耕作，经过一定时期后则停止轮流分配耕作，而成为私有权，抑或土地所有权集中于豪门权贵之手，之后方形成法兰克时代的封建土地支配制？要言之，法兰克时代的土地制度，是否为古代日耳曼土地支配制度的当然发展，抑或为古代日耳曼土地总有制度崩溃的结果，等等，乃为 19 世纪后半期学术界讨论的中心问题。主张古代日耳曼社会曾实行土地私有制或土地支配制的重要学者，有克纳普（Knapp）、富克斯（Fuchs）、维蒂希（Wittich）、希尔德布兰德（Hildebrand）以及多普施（Dopsch）；而主张当时的土地制度系土地共有制抑或农业共产制的重要学者，有汉森（Hanssen）、西贝尔（Sybel）、罗舍尔（Roscher）、毛雷尔（Maurer）、吉尔克（Gierke）、拉弗斯勒（Laveleye）、迈岑（Meitzen）、马克斯·韦伯（Max Weber）、布伦纳（Brunner）以及施罗德·孔斯贝格（Schröder Künssberg）等。此项争论，迄无定论。惟多数学者认为，古代日耳曼是实行土地共有制或农业共产制的。对此，请参见［日］石田文次郎：《土地总有权史论》，岩波书店 1936 年第 2 刷发行，第 1—3 页。

4 ［古罗马］凯撒：《高卢战记》，任炳湘译，商务印书馆 1979 年版，第 79、142 页。

日耳曼人的农业情况，《高卢战记》第六卷谓："他们对农耕不怎样热心，他们的食物中间，绝大部分是乳、酪和肉类，也没有一个私人拥有数量明确、疆界分明的土地，官员和首领们每年都把他们认为大小适当、地点适宜的田地，分配给集居一起的氏族和亲属，一年以后，他们又被强迫迁到别处去。"[1]

根据以上记述，可知当时的土地，是每年由官员与首领们分给各血族团体及亲属，且每年调换，不作永久利用。此说明当时的土地主要是草地，当时的经济是比较有规律的统一管制的"草地经济"（Feldgrass wirtschaft）。易言之，于此之时，日耳曼民族的经济生活，是以畜牧为主，农业屈居于次要的地位。[2]

既然当时日耳曼民族的经济生活系以畜牧为主，而属于草地经济，则人民对于土地，自然也不存在永续的关系。上引《高卢战记》第六卷就此写道：土地按年分给血族团体，且每年轮流调换占有。此外，该书第二卷尚有"随土地的丰穰而择居"的记述。由此也可推断，当时的血族团体，是在官员和首领的指挥下，轮流调换对土地的占有，并每年迁移其居所。[3]此等情况表明，此一时期的日耳曼民族，处于非定居的生活状态。

对土地的占有既然按年调换，则居住地也必然会随时迁移，进而也就自然不发生对土地的私的占有关系。此点可由《高卢战记》第四卷"他们没有私有的、划开的土地，也不容许停留在一个地方居住一年以上"的记载，得到证明。[4]

于凯撒时代，日耳曼民族的社会的结合，乃是以身份的、血缘的关系为纽带。当时的Civitas族，是由共同祖先所结合的人类团体。于此种团体中，复分成许多pagi，而pagi乃由更小的Sippe血族团体结合而成。此时，日耳曼民族的社

---

1 ［古罗马］凯撒：《高卢战记》，任炳湘译，商务印书馆1979年版，第143页。

2 值得提及的是，在此一时期的日耳曼社会，所谓"财产"，仅指家畜、乳牛与货币。近现代德语的"财产"（Vermogen）概念，即由"家畜"（Herdenvieh）一语演变而来。

3 持相反见解者，有多普施等，认为当时的日耳曼民族并无战争，也不是过移动不居的生活，而是过平静且有定居的生活。此见解与凯撒的《高卢战记》的记述有出入。

4 《高卢战记》（商务印书馆1979年版）谓：当人类尚未于土地上居有定所时，人与人之间的社会的结合关系，系血缘与身份关系。至于人与人之间发生经济的与物的结合，即人类结合的要素，由身份进到经济，则需要以人类定居于土地之上为前提。文化的进步，也以此为前提。至于基于利害与共的人的自由意志，使土地变为资本，人与人之间形成纯粹的资本的结合，则只有在文化臻于高度的发展阶段后，方有其可能，故此仅为近代的现象。

会组织与军队组织一致，军队的组成以血族团体为基础。Civitas 的军队制度，是分为千人组（Tausendschaft）。千人组即 pagi 。此千人组，乃由百人组（Hundertschaft）编制而成。百人组相当于 Sippe 。此一时期，为开垦土地或畜牧而按年分配土地，即是根据该种组织而实施的。

《高卢战记》第六卷谓：只在战时设立最高行政机关，平时则由大部落的酋长，掌管法律与警察事务。可见，当此之时，集体居住的血族团体所受领的土地，是共同占有、共同开垦的。由于对土地的占有系按年轮换，故血族团体也需按年随土地而集体迁移其居所，于新分得的土地上，复作集体居住，并为共同占有、共同开垦。

于共同占有、共同开垦土地的情况下，血族团体内部的经济组织是什么？也就是说，于血族团体内，是实行“个别经济”抑或“共产经济”？是共同利用土地、平均分配共同的收获物，抑或各人单独利用、单独收益？对此，《高卢战记》未有明确的记载。但该书第六卷推断：当时日耳曼民族的社会状态与当时高卢人实行的土地支配制度，是和有阶级的组织完全不同的。且当时的日耳曼民族，因未于土地上过定居的生活，故对土地的私有关系自然也不存在。概言之，当时的土地，是在共同占有的血族团体内共同利用、共同收益，且实行共同的经济制度。

血族团体，应对何处的土地，于如何的范围内占有、开垦、利用与收益，需听从大部落行政机关与族长的指挥和安排。集体居住的特定血族团体，对分得的土地有利用权。大部落的行政机关和族长，对自己先占的地域有管理、处分权，特定的血族团体有利用权。此大部落与族长的管理、处分权，与血族团体的利用权，乃为正相对立。此一对立，系近现代及当代公法权力与私法权利的对立的滥觞、肇源。大部落的管理、处分权力，属于公法的权力；血族团体的利用权利，则属于私法的权利。前者系之后国家与地方自治团体的政治公权的端绪，后者则为私法的团体与个人土地所有权的胚胎。[1]

1　以上参见［日］石田文次郎：《土地总有权史论》，岩波书店 1936 年第 2 刷发行，第 1—13 页。

（二）塔西佗时代的日耳曼土地制度

凯撒时代，约于公元前 50 年，塔西佗时代则在其后 150 年，即大约于公元 100 年。塔西佗时代日耳曼民族仍然以狩猎和战争为其主要活动。当时的经济生活与凯撒时代相同，即以畜牧为主。《日耳曼尼亚志》载："他们的饮料是用大麦和其他谷类酿造的，发酵以后，和酒颇为相似。河岸近旁的部落也购买酒。他们的饮食非常简单，就是一些野果、野味和乳酪。"[1]可见，家畜仍然是当时的主要财产，畜牧仍为经济生活的中心。又依《日耳曼尼亚志》的记述，当时的日耳曼民族，已然进入农业状态，惟耕作方法简陋，谷物仅以夏季播种的小麦为限。且家务、畜牧与农耕之事，概由妇女、老幼和家族中的弱者担任。

塔西佗于《日耳曼尼亚志》中又谓："他们有固定的住所"，"他们建立起村落，但非如罗马人村落的集族而居"。此表明当时的日耳曼民族已于土地上居有定处。[2]对于当时的农业状况，《日耳曼尼亚志》载："土地是由公社（村落）共有的，公社（村落）土地的多少，以耕者口数为准；公社（村落）之内，再按贵贱分给各人。土地的广阔平坦，使他们易于分配。他们每年都耕种新地，但他们的土地还是绰有余裕；因为他们并不致力于种植果园、圈划草场和灌溉菜圃，并不用这些方法来榨取土地的肥沃资源。他们所求于土地者，唯有谷物一种。"[3]由这段记述可以明了，塔西佗时代的日耳曼土地，只有耕作土地与未耕作土地之分别，而无土地、牧场和森林的界分。

（三）小结

由以上分析，我们看到，凯撒时代的日耳曼民族，无论何人，皆无固定、确定的土地所有权。血族团体仅能对分得的土地为一年的占有、使用、开垦。此时，日耳曼民族尚未于土地上定居，盖其为游牧民族，故对土地也不感到有何价

1　［古罗马］塔西佗：《阿古利可拉传　日耳曼尼亚志》，马雍、傅正元译，商务印书馆 1959 年版，第 66 页。

2　近现代及当代多数学者认为，塔西佗时代的日耳曼民族已居有定所，惟少数学者如希尔德布兰德（Hildebrand）坚持认为"并无固定的住居"。

3　［古罗马］塔西佗：《阿古利可拉传　日耳曼尼亚志》，马雍、傅正元译，商务印书馆 1959 年版，第 68 页。

值。进而可以推断，此一时期的日耳曼人也无土地所有的观念。[1]当此之时，日耳曼民族惟一的财产便是家畜。虽对动产的家畜有所有的观念，但对于土地，则认为系神为众人的福利而创造，不应由单个的人独占，而宜平等分配。[2]

时至塔西佗时代，凯撒时代的游牧民族团体开始集体定居于土地之上，而构成村落。村落将适于耕作的土地，分割成一定的面积（等份），平等地分配给各村住民，并实行按年轮流调换的耕作。由于定居，住民把房屋围以墙垣，以区别村地和宅地。对于宅地，住民有专属的、排他的支配权，由其私有，但对分配所得的耕地，则仅有利用的权利。[3]于耕地轮流调换的耕作期间，土地属于村民全体总有，村落作为全体住民的代表，对土地有管理、处分的权利。之后，耕地的轮流调换期间逐渐延长，最后竟延至同一耕地可以利用 10 年以上，并认可耕地利用权得为继承的标的。约 15 世纪时，耕地已然成为私有财产权的客体，至于牧场、森林等，则由村民全体总有，与对耕地的私有形成对立。[4]

三、土地总有权制度

日耳曼民族原非单独的各自居有定所，远自游牧时代，便结合成血族团体的形态，而集体定住于土地之上。此种血族所定住的原始村落，名为马尔克（Mark）。起初，Mark、Marka、Maracha、Marca、Marcu 等，皆为“境界”之意，其后转化为“境界内的地域”的含义。因在 Mark 上有人民居住，故由 Marka 生出 filva 的名称，再由 filva 演绎成 villa 。村地马尔克中，有分割土地［即耕地（Feldmark）］

1　对于此点，何勤华主编的《德国法律发达史》（法律出版社 2000 年版）第 3 页也明确地提及了：于凯撒时代，日耳曼人处在氏族社会阶段，他们过着半游牧的生活，从事畜牧和狩猎，……土地尚未成为私有财产。氏族长老每年把必需的土地分配给氏族与居住在一起的亲属集团，过一年便迁移他地。故此，日耳曼人的土地为氏族的公有财产。

2　狩猎民族对物并无占有观念，只有为一时的享益而占有的事实，从而自无所谓继承问题。畜牧民族对物有占有观念，对物的占有感到欢欣。而当他们发现对动产的占有有利益时，动产的继承问题也就发生了。以“狩猎之民掠夺，畜牧之民盗窃”的格言来形容二者对物的占有观念的不同，可谓至当。对此，请参见［日］石田文次郎：《土地总有权史论》，岩波书店 1936 年第 2 刷发行，第 39 页注释 1。

3　因当时实行轮流调换的耕作，故住民对分配所得的土地自无所有权。

4　［日］石田文次郎：《土地总有权史论》，岩波书店 1936 年第 2 刷发行，第 13 页以下。

与未分割地［即总有地（gemeine Mark）］的区别。总有地，又名 offene Mark 、Marchia communio。[1]村落住民对此总有地的权利即是总有权。[2]总有权是村民全体对总有地的支配权，其性质或特性为所有权。

土地总有权，据考证，早在日耳曼民族开始团体的定居生活时即已有其踪迹。日耳曼民族于过定居的生活以前，已依血统关系结成团体，此种团体定居于土地上而构成村落。村落为了共同的农业经营而占有必要的土地。村落占有的土地，为住民全体的共有财产。村落的住民基于住民的资格，对总有地有使用、收益之权，而无管理、处分的权利，其支配权属于村落共同体。村落共同体对总有地的支配权与村落住民对土地的经济权并非对立的关系，而为交互作用、彼此叠合的协力关系，各村落住民于取得村落住民的资格时，即取得对土地的使用、收益的经济权，于丧失村落住民的资格时，也就当然丧失之。易言之，村落住民对土地的经济权具有同村民的资格不可分离的特性。村落住民对总有地无应有部分，同时也无权请求分割，进而村落乃恒为土地总有团体。村落共同体，为了住民的平等、全体住民的幸福乃至安宁，得对总有地的利用订立各种规则，并由村落机关付诸实施。

四、日耳曼法的占有（Gewere）

（一）占有（Gewere）的涵义与特性

关于 Gewere 的涵义，有如下两种不同的理解。

其一，认为 Gewere 与 Were、Wehr、Gewehr、Varjan、Prohibere 为同义语，一如 Wergeld、Wehrhaftigkeit、Notwer、Landwehr、Schutz-wehr，皆有“保护”“防御和保护”之意。防御与保护，可进一步分为“事实的防御与保护”和“法律的防御与保护”。Gewere，是对物进行法律的保护，即对法律所保护的物进行支配。故对于物存在 Gewere 时，便享有对于该物得请求裁判上的保护的权利。

其二，认为 Gewere、Gewer、Were、Giweri、Giwerida 来自于动词 wern、

---

1 ［日］石田文次郎：《土地总有权史论》，岩波书店 1936 年第 2 刷发行，第 48 页。

2 土地总有（Gesamteigentum），实际上是多数人所结合的一种共同体的土地所有制度，也就是所谓“实在的综合人”（Gesamtperson）的土地所有。

vasjan、werjan、Verjan 。此等动词有“穿衣”（einkleiden）之意，从而 Gewere 的意义即为“穿衣”。而所谓“穿衣”，原本表示物的实际取得的意义，有以事实上的力取得物的意蕴。往昔拉丁语，指称 Gewere 为 vestire、investire，意指以合法的手段取得对土地的支配。[1]

于日耳曼法上，占有乃是对于物的事实的支配状态，为物权形式上的征象，于动产为持有，于不动产为用益。Gewere 系日耳曼物权法的基础，该法上的物权，皆需依此 Gewere 以为表现。换言之，凡依此形式以表现者，皆作为物权而对待或处理。Gewere，虽称为占有，但终究为物权（本权）的表现形式，并非与本权相对立。此点与罗马法上的占有（Possessio）不同。盖罗马法上的占有，系与本权相对立，亦即与本权有本旨的不同，占有本身即具有独立的效力，得独立为诉讼的标的。惟日耳曼法的占有，乃因本权而有效力，其保护即为对本权的保护。换言之，一切物权关系的处理，皆需透过占有行之。[2]

（二）占有（Gewere）的种类

1. 事实上的占有

日耳曼的土地关系与经济有密切的粘连。因村落系以农业为主，而以自然经济为基础，故占有（Gewere）的要素也在于利用，尤其在于收藏物的取得。凡有土地的利用的事实的，不问其有无利用的权利，皆为具有占有的人。此种直接利用的占有，称为 Leibliche Gewere；不考虑利用权限的事实上的占有，谓为 gemene、blote、hebbende、Gewer；有利用权限的事实上的占有，谓为 eigenliche Gewere 。又，将自己的土地出租给他人，或作为采邑地（Lehn），分配给臣属（Vasallen），而按年征收一定佃租或其他赋税的出租人以及领主等，也为有事实上的占有。于是，于同一土地上，可同时成立两个占有。

2. 想象上的占有（Gewere）

除事实上的占有外，尚有与事实上的物的支配无任何关联的、成立于土地上的占有，是为想象上的占有。此想象上的占有，究竟是否存在，最初为一有名的争论问题。对其否定的人，为 Heusler 。然于该氏的后期著作改变过往立场

1 ［日］石田文次郎：《土地总有权史论》，岩波书店 1936 年第 2 刷发行，第 131—133 页。

2 郑玉波著，黄宗乐修订：《民法物权》，三民书局 2007 年版，第 437—438 页。

后，想象上的占有的确实存在，便未见异论。以下对想象上的占有的各种情形予以考量。

(1) 转让行为的情形。在古代日耳曼，一切法律行为，皆依形式的行为与公开表示的行为而完成。一切法律行为，皆是在可闻、可见的状态下进行的。土地的转让，最初为给予对土地的事实上的支配的单一行为（investitur），其形式为转让人自将转让的土地上取来少许土块或草茎，以之为象征标的物而放置于受让人的膝上。此种转让行为，日后演变为转让人授予受让人支配土地的权利的转让契约（Sala、donatio）和交付的行为（traditio、investitur）。所谓Sala、Sake、salung、Sellan，乃转让人和受让人于村会议，抑或领主裁判所或市公会，于一定人数的证人面前，交换规定的仪式的辞令。此为对土地的转让，直接而公开地表示当事人之间的意思的合致行为。traditio，乃以土块、手套或帽子，作转让的标的物——土地——的象征，仪式地放在受让人的膝上或手中的行为。转让人仪式地放弃自己的支配，称为抛弃（resignatio）、交割（evacuatio）或转让（Auflassung）。转让行为，以仪式的表示意思与仪式的交付象征物为要件。即使受让人对土地不为事实上的支配，但因转让行为的完成，其对作为标的物的土地也取得占有。

(2) 继承行为的情形。继承人因被继承人的死亡，无需事实上占有继承财产，于继承开始的瞬间，即立刻且当然地取得继承财产的占有。法兰克时代有所谓“死者的财产于死后立即归属继承人”或“死人抓着活人不放”（Le mort saisit Le vif）的法谚，说的正是继承人自继承开始时起，即取得继承财产的占有。

(3) 侵夺行为的情形。土地的支配遭受不法的侵夺，土地仍由被侵夺者占有时，被侵夺者得依自己对土地的占有，而对侵夺者提起物权的诉讼。此种被侵夺者的占有，可谓为与土地的事实上的支配无关涉的想象上的占有。

可见，想象上的占有，也同样表示有物权的存在，即事实上的占有，使人念及占有，而想象上的占有则使人念及所有权。惟想象上的占有的效力，并非绝对的，而仅为相对的，即转让时，受让人取得的想象上的占有仅对转让人发生效力，而不能对抗主张较自己的占有为强的第三人。再者，于继承的情形，在继承开始前，第三人由被继承人取得的占有，则得对抗继承人的想象上的占有。于侵夺行为的情形，被侵夺者的想象上的占有，仅于一定期间内有其效力。此种想象上的占有的相对效力，若在一定期间内得以和平、稳定地保持，即便对侵夺者也有绝对的效力。

3. 加重的占有

想象上的占有，仅有相对的效力。于转让行为的情形，受让人的占有，仅对转让人有其效力；继承人的占有，不能对抗顺位在先的继承人的占有及其他旧的占有。于侵夺行为的情形，被侵夺人的占有，也仅在一定期间内有其效力。此种想象上的占有的相对效力，若在一定期间内无其他外力攻击，且为和平、稳定、公开、继续地保持时，即有绝对的效力。受让人、继承人的占有，得对抗任何人。被侵夺人对侵夺人不得请求回复占有，乃表示侵夺者的占有瑕疵的消失。此种未受任何人攻击，及对任何人皆可主张效力的想象上的占有，即为加重的占有。加重的占有，系想象上的占有的效力的加强。

加重的占有，最初系依裁判的转让行为而获得承认。根据裁判的转让行为完成后，审判官向民众宣告，如有疑义，即刻提出，否则丧失提出的权利，如此催告三次。其因事变或其他急迫情事而不能到场的，得于一定期间内，补行提出异议。进而1年加1日（Jahr und Tag）的期间经过后，受让人的占有乃演变为具有不受任何人攻击的绝对效力的占有。故而，加重的占有也得适用于想象上的占有发生于继承与侵夺行为的情形。

（三）占有的效力

于德国的古代时期与中世纪时期，物权皆以占有（Gewere）表示，一切物权皆以Gewere的“外衣”而获表现。此Gewere的效力，约可从五个方面加以考量。

1. 防御的效力

一切物权，只有采取Gewere的形式方可受到法律的保护。占有（Gewere）状态存在中，不问有无权利的存在，皆受保护，非经判决不能取消或推翻。[1]保有占有（Gewere）者，于证据法上常占据有利地位。以自己和另外六个人的宣誓，便

1 郑玉波著，黄宗乐修订：《民法物权》，三民书局2007年版，第438页。

可证明存在于占有中的物权。于成为加重的占有时，根据主张者一人的宣誓，即可证明自己的权利。本来，德国中世纪的诉讼手续，因原告需要充分证明自己保有权利，故处于被告地位的人，于作证上非常有利。有占有者，通常立于被告的地位。原告需要充分证明有足以突破被告的占有的强有力的权利。诉讼时，法院常依占有而为审判。旧的占有胜于新的占有，强的占有胜于旧的占有，相同强度的占有则依事实上的占有而决之。德国中世纪时期，诉讼事实问题的解决，同时也为法律问题的解决，故占有乃为判决的基础；占有的保护，非只关涉物的事实的支配的保护，且也关乎实质的权利本身。

2. 攻击的效力

此即权利实现的效力，权利为 Gewere（占有）所表现的支配权的实现，当其实现受到妨害时，得排除之。

3. 公示的效力

古代日耳曼与中世纪时期，凡物遭受侵夺时，被侵夺者立即“叫喊”(Gerufe)。于是，谁的物被侵夺，便为人所周知，进而也就成了丧失占有的公示方法。据此占有的丧失的公开表示（公示），被侵夺人即可不问第三取得人为善意抑或恶意，而直接主张自己的旧的占有。然如侵夺人或第三取得人于一年之内未被请求返还，且为和平、稳定地继续其占有的，则演绎为加重的占有，而具排他的效力。

4. 权利推定的效力

占有的保护，常涉及实质上的权利的保护。占有，因可依公示的效力而破坏实质的权利，故占有并非物权本身，而系物权的表面的事实征象。凡有占有者，于其占有被破坏前，对任何人皆可主张其所表现的物权。故占有实具有推定一般的实质权利存在的效力。[1]

5. 移转的效力

此即物权移转的效力。即 Gewere 犹如现今的 Besitz（占有），也用于与物的支配所结合的权利的意义。基此意义，占有得为移转及继承的标的，物的处分常

---

1 ［日］石田文次郎：《土地总有权史论》，岩波书店 1936 年第 2 刷发行，第 148—154 页。

就占有而行之，因占有的取得、丧失而定物权的取得、丧失，无占有的移转也就无物权移转的可能。至于继承，于被继承人占有的范围内，继承人得因继承而取得占有。[1]

五、日耳曼法的所有权观念

日耳曼法的物权，非如罗马法的物权乃由抽象的权利观念出发，而系由具体的事实关系出发。于罗马法，对于物的事实上的支配即是占有，对于物的法律上的支配便是物权，使事实关系与法律关系俨然分隔。而于日耳曼法，则仅有占有（Gewere）一端。另外，罗马法的所有权，是对于物的排他的、专属的、完全的、绝对的支配力，系物权的核心。各种权能皆由其所衍生，进而可以他人的物为自己设立他物权（Jura in re aliena）。此时，所有权尽管降为“虚空权”，但仍不丧失其本体，于限制所有权的他物权消灭时，所有权即回复其原来的圆满支配状态，是为所有权的“弹力性”（Elastizität）。此“弹力性”，系为所有权的特质。

与以上不同，日耳曼法的所有权则无排他的绝对的支配力。向他人缴纳佃租与其他赋课，尽管仅在特定方向对物进行支配，但支配的本质并无差异，仅支配力的范围有所不同。故日耳曼法并无所有权与他物权的区别，且所有权也无弹力性。申言之，日耳曼法的所有权及其观念具有下列特性。

（1）对土地的所有权与对动产的所有权不同。于罗马法，所谓“物”（res），系指作为抽象的观念的、作为意思的支配对象的有体物，涵括土地、家畜及作为奴隶的人类。以此等物为标的物而成立的所有权，性质上并无差异。与此不同，于日耳曼法，则并无抽象观念的物，也无抽象观念的所有权，支配者与被支配者之间也无严格的概念上的分别，所有权系基于事实的关系而成立。故对于土地的所有权与对于家畜的所有权，仅于法的内容上有其差异。而且，对于土地的所有权与对于动产的所有权也无统一的称谓，前者谓为“eigen”，后者谓为“habe”。

（2）占有与所有并无差别。于罗马法，占有与所有为清晰、明确对立的概

1 郑玉波著，黄宗乐修订：《民法物权》，三民书局2007年版，第438页。

念。而于日耳曼法，则无此种概念的对立。换言之，日耳曼法仅有占有（Gewere）一端。于日耳曼法，对于土地的事实上的占有，近于占有，而想象上的占有则近于物权，因一年的时效使其效力加重的有权占有（rechte Gewere）则可谓为实体的所有权本身。此外，于罗马法，占有之诉与所有权之诉，乃严格界分。占有之诉（interdictum），仅涉及占有的保护，其与所有权乃至其他本权无涉。然于日耳曼法，动产之诉与不动产之诉尽管有所区别，但占有之诉与所有之诉并无差异。[1]

（3）日耳曼法的所有权无排他性。于日耳曼法，事实上利用土地，收取农产收益的，即是对土地存在所谓占有（Gewere）。使他人耕种土地，并征收一定佃租的，该耕作者对于土地也有占有。而且于同一土地上，事实上的占有与想象上的占有可以同时成立，故而占有并无排他性。土地可以同时为多数人支配，并采各种形态而为公、私权利的标的物。土地可以同时属于村社员全体与各成员个人。一方的支配并不排斥他方的支配。另外，日耳曼法所有权，尚有各种限界与阶段。对于土地的所有权，或受血族的身份关系的限制，或受共产的经济组织的限制，或受法律行为的限制，或受忠勤关系的限制，或受公法关系的限制，等等。易言之，同一土地上可以并存“上级所有权”（Obereigentum）与“下级所有权”（Untereigentum）。上级所有权，又称“管理所有权”，是领主或地主对土地直接享有的管理、处分的权利（支配权利）；下级所有权，又称“利用所有权”，是家臣向领主或地主缴纳一定地租，而对土地为使用、收益的权利（经济权利）。上级所有权的管理、处分权与下级所有权的使用、收益权，系上下重叠、相互对立的关系，故又谓为“分割所有权”（Geteiltes Eigentum）。一言以蔽之，日耳曼法的所有权，并非如罗马法的所有权而具有排他性。

（4）日耳曼法的所有权不独可以进行“量”（quantitativ）的分割，且也可进行“质”（qualitativ）的分割。所有权的量的分割，即份数的分割所有权之谓；所有权的质的分割，即将所有权分解为各种权能。于所有权的量的分割，被分割的份数的所有权与未分割前的完全的所有权同其性质，仅范围有所差异，且被分割的各所有权的一部，皆有同一的内容。反之，于所有权的质的分割，被分割部

1　［日］石田文次郎：“Gewere 的观念”，载《法学论丛》第 16 卷第 3 号，第 124 页。

分与未分割前的完全的所有权，特性或性质不同，且被分割的各所有权的一部，其内容也各有不同。一个所有权按份数为二人分割，各人有二分之一的所有权的，系量的分割。惟将一个所有权分解为处分权与利用权，一人有处分权，一人有利用权的，则为质的分割。于罗马法与当代多数国家法制上，所谓权利的分割，系指量的分割。但于日耳曼法，则于权利的量的分割之外，尚有质的分割。如前述，于一块土地上得成立上级所有权与下级所有权，正为质的分割的典型。质言之，于日耳曼法，一物于某种关系之下，受一人的支配，而在他种关系之下，则也得受他人的支配，即为质的分割所造成、所使然。

（5）所有权与他物权无界分。如前述，日耳曼法的所有权并无排他性，且可进行质的分割，而成立各种权利（权能）。因分割后的各权能也为所有权，故所有权与他物权并无概念上的差异。他物权，是受限制的所有权。某物即使小部分为自己支配，该物即非他人之物，而为自己之物。对土地的管理、处分权，虽属于村住民全体抑或专属于领主，但农奴既然进行事实上的利用与收益，则该土地即非他人之物。农奴对土地的利用权，除受血族身份关系的限制与公法上的服从关系和私法上的契约关系的限制外，乃与所有权并无差异。于日耳曼法，并无所有权与他物权的对立，而仅有完全的所有权与不完全的所有权、自由的所有权与有负担的所有权，以及收取全部收益的所有权与缴纳佃租的所有权的分别或差异。

（6）日耳曼法的所有权内在的受限制。日耳曼民族是以结成团体的形式过日子的。各日耳曼人于谋自己生活的同时，也谋他人的生活，于考虑个人存在的同时，也顾及全体成员的存在。个人权利以团体权利为前提，团体权利的背后常有个人权利的存在。（日耳曼）古代土地总有团体的村民对于土地的权利，是村民全体的受一定限制的总体权。又在中世纪时，农民的利用的所有权（下级所有权），也以领主的上级所有权为前提，并受其限制。惟当时的法律规定，受国家裁判所保护的，仅系 echtes Eigen 。对土地的使用、收益、处分，不能尽依所有人的意思而定，土地所有人需于自己的利益与全体利益相协调的前提下，对土地为使用、收益。如土地所有人于一定期间内任土地荒芜，其所有权即要丧失。处分土地，也需要获得村全体的同意或法院的许可。无需法院许可的，则需获得继承人的同意，继承人有先买权和异议权。可见，日耳曼法所有权本身，实已内蕴了各种限制。

(7) 日耳曼法所有权，并非纯粹的私法上的权利。日耳曼法的所有权，非如罗马法的“所有权”(dominium) 为纯粹的私法上的权利。其土地所有权中内蕴了土地财产与土地支配权能的成分。土地所有权，是享有村住民的资格的要件，从而也为住民权的基础。土地的所有，为社会地位的基础，也为名誉、品位乃至职业尊卑的要件与表征。法院之所以干预土地的移转，其因由正在于此。至中世纪末期的城市中，公法的土地支配与私法的土地所有方发生分离。

综据上述，可知日耳曼法的所有权既不像罗马法所有权系对于物的排他地支配，也并非系物权的核心而具弹力性。日耳曼法的所有权的本旨，乃在于“利用”。此“利用”，即是占有 (Gewere) 的体素。对土地的“利用”，意即“善用和金钱”(das Gut in Nutz und Gelde)，不独耕种土地的人，即使让他人耕种土地而自己仅收取其产物 (佃租) 的人也与此同。进而，直接耕种土地的人抑或使他人耕种土地而自己收取佃租的人，也皆属于对土地保有所有权的人。又由于土地所有权的本旨在于“利用”，故日耳曼法的土地所有权乃是以事实关系为基础的，既无所有与占有的分别，也与他物权无异，并且非如罗马法的所有权具有排他的特性。所有权本身即内蕴了内在的限制，土地的所有，具有既为土地财产，也为土地的支配的双重特性。[1]

第二节 中世纪 (Mittelalter) 时期的物权制度与物权观念

从 476 年西罗马帝国灭亡，到 1500 年前后伟大的地理大发现，是欧洲的封建社会时期，也就是史家所称的中世纪时期。对于此间政治法律思想的本旨与特性，恩格斯曾有过深刻的说明。他说：“政治和法律都掌握在僧侣手中，也和其他科学一样，成了神学的分支，一切照神学通行的原则来处理。教会的教条同时就是政治的信条，神经词句在各法庭中都有法律效力，甚至在法学家已经形成一种阶层的时候，法学还久久处于神学控制之下。神学在知识活动的整个领域中的

---

1 [日] 石田文次郎：《土地总有权史论》，岩波书店 1936 年第 2 刷发行，第 166—179 页。

这种无上权威，是教会在当时封建制度里万流归宗的地位的必然结果。”[1]

对于德国物权制度的演变而言，中世纪乃是一个十分重要的时期。尽管此时期的德国物权制度乃是古代日耳曼物权制度的延续，但这一时期因德国封建的农业经济，尤其是城市经济的次第勃兴，适应新的经济生活需要的物权制度应运而生了，并由此极大地丰富了德国物权制度的内容。德国中世纪的物权制度，系发生于古日耳曼物权制度之后，其上承古代物权制度，下启近现代及当代物权制度。正是此中世纪的物权制度，进一步奠定了德国近现代及当代物权制度的基础。德国中世纪的物权制度，最值得注目之处，乃是伴随德国城市经济的勃兴而出现的“城市法”上的物权制度。于西方经济与社会发展史上，德国中世纪城市的形成与一日千里的发展，从来就是经济史家与社会学家特别关注的重要事件，于此乃特别予以提及。

通常而言，德国中世纪城市的形成，一方面是由于当时社会经济发展的结果，同时也是农民成为手工业者与商人聚居在一起的要求。[2]中世纪后期，骑士制度衰落，商人们的频繁交往改变了过去素以农业经济为主的状况。商人与手工业者在一些地方集居，形成了市场。但这些市场集居地经常遭到当地主教的打击。

---

1 《马克思恩格斯全集》(第7卷)，第400—401页。转引自周长龄：《法律的起源》，中国人民公安大学出版社1997年版，第30—31页。

2 在历史上，德国中世纪城市的形成史，先进地域最早可以追溯到9世纪。11世纪以降，城市迎来了其真正的形成期，12、13世纪，德国城市的形成达到了鼎盛的局面。此即法谚所谓“中世纪的城市乃是中世纪的产物”。于此以前，德国系为自然经济所笼罩的农业社会，手工业未自农业中分离出来，农民生活所需的手工业品完全由自己生产。且生产的主要目的系供家庭消费与缴纳地租，为交换而进行的商品生产未有出现。即使于领主的庄园（古典庄园）中，进行的也是自给自足的生产：手工业者于庄园内为领主进行手工业生产，故并无从外部购买商品的必要。如此一来，商业也就极不发达，除犹太人等外国商人外，专门从事商业的商人阶层未有产生。于此种古典庄园式的自然经济背景下，现当代意义上的自由的人格、私的所有权与契约关系也就未及发达，私法的各种关系也就无存在的余地。领主、农奴之间的身份的隶属关系，农奴相互间的共同体关系，以及领主相互间的主从的权力秩序关系，构成法兰克时代以前德国封建社会的支配性法律关系的总体。惟至法兰克时代，由于生产力的发展，手工业开始从农业中分离出来并形成一个独立的部门。继之，独立的手工业阶层也告形成。往后，由于手工业商品交换量的增大，专门的商人阶层诞生了，商业的发展反过来进一步推动了手工业生产的发展。对于于此种新的分工关系下形成的手工业者与商人来说，最适宜其进行营业活动的地域无疑是交通要道，而当时的交通要道即是作为政治中心的领主的城墙周围的地域。进而，这些地域即成为商人、手工业者的通常的居住地与市场（定期市场）等的所在地。如此，中世纪城市即应运而生了。对此，请参见［日］林毅：《德国中世城市法的研究》，创文社1972年版，第168—169页。

1073 年，窝姆斯市民起而反对，并把主教赶走了。之后不久，亨利四世向该城贵族与居民颁行法律，允许他们居住、经商及从事法律允许的其他活动。[1]此所称“法律”，即是“城市法”。[2] 德国中世纪的“城市法”奠定了近现代及当代德国私法尤其是物权法的基石，许多重要的私法制度，[3] 尤其是物权制度正是由此发轫。

首先，根据“城市法”，庄园领主对城市居民的身份上的支配关系被废止。也就是说，“城市法”将市民由之前各种各样的封建的身份关系的束缚中解放了出来，从而使现今的市民仅受城市君主这一“公的支配人”的支配，一切市民皆为自由的人。此即当时的法谚所谓：“城市的空气使人自由。”[4]

其次，根据“城市法”，保有自由人格的市民对用于生产、消费和市场交易的财产有支配权。此对自己财产的支配权，即“财产的私的所有权”。尤其是他们对作为动产的商品、作为商品的手工业生产物等，享有完全的所有权。不独如此，城市市民即便对城市内的不动产的土地、房屋等，也有自由的私的所有权。并且，之前由领主把持的对城市内的土地的支配权因现今业已转化为由城市君主进行纯粹的“公的支配”，故城市的土地所有权问题，现今也不再受领主的拘束与干涉。另外，发端于氏族的共同所有的“血族异议权”（Beispruchsrecht）、发端于家族共同体的共同所有的“继承期待权”（Wartrecht），由于已然变成单纯的财产关系，故对于土地所有权的氏族的、家族的拘束也被荡涤，进而市民可以把土地当作自己的私有物。[5]

1　杜美：《德国文化史》，北京大学出版社 1990 年版，第 41 页。

2　对于德国中世纪“城市法”，日本法史学界的研究相当深入，其成果已蔚成体系。其中，林毅被公认为是这方面最具权威的学者，其关于德国中世纪“城市法”问题的研究及其思想集中体现于他的下述著作中：《德国中世城市法的研究》（创文社 1972 年版），《德国中世城市与城市法》（创文社 1980 年版），《西洋中世城市的自由与自治》（敬文堂 1986 年版），《西洋中世自治城市与城市法》（敬文堂 1991 年版），以及《德国中世自治城市的诸问题》（敬文堂 1997 年版）等。1998 年在日研修期间，林毅先生将此等著作赠与于我，谨十分感念，特记于此，以供忆念。

3　值得提及的是，正是在中世纪的“城市法”中，德国的法律方开始了公法与私法的最初的区分。不言自明，无论于立法抑或学术研究上，此一分野对于德国往后的法律发展皆有重要的意义与价值。对此，请参见［日］林毅：《德国中世城市法的研究》，创文社 1972 年版，第 170 页。

4　［日］林毅：《德国中世城市法的研究》，创文社 1972 年版，第 170 页。

5　［日］林毅：《德国中世城市法的研究》，创文社 1972 年版，第 171 页。

再次，伴随私的土地所有权的出现与商业交易的发达，市民之间产生了相互融资的需要。于此背景下，作为私的不动产所有权的客体的土地、房屋和店铺等，便以其交换价值作为金钱融资的担保。于是，作为新的不动产担保权的新质（neuere Satzung）即得以应运而生。此新质，为一种支配担保物的交换价值的担保权，且不以移转担保物的占有为成立要件，故借助于它，市民一方面可以对自己的土地、房屋与事业用建筑物进行占有、使用，另一方面也可以之提供担保而获取金钱融资。[1]

最后，于动产法领域，随着私有财产的所有权与商业交易的发达，一些过往的制度于新的形势下也发生了相应的变化。其典型者为“从无权利人处取得财产权利”的制度，也就是瑞士法、日本法所称的“善意取得”制度。按照日耳曼法的“从无权利人处取得财产权利”的制度，标的物被盗的情形，标的物的原所有人丧失标的物的占有因非基于其本人的意思，故对善意取得标的物的第三人，其得依日耳曼法上的取回占有脱离物的程序（握取程序）而取回之。惟根据城市法，此情形，若买受人系在公共市场根据买卖关系取得标的物的，则原所有人须于偿还善意取得人业已支付的买受价金后，方得取回。另外，于当时的汉萨等城市，此种情形，如标的物为由海外输入的物的，则原所有人无论如何皆不得依日耳曼法上的取回占有脱离物的程序而取回之，[2]其立法旨趣乃着重于交易安全与商人利益的保护，并减轻商业交易的危险。

第三节　中世纪以降至1896年《德国民法典》制定前的物权制度与物权观念

中世纪以降至《德国民法典》制定前的时期，为德国私法尤其是物权法继往开来、进一步发展并渐趋于成熟的时期。自时间上看，此一时期约历时500年，先后经历了外国法——罗马法与教会法（Kanonisches Recht）——的继受，德意志同盟（Deutscher Bund）时代，以及北德意志联邦（Norddeutsher Bund）与德意

1 ［日］林毅：《德国中世城市法的研究》，创文社1972年版，第172页。

2 ［日］林毅：《德国中世城市法的研究》，创文社1972年版，第173页。

志帝国时代。以下考疏此一时期物权法发展的小史。

一、1794 年《普鲁士普通邦法》与 1811 年《奥地利普通民法典》

于法史上，德国继受罗马法与继受过程的完成，大约是在 15 世纪中期。[1]被继受的罗马法虽然以“德国普通法”（Gemeines Recht）的地位而作用于德国全境，惟于当时，德国的城市法与地方性法律（尤其是日耳曼法系统的法律）在事实上仍较罗马法为重，并被优先适用。往后，经过一段时期，由于判例、学说的协力，普通法获得发展，并于相当程度上实现了与日耳曼法的合流。在政治上，1517 年马丁·路德（Martin Luher，1483—1546 年）掀起宗教改革运动。1618 年，“三十年战争”爆发，1648 年结束。经过“三十年战争”，地方势力得到扩张，但此时的地方法律仅具有补充的效力。为改变此一局面，遂计划编纂替代普通法而于自己领邦（国）内施行的法典。此项计划于 1789 年法国大革命后开花并结出丰硕的果实，1794 年《普鲁士普通邦法》与 1811 年《奥地利普通民法典》（AGBG）即是这方面的两项重要成果。此等法典，奠定了德国近代私法，尤其是物权法的诸多基本原则。[2]往后的情况表明，此等基本原则，对《德国民法典》的制定乃至德国物权法的最终形成皆产生了重要影响。

1794 年《普鲁士普通邦法》，既是 18 世纪末期德意志精神的最集中、最纯粹乃至最淋漓尽致的体现，也系 18 世纪德意志社会法律文化的最高表现，是一部足以流传千秋的理性法。[3]按照该法，所谓物权制度，不过为“个人财产法”的别称，二者的意义于实质上并无差异。该法定有如下的物权制度：（1）关于所有权的直接取得，即于何种情形得依直接的方式取得所有权；（2）关于所有权的间接取得（内含债法的内容），即所有权于何种情形得依间接的方式而取得；（3）关于依死因行为而取得财产所有权；（4）关于所有权的维持、丧失；（5）关于共同所有；（6）关于对物的物（权）特性的权利（jus ad rem）与对人的（债权）特

1　[日] 山田晟：《德国法概论》（第 3 版），有斐阁 1987 年版，第 8 页；[日] 山田晟：《德国法律用语词典》，大学书林 1995 年版，第 768 页。

2　[日] 山田晟：《德国法律用语词典》，大学书林 1995 年版，第 768 页。

3　[德] 维阿克：《近世私法史》，[日] 铃木禄弥译，创文社 1961 年版，第 410、417 页。

性的权利。[1]

1811 年 6 月 1 日，反映各阶级平等关系的、主要规定市民法的基本原则的《奥地利普通民法典》于千呼万唤中问世了。此系一部建立于自由平等和财产所有权之尊重的理念上的[2]、预定了奥地利社会未来所需的各项制度的卓越法典。[3]于物权法领域，其重要的成果是最先启用了“物权”概念，尽管该法典所称“物权”的涵义与现当代各国家或地区民法所称的物权的涵义有相当大的出入或差异。按照该法典，“物权”涵括“对物的物权”（dingliches Sachenrecht）与“对人的物权”（persönliches Sachenrecht）两种。其中，仅有“对物的物权”与现当代各国家或地区民法所称的物权的涵义大致相当，而“对人的物权”，实质不过为“债权”。关于“对物的物权”，该法未能建立起完善的物权类型系统。惟其关于依法律行为的物权变动采债权契约与登记或交付之结合的规定，以及该法典第 307 条对“物权”的涵义的厘定，皆对后世各国家或地区的物权立法乃至民法学理产生了重要影响。[4]

二、德意志同盟时代

1806 年 8 月 1 日，神圣罗马帝国的弗兰茨二世（Franz Ⅱ）被迫放弃“罗马帝国皇帝”的称号，标志着“德意志民族的神圣罗马帝国”不复存在。自此，普鲁士、奥地利及神圣罗马帝国领域内的其他王国遂蜕变为独立的“国家”。1812 年，拿破仑远征俄罗斯失败。以此为契机，普鲁士与奥地利结成联军击退了拿破仑。之后，法国大革命的思想开始广泛传播于德国各地。受其影响，基于对德意志民族的整体利益的考虑，建立统一的德意志民族国家的必要性与迫切性显露无

---

1 ［德］维阿克：《近世私法史》，［日］铃木禄弥译，创文社 1961 年版，第 416 页。值得注意的是，于此部法典中，债权与物权尚无明确的分野，甚至债权法与物权法这一对立的概念也还未有。按照该法，债法被归入物权法中。据此以观，当此之时，物权与债权要实现其真正的分隔，尚需要一段相当长的时间。

2 陈忠馨译：“德国民法典的编纂经验”，载《法学丛刊》第 127 期，第 114 页。

3 ［日］大木雅夫：《近世私法史要论》，有信堂 1988 年版，第 116 页。

4 关于《奥地利普通民法典》的情况，德国学者维阿克（Franz Wieacker）于《近世私法史》（［日］铃木禄弥译，创文社 1961 年版）一书第 422 页以下，日本学者大木雅夫于《近世私法史要论》（有信堂 1988 年版）一书第 116 页以下，作有较翔实的介绍与评论。

遗。1848 年，受法国“二月革命”的影响，统一运动的烈火再度燃起。但统一的进程并非一帆风顺。之后不久，尽管颁布了统一的《法兰克福宪法》（Frankfurter Verfassung），但德意志帝国照旧不能成立。《法兰克福宪法》因而成为昙花一现、过眼烟云的宪法，不久乃以流产告终。这之后，德意志社会保守的倾向开始抬头并逐渐得势。德意志遂进一步陷入分崩离析、各自为政的局面，所谓“统一”也就成为一项悬案。此种分崩离析的状态于民法领域可见一斑：脱离德意志而成为独立国家的奥地利适用“奥地利法律”，德意志中心地区适用“德国普通法”，莱茵河左岸与巴登（Baden）地区适用巴登地方法（Badisches Landrecht），萨克森地区适用 1863 年的《巴登民法典》。德意志同盟国对全体加盟国未有统一的立法权，而仅可劝告各加盟国采用其所拟定的法律。1848 年的《普通票据法》与 1861 年的《德意志普通商法典》，正是为此目的而拟定的具有统一性质的法律。[1]

综上我们可以看到，终德意志同盟时代，成文的、规范物权关系的法律尽管未有出现，但可以肯定的是，当此之时，散见于各加盟国的、规范物权关系的成文与非成文的物权制度当是存在的，此点乃系确切无疑。

三、北德意志联邦、德意志帝国的立法与《德国民法典》的制定：德国形式意义的物权法的形成

1867 年，北德意志联邦宣告成立。1870 年，其与法国发生了史家所称的“普法战争”。战争的结果是普鲁士获胜。这一事件宣告了德意志帝国的成立，德意志人民长久以来要求统一的愿望终于实现了。1870 年 11 月，南德意志的巴登等四个地区与北德意志联邦缔结加盟条约，自 1871 年 1 月 1 日生效，标志着德意志帝国的正式成立。普鲁士国王威廉一世（Wilhelm Ⅰ，1797—1888 年）成为德意志帝国的皇帝，并于 1 月 18 日就位。普鲁士宰相奥托·冯·俾斯麦（Otto von Bismarck，1815—1898 年）成为德意志帝国的首相。[2]

1　［日］山田晟：《德国法律用语词典》，大学书林 1995 年版，第 768—769 页。

2　［日］山田晟：《德国法律用语词典》，大学书林 1995 年版，第 769 页。

应当注意的是，于德意志法律发展的演进史上，以上时节乃值得大书特书。于此时节，法律史上的一个重大事件即是《德国民法典》的制定。不过，按照1871 年《德意志帝国宪法》，必须待到帝国立法权扩大到全部民法以后，《德国民法典》的编纂才能开始。1873 年，帝国立法权扩大到全部民法，联邦参议院遂设置“预备委员会”，为民法典的起草作最初的准备。该委员会确立了制定德意志帝国民法典的如下方针：为满足和维持德意志国民的期望，一切所支配的利益、学问及法的惯行，应维持帝国现存民事法体系中共同的、有力的制度。[1]1874 年成立民法典“第一次委员会”。三年后的 1877 年末，民法典草案得以完成，史称“第一草案”（Der. erste. Entwurf；EI）。此草案不久因受到各方面的批评而被废弃不用。之后乃有第二、三草案的问世。其中，第三草案于获得德意志帝国皇帝的认可后而成为正式的民法典，于 1896 年 8 月 24 日公布，自 1900 年 1 月 1 日起施行。《德国民法典》至此完成了它的全部立法过程。[2]此系一部“以条文的形式写成的潘德克吞教科书”，[3] 并为潘德克吞法学的法典化。正是此民法典，使德国制定法（“实定法”）上的形式意义的物权制度——民法典物权编——得以最终完成。对该民法典物权编的法源、构造与特色等，下文将予论及。

第四节　《德国民法典》物权编的系统构造与特色

一、《德国民法典》物权编的系统构造

如前述，《德国民法典》乃是一部以“罗马法为素材”的法典，系以“条文的形式写成的潘德克吞教科书”，故而被谓为是“潘德克吞法学的法典化”。最初

---

1 ［日］有川哲夫：“物权契约理论的轨迹：萨维尼以后一世纪间”，载［日］原岛重义编：《近代私法学的形成与现代法理论》，九州大学出版会 1987 年版，第 318 页。

2 对《德国民法典》的制定历史进行研究的著述，于日本相当多，其中最值得注意的，是 1996 年为庆祝《德国民法典》公布 100 周年，日本民法学界所发表的一系列有关《德国民法典》的制定史的文献。譬如，石部雅亮的“关于德国民法典的制定史的考察”，海老原明夫翻译的“德国民法典的一百年”（载《比较法研究》1997 年第 3 期）等，皆为这方面的重要文献。

3 ［日］河上伦逸等：《德国法律学的历史的现在》，ミネルヴァ書房 1989 年版，第 1 页。

受命起草民法典物权编的，是普鲁士高等法院的法官莱茵霍尔德·约霍夫。[1]其所着重参考的立法成例是当时的普鲁士物权法，尤其是其中的土地物权制度。故而，《德国民法典》物权编可谓是学理与实务共同孕育的产物。

《德国民法典》将物权制度及其规则明定于第三编，称为“物权编”，凡8章443条（第854—1296条）。各章的体系构成是：第1章“占有”；第2章“关于土地上权利的一般规定”；第3章“所有权”，其中，第1节为“所有权的内容”，第2节为“土地所有权的取得与丧失”，第3节为“动产所有权的取得与丧失”，第4节为“基于所有权而发生的请求权”，第5节为“共有”；第4章“役权”，其中，第1节为“地役权”，第2节为“用益权”，第3节为“限制的人役权”；第5章“先买权”；第6章“物上负担”；第7章“抵押权、土地债务及定期土地债务”，其中，第1节为“抵押权”，第2节为“土地债务及定期土地债务”；第8章“动产质权与权利质权”，其中，第1节为“动产质权”，第2节为“权利质权”。

二、物权限定原则（物权法定原则）与物权的类型系统

根据《德国民法典》的规定，所谓物权，乃系指直接支配物或权利的绝对权。[2]基于物权为绝对权而有排他的特性，并着眼于保护交易的安全与社会的公共利益，对于物权的种类，该法采物权限定原则。此物权限定原则，即物权法定原则。

又根据规范物权关系的法律规范的不同，德国民法中的物权涵括民法典上的

1　莱茵霍尔德·约霍夫（Rheinhold Johow），1823年生于柏林，1904年去世。最初研修哲学与神学，以后转攻法学，曾历任法官，1874年以后参与《德国民法典》的编纂。其在德国民法史上的最大贡献，是在Achilles、Martini与Liebe等人的帮助下完成了《德国民法典》物权编、《德国民法典施行法》中的物权法部分、《不动产登记法》与《不动产强制执行法》的法律草案。另外，其尚有下列两部著作行世：（1）Jahrbuch für endgültige Entscheidungen der preußischen Appellationsgerichte（1872—1879年）；（2）Jahrbuch für Entscheidungen des Kammergerichts in Sachen der nichtstreitigen Gerichtsbarkeit und in Strafsachen（1881年以降）。对此，请参见［德］维阿克：《近世私法史》，［日］铃木禄弥译，创文社1961年版，“人名索引”第278号。此外，尚可参见［日］石部雅亮：“关于德国民法典的成立史的考察”，载《比较法研究》1997年第3期。

2　也就是说，根据德国法，物与权利，为物权的标的，惟二者并非等量齐观、未有轻重。正相反，物乃系物权的最重要的标的物，故通常所谓物权，乃指对于物的物权；权利则仅于法律有明确规定时，方得为物权的标的。对此，请参见［日］山田晟：《德国物权法》（上册），弘文堂书房1944年版，第3页。

物权与由民事特别法所定的物权。此外尚可依标的的不同而于学理上对德国民法中的物权类型做出诸多分类。兹分述如下。

(一)《德国民法典》中的物权类型

《德国民法典》中的物权涵括：占有（Besitz、Besitzrecht）[1]、所有权（Eigentum）、地上权（Erbbaurecht）、役权（Dienstbarkeit）[含地役权（Grunddienstbarkeit）、用益权（Nießbrauch）和限制的人役权（Beschränkte persönliche Dienstbarkeit）]、先买权（Vorkaufsrecht）、物上负担（Reallast）、土地担保权（Grundpfandrechte）[含抵押权（Hypothek）、土地债务（Grundschuld）及定期土地债务（Rentenschuld）]以及质权（Pfandrecht）。此外，根据学理，尚应归入《德国民法典》中的物权类型系统的，还有作为非典型担保的“所有权保留”（Eigentumsvorbehalt）与“让与担保”（Sicherungsübereignung）。[2]

(二) 民事特别法上的物权类型

此涵括长期居住权（Dauerwohnrecht）、长期使用权（Dauernutzungsrecht）与法定先买权（Gesetzliches Vorkaufsrecht）。

(三) 依标的的不同，德国民法中的物权可分为不动产物权、动产物权及对于权利的物权

具体而言，不动产物权涵括不动产所有权（土地所有权）、地上权、役权（含地役权、用益权及限制的人役权）、先买权、物上负担、不动产担保权（土地担保权）（含抵押权、土地债务及定期土地债务）、长期居住权及长期使用权和买回权；动产物权涵括动产所有权、用益权与质权。此外，尚有对于权利的物权。

(四) 小结

除以上所述者外，尚应指出的是，德国学理系将物权分为所有权与定限物权（beschränktedinglicheRechte），于定限物权之下，分为物上用益权（Dingliche Nutzungsrechte）、物上变价权（Dingliche Verwertungsrechte）与物上取得权（Dingliches

---

1 《德国民法典》第854条：“对于物有事实上管领之力者，取得该物之占有。现已管领物者，即因与原占有人间之合意而取得其占有。”

2 [日]圆谷峻：《比较财产法讲义——德国不动产交易的理论与判例》，学阳书房1993年版，第3页。

Erwerbsrecht)。其中，物上用益权与用益物权概念相似，物上变价权如同担保物权，至于物上取得权，则系指权利人于一定要件下，得以取得所有权或其他物权的权利，譬如先买权（Vorkaufsrechte)、先占权（Aneignungsrechte)、预告登记（Vormerkung）及法律未规定的期待权（die im Gesetz nicht geregelten Anwartschaften)。[1]兹将德国民法上的此等物权系统列表如下。[2]

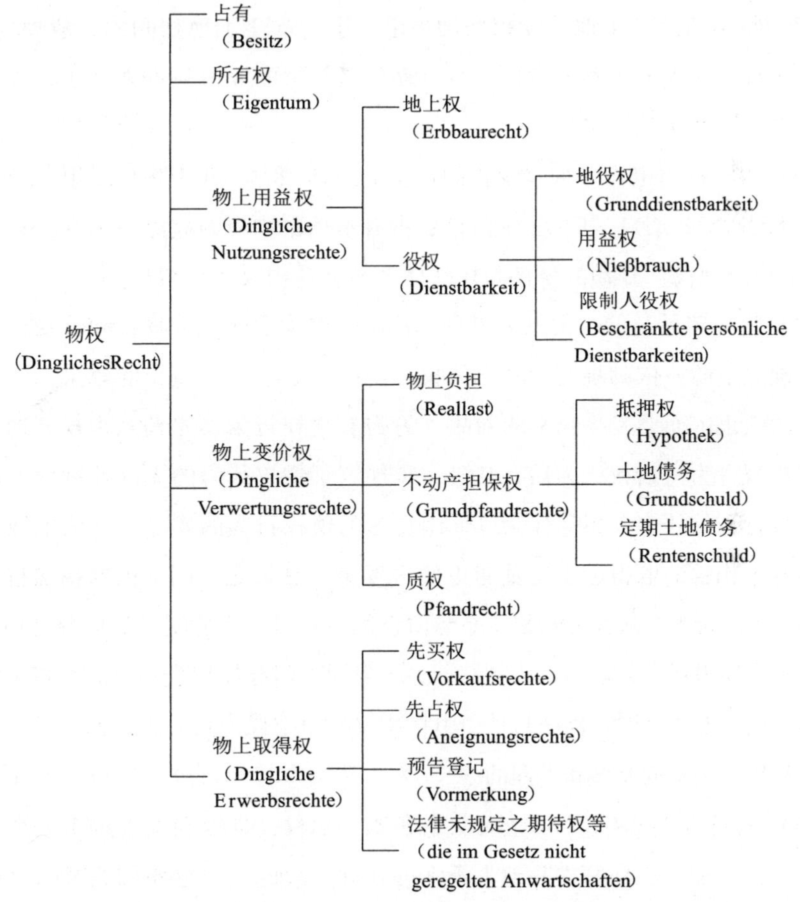

1 台湾大学法律学院、财团法人台大法学基金会：《德国民法（总则编、债编、物权编）》（上册）（第2版），元照出版有限公司2016年版，第833页。

2 台湾大学法律学院、财团法人台大法学基金会：《德国民法（总则编、债编、物权编）》（上册）（第2版），元照出版有限公司2016年版，第833—834页。

三、物权编系统构造上的特色

《德国民法典》物权编的系统构造具有如下特色。

（1）关于物权法与债务关系法（债法）的体例安排顺序。与《日本民法》《法国民法典》皆不同，《德国民法典》系将物权制度及其规则编置于“债务关系法”编之后规定。

（2）将不动产（土地）物权变动规定于第二章“土地权利的一般规定”中，将动产物权变动规定于第三章第三节“动产所有权的取得与丧失”里，此外的其他动产物权，准用其规定。

（3）占有被明定为一种对于物的事实上的管领力，并于物权编第一章设其规定（第854—872条）。其立法理由谓：占有不独是物权的起点与依据，且系物权（尤其是动产物权）变动的要件与民法体系尤其是物权体系的基石。

（4）物权关系与债权关系的界分。德国物权法是建立于物权和债权之严格界分的基础之上的。依其规定，基于债权，仅可发生单纯的债权的效果，而不能发生物权的效果。而要发生物权的效果，另需有物权行为，尤其是物权契约。在严格分隔物权行为与债权行为后，其进一步规定了物权行为的无因性制度。据此制度，物权行为的效力并不受作为其原因行为的债权行为的影响，仅依单纯的物权行为本身，物权的取得、丧失及变更便可发生。易言之，因德国物权法将物权行为把握为无因行为，故而使物权关系与债权关系获得了十分明确的界分，物权变动的效力不受原因行为的影响，依物权行为本身即可引起物权变动，故物权行为为无因行为。要言之，德国物权法乃是经由将物权行为把握为具有无因的特性来分隔物权关系与债权关系的差异和不同的。[1]

（5）强烈的“固有法”“土著法”色彩。物权，是权利人直接对生产和生活的财产予以支配、管领并排除他人干涉的权利。故此，规范物权关系的物权法通常具有强行法的特性，且染有浓厚的“固有法”“土著法”色彩。在这一点上，德国物权法尤其明显。易言之，德国物权法相当多地承袭了德国固有法——日耳

---

1 ［日］山田晟：《德国物权法概说》，弘文堂1949年版，第14页。

曼法——的精义。要说明这一点，需先明了德国物权法的基本观念。

德国日耳曼时代，依血缘结合在一起的日耳曼人，系以土地为生活的基础。那时，抽象的观念尚不发达，而只能依外在的具体的生活意识过日子。此一时期，尽管已有法律制度，但并非交易法的债法，而是直接支配、占有生产、生活的物的物权法成为法律制度的核心。对于生活资料的支配关系，系依外在的具体的生活意识而建立其秩序，并依各生活资料的自然特性的差异，即依不动产、动产及其他财产的不同而建立相应的制度。另外，鉴于不动产的重要性，遂在法律上赋予其独立的地位，并有使不动产本身成为权利义务的支撑者（Trägerschaft）的观念。终日耳曼时代，日耳曼人对于血缘和地缘的信念，皆异常炽烈、牢固。此种对于血缘和土地的情愫，在以土地为基础的封建的中世纪时期，以至往后罗马法复兴时代，也一仍其就，未有改变。德国现行物权法，相当多地承继了其衣钵。尤其需要提出的是，德国固有法即日耳曼法给予德国物权法的此等影响，最终造就了近现代及当代大陆法系物权法的特色。

第一，占有（Gewere）[1]观念的影响。日耳曼法仅自外在的利用上把握一切关系，而无抽象的观念化的概念。物权关系的存在及其内容皆从外部加以把握。具体而言，动产物权依对动产的持有而定，不动产物权依“利用”而定，此种对于物的外在的支配状态即为占有。占有因而成为物权的表现形式，具有公示性，权利被包裹于占有之中，并借占有而获体现，故又称占有为权利的“外衣”。由此，日耳曼法的占有，乃有权利推定的效力（Vermutungswirkung）、攻击的效力[2]、权利移转的效力（Translativwirkung）及防御的效力（Defensivwirkung）。[3]此一观念对德国民法典物权编产生了直接的影响，以至其明定了不动产物权依登记、动产

1　如前述，日耳曼法上的占有，称为“Gewere”，为日耳曼物权法的核心概念与日耳曼物权法的惟一表现形式。一切物权关系的处理，皆需透过占有而行之。占有原则上需伴有事实的支配（现实的占有），然例外于特定情形下，即使欠缺事实的支配，也可认之，此即“观念的占有”。对此，请参见郑玉波著，黄宗乐修订：《民法物权》，三民书局2007年版，第437页注释2。

2　郑玉波著，黄宗乐修订：《民法物权》，三民书局2007年版，第438页。

3　所谓“防御的效力”，系指占有人得以己力防御他人对占有的侵夺或妨害，占有物被侵夺时，并得诉请返还。此种诉讼并非纯粹的占有诉讼，而是兼有保护占有与权利的功用。对此，请参见王泽鉴：《民法物权》（占有），台湾1996年自版，第4页。

物权依占有的公示原则，以及信赖公示的人得受保护的公信力原则。[1]

第二，不动产物权与动产物权的区别对待（即对不动产的特别重视）。在日耳曼法上，不动产与动产的界分不仅在于自然属性的不同，且也在于不动产为生活的基础，具有无限的价值，并于政治和社会的功用上具相当的重要性，故应对二者作完全不同的把握与对待。立基于此种考量，不独不动产所有权，且不动产限制物权，以及以不动产为基础的所谓“特权”（Gerechtsame），因具有不动产的特性，故也作有别于动产的不同处理。12 世纪前后，德国北部城市明定土地的物权变动需记载于市政会所掌管的城市公簿（Stadtbuch）上，乃标志着德国不动产登记制度的滥觞、发轫。之后，登记制度渐次发达，为动产和不动产的分野进一步奠定了法律基础。[2]

因袭日耳曼法严格界分不动产与动产的古来传统，《德国民法典》遂在立法上就不动产物权与动产物权分别设立规定。基于法律行为的不动产物权的取得、丧失与变更，原则上需有物权的合意与登记；动产物权的取得、丧失与变更，原则上需有物权的合意与交付。不动产物权以登记加以公示并具公信力，动产物权则以占有加以公示并具公信力。并且，对于不动产与动产的区别对待，不独发生于依法律行为的物权的取得、丧失与变更的情形，且也发生于非依法律行为的物权的取得、丧失与变更的情形（譬如取得时效）。另外，物权法因属于与土地有密切关联的法律，其结果乃造成土地物权的种类占压倒性的多数，以至于不得不就土地物权设立专门的通则。与此不同，对于动产物权与权利物权，则未设如此的通则。[3]

第三，物的权利义务的“支撑性”（Rechtstragerschaft）。日耳曼法，古来就有“物本身即是法律关系”——也即“物本身即是权利义务的支撑者”——的观念。也就是说，认为对于物的权利，即是物本身的负担。对于此种生活意识，《德国

---

1 ［日］於保不二雄著，高木多喜男补遗：《德国民法Ⅲ》（物权法），有斐阁 1955 年版，第 6—7 页。

2 ［日］於保不二雄著，高木多喜男补遗：《德国民法Ⅲ》（物权法），有斐阁 1955 年版，第 8 页。

3 ［日］山田晟：《德国物权法概说》，弘文堂 1949 年版，第 14 页。

民法典》也予以了承袭，不独限制物权作为物的负担而纳入到《德国民法典》中，且物权取得权[1]也同样作为物的负担而纳入到物权系统中规定。土地担保权因并不以担保债权为惟一旨趣，故物本身即是一定的给付的担保。[2]

（6）建筑物为土地或地上权的一部分。在德国民法，对于土地及建构于其上的建筑物等定着物的关系，系采所谓“一体主义”，也就是建筑物等定着物系为土地或地上权的“同体的构成部分”。故而于德国，若在土地上建构建筑物等定着物的，则土地或地上权的价格会因之增大；若让与土地所有权或地上权的，则受让人也一并取得土地上的建筑物等定着物。此外，若于土地或地上权上设定不动产担保权的，则该不动产担保权的效力也得及于土地上的建筑物等定着物。[3]

第五节　德国物权法的特性

一、资本主义的特性

如所周知，物权乃是以直接支配特定物或权利（以法律有明文规定为限）为旨趣的绝对权。也就是说，物权是权利主体对天下万人的权利，故物权也称对世权，其较仅可对特定人主张的债权，具更强的效力。于人类的自给自足的自然经济时代，物权对于人们的生活具头等重要的意义。那时，贵族、地主等人的财产的绝大部分莫不为土地，故当时的财产完全是以物权的形式存在的。并且，耕种土地的人的耕作权，也是一种类似于物权的权利。当此之时，物权秩序与身份秩序相粘连，亦即于封建的庄园制经济下，封建主给予农奴对土地的耕作权的同时，也禁止其离开土地，以便可以让其持久地为自己提供赋税和劳务。[4]

1　所谓物权取得权，又称取得物权，系德文 Dingliche Erwerbsrechte 的移译，学说认为属于限制物权之一种，系指于一定条件下得就他人的物取得物权的权利，以所有权保留买卖中买受人的期待权为其典型。此外，先买权、买回权与排他性的先占权也属之。对此，请参见［日］山田晟：《德国物权法》（上册），弘文堂书房 1944 年版，第 18 页。

2　［日］於保不二雄著，高木多喜男补遗：《德国民法Ⅲ》（物权法），有斐阁 1955 年版，第 9 页。

3　［日］山田晟：《德国法概论》，有斐阁 1987 年版，第 15 页。

4　［日］山田晟：《德国物权法概说》，弘文堂 1949 年版，第 1 页。

但是，往后随着商品经济的渐次发达，尤其是伴随资本主义市场经济的新时代的到来，人类乃由身份关系进到契约关系。佃户的赋税义务因而被废除。以支付地租为媒介的近代土地承租关系应运而生，[1]结果将物权关系自各种极其烦琐的身份关系中解放出来而成为一种纯粹的未有人身因素的财产关系。接着，荡涤了自由处分家族的世袭财产[2]的各种障碍，并重新整理了各种复杂的共同所有权形态。于是，平等的个人得自由处分其财产的近代法原则得以确立。土地所有权不再被分割为以收益为内容的"上级所有权"与以利用为内容的"下级所有权"，而被认为系一种抽象的概括的支配权，对土地所有权的处分的自由被确立为土地所有权制度的核心。

另外，如前所述，于日耳曼法时代，因尚无限制物权的观念，同时也无所有权的概念，故当此之时莫不以占有（Gewere）一语来统一表现物权关系（即占有系物权的惟一表现形式）。之后，因继受罗马法的结果，立法、判例以至学说乃开始明确分隔所有权与限制物权，并认为限制物权不过系由所有权的一部分权能分离出来而得以形成，为所有权的衍生物，其源出于所有权，同时又独立于所有权。[3]至此，所有权的概念与体系即于学理上获得充分的整理、完善。以此为基础，《德国民法典》物权编即根据自由的、概括的所有权理念与原则而得以建构。

人类的生活史表明，财产要在市场上流通，于法律上非有债的关系为其媒介不可。由此，为了确保财产的流通，首要的即是要建立自由的所有权与契约制度。19 世纪中期，自由的所有权制度得以建立，此一原则连同营业自由和契约自由一并成为促进财产流通的法律基础。而建构于这些制度之上的社会，本旨上即是以分工为基础的交换社会。于此种社会模式下，人们为维持生计而必需的东西已无需非由自己生产不可，而是可以通过交换自他人处购得。于此背景下，债权

1　近代佃耕关系的产生，系由于近代商品经济的发展，地主对货币的需求较之对实物的需求更甚，且渴望人身自由的佃户此时也极端厌恶身份上的从属关系。对此，请参见［日］山田晟：《德国物权法概说》，弘文堂 1949 年版，第 1 页。

2　值得提及的是，德国的"家族世袭财产"之被法律明文废除，乃是 20 世纪初期由《魏玛宪法》完成的。对此，请参见［日］山田晟：《德国物权法概说》，弘文堂 1949 年版，第 2 页。

3　惟对于先买权却不能作如是理解。先买权，其性质上系一种形成权，故不能把握或解为系所有权权能的一部。对此，请参见［日］山田晟：《德国物权法概说》，弘文堂 1949 年版，第 2 页。

日增其重要性也就不足为奇，特别是随着交易规模、范围的扩大以至信用经济的发达，债权不独成为媒介财产流通的手段，而且也成为财产权的重要表现形式。[1]

于资本主义市场经济勃兴之前，较之动产，作为不动产的土地的流通性显然为低。但是，伴随19世纪中期自由的所有权与契约制度的建立，土地资源的流动变得频繁起来。由于所有人可以自由地处分自己的所有物，故使经由分割土地而让与土地的所有权成为可能，且也使于土地上设定限制物权成为可能。限制物权中的不动产担保权，是以土地的交换价值来担保债权的物权。不动产担保权的创设，一方面可以确保债权的安定性、确定性，并提升作为重要社会财产的土地所蕴含的价值，另一方面也可使让与附不动产担保权的债权变得容易，并促使不动产担保权由债权中分离出来，而作为独立的财产权于市场上辗转流通。所有这些，皆为土地于市场上的辗转流通提供了法律前提，并可使土地的价值获得充分实现。而德国立法者殚精竭虑地促进土地流动化，乃系其民法典制定当时德国资本主义的“赢利精神”所使然、所造成。[2]《德国民法典》物权编所定的自由所有权、不动产担保权以及债法上的契约自由主义等，正是德国资本主义的“赢利精神”于物权法上的集中体现。自由的所有权、不动产担保权及其与契约自由主义的结合乃至交相辉映，正为德国资本主义“赢利精神”得以张扬的法律基础，未有此等法律基础，要试图实现德国资本主义的“赢利精神”，必将如虚无缥缈的海市蜃楼而无可能。就此而言，《德国民法典》物权编实具有浓烈的资本主义的特性。[3]

二、物权法的封建色彩

《德国民法典》物权编反映19世纪中期以后德国资本主义的“赢利精神”，一方面具有资本主义的特性，另一方面也存有浓烈的封建色彩。[4]

---

1 ［日］山田晟：《德国物权法概说》，弘文堂1949年版，第2—3页。

2 ［日］山田晟：《德国物权法概说》，弘文堂1949年版，第3页。

3 ［日］山田晟：《德国物权法概说》，弘文堂1949年版，第3页。

4 ［日］山田晟：《德国物权法概说》，弘文堂1949年版，第3页。

如所周知，就法律特性而言，较之债法，物权法更具浓烈的地域性色彩，[1]且极易受地域、团体以至民族的传统观念与生活方式的影响。于德国，由于其民法典制定当时的德意志帝国与各州（领邦）之间的特殊关系，加之物权的最主要客体为土地，故德国物权法乃于相当程度上受到了以地域为中心的传统生活观念与习俗的影响。[2]又因传统观念与生活习俗往往因地域而异，故德国各地方的物权制度乃呈现出异彩纷呈、错综复杂的局面。有鉴于此，《德国民法典》制定当时，立法者便赋予各州（领邦）以“保留自己的固有物权制度”的权利。但如此的结果却造成私人的特权（Regalien）、封地（Lehen）、家族世袭财产（Familienfideikommiß）、贵族基本财产（Stammgut）、僧禄权（Pfründenrecht），以及贵族的自治特权等诸多具有封建色彩的权利，即便于《德国民法典》施行后也依然于各州（领邦）法上被保留下来，进而造成德国物权法具有封建主义的色彩与特性。[3]

三、非个人主义与非资本主义的倾向

德国物权法一方面具有资本主义的倾向，另一方面也具有非资本主义与非个

---

1 所谓物权法的地域性，系指物权法系为特定地域、特定国家的固有法，与特定地城、特定国家乃至特定民族的传统最具关联性。

2 如前述，德国封建时代，因不动产为家族生活、政治生活以至社会生活的基础，故为支撑和维系当时的家族制度、封建制度的基石，封建领主凭借自己的土地而对农奴为各种人身的拘束。此即透过对土地的物权关系来支配农奴的人身。但是，随着商品经济尤其是德国资本主义市场经济一日千里的发展，将农奴从各种束缚中解放出来，进而解放土地，并改革现行农业制度的必要性、紧迫性与日俱增、日甚一日地涌现出来。此一要求，以16世纪德国农民战争的爆发为其端绪。之后，首先是受欧陆启蒙思潮的洗礼，继之是伴随法国大革命的浪潮而实现了质的飞跃，最终于19世纪中期达到高峰而在各州的立法上开花、结果。首先是领主制度被废弃，农民获得土地所有权与对土地的农耕权，先前的封建的负担被现今的定期土地债务（Rentenschuld）取代。其次是把土地自先前各种团体的束缚中解放出来，并开始整理之。当然，因德国当时的封建意识根深蒂固、盘根错节，即使经历了如此暴风骤雨般的运动，封建的遗毒也未因此被根除。此反映于立法上，即是《德国民法典》制定当时，先前存在的对人与土地的团体性的拘束被大量地保留了下来，并委由州法规定。如此，即不能不使德国物权法带有相当浓烈的封建色彩。对此，请参见［日］於保不二雄著，高木多喜男补遗：《德国民法Ⅲ》（物权法），有斐阁1955年版，第8页。

3 ［日］山田晟：《德国物权法概说》，弘文堂1949年版，第4页。这里需要释明的是，德国物权法于制定之初及其以后的一个相当长的时期内尽管具有此等封建的色彩，但往后随着“封地”于普鲁士被废除，20世纪《魏玛宪法》将“私人的特权”移转给国家享有，以及贵族的自治性特权、家族世袭财产与“贵族基本财产”于全国被废除等，德国物权法的封建色彩也就被改善了许多。

人主义的倾向。所谓非资本主义与非个人主义的倾向，系指进入20世纪以后，为适应经济与社会生活的发展、变迁而兴起的限制所有权的绝对性与自由性的运动。此一运动以普鲁士创立“地租农场”为其端绪，于第一次世界大战期间达到高峰。受第一次世界大战期间勃兴的社会主义思潮的影响，于战争结束后的翌年即1919年，“所有权负有义务（verpflichtet），其行使应受限制”的规定即见诸《魏玛宪法》第153条第3项等。而该《魏玛宪法》对所有权的限制的规定可以概括为如下三点：

第一，企业的社会化（第156条）。按照《魏玛宪法》，企业的社会化涵括三个阶段：一是使所有权“公有化”；二是使企业参与社会的公益活动，及使企业的经营活动符合于社会公益；三是于自愿的基础上，将“企业”与“团体”加以统一、合并。不言自明，此三个阶段中的任一阶段皆涵括了对所有权的内容的限制。

第二，对土地的分配、利用进行统制。根据《魏玛宪法》第155条关于应当给予德意志人“住宅和家产地”的规定，德国制定了《国内移民法》（Reichssiedlungsgesetz，1919年8月11日）和《邦家产地法》（1920年5月10日）。这些法律，定有关于所有权的限制的规则。

第三，明定所有权负有义务。[1]

值得提及的是，于法西斯时代，德国政府不独全盘承继了《魏玛宪法》对所有权的限制的规定，且进一步强化了对所有权的限制，尤其是对社会的重要财产加以统制。此主要表现于如下方面：为使业已社会化的企业实现“国营化”，经由制定各种法律以强化对企业的统制；自民族主义的立场出发，进一步强化对土地的分配、管理，并制定了旨在确保农地的利用的“世袭农场法”；于法西斯时代，尽管废弃了《魏玛宪法》有关所有权负有义务的规定，然重新确立了“公益应当优先于私益”的规定，而据此，所有权受到各种限制。

综上我们看到，20世纪肇始以后，德国物权法的非个人主义与非资本主义的倾向显露无遗，并伴随社会与经济生活的变易而变迁，且酿成了新的物权的社会

1　［日］山田晟：《德国物权法概说》，弘文堂1949年版，第4页。

化潮流。此尤其表现于法西斯时代对所有权的无以复加的限制上。由于所有权为物权的核心与支柱，故此对所有权的限制也就必然会影响到物权法的其他领域，甚至动摇整个物权法的基石。譬如，对所有权的处分的限制，即意味着对不动产担保权的设定的限制，进而会影响到财产的流通与土地资源的流动化。

最后，对所有权的限制尽管可以概括为德国物权法的非个人主义、非资本主义的倾向，但需指明的是，对所有权的此等限制并非系经由修改《德国民法典》来实现，而系透过创制《德国民法典》之外的其他民事特别法抑或其他非民事特别法来予以实现的。[1]

1 ［日］山田晟：《德国物权法概说》，弘文堂1949年版。第45—46页。

第二章

日本与德国民法典的物权总则

第一节 《日本民法》的物权总则

一、概要

《日本民法》第二编“物权”，共计 10 章，其中第 1 章为关于“总则”的规定。需指出的是，于民法典“物权编”之始即开宗明义地设立物权的“总则”，系《日本民法》的一项重要特色，为《德国民法典》物权编之所无。

《日本民法》物权编第 1 章“总则”，凡 5 个条文（第 175—179 条），分别规定“物权法定原则”“物权的变动”“不动产物权变动的对抗要件”“动产物权让与的对抗要件”以及“混同”。其中，第 175 条关于物权法定原则与 179 条对物权的混同的规定，已有诸多成果予以研究，故略去不论。第 176 条至第 178 条，为关于物权变动的规定，于日本物权法上占据重要地位，且历来为日本学者所重视，[1]故予以着重研究。

---

1 围绕《日本民法》第 176 条至第 178 条的物权变动的规定的讨论，日本学界的著述可谓汗牛充栋，仅这方面的专著，以现今本书作者所拥有者而论，即有十余本之多，足见学者对此问题的重视之一斑。其中，铃木禄弥著《物权的变动与对抗》（创文社 1996 年版）、石田喜久夫著《物权变动论》（有斐阁 1979 年版）、鹰巢信孝著《物权变动论的法理的检讨》（九州大学出版会 1994 年版），以及滝沢聿代著《物权变动的理论》（有斐阁 1987 年版）、《物权变动的理论（2）》（有斐阁 2009 年版）等，皆是这方面的代表性著作，值得提及。另外，1998 年本书作者在日研修期间，鹰巢信孝教授自日本佐贺大学将《物权变动论的法理的检讨》一书寄送给我，使我感念不已，今谨记于此，以供忆念。

（一）物权变动的涵义与形态

物权的变动，又称“物权的取得、丧失及变更”，为物权的发生、变更乃至消灭的总称。引起物权变动的因由，其最主要者为法律行为，次为时效期间的经过（取得时效）、混同、无主物的先占、遗失物的拾得、埋藏物的发现以及附合、混合与加工。另外，基于“公用征收”“没收”及以自己的财产创制动产、不动产等，也可引起物权变动。[1]于日本法上，物权变动的分类可图示如下。[2]

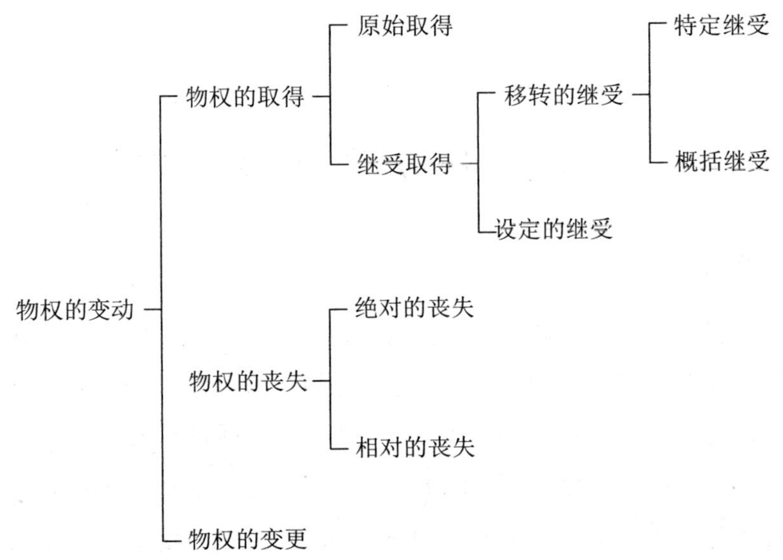

如所周知，于前资本主义时代，物权性质上是一种对物进行物质的利用（即利用物的实体）的权利。于此种权利下，物权本身的存在常伴有某种外形的事实，从而物权的变动常伴有可由外界认识的某种变更。时至近现代及当代，物权一改其从前的面貌，多演变为以支配财产的交换价值为内容的制度。于此种法制下，物权通常以抽象的观念存在，进而物权的变动也不再伴有任何外部的变更（如以房屋设定抵押权，即无任何外部或外形的变更）。

1　物权变动，自取得物权的人的立场而言，即是物权的取得，故此，人们用自己的财产创制动产或不动产而取得其所有权的，也系物权的变动（物权的发生）。

2　［日］松井宏兴：《物权法》，成文堂2017年版，第44页。

但是，于此种抽象的观念的物权，在市场上被频繁地作为交易的对象时，若不规定某种可以由外部认识的表征，则交易的安全便无法获得保障。于此背景下，近代民法遂一方面剔除环绕在所有权（尤其是土地所有权）周围的封建的束缚（即封建的人身关系的束缚），而建立以抽象的观念的所有权（自由的所有权）为中心的物权制度；另一方面又创制出登记制度，以作为抽象的所有权的外部表征，称为物权的公示原则。与此同时，近代民法尚创制出了公信力制度，即便不具有真实的权利，也保护信赖登记簿册的记载而为物权交易的第三人的利益。[1]

值得指出的是，近代物权法中的公示与公信原则，曾是资本主义经济中物权交易的理想原则，而为 19 世纪的近代法制所孜孜追求的目标，但其进步的程度则因各国家或地区而异。新近以来，于日本，主张保护物资的利用，尤其是保护不动产利用的问题又被热烈地提起，此点值得提及。[2]

（二）物权交易中的公示、公信原则

1. 物权交易中的公示原则

物权交易中的公示原则，是指物权的变动须伴有可由外部加以认知的某种征象，如登记、登录、占有、标示（作标记）等。由于物权具有排他性，且其变动产生的又是排他性的效果，故若无外部的征象可以认识，便会使权利关系复杂化，并致第三人于损害，从而也就无从实现物权交易的安全的理想。故而，物权交易的公示，确有其必要。惟对于物权交易中的公示，得认可其产生何种法律效果，即以之为物权变动的“生效要件”抑或“对抗要件”，则因各国家或地区而异，未获统一。[3]

如前述，使不动产物权的存在或变动伴随某种征象，此自较远的古代法制萌芽之时即已肇开其端绪。近代民法之所以急切地建立此制度，乃是由于担保物权，特别是抵押权的发达所造成、所使然。近代以前，所有权与用益物权的变动，大多伴有某种外形的变动（交付或用益权能的移转等），但当此之时，抵押

1　［日］我妻荣著，有泉亨补订：《物权法》，岩波书店 1977 年版，第 39 页。需说明的是，我妻教授的此一著作于我国台湾地区有其翻译本（李宜芬律师校订，五南图书出版公司 1999 年版），本书作者于翻译同一原著时参考、借镜了该译本，于此谨致谢意并予说明。

2　［日］我妻荣著，有泉亨补订：《物权法》，岩波书店 1977 年版，第 40 页。

3　［日］我妻荣著，有泉亨补订：《物权法》，岩波书店 1977 年版，第 40 页。

权的交易并不盛行。其时的经济背景是，若要使不动产抵押权于近代经济生活中发挥重要作用，则非有可以由外部认识其存在的征象不可。正因如此，近代民法方创制出不动产登记这一外部的征象手段，使其既可以调和债权人相互间的利益，也可以充分利用不动产的担保价值。[1] 于近代的经济交易中，不独抵押权，而且所有权也频繁地成为交易的对象。故而近代法遂把针对抵押权而创制出来的登记制度，也一般性地适用于不动产所有权及此外的其他不动产物权领域。[2] 如此一来，不动产物权的公示原则，于近代法中便成为以保护不动产物权的交易关系为旨趣的制度。[3]

动产物权以交付（占有的移转）为表征，为一项古来的法律原则，已有甚为悠久的历史。占有有别于登记，占有缺乏动产物权存在或变动的永久公示力。并且，近现代及当代社会充满生机与活力的商品交易已不再要求移转动产所有权时非进行有形的交付不可，而是创制出了一种不移动商品的存在场所，即可以完成所有权的移转的简易的交付方法。惟其结果却导致了以占有为动产物权的表征越来越不充分，此即占有的观念化（Spiritualisierung）。当然，质权，迄至今日，于成文法上也是一直要求其成立须伴有标的物的占有的现实移转的，以维持公示原则于不坠。不过，如果动产的让与担保被广泛采用，则此种观念即无任何实际意义。是故，近现代及当代民法乃通过下列方法来对动产物权的占有的公示方法予以补充、完善。

1　1722 年的普鲁士《抵押权与破产法》、1783 年的《一般抵押令》，系德国法系登记制度的先驱。于法国，则以其 1795 年的《抵押权法》为抵押权登记制度的先驱。这些皆为各国创制不动产登记这一外部表征的重要体现。

2　1722 年的普鲁士《抵押权与破产法》与 1783 年的《一般抵押令》，分别被《普鲁士普通邦法》（1794 年）、《奥地利普通民法典》（1811 年）、《德国民法典》（1896 年）及《瑞士民法典》（1907 年）所承继并达到完善的境界。法国 1795 年的《抵押权法》，也依 1799 年的法律而扩大到所有权。尽管《法国民法典》于此点上多少有些倒退，但从 1855 年《抵押誊记法》将其扩大到一切不动产物权起，也大体达到了完善的境界，1935 年对此作了补充，并于 1955 年进行了全面修改。对此，请参见［日］星野英一："法国不动产物权公示制度的沿革概观"，载其所著《民法论集（2）》，有斐阁 1970 年版，第 41 页以下。另外，在日本，也根据这一近代法的潮流，将 1872 年的"地券制度"改为"登记制度"（1866 年旧登记法、1899 年《不动产登记法》及《日本民法》第 177 条）。对此，请参见［日］我妻荣著，有泉亨补订：《物权法》，岩波书店 1977 年版，第 41 页。

3　参见日本《法律时报》1952 年 3 月号关于"登记法"的特辑；［日］我妻荣著，有泉亨补订：《物权法》，岩波书店 1977 年版，第 40—42 页。

一是于交易上，对通过发行证券或记载于账簿即可确认其同一性的动产，以证券或账簿的记载作为其表征（公示方法）。譬如依船货证券、货物兑换证券、仓库证券等，使主要的商品表象化（对企业设施的动产，也有采登录制的国家，日本农业用动产、机动车与建设机械的抵押权即是）。

二是对于无法创制出以上表征的动产，则不要求采公示原则，而是仅止于依公信原则保护交易的安全（对不动产物权拒绝采公信原则的法国、日本民法，其对动产物权却莫不采此原则）。

通过登记、登录、占有的移转或证券的交付来贯彻物权变动的公示，计有两种方法：（1）若无表象，则不生物权变动的效果，此即公示的成立（生效）要件主义；（2）于当事人之间，若无表象，尽管发生物权变动的效果，但于对第三人的关系上则需有表象的存在，此即公示的对抗要件主义。

值得指出的是，公示原则除于物权领域适用外，于民法的其他领域，某些排他性权利的成立，抑或权利的排他性的变动也常要求需有公示。譬如婚姻的成立需要进行登记，即其适例。当然，近代法中的公示原则，毕竟是一种基于理性考量的法技术的制度，尽管其一方面有使权利关系明了、确实的实益，但另一方面也有给当事人带来不便的弊端。是故，对于各种法律关系，应充分比较、衡量其利与弊后，方决定其适用的范围。譬如婚姻仅凭习惯仪式便可成立是否妥适、正当，即是一例。[1]

2. 公信原则

公信原则，即便该表征背后并不伴有实质的权利，信赖物权存在的表征（登记、登录、占有）并进行交易的人也受到保护。于近代法中，公信原则首先作用于动产物权。古罗马法实行“任何人不得以大于其自己所有的权利让与给他人”（nemo plus juris ad alium transfere potest quam ipse habet）的原则。此原则如绝对被贯彻，则即便是动产物权，也无适用公信原则的余地。日耳曼法实行“所有权人任意让他人占有其物，则只能对该他人请求返还”（Wo man seinen Glauben gelassen hat，da muss man ihn Suchen）的原则。除对被盗物或遗失物保有无限追及的权利

1　以上参见［日］我妻荣著，有泉亨补订：《物权法》，岩波书店 1977 年版，第 40—43 页。

而不适用该原则外，因信赖对方而使其占有己物（如借贷或寄存）的，则仅得向该对方请求返还。换言之，若该物已由对方让与第三人，则所有权人不得径向第三人请求返还。在法国，其固有法采行“动产不许追及”（Meubles n'ont pas de Suite）的原则。[1] 由于近代民法业已将保护动产交易的安全作为一个理想，故方摒弃了罗马法的原则，而采（德国）日耳曼法、法国法的原则。也就是说，信赖占有并以取得物权（所有权、质权）为旨趣的人，即使占有人并无实质的权利，其也可取得物权，进而确立了动产物权交易中的公信力原则。[2]

于法史上，作为不动产物权的表征的登记被赋予公信力，乃始于抵押权的取得，其后方扩大到不动产所有权与其他不动产物权领域。[3] 公信原则，是保护信赖有实质法律关系的外形（外观）的人的制度，其适用并不仅限于物权，于近代交易法的整个领域皆可看到其被适用的影子。[4] 近代法的理想，是在便捷灵活的商贸领域扩大公信原则的适用。于票据和有价证券领域，尽管最初只是借用了动产物权的公信原则，但如今则是充分适用此原则，进而使票据与有价证券的交易得到了强有力的公信力的保护。此种现象应值注意。公信原则，尽管有保护交易安全的有利的一面，但此系以牺牲真实权利人的利益（静的安全）而获得的。故而对此不利的一面，也应虑及。对于各种法律关系，皆应努力使两方面的利害关系达到最佳的调和状态。于日本，最成问题的，是不动产物权交易中的公信原则。[5] 登记的公信力，尽管会促进土地的商品化，但也会带来一些弊端。不过，登记若无公信力，则会给不动产交易，特别是不动产金融带来不安。抵押证券透过有价证券理论虽然多少克服、填补了这一缺陷，但由于构成抵押证券的基础的登记簿的记

---

1 郑玉波著，黄宗乐修订：《民法物权》，三民书局 2007 年版，第 39 页。

2 参见《德国民法典》第 932 条以下，《法国民法典》第 2279 条以下，《瑞士民法典》714 条第 2 项、第 933 条以下，以及《日本民法》第 192 条以下。对此，请参见［日］我妻荣著，有泉亨补订：《物权法》，岩波书店 1977 年版，第 43—44 页。

3 1794 年《普鲁士普通邦法》仅限于抵押权，当时德国各地的特别法中有很多相同的例子。后来由 1872 年的《普鲁士土地所有权取得法》作了补充规定，最后是由《德国民法典》第 892 条加以完善，并被 1907 年的《瑞士民法典》第 973 条所取法。对于不动产物权来说，也很想认可此种动产物权的保护交易安全的理想，但法国民法与日本民法最终未对不动产物权认可此一原则。

4 民法上的表见代理、对债权（人）的准占有人，以及指示债券持有人的清偿，即其适例。

5 ［日］鸠山秀夫：“论不动产物权得丧变更的公信主义与公示主义”，载其所著《民法研究》（第 2 卷），岩波书店 1930 年版，第 1 页以下。

载并无绝对的公信力，故而，此种克服与填补乃是不充分的。[1]

（三）公示、公信原则的当代意义与价值

公信原则，是迟于公示原则而发展起来的。于公信原则得到确立的法制下，公示原则的功用会减少。通常的债权人并不受公信原则的保护。故此，于公示原则不完全的情形，其对通常的债权人是很不利的。若不于切实实行公示原则的基础上采公信原则，则静的安全就会受到极大的威胁。换言之，于登记簿册的记载尚不能正确地表现真实的权利关系时，如对登记簿册的记载赋予公信力，则真实权利人的利益即会遭受不测的损害，制度总体的均衡就会被打破，进而形成困难的局面。正因如此，赋予登记簿册的记载以公信力的德国法与瑞士法，方才殚精竭虑地完善不动产（土地）登记簿册制度，并对登记程序采取极其慎重的态度。惟于日本，不仅其登记簿册本身相当不完全，且构成不实登记的可能性也非常多（尤以建筑物的场合最为突出）。尽管现今不少学者极力呼吁赋予登记簿册的记载以公信力，但其前提是，需首先对登记制度作根本性的变革。[2]

登记制度，无论停止于公示原则，抑或进步到公信原则，皆为依近代物权交易法的理想而构筑起来的优秀的法制度。当然，这并不是说未有登记制度覆盖不了的领域。譬如，于日本，林木即使生长于土地上，也仍然可以作为有别于土地的不同的交易对象，此为古来的惯例。进而言之，直到采伐前以“明认方法”（如刻记号、做标记等）作为物权变动的公示方法的，也认可其具有与登记相同的效力。另外，当代所有权制度的一个发展趋势，是由“所有进到利用”。于此背景下，登记制度会进一步发生动摇。此点以日本的情况而论，不动产用益权依《建筑物保护法》《租屋法》及《农地法》，即使未登记，也被赋予了对抗力。当然，若自要把不动产的所有的权利关系都表示于登记簿册上，且仅凭登记簿册的记载即可迅速、安全、确实地进行不动产交易这一近代民法的理想看，则是最不希望认可此制度。另一方面，登记制度并未停止其扩大范围的步伐，其将农业用

1　［日］我妻荣著，有泉亨补订：《物权法》，岩波书店 1977 年版，第 45—47 页。

2　［日］我妻荣著，有泉亨补订：《物权法》，岩波书店 1977 年版，第 46—47 页。惟研究日本不动产登记法的学者幾代通认为，在日本不动产登记簿制度的现状下，认可登记簿册的记载具有公信力也是没有障碍的。对此，请参见其所著《不动产登记法》，有斐阁 1974 年版，第 3 页以下。

动产、汽车、建筑机械等全部涵摄其中，便是一例。另外，1978 年，日本制定了《关于假登记担保契约的法律》，将假登记担保的惯例，以制定法固定了下来。[1]

（四）依法律行为的物权变动的意思主义与形式主义的对立

如前述，根据法律行为的物权变动，德国民法的物权形式主义与法国民法的（债权）意思主义，乃是对立的。二者的对立，主要见于以下各点。

1. 两种主义的内容

法国民法的（债权）意思主义认为，使物权发生变动（如使所有权移转与抵押权设定）的意思表示，与使债权得以发生的意思表示完全相同，且不需要任何形式。于此主义下，像设定抵押权与地上权等以物权变动的发生为目的的契约，乃与雇佣契约此一仅发生债权债务关系的契约并无任何差异或不同，亦即单纯依意思表示即可成立。[2]

德国民法的物权形式主义认为，使物权变动得以发生的意思表示与使债权发生的意思表示不仅不同，且以物权变动为目的的物权行为，为一种要式行为，即不动产物权需伴有登记（Eintragung，《德国民法典》第 873 条、第 925 条），动产物权需伴有交付（Übergabe，《德国民法典》第 929 条）。于此种主义之下，发生物权变动的意思表示，为双方当事人缔结的契约，称为“物权的合意”（Einigung 或 Auflassung）抑或“物权契约”。

2. 两种主义下对第三人的关系

于对第三人的关系上，《法国民法典》的立场是动产物权只依意思表示即可移转，而对第三人的保护则借助于公信原则。例如，依买卖契约，所有权尽管发生移转，但于标的物尚由出卖人占有时，第二受让人只要是善意的，即可取得所有权（《法国民法典》第 1141 条、第 2279 条）。惟对于不动产，则不适用此原则。依第一次让与，让与人的所有权即已然消灭，第二受让人不能取得权利。也就是说，不发生二重让与的问题。惟依 1855 年修改后的法律，如第一买卖未进行

1　以上参见［日］我妻荣著，有泉亨补订：《物权法》，岩波书店 1977 年版，第 46—47 页。

2　《法国民法典》第 711 条规定，所有权“作为债权的效力”而移转，即是此意。该法典第 1138 条的规定，也是同一旨趣。关于《法国民法典》物权变动的意思主义的创立过程，参见［日］滝沢聿代：“物权变动中意思主义・对抗要件主义的承担”，载《法学协会杂志》第 93 卷，第 11—12 号。

"誊记"[1]（transcription），则取得的不动产权利即不能对抗进行了"誊记"的第二买受人，于是造成二重买卖的问题。1955年，法国颁布法律，明定申请"誊记"时需提出由公证人制作的契约证书。此一规定，具有防止二重让与的旨趣。[2]

于依法律行为的物权变动上，德国民法对第三人的关系，乃是明定动产物权变动的"交付"不独指现实交付，且也指简易交付、占有改定及返还请求权的让与（《德国民法典》第929—931条）。故而，《德国民法典》有关动产物权变动的物权形式主义的规定，实际上也未达到公示的旨趣。进而，第三人仍主要依公信原则受到保护，此点与法国民法同。于不动产物权变动的情形，登记则具有充分的公示力，即仅有不动产物权变动的意思表示而未进行登记，不动产物权不生变动的效力。故而，对于所有的第三人，其法律关系皆非常明确、统一，此点为德国民法物权形式主义之所长。[3]

3. 两种主义下的当事人之间的关系

（1）法国民法（债权）意思主义下的当事人之间的关系。于法国民法，以物权变动为目的的意思表示，与以引起债权之发生为目的的意思表示，在形式上并无差异。若当事人依一个意思表示（如买卖契约）而欲同时发生债权与物权变动的两种效果（买受人支付价金，出卖人移转标的物的所有权），则两种效果皆会发生。若当事人只想发生一种效果，则只发生一种效果。但于具体情形，要判定属于何种效果，换言之，要决定当事人之间的物权变动的时间，不啻十分困难。故此，法国民法乃规定，于买卖、赠与等最终交付标的物的契约中，应依契约的缔结来完成当事人的最终目的——标的物所有权的移转。[4]如此，第一，就现存的特定物而言，原则上契约缔结之时，即生物权的变动。然当事人以契约定有物权变动的时间的，则从其约定。第二，出卖他人之物的，无效。买受人不知出卖物

1　誊记（transcription），最初是将物权变动的事由记载于账簿，后来将1921年修订法以来当事人提出的一定格式的纸页装订在一起。此处只是为了在意思上区别于登记才称作"誊记"。

2　［日］星野英一："法国1955年以后不动产物权制度的修订"，载其所著《民法论集》（第2卷），有斐阁1970年版，第1页以下。

3　以上参见［日］我妻荣著，有泉亨补订：《物权法》，岩波书店1977年版，第50—51页。

4　参见《法国民法典》第938条、第1138条及第1583条。参见［日］星野英一："法国不动产物权公示制度的沿革概观"，载其所著《民法论集》（第2卷），有斐阁1970年版，第1页以下。

属于他人的，出卖他人之物者得承担损害赔偿责任（《法国民法典》第1599条）。惟现今法国学者将此买卖他人之物的规定解为相对无效，而非绝对无效。于签订买卖他人之物的契约后，若出卖人取得物的所有权抑或物的所有人追认该买卖关系的，买卖的效力即因被追认而变得完全有效。第三，不特定物或将来生产物（如完成陶瓷的制作后方交付给对方）的让与，于标的物特定或已现实存在时，发生物权变动。[1]此为原则，于当事人间存在与此不同的约定或地方习惯另有订定的，则于交付或其他时间发生物权变动。概言之，于法国民法，物权的变动，根据发生债权目的的行为而生，于当事人为发生债权目的的行为时，物权的变动原则上也就同时发生了。仅于立刻发生物权变动有障碍时，方自该障碍被除去之时起发生。于另有特约或习惯的，则于特约或习惯所定的时间发生，无需另为专以物权变动的发生为目的的行为。

（2）德国民法物权形式主义下的当事人之间的关系。

1）按照德国民法，不动产（土地）物权变动，于未实施登记此种明确的形式前，于当事人间不生物权变动的效力。尤其是移转不动产（土地）所有权的物权的合意（Auflassung），要求采取特别的方式（双方当事人于主管机关面前当场为之），且不得附条件。此外的其他不动产物权变动的物权的合意，则不要求采此特定的形式，且允许附条件。

2）动产物权的变动，根据德国民法，尽管要求有“物权的合意”，惟对于此“物权的合意”，并不要求采特定的形式，且允许附条件。动产物权变动中的交付，除现实交付外，尚有所谓观念交付。故此，于德国民法，动产物权的变动尽管以交付为要件，但于当事人间，仍有无法明了物权变动的时间的情形。对此，乃具体分析如下。

第一，《德国民法典》第449条的“所有权保留买卖”，是先把买卖标的物交付给买受人，标的物的所有权于价款清偿前一直保留于出卖人之手。对于是在支付完价款后重新缔结移转标的物所有权的物权的合意，抑或此项合意早已缔结，仅其效力的发生以价款之清偿为停止条件，学理认识不一。

1　无需重新缔结以移转所有权为目的的契约。

第二，买受人先支付价款，出卖人日后向买受人“送付”标的物的情形，是于支付价款时已有移转所有权的物权的合意与交付，抑或只有移转所有权的物权的合意，而以“送付”作为停止条件?

第三，就甲将来取得的商品或企业设施，预先缔结将其让与给乙的合意，而以甲的实际取得为停止条件。惟可否预先依占有改定的方式交付，解释上颇不一致。此在以仓库中的商品和企业设施设定让与担保的情形具有实际意义。实务上，常常发生无法清楚明了当事人间到底实施了何种意思表示的情况。[1]

4. 基于法律行为的物权变动法国法与德国法立法主义的差异

兹以买卖而引起所有权移转为例，对法国法与德国法的立法主义扼要图示如下。[2]

法国法	债权・债务的发生 ↗ 债权行为（买卖契约）⇒物权的变动（所有权移转）
德国法	债权・债务的发生 ↗ 债权行为（买卖契约）+物权行为（物权的合意）+登记或者交付⇒物权的变动（所有权移转）

二、基于法律行为的物权变动采意思主义

（一）概说

1.《日本民法》第176条的意思主义与物权的意思表示

《日本民法》第176条规定：“物权的设定与移转，仅因当事人的意思表示而发生效力。”第177条规定：“不动产物权的取得、丧失及变更，非依不动产登记

1　［日］我妻荣著，有泉亨补订：《物权法》，岩波书店1977年版，第52—54页。

2　［日］松井宏兴：《物权法》，成文堂2017年版，第56页。

法及其他关于登记的法律规定进行登记的，不能对抗第三人。”第 178 条规定：“动产物权的让与，非交付其动产，不能对抗第三人。”

依照这些规定，于日本民法，发生物权变动的法律行为，并不像德国法物权形式主义那样需有特别的形式（登记或交付），而是一如法国法，仅需有单一的意思表示即可。当然，若要以物权变动的效果对抗第三人，则需进行登记或交付。但此为物权变动的对抗要件，而非生效要件。不过，在日本民法之下，质权的设定，仍以质物的交付为成立要件。另依规定，于日本，矿业权、租矿权也以登记为权利的发生要件。[1]

对于以上第 176 条中的“意思表示”究竟指什么，判例与学理见解历来不一。换言之，《日本民法》该条肯认了物权行为独立性吗？此一问题又与所有权移转的时间相粘连。

由于《日本民法》第 176 条未明示该条的“意思表示”究竟指什么，故发生了将之解为“使物权发生变动”的物权的意思表示（物权行为）的情况。若作如是的理解，则于日本民法，物权的变动即非有物权的意思表示不可。也就是说，需有独立的区隔于买卖契约的意思表示，是为物权行为独立性的见解。受德国民法的影响，该说迄至大正时代，于日本学界一直占据通说的地位。惟因日本民法采意思主义，故而，即使肯定物权行为的独立性，也只不过是把形成债权、债务关系的意思表示，与直接引起物权变动的意思表示于观念上一分为二而已。即甲与乙缔结买卖契约时，甲使标的物的所有权移转于乙的物权的意思表示也就蕴含其中了。可见，于日本民法之下，认可物权的意思表示并无实益。[2]正因如此，此种意义或认识上的物权行为的独立性肯定说，现今已无多大的市场。[3] 但是，与所有权的移转时间相粘连，于理论和交易的侧面，现今的日本民法学界仍然存在一种以意思主义为前提的、肯定物权行为独立性的学说。对此学说，后文将予

1　参见《日本矿业法》第 60 条、第 85 条。在工业所有权领域，如此的规定也是屡见不鲜（参见《日本特许法》第 66 条第 1 项与第 98 条）。参见［日］我妻荣著，有泉亨补订：《物权法》，岩波书店 1977 年版，第 56 页。

2　［日］三和一博、平井一雄：《物权法要说》，青林书院 1989 年版，第 29 页。

3　以此立论，于日本民法上，以物权行为独立性为前提的物权行为无因性也并无存在的余地。参见［日］三和一博、平井一雄：《物权法要说》，青林书院 1989 年版，第 30 页。

论及。

2. 依法律行为的物权变动的时间

依法律行为的物权变动，需具备三项要件：一是当事人需缔结使物权变动的契约；二是物权变动的客体（物）业已存在，且为特定的独立之物；三是当事人要有引起物权变动的权利，并于客观上不存在影响物权变动的障碍。在这里，第二个要件的存在与否较易识别，惟第一个要件的存在与否，则因标的物为动产抑或不动产、物权变动的内容是移转所有权抑或设定限制物权而有差异或不同。其中，有的容易判明，有的不易判明。若以不动产设定抵押权，即应解为仅依当事人的合意便生效力。而作为典型的物权变动，即于买卖的情形，标的物的所有权何时移转则不易判定。对此，学理与判例存在以下各说。

（1）依第176条的文义，买卖标的物所有权的移转时间。如前述，《日本民法》第176条对于物权变动系采意思主义。对于该条是否认可物权行为的独立性，现今判例与学者通说系采否定立场。故此，于买卖的情形，仅有买卖契约，买卖标的物所有权即移转于买受人，此与《德国民法典》需有独立于买卖契约的、专以所有权的移转为目的的物权契约迥乎不同。换言之，日本民法是经由买卖契约来实现买卖的目的（即标的物所有权的移转）的。进而言之，买卖契约是现象，买卖标的物所有权的移转则为其本旨。[1]

（2）日本判例实务的立场（契约时移转说）。日本的判例，认为于买卖的情形，标的物所有权原则上于买卖契约缔结，即买卖契约成立时移转，[2]称为“契约时移转说”。买卖标的物所有权既然依意思表示而移转，则当事人也可依意思表示而停止所有权的移转。判例也认可当事人得以特约约定所有权的移转时间。[3]

（3）物权行为独立性肯定说。按照以上判例的立场，买卖标的物所有权既然依意思而移转，则所有权的移转时间即需要透过对当事人的意思表示进行解释而定之。并且，自交易的实际情况看，譬如不动产的买卖，当事人通常会认为，买

1　［日］三和一博、平井一雄：《物权法要说》，青林书院1989年版，第30页。

2　参见日本最判1958年6月20日民集第12卷第10号，第1585页。

3　参见日本最判1960年3月22日民集第14卷第4号，第501页。

卖标的物所有权的移转时间，并非为缔结买卖契约之时，而是为登记、交付、支付价金这些外部的表象发生时。且人们的通常观念以至交易习惯，也通常认为只有存在这些表象，标的物所有权方发生移转。如作如此的考量，则实施这些表象行为时的意思，乃是与缔结买卖契约之时的卖与买的意思不同的，它是一个物权的意思表示。这即是买卖情形的物权行为独立性肯定说。质言之，依据此说，只有存在外部的表象，譬如登记、交付或价金的支付等，标的物的所有权方发生移转。[1]

（4）一方面否定物权行为的独立性，一方面主张由外部的表象判定所有权的移转时间的学说。此说不承认物权行为的独立性，但同时又主张应依外部的表象确定所有权的移转时间。具体涵括下列各点：第一，不动产买卖的情形，原则上只要有登记、交付及支付价金中的任一表象，所有权便发生移转。第二，于买卖契约，因贯彻有偿性原则，出卖人于接受价金时，若认为标的物的所有权不移转，则同时履行抗辩权的实际意义就会丧失殆尽。依据此说，所有权的移转时间，原则上为价金支付时。于此之前，出卖人交付了标的物，于登记簿册进行了移转所有权的登记的，视为出卖人放弃同时履行抗辩权。第三，认为物权变动的时间不能抽象、统一地加以确定，而应依具体的交易形态，譬如买卖的情形，应依出卖人授予了买受人多大程度的信用而定。

以上各说虽有细微差异，但莫不采意思主义而否定物权行为独立性，且皆认为只有存在某种外部的表象时，所有权方发生移转。值得指出的是，新近以来，于日本，持这种观点的学者乃有与日俱增之势。[2]

（5）所有权的移转时间无需确定说。除以上各说外，近年来尚出现了一种新的学说，即认为确定所有权的移转时间既无实益，也殆不可能。此种见解，称为“所有权的移转时间无需确定说”。

（二）对《日本民法》仅依意思表示即生物权变动的规定的评析

《日本民法》对于物权变动系采意思主义。依此主义，仅有当事人的意思表示，便生物权变动的效果，惟此种物权变动并无对抗第三人的效力。物权与债权

1 ［日］三和一博、平井一雄：《物权法要说》，青林书院 1989 年版，第 31 页。
2 ［日］三和一博、平井一雄：《物权法要说》，青林书院 1989 年版，第 32 页。

最大的不同，乃在于物权人对第三人也得积极主张其权利，而债权则否。故缺乏对抗力的物权变动，也就并无多大的实际价值与意义。当事人的经济目的，许多场合皆只能依对抗要件方能达成。正因如此，日本新近以来的实务大多认为，物权交易仅在具备对抗要件时方可完成。例如，于不动产买卖，即使当事人未有约定，判例也认为出卖人有登记义务。[1]故而，标的物的所有权即使发生了移转，出卖人协助登记（或交付）的义务，与买受人支付价金的义务，也处于同时履行的关系。于特定物的赠与，依契约，标的物的所有权即便发生了移转，只要未履行对抗要件，也不得认为已然履行完毕[2]。[3]

三、物权变动的公示（对抗要件）

（一）概要

如前述，近代物权法的理想是保护物权交易的安全。《日本民法》规定，不动产以登记、动产以交付作为公示的手段，并以之作为对抗第三人的要件。

近代物权法为了使不动产物权（特别是土地物权）得向社会公示而建立了登记制度。基于法律的理想，当然希望能测量全国的土地、制作正确的地图、确定区域划分、标上土地号数、确定土地种类、评定土地价格并将其全部登录于土地登记簿册。于此基础上复登记不动产物权的变动。如此，不动产物权的各种情况即可由登记簿册而获表现。

但是，日本明治初年进行土地改革时，因对地籍的整理很不彻底，故迄今仍有未进行登记的土地。就面积和区域划分而言，除部分城市土地与进行耕地整理的地域外，土地的实际情况与登记簿册的记载不一致的情形仍为数不少。日本尽管承认建筑物是独立于土地的不动产，但因房屋大多为木造结构，故要把木造结构的房屋的新建、改建、灭失等情况毫无遗漏地记载于登记簿册，于程序上尚不够充分、完备，盖因其关系到登记的申请主义（日本《不动产登记法》第25条）。另外，于日本，关于房屋的坐落、种类、构造、规模、所有人等建筑物的

1　参见日本大判1920年11月22日，（民）第1856页。

2　参见日本最判1956年1月27日，（民）第1页。

3　［日］我妻荣著，有泉亨补订：《物权法》，岩波书店1977年版，第67页。

基本情况的公示，迄今也不完备。此点尽管因 1962 年对《不动产登记法》进行修改而有某种程度的改善，但现今仍未达到使一切建筑物皆可于登记簿册加以公示的程度。并且，要将一切不动产物权的存在及其变动皆如实地记录于登记簿册，仍有相当大的困难。[1]具体而言，日本不动产物权变动不能如实地公示于不动产登记簿册的情形，主要有下列一些：

其一，法律对林木交易习惯的认可。林木，虽生长于土地之上，但于日本，自古以来即作为与土地不同的物而对待。《日本民法》制定时，对其未设专门的登记制度，故而才创制出“明认方法”—— 刮去林木的一层皮或立一块告示牌，用墨笔写上所有人的姓名进行公示。

其二，从保护、强化土地与建筑物的用益权这一近代民法的理想出发，对原本并不属于权利登记范围的“标示”与占有赋予对抗力，并认可未登记于不动产登记簿册的不动产用益权有排他性。日本《建筑物保护法》规定，以建筑物的登记为土地用益权的对抗要件；《租屋法》与《农地法》规定，以不动产的交付（对房屋的居住）、对农地的耕种为建筑物与农用租赁权的对抗要件。基于强化土地与建筑物的用益权这一近代民法的理想，以占有为对抗要件，对未登记于不动产登记簿册的不动产物权也认可有排他性，如今看来已是大势所趋。[2]

（二）不动产物权变动中的公示（对抗要件）

1. 概要

《日本民法》规定，不动产物权变动，以登记为对抗要件。而登记，则依《日本民法》第 177 条关于“登记的规定”为之。此所谓“登记的规定”，主要是日本《不动产登记法》。此外，对于日本《林木法》及其他特别法规定的不动产物权，另设有专门的登记规定，譬如 1910 年的《立木登记规则》等。

依日本学理，所谓登记，系指将一定事项记载于被称为不动产登记簿册的公簿上。日本的登记事务，以管辖不动产所在地的法务局、地方法务局或其支局、

---

1 ［日］我妻荣著，有泉亨补订：《物权法》，岩波书店 1977 年版，第 70—71 页。

2 ［日］我妻荣著，有泉亨补订：《物权法》，岩波书店 1977 年版，第 71—72 页。

派出所为登记所，并由其具体掌管。[1]

于日本，不动产登记簿册分为土地登记簿册与建筑物登记簿册两种。对一宗土地或一栋建筑物备一用纸；区分所有权，就该区分所有建筑物全体备一用纸。登记簿册的样式为：每一用纸分为标示部、甲部及乙部。

标示部记载关于土地或建筑物的标示事项（土地所在地、土地号数、土地种类、土地面积、建筑物的坐落、房屋号数、种类、构造、室内面积）；甲部记载标示部所标示的关于不动产的事项（如根据买卖，标的物的所有权由 A 移转至 B）；乙部记载标示部所标示的不动产所有权以外的权利事项（如抵押权的设定）。需注意的是，此甲部与乙部，系依时间顺序记载不动产物权的变动。

标示的登记。要公示不动产物权关系，最重要的就是要确认各个不动产的同一性，将客观事实正确地标示于不动产登记簿册上。此为标示部的标示登记的功能。日本《不动产登记法》第 36 条规定：新产生土地时，所有人应于一个月内申请土地标示登记。第 47 条规定：建筑物为新建建筑物时，所有人应于一个月内申请登记建筑物标示，并规定登记官吏可依职权为标示登记（《不动产登记法》第 28 条）。

权利登记。日本《不动产登记法》第 16 条第 1 项规定：登记，除法律另有规定外，非有当事人的申请或官署、公署的嘱托，不得为之。是就权利的登记采所谓“申请主义”。亦即，当事人未提出申请的，原则上登记官吏不得依职权而为登记。当然，也并非只要提出登记的申请，登记官吏即应无条件地受理并实际办理登记。正相反，登记官吏应首先对当事人申请的合法性加以审查。尽管日本《不动产登记法》第 24 条规定，于某些场合，登记官吏应以附理由的裁定驳回申请，但除标示登记外，这些规定皆系形式性的，于窗口即可为之。换言之，只要登记的申请不与此等规定相抵触，登记官吏即应受理并进行实际的登记，称为“形式的审查主义”。此外，日本判例也认为，登记官吏对于登记的申请，并无实质的审查权[2]。[3]

1　参见日本《不动产登记法》第 6 条第 1 项。

2　参见日本最判 1960 年 4 月 21 日，（民）第 963 页。

3　［日］我妻荣著，有泉亨补订：《物权法》，岩波书店 1977 年版，第 70—79 页。

按照日本《不动产登记法》，登记，原则上系依登记权利人（登记受益人，譬如不动产的买受人、抵押权人）与登记义务人的共同申请而发动。登记权利人与登记义务人或其代理人应到登记所申请登记（《不动产登记法》第 60 条第 1 项），称为“共同申请主义”。但对于下列各登记则明示不采此一主义，而仅由登记权利人提出申请即可：变更登记名义人的登记、假登记及为了登记不动产的所有权而进行的保存登记。

对于登记官吏因过错而为的错误登记致申请人于损害的，日本《不动产登记法》规定，仅在登记官吏有故意或重大过失时，受害人方得请求损害赔偿。惟 1947 年的日本《国家赔偿法》规定，若登记官吏有过失的，受害人得依该法而请求国家赔偿。

登记的种类。依登记的内容的不同，登记可分为终局登记（本登记）与预备登记。终局登记，为发生完全对抗力的登记，涵括记入登记（即新记入一定事项的登记）、变更登记（包括权利的变更登记与记载错误、遗漏的更正登记）、回复登记（包括已注销登记的回复登记与登记簿册灭失时的灭失回复登记）以及注销登记。此等登记中，除记入登记外，其余的登记多会涉及第三人（登记权利人、登记义务人以外的人）的利益，故进行此等登记时，于提出登记申请之际，需同时附具第三人的承诺书与相关文件。

预备登记，涵括预告登记与假登记。预告登记，系指因登记原因无效或撤销而提起注销或回复之诉时的登记；假登记，是在程序或实质上尚不具备为本登记的条件，为确保将来进行登记时的顺位而为的登记。[1]假登记，尽管原则上需由登记权利人与登记义务人共同申请，但若附具假登记义务人的承诺书的，则可由假登记权利人单独申请。于假登记义务人不协助共同申请，抑或拒绝交付承诺书时，假登记权利人可于得到法院的判决书后单独申请。

按照日本《不动产登记法》，凡一切的不动产物权变动，皆以登记为对抗要件。关于应当登记的权利，该法第 3 条规定：“登记，就不动产标示或下列不动产权利的设定、保存、移转、变更、处分限制或消灭而进行：所有权、地上权、

1　日本《不动产登记法》第 105 条规定：“假登记于下列各项情形为之：（1）不具备登记申请程序上需要的条件；（2）欲保全某些权利的设定、移转、变更或消灭的请求权。”

永佃权、地役权、先取特权、质权、抵押权、承租权、采石权。”新建建筑物也是一种物权变动，除原样保持所有的可以不进行登记外，若要处分该建筑物，或以之设定抵押权的，则需进行登记。除所有权外，日本《不动产登记法》第3条所列的其他物权的成立和存在，皆源自于设定行为或时效，故此，若无登记，其存在即不得对抗第三人，就此而言，就非进行登记不可。另外，物权以外的民法上的其他权利中，需要进行登记的，有租赁权、不动产买回权与民事特别法所定的采石权、林木的所有权和抵押权。至于无需登记的不动产物权，依日本实务则有占有权、留置权、一般先取特权、入会权及区分所有建筑物共用部分的持份权。[1]

2.《日本民法》第177条分析

（1）对第177条“不能对抗”一语的理解。《日本民法》第177条规定：“不动产物权的取得、丧失及变更，非依不动产登记法及其他关于登记的法律规定登记，不能对抗第三人。”据此规定，不动产物权变动，如未进行登记，即不能对抗第三人。惟对此处的“不能对抗”一语的理解，存在分歧。

1）债权的效果说，认为《日本民法》第176条因采意思主义，故本应解为即使不进行登记，也要发生物权变动的效果，但为了回避物权的本旨问题，应解作如不登记，即仅生债权的效果。是为债权的效果说，我妻荣等倡导之。

2）第三人主张说，认为未登记的物权变动，第三人可以否认之。如甲把自己的不动产让与给乙，未经登记，乙又让与丙而进行了登记。此时，丙可以甲、乙间的不动产所有权的移转未进行登记为由而否认甲、乙间让与行为的效力。

3）不完全物权说，认为只要未作登记，物权变动即不能发生完全的效力。《日本民法》第176条虽然规定只要有意思表示，即发生所有权移转的效果，但又受该法第177条、第178条的限制，故只有具备对抗要件（登记或交付），不动产的所有权方排他性地归属于受让人。

4）法定证据说，认为《日本民法》第177条事实上是为法院裁判不动产物权

1　[日]我妻荣著，有泉亨补订：《物权法》，岩波书店1977年版，第86—92页。

变动的纷争时就事实的认定提供法定证据，即依该条规定，法院可以认定物权变动的先后关系。于第二受让人先期进行了登记的，法院即应作出不动产所有权移转给了第二受让人的认定。如此，第一受让人即变成无权利人。[1]惟如此认识受到不少学者的批评。

5）公信力说。这是自否定二重让与的可能性出发而提出的学说。譬如，A把标的物的所有权让与B，依《日本民法》第176条，B成为所有权人，A变成无权利人。故此，A当然不能复把该标的物的所有权让与第二受让人C。实务上，无权利人A之所以可把标的物的所有权让与C，乃是因为不动产登记簿册上尚记载该标的物的所有权人为A，故而，相信A为所有权人并进行交易的人，因登记具有公信力，故可以取得所有权。该说的立足点，是依实质的利益衡量而保护善意的第三人。[2]

（2）对《日本民法》第177条不能对抗第三人中的“第三人”的范围的理解。《日本民法》第177条规定，不动产物权变动，未经登记不能对抗第三人。惟该条对“第三人”的范围未予明定。通常认为，此所谓“第三人”，是指除物权变动的当事人（如出卖人甲和买受人乙，时效取得人乙与因此丧失权利的甲）与概括承受人（甲与乙的继承人）以外的人。

《日本民法》制定公布后的最初10年，判例、学说对第三人的范围的理解采无限制说（又称积极说），亦即对第三人的范围未设限制。只要进行了不动产物权变动的登记，除物权变动的当事人外，皆有对抗力。反面言之，若未进行不动产物权变动的登记，则不能对抗第三人。[3]

这以后，随着社会生活的变迁，首先是判例，尔后是学说，开始对第三人的范围的理解改变立场，即采限制说（又称消极说）。1908年12月15日，日本大

---

1 ［日］安达三季生：“第177条的第三人”，载《判例演习·物权法)，有斐阁1963年版，第58页。

2 ［日］镰田薰：“二重让与的法律构成”，载《民法的争点Ⅰ》（《法学家》增刊)，第102页。

3 第三人范围的无限制说，参见［日］鸠山秀夫：“论不动产物权变动的得丧变更的公信主义与公示主义”，载其所著《民法研究》（第2卷)，岩波书店1930年版，第1页以下；邓曾甲：《日本民法概论》，法律出版社1995年版，第157页。

审院民事联合部判决（民录 14 辑第 1276 页）表示[1]：不动产物权变动的登记的对抗要件，系在于保护不动产物权交易的安全，故此无正当交易关系的人——与物权变动无利害关系的人，不应成为第三人。按照该判决，《日本民法》第 177 条中“第三人”的范围是：主张登记的欠缺而有正当利益的第三人。判例的此一立场，受到了学说的广泛赞同，以致限制说于现今也居于支配地位，而无限制说则日渐式微。[2]此外，于日本实务上，“第三人”的范围，被区分为以下两种：

1）无须进行不动产物权变动的登记即可对抗的第三人。此种人也为无正当利益的第三人，涵括：第一，实质的无权利人，即没有任何实体性权利的、于不动产登记簿册上登记的名义人（又称为架空的权利人）；第二，侵权行为人，对于非法占有自己的不动产的人，无须登记即可请求返还，占有的不动产毁损灭失的，得请求损害赔偿；第三，再转让物权的前主与后主，例如，某不动产从甲转移至乙，再从乙转移至丙，则甲、丙为再转移物权的前主与后主，甲对于乙、丙间的所有权的移转，丙对于甲、乙间的所有权的移转，皆不属于得主张登记欠缺的有正当利益的第三人，故而甲、丙属于无须登记即得对抗的第三人。[3]

2）不进行不动产物权变动的登记即不能对抗的第三人。也就是说，得主张登记欠缺的有正当利益的第三人，涵括取得物权的人与租赁权人。不动产的受让人，以不动产设定地上权、设定抵押权的人，如不进行物权变动的登记，则在物权变动时不得对抗之。租赁权，原属债权的一种，但如今日本民法已赋予其近似于物权的效力，是为租赁权的物权化。故而，若欲对抗租赁权人，则非进行物权

1　该案的案情是：某甲从某乙处买受一幢建筑物，与认为自己也在名义上对该建筑物享有所有权的某丙发生冲突，为此，某甲向法院提起所有权确认之诉。一审法院认为，从某乙至某甲的所有权变动因未进行登记，故某甲不能以此对抗第三人某丙而取得建筑物所有权（无限制说）。某甲不服判决，以虽未进行登记但自己确为建筑物的真实所有人，而向大审院提起上诉。大审院认为，日本民法的对抗要件主义，应与第三人范围限制说相连，第三人是指“除当事人（包括继承人）以外的对不动产物权的取得、丧失及变更可以主张登记欠缺的具有正当利益的人”。某丙属于没有正当利益，并与物权变动未有正当交易关系的人，故而某甲纵未办理不动产物权变动登记，也仍然可以取得建筑物的所有权。对此，请参见邓曾甲：《日本民法概论》，法律出版社 1995 年版，第 158 页注释 1。

2　邓曾甲：《日本民法概论》，法律出版社 1995 年版，第 158 页；［日］田中整尔编集：《物权法》，法律文化社 1985 年版，第 108—109 页。

3　邓曾甲：《日本民法概论》，法律出版社 1995 年版，第 158 页。

变动的登记不可。[1]

关于《日本民法》第 177 条所定的第三人应否区分善意、恶意，该条本身未有明示。通常而言，不能主张登记欠缺的无正当利益人，亦即未建立正当交易关系的第三人，其基本涵义是指，于不动产的“二重买卖”中，明知有第一买卖但仍然进行第二买卖的买入不动产的第二买主（恶意第三人）。日本学理认为，物权交易中，若要区分第三人为善意抑或恶意，将会造成交易关系的紊乱并滋生纷争，故对恶意第三人，第一买受人也需为不动产物权变动的登记后方可对抗之。惟日本《不动产登记法》第 5 条第 1 项规定：“以欺诈或胁迫妨碍登记申请的第三人，不得主张登记的欠缺。”第 5 条第 2 项规定：“有为他人申请登记义务的，不得主张该登记的欠缺。”可见，对于此两种人，得不进行登记即有对抗的效力。[2]

（三）动产物权变动的对抗要件——交付

《日本民法》第 178 条规定：“动产物权的让与，非交付其动产，不能对抗第三人。”可见，在日本民法，动产物权变动的对抗要件是交付，与不动产物权变动的对抗要件系登记不同。但对于某些特殊的动产，如船舶、汽车、飞机及建筑机械等，则以登记而非交付为对抗要件。[3]货币的所有权，因采“货币的所有与占有一致”的原则，故非以货币的“交付”为货币所有权的移转的对抗要件，而是作为生效要件。当然，此所谓交付，涵括现实交付、简易交付、占有改定及依指示的占有移转。此等交付的意义，将于本书末章“日本民法的占有制度”中论及，兹不赘述。

1　邓曾甲：《日本民法概论》，法律出版社 1995 年版，第 158—159 页。

2　1927 年，某甲将其所有的山林出卖给某乙，某乙在交付价金后未办理物权变动登记，于占有 27 年后，某丙因对某乙心怀恶意，乃与某甲通谋，办理了自某甲处买入该山林的移转登记，并立即以之为标的物为某丁设定了抵押权。某乙以某丙、某丁为被告，向法院提起确认所有权之诉。日本最高法院判示：某甲、某丙间的不动产买卖，违反了《日本民法》第 1 条第 2 项的规定，即行使权利与履行义务时，应恪守信义，诚实实行（参见日本最高法院 1961 年 4 月 27 日判决，载《民事判例集》第 15 卷 4 号，第 901 页）。参见邓曾甲：《日本民法概论》，法律出版社 1995 年版，第 159—160 页。

3　根据《日本商法典》第 684 条、第 686 条的规定，需登记的船舶及已登记的建设机械，乃是以登记而非交付作为所有权移转的对抗要件。《日本道路运输车辆法》第 4 条规定：供运行之用的机动车（轻型机动车与两轮小型机动车除外），皆应在机动车登录原簿上登录。已登录的机动车与已登录的航空器的所有权的取得、丧失，以登录为对抗要件。对此，请参见［日］我妻荣著，有泉亨补订：《物权法》，岩波书店 1977 年版，第 185 页。

如前述，《日本民法》原则上以“交付”作为动产物权变动的对抗要件。惟对此问题，尚需补充说明如下二点。

第一，《日本民法》第86条第3项规定：无记名债权视为动产。[1] 据此，无记名债权原则上应适用《日本民法》第178条的规定。惟因无记名债权与货币有共同之点，且以流通为其本旨，故仍以无记名债权证券的交付为效力的发生要件。

第二，以船货证券、货物兑换证券及仓库证券表征商品时，交付表征此等商品的证券，与交付商品本身具同等的效力。也就是说，此等场合，证券的交付，不独是动产物权变动的对抗要件，且也为生效要件。

（四）依“明认方法”公示树木及其果实的物权变动

依“明认方法”公示树木及其果实的物权变动，是日本判例与习惯法上的做法。所谓“明认方法”，即对树木或树木果实的物权变动，可以削去树木的皮，而在其上写明谁是所有人，或于树干上墨书所有人的姓名，抑或于树旁设置标示牌等。如此，社会第三人即可清晰地认识谁为树木的所有人。“明认方法”，通常由取得树木所有权的人或者尽管让与土地但却保留了对树木的所有权的人为之。至于取得树木所有权的原因与前所有人的姓名（或名称），则无需表明。[2]

第二节 《德国民法典》的物权总则（一）

一、概要

《德国民法典》未如《日本民法》而于物权编之始即设立“物权的总的规定”——总则，而仅于物权编第2章就土地物权的共通事项设有总的规定，称为“土地物权通则”（第873—902条）。动产物权，因仅定有动产所有权、动产用益权及动产质权三种，故未设共通规则，而是于各处分别设其规定。具体而言，系将动产所有权规定于“所有权”（物权编第3章）中，动产用益权规定于用益物权的“役权”（物权编第4章）中，动产质权规定于土地担保权的“抵押权、土

1　所谓无记名债权，系指无记名公债、无记名公司债、商品券及乘车券等。

2　［日］我妻荣著，有泉亨补订：《物权法》，岩波书店1977年版，第205页。

地债务及定期土地债务”之后的“动产质权与权利质权”（物权编第8章）中。以下以《德国民法典》物权编第2章“土地物权通则”的规定为中心，来考量《德国民法典》物权编“总则”的内容与基本状况。

《德国民法典》物权编第2章“土地物权通则”，于整个物权编中占据重要地位，其不仅规定了土地物权的移转、设定及变更需有当事人的意思表示并进行登记，且规定了当事人为意思表示的方法及其效力。另外，它尚规定了登记对于实体上的权利所具有的效力。此关于登记对于实体上的权利的效力的规定，学说谓为“实体的登记法”抑或“登记的实体的规定”。与此相应的，是专门规定登记的程序的“程序的登记法”（或径称为“登记的程序的规定”）。“程序的登记法”，即德国1897年3月24日实施的《土地登记法》，简称GBO。20世纪肇始以后，该法曾于1905年、1919年、1935年及1994年5月26日进行过四次大的修改[1]。[2]

《德国民法典》物权编第2章“土地物权通则”的主要内容涵括：（1）土地物权的变动。土地物权的让与、设定（基于合意与登记的取得、登记同意书的引用）（第873—874条）；土地物权的消灭（第875—876条）；土地物权的内容的变更（第877条）；土地物权的处分的事后限制（第878条）。（2）数项权利的顺位（次序）关系（第879—881条）。（3）因强制执行而导致权利消灭的赔偿（价额赔偿的最高额）（第882条）。（4）预告登记（第883—888条）。（5）于物权的情况下混同的排除（不生物权的混同）（第889条）。（6）土地的合并、合并登记（第890条）。（7）土地登记簿册的推定效力（第891条）。（8）土地登记簿

1　惟需注意的是，尽管总体上可以说《德国民法典》物权编第2章所定的登记制度属于“实体的登记法”，其《土地登记法》所定的登记制度属于“程序的登记法”，但也并不尽然。例如，其《土地登记法》第3条第1项后句及该条第2项、第11条、第41条第2项及第50条，皆为登记的实体性规定。《德国民法典》第885条、第899条第2项也属于登记的程序性的规范。此外，《德国强制执行法》与《德国民事诉讼法》也有相当多的关于土地登记的实体与程序性质的规范。对此，请参见［日］於保不二雄著，高木多喜男补遗：《德国民法Ⅲ》（物权法），有斐阁1955年版，第34页。

2　德国《土地登记法》具有重大的实践意义。仅巴登-符腾堡州，1995年约有565 000宗土地所有权变动，以及超过200万宗的其他土地物权交易——其中涵括抵押权与土地债务——于土地登记簿中进行登记。对此，请参见［德］鲍尔、施蒂尔纳：《德国物权法》（上册），张双根译，法律出版社2006年版，第272页。

册的公信力（第 892—893 条）。（9）土地登记簿册的更正（第 894—898 条）。（10）异议登记（第 899 条）。（11）登记的取得时效（第 900 条）。（12）未登记权利的消灭（第 901 条）。（13）已登记的权利不受消灭时效的限制（第 902 条）。[1]

二、基于法律行为的物权变动

（一）概说

按照德国民法，引起物权发生、变更与消灭的原因，除有法律行为外，尚有混同、无主物的先占、添附（附合、混合与加工）、取得时效、拾得遗失物及发现埋藏物等。惟依法律行为的物权变动，乃是其中最重要、最常见的因由。以下即以之为中心，来分析《德国民法典》关于物权变动的规定。

依《德国民法典》，基于法律行为的物权变动，于土地物权，原则上需有物权的合意（Auflassung）与登记（Eintragung）；于动产物权，需有物权的合意（Einigung）与交付（Übergabe）。[2] 应指出的是，此所谓登记与交付，并不是《日本民法》所定的物权变动的对抗要件，而为“物权的合意”（物权契约）的生效要件。又所谓“物权的合意”，即以直接引起物权的发生、变更或消灭为目的的合意。但因仅有物权的合意，原则上并不能发生物权变动的效果，故“物权的合意”本身并不是法律行为，而只有与登记或交付相结合，方可构成一个法律行为，称为物权契约。[3]

1　［日］於保不二雄著，高木多喜男补遗：《德国民法Ⅲ》（物权法），有斐阁 1955 年版，第 34 页；台湾大学法律学院、财团法人台大法学基金会：《德国民法（总则编、债编、物权编）》（上册）（第 2 版），元照出版有限公司 2016 年版，第 846 页以下。

2　在德国民法上，因发生物权变动的法律行为（物权行为），与以发生债权为目的的法律行为（债权行为）不同，故不能把二者合为一体而构成一个法律行为。就此而论，物权行为可谓有其独立性。而且，于买卖标的物的所有权已经移转至买受人时，纵引起标的物所有权移转的原因为无效，物权行为（标的物的所有权的移转）的效力也不因此而受影响，称为物权行为无因性。对此，请参见［日］我妻荣著，有泉亨补订：《物权法》，岩波书店 1977 年版，第 54 页。

3　此为日本学者山田晟的见解（参见其所著《德国法概论》，有斐阁 1987 年版，第 197 页）。此外，日本学者好美清光也采同样见解，其谓：“物权的合意与登记或交付相结合，方构成一个法律行为，即物权契约、物权行为。”对此，请参见［日］村上淳一等编：《德国法讲义》第十章第 1 节“关于不动产物权的取得、丧失与变更的通则”（好美清光执笔），青林书院新社 1974 年版，第 177 页。

当事人之所以缔结物权契约，往往有其原因。此所谓原因，即买卖、互易、赠与等债权关系。债权关系，顾名思义，是关于债权债务的权利义务关系，于德国民法之下并不能引起物权的变动。要发生物权的变动，需另有独立的物权契约。债权契约与物权契约，因此为两个独立的契约，债权契约即使无效，只要物权契约本身并无无效的原因，其也仍然有效，学说谓为“物权契约（物权行为）的无因性或抽象性”（Abstrakte Natur der dinglichen Geschäfte; Abstraktion von der Causa）。于债权契约（债权行为）无效而物权契约（物权行为）有效时，取得物权的人应依不当得利的规定返还所得的利益。[1]

如所周知，对于《德国民法典》的物权契约的无因性，从来就有各种各样的争论。日本研究德国民法的资深学者山田晟说，《德国民法典》之所以规定物权契约的无因性，尽管依学者通说，乃是由于对罗马法的相关制度的错误理解所使然、所造成，但于不承认登记与占有具有公信力的德国普通法上，此一制度实具有保护交易安全的功能。例如，甲、乙间的买卖契约即使无效，而所有权的移转本身（即移转所有权的物权契约）仍然有效，其结果，自乙受让标的物所有权的丙，便可有效地取得标的物的所有权，甲对于丙，不得根据所有物的返还请求权请求返还。

惟物权行为无因性，有时也会发生无法保护善意第三人的情况。依“条件默示”理论，物权行为的效力与原因行为乃是共命运的。之所以如此，盖因《德国民法典》第925条第2项规定，让与土地所有权的物权的合意，附以条件或期限的，无效。[2] 另外，尽管物权行为无因性具有保护交易的安全的功用，但《德国民法典》又同时规定了占有与登记的公信力制度，如此就使物权行为无因性的功用丧失大半。《瑞士民法典》对于依法律行为的物权变动尽管也采与《德国民法典》相同的“形式主义”（单方的物权行为），但却未采取物权行为无因性，正为

---

1 ［日］山田晟：《德国法概论》，有斐阁1987年版，第197页。需注意的是，依物权的合意与登记（物权契约）而引起不动产（土地）物权的变动，并未贯穿到所有的不动产（土地）物权变动中。例如，按照德国民法，非依法律行为的不动产物权变动，譬如因继承、征收、强制执行的物权变动，原则上即不采物权的合意与登记。不过，也存在以强制执行与登记为权利的成立要件者。对此，请参见《德国民事诉讼法》第867条第1项、第830条第1项及第857条第6项。

2 ［日］我妻荣著，有泉亨补订：《物权法》，岩波书店1977年版，第54页。

此一情况的反映。[1]此外，山田晟尚谓：采物权行为的独立性与无因性，也有违背人们的法观念与法意识的弊端。例如，去商店购买一包香烟，按照人们通常的生活观念，只有一个购入行为，而依《德国民法典》，却需要践行一个买卖契约的行为，及二个让与所有权的行为（物权行为），再加上交付，如此即违反人们对社会生活的体认。正因如此，新近以降，对于物权行为的无因性，德国学界方出现了经由解释而加以缓和的倾向。譬如对于动产的让与，有学者主张，撤销债权的意思表示的，其效力应同时及于物权的意思表示，等等。[2]

（二）基于法律行为的土地物权变动

1. 基于法律行为的土地物权变动的基本原则：《德国民法典》第 873 条考量

关于土地物权的取得、丧失与变更，《德国民法典》第 873 条定有如下明文："（1）土地所有权之移转或于土地上设定权利，及此等权利之移转或设定权利，应经权利人与相对人就发生权利变更之合意，并于土地登记簿上为权利变更之登记。但法律另有规定的除外。（2）成立合意之当事人，在登记前，仅以双方之表示已由公证人作成证书，或其表示系在土地登记机关前为之，或曾向之申请登记，或权利人已将土地登记法规定之登记同意书交付他当事人者为限，始受合意之拘束。"

根据以上规定，转让土地所有权、就土地设定限制物权（如设定抵押权）、让与于土地上设定的限制物权（如让与抵押权），以及以设定于土地上的限制物权复设定其他物权（如以抵押权为标的设定权利质权）的，皆需有物权的合意与登记。[3]物权的合意与登记，虽可以不同时进行，但仅于完成此两项行为后，方可取得物权。物权的合意，于未为登记前，原则上各当事人皆得自由撤回。认可自由撤回的因由与旨趣，系在于阻止当事人为轻率的物权移转。不过，物权的合意系依法律所定的特定方式作成时，即不能撤回（《德国民法典》第 873 条第 2 项）。且物权的合意也不是登记的前提。要进行登记，只需有一方当事人的申请

1　［德］黑克："无因的物权行为论"，日本学者我妻荣（评介），载《法学协会杂志》第 56 卷 3 号。

2　［日］山田晟：《德国法概论》，有斐阁 1987 年版，第 198 页。

3　当然，犹如证券抵押，其让与也有无需登记的情形。

（土地买卖的情形，为土地的出卖人）与受动的当事人（即丧失权利的当事人）的登记承诺（Eintragungsbewilligung），即获已足。[1] 鉴于《德国民法典》第873条于德国土地物权法上占据重要地位，以下对该条中的诸多概念，尤其是该条所称的“合意”与“登记”，予以分析、考量。

（1）本条的适用范围。本条系规定依法律行为而取得土地物权的要件，以及物权的合意对于当事人的约束力。所谓依法律行为取得土地物权，系指依设定行为与让与（移转）行为取得土地物权。故而，依继承、取得时效及法律的特别规定取得土地物权的，并不适用本条的规定。此点应予注意。

（2）何谓合意（物权的合意）。

1）合意（物权的合意）的涵义与特性。本条所谓合意，亦称物权的合意。《德国民法典第一草案》曾使用物权契约（Dinglicher Vertrag）一语。《德国民法典第二草案》以次的各德国民法典草案（涵括正式通过的《德国民法典》），仍继续维持《德国民法典第一草案》的物权变动的发生需有合意与登记的立场不变，至于该合意的理论构成，则委诸学说决之，并以合意一语取代物权契约概念。自此以降，对于此合意是否为与物权契约相同的概念，学者意见不一。惟对于该合意并不受作为原因行为的债权行为的影响这一点上，学者见解并无差异。1933年，法西斯政权入主德国后，认为有因抑或无因的问题，与善意交易的保护系不同的问题，二者未有关联，其结果，乃使主张物权的合意应为有因性的见解变成学界的主流。[2]

2）合意（物权的合意）的创制。按照《德国民法典》，物权的合意的创制，原则上并不要求非采特定的形式不可。惟《德国民法典》第925条第1项规定，移转土地所有权的物权的合意（让与土地所有权的物权契约），需由双方当事人（或其代理人）同时到场，向有管辖权的机关以表示为之。此所谓有管辖权的机

---

1 登记承诺，也称登记许诺，系指向土地登记机关表达“承诺”（同意）登记的单方面的意思表示。对此，请参见［日］山田晟：《德国法概论》，有斐阁1987年版，第198页。

2 以上参见［日］於保不二雄著，高木多喜男补遗：《德国民法Ⅲ》（物权法），有斐阁1955年版，第36页。另外，关于该合意的形成，原则上得适用《德国民法典》总则编关于意思表示的规定。

关，主要系指公证人或作为土地登记机关的区法院。[1]另外，此移转土地所有权的物权契约，也可以诉讼法上和解或在由既判力所确认的债务清偿方案（Insolvenzplan）中表示之。惟依同条第2项规定，让与土地所有权的物权契约附以条件或期限的，无效。之所以作如此的规定，乃出于使土地所有权的归属关系变得明确化的考虑。其结果，使以价金的全部支付为停止条件的所有权保留契约，对于土地即无适用的余地。[2]

另外，依《德国民法典》第873条第2项，土地物权变动的物权的合意（物权契约）于登记前作成公证证书，或于土地登记机关[3]为物权的合意，抑或向土地登记机关提出该物权的合意，甚至于权利人将德国《土地登记法》所定的登记承诺书（登记同意书）交付给相对人的，该物权的合意即不能撤回。但若以此等方式以外的方法为物权的合意的，则与通常的合意（契约）无异，即可以撤回。之所以如此，系在于防止因举证的困难而滋生纷争，并避免为轻率的土地交易行为。[4]

（3）关于登记。《德国民法典》第873条所称登记，系指依德国《土地登记法》的规定，并依当事人的申请，而将一定的事项记入土地登记簿册。需注意的是，于德国法上，此登记，并不是引起权利变动的物权的合意的外在的单纯形式，而是与物权合意共同作为（或构成）土地物权变动的要件。

1）登记的程序。依德国法，登记官吏于为登记前，只需审查当事人的申请（德国《土地登记法》第13条）、利害关系人同意登记的意思表示（德国《土地登记法》第19条），以及有预备登记（德国《土地登记法》第18条）即可，称

---

1 陈卫佐译注：《德国民法典》（第2版），法律出版社2006年版，第334页注释11。

2 但在动产，则并非不可。《德国民法典》第449条（所有权保留）规定："动产的出卖人于价金支付前保留其所有权的，有疑义时，应认为所有权的移转系以价金全部的支付为停止条件，而于买受人有支付迟延时，出卖人可解除其契约。"可见，《德国民法典》该条所定的所有权保留制度，仅得适用于动产。

3 在德国，土地登记机关（Grundbuchamt）的职能是由区法院执行的，其系在区法院内设立的一个部门（《德国土地登记簿法》第1条第1项）。仅巴登-符腾堡州为例外，该州的土地登记簿事务系由区公证人执行。对此，请参见陈卫佐译注：《德国民法典》（第2版），法律出版社2006年版，第332页注释4。

4 ［日］村上淳一等编：《德国法讲义》，青林书院新社1974年版，第179页。

为“登记的形式的合意主义”。

但是，于办理土地所有权让与的登记时，尽管向登记官吏提交了买卖契约等债权契约的公证证书（《德国民法典》第311b条第1项），[1]然若不为物权的合意的，则仍旧不能为土地所有权的移转的登记（德国《土地登记法》第20条，地上权的登记也与此同）。如此，可以防止债权契约、所有权移转的合意与登记之间的不一致。不过，即使未将原因行为（债权契约）作成法律要求的证书（第311b条第1项第1句）——公证证书——的形式（如作成的只是普通的不具法定形式的债权契约），但若已缔结了让与土地所有权的物权的合意（Auflassung），并于土地登记簿册完成了登记的，则该普通的未具法定形式的原因契约（债权契约）也完全有效。[2]

2）登记的种类。依规定，登记的种类主要有：事实的登记与权利的登记[3]，记入登记与注销登记，本登记与预备登记（假登记、异议登记），形式登记（设定、消灭与变更土地物权变动的登记）与更正登记[4]。

3）登记的内容。依规定，登记的内容涵括：得使权利的同一性与权利变更的范围得以明确化的必要事项。关于德国《土地登记法》的形式的内容，参见该法第2—7条、第44—52条、第120—123条以及《关于登记处分的命令》第4条等。

4）登记的效力。依《德国民法典》与德国《土地登记法》，登记一经完成，即产生如下的效力：移转的效力（第873条第1项）、顺位确定的效力（第879条）、推定的效力（第891条）、公信力（第892条）以及取得时效的效力（第900条、第902条）。

---

1 《德国民法典》第311b条（土地、财产及遗产之契约）第1项规定：“使当事人一方负有移转或取得土地所有权之义务之契约，应公证。契约纵未依该方式订定，但已为让与合意及登记于土地登记簿者，依其全部内容为有效。”

2 《德国民法典》第311b条第1项第2句：“契约纵未依该方式订定，但已为让与合意及登记于土地登记簿者，依其全部内容为有效。”需提及的是，在德国实务上，债权契约、所有权移转的合意、利害关系人同意登记的承诺及登记申请，通常于公证人的面前以同一个证书作成。对此，请参见［日］村上淳一等编：《德国法讲义》，青林书院新社1974年版，第180页。

3 参见《德国民法典》第892条。

4 参见《德国民法典》第894条。

（4）关于本条所称“法律另有规定的除外”。《德国民法典》第 873 条第 1 项所称“法律另有规定的除外”，主要系指如下的情形：无需有物权的合意与登记，而仅依法律的规定或解除条件的成就即取得权利；无需有物权的合意，仅依登记而取得权利，譬如依土地登记簿册取得时效的规定而取得土地物权；[1]无需登记，而只需交付证券即可取得权利。[2]

2. 土地物权的内容的变更

在德国民法上，所谓土地物权的内容的变更，系指不涵括物权的取得与丧失的物权的变更，譬如变更抵押权的清偿期等。依德国民法，要变更土地物权的清偿期，需有物权的合意与登记（变更抵押权的内容的，为土地所有人与抵押权人的合意），并获得第三权利人（抵押权上的质权人）的同意。[3]

3. 让与土地的从物的所有权

按照《德国民法典》，让与土地的所有权的，作为土地的从物（Zubehör）的动产的所有权，若有合意，即依土地的登记而一并移转于受让人。[4] 不过，于这里，让与土地的从物的动产的所有权的（物权的）合意，系推定其存在的。[5]于动产非属于土地所有人所有时，受让土地所有权的人，得依善意取得的规定取得其所有权。[6]

（三）动产物权的变动——物权的合意与交付

按照德国民法，动产所有权的移转与土地所有权的移转类似，即除需有作

1　参见《德国民法典》第 900 条。

2　［日］於保不二雄著，高木多喜男补遗：《德国民法Ⅲ》（物权法），有斐阁 1955 年版，第 37 页。

3　参见《德国民法典》第 873 条、第 876 条及第 877 条。

4　《德国民法典》第 926 条（土地的从物的取得）第 1 项规定：“让与人与受让人约定土地所有权的让与效力及于从物的，受让人取得土地所有权的同时，一并取得属于让与人现存的土地的从物所有权。有疑义时，推定土地所有权的让与效力及于从物。”

5　《德国民法典》第 311c 条（效力及于从物）规定：“就物的让与或设定负担，负有义务者，有疑义时，其义务及于该物的从物。”

6　《德国民法典》第 926 条第 2 项规定：“受让人依让与契约而取得对从物的占有，而该从物不属于让与人所有，或对第三人的权利有所负担者，适用第 932 条至第 936 条的规定。对于受让人的善意，以取得占有之时为准。”

为原因的债权契约外，尚需有以所有权的移转为目的的物权的合意与交付，[1]且也采物权契约独立于原因行为（债权契约）的物权行为独立性原则。

1. 物权契约：物权的合意

按照《德国民法典》，动产物权的变动，需有物权的合意与交付，以及作为债权行为的买卖契约。但需注意的是，于这里，不独买卖契约等债权契约，即使移转所有权的物权的合意，也与土地物权的变动不同，即不要求采取特定的形式。换言之，动产物权的变动所需的物权的合意，即使默示也系可以。实务上，作为债权行为的原因契约（原因行为）中，已认为内蕴了物权的合意，在即时清结的买卖中尤其如是。标的物的交付，要在原因行为（债权契约）缔结后的一段较长时间内才实施的，也通常认为，交付之时，物权的合意即已默示地存在了；若于缔结契约时即支付现金的，则认为此时即存在物权的合意。[2]

根据对《德国民法典》第925条第2项的反对解释，移转动产所有权的物权的合意，可以附条件或期限。譬如，依《德国民法典》第449条“所有权保留买卖”的规定，动产所有权移转的要件尽管皆已具备，但所有权的实际移转以价金的全部支付为停止条件，即其适例。

关于物权的合意的撤回，《德国民法典》第873条对土地的情形定有明文，然对让与动产所有权的物权的合意得否撤回未设明文。对此，学者通说系采肯定立场，认为可以撤回。[3]

2. 交付

如前述，动产物权的让与、设定，需有物权的合意与交付，且物权的合意，依对《德国民法典》第925条第2项的反对解释，得附条件或期限。惟所谓动产物权变动场合的交付，不独指现实交付，且也指非现实交付，即观念交付，譬如简易交付、占有改定及返还请求权的让与。另外，动产物权需实施何种交付方可发生变动，也往往因情形的不同而有差异。

---

1 《德国民法典》第929条第1句规定：“动产所有权的让与，应由所有人以物交付于受让人，并由双方就此为所有权移转的合意。”

2 ［日］村上淳一等编：《德国法讲义》，青林书院新社1974年版，第189页。

3 ［日］村上淳一等编：《德国法讲义》，青林书院新社1974年版，第189页。

（1）让与动产所有权与设定动产用益权的交付。于此等情形，交付，除可采现实交付外，也可依简易交付、占有改定及返还请求权的让与为之。

1）简易交付（Übergabe kurzer Hand；Brevi manu traditio）。《德国民法典》第929条第2句规定："受让人已占有其物者，于成立所有权移转之合意时，即生让与之效力。"例如，甲出卖一古董于乙，乙已于之前因使用借贷关系而占有之，此时只需甲、乙间有单纯的让与该古董的所有权的物权的合意，乙即可取得所有权。

2）占有改定（Besitzkonstitut；Besitzauftragung）。《德国民法典》第930条规定："动产由所有人占有者，得与受让人约定法律关系，使受让人因此取得间接占有，以代交付。"是为占有改定。

根据以上规定，标的物的所有人（让与人）与取得人之间，得以如下方式代替交付：所有人与取得人之间就某一法律关系达成协议，而根据该法律关系，取得人取得间接占有。譬如，铅笔的所有权人甲，于将铅笔的所有权让与给乙的同时，可以与之缔结借用该铅笔，且以继续占有它为内容的契约。此外，依《德国民法典》的规定，用益权的设定，也可依物权的合意与占有改定为之。[1]

3）返还请求权的让与。《德国民法典》第931条："动产由第三人占有的，所有人得以动产之返还请求权让与受让人，以代交付。"是为返还请求权的让与。

据此规定，于第三人（如使用承租人）占有作为买卖标的物的动产时，动产所有人可以让与对动产占有人的返还请求权以代交付。所谓返还请求权，即间接占有人的返还请求权，如所有人对承租人的返还请求权。用益权，依《德国民法典》的规定，也可依设定用益权的物权的合意与返还请求权的让与而设定。[2]

（2）设定质权情形的交付。因质权的本旨系在于质权人（债权人）得对标的

---

1 参见《德国民法典》第930条、第1032条；参见［日］山田晟：《德国法概论》，有斐阁1987年版，第200页。值得提及的是，对于得否认可基于占有改定而发生善意取得，按德国民法及其解释，系采否定立场（日本对此存在争论）。只有之后让与人将物交付给受让人，且于交付时为善意的，方认可善意取得（《德国民法典》第933条）。对此，请参见［日］村上淳一等编：《德国法讲义》，青林书院新社1974年版，第193页。

2 参见《德国民法典》第931条、第1032条。

物加以留置，以清偿自己的债权，故对质权的设定，法律明定：质物的交付不得以占有改定的方式为之。

（四）权利物权的取得、丧失与变更

所谓权利物权，即以法律规定的某些权利为标的的物权。依德国民法，以权利设定物权如用益权与质权的，原则上需依权利让与的规定为之。[1]申言之，以流通登记抵押权（与被担保债权）设定用益权或质权的，需依设定质权与用益权的物权的合意与登记为之。[2]惟《德国民法典》对此设有特殊规定。譬如债权的让与，尽管可依自由的方式为之，但依该法第1279、1280条的规定，以债权设定权利质权的，除需有设定的合意外，尚需债权人将设定质权之事通知债务人。[3]

（五）依法律行为抛弃物权

按照《德国民法典》，物权人原则上得自由地抛弃自己的土地物权。惟因被抛弃权利的种类的不同，致抛弃方法也有相当的差异。

1. 土地所有权的抛弃（Verzicht）

土地所有权的抛弃，依《德国民法典》第928条第1项的规定，由土地所有人向土地登记机关表示抛弃的意思，并将之登记于土地登记簿册而生效力。被抛弃的土地，归属于该土地所在的州的“国库”所有。国库以所有人的名义登录于土地登记簿册而取得其所有权（《德国民法典》第928条第2项）。[4]

2. 抛弃（Aufhebung）土地上的限制物权

抛弃土地上的限制物权的，依《德国民法典》第875条与德国《土地登记法》第46条，是向土地登记机关或因抛弃而受利益的人，为抛弃权利的单方面

---

1 《德国民法典》第1069条第1项、第1274条第1项规定：权利用益权、权利质权的设定，依权利让与的规定为之。

2 参见《德国民法典》第873条、第1154条第3项。

3 ［日］村上淳一等编：《德国法讲义》，青林书院新社1974年版，第218页；［日］山田晟：《德国法概论》，有斐阁1987年版，第201页。

4 值得指出的是，被抛弃的土地，除依《德国民法典》第928条第2项由邦（州）的国库取得其所有权外，依《德国民法典施行法》第129条、第190条，尚可由邦法（州法）规定的人取得其所有权。此项所有权的取得，性质上属于原始取得，而非继受取得，从而不适用《德国民法典》第892条关于依法律行为继受取得土地所有权的公信原则的规定。另外，依德国《土地登记法》第39条第2项，土地登记机关应对取得权人通知土地的抛弃。对此，请参见梅仲协等译：《德国民法》（条文），台湾大学法律学研究所编译，1965年6月印行，第928条。

的意思表示，并注销该权利的登记。抛弃土地上的限制物权的，因对土地所有人有利，故明定不以征得其同意为必要。但抛弃地上权的，按《德国地上权条例》第26条的规定，则仅于获得土地所有人的同意后，方可为之。关于抵押权的抛弃，《德国民法典》设有特别规定，对此将于后文论及。另外，依《德国民法典》第876条第1句的规定，所抛弃的土地上的权利若属于第三人的权利的标的的，则抛弃时应获得该第三人的同意。

3. 权利用益权、权利质权的抛弃

依《德国民法典》，权利用益权与权利质权的抛弃，得准用动产用益权与动产质权的抛弃的规定。之所以如此，盖因前者不过为后者的延长线上的制度。此等情形，权利人仅需对所有人或设定人为抛弃的单方面的意思表示即可。[1]

4. 抵押权的抛弃

于德国民法上，抵押权的抛弃，是首先区别Aufhebung与Verzicht的不同。前者为“废止”之意，后者则指狭义上的“抛弃”。

（1）抵押权的废止（Aufhebung）。依《德国民法典》第1163条第1项、第1177条，被担保债权因清偿而消灭时，抵押权不消灭，而系归由所有人取得，即转换为无担保债权的所有人土地债务。

抵押权的废止，发生抵押权消灭的法律效果。《德国民法典》第1183条规定：以法律行为废止抵押权的，必须取得所有人的同意。该项同意必须向土地登记机关或债权人表示之，且系不可撤回。

（2）抵押权的抛弃（Verzicht）。根据《德国民法典》，抵押权的抛弃，即抵押权人因抛弃抵押权而成为无抵押权担保的普通债权人，被抛弃的抵押权作为所有人抵押权而由土地所有人享有。[2]故而，抵押权的抛弃，无需征得土地所有人的同意，而仅向土地所有人或土地登记机关单方面地表示抛弃的意思，并将之登录于土地登记簿册即可。[3]概言之，抵押权的抛弃，是由债权人以意思表示为之，并于土地登记簿册加以记载。

---

1 参见《德国民法典》第1064条、第1072条、第1255条及第1273条。

2 参见《德国民法典》第1168条第1项、第1177条。

3 参见《德国民法典》第1168条第2项第1句。

5. 动产物权的抛弃

（1）动产所有权的抛弃。动产所有权的抛弃，《德国民法典》规定于第959条："动产所有人以抛弃所有权的意思而抛弃其对该动产的占有的，该动产成为无主物。"依此规定，动产所有权的抛弃，是由抛弃所有权的意思表示与放弃（Aufgabe）对动产的占有构成。此抛弃所有权的意思表示，为无需受领的单方面的意思表示。[1]

（2）动产用益权与动产质权的抛弃。动产用益权与动产质权的抛弃，《德国民法典》规定于第1064条、第1255条。第1064条规定："以法律行为废止动产用益权的，用益权人仅需对所有人或设定人以废止用益权的表示为之即可。"第1255条规定："（1）质权人对出质人或所有人表示抛弃质权的意思的，即认为是以法律行为废止其质权。（2）质权曾为第三人的权利而设定负担的，应得第三人的同意。该同意的表示，应向因同意而受利益的人为之，且同意不得撤回。"依该条规定，《德国民法典》规定的质权的抛弃，特性上为单独行为，而非抛弃契约（Verzichtvertrag），故不以获得对方的同意为必要。至于第1255条第2项所称"应得第三人的同意"中的"同意"，特性上系为不要式的单独行为。[2]

三、物权的推定

《德国民法典》对于土地物权，赋予土地登记簿册的记载以公信力，称为权利的推定或土地登记的公信原则（Öffentliche Glauben）。其第891条规定："权利为特定人之利益而登记于土地登记簿册者，推定其权利属于该受益人。登记于土地登记簿册上之权利经注销者，推定其权利不存在。"

---

1 ［日］山田晟：《德国法概论》，有斐阁1987年版，第202页。值得提及的是，在德国法上，所有权的抛弃被认为是法律行为中的典型的处分行为，故抛弃所有权的人需具备相应的民事行为能力并有处分（抛弃）所有权的权利。抛弃所有权的意思，尽管不要求非予以明确表示不可，但许可由外部的情事而得以认知。至于为第三人的利益而抛弃的，则采移转所有权的方法为之（RG. 83，229）。对此，请参见［日］於保不二雄著，高木多喜男补遗：《德国民法Ⅲ》（物权法），有斐阁1955年版，第127页。

2 ［日］村上淳一等编：《德国法讲义》，青林书院新社1974年版，第184页。

第三节 《德国民法典》的物权总则（二）

一、物权的善意取得

（一）土地物权的善意取得（土地登记簿册的公信力）

1. 土地登记簿册的公信力与土地物权的善意取得

对于土地物权，《德国民法典》第 892 条赋予土地登记簿册的记载以公信力，即土地登记簿册记载的内容即使不正确，依法律行为而善意取得土地物权的人，也视之为正当。譬如，土地的真正所有人甲于土地登记簿册未被登记为所有权人，而乙被错误地登记为所有权人时，自乙善意受让土地所有权的丙即可有效地取得土地登记簿册登记的土地所有权。丙即使因重大过失而不知乙无让与的权利，所取得的权利也受保护，惟如为恶意的，则取得的权利不受保护。[1]当然，如于土地登记簿册作了异议登记的，则土地登记簿册的记载的公信力即被打破。因不正当的登记而蒙受损失的人（如前例中土地的真正所有人甲），得经由更正土地登记簿册的记载（更正登记，Berichtigung），而把自己登记为权利人，称为更正登记。[2]然此更正登记，因需获得为该项登记而受登记簿上的不利益的人的同意［更正同意（Berichtigungsbewilligung），于不能取得此更正同意时，需获得法院的判决］，故其完成往往相当不易，且需要相当的时日。

为了克服以上弊端，《德国民法典》于是定有异议登记制度。上例中的“更正权利人”甲，可实施“异议登记”，也就是进行“乙为土地所有人系有异议”的登记。惟值指出的是，即便作了此异议登记，土地登记簿册的权利人乙仍然可以处分登记簿册的“权利”。但于“异议登记”的正当性变得清楚明了，即甲为

1 ［日］山田晟：《德国法概论》，有斐阁 1987 年版，第 204 页。

2 参见《德国民法典》第 894—898 条。

土地的所有人得到了确认时，乙的处分行为即变成无效。[1]

2. 土地登记簿册的公信力的扩张

按照《德国民法典》，土地登记簿册记载的公信力得扩张适用于向登记名义人——土地登记簿册的权利人（如本无抵押权，但却作为抵押权人而被登记的人）——为给付（清偿）的人。也就是说，登记名义人并非真正的权利人，但社会第三人基于登记簿册的公信力信其有此权利而为给付的，其所为的给付有效，真正权利人不得复请求该人为给付，而仅可请求登记名义人返还不当得利。[2]

3. 对于抵押权的特别规定

德国民法界分不同的情形而对抵押权设有下列特殊规定。

（1）被担保债权虽然存在，但抵押权的设定行为因某种原因而变成无效时，为了土地登记簿册的无效的抵押权的受让人的利益，得直接适用登记的公信力。[3]

（2）设定抵押权的物权行为本身合法，但被担保债权因故不成立或消灭的，为了抵押权的受让人的利益，对于被担保债权，登记的公信力也及之。

（3）抵押权的设定行为无效，且被担保债权也不成立或消灭的，前者依《德国民法典》第 892 条，后者准用第 892 条并适用第 1138 条的规定，仍可善意取得。[4]

（二）动产物权的善意取得（以动产所有权的善意取得为中心）

《德国民法典》定有动产物权的善意取得制度。动产物权，法律赋予占有以公信力。《德国民法典》对于动产物权的善意取得，是先规定动产所有权的善意取得，[5] 之后明确这些规定得准用于动产用益权与动产质权 [6]。故此，以下仅论及动产所有权的善意取得。

1　参见［日］山田晟：《德国法概论》，青林书院新社 1974 年版，第 204 页。另外，在德国民法上，赋予登记簿册的记载以公信力的，仅限于权利的登记，至于事实的登记（如土地的面积、地目的登记），则并不认可有公信力。譬如 1 公顷的土地误被登记为 10 公顷时，受让人也不能取得 10 公顷的土地。此点应予注意。

2　参见《德国民法典》第 893 条。

3　参见《德国民法典》891—893 条。

4　［日］村上淳一等编：《德国法讲义》，青林书院新社 1974 年版，第 187—188 页。

5　参见《德国民法典》第 932—935 条。

6　参见《德国民法典》第 1032 条、第 1207 条。

《德国民法典》第932条至第935条规定，动产的出让人与受让人依第929条关于动产让与的一般规定让与动产的，即使出让人无让与的权利，但若受让人取得动产所有权时为善意的，则取得的所有权也依旧不受影响，否定受让人不能取得动产所有权的人，得对出让人无出让动产的权利，及受让人受让动产时为非善意，负举证责任。需注意的是，《德国民法典》善意取得制度，系专门针对出让人无让与动产的权利而规定的。

1. 何谓善意

要善意取得动产所有权，其关键之点，是受让人受让动产的交付时需为善意。何谓善意?《德国民法典》第932条第2项规定："受让人知道或因重大过失而不知动产不属于让与人所有的，为非善意。"可见，所谓善意，系指未有重大过失，而不知出让人无所有权。此点与前述土地的情形，即便有重大过失也可生善意取得的效果不同。易言之，依《德国民法典》第892条，土地的善意取得，只要有善意（即使该善意有重大过失），即可生善意取得的效果。而所谓有无善意，根据《德国民法典》第932条第1项第1句但书的规定，是进行推定。至于善意的"准据时点"，则依交付的形态而有所不同，通常而言，是受让人就动产所有权的取得为必要的最后行为时。[1]

2. 交付

（1）现实交付。亦即，将动产的占有现实地移转于买受人。《德国民法典》第929条第1句规定：为转让动产的所有权，所有权人必须将该物交付[2]于取得人，且所有权人与取得人必须达成关于所有权应转移的合意。此称为现实交付。

（2）简易交付（Übergabe kurzer Hand；Brevi manu traditio）。《德国民法典》第929条第2句规定："受让人已占有其物的，于为所有权移转的合意时即生让与的效力。"据此规定，取得人已然占有标的物的，只需有移转所有权的合意，动产的所有权便生移转。故此，物权的合意，具有使受让人此前对动产的他主占有

1　［日］村上淳一等编：《德国法讲义》，青林书院新社1974年版，第192页。

2　交付（Übergabe）的意思是："给予对动产的直接占有。"对此，请参见陈卫佐译注：《德国民法典》（第2版），法律出版社2006年版，第336页注释29。

变更为自主占有的功用。[1]

（3）占有改定（Besitzkonstitut、Constitutum possessorium）。《德国民法典》第933条（占有改定的善意）规定："依第930条规定而让与之动产不属于让与人所有者，若让与人已以其物交付于受让人，受让人即取得其所有权。但受让人于交付时为非善意者，不在此限。"据此规定，依占有改定，不发生善意取得，只有将来为现实的交付时存在善意的，方可取得所有权。

（4）返还请求权的让与（Abtretung des Herausgabeanspruchs）。《德国民法典》第931条规定："动产由第三人占有的，所有人得以动产的返还请求权让与受让人，以代交付。"是为返还请求权的让与。亦即，于让与人和直接占有人间有所谓占有代理关系时，透过将基于该占有代理关系的返还请求权（即使物的返还期限尚未届至，也无不可）让与受让人，使其取得对物的间接的自主占有，而取得其所有权。[2]

自无权利人处取得动产所有权而依让与返还请求权的方法为之时，应分两种情况：一是让与人为间接占有人，让与人基于占有代理关系而对直接占有人有物的返还请求权。此种情形，让与返还请求权时，只要有善意，即可发生善意取得。[3] 二是让与人与占有人间并无占有代理关系，而让与外观上的返还请求权的情形。此种情形，不认可得发生善意取得。受让人由现实的占有人那里取得物的占有，且取得占有之时为善意的，方可发生善意取得。[4]

3. 法律效果

按照《德国民法典》，具备善意取得的要件的，即生善意取得的效果，进而受让人可以取得动产的所有权。受让的动产上若存在第三人的权利（如曾经为第三人设定了抵押权）而受让人不知道的，则受让人取得的是无任何负担的所有

1 ［日］村上淳一等编：《德国法讲义》，青林书院新社1974年版，第190页。

2 ［日］村上淳一等编：《德国法讲义》，青林书院新社1974年版，第190页。

3 参见《德国民法典》第931条。

4 ［日］村上淳一等编：《德国法讲义》，青林书院新社1974年版，第193—194页。《德国民法典》第934条（请求权移转的善意）规定："依第931条的规定而让与的动产不属于让与人所有者，在让与人为间接占有人时，受让人因请求权的移转，即取得其所有权，或在其他情形，受让人自第三人取得其占有者，即取得其所有权，但受让人于请求权移转时或取得占有时为非善意的，不在此限。"

权，学理谓为“让与物上的负担的消灭”。所谓“取得”，无论有偿抑或无偿，皆非所问。惟有偿抑或无偿的取得，对于事后依债法规则调整丧失权利的真正权利人的利害关系时，有其差异。此即《德国民法典》第816条第1项规定：“无权利人就标的物为处分，而该处分对权利人为有效的，无权利人应将其因处分所取得的利益，返还于权利人。处分为无偿的，因该处分而直接取得法律上利益的人，负有同一的义务。”

善意取得人，作为物的完全的所有人，得自由处分所取得的物。但是，若允许出卖人可由善意取得人处“回首取得”物的所有权，进而使无权处分物的出卖人变成物的合法所有人，则与法律的正义观念相悖。故而新近以来，德国的学说乃主张，发生“回首取得”时，物的所有权不应归属于无权处分的出卖人，而应复归于物的真正权利人——原所有人。[1]

4. 占有脱离物（Abhandengekommene Sache）

《德国民法典》有关于占有脱离物的规定。所谓占有脱离物，系指非依所有人的意思而丧失占有的物，譬如遗失物、赃物、遗忘物、误取物等。此等物，依《德国民法典》第935条第1项的规定，无发生善意取得的余地。[2] 然金钱、无记名证券及以公开拍卖的方法让与的动产，即便为占有脱离物，也可发生善意取得。[3]《德国民法典》的此一规定，于各国家或地区物权法的同类规定中具有特色，应值提及。

5. 让与标的物上的负担的消灭

《德国民法典》第936条第1项第1句规定：“受让的动产，曾对于第三人的权利负有负担的，该第三人的权利因所有权的取得而消灭。”另外，所有权人自限制物权人的支配下，秘密地将物让与第三人的，受让人尽管可以取得标的物的

---

1 ［日］村上淳一等编：《德国法讲义》，青林书院新社1974年版，第194页。

2 《德国民法典》第935条第1项规定：“所有人因被盗、遗失或其他事由，而丧失其动产的，他人不能依第932条至第934条的规定而取得其物的所有权。所有人为间接占有人，而其动产由于占有人而丧失者，也适用前段的规定。”值得提及的是，《德国民法典》的此一规定，较近现代及当代多数国家或地区认可盗赃物等得于一定条件下发生善意取得的立场，乃系明显偏重于真正权利人的保护。日本民法虽说是继受《德国民法典第一草案》（1888年），但于此点上却未取德国民法的立场。

3 《德国民法典》第935条第2项规定：“前项规定，不适用于金钱、无记名证券以及通过公开拍卖方式让与的物。”

所有权，但限制物权本身并不消灭。[1]最后，质权人占有标的物，所有权的移转依让与返还请求权的方法为之的，[2]取得人即使属于善意，质权也不消灭[3]。[4]

二、物权的顺位

（一）物权的顺位（次序）及其决定基准

物权为绝对权，故同一标的物上的各物权间，需有先后顺位（次序）的分别。《德国民法典》第879条规定：“（1）同一土地上设有数项权利之负担而均登记于土地登记簿之同一项目的，其次序关系，依登记先后定之。其登记于不同项目者，以登记期日在先之权利优先；登记期日相同者，其次序相同。（2）依第873条规定，取得权利所必要之合意，于登记后方完成的，其次序关系，也以登记为准。（3）不同于本条规定次序关系之约定，应登记于土地登记簿。”

（二）土地物权的顺位（次序）的变更

对于土地物权的顺位的变更，《德国民法典》规定于第880条。其要点如下：（1）顺位关系，可于事后变更之。顺位的变更，应由顺位在先而拟退后的权利人及顺位在后而拟提前的权利人以合意决之，并应于土地登记簿册为变更的记载。（2）抵押权、土地债务及定期土地债务因顺位变更而退后的，尚应获得所有权人的同意。该项同意必须向土地登记机关或当事人一方表示之，且不得撤回。（3）因顺位变更而退后的权利，曾为第三人的权利设有负担的，准用《德国民法典》第876条的规定。（4）顺位在先的权利，因让与其顺位而后退，并使顺位在后的权利因之提前的，此让与的顺位，不因该退后的权利依法律行为加以废止而随同丧失。（5）权利介于先后顺位变更的权利之间的，不因该顺位变更而受影响。

（三）顺位保留（Rangvorbehalt）

《德国民法典》有关于顺位保留的规定，即第881条。其要点如下：（1）土

1　《德国民法典》第936条的类推。

2　参见《德国民法典》第931条。

3　《德国民法典》第936条第3项规定：“权利属于第三占有人的，受让人纵为善意，其权利也不因而消灭。”

4　［日］村上淳一等编：《德国法讲义》，青林书院新社1974年版，第195页。

地所有人于就土地设定物权时，得预先保留使范围确定的他项权利登记为优先顺位的权利。（2）前项保留，应登记于土地登记簿册；该项登记，需于登记应退后的权利时一并为之。（3）经保留的权利，随同土地的转让而移转于受让人。[1]

以上顺位保留制度，可举例说明如下：于设定10 000欧元的甲抵押权时，可保留之后设定的5000欧元的乙抵押权以优先顺位（的权利）。顺位保留，虽以进行登记为必要，但尔后所有权人行使所保留的权利，并以优先的顺位登记乙抵押权的，即产生变更甲、乙抵押权的顺位的效果。[2]

需注意的是，德国民法之所以规定顺位保留规则，其旨趣系在于使土地所有人就土地设定负担后，仍可免除顺位的限制，而对土地为符合自己意图的利用。对于顺位保留的性质，学者意见不一，大致可以自两方面加以观察，即就土地所有权人而言，顺位保留是保留所有权的一部分（ein Stück des vorbehaltenen Eigentums），而就债权人方面言，则又具有对其权利加以限制的特性。另根据学理，经保留的权利顺位不得转让，且也不能设定质权。[3]

三、物权的混同

物权的混同（Vereinigung、Konfusion、Konsolidation），即限制物权与所有权归属于同一人之谓，涵括土地物权的混同与动产物权的混同。

（一）土地物权的混同

《德国民法典》第889条规定：于他人土地上所设定的权利，不因土地所有人取得该权利或权利人取得土地所有权而消灭，称为“土地物权不因混同而消灭”。德国民法之所以明定“土地物权不因混同而消灭”，其因由系在于防止后顺位的权利人因顺位的升进而获取利益，并使土地所有人得利用先前的顺位，及使之于市场上辗转流通。[4]需注意的是，德国民法的此一规定，系在明揭“所有权的

1　于此情形，经保留的使他项权利顺位优先的权利，由土地所有权的受让人即现在的所有人行使。其行使需经先行顺位的权利人同意，并需进行登记。对此，请参见梅仲协等译：《德国民法》，台湾大学法律学研究所编译，1965年6月印行，第542页。

2　［日］山田晟：《德国法概论》，有斐阁1987年版，第208页。

3　梅仲协等译：《德国民法》，台湾大学法律学研究所编译，1965年6月印行，第542页。

4　［日］山田晟：《德国法概论》，有斐阁1987年版，第208页。

内容的可分性原则”（Grundsatz der Teilbarkeit des Eigentums dem Inhalt nach）。[1]依此原则，土地所有人可对自己的所有物，自设限制物权，如设定原始的所有人土地债务等。

（二）动产物权的混同

动产物权的混同，主要规定于《德国民法典》第1063条。该条规定：动产上的用益权与所有权归于同一人的，动产上的用益权归于消灭；所有权人就用益权的存续有法律上的利益的，用益权视为不消灭。

1 梅仲协等译：《德国民法》，台湾大学法律学研究所编译，1965年6月印行，第544—545页。

第三章

19 世纪德国普通法学围绕所有权移转对尤里安与乌尔比安法言的解读 [1]

按照《德国民法典》第 873 条第 1 项与第 929 条，不动产（土地）所有权的移转，需有当事人双方关于所有权的变动（移转）的合意（Auflassung）与登记（Eintragung in das Grundbuch）；动产所有权的移转，需有当事人双方关于所有权的移转的合意（Einigung）与交付（Übergabe）。此合意与登记，或合意与交付，性质上属于和买卖契约等债法上的法律行为迥然不同的另一种法律行为——物权行为。并且，其效力不受作为原因行为的债权行为的效力的影响，学说谓为物权行为的无因性。

《德国民法典》尽管并未从正面明定物权行为的无因性，但由该民法典的制定过程来看，它毋庸置疑是采取了物权行为的无因性的。《德国民法典第一草案》（1888 年）于第 828 条——现行《德国民法典》第 873 条的原形——之后的第 829

1　本章的主要内容，系依据［日］海老原明夫："19 世纪德国普通法学上的物权移转理论"，载《法学协会杂志》第 106 卷第 1 期，第 1—73 页，谨此说明。此外，本章的撰写还参考了［日］好美清光："Jus ad remとその发展的消灭——特定物债权の保护强化の一断面"，载一桥大学研究年报《法学研究 3》（1961 年），第 179—432 页；［日］小川浩三："普通法学上的 causa（原因）论的考察"，载《法学协会杂志》第 96 卷第 6 号（1979 年），第 721—751 页；［日］滝沢聿代：《物权变动的理论》，有斐阁 1987 年版；［日］谷口贵都："物权契约的历史的展开"，载《早稻田大学院法研论集》第 31 号及其以下；［日］原岛重义："无因性概念的系谱"（无因性概念的研究 1），载九州大学法学部创立 30 周年纪念论文集《法与政治的研究》（1957 年），第 451—477 页。这里需要特别指出的是，海老原明夫先生为日本研究德国民法的著名学者，所发议论细腻深刻。另外，本章所援引的德文文献，非有特别说明，也皆出自于海老原明夫文，为节省篇幅计，笔者在具引时，仅注明德文的出处，该点于此一并加以说明。

条规定："前条所定的契约的有效，无需有法律上的原因。该契约的有效，于当事人怀抱不同的法律原因，或当事人设想的法律原因不存在，抑或无效时，皆不丧失其效力。"并且，该草案第 874 条第 1 项规定：第 829 条，得准用于动产所有权的移转。至德国民法典第二次起草委员会，尽管明定物权契约（物权的合意）的无因性的第一草案的第 829 条被剔除了，[1]但此并不意味着德国民法典第二次起草委员会放弃了物权行为的无因性。

德国民法典第二次起草委员会的"议事录"，就之所以删除德国民法典第一草案的第 829 条有这样的记述："第 829 条的规定是正确的，但它是多余的、无用的。该条第 1 项第 1 款，未对第 828 条增定任何别的内容，仅因考虑到于迄今为止的法律领域，取得权源与取得方式的理论占据支配地位，认为往后取得土地的物权，除需有无因的契约与登记外，不再需有特别的法律原因的纯粹的教育旨趣。……由第 828 条第 1 项的文义，可以明了：只要具备该条所定的取得土地物权的要件，即获满足。"[2] 由此记述可以知悉，德国民法典第二次起草委员会因考虑到物权行为的无因性系一项当然的前提与原则，故决定剔除德国民法典第一草案的第 829 条。

以上被德国民法典的立法者视为当然前提的物权行为的无因性，是由 19 世纪的德国普通法学，尤其是历史法学派的重要代表人物萨维尼（Friedrich Carl von Savigny，1779—1861 年）倡导的。惟萨氏提倡物权行为的无因性，又绝非凭空杜撰，而是经由对罗马法的法律概念进行论理的加工而获得的。本章的任务，即是对萨维尼等 19 世纪的德国普通法学者围绕所有权的移转而展开的关于罗马法的法言，尤其是对尤里安与乌尔比安的法言所做的解读予以考量、分析。[3]

笔者将首先考察围绕"交付"需有"正当的原因"的保罗的法言（D. 41. 1. 31

---

1 ［日］海老原明夫："19 世纪德国普通法学上的物权移转理论"，载《法学协会杂志》第 106 卷第 1 期，第 2 页。

2 转引自［日］海老原明夫："19 世纪德国普通法学上的物权移转理论"，载《法学协会杂志》第 106 卷第 1 期，第 2 页。

3 值得提及的是，当此之时，德国普通法学者们的学问的根本事业，即在于罗马法的研究。此间学者所提出的任何有影响的理论，皆非闭门造车、冥思苦想而化出，而系经由对罗马法源（或法言）的解读，尤其是自相互对立的解读中提出的。

pr.）的议论，其次考察围绕尤里安的法言（D. 41. 1. 36）与乌尔比安的法言（D. 12 . 1. 18）的议论。需说明的是，无论对罗马法的法言作如何的解读，也是难以释明德国民法的所有权移转理论的历史渊源的全貌的。盖德国民法的物权行为及无因性理论，其固有法，即日耳曼法中的“让与土地所有权的物权的合意”（Auflassung）等，乃是对其产生了决定性作用的。[1] 此外，登记制度的应有姿态或固有状况，也对物权行为及无因性理论的确立起到了推波助澜的作用。限于篇幅，这些皆不涉及，拟另设专文研究。此一点，于此一并加以说明。

第一节　关于物权行为独立性的罗马法法言的解释论

一、格鲁克的解读

关于所有权的移转，德国的普通法学者格鲁克（C. F. Glück，1755—1831年）的重要贡献在于：提出了迄至19世纪初期一直占据通说地位的“取得权源与取得方式”的思想。[2]其于《潘德克吞详解》（Ausführliche Erläuterung der Pandecten nach Hellfeld，ein Commentar）中写道：“依学者的通说，要取得标的物的所有权，需具备两项要件：一是使物权的取得成为可能的所谓‘权源’，二是使物权的取得成为现实或依取得标的物的现实占有而使物权取得的可能性转化为现实性的‘取得方式’（modus adquirendi）。……例如，我在书店购买一本图书，若书店方面将图书交付给我，我则成为该图书的所有权人。我的权源，是我与书店方面缔结的买卖契约。之所以如此，系因为正因有此买卖契约，方使我有成为（图书）的所有权人的可能。我的取得方式，是交付（Tradition）。交付，使取得图书所有权的可能变成现实，并使我现实地成为图书的所有权人。”[3]

1　［日］川岛武宜：《所有权法的理论》，岩波书店1987年版，第213页以下。

2　关于所有权的移转的“取得权源”与“取得方式”的详情，请参见［日］好美清光：“Jus ad remとその发展的消灭——特定物债权の保护强化の一断面”，载一桥大学研究年报《法学研究3》（1961年），第179—432页。

3　［德］Christian Friedrich Glück：Ausfuhrliche Erläuterung der Pandecten nach Hellfeld，ein Commentar，Bd . 8，Erlangen 1807，§. 578—579，第83页。

依该“取得权源”与“取得方式”思想，仅有交付这一取得的方式，是不能取得标的物的所有权的，此外尚需有引起所有权移转的原因。为了说明自己的此一思想，他举出了保罗《论告示》第31卷中的法言，以为佐证：“单纯的交付永远不会使所有权移转。若先有出卖或其他正当原因而后据此为交付，则会使所有权移转。”[1]

对于保罗的这一法言，格鲁克解释说：“要通过交付而取得某物的所有权，以让与标的物为目的的债权（obligatio）需要先期存在。……所谓交付，是所有人或保有让与权利的人，依债权债务关系而把物的占有移转给我的事实，称为取得方式、取得行为或取得形态。只有实施了该交付，受让人才能取得所意欲取得的物权。基于权源（债权债务关系、债之关系）而享有债权，只不过被赋予了得请求义务人履行交付的‘人的权利’[2]。”[3]

如此，在格鲁克看来，要取得标的物的所有权，除需有作为事实行为的占有的移转——交付外，尚需有先期存在的“正当的原因”（insta causa praecedens）。而所谓“正当的原因”，照他的理解，即是买卖契约等债权债务关系或债之关系。然就所有权的移转而言，若绝对要求需有先于交付的债权债务关系，则会有悖于实际情况。故此，对于“正当的原因”的先期存在，格鲁克遂作了如下的弹性的说明：“债权债务关系的成立与交付在时间上通常是分离的，即迄至债务依交付而被清偿前，往往要经过一段时间，……事实上，债权债务也有可能依履行它的行为本身而成立，譬如赠与和事先未有约束关系的消费借贷即是。”[4]

显而易见，格鲁克这里所关心的，是在赠与和消费借贷的情形，尽管无先期的债权债务，但却实施了现实的交付。依保罗的法言，只有单纯的交付，是不会

---

1 ［意］桑德罗·斯奇巴尼选编，范怀俊译：《物与物权》，中国政法大学出版社1993年版，第58页。

2 此即，只有“取得权源”的债权债务关系，仅可使债权人享有请求义务人履行“交付”的权利，此权利因性质上属于相对的、请求特定人为特定行为的权利，故当时的学者谓为“人的权利”，日本学者好美清光在前揭论文中谓为“jus ad rem”，并作有深入研究。

3 ［日］海老原明夫：“19世纪德国普通法学上的物权移转理论”，载《法学协会杂志》第106卷第1期，第6页。

4 ［日］海老原明夫：“19世纪德国普通法学上的物权移转理论”，载《法学协会杂志》第106卷第1期，第6页。

移转所有权的。那么，这种情况又应作何解释呢？对此，格鲁克说：现实的交付行为本身，不仅使赠与和消费借贷契约成立，而且也同时完成了这些契约的履行。由于作了如此的法技术的说明，他便自圆其说地维持了自己的主张：交付，先期的“正当的原因”的存在是必需的。

对此“正当的原因”，发生问题的是，若当事人双方就交付的原因发生“错误”（如一方打算赠与，而对方却误为消费借贷）而造成意思表示的不合致（不合意）[1]，标的物的所有权得否移转。对此，远在古罗马法时代即已有不同的见解，此即乌尔比安与尤里安的法言的对立。此点将于后文论及，兹不赘述。

二、萨维尼的解读

如所周知，长期以来，研究萨维尼的物权移转理论的主要材料，是威廉·费尔根特雷格（Wilhelm Felgentraeger）对萨维尼的讲学活动的记录。[2]根据1927年发表的研究报告，物权行为及无因性理论的创始人萨维尼早在1803—1804年的冬期讲学中，对于物权的移转，即持与格鲁克大致相同的“取得权源”与“取得方式”的见解。但于1815—1816年的冬期讲学中，萨维尼则一改原有立场，而改采独立的物权行为说。根据威廉·费尔根特雷格的听课笔记，萨维尼于这一时期的讲学活动中说：“某人给与乞丐一枚金币时，从何处能找到其正当的原因呢？这里存在的只是惟一的事实，即金币的交付，此外再无其他事实。于这里，无论契约抑或别的其他东西，都是未有先于交付的行为而存在的。……当然也无任何债权关系，而只是事实上的交付使金币的所有权发生了移转。……受赠人即乞丐之

1　民法自罗马法以来有所谓“意思表示的不合致”。意思表示的不合致，也称意思表示的不合意，即构成契约的各个意思表示未趋于一致。以当事人是否知悉为标准，不合意涵括两种情形：其一，意识的不合意（亦称“公然的不合意”），即当事人自知其不合意，发生此种不合意时，契约不能成立；其二，无意识的不合意（亦称“隐存的不合意”），即当事人不知其不一致。换言之，当事人信其意思已趋一致，而实际并未一致，涵括契约当事人的不合意、契约标的物的不合意及契约性质的不合意三种情形。此处所谓“不合意”，系指契约性质的不合意。对此，请参见郑玉波著，陈荣隆修订：《民法债编总论》（修订二版），中国政法大学出版社2004年版，第37页。

2　研究萨维尼的“法学方法论”的最系统、最完整的资料是雅各布·格林所做的《1802—1803年法学方法论听课笔记》。此听课笔记已有中译本，即杨代雄译，胡晓静校：《萨维尼法学方法论讲义与格林笔记》，法律出版社2008年版。

所以成为金币的所有人，端的在于赠与人的意图，而不是别的原因。因而我们应当称之为正当的原因的，是打算依交付而移转金币的所有权的所有人的意图。……交付，就其性质而论，是一个真正的契约；正当的原因，不折不扣地指的正是这个契约。但它不是债权契约，……而是物权契约，即物权法上的契约。”[1]

萨维尼这里所举的向乞丐施舍金钱的例子，是在无先期的债权债务关系时实施的。对此，格鲁克也是认同的。惟他对于这一问题采取了一种技巧性的说明，即赠与这一债权债务关系，在依交付这一单独行为成立时，也同时完成了它的履行。所不同的，是格鲁克虽然也承认此一例外情况，但其认为，于履行交付前，原则上应当有先期的作为“正当的原因”的债权（债务）的存在，否则，依单纯的交付，所有权不得移转。而萨维尼则是从赠与之前并无先期的债权债务关系的存在这一特殊事例出发来展开其议论，并阐明自己的独立的物权行为思想的。

萨维尼正式发表自己的物权行为思想，是在1840年出版的《当代罗马法体系》（System des heutigen römischen Rechts）第三卷中。但根据威廉·费尔根特雷格的研究，听过萨维尼讲学的弟子们自1820年前后起即开始祖述其老师的物权行为思想。其结果，萨维尼的直接的弟子以外的采纳与接受物权行为思想的人相当多。这其中的代表，比如利奥波德·奥古斯特·瓦恩柯尼希（Leopold Angust Warnkönig，1794—1866年）。该人于1823年发表《交付中的正当原因的概念的备忘录》（Bemerkungen über den Begriff der justa causa bei der Tradition），表述自己已然接受了萨维尼的物权行为思想。

利奥波德·奥古斯特·瓦恩柯尼希说，所谓交付中的“正当的原因”，并不以债权债务关系或其他有效的法律行为为必要。“正当的原因，不是别的，是对物的受领人表示依交付而意欲移转自己的标的物的权利的意思，故而是使受领人作为所有人而对标的物的占有获得正当化的事实。此种场合，债权债务关系或有效的法律行为是否存在，抑或是否以之为前提，皆非所问。”[2]“因占有的移转通

1 Wilhelm Felgentraeger, Friedrich Carl v. Savignys Einfluß auf die Übereignungslehre, Lucka i. Th. 1927，第31页。

2 Leopold August Warnkönig, Bemerkung über den Begriff der justa causa bei der Tradition, in: Archiv für die civilistische Praxis, Bd .6（1823），第115页。

常并不是让与的同义语，故而，依交付而移转所有权的让与人的意思是必需的，这就是‘正当的原因’。受让交付的占有人的占有之所以是正当的，乃正在于有此‘正当的原因’。”[1]

这样，利奥波德·奥古斯特·瓦恩柯尼希虽然将“正当的原因”说成是“有移转所有权的意思”，但在他的议论中，最具意义的莫过于他是怎样论证自己的这一观点的。为了证明自己的观点，他也援引了罗马法的法言。[2] 他的如下话语是颇有意味的：“如果不考虑一切的实定法上的规定，而询问在权利的移转上，迄今为止使我们所保有的权利变成对方的权利的原因或根据是什么，我想无论法学家抑或普通人都会如此回答：那是因为我们有权利，即有把自己的权利让与给他人的权利。之所以如此，是因为权利概念本身包含了这样的内容：权利必然性地归属于权利人，权利人自由地行使其权利，及为了第三人的利益而有让与权利的自由。”[3]

由这段话语可以看到，利奥波德·奥古斯特·瓦恩柯尼希是完全不受罗马法的法言的影响而纯粹从“历史、哲学与体系的感觉”展开其议论的，此与格鲁克完全以罗马法的法言（保罗的法言）为根据并受其影响而展开议论，迥乎不同。由此，我们也可以清晰地推知萨维尼的治学风格，即他在治学过程中对“历史、哲学乃至体系”的深切意识。[4]

1　Leopold August Warnkönig, Bemerkung über den Begriff der justa causa bei der Tradition, in: Archiv für die civilistische Praxis, Bd. 6（1823），第126页。

2　据考证，其所援引的法言，也是萨维尼特别喜好并常常提及的罗马法学家盖尤斯的法言（I. 2.1. §.40）。

3　［日］海老原明夫：“19世纪德国普通法学上的物权移转理论”，载《法学协会杂志》第106卷第1期，第9页。

4　考萨维尼一生的学术活动史，可以说这三点皆得到了淋漓尽致的表现。历史的感觉与意识，可由萨维尼本人即是德国历史法学派的代表人物，以及其全部的民法思想大都与罗马法存在或多或少的联系获得证明。所谓哲学的感觉与意识，依笔者的研究，主要表现在他的物权契约思想系源自于康德的对于“法（权利）的认识”。换言之，其之所以提出物权契约的思想，乃是直接受到了康德关于的思想的启迪。体系的感觉与意识，主要表现在他的物权契约概念与思想，乃是以他为代表的19世纪的德国普通法学者将民法上的财产权分隔为物权与债权，并进而建立起统一的法律行为概念为前提的。并且，他将物权契约（物权行为）与债权契约（债权行为）概念圆润一致、一以贯之地贯彻到了自己气势磅礴的民法理论体系中，此点尤其表现了他重视制度的体系构成与协调发展的理念。另外，这三点中，尤其是萨维尼的“历史的感觉与意识”和“哲学的感觉与意识”，也是萨维尼“法学方法论”的让我们就此打住，继续考察萨维尼的所有权移转思想。

如所周知，萨维尼所有权移转思想的核心与根本之点，是把所有权的移转行为解作独立的物权契约，其关于所有权移转的思想，是在《当代罗马法体系》第三卷中论及契约时而展开的。他说："私法上的契约，常常以各种各样的面目出现并表现为各种各样的形式，无论在何处，它都是最重要的法律形式之一。……在物权领域也不例外。于物权法上，契约这一概念并不亚于在债权法上运用得那样广泛。例如，交付即具有契约概念的一切特征，因而是一个真正的契约。易言之，交付本身即内蕴了占有标的物与移转所有权的双方当事人的意思。据此，当事人双方的法律关系遂被重新规定。惟仅有此意思，所有权的确定性的移转还不能发生，尚需取得对于标的物的现实的占有，……交付，不仅是一个契约，而且是一个与买卖契约完全不同的契约。……交付具有契约的性质，乃是不能忘却的。当然，我们也清楚地看到，在某些场合，纵无先期的债权债务关系，也同样有所谓交付，但这只不过是一种少见的情形。例如，向乞丐施舍食物的行为（赠与）尽管是一个真正的契约，但在这里任何债权债务关系都没有，而只有关于给与和受取食物的一致的意思。此外，以动产出质而设定质权于债权人，也与此同。在这里，基于契约，仅产生质权，而不产生债权债务关系。为了明确地加以区分，可以称该契约为物权契约。"[1]

以上是物权行为独立性思想的原形的表达。对于物权行为的无因性，即作为原因的债权行为未有效成立，但物权行为本身并不受其影响，萨维尼是如何议论的呢？据考证，萨维尼明确言及物权行为的无因性，是在他论及意思表示的错误时。他说："错误出现或得以发生的最重要、最广泛的情形，是日常生活中的法律行为，尤其是债权契约的场合，此即债权契约与本旨上仍然属于契约的交付。在这里，错误，无论是事实上的错误，抑或法律上的错误，无论是有过失的错误，

（接上页）三条基本原则之二。新近出版的《萨维尼法学方法法（权利）论讲义与格林笔记》（杨代雄译，胡晓静校，法律出版社 2008 年版）第 4 页也谈到："萨维尼法学方法论的最引人注目的三条基本原则是：其一，法学是一门历史性的科学；其二，法学也是一门哲学性的科学；其三，法学是历史性科学与哲学性科学的统一。"

1 Savigny，System des heutigen römischen Rechts（Ⅲ），第 312 页。

抑或无过失的错误，原则上皆无影响。基于错误的买卖是不能取消的买卖，源于错误的交付也是完全有效的。错误原则上不对行为的效力产生任何影响这一点，是从广阔无垠的不安定与恣意中拯救交易的惟一法宝。……基于错误而成立的契约，其本身并不当然无效，而且，纵依通常之诉与原状回复之诉，也不能使之无效。”[1]

萨维尼本人并未把作为物权行为的交付与作为原因的债权行为解作两个彼此对立的概念，并明确提出后者的无效不能引起前者的无效这一一般性的主张。但对于交付系因“错误”（如一方打算赠与，而对方却误为消费借贷）而为时，得否引起所有权的移转，远在古罗马法时代的乌尔比安与尤里安的法言中即作为例子（让与人怀抱赠与，受让人却怀抱消费借贷的意思）进行了讨论。不言自明，萨维尼是熟知这一点的。关于萨维尼是如何看待乌尔比安与尤里安之间对立的法言的，后文将要论及。以下让我们看看萨维尼是如何使“错误不会对契约的效力产生影响”这一命题获得正当化的。萨维尼于作了以上的叙述后，接着说：“这一结论（错误不会对契约的效力产生影响——笔者注），现在需要从对它的各种各样的攻击中受到保护。这一结论的最大优点在于，它是从自由意思本身的本性中推导出来的。自由意思的存在与作用和动机的正确与否无涉。”[2]

在这里，萨维尼尽管没有否定罗马法的法言的正当性，但他把叙述的着力点放在了“自由意思的本性”这一哲学原理上。不言而喻，“自由意思的本性”之说是否真的具有说服力，并非无疑，但萨维尼由意思表示的错误中提出无因性的思想，此点特别值得重视。尤其因为他对意思表示的错误情形的无因性思想的论述是抛开罗马法的法言而展开的，故而为后世学者将错误情形的无因性思想全面地发展为一般性的无因性思想开创了先例。

让我们进一步考量倡导物权行为独立性的萨维尼是如何解读保罗《论告示》第31卷中的法言的。

保罗《论告示》第31卷（D，41，1，31，pr）：“单纯交付，永远不会使

1 ［日］海老原明夫：“19世纪德国普通法学上的物权移转理论”，载《法学协会杂志》第106卷第1期，第10—11页。

2 Savigny，System，Bd .3，Beylage Ⅷ Irrthum und Unwissenheit. X.，第356页。

所有权移转。若先有出卖或其他正当原因而后据此为交付，则会使所有权移转。”[1]

萨维尼谈到保罗的这一法言，是在1853年的《作为当代罗马法之一部的债权法》（Das Obligationenrecht als Theil des heutigen römischen Rechts）第2卷中。他说：

“近年来发表的著述，对保罗《论告示》第31卷中的‘交付’作如此理解的人不少：需要先期存在旨在实现‘交付’的债权，或者‘交付’必须是为了履行（债务）的目的。如此的理解，尽管是以保罗的‘先有买卖或其他正当的原因’的话语为依据的，但其真正的目的是一望即知的。保罗的法言，是只字未提债权债务关系的。而且，实际上也无债权债务关系的任何影子，而仅有有效的交付。向乞丐施舍金钱，金钱的所有权显而易见地随‘交付’行为的完成而移转。于此场合，无所谓有债权债务关系的存在。某人提出借贷金钱，而出借人向对方交付了金钱的情形，也与此同。

“‘正当的原因’真正的意义，毋宁说应当作这样的说明：交付，通常可以基于各种各样的目的而为之。例如，出租、寄存以及以物设定质权等，皆有交付。但在这些场合，标的物的所有权显然不发生移转。然于买卖、交换（互易）、赠与和消费借贷的情形，标的物一经交付，其所有权即发生移转。此两种情形中的‘交付’的本质差异乃在于，于后一种情形，出卖人有打算移转所有权的意思，而在前一种情形则没有。由此可以得出如下的结论：‘交付’，是依行为人双方的意思的合致而使所有权移转的。无该意思的合致，所有权便不移转。”[2]

行文至此，萨维尼尚就自己的这段话语加了一个注释，简要记述了他在《当代罗马法体系》第三卷中表述的物权契约思想：“交付本身是一个真正的契约。但它不是债权契约，而是物权契约。的确，债权契约（买卖、交换等）可以成为交付的基础，并且实际上大都先于交付而存在，但必须将交付与此种债权契约严

---

1 ［意］桑德罗·斯奇巴尼选编：《物与物权》，范怀俊译，中国政法大学出版社1993年版，第58页。

2 Savigny, Das Obligationenrecht als Theil des heutigen römischen Rechts, Bd. 2, Berlin 1853, §. 78，第256页。

格界分开来。”[1]

这里发生疑问的是，此注释中所称的“交付是独立的物权契约”，与“在交付，正是所有权移转的意思促成了所有权的移转”之间，存在何种关联？需注意的一个事实是，萨维尼的契约概念是以意思表示的合致为其本旨要素的。[2] 换言之，交付并不仅仅是单纯的标物的占有的移转，而是一个包含了意思表示的合致的法律行为。亦即，基于内蕴了移转所有权的意思的交付，标的物所有权方才移转，而且，它是所有权发生移转的原动力。

萨维尼关于交付之所以能使所有权发生移转，乃在于当事人之有移转所有权的意思的思想，可由罗马法的法言获得佐证。盖尤斯《论日常事务》第2卷谓：“根据万民法，交付给我们的物为我们所有。因为没有什么比尊重想将其物转让给另一个人的所有权人的意志更符合自然的公平。”[3]关于此项法言与要求存在先期的“正当的原因”的保罗的法言的关系，萨维尼说：“交付，通过或透过它，所有权的移转便得以明示（或公示）乃是一般的情况，……但在（人的）自然行为的场合，则可以说是过分抽象与理性的，（故而是不足以判定所有权发生了移转的）。其结果，……为了作出确实的判断，除了考察周围的状况、意图、目的及与交付粘连在一起并引起它发生的法律行为外，别无他途（他法）。真的，这就是‘正当的原因’的真正的意义。之所以如此，是因为由这里，意图，即当事人的意思是要实现所有权的移转（买卖、交换的情形），抑或相反，通常可以获得明确的认识。由此观之，‘先期的存在’应认为是正当的。事实上，债权的先期存在尽管是一般的情况，但先期存在的也未必一定就是债权。向乞丐施舍食物时，赠与的意图，由行为的外观看十分清楚。施舍的人在为施舍前，即有赠与的意图。而且，因该意图是要移转所有权，所以，该意图也就成为交付的正当的原因。若这样理解‘正当的原因’，则保罗与盖尤斯的法言也就不矛盾了，它们只

1　Savigny, System des heutigen römischen Rechts, 3. Bd., Berlin 1840, §. 140, S. 257, Anm. (m).

2　Savigny, System des heutigen römischen Rechts, 3. Bd., Berlin 1840, §. 140, S. 309. 需注意的是，萨维尼于这里提出：所谓“契约”，系指“复数的人聚在一起，而为规定他们之间的法律关系的一致的意思表示”。

3　见 D. 41. 1. 9. 3. Ⅰ. 2. 1. 40。

不过是从不同的侧面把握与描述同一事物而已，即一个法言，对于交付，要求有移转所有权的意图，因而是在直截了当地描述事物的本旨；与此相对，另一个法言则要求有‘正当的原因’，而该‘正当的原因’指向并表示的，是内在于伴随交付的法律行为的所有权移转的意图的表征。”[1]

萨维尼的这些论述，一方面力图对以当事人的意思为移转根据的法言与以“正当的原因”的“先期存在”为移转根据的法言予以调和；另一方面也试图统一地说明，债权债务关系先于交付而存在这一一般的情况，及向乞丐施舍食物时，债权债务关系未有先期存在的特殊情况。如前述，在格鲁克看来，仅有事实行为的占有的移转的交付，所有权并不移转，而是需有先于交付的债权债务关系的“正当的原因”，所有权方移转。惟依此思想，势必难以说明向乞丐施舍食物时，尽管无先期的债权债务关系的存在，但却同样有所有权的移转的现象。由于萨维尼从根本上反思了过往对施舍食物情形的“正当的原因”的理解，故而他提出，交付中内蕴了所有权移转的意思这一本质要素，由此，交付为独立的物权契约。

尽管如此，因“交付”是一个于各种各样的场合皆可发生的行为，故此，仅依交付行为本身，尚不能判明所有权移转的情况，乃是相当多的。由此，考虑先于交付的债权债务关系也就有其必要。惟在他看来，促使所有权移转的意思，是始终内蕴于作为物权契约的交付中的。先期的债权契约的当事人的意思，是不能使所有权移转的。先期的债权债务关系，只不过是用来判定内蕴于交付中的当事人的意思的“资料”。此在施舍食物的场合，也不例外。的确，于此场合，先期的债权契约并不存在，但所有权移转的意图由该行为的外观上看，是明了、清楚的。并且，若判定存在所有权移转的意思的“资料”为“正当的原因”，则此种场合，称由该行为的外观而清楚地表现出来的施舍食物的“意图”本身为“正当的原因”，也是妥当的。如此，萨维尼所说的“正当的原因”，对于交付而言，即无需于法律上复增加其他内容了。对于所有权的移转而言，其必需的一切移转的要件，皆因有作为物权契约的交付而具备了。但于不清楚或发生疑问时，“正当

1 Savigny, Das Obligationenrecht, Bd. 2, 第 258 页。

的原因”则是作为判定有无移转所有权的意思的“资料”而起作用的。故“正当的原因”本身，仅单纯作为表示与判明情况的“资料”而被启用。萨维尼于《当代罗马法体系》第三卷中论及物权契约而启用面向所有权移转的意思的概念，于施舍食物的场合论及“正当的原因”而启用“赠与的意图”，大抵正是出于如此的考虑。也就是说，自行为的全体外观上变得清楚明了的“赠与的意图”，与作为该交付的、物权行为之核心要素的所有权移转的意思，并不是同一个东西，前者是为了认识后者得以存在的“资料”。[1]

三、普赫塔的解读

萨维尼的物权契约（物权行为）思想，为相当多的学者所重视。这些学者认为，萨维尼的思想是关于物权行为的通说。也正因如此，萨维尼才被称颂为物权行为理论的始祖。例如，商法学者莱温·戈尔德施密特（Levin Goldschmidt，1829—1897年）于《商法便览》第1卷第2分册（1868年）中就说：让与标的物的所有人与受让标的物的所有人的意思，是抽象（无因）的、只面向所有权的移转的，其与动机和让与的间接目的没有干系。于此意义上而言，交付是一种形式，或者准确地说，是一种抽象（无因）的行为，即独立于原因的行为，此为现今的通说。

内容大致相同的叙述，也可在伯恩哈德·温德沙伊得（Bernhard Windscheid，1817—1892年）的《潘德克吞教科书》（Lehrbuch des Pandektenrechts）中见到：“交付，是所谓的形式行为，而非实质行为。意思（移转所有权的意思——笔者注）本身便发生法律上的效果，而非意思与规定的原因（如买卖契约）相结合方发生法律上的效果。交付的规定原因（如买卖契约）是所有权的移转意思的认识根据，是不能发生最终的法律效果的东西，这是通说。”[2]

这些叙述给人的印象是：交付的物权契约思想似乎已经获得了多数人的赞

---

1 ［日］海老原明夫：“19世纪德国普通法学上的物权移转理论”，载《法学协会杂志》第106卷第1期，第15—16页。

2 Bernhard Windscheid，Lehrbuch des Pandektenrechts，Frankfurt-Main，1. Bd.，§.172，Anm.（16a），4. Aufl.，1874，第541页。

同。但是，若仔细考察下面的普赫塔的议论，则可明了，萨维尼的物权行为思想的根本部分并未获得学者的普遍赞同。其中，与萨维尼的物权行为思想的根本部分形成鲜明对垒的，不是别人，而正是萨维尼的弟子与他的柏林大学讲席位置的继受者普赫塔（Puchta，1798—1846 年）所提倡的学说。

（一）普赫塔的所有权移转说

普赫塔论及“交付”，是在其遗稿《当代罗马法讲义》（Vorlesungen über das heutige römische Recht）的第一卷中。他写道：“交付，是标的物的占有的现实的移转。它之所以有移转所有权的法律效果，端的在于有与之结合的指向所有权的移转的意思。此项意思存在于当事人双方间。它便是交付的正当的原因。‘正当的原因’，是一个内蕴了关于所有权的授受的合致的意思的法律行为，例如买卖、赠与、婚资、清偿及消费借贷等。”[1]

可见，普赫塔并非以“交付”为独立的物权契约，而是以之为标的物的单纯的事实上的占有的移转。不过，他也同时认为，要移转标的物的所有权，除需有交付外，尚需有买卖及其他作为“正当的原因”的法律行为。显而易见，这是在所有权的移转上，要求交付需有买卖等“正当的原因”的前述保罗的法言的五体投地般的忠诚的所有权移转思想。自总体上看，此属于萨维尼物权契约思想滥觞前格鲁克等人的“取得权源”与“取得方式”的所有权移转思想的范域。如此，普赫塔的学说即在根本上与萨维尼的学说形成了鲜明的对照（或对垒）。

惟在学说的发展史上，普赫塔的学说也曾发生了重要影响。何以他的学说会有如此效果？为明了此一问题，我们有必要继续考察普赫塔的学说。

在上引的那段话语中，普赫塔一方面把“正当的原因”解为所有权的授受的意思，另一方面也把内蕴了所有权移转的意思的法律行为，说成是“正当的原因”。在这里，他以法律行为为“正当的原因”，虽说是注意到了罗马法的法言的逻辑构造，但他的真意仍然是在强调所有权的授受的意思。他说：“在包含了正当的原因的法律行为中，仅所有权的授受的意思对所有权具有意义。法律行为的

---

1 Georg Friedrich Puchta, Vorlesungen über das heutige römische Recht, hrsg . von Adolf August Friedrich Rudorff, Leipzig, 1. Bd. , §. 148, 1852, 第 294 页。

其余内容，只不过是正当的原因的意思的动机。”[1]

这样，普赫塔即由与交付的“正当的原因”的关联中抽绎出了买卖等法律行为，但作为“正当的原因”而赋予其法律意义的，则仅是所有权移转的意思这一抽象的要素。普赫塔于《法学阶梯教程》（Cursus der Institutionen，1841 年）中对此有更直截了当的说明：“正当的原因，系指关于所有权的授受的合致的意思，包含该意思的法律行为的其余内容，一般地说，不属于正当的原因。”[2] 如此，因认为“正当的原因”并非指法律行为的全部内容，而仅指蕴藏于该法律行为中的所有权的授受的意思，故而，基于交付的所有权的移转便独立于作为交付的基础的法律行为了。作为基础的法律行为纵有瑕疵，但只要该瑕疵不致影响作为“正当的原因”的所有权移转的意思，基于交付的所有权的移转即不会受到影响。对此，普赫塔说：“尽管法律行为因意思的有瑕疵而无效，但该瑕疵只要不是重要的瑕疵、本质的瑕疵，则经由交付，所有权就仍然要移转。例如，双方当事人内心尽管都怀抱要成立有效的法律行为的念头，结果却发生了一方怀抱赠与、对方怀抱清偿债务的意思的，就属于这种情况。在这里，无论赠与抑或债务的清偿，皆不成立。盖无论就赠与抑或清偿，双方皆未形成合意。虽然如此，所有权还是要移转的。之所以如此，系因为双方当事人的意思是指向并旨在实现所有权的移转的。”[3]

这样，从作为“交付”的基础的法律行为的内容中，仅抽绎出“所有权的移转的意思”，并认为要移转所有权，仅需有事实行为的占有的移转，与移转所有权的意思即为已足，而无需再考虑法律行为的其余内容。其结果，在结局上，普赫塔便达到了与萨维尼相同的目的：使以所有权的移转为目的的物权契约无因性地构成，谓为“物权契约的无因性”。无因的物权契约，因仅由占有的移转（交付）与所有权的移转的意思这两项因素构成，故此，普赫塔的思想是，只要具备此两项因素，所有权的移转的要件也就真正具备了。

1　Puchta，Vorlesungen über das heutige römische Recht，1. Bd.，§.148，1852，第 296 页。

2　Puchta，Cursus der Institutionen，Leipzig，2. Bd.，§.241，1841，第 644 页。

3　Puchta，Cursus der Institutionen，Leipzig，2. Bd.，§.241，1841，第 644 页。

（二）普赫塔的学说与萨维尼的学说的差异

不过，需注意的是，以上情况并不表明普赫塔是在追随萨维尼的物权行为学说。正相反，普赫塔与萨维尼在此问题上不但未有合流，反而于关键之点上存有重要歧见。如果认为普赫塔是持与萨维尼相同的物权行为学说，就会致命地妨碍对普赫塔学说的正确理解。[1]亦即，在萨维尼看来，将所有权移转的意思与原因关系相分离，是自然而然之事。而普赫塔则认为，物权的合意，非独立存在于原因行为之外，而是通过纯粹的理论演绎被抽象出来的。可见，普赫塔倡导和构筑“所有权的移转的意思”的概念，乃有人为的、学问的操作的倾向。时至19世纪后半期，德国学者已然普遍地觉察到物权行为的独立性、无因性这一理论构成的法技术特征，于是讨论此法律构成（物权行为独立性、无因性）的法律效果及其实益的著述纷纷面世。萨维尼之说与普赫塔之说的差异是不应当置于此种历史发展的逻辑上去理解的，两人见解的差异似应作如下的理解：是把“交付”解为独立的法律行为，还是以为只有依单纯的占有的移转（交付），与内蕴于原因行为中的所有权的移转的意思的“结合”，所有权方发生移转。进而言之，普赫塔之说的特征，是不区分物权行为与债权行为，而将交付的“原因”解为一体性的法律行为，仅以该一体性的法律行为中的“所有权的移转的意思”为无因的因素，并把它抽绎出来，称为“正当的原因”。概言之，所谓“正当的原因”，乃指法律行为的内容中的所有权的移转的意思。这就意味着普赫塔是在契约的一般原因的框架内来把握所有权的移转的无因性的，从而也就使无因的债权契约，即债务约束与债务承认的成立成为可能。[2]萨维尼与普赫塔尽管都把“正当的原因”解为“所有权的移转的意思”，但萨维尼认为“所有权的移转的意思”独立存在于“交付”这一行为中，而普赫塔则不作如是的理解。

1　对普赫塔的所有权移转思想发生误解的典型，是德国著名行政法学者奥托·迈尔（Otto Mayer，1849—1942年）。该氏于“交付和使用取得的正当的原因——关于罗马法的试论”（Die justa causa bei Tradition und Usukapion. Ein Versuch auf den Gebiete des römischen Rechts，1871）中对普赫塔的所有权移转思想作了错误的理解。

2　饶富趣味的是，依《法国民法典》第1108条的规定，移转所有权的契约，也要求非有“原因”（cause）不可。该法典对所有权的变动尽管采有因性，不认有所谓无因性，但无论如何，对于旨在实现物权变动的效果的法律行为，与旨在使债权债务关系有效成立（发生）的法律行为，该法典皆要求必须有“适法的原因”。

如前述，促使萨维尼采独立的物权行为这一崭新的法律构成的，是在对乞丐施舍食物的情形，债法上的义务尽管未先期存在，但经由“交付”而仍然使所有权发生了移转。在这里，所谓作为“正当的原因”的法律行为应“先于”交付而存在，是站不住脚的。但是，如果像普赫塔那样，将“正当的原因”解为“所有权的移转的意思”，则既可以维持“正当的原因”应先期存在，又可自圆其说地释明施舍食物的情况。于《法学阶梯教程》中，普赫塔说：“在赠与的场合，……打算赠与的意思是先于标的物的交付而存在的。因而，在这里，正当的原因，不必非为独立的法律行为不可。推而言之，即使有此必要，它也不是指法律行为的全体的内容，而是指该行为所内蕴的所有权的授受的意思。正是它，才是本质的正当的原因。”[1]

如此，普赫塔也就成功地、从全局的高度将施舍食物的情形纳入到了保罗法言的解释框架中。将“正当的原因”解作“所有权的移转的意思”，此对保罗法言的解释论的贡献是重大的。而且，此使作为原因的法律行为即使不成立，所有权也要有效移转意义上的所有权的移转效果的无因性，由要求有“正当的原因”的保罗的法言中被抽绎出来成为可能。值得指出的是，关于所有权的移转效果的“无因性”，一如后文将要论及的，在尤里安的法言中就已存在了。

但是，保罗的“若先有买卖与其他正当的原因，而后据此为交付”的法言，是显然排斥以上所有权的移转效果意义上的“无因性”的。故普赫塔认为，作为“正当的原因”，重要的仅仅是所有权的移转的意思。如果这样考量，则所有权的移转的意思以外的东西纵未有效成立，也不会妨碍基于交付的所有权的移转。只要以所有权的移转的意思替代“正当的原因”，所有权的移转的效果的“无因性”即可由保罗的法言中被推导出来。

与以上不同，于理论上构筑物权行为独立性的萨维尼，则需要设法解决如何使自己的物权行为无因性理论得以正当化的难题。自正面为之正当化奠定基础的罗马法的法言，无论如何是找不到的。萨维尼关于意思表示的错误的理论，之所以不得不援引“自由意思的本质”这一哲学的原理，大抵正出于如此的因由。另

1 Puchta, Cursus der Institutionen, 2. Bd., §241, Anm. (d), 1841, 第436页。

一方面，他也需要释明保罗的法言的“正当的原因”所指称的是什么。萨维尼由于将交付本身把握为独立的物权行为，所以不可能像普赫塔那样复以“所有权的移转的意思”来替代“正当的原因”，从而“正当的原因”只能在物权行为之外去寻找（即只能是物权行为以外的东西），但又因主张物权行为的无因性，故把“正当的原因”规定为具有实质内容的要件乃是不妥当的。其结果，萨维尼不得不以“所有权的移转的意图的表征”来替代“正当的原因”。[1]

需要注意的是，对“正当的原因”作如是理解的，不仅仅是萨维尼一人。前面提到的利奥波德·奥古斯特·瓦恩柯尼希，也系作同样的理解。此外，温德沙伊得与阿道夫·埃克斯纳（Adolf Exner，1841—1894 年），也是作如此的理解。这些学者之所以追随萨维尼的物权行为说，绝非出于偶然。盖既然已认可独立的物权契约为一项基本的法观念，则“正当的原因”也就成为一个多余的东西。并且，在学者中间，最彻底地埋葬了“正当的原因”的，是温德沙伊得其人。他说：“重要之点，是移转标的物的所有权的意思，与取得标的物的所有权的意思发生龃龉时，所有权的移转即变成无效。作为取得的对象的所有权，可谓是重要之点，而移转与取得的原因，则属非重要之点。”“无论移转的意思抑或取得的意思，皆无加以明确表示的必要。究竟属于何种意思，只要可以由具体情况推知，便获已足。如果意思得到确定，则既无需返回至伴随该意思的具体的情况，也无需表示由该具体的情况所判明的移转的规定原因。”[2]如此一来，温德沙伊得即从所有权的移转的要件中摒弃了“正当的原因”。

与此不同，如果像普赫塔那样，将交付把握为单纯的占有的移转，则变成非有“正当的原因”不可。而此正如弗朗茨·霍夫曼（Franz Hofmann）所言：“如果从交付中排除所有的意思的内容，则正当的原因的先期存在即是必需的。如果交付中不蕴含（移转所有权的）意思，则该意思便需要先期存在。”[3]而且，以交付为占有的移转，并特别重视“正当的原因”的，也不独普赫塔一人，弗里德里

---

1 ［日］海老原明夫：“19 世纪德国普通法学上的物权移转理论”，载《法学协会杂志》第 106 卷第 1 期，第 25 页。

2 Windscheid, Lehrbuch des Pandektenrechts, 1. Bd., §. 172.

3 ［日］海老原明夫：“19 世纪德国普通法学上的物权移转理论”，载《法学协会杂志》第 106 卷第 1 期，第 26 页。

希·路德维希·冯·凯勒（Freiedrich Ludwig von Keller）也为其中之一人。其于《潘德克吞》（Pandekten）中说："仅经由交付，就使标的物的受领人成为所有权人，乃是不充分的。盖交付是一个可以基于各种各样的不同意图而实施的多义性的行为。要发生所有权的移转的效果，依包含了移转所有权的意思的法律行为，然后再为交付，是必要的。此所谓法律行为，即是正当的原因。"[1]此外，学者阿道夫·冯·朔伊尔（Ch. G. Adolf von Scheurl）也持相同的立场。他说："交付本身只是一个单纯的事实，仅有事实上的意义。交付之成为法律行为，及成为取得标的物的手段的，是构成交付的基础并被该行为实现的意图。"[2]

这些人之所以持与普赫塔相同的看法，与其说是直接受到了其影响的结果，毋宁说他们的立论本身乃是由罗马法的法言顺理成章地推导出来的。萨维尼的学说尽管具有极大的魅力，但它与罗马法法源相距甚远，甚至风马牛不相及。故而，对法言进行忠实地解读的人们，在长达半个多世纪的时间中，莫不始终不渝地支持普赫塔之说。

但是，至19世纪六七十年代，萨维尼的物权行为学说便于民法学界坚如磐石地扎下了根。在此，让我们看看可以证明这一点的例子吧！如所周知，在学说的发展上，通常以莫里茨·福格特（Moritz Voigt）之说为萨维尼学说的"反对说"。故通过莫里茨· 福格特的学说，我们也就可以明了萨维尼的学说占据支配地位的情况。于《基于原因的不当得利返还请求权与关于原因及一般权源》（Über die condictiones ob causam und über causa und titulus im allgemeinen）中，莫里茨·福格特写道："交付之产生法律上的效果，端的在于该法律行为中存在相应的目的规定。而且，该目的规定的存在，是基于指向它的双方当事人的合意的。故而，它不独是单纯的关于物的授受的合意，而且也是关于该行为的法律上的目的的合意，并构成交付这一法律行为的本质的构成部分。"[3]同时，莫里茨·福格特把交付的"原因"定义为："为给付奠定债权性义务的权利关系，……且成为该给付

1　Friedrich Ludwig von Keller，Pandekten Vorlesungen，Leipzig，1861，§.127，第243页。

2　Ch. G. Adolf von Scheurl，Sachenerwerb durch Tradition，in：Beiträge zur Bearbeitung des Römischen Rechts，Erlangen 1853，第190页。

3　Moritz Voigt，Leipzig 1862，第129页。

的履行的交付的基础的，便是交付的原因。”[1]的确，这就是关于交付，要求有作为原因的债权的法律行为（债权行为）的见解。这一见解显而易见是与萨维尼的学说相对垒的。不过，莫里茨·福格特说：“此原因的存在，只要让与人主观上确信之就可以了。”显然地，如果如此“软化”“原因”这一要件，则交付引起移转所有权的效果，尽管形式上要求有“原因”的存在，但实际上也是采无因说的。[2]

不过，最富趣味的，是莫里茨·福格特将“交付”解作法律行为，把“关于物的授受的合意”与“关于该行为的法律目的的合意”相区别，并由此形成对照这一点。他说：“‘交付’这一行为，是由两个要素构成的：一是授受的行为，属于客观性的要素；二是面向该授受的当事人的合致的意思。”[3]不言自明，这完全是对萨维尼的物权行为学说的重述。莫里茨·福格特即使将交付的效力系于“原因”的存在，但对于单纯的事实上的占有的移转，也不认为是“原因”最初赋予了交付以法律上的效果，而只不过是把本身就是独立的法律行为的“交付”与其“原因”相当“柔和”地连接到了一起。[4]

至此，我们看到，即使是反对萨维尼的学说的莫里茨·福格特，也明显地受到了萨维尼物权行为学说的影响，足见萨氏的学说对当时的德国民法学界影响之一斑。于19世纪六七十年代，以独立的物权行为为一项基本理念的思想，开始蔓延与渗透开来。当然，在同一时期，对萨维尼的无因说加以批判、反思的著述也是存在的。特别值得提到的，是在萨维尼所代表的无因说的内部，这一时期乃出现了不同的声音。这些不同的声音，来自那些严格依罗马法法言的固有意义而进行“紧密性”“密着性”解释的人们。

---

1 Moritz Voigt, Über die condictiones ob causam und über causa und titulus im allgemeinen, Leipzig 1862，第145页。

2 ［日］海老原明夫：“19世纪德国普通法学上的物权移转理论”，载《法学协会杂志》第106卷第1期，第27页。

3 Moritz Voigt, Über die condictiones ob causam und über causa und titulus im allgemeinen, Leipzig 1862，第123页。

4 ［日］海老原明夫：“19世纪德国普通法学上的物权移转理论”，载《法学协会杂志》第106卷第1期，第29页。

第二节 围绕所有权移转对尤里安法言的无因性解读

尤里安《学说汇纂》第13卷（D. 41. 1. 36）谓："当我们同意物的交付而对交付的原因有异议时，我认为交付无效没有道理。譬如，我认为依遗嘱我有义务将一块土地交付给你，而你却认为它是根据要式口约被交付给你的；又如我把一笔现金赠与你，而你却以之为贷款接受。虽然我们对交付和接受交付的原因有异议，但却并不妨碍我把所有权移转给你。"[1]

乌尔比安（D. 12. 1. 18）谓："关于我怀抱赠与的意思把金钱交付给对象方，而对象方却误为借金受领，尤里安写道：赠与不成立。消费借贷是否成立，需要检讨。我认为，受领人因为是基于别的（即借贷的）意思而受领金钱，所以消费借贷不成立，该金钱不能变成受领人的东西。受领人如果花光了该金钱，则需要为不当得利的返还，但因金钱是依让与人的意思而被花光的，所以受领人可以提出恶意抗辩。"

以上两项罗马法法言所涉及的，是关于"交付"的原因，如果双方当事人发生"错误"，即一方为赠与，另一方却误为消费借贷时，标的物的所有权是否移转的问题。对此，尤里安认为，经由交付，金钱的所有权移转；与此不同，乌尔比安则认为金钱的所有权不移转。如果把原因"不一致"而所有权仍然要移转的立场称为所有权移转的"无因说"，则尤里安的法言即属之；与此相对，乌尔比安的法言则为"有因说"。惟无论是"无因说"抑或"有因说"，19世纪的德国普通法学者们对它的理解皆未获得一致。以下我们考量围绕此两项法言而展开出来的讨论。

一、格鲁克的解读

格鲁克翔实解读尤里安与乌尔比安的以上法言，是在《潘德克吞详解》第四卷（1796年）"关于契约的错误"里。他写道："导致契约无效的重要的错误，

---

1 ［意］桑德罗·斯奇巴尼选编：《物与物权》，范怀俊译，中国政法大学出版社1993年版，第58页。

是契约当事人就契约的种类发生的错误。比如，我将一定数额的金钱赠与对象方，对象方却因错误而当作借金受领即是。按乌尔比安的见解，此种场合，无论赠与或消费借贷，皆不成立。”[1]而“赠与和消费借贷契约之所以不成立，其理由一望即知。即赠与，以受赠人方面有‘接受’（Acceptation）为必要。……在这里，对象方却因错误而当作借金受领，故并没有所谓‘接受’。……另外，该金钱的交付因不是依消费借贷关系而使对象方也要负担义务的情况下实施的，故消费借贷关系也不成立。”[2]换言之，在格鲁克看来，受领人因无“受领”，所以赠与不成立，又因无使对象方也要负担债务的意图，所以消费借贷也不成立。易言之，因发生契约的种类的错误，故契约当然无效。另外，格鲁克尚举出其他的例子来进一步说明自己的观点。他说：“我本想通过以物设定质权关系而由对象方取得一定的金钱，但对象方却因错误而误为买取该物。这与我单纯把一定数额的金钱寄存于某处而为交付，对象方却误为借金受领，是同出一辙的。在这些场合，由于有效的契约皆不成立，故基于所有权，我可以取回已给付的物。亦即，得依原因不存在的不当得利返还请求（condictio sine causa）权而请求返还。”[3]

不言自明，格鲁克这里所说的“原因不存在的不当得利返还请求权”，非指原因行为无效，但所有权仍然要移转的萨维尼的“返还给付的请求”（Leistungskondiktion），而是指受领人将受领的金钱花光，抑或把物变价成了金钱时，依所有权的返还请求权而要求返还替代物的不当得利返还请求权。也就是说，在格鲁克看来，于发生契约的种类错误而致契约不成立时，标的物的所有权是当然不移转的。惟需注意的是，标的物的所有权不移转，并不意味着标的物的受领人是不受任何保护的。对此，乌尔比安法言的最后一小句明确地谈到了。并且，认为所有权要移转的尤里安的法言也同样谈到了这一点。此外，忠诚于法言的格鲁克也是明确地意识到了这一点的。他说：“在前面所举的例子中，我虽然打算把金钱赠与对象方，但对方却误为借贷，并把金钱花光了时，我尽管可以借口对象方有错误而请求返还给付的金钱，但此时，该对象方也是受‘恶意抗辩’保护的。不

1 Glück, Ausführliche Erläuterung der pandecten, Bd. 4, 1796, §. 297, 第152页。

2 Glück, Ausführliche Erläuterung der pandecten, Bd. 4, 1796, §. 297, 第152页。

3 Glück, Ausführliche Erläuterung der pandecten, Bd. 4, 1796, §. 297, 第152页。

过，尤里安认为，此种场合，虽然发生错误，但金钱的所有权仍然要移转给对象方。盖双方当事人同时实施了使所有权发生变动的法律行为——意思表示。而且，……受领人至少也是知悉或明了对象方的‘好意的’（wohlthätig）意图（意思）的。”[1]

需注意的是，对照尤里安法言，可以看到，此所谓“受领人至少知悉或明了对象方的好意的意图（意思）”，于尤里安的法言里是只字未提的。因而，此可以说是格鲁克对尤里安法言的创造性解释。格鲁克为自己的这一解释加了一个注脚：“本来意义上的消费借贷，即不支付利息的消费借贷，与使他人无偿使用标的物的情形相同，是一种‘好意’，从而被视为一种‘赠与’。”[2]易言之，在格鲁克看来，消费借贷因也属于一种“赠与”，故而，尽管双方当事人在意思表示上出现不一致（错误），但一定程度的“共通的理解或理会”仍然是存在的。因有该“共通的理解或理会”——受领人“接纳”对象方的“好意”，标的物的所有权方移转。格鲁克的这一解释，显示了对尤里安法言的“原因尽管有错误，但标的物的所有权依旧要移转”的“无因说”作某种程度的有因性理解的端绪，从而被视为1860年代以后立于有因性的立场来解读尤里安法言的先驱。[3]

那么，于尤里安和乌尔比安的法言之间，格鲁克本人是站在哪一边的呢？换言之，是追随尤里安还是乌尔比安？本来，由契约的种类发生错误将使契约无效这一点看，格鲁克是倾向于乌尔比安法言的。但是，格鲁克在1807年刊行的《潘德克吞详解》第八卷里又说了如下的话：“关于双方当事人就交付的客体（金钱）形成了合意，而法律上的权源不一致，即一方怀抱赠与，另一方怀抱消费借贷时，所为的交付行为有效，但标的物的所有权得否因交付的完成而移转，学者见解不一。对此，尤里安和乌尔比安持不同的意见。尤里安持肯定说，认为所有权得移转；乌尔比安持否定说并说明了之所以如此的因由。……由乌尔比安用来佐证自己的见解的根据看，可以说他的意见是正确的。而且，一如我在别的地方所

1　Glück，Ausführliche Erläuterung der pandecten，Bd. 4，1796，§. 297，第152—156页。

2　Glück，Ausführliche Erläuterung der pandecten，Bd. 4，1796，§. 297，第156页。

3　［日］海老原明夫：“19世纪德国普通法学上的物权移转理论”，载《法学协会杂志》第106卷第1期，第33页。于民法学说史上，自1860年代以降，由有因性的视角把握和理解尤里安法言的见解已蔚成风气，弥漫德国。此一时期的学者，称格鲁克为对尤里安法言作有因性解释的先驱。

讲到的，依法律的类推，这一意见也可以说是优秀的。尤里安的意见呢？如果对照当时的法的惯行，可以说是在领导当时的法律潮流，故也可谓为妥当……依尤里安之说，于双方当事人实施了使所有权移转的法律行为时，纵有意思表示的不合意，也不会影响所有权的移转。时至今日，此作为一项法律原则，仍然是妥当的。”[1]

所谓“一如我在别的地方所讲到的”，是指格鲁克所声言的，由于无受领人的“接受”，所以“赠与”不成立：又因无使受领人承担债务的“意图”，故消费借贷也无从成立。如此一来，从表面上看，格鲁克似乎是站在乌尔比安一边，但这只不过是表象，实际上，他是通过谈论乌尔比安和尤里安法言的差异（或对立），而间接地表达如下的意思：尤里安之说，是罗马法时期本来的固有的立场。于随后的19世纪德国普通法学上，在尤里安和乌尔比安之间，赞同尤里安法言的见解的人占压倒性的多数。惟对于尤里安法言的真正涵义究竟是什么，学者们的见解却始终未能达成一致。

二、萨维尼的解读

萨维尼论及尤里安与乌尔比安的法言，是在《当代罗马法体系》第四卷（1841年）“关于赠与契约的性质”里。他在介绍了这两个法言的内容后说：“尤里安法言的第一句，是单纯涉及所有权的移转的。依尤里安的见解，如果双方当事人一致地想移转所有权，一般而言，即使他们怀抱不同的意思，所有权的移转也是确定的。此为一般原则。尤里安将此‘一般原则’适用于两种不同的场合：第一种场合，是双方当事人怀抱清偿的原因，但各自以不同的先期债务的存在为前提；第二种场合，是一方怀抱赠与的原因，而对象方却怀抱负担债务或供与（提供）信用的原因。而且，无论此两种场合中的哪一种场合，于结论上皆无不同。乌尔比安对于所有权的命运的问题，仅在论述消费借贷的有效性时，非常顺便地涉及了。……而且，他的‘金钱不能成为受领人的东西’的话语，不能认为是在否定所有权的取得，而是为那些否定消费借贷不成立的人提供证据。概言

---

1 Glück, Ausführliche Erläuterung der pandecten, Bd. 4, 1796, §. 297, 第121—123页。

之，尤里安认为，使所有权移转的意思乃是具有决定性的意义的，关于该意思的原因（双方当事人以之为前提的原因）即使不一致，也不妨碍所有权的移转。与此相对，乌尔比安则认为，由特定的原因所规定或蕴含的移转的意思乃具有决定性的意义，双方当事人怀抱不同的原因时，所有权的移转本身便要受到妨碍。”[1]

于这段话语之后，萨维尼尚加了如下的注释：“尤里安之说，可以从《法学阶梯》第二部分第一章关于‘物的分类’的第40节‘赋予期望把自己的物移转给他人的所有人的意思以效力，是最符合自然公平的道理’的法言中找到根据。之所以这样，是因为该意思在这里乃是明显地存在的，而且对于此点，受领人也是心领神会的。”[2]

由以上的叙述可以明了，萨维尼一方面认为尤里安的法言是在谈论所有权的移转问题，但同时又认为不能断言乌尔比安的法言是在谈论此一问题，并指明乌尔比安的法言总体上是在谈论债权关系的成立。如果认为乌尔比安的法言不是在谈论所有权的转移问题，则乌尔比安和尤里安的法言便不会从正面形成对立，其结果，关于所有权的移转，尤里安法言的立场也就变得妥当了。但又因不能否定乌尔比安法言是在谈论所有权的移转，所以需要决定采取这两个法言中何者的立场。对此，萨维尼在注释中，以《法学阶级》第二部第一章第40节的法言为根据，指明：从总体上而言，尤里安法言的立场是正确的。但遗憾的是，萨维尼并未就此展开进一步的论述。盖他是在专门谈论赠与契约的性质问题，所有权的移转是一个无需涉及的问题。而且，关于所有权的移转，如前述，其早在《当代罗马法体系》第三卷里，业已提出了独立的物权行为思想，并在与错误的关联上主张物权行为无因性。因而，在《当代罗马法体系》第四卷里论及尤里安与乌尔比安的法言时，在萨维尼看来，所有权的移转的无因性早已作为结论而确定下来了。但遗憾的是，萨维尼并未从事使自己的这一结论于乌尔比安和尤里安的法言的对立中得以正当化的作业。此正如拉尼尔伊（Ranieri）所言：“萨维尼始终未

1 Savigny, System des heutigen römischen Rechts, 4. Bd., 1841, §.161, 第159页。

2 Savigny, System des heutigen römischen Rechts, 4. Bd., 1841, §.161, Anm. (d), 第160页。

能与交付相联系来探讨此一难题。”[1]

但是，这并不意味着萨维尼对尤里安和乌尔比安的法言的对立并未表示其他的意见。事实上，他虽未从正面论及所有权的移转，但在与债权契约的成立的关联上，也是作了相当多的论述的，且由此得出的结论至少间接地对所有权的移转产生了影响。基此考虑，让我们再来读一读《当代罗马法体系》第四卷中上文引述过的话语后面的话语：“在这里，成问题的是，法律行为的有效性。对此，乌尔比安说，有效的赠与的确不成立，尤里安也赞同此点。这是无可争议的，且由上述的所谓‘一般原则’也可推导出来。这一点，对于我们现在的目的来说，是重要的。”[2]

所谓“上述的一般原则”，指前文谈到的赠与依契约而为之时，双方当事人的合意（即赠与人的赠与的意思与受赠人的“接受”）是必需的这一点。但这里饶富趣味的是，萨维尼以乌尔比安的法言为据，说尤里安与乌尔比安在赠与不成立这一点上是一致的。亦即，一如萨维尼所言，尤里安的法言仅仅是在讨论所有权的移转，至于赠与是否成立，则未有涉及。但乌尔比安的法言中有如此的话语：“尤里安写道：赠与不成立。”故此，萨维尼作了如下的注释：“乌尔比安此处援引的尤里安的法言，显然不是我在本文中所说的‘关于取得物的所有权’的第36节。之所以如此，盖因至少在优士丁尼《学说汇纂》所收录的范围内，该法言是未提到这一点的。”[3]

这样，萨维尼遂断言，乌尔比安尽管援引了尤里安的法言，但在未流传给现今的我们的尤里安的法言中，是当然否定了赠与的成立的，并认为在赠与不成立这一点上，两人并无争议。

赠与既然不成立，那么消费借贷又如何呢？对此，萨维尼写道：

“乌尔比安说，消费借贷契约也是未缔结的。对此，乌尔比安尽管未援引尤

---

1 Filippo Ranieri, Die Lehre der abstrakten Übereignung in der deutschen Zivilrechtswissenschaft des 19. Jahrhunderts, in : Helmut Coing-Walter Wilhelm, Wissenschaft und Kodifikation des Privatrechts im 19. Jahrhunder, Bd. 2, Frankfurt Main 1977, 第99页。

2 Savigny, System des heutigen römischen Rechts, 4. Bd., 1841, §. 161, 第160页。

3 Savigny, System des heutigen römischen Rechts, 4. Bd., 1841, §. 161, 第160页。

里安的法言，但这不能认为是双方存在争议的证据。亦即，乌尔比安下断言的根据，是与赠与的场合相同的，即关于该特定的行为，并无合意的存在。”[1]

值得注意的是，萨维尼这一简略的叙述，实际上显示了他大胆的推论。关于赠与的不成立，在确认乌尔比安与尤里安并无争议后，萨维尼说此点由赠与的成立需有双方当事人的合意这一“一般原则”也可推导出来。此即，萨维尼大抵认为，无论乌尔比安抑或尤里安，皆是依此“一般原则”而否定赠与的成立的。正因如此，萨维尼才说，乌尔比安否定消费借贷成立的根据，正在于“与赠与的场合相同的，即关于该特定的行为，并无合意的存在”。因乌尔比安说，“受领人是基于别的意图而受领标的物的，所以消费借贷不成立”，从而，乌尔比安也认为，依此“一般原则”，也是没有问题的。

对此，尤里安如何呢？萨维尼说，关于赠与，尤里安因为是依此“一般原则”而否定其成立的，所以，关于消费借贷也应作同样的判断。故而他说：在这一点（即消费借贷不成立）上，虽然“乌尔比安未援引尤里安的法言，但也不能认为这是他们两人在此问题上存在争议的证据”。

萨维尼于是得出结论：乌尔比安与尤里安，因认为关于这些行为（赠与和消费借贷）并无合意的存在，故而他们是否定赠与和消费借贷关系的成立的。

以上围绕赠与和消费借贷的议论，确实与所有权的移转未有直接的关联，但它却间接地变成了对萨维尼物权行为思想的一种准备。关于一方怀抱赠与一定金钱的目的交付金钱，对象方却怀抱消费借贷的目的受领金钱，尤里安的法言认为，所有权的移转是不受影响的。但在此场合，尤里安是否认为消费借贷成立，此仅由法言本身，是不能下断语的。而且，如果认为尤里安是在肯定消费借贷的成立，则标的物所有权的移转当是其必然的归结，从而可以得出尤里安的法言中未内蕴所有权的移转的无因性因素的结论。但为了以尤里安的法言来证明自己的物权行为无因性思想，他需要说明尤里安的法言的这一点：尽管赠与、消费借贷不成立，但所有权仍然要移转。只有这样，才能援引它来佐证自己的债权契约不

1　Savigny, System des heutigen römischen Rechts, 4. Bd., 1841, §.161, 第161页。

成立，物权契约的效力也不会受其影响的无因性思想。[1]

三、普赫塔的解读

在乌尔比安与尤里安的法言之间，萨维尼赞同尤里安的法言，认为尽管赠与、消费借贷不成立，但所有权仍然要移转。值得注意的是，这一思想也为普赫塔所主张。关于是否以“交付”为独立的物权行为，萨维尼与普赫塔对尤里安和乌尔比安的法言的解释，于根本点上也是一致的。普赫塔于《现代罗马法讲义》第一卷《关于交付的正当的原因》（Von der iusta causa traditionis）里论及尤里安和乌尔比安的法言时说：“乌尔比安，此处显然不是在讨论所有权的问题，而是在谈论债权的问题。但却间接地与尤里安的法言形成了对立。乌尔比安说，……如果消费借贷不成立，则不当得利返还请求权便因金钱被花光而成立，受领人仅因花光了金钱才负不当得利的返还义务。但金钱由于是依给付者的意思而被花光的，所以，…… 可以依恶意抗辩（权）对抗之。在金钱被花光前，并无不当得利返还请求权，而仅有基于所有权的返还请求（权）。尤里安说，在花光前，即有不当得利返还请求（权），但它不是依消费借贷的不当得利返还请求（权），而是基于原因之不存在的不当得利返还请求（权）。”[2]

概言之，在普赫塔看来，乌尔比安与尤里安的法言的对立之点乃在于：乌尔比安认为，金钱的受领人保持其金钱时，给付者得行使基于所有权的返还请求权，受领人花光了金钱时，一方得行使不当得利的返还请求权；而尤里安则认为，自金钱被交付给对方之时起，给付金钱的人便可行使不当得利返还请求权。普赫塔的断语的根据，在于乌尔比安的法言说：“受领人如果花光了金钱，给付者便可请求返还作为不当得利的金钱。”自反面解释，即是受领人如果没有花光金钱，给付者则无此项权利，而仅可行使基于所有权的返还请求（权）。而尤里安则认为，纵当事人间发生意思表示的不一致，所有权的移转也要发生，故给付

---

1 ［日］海老原明夫：“19 世纪德国普通法学上的物权移转理论”，载《法学协会杂志》第 106 卷第 1 期，第 40 页。

2 Puchta, Vorlesungen über des heutige römische Recht, 1. Bd., Beilage XV. Von der justa causa traditionis, 1854 年版，第 492 页；1862 年版，第 494 页；1873 年版，第 505 页。

者仅可行使基于不当得利的返还请求权。而且，此种场合，普赫塔认为：“它不是基于消费借贷的不当得利返还请求权，而是基于原因之不存在的不当得利返还请求权。”可见，普赫塔乃与萨维尼相同，即认为尤里安也是否定消费借贷的成立的。

那么，对于这两人的法言，普赫塔是站在哪一边的呢？前文谈到，因普赫塔认为，仅依内蕴于原因行为中的所有权的授受的意思，标的物的所有权即要移转，所以可以肯定，他是支持尤里安法言的。那么，他又是怎样看待乌尔比安法言的呢？他说：乌尔比安法言，由于重心在于讨论债权问题，故而对所有权的议论是不当的。[1]

事实上，普赫塔指陈乌尔比安关于所有权的议论之不当，无论如何都是难谓妥当的。与其这样说，毋宁说他没有作令人满意的说明，而更多地是在对尤里安与自己的主张作调和性的解释。如所周知，尤里安与乌尔比安的法言的对立，从来就是罗马法言的解释中最为有名的难题之一。19世纪时，几乎所有的德国普通法学者都勇于挑战这一难题，并力图作自圆其说的释明，但大都未获成功。德国普通法时期的著名学者耶林（Rudolf von Jhering，1818—1892年）的如下话语，可以多少反映出此一时期挑战这一难题的普通法学者们的心境。他说：“熟悉罗马法的学者，无论谁都知道这两个法言，也都更加清楚伴随对它的解读而带来的兴趣与困难。……为调和这两个法言的龃龉而进行的解释的尝试是不计其数的。但遗憾的是，迄于现今的各种努力似乎皆未获成功。”[2]不言而喻，此所谓“皆未获成功”，是指尽管众多的德国普通法学者进行了锲而不舍的解释的努力，但其中的任何解释皆未能获得学界的普遍认同。于是，对这两个法言作调和的解释（或解读），便成为一个“不可解”的难题，此种局面一直延续至今。

---

1 Puchta, Vorlesungen über des heutige römische Recht, 1. Bd., Beilage XV. Von der justa causa traditionis, 1852年版，第450页；1854年版，第492页；1862年版，第494页；1873年版，第506页。

2 Rudolf von Jhering, Kritisches und exegetisches Allerlei, Ⅵ. Vereinigung von. 1. 18 pr. de reb. cred. (12. 1) und 1. 36 de A. R. D. (41. 1), in: Jahrbücher für die Dogmatik des heutigen römischen und deutschen Privatrechts, 12. Bd. (1837), 第389页。

第三节 不当得利的返还请求权与所有权移转的无因性

如下有必要讨论德国民法的不当得利返还请求权与所有权移转的无因性之间的关联。

如前述，由法言的内在构造证明尤里安的法言是在表达“无因”的思想，乃是罗马法时期的本来立场。为了获得此一结论，学者启用的理论构成是，在罗马法上，于实施了原因有瑕疵的交付时，物的原来的所有人，非依所有权的返还请求权，而是依不当得利的返还请求权取回所做的给付。此点，海因里希·德恩堡（Heinrich Dernburg，1829—1907 年）在 1857 年的论文里明确地谈到了。他说：“在我们遇到的各个法言上，为交付行为时，让与人的意图不充分的，是不承认得依所有权的返还请求权提起诉讼的，而是仅认可得依不当得利的返还请求权提起诉讼。但不当得利返还请求权的成立要件，是标的物的所有权由让与人移转给了受让人。”[1]

如果仔细分析这段话语，可以明了，并不能由行使基于所有权的返还请求权，而应由行使不当得利返还请求权推导出所有权移转的无因性。但是，不当得利返还请求权与认可所有权移转的无因性之间并无必然的直接联系。也就是说，基于所有权的返还请求权与基于不当得利的返还请求权，理论上并非是“二者择一”的关系，而是各有其独立的适用领域。19 世纪的德国普通法学者中，有学者正确地指明了这一点。例如，维也纳大学的弗朗茨·霍夫曼（Franz Hofmann）在 1873 年发表的《取得权源、取得方式理论与交付的正当原因》（Die Lehre vom titulus und modus adquirendi，und von der iusta causa traditionis）中便说：“依罗马法，即使有效的交付变成无效，易言之，在让与人实际不能行使基于所有权的返还请求权时，纵不能行使此项请求权，也仍然有认可不当得利返还请求权存在的余地。…… 不当得利返还请求权，多数是在不能行使基于所有权的返还请求权时登场的。…… 不当得利返还请求权的对象，通常为金钱。在这一点上，由于众所周

1 Heinrich Dernburg，Beitrag zur Lehre von der Justa causa bei der Tradition，in：Archiv für die civilistische Praxis，Bd. 40（1857），第 2 页。

知的原因，基于所有权的返还请求权是不具实际意义的…… 让与人行使不当得利的返还请求权，也不意味着让与人已然丧失了标的物的所有权（即所有权已有效地移转了）。”[1]

尽管存在像弗朗茨·霍夫曼这样的认识，但认为正是不当得利的返还请求权为物权移转的无因性奠定了理论基础的人，也还是有的。而且，《德国民法典第一草案》立法理由书（Motive zu dem Entwurfe eines Bürgerlichen Gesetzbuchs für das Deutsche Reich，1888年），正是自这一视角来说明物权移转的无因性的合理性的："物权在私权的体系中因被认为占有独立的地位，所以，（德国）民法典必须而且当然应当作如下的理解与规定：使媒介物权交易的法律行为，同私权体系的其他部分的法律行为相独立。不仅如此，无因性还有其历史的基础。即在罗马法上，拟弃诉权、法庭让与以至交付等，皆为无因性。在德国，特别是让与土地所有权的物权的合意（Auflassung）也采无因性。但是，19世纪的普通法理论及受其影响而制定的诸法典却偏离了这一立场，认为物权的取得的要件，除需有取得方式（modus acquirendi）外，尚需有特别的权源（取得权源、法的权源或法的原因）。如果此一见解是正确的，则权源的无效便会妨碍物权的变动，让与人为了取回所做的给付，就需要提起物权性质的诉讼。惟实际生活中，此等场合，当事人的意思是面向标的物的出让和取得的，并且，只要作了适当的表示，请求返还不当得利的诉讼即可以成立，进而应当承认：该行为所生物权的移转的效果，是与权源（原因行为）无关的，即它是独立的、无因的。既然依法律行为的物权变动，权源（原因行为）这一要素是无足轻重的，则民法典即应将它摈弃。”[2]

如此，原因行为无效，物权也依然要有效移转的无因性，即在德国民法典草案中被规定下来。而且，规定它的历史的理由，是罗马法上的交付（traditio）也是采原因行为无效，物权也要移转的，且有不当得利返还请求权的制度。此所谓交付（traditio）的原因行为无效，物权也要移转，不言而喻，是以尤里安的法言

---

1 Franz Hofmann, Die Lehre vom titulus und modus adquirendi, und von der iusta causa traditionis, Wien 1873, S. 121—123.

2 Motive zu dem Entwurfe eines Bürgerlichen Gesetzbuches für das Deutsche Reich, Bd. Ⅲ. Sachenrecht, Amtliche Ausgabe, Berlin und Leipzig 1888，第6页。

为据的。德国民法典草案的立法理由书采取了萨维尼与普赫塔对尤里安法言的无因性解读，即无论赠与、消费借贷是否成立，标的物的所有权皆要移转。当然，对于萨维尼与普赫塔对尤里安法言的无因性解读，表示反对的人（即作有因性解释的人）也是存在的。于以下篇幅，让我们考察学者是如何立于有因性的立场来解读尤里安法言的吧！

第四节 围绕所有权的移转对尤里安法言的有因性解读

以上谈到，无论萨维尼、普赫塔还是德国民法典草案的立法理由书，莫不对尤里安的法言作如是的理解：让与人怀抱赠与的目的赠与金钱，而受领人却怀抱消费借贷的目的受领金钱，此时，赠与和消费借贷尽管皆不成立，但金钱的所有权仍然要移转。当然，正因赠与和消费借贷不成立，所有权的移转才是无因的。但是，自1860年代起，出现了对尤里安的法言是否真的如萨维尼等人所声言的那样为“无因性”举行了奠基礼表示怀疑的声音。尤里安的法言，依萨维尼等人的解释，乃为支撑“无因性”得以成立的最重要的法言，所以，主张尤里安的法言为“有因说”的人，乃对萨维尼等人对尤里安法言的解读予以抵制。

通常认为，自19世纪中期以降，对尤里安法言作有因性解释的学者，乃以福格特为其代表。该氏在《基于原因的不当得利返还请求权与关于原因及一般权源》中写道：“尤里安的法言，绝不是在否定原因行为的必要性与重要性。准确而言，他是在表述这样的意思：当事人尽管未就原因（行为）达成合意，但原因是存在的。”一望即知，这是自有因性的立场来把握尤里安的法言的。但是，一方面说存在原因，另一方面又说关于原因欠缺合意，似乎是矛盾的。不过，在福格特看来，情况则并非如此。福格特认为，交付尽管要求有作为原因的债权行为，但该原因的存在，只要让与人主观上予以确信便可以了。

毫无疑问，福格特的观点是很特异的，以致未能获得学界多数人的支持。但赫尔曼·维特（Hermann Witte）在1864年对福格特的此一观点加以评论时说的话，值得注意。在他看来，尤里安与乌尔比安的法言的对立，并不在于交付使所有权移转得否需有原因这一点。他写道：“尤里安说，某人怀抱赠与的目的赠与对方以金钱并为交付，对方却误为借金而受领时，金钱的所有权移转。乌尔比安说，……‘由于受领人是怀抱别的意图受领金钱，所以，金钱不能成为受领人的东西’。在这里，交付有法律上的效力，是否需有原因，并不是双方议论的对象。为交付这一债务的成立奠定基础的意义上的原因（即客观性原因）并无存在的必要，此对两人来说是共同的。与此相对，特别促使所有权移转的动机，或通过所有权的移转而意欲达成的特定目的意义上的原因（即主观性原因）…… 则是需要的，且为当然的前提。”[1]

赫尔曼·维特在指明尤里安与乌尔比安的法言的差异并不在于“原因”的需要与否后，进一步把原因界分为客观性原因与主观性原因。主观性原因，即移转所有权的动机或目的，它蕴藏于当事人的心田中。从而，如果抽出之，也就无所谓有交付本身。但对于客观性原因，赫尔曼·维特说，无论尤里安抑或乌尔比安，皆不以之为交付的要件。赫尔曼·维特尽管未指明之所以如此的原因，但他大抵认为，如果客观性原因是交付的要件，则尤里安与乌尔比安的法言也就不会形成对立了。也就是说，客观性原因并不是交付的必需的要件。那么，此二人的对立又表现在何处呢？对此，赫尔曼·维特说：“两人的对立之点在于：尤里安由成为问题的赠与和消费借贷的法律行为中，概括和抽象出了二者共通的所有权移转的要素，而不考虑效果上的差异，认为仅在有合意时，方可发生所有权移转的效果；而乌尔比安则认为，不应把法律行为的各个构成要素作如此的分割，而以赠与和消费借贷的不成立为由来否定所有权移转效果的发生。对于称乌尔比安的见解难谓优秀的见解，我是抱十分怀疑的态度的。盖所有权的法律上的意义，即它是依赠与而取得，抑或依消费借贷而取得，实际上是截然不同的。进而，绝不能赋予林林总总的法律行为中的让与或取得所有权的抽象的意思以独立性。”[2]

赫尔曼·维特的功绩，在于依尤里安的当事人间的意思表示尽管不合致（不

1　转引自［日］海老原明夫：“19 世纪德国普通法学上的物权移转理论”，载《法学协会杂志》第 106 卷第 1 期，第 49 页。

2　转引自［日］海老原明夫：“19 世纪德国普通法学上的物权移转理论”，载《法学协会杂志》第 106 卷第 1 期，第 50 页。

合意)，但所有权仍要移转的论理构造，从正面考究尤里安之所以主张所有权移转的原因。他的结论是，尤里安因由赠与和消费借贷中抽出了共同的要素，所以主张所有权移转。此共同的要素，便是所有权的移转本身。在认为促使所有权移转的共同要素是让与或取得所有权本身这一点上，赫尔曼·维特之说，与仅依移转所有权的意思的合致便可使所有权移转的萨维尼之说，存在共同点。

学者奥托·卡洛娃（Otto Karlowa）也是把尤里安的法言从通说的无因性论的框架中解放出来，并自有因性的视角进行解读的人。他在《法律行为及其效果》(Das Rechtsgeschäft und seine Wirkung，1877 年）中写下了这样的话语："尤里安说，尽管关于授受标的物的原因不一致，但标的物的所有权也要移转于受让人…… 与此相对，乌尔比安则强调和重视关于目的的当事人的合意，认为如果没有合意，所有权便不能有效移转。我认为，由法言的对立，是不能得出尤里安是认所有权的授受的意思只要作为事实而存在即获满足的结论的。在尤里安看来，当事人也需要表示：法律允许所有权移转的原因的目的意思。并认为，如果就原因欠缺合意，则仅仅不能达成目的本身，而对所有权的移转并无影响。"[1]

如此，奥托·卡洛娃便指明了尤里安的法言是采有因主义的了。值得提及的是，随着时间的推移，积极主张尤里安的法言是有因主义的文献也陆续面世了。其中，立于这样的立场而作了积极论证的学者还有弗里多林·艾泽勒（Fridolin Eisele，1837—1920 年）。该人在 1855 年《耶林年报》的"私法学杂稿"（Civilistische Kleinigkeiten）的第三部里说："尤里安和乌尔比安的法言的对立，绝不在于'交付'是否为无因的物权契约这一点，…… 而是'交付'为有因契约的立场的内部的对立。"[2]

那么，对被现今的学者广泛用来支持自己的无因性思想的尤里安的法言，又应当作何解释呢？对此，弗里多林·艾泽勒说："尤里安列举了一方怀抱赠与，而对方却怀抱消费借贷受领金钱的情况。通说认为，于双方当事人怀抱的原因里

1 转引自［日］海老原明夫："19 世纪德国普通法学上的物权移转理论"，载《法学协会杂志》第 106 卷第 1 期，第 51 页。

2 转引自［日］海老原明夫："19 世纪德国普通法学上的物权移转理论"，载《法学协会杂志》第 106 卷第 1 期，第 51 页。

如果蕴藏了所有权移转的因素，纵原因不一致，也不会发生问题。如果将此一般化，便与所有权的交付是无因的物权契约没有二致，……在尤里安所举的例子中，不能忽略的重要因素，是一方打算为赠与这件事。那么，赠与的意图，又何以有如此的特别意义呢？”[1] 对此，弗里多林·艾泽勒解释说：“赠与的意图，为非经济性质的（东西），……赠与的意图以外的其他一切的意图，属于具有经济性质的意图。基于赠与的意图而为给与的人，使给与的标的物的所有权于法律上移转，如果考虑受领人的财产状态的最终结果，那么可以明了，它比基于信用供与和清偿的原因而为的给与更多。如果进行这样的考量，则可以从量上将赠与的原因与信用供与及清偿的原因作一比较，前者为大的东西，后者为小的东西。”[2]

这样，弗里多林·艾泽勒便根据“大的东西包括小的东西”的逻辑，认为赠与的意图内蕴了信用供与（消费借贷）的意图。于是，尤里安即变成不是站在“无因说”的立场上的人了。“由此出发，……不仅所有权的移转，而且此外的其他结论也可被推导出来。赠与的意图，因内蕴了小的信用供与的意思（意图），所以，尤里安说：小的信用供与的合意是成立的。如此，尽管赠与关系不成立，但消费借贷关系则不能不说是成立的。”[3]

值得提到的是，以上见解，在《德国民法典》施行后立足于历史的认识而对其采无因主义进行批判时，曾作为重要的论据之一而被援用。而且，此种对尤里安法言的有因性理解，在《德国民法典》施行以后的作为历史认识的罗马法史学上，也被维系了下来。例如，恩斯特·拉贝尔（Ernst Rabel，1874—1955年）于《罗马私法纲要》（Grundzüge des römischen Privatrechts，1915年）中谈到“正当的原因”（justa causa）时便说：“依罗马法的学说，自己的占有要为所有权这一本权奠定基础。一般而言，自己的占有，非有正当的原因不可。这尽管表现在取得时效中，…… 但对于交付，也是应当提出同样的要求的。…… 这一要求虽然

1　转引自［日］海老原明夫：“19世纪德国普通法学上的物权移转理论”，载《法学协会杂志》第106卷第1期，第51—52页。

2　转引自［日］海老原明夫：“19世纪德国普通法学上的物权移转理论”，载《法学协会杂志》第106卷第1期，第52页。

3　转引自［日］海老原明夫：“19世纪德国普通法学上的物权移转理论”，载《法学协会杂志》第106卷第1期，第52页。

给后世的人们留下了非常多的难题，但确切地说，是这样的情况：无论何种场合，……权源，如买卖、赠与及遗赠等的有效存在，是必需的。……让与人打算赠与一定数额的金钱，而受让人却误为借金受领的事例所引发的学说的对立，是不能抵触这一原则的。何以如此呢？因为，大的东西包括小的东西。所以，像《学说汇纂》第 41 卷第 1 章第 36 节最后指明的那样，尤里安时代的通说（往后，乌尔比安于《学说汇纂》第 12 卷第 1 章第 18 节中同他唱反调），也是肯定所有权要移转的。”[1]

此种理解，为现当代罗马法史学所继受。1963 年的《萨维尼法律史、罗马法杂志》（Zeitschrift der Savigny-Stiftung für Rechtsgeschichte，Romanistische Abteilung）刊载的学者京特·雅尔（Günther Jahr）的论文《关于交付的正当的原因》（Zuriusta causa traditionis）指出：“古典时期的罗马法及受其影响的所有法律，通常有因性地把握和处理契约问题。这绝不是契约的有效，于契约之外，尚需有以‘原因’或债务之发生为‘目的的权利关系’。正相反，它只涉及该行为本身的内部构造。如果立足于当代债务法的观点来修正有名的尤里安和乌尔比安的法言的对立，那么，在 A 约定赠与 B 10 万单位的金钱，B 误为融资的约定而受让时，纵关于法律上的效果（A 负支付 10 万单位的金钱的义务）形成了意思的合致，债务契约也会因欠缺合意而不成立。……关于目的的合意即使成立，该目的也有不能实现，以至落空的可能。盖目的的实现，往往于行为的要件之外，或被当事人的意思以外的情况所左右。……这就是‘外部的无因性’，相对应的则是‘内部的无因性’。”[2]归纳言之，在京特·雅尔看来，物权行为的效力不受其原因行为的效力影响的特性，便是物权行为的“外部的无因性”。此外，物权行为系以物权的变动为惟一内容，属中性行为，不具伦理色彩，故不可能有违反公序良俗的情形。此种物权行为本身独立于其目的之外的特性，为物权行为的“内部的无因

---

1 Ernst Rabel，Grundzüge des römischen Privatrechts，in：Holtzendorff、Kohler，Enzyklopädie der Rechtswissenschaft in systematischer Bearbeitung，7. der Neubearbeitung 2. Aufl.，1. Bd. München und Leipzing 1915，第 39 页，第 440 页；auch als Nachdruck，Darmstadt 1955，第 66 页。

2 转引自［日］海老原明夫：“19 世纪德国普通法学上的物权移转理论”，载《法学协会杂志》第 106 卷第 1 期，第 57 页。

性”。[1]

需注意的是，京特·雅尔的“外部的无因性”与“内部的无因性”，是分别对应于德国学者海因里希·西贝尔（Heinrich Siber）的“源自法律原因的客观妥当性的无因性”与“源自关于原因的合意的无因性”的概念的。而且，京特·雅尔说，罗马法上的所有权移转行为，在外部是无因的，在内部是有因的。关于应当如何解读尤里安的法言，京特·雅尔说：“尤里安于《学说汇纂》第41卷第1章第36节的法言中所下的断语，与我的想法并不对立。……在法言所举的第二个例子里，尤里安依‘大的东西包括小的东西’的命题，肯定消费借贷关系是成立的……尤里安的法言，不能给‘内部无因说’——依单纯的移转的合意便获已足的学说——以任何支持。”[2]

值得指出的是，关于对尤里安的法言作以上有因性解释，是否真的合于法史学的认识，这里无从论及。但应当提及的是，对尤里安法言的“无因说”这一通说的解释进行批判的“有因说”解读，实质上于现当代的罗马法史学中受到了相当的重视。这只能说明，作“有因说”解读的学者是更加紧扣法言的文意的。与此不同，作为通说的无因说的解读，则是远离法言的文意而进行的自由主义的解读。于此意义上，我们可以说，德国民法无因的所有权移转理论的确立，是应当归功于萨维尼的。

第五节　结　语

德国学者罗伯特·诺伊纳（Robert Neuner）于1926年发表的《动产的无因性与有因性的让与》（Abstrakte und kausale Übereignung beweglicher Sachen）中说：“关于所有权的移转，‘取得权源’与‘取得方式’的思想，……曾几乎支配了时至19世纪初期的欧洲的全部民法史。即使到了今天，这一思想仍几乎受到所有国家的重视（德国除外）。此一思想，准确而言，是对一切法律行为作涵括履行在

1　郑冠宇：“物权行为无因性之突破”，载《法学丛刊》第43卷第4期，第60页。

2　Günther Jahr, Zur iusta causa traditionis, in: Zeitschrift der Savigny Stiftung für Rechtsgeschichte, 80. Bd. (1963), Romanistische Abteilung，第170页。

内的一体性的把握。依此思想，交付是债权行为的完成与归结，绝无独立的法律行为的性质。总之，与独立的物权契约思想形成对照的，正是此一获得广泛支持的'取得权源'与'取得方式'的思想。"[1]

"取得权源"与"取得方式"的思想，对欧陆18世纪末期勃兴的法典编纂运动产生了重要影响，此表现在它被当时的民法立法采为正式的规定。

1794年《普鲁士普通邦法》第一部第二章第131条规定："所谓取得方式，是指人们为取得物权而实施的行为。"第132条规定："赋予前条所称的行为以取得物权的效力的法律上的原因，称为权源。"

1811年的《奥地利普通民法典》也定有与1794年《普鲁士普通邦法》相同的规定。第380条规定："无权源与无法律上的取得方式的，不能取得所有权。"第424条规定："可以成为继受取得的权源的，有契约、遗嘱、判决和法律的规定。"第425条规定："仅有单纯的权源，所有权不移转。所有权及其他一切的物权，除法律有特别规定外，仅可依法律上的交付与受领而取得。"[2]第426条规定："原则上，动产仅能依实物交付而转让于他人。"第431条规定："不动产所有权仅于将取得行为登记于为此项目的而设定的公共簿册中时，方生转让的效力。此项登记，称为过户登记。"[3]

如所周知，在立法史上，与以上规定形成鲜明对照的，是《法国民法典》所代表的立法。《法国民法典》系依债权契约的效力而使所有权直接移转的，也就是说，标的物的所有权自债权契约生效时移转。该法典第711条规定："财产所有权，得因继承、生前赠与、遗赠及债的效力而取得或移转。"第1138条规定："交付物件的义务仅依缔约当事人双方的同意而完成。自物件应交付之日起，即使尚未现实移交，债权人也成为所有人，并负担该物件受损的风险，但如交付人迟延交付，物件受损的风险则由交付人负担。"

不言而喻，《法国民法典》的以上规定，属于典型的所有权移转的"意思主

---

1 Robert Neuner, Abstrakte und kausale Übereignung beweglicher Sachen, in: Rheinische für Zivilund Prozebrecht des In-und Auslandes, 14 . Jg . (1926), 第20页。

2 转引自［日］海老原明夫："19世纪德国普通法学上的物权移转理论"，载《法学协会杂志》第106卷第1期，第59—60页。

3 苏永钦主编：《民法物权争议问题研究》，五南图书出版公司1999年版，第28页。

义”，与需要移转标的物的占有（交付）或进行登记，所有权方才移转的“形式主义”，是明显对立的。但自是否将交付解作独立的物权行为这一点，可以明了，《法国民法典》实际上是采与“取得权源和取得方式”相同的主义。该民法典在关于出卖人的义务的部分，尽管设有关于交付（deliv rance）的规定（第1604条），但标的物的所有权本身因已依债权的效果而移转于买受人，故不以交付为权利移转的单独行为，而是解为出卖人在履行使已经成为标的物所有人的买受人现实地取得标的物的占有或登记的义务。[1]当然，也不能认为交付是一个不具任何法律色彩的单纯的事实行为。盖为交付之际，存在着考量为交付行为的人有无相应的行为能力和代理权的问题。惟在与标的物所有权移转的法律效果的关系上，是不能把交付解为独立的物权行为的。从而，如果把《法国民法典》的规定与1794年《普鲁士普通邦法》和1811年《奥地利普通民法典》对所有权移转的规定相对照，便可明了，于“取得权源”和“取得方式”这两项要素中，《法国民法典》采取的是抛弃后者（即“取得方式”），而仅依前者（即“取得权源”）使所有权移转的主义。

但是，萨维尼则抛弃了以交付为占有的移转的事实行为的立场，而将其解为以所有权移转的意思为内核的独立的法律行为，进而使物权行为的效力不受作为原因的债权行为存在与否及有无效力的影响，学说谓为物权行为的无因性。结果，乃使受萨维尼之说影响的普通法学者和《德国民法典》最终走上了与“取得权源”和“取得方式”分道扬镳的道路。也就是说，以“取得权源”为所有权移转的要件固无问题，惟原本不过是单纯的占有的移转的事实行为的“取得方式”，现今却被解为作为独立的法律行为的物权行为，并使之成为所有权变动的直接的驱动力。在结局上，《德国民法典》采取了严格界分物权行为的支配空间的物权法领域与债权行为的支配空间的债权法领域的法律构成。《德国民法典第一草案》立法理由书说：“在本草案上，物权行为主要是在关于其固有目的的范围内被规定的。物权行为，因为是以直接引起物权的发生（设定）、移转、消灭为内容的行为，所以只要当事人表示了面向这些目的的意思，就要求有与之相应的单个的

1　［日］滝沢聿代：“物权变动的意思主义·对抗要件主义的继受——以不动产法为中心”（四），载《法学协会杂志》第94卷第4号，第568页。

物权行为的内容。物权行为必然是无因行为。物权行为，在法律无特别规定时，适用关于法律行为的总则的规定；与此相对，债权法的规定，除有明文外，不得适用于物权行为。”[1]

行文至此，我们看到，关于所有权移转的“取得权源”与“取得方式”的思想之所以经久不衰，以至于为近现代及当代民法立法广为接受，并最终形成当代民法关于所有权移转的基本理论，除了其自身合于人类对所有权交易的感性与理性认识外，更重要的还在于，它是植根于罗马法这一近现代民法的法源的深厚土壤中的。正因如此，这一思想在由学者格鲁克等人提出后，便为当时的民事立法（如1794年的《普鲁士普通邦法》）采为明文规定。19世纪肇始以后制定的民法典，如1804年《法国民法典》、1811年《奥地利普通民法典》、1896年《日本民法》、1907年《瑞士民法典》、1922年《苏俄民法典》，以及1945年以后诞生的民法典（如1964年《苏俄民法典》、1992年开始施行的《新荷兰民法典》与1995年施行的《俄罗斯联邦民法典》等），于总体上，莫不采“取得权源”与“取得方式”的制度，尽管在实际的表述上存在差异。

我国自1949年以来的民事立法，譬如1986年颁行的《民法通则》与2007年3月16日通过的《物权法》，对于所有权的移转，从总体上而言，系采“取得权源”与“取得方式”的思想，称为“债权合同”与“登记或交付”之结合，且不认有所谓物权行为无因性。鉴于此一主义的优越性并与现当代多数国家物权法的规定相通，合于21世纪民法发展的潮流，可以预料，不独现在，而且就是将来，我国的民法典对所有权移转的立法论与解释论也将继续沿着这一道路而前行！

---

1 Motive (oben Anm). (96), Bd. Ⅲ, 第7页。

第四章

物权契约概念的肇源、确立与演变脉络

物权契约是18世纪末、19世纪初德国近现代及当代私法上的一项重要概念，这一概念本身及由它所衍生的无因性概念，不仅是德国普通法学抽象思维的产物，而且也是19世纪德国概念法学结出的重要果实之一，迄今已二百余年。二百余年来，围绕物权契约与无因性概念的功能与存废问题的争论，可谓峰回路转，反反复复，历时久远，并仍有继续下去之趋势。尤其值得注意的是，围绕这一问题的争论，早已跃出了作为策源地的德国国界而波及德国法系的其他国家、法国法系国家乃至英美法系国家。毋庸置疑，于近现代私法史上，此种现象是极其罕见的。由此足可管窥物权契约与无因性概念对近现代及当代私法立法及其学理影响之一斑。

按照通说，所谓物权契约，不过为物权行为之一种，物权行为除物权契约外，尚涵括单独行为（称为“物权的单独行为”），譬如抛弃（放弃）等。物权契约是物权行为的根干，系最重要的物权行为，被称为“物权行为之王”。物权契约本旨上属于契约之一种，并以意思表示为其构成要素。单独行为，以抛弃（放弃）为最重要。抛弃（放弃）作为物权行为，乃系由物权契约推演而来（亦即，以物权契约为前提而为逻辑推理的当然结果）。故此，把握和明了物权契约，也就从根本上把握和理解了物权行为，从而也就可以十分容易地理解和解明作为单独行为的物权行为的抛弃（放弃）。正因如此，本章乃以萨维尼的物权契约思想为中心而予展开，此一点谨予说明。

在我国，自清季修律标志中华传统法律向近代转型并于1929年11月30日正式公布《中华民国民法》中的物权编以至今日，对涵括物权契约在内的物权行为与无因性概念的研究，囿于种种原因，可谓相当不足。尤其是从1949年至1980

年代末期，民法学界对"物权"一词不仅避而不谈，甚至大加挞伐，更遑论对物权契约与无因性概念进行学术上的研究。不言而喻，此系1949年以降中国物权法发展史上的一个万马齐喑、万籁俱寂的特殊时期。往后，尤其是进入20世纪90年代以后，随着制定中国物权法的必要性与日俱增并被八届全国人大列入立法计划，学理研究开始触及物权行为问题。此表现为发表了一些这方面的文章，翻译了一些这方面的著述。应当认为，此时期是我国民法学界研究物权行为与无因性问题的关键时期，为之后物权行为与无因性问题的研究奠定了基础。

历经数年的努力，我国终于在2007年3月16日通过了《中华人民共和国物权法》。这是一部更多地立足于中国的现实情况而制定的法律。对于物权契约（物权行为）的无因性，该法采否定主义。此种立场系属正确，毋庸置疑，应值赞赏。惟因物权契约与无因性概念为德国民法及受德国民法影响的某些地区（譬如我国台湾地区）"民法"上的重要概念，在我国，不独仍有一些意见主张采取之，且认为对此问题的研究尚未深入及现有的相关资料还不充分，进而表达了应有必要对此问题进一步展开研究。应当肯定，无论是出于此种进一步研究的必要抑或纯粹的学术兴趣，现今展开对物权行为与无因性问题的研究，仍然有其必要与积极价值。正是基于如此的考量，本书拟以萨维尼的物权契约思想为中心，由远而近，考察物权契约概念的肇源、确立及演变过程，以期获得对物权契约与无因性制度的全面了解，进而使这一理论及其制度以真实的面貌于我国流布。

第一节　萨维尼《当代罗马法体系》与《债权法》问世以前的物权契约思想

如所周知，德国现行民法对依法律行为的物权变动，明定：动产的场合，需有被称为"Einigung"的"物权的合意"与"交付"（Übergabe）；不动产的场合，需有被称为"Auflassung"的"让与土地所有权的物权的合意"与"登记"（Eintragung）（《德国民法典》第873条、第925条）。[1]而且，此等"物权的合意"，

1　关于其例外，参见［日］村上淳一等编：《德国法讲义》，青林书院新社1974年版，第88页、第177页以下。

需与“登记”或“交付”结为一体而构成一个法律行为，即一个以直接引起物权的变动为内容的物权契约（Dinglicher Vertrag）。[1]此物权契约系超然独立于作为债务负担行为的债权契约（Obligatorischer Vertrag），称为物权契约的独立性或分离主义（Trennungsprinzip）。作为原因的债权契约纵不存在、无效或被撤销，物权契约也依旧不受其影响并保有效力，学说谓为物权契约的无因性或抽象主义（Abstraktionsprinzip）。根据近现代及当代民法学理的通说，物权契约与无因性概念，实质为德国民法的固有概念、“土著”概念，即为德国民法所专有。

于德国民法思想的发展上，物权契约的概念，通常被认为系由德国历史法学派的代表人物、被称颂为德国“近代私法学之父”的萨维尼首创，尔后由其弟子继承并发扬光大。与此同时，它也为当时的实务与德国各领邦的民事立法，尤其是 1872 年《普鲁士土地所有权取得法》（EEG）所采纳。基于此种法制史的脉络演变关系，1888 年公布的《德国民法典第一草案》遂明文确立了物权契约与无因性制度，尽管当时受到相当多的批判。1895 年公布的《德国民法典第二草案》继受第一草案的立场，维持物权契约与无因性概念不变。1896 年德国公布正式的民法典，物权契约与无因性制度乃在《德国民法典》上被正式确立下来，并由此成为德国民法的一项重要制度。[2]

惟冷静分析欧洲中世纪肇始以后欧陆民法尤其是物权法的发达史，可以明了，物权契约思想实际上早在萨维尼之前的较远时代就已存在了，尽管那时尚未将之概括与抽象为所谓的物权契约思想。据考证，11 世纪之时的尼卡乌斯（C. Nicaeus，生卒年月不明）于释读乌尔比安（Ulpianus）《争论》第 7 编（D. 12. 1. 18pr）的法言时，[3] 即已然提出了物权契约的概念。[4] 另外，从法国所谓

---

1 惟对于物权契约的涵义，学说从来存有争论。争论的焦点集中在物权契约是否仅以“物权的合意”为已足，抑或复需有登记或交付。

2 关于《德国民法典》的制定过程，可参考的文献甚多，兹不一一列举。

3 见 D. 12. 1. 18pr（乌尔比安《争论》第 7 编）：如果我想送你一笔金钱并把这笔金钱交给了你，但你却认为是消费借贷，那么，尤里安认为赠与不成立。我认为，消费借贷也不成立。因为，这笔钱不能属于怀抱不同意愿而接受它的人。参见丁玫译：《契约之债与准契约之债》，中国政法大学出版社 1998 年版，第 69 页。

4 见 C. Nicaeus Scholion Bas. 23，1，18。转引自［日］船田享二：《罗马法》（第 2 卷），岩波书店 1969 年版，第 481 页注释 2。

“典雅法学”的代表人物多内鲁斯（H. Donellus，1527—1591 年）那里，以及 1796 年由马丁尼（K. A. von Martini，1726—1800 年）主持制定的《奥地利普通民法典草案》中，也都可以窥见物权契约思想的踪迹。[1]不过，需要注意的是，19 世纪萨维尼倡导的物权契约概念，因是建立在物权与债权分野的基础之上的，故而与尼卡乌斯等倡导的物权契约概念是不可同日而语、等量齐观的。

从表象上看，19 世纪时萨维尼倡导的物权契约概念，是通过对古典时期罗马法上的移转所有权的方式之一种的交付（traditio）进行重新解释而获得的。但是，这一解释并不是将交付还原为罗马人的实际生活而重新构成，而是对 19 世纪初期在德国普通法学上占据支配地位的所谓“物权取得理论”——“取得权源与取得方式”（Titulus und modus adquirendi）理论——的一个“逆命题”，并用来为当时的现实目的服务。

所谓“取得权源与取得方式”（以下简称为 titulus u. modus），其源起最早可以追溯到中世纪日耳曼社会中“占有的所有权秩序”下的“土地让与行为”（sala. investitura. Auflassung）。16 世纪时，德国人文主义法律学的布道者阿佩尔（J. Apel ，1486—1536 年）最终建立了这一理论。按照这一理论，要有效地取得标的物的所有权，非有 titulus 这一有效的债权契约与 modus 这一性质上属于事实行为的交付不可。往后，“取得权源与取得方式”理论经启蒙时期自然法学者的传承而为 1794 年《普鲁士普通邦法》与 1811 年《奥地利普通民法典》采为正式规定。[2]

惟需注意的是，与“取得权源和取得方式”理论的倡导者阿佩尔的真意稍有不同，采纳这一理论的以上法典规定，无论间接取得（继受取得、承继取得）抑或直接取得（原始取得），即举凡一切物权的取得，皆非有取得权源（titulus）

1　马丁尼（K. A. von Martini）主持制定的《奥地利普通民法典草案》第二编第六章“依交付而取得所有权”第 3 条规定：所有权的让与，原则上须依出卖人与买受人间的意思行之。学者勃兰特（H. Brandt）与约金豪斯（A. Oeckinghaus）就此评论说，在所有权移转问题上，抽象（无因）的物权契约思想实际上早在《德国民法典》前的一个世纪、较萨维尼早半个世纪就已产生了。但需注意的是，这只不过是欧洲启蒙运动时期风云激荡、甚嚣尘上的自然法学的合意主义的产物，绝不可与萨维尼的物权契约理论相提并论、等量齐观。

2　［日］谷口贵都：“物权契约的历史的展开”（一），载早稻田大学大学院《法研论集》第 31 号，第 169 页。

与取得方式（modus）不可。因而于这些法典上，所谓 titulus，其涵义也就不仅指意思表示（契约），而且也扩大到法规、判决及所谓“终意处分”（遗嘱处分）等。[1]

对 1794 年《普鲁士普通邦法》采取的立法主义，德国历史法学派的创始人胡果（G. Hugo，1764—1844 年）、蒂堡（A. F. J. Tibaut，1772—1840 年），及当时处于私法的领导人地位的德国普通法学者格鲁克（C. F. Glück，1755—1831 年），皆表示应予修正，明确指明“取得权源与取得方式”（Titulus und modus adquirendi）仅可适用于继受取得。在这里，这些人虽然已然迈出了建立通向基于物权与债权的分别的潘德克吞法学体系征程的第一步，但他们尚不能将物权与作为其原因的买卖、赠与等明确区别开来，并使之于法律构成上采无因性。

1803 年，萨维尼写成《论占有》一书，一跃成为欧陆法学界的有名学者。但此时的萨维尼，[2]仍一如既往地因袭其师胡果把 titulus 解为债权关系，把 modus 解为事实行为的交付的衣钵。[3]他的《论占有》一书，尽管主要是依据并参考前面提到的较早时期便提倡物权契约概念的多内鲁斯的思想而写成的，但对于多内鲁斯的物权契约概念，此时的萨维尼显然还不能理解之、把握之，从而也就不可能将交付解为物权契约。[4]

但是，萨维尼转到柏林大学（自 1810 年起任该大学的教授）后不久，对以上问题的态度便发生了根本性的转变。对于很久以前便已发生的无论原始取得抑

---

1 ［日］久保正幡先生还历纪念：《西洋法制史料选 3》（近代），创文社 1979 年版，第 177 页、第 325 页以下。

2 自 1803 年起，任马尔堡（Marburg）大学教授；自 1808 年起，任兰茨胡特（Landshut）大学教授。

3 于 1802 年至 1803 年下半年的马尔堡大学的“冬期讲学”中，他谈到了其师胡果等关于“titulus und modus adquirendi ”（取得权源和取得方式）的思想。于 1803 年至 1804 年的冬期讲学中，对正当的原因（justa causa）的解释，他也是一以贯之地根据胡果等人的思想加以说明的。即“‘正当的原因’，无需存在于事前，而是与交付结为一体的。当然，交付之后，正当的原因也有产生的可能。赠与的场合，‘正当的原因’是与交付连在一体的……”参见［日］谷口贵都：“物权契约的历史的展开”（一），载早稻田大学大学院《法研论集》第 31 号，第 171 页注释 7。

4 1807 年，在“justa causa praecedens ”这一论题下，萨维尼写道：交付，“如果不和让与所有权的债权关系联系在一起”，即不能产生法律上的效果。参见［日］谷口贵都：“物权契约的历史的展开”（一），载早稻田大学大学院《法研论集》第 31 号，第 171 页注释 10。

或继受取得皆需有债权关系（titulus）的存在，[1]从而应统一适用“取得权源与取得方式”的疑问与困难，现在的他则提出：取得权源，乃涵括自然法上的债权关系，即自然债务。萨氏之所以提出如此的见解，乃源于他对古典罗马法上的“交付”一词所做的别具匠心的解释。

按照古典时期的罗马法，为了取得略式移转物（res nec mancipi）的市民法上的所有权，当事人为交付行为时，需证明有为此行为的正当的原因。[2]对此，萨维尼在把交付解为物权契约的同时，也明确地指出，“正当的原因”不是指债权关系，而是指作为所有权让与的意图而存在于交付的背后的东西。布尔夏迪（G. C. Burchardi，1795—1882 年）于自己的听课笔记中记下了萨维尼在 1815—1816 年的冬期讲学中的如下话语：

“在过去一个相当长的时期，说什么要取得物权（jus in re），通常非有 justus tituius 与 modus acquirendi 不可。亦即，所有的物权，皆是依事实行为而被创设出来的，但创设物权的这些行为却是各式各样、林林总总的。在一些场合，物权系依一个行为而成立，而在另外一些场合，物权则依两个或两个以上的复数的行为而成立。质权是依契约而成立的，这是一个行为。但是，要取得所有权，除需有交付（traditio）外，尚要求有交付的正当的原因（justa traditionis causa）。现在的法律家们错误地把此种场合一般化，并经由抽象思维，建立了所谓要取得物权，原则上非有 justa causa 与 modus acquirendi 不可的理论。这正如质权的例子所昭示的那样，是错误的。认为交付的场合，justa causa 与 traditio 通常必须存在，也是错误的。某人与乞丐相遇，赠与其一枚金币，即只有一个行为。与该行为分离存在的事实，是没有的。换言之，是无先于该赠与行为而存在的契约或其他东西的。同样地，先占无主物（Occupation）的场合，也只有一个行为。

“最近以来，相当多的学者声言，要为标的物的交付（traditio），必须有债权

1　但在赠与和消费借贷的场合，颇难认为债务人在向债权人交付作为给付对象的标的物前已有债权关系。

2　例如，保罗：D. 41，1，31，Pr；盖尤斯：2，19—20；乌尔比安：Epitome，19，7。关于罗马法依交付而转让所有权的翔实情况，参见［日］谷口贵都：“物权契约的历史的展开”（四—五），载早稻田大学大学院《法研论集》第 31 号。其论述甚详，可以参考。

关系与事实行为性质的 tradition（交付）。不少人为这一理论歌功颂德，甚至大肆喧嚷什么，traditio（交付）必须是为了债务的履行或清偿（solutio）的目的。这是对保罗法言的五体投地般的忠诚的见解（D. 41，1，31pr）。[1] 也就是说，按照保罗的立场，要实施交付（traditio），在时间上必须先后存在两件事：债权关系与履行该债权关系的 traditio（交付）。遗憾的是，这样的见解是错误的。因为，第一，至少在市民法上，债权关系（obligatio civilis）是不需要的……此早已为不争的事实。赠与的场合，情况会如何呢？此种场合，不存在丝毫的债权关系，而只有所有权的让与（移转）这一单纯的事实行为性质的 traditio（交付）。据此，取得权源与取得方式的见解，现在当然也就站不住脚了。何以这样说呢？因为，让与人的意图是要使受赠人成为所有权人，除此之外不再有其他意图。从而，我们不得不说，所谓 justa causa（正当的原因），乃是指打算依交付（traditio）而让与所有权的所有人的意图。这是一个适用于所有场合、所有行为的关于 justa causa 的内容的一般规定，除此之外的其他说明仅在某些点上是正确的。但倘若把‘债权关系’把握为 justa causa，那就大错特错了。通常的情况虽然是债权关系先期存在，但那是偶然的，而不是必然的、绝对的。另外，我们的理论与史料，尤其与 J. 2. 1. 40 [2] 也是完全吻合的（C. 40. 50. 6 可以佐证这一见解。[3]另外，多内鲁斯在 Commentarius ad Cod. dictio titulo 中也采同样见解）。

“在这里，所有的 traditio（交付），依其性质，皆为真正的契约。并且，说 justa causa 是仅源自于这个契约的命题，也是成立的。但是，该契约，性质上非属于债权契约。如果不这样理解而是相反，则我们将再度陷入应受批判的错误的泥淖中。毫无疑义，它是一个真正的物权契约，即物权的契约。从而，所谓 traditio（交付），通常而言，乃是指标的物的原来的占有人（出卖人）以使对方（买受

1　见 D. 41，1，31，Pr.。保罗《论告示》第 31 卷：单纯交付（nuda traditio）永远不会使所有权移转；若先有出卖或其他正当原因（justa causa）而后据此为交付，则会使所有权移转。参见［意］桑德罗·斯奇巴尼选编：《物与物权》，范怀俊译，中国政法大学出版社 1993 年版，第 58 页。

2　即优士丁尼《法学阶梯》第 2 编第 1 章第 40 条：“根据自然法，转让是取得物的另一种方式；所有人既然愿意把他的物移转于他人，这种意愿应予承认，这是最符合自然公平的道理的。因此，转让得适用于无论哪种有形物，所有人转让后，物即成为另一人的财产。”参见［古罗马］优士丁尼：《法学总论——法学阶梯》，张企泰译，商务印书馆 1989 年版，第 57—58 页。

3　即《优士丁尼法典》（Codex）第 40 编第 50 章第 6 条。

人）成为标的物的新的占有人的意思，而让与标的物的占有。…… 因此，新的命题是，让与所有权的真正的形态，是 traditio 与 usucapio（标的物的使用的取得），而不是当事人之间的契约（即债权契约）。”[1]

这样，萨维尼即认为正当的原因，不是指债权关系，而是指打算通过交付而让与所有权的让与人的意图，交付之际即是物权契约形成之时。但在这一时期，萨维尼说什么交付依其性质是一个真正的契约，正当的原因不是别的，而完全是指该契约，抑或所有权让与的意图。这表明这一时期的萨维尼尚不能十分清楚地把握支付与正当的原因之间的关系。而这一问题的解决，大致是在 1820—1821 年的冬期讲学活动，及 1827 年于讲授潘德克吞法学的过程中完成的。克劳特（W. Th. Kraut，1800—1873 年）的听课笔记对此有清晰的记录。依该氏的记录，萨维尼在批判了“取得权源与取得方式”的见解后，讲了如下的话语：

“…… 固有的‘正当的原因’（justa causa），除指让与所有权的意图外，再没有什么了。因而 traditio（交付），就是为了让与所有权的意图而实施的。…… 古罗马的法律家在谈到该正当的原因（justa causa）时，对于这样的‘意图’，是没有明确地谈到的。打算移转所有权的意图，仍然是为其他的原因所内蕴的，人们将此称为 justa causa。justa causa，由于可以比较确实地证明该意图，所以是一个可以明确把握的东西。概言之，先期存在的债权关系即是 justa causa（正当的原因）。但不能认为只有这一点，即先期的债权关系才是让与所有权的正当的原因（justa causa dominii transferendi）。事实上，继该先期的债权关系之后接踵而生的债权关系，也同样是 justa causa（正当的原因）。其结果，所有的 justa causa（正当的原因），皆在交付（traditio）之时成立或消灭。从而，所有的 justa causa（正当的原因），要么是履行债务（solvendi causa），要么是负担债务（obligandi causa），抑或是为了赠与（donandi causa）。”[2]

在这里，一如萨维尼所言，正当的原因所表示的，是交付在让与所有权的目

1 ［日］谷口贵都：“物权契约的历史的展开”（一），载早稻田大学大学院《法研论集》第 31 号，第 172—174 页。

2 ［日］谷口贵都：“物权契约的历史的展开”（一），载早稻田大学大学院《法研论集》第 31 号，第 174—175 页。

的上被使用时的所有权让与的意图，在此界限内，它是必要的、不可或缺的。但通常不会明确地直接言及这种意图，而是与为交付行为时的法律关系相结合，抽出所有权让与的意图。如果将抽出的作为母体的法律关系类型化，则是：（1）依买卖关系而让与标的物所有权的场合，作为履行或清偿先期存在的债务，依交付（traditio）而让与标的物所有权；（2）像消费借贷那样，现实依交付而让与（移转）标的物所有权，乃是为了将来的债权债务关系的发生；（3）现实无先期的债权债务关系，且将来也无债权债务关系，而仅依赠与的目的，依交付而让与所有权的情形。

以上三种情形的共同之点在于：买卖、消费借贷、赠与，所有人让与所有权的意图，是在为交付行为之时、与交付粘连在一起而存在的，交付行为一旦终了，所有人让与所有权的意图也就不复存在了。并且，萨维尼从关于交付的诸多目的中，抽象、概括出所有人让与所有权的意图，并把它“规定”（或“厘定”）为正当的原因，进而通过使之与事实行为性质的交付的一体化，而成功地将交付定位为物权契约。[1]

这里要特别提到的是，萨维尼不仅在1820年代开设的“德国普通法”课程的讲学活动，而且在1819—1920年冬季的“普鲁士普通邦法”的讲学中，于谈及《普鲁士普通邦法》的“取得权源和取得方式”的规定时，也是积极主张物权

1　1827年，一本所有人不明的听课笔记本记录了萨维尼于讲课中的如下话语：“所有权，在所有人怀抱让与的意思时，尽管在移转标的物的占有时移转，但在此之时，尚不能谓为有正当的原因。J. 2，1，40，D. 41，1，9，3：盖尤斯《论日常事务》第2卷：根据万民法，交付给我们的物为我们所有。因为没有什么比尊重想将其物转让给另一个人的所有权人的意志更符合自然的公平。justa causa（正当的原因），尽管不是所有权的意图，但却与之有非常密切的关系。之所以这样，是因为我们如果仔细观察的话，则可以看到，意图常常与别的法律关系连在一起，由该法律关系，我们便可以推知和知悉其意思，因此，可以说只要有该法律关系，即意味着有意图。例如，从与乞丐的法律关系，我们可以清楚地知道有赠与的意图；由消费借贷，我们可以明了有发生债权关系的意图。但赠与、消费借贷的意图也是justa causa。在让与人的心中，这些意图也必定是先于行为而存在的，但不一定都为债权关系。traditio（交付），仅在表示当事人双方的一致的意思表示，在让与所有权的情形，是一个非常一般的、必然的契约，这是非常重要的。之所以这样，是因为它与所有的契约相同，即可以附条件（pactumreserv. dom，所有权保留的约束）。”另外，在1824—1825年的冬期讲学活动、1830年开始的讲学活动以及1837—1838年的冬期讲学活动中，萨维尼皆明确地表述了之后于《当代罗马法体系》中所正式公表的物权契约思想。

契约思想的。[1]并且，在1840年出版的《当代罗马法体系》（共八卷）与1851年出版的《债权法》（共二卷）中，他更进一步地全面阐述了自己的物权契约思想。

第二节 《当代罗马法体系》《债权法》与物权契约理论

一、《当代罗马法体系》《债权法》与物权契约理论的公表

在1840年出版的著作《当代罗马法体系》（System des heutigen römischen Rechts，全八卷，简称System）和1851年面世的《债权法》（Obligationenrecht，全二卷）中，萨维尼正式公表了自己的物权契约思想。于《当代罗马法体系》第三卷的“契约”部分，他详细地论及了“交付”（traditio）这一概念。他说，在所有类型的意思表示中，契约是一个最重要的总括性的意思表示。契约这一概念，不仅法律家熟悉，而且普通人也熟悉，但问题在于，人们往往不能统一地、正确地把握它、理解它。接着，为了有助于人们对契约概念作如此的理解，他表述了自己对契约概念的如下见解：“…… 所谓契约，指规定人们的法律关系的、复数之人的一致的意思表示的合致。…… 此契约概念，与一般的意思表示系依一人的意思而发动者不同，于复数之人的意思汇聚（聚集）在一个完全不能分离的意思（合致的意思）这一点上，其作为意思表示的一亚种而有别于一般的意思表示。”（System，S. 309）[2]

在建立了如此的契约概念后，萨维尼于是将交付定位为：交付，是一个真正的契约。因为它具有契约概念的一切特征。它一方面涵括占有的现实交付，他方面也包含移转所有权的意思表示。并且，行为人的法律关系，并不是仅有该意思表示即形成一个完全的、充分的交付，而是尚需有有效取得对标的物的占有的外在行为。

于《债权法》中，萨维尼论述了什么是正当的原因。他说：“正当的原因

---

1 ［日］野田龙之：“萨维尼与普鲁士普通邦法：1824年讲学记录的研究”（1），载九州大学《法政研究》第48卷第4号合并号，第621页以下。另外，本期杂志第628页注释16，介绍了萨维尼于1824年的夏季讲学活动中对“取得权源和取得方式”加以批判的情况。

2 转引自［日］谷口贵都：“物权契约的历史的展开”（一），载早稻田大学大学院《法研论集》第31号，第176页。

(justa causa) 的真正意义，毫无疑义，应作如下的厘定：traditio（交付）可以依林林总总、形形色色的目的而实施。将某物出租、将某物寄存，以及以某物设定质权等，皆会发生交付的行为。而且在这些场合，标的物的所有权确实不移转。另一方面，在买卖、交换（互易）、赠与乃至消费借贷的场合，也有交付（traditio）。在这些场合，标的物的所有权发生了移转。此两种场合中的'交付'有何差异呢？很简单，后一种场合，标的物的所有人（出卖人）意欲让与所有权，而前一种场合，标的物的所有人则并无此种打算。故此，可以得出如下的结论：traditio（交付），乃是依两个行为人一致的意思表示而让与所有权，无该意思表示，标的物的所有权便不能被让与。…… 可以说，所谓 justa causa ，乃完全是指让与所有权的意思（animus transferendi dominii）。…… 可以肯定，应当作如下的理解：

为 traditio（交付）行为之际，如果明确表示，依该交付，所有权即生移转或不移转，则以上的说明是完全没有价值、没有必要的。因为，所有权的移转或不移转，仅依该'明确表示'便可完全、确实地决定（判明）了。但是，不独罗马人，就是现在的我们，通常也是不会作这样的明确表示的。对于像交付（traditio）这样的非常自然的行为，此种想法毋庸置疑是过于抽象和理性化的。在情况不确定（确实）的场合，为了能够找到确定（确实）的、决定性的东西，应重视考察周围的情况、意图与目的——与 traditio（交付）相粘连的东西，且正是以它为依据才实施 traditio（交付）的行为。这才是正当的原因（justa causa）的真正涵义。之所以如此，系因为由这里，意图，是要实现所有权的让与（如买卖、互易的场合），抑或不实现所有权的让与（如使用借贷和寄存的场合），通常可以被确实地认识到。"[1]

二、萨维尼物权契约理论与 17、18 世纪启蒙时代自然法学者的物权契约思想

值得指出的是，将所有权移转效果的发生，端的系于当事人的让与意思的思想，并不是崭新的东西。萨维尼之前的启蒙时代的自然法学家，譬如格劳秀斯（H. Grotius，1583—1645 年）、普芬道夫（S. Pufendorf，1632—1694 年）以及沃尔

1　转引自［日］谷口贵都："物权契约的历史的展开"（一），载早稻田大学大学院《法研论集》第 31 号，第 177—178 页。

夫（C. wolff，1676—1754 年）等人，即已强烈地表达了这一倾向。故此，一如勃兰特（H. Brandt）、约金豪斯（A. Oeckinghaus）所言，物权契约的起源可以追溯到启蒙时期的自然法学。但应当注意的是，这些人之所以将所有权的让与委诸当事人的意思，则完全是他们推崇自由、平等，并强调基于理性人的意思的合致及对人的意思的尊重，所有权权利即可依据“人的合意主义”（Konsensprinzip）的法理而发生移转。他们所谓关于所有权的让与的合意，是否真的等同于潘德克吞体系下的物权契约与债权契约概念，不言而喻，是大有疑问的。萨维尼尽管也认为，权利是属于个人的自由意思的支配领域的东西，但与这些人的思想的重大差异在于，萨维尼根据由普芬道夫与沃尔夫等率先倡导和践行的数学的、演绎的方法论，而使法律发展成为体系化的东西，进而创制出严格界分债权与物权、债权契约与物权契约的不同的潘德克吞法学体系。

三、萨维尼物权契约理论的影响

如前述，萨维尼的物权契约理论，早在他写成《当代罗马法体系》与《债权法》之前，即已成为一种独立的学说，并开始影响实务界。特别是由于当时大学的授课活动是采取口述、笔记的方式，所以给萨维尼物权契约理论的流布提供了极大的便利。根据学者费尔根特雷格的统计，自 1810 年至 1830 年代，听过萨维尼的讲课，尔后奔赴德国各大学就职的人有：雷根布雷希特（M. Ed. Regenbrecht，1792—1849 年）、博金（E. Böcking，1802—1870 年）、鲁道夫（A. F. Rudorff，1803—1873 年）、里宾特洛浦（G. J. Ribbentrop，1798—1874 年）、布尔夏迪（G. C. Burchardi，1795—1882 年）、格奈斯特（R. V. Gneist，1816—1895 年）与阿恩茨（K. L. Arndts，1803—1878 年）等。其中，雷根布雷希特曾于 1820 年在萨维尼的指导下获得法学学位，并于同年编辑成翔实收集萨维尼的见解的 Commentatio ad legem 36. de acquirrer. dom 一书。经由瓦恩克翁格（L. A. Warnkönig，1794—1866 年）的努力，该书对于萨维尼民法思想的传播与普及卓有贡献。瓦恩克翁格于 1817 年 23 岁时便任列日（Lüttich）大学的教授，1819 年写成 Institutiones juris Romani private 一书。关于让与标的物的所有权，他原本采胡果等人的“取得权源和取得方式”的理论，但在接触雷根布雷希特其人，并阅读了

1823年刊载于Archiv für civilistische Praxis杂志的萨维尼的文章后，即于同年再版Institutiones juris Romani privati著作时，站到了支持萨维尼的阵营中来，明确表示赞同萨维尼的物权契约思想。他关于何为justa causa（正当的原因）的论述，曾引起德国学界的广泛注意，并因此使萨维尼的民法思想被更多的人接受[1]。[2]

在实务上，判定萨维尼的物权契约思想自何时起并在多大程度上影响了德国实务界，因无相关统计数据，故而是困难的。但据学者齐巴特赫（K. Ziebarth）的研究，迄至1860年代后半期，“取得权源与取得方式”的理论仍未完全从实务中遁出。易言之，此间实务界依该理论裁判案件的情况仍为数不少，特别是在普鲁士、奥地利与拜恩（Bayern）地方的法院，这一时期仍旧完全依照“取得权源和取得方式”理论裁判案件。当然，据新近朔伊尔曼（Scheuermann）的考证，1836年、1840年的威斯巴登（Wiesbaden）上级上诉法院与1860年策勒（Celle）上级上诉法院所做的三个判决，乃开始依萨维尼的物权契约理论而裁判案件。1836年威斯巴登上诉上级法院的判决说：“以行为及其法律效果的无效为理由的所有物返还请求权，在该物依所有权让与的意图而被交付了时，即不生任何问题（即仍然受法律的保护）。……此种场合，法律认可的不当得利返还请求权（condictio）与所有物返还请求权发生龃龉是不足为奇的。盖不当得利返还请求权的承认，是毋庸置疑的，让与人已丧失所有权，所有权已被让与给了受让人……”[3]

1860年策勒上级上诉法院判示说：“在判定返还所有权之诉没有根据时，如仅以买卖契约无效这一点为据，乃是不充分的。因为，依交付而取得所有权的场

1　尽管如此，学者佐伊费特（J. A. Seuffert，1794—1857年）、阿尔伯·施韦普（Albr. Sehweppe，1783—1892年）及蒂堡（Anton Friedrich Justus Thibaut，1772—1840年），仍一如既往地采信“取得权源”和“取得方式”（titulus u. modus）思想，以抵制萨维尼等人的物权契约理论。

2　值得注意的是，该人尚通过其著作和学术活动，对历史法学派的思想于操拉丁语的国家，尤其是于比利时、波兰及西班牙的传播与普及，作出了重要贡献。对此，请参见［日］谷口贵都：“物权契约的历史的展开”（一），载早稻田大学大学院《法研论集》第31号，第184页注释9。另外，在此时期，尽管萨维尼的物权契约理论于众多学者的鼓吹下日益发展成为一种独立的学说，但这一时期仍有不少学者主张所谓“有限的取得权源和取得方式”理论，以继续抵制以萨维尼为代表的主张物权契约理论的学者。这方面的代表人物，可以举出佐伊费特（J. A. Seuffert）和阿尔布雷特·施韦普（Albrecht Schweppe）。

3　［日］谷口贵都：“物权契约的历史的展开”（一），载早稻田大学大学院《法研论集》第31号，第182页。

合，所谓必要的正当的原因仅指面向所有权的让与和取得的、让与人与受让人所达成的一致的意思。”[1]

不过，萨维尼等人的物权契约理论，并不是从一开始便一直处于支配地位。事实上，直至1861年代，依“取得权源和取得方式”理论裁判案件的情况仍未绝迹。这之后，依物权契约理论裁判案件的情况虽日益增多，但多数法院认为：让与所有权，仅有双方当事人的意思表示的合致是不充分的，让与所有权的有效性应系于作为其原因的法律行为是否具有法律上的拘束力这一点。

另一方面，1863年的罗斯托克（Rostock）上级上诉法院也在判决中指明：萨维尼的以让与标的物于他人为目的的所有人的意思，依自然法的衡平原理，是应当予以承认的。萨维尼主张，正当的原因，只不过是让与所有权的意图的一个记号，所有权的让与只要考虑这个记号就可以了。时至1890年代，德国民法开始沿着萨维尼的物权契约的方向发展，而且帝国法院也开始转变立场，对物权契约理论表现出友好的态度。1896年，帝国法院明确表示：“物权契约与无因性，为普通法的理论与实务所欢迎。”[2]

第三节 1872年《普鲁士土地所有权取得法》与物权契约和无因性理论

1872年的《普鲁士土地所有权取得法》（EEG），于德国近现代及当代私法发展上具有重要的承前启后的意义。该法最引人注目之处，是率先在法条上将萨维尼的物权契约与无因性理论规定下来，以摒除登记的实质审查主义。此点直接成为1896年《德国民法典》规定物权契约与无因性的直接动因之一。

《普鲁士土地所有权取得法》系由72个条文组成，除“附则”外，共涵括4节：第1节“土地所有权的取得”，第2节“对于土地的物权”，第3节“地役权

1 ［日］谷口贵都：“物权契约的历史的展开”（一），载早稻田大学大学院《法研论集》第31号，第182—183页。

2 RGv. 26，2，1896，Juristisch Wochenschrift（JW）1896，Nr. 47，第211页。转引自［日］谷口贵都：“物权契约的历史的展开”（一），载早稻田大学大学院《法研论集》第31号，第182—183页。但根据同年帝国法院的判决，采“取得权源与取得方式”理论裁判案件的情况依旧存在。

与土地债务”，第 4 节“矿山所有权与独立性的权利”。这其中，涉及物权契约与无因性的，是第 1 节“土地所有权的取得”。

如前述，《普鲁士土地所有权取得法》之所以采取物权契约无因性，乃是旨在排除当时土地（不动产）物权领域的登记的实质审查主义。在 1872 年以前，明定土地（不动产）物权变动采登记的实质审查主义的立法，是 1783 年的《普鲁士抵押令》与 1794 年的《普鲁士普通邦法》。按照这两部法律，对于当事人提出的物权变动的登记申请，登记官吏的审查权限十分宽泛，不仅要审查直接引起物权变动的物权契约，而且也要审查作为原因的债权关系。易言之，登记官吏不独要审查当事人提出的申请书是否符合法定的形式，且对申请书背后的事实关系也需加以稽查。如因审查不周而发生“错误登记”或“不正登记”，则登记官吏本身将承担损害赔偿责任。毫无疑义，此种实质审查主义的登记制度，如从谋求交易安全与真实的权利关系和登记的一致的视角而论，并无指责的余地。惟此种无限的审查范围却产生了如下弊端：

一是由于登记官吏需要审查引起物权变动的原因关系，所以客观上必然延长物权交易的时间、增加交易的成本、延缓交易的进程，从而最终阻碍社会经济的发展。

二是由于登记官吏对于因自己的过失而实施的“不正登记”（错误登记）要承担损害赔偿责任，故登记官吏不得不对登记过程中的每一细节详加审查。其结果，使登记官吏的审查权限不断扩张，以至发展到对与不动产交易未有关系的当事人的私生活也要进行审查。如此，就发生了干涉和妨碍当事人的私生活的情况。[1]这种情况，至 19 世纪时达到登峰造极的程度，使人民对其怨声载道，议论纷纷。于此背景下，废除实质审查主义的登记制度而改采形式审查主义的登记制度，也就为当时的普鲁士人民所热烈期盼。

1872 年，为实现以上目的的《普鲁士土地所有权取得法》终于于千呼万唤中出台了。而作为此部法律的立法基础的，正是物权契约与无因性理论。由于采用此项理论，使得登记的实质审查主义对私人生活关系的干涉和妨碍被排除。盖依物权契约无因性理论，物权变动的效力应与作为基础关系的债权行为相分离，从

1　［日］铃木禄弥：《抵押制度研究》，一粒社 1968 年版，第 100 页。

而登记官吏的审查权限也就仅限于直接引起物权变动的物权契约（物权行为）本身。于不动产法或土地法的发展史上，此种登记官吏仅审查物权契约（物权行为）本身的制度，谓为“登记的形式审查主义”。

至此我们看到，物权契约与无因性理论最初是用来消除登记的实质审查主义的弊害而被规定下来的。值得注意的是，往后由莱茵霍尔德·约霍夫（Reinhold Johow）起草的“德国民法典物权编草案”，及德国民法典第一、二次草案乃至1896年最终制定公布的《德国民法典》，在这一点上，皆莫不承继了1872年《普鲁士土地所有权取得法》的立场，明定无因的物权契约制度，借以排除登记的实质审查主义。

第四节 《德国民法典》的制定与物权契约和无因性理论

一、莱茵霍尔德·约霍夫起草的“德国民法典物权编草案”

《德国民法典》制定的端绪，是1874年德国联邦议会设立由11人组成的民法典编纂委员会，史称“第一次委员会”。该委员会决定：委托莱茵霍尔德·约霍夫起草民法典的物权法部分。

1875年10月15日至16日，德国民法典第一次（起草）委员会召开会议，讨论物权编的起草应以何种立法主义为蓝本的问题。经讨论，会议决定：物权编中的不动产法（土地法），应以三年前（1872年10月1日）施行的《普鲁士土地所有权取得法》为蓝本而起草，同时引入“土地（不动产）登记簿方式”（Grundbuchsystem）与实质的合意（物权契约）主义作为登记的基础，并采无因性和公信力。[1]在讨论过程中，有委员提出应使土地所有权移转的效力系于原因行为，或者至少应当课予土地（不动产）登记官吏以审查原因行为的义务，但未被委员会采纳。且委员会同时决定，动产所有权的移转，也需采无因的物权契约与交付相结合的立法主义。[2]

1 ［日］有川哲夫：“关于物权契约的学说史的考察”，载福冈大学《法学论丛》第20卷第4号，第10—11页。

2 ［日］有川哲夫：“关于物权契约的学说史的考察”，载福冈大学《法学论丛》第20卷第4号，第11页。

莱茵霍尔德·约霍夫在立法理由书中写道：1794年《普鲁士普通邦法》关于"取得权源与取得方式"的规定，混淆了物权法与债法的区别与界限，对于这两个迥乎不同、各自独立的领域，应依它们的固有性质加以整理。故此，在物权法领域，必须存在独立的契约，即物权契约。此项契约是独立的、不依赖于债权契约而存在的。声言什么所有权的移转应当系于债权契约之有无或是否有效抑或是否被撤销，必须予以摒弃。[1]

但在"德国民法典物权编草案"（以下简称"物权编草案"）中，"物权契约"一词无论如何是找不到的。该"物权编草案"只规定：要移转不动产所有权及设定其他的不动产物权，需要进行登记。且规定，于土地登记簿册为"记载的登记"与"注销的登记"时，需在获得登记名义人的同意（承诺）后，方可为之（§261，§30）。另外，在登记官吏面前以口头方式为"让与土地所有权的物权的合意"（Auflassung）的，土地所有权的继受取得人（如买受人）需向登记官吏表示同意权利变动的意思（§118）。

应当注意的是，"物权编草案"关于所有权移转的这些规定，是旨在规范登记官吏在土地登记簿册上为权利变动的登记时需具备何种要件这一问题的。至于要发生实际的物权变动，除此之外尚复需何种要件，该草案则认为应委由学说与实务决之。并且，考之所以回避这一问题的因由，乃是由于莱茵霍尔德·约霍夫等人认为，立法与法律学乃是有其各自不同的任务的。[2]

二、《德国民法典第一草案》中的物权契约

（一）概要

为了征求法律学者、实务界人士与经济界的意见，1888年，德国公布了五卷

1　基于这些考量，该草案第132条、第133条于是规定，在让与（移转）物权的场合，动产所有权因完成"移转所有权的意图"的交付而移转，让与的原因行为纵有"误会或误解"，也对受让人取得所有权不生影响，此即物权行为无因性。

2　对于"物权编草案"的这些规定，有学者后来批判说，这完全是把本属于登记法范围的程序性质的规定，混入作为实体的土地登记法（materielles Grundbuchrecht）的民法典物权编草案中加以规定。对此，请参见［日］有川哲夫："关于物权契约的学说史的考察"，载福冈大学《法学论丛》第20卷第4号，第12页。

本的民法典第一草案立法理由书。该理由书由起草民法典各编草案的委员编撰，并依第一次委员会的审议（讨论）记录，由起草委员的协力者（Hülfsarbeiter）们完成，[1]但未经委员会全体委员讨论、确认。

《德国民法典第一草案》将物权编置于第三编规定，称为“物权编”。该编由九章构成，其中涉及物权契约的是第三章“土地物权的总则”[2]、第四章“所有权”的第2节“土地所有权的取得”与第3节“动产所有权的取得”。

第一次委员会未俟民法典各编草案（又称为“部分草案”）起草完毕，即从1881年10月起审议业已完成的“物权编草案”。关于该草案中的第26条和第30条，除有委员建议应以契约的形式表示“登记承诺”（Eintragungsbewilligung）的意思外，尚有其他的修改意见。委员会在讨论了各项（修改）意见后决定，登记的形式要件，由《土地登记法》规定。之所以如此，是因为有不少人担忧：若原原本本地维持“物权编草案”的规定不变，则物权的取得即使不采物权契约的形式，也是可以的。[3]

没有“登记承诺”，物权契约将不成其为物权契约，这一点在各委员之间是有共识的。关于物权契约与登记之间究竟有何关联，以及应否对此设立明文规定，第一次委员会未作决定。但对于莱茵霍尔德·约霍夫将登记解为物权契约的形式（Form）、温德沙伊得将德国普通法上的交付解作以交付这一形式[4]所缔结的契约的做法，委员会未表同意。[5]

关于物权契约采无因的法律构成（物权契约无因性），自1875年10月委员会召开“物权编草案”的立法原则的会议后，未再重新提起。而且，由委员会的议

---

1 这些协力者是：阿喀琉斯（Achilles）（自1874年10月开始）、马丁尼（自1875年2月至1877年10月）及冯·利贝（von Liebe）（自1877年7月开始）。其中，阿喀琉斯主要承担不动产法部分，冯·利贝承担占有、动产法及基于所有权的请求权部分。

2 参见《德国民法典》第826条至第847条。

3 ［日］有川哲夫：“关于物权契约的学说史的考察”，载福冈大学《法学论丛》第20卷第4号，第12页。

4 对于温德沙伊得将交付解为物权契约的形式的见解，委员会认为这是一项纯粹的理论问题，是否妥当，应由学说决之，惟无论如何，应把交付解为物权契约的必要条件。

5 ［日］有川哲夫：“物权契约理论的轨迹：萨维尼以后一世纪间”，载［日］原岛重义编：《近代私法学的形成与现代法理论》，九州大学出版会1987年版，第319页。

事记录也不能判明采无因性的理由。这大抵是，当时德国各地（除适用法国法的地域外）的民事立法已经确信，依法律行为的物权变动，经由交付或登记而采无因的法律构成，已是一项确定不易的原则。至少，这种认识在当时业已成为一个普遍的认识，故而并无提出来加以讨论的必要。让我们看看《德国民法典第一草案》立法理由书关于物权契约的说明吧！

《德国民法典第一草案》立法理由书关于物权契约，这样写道："由物权在私权的体系中占据的独立地位可以推知，物权的法律行为是与债权的法律行为相对立的、具有独立性的法律行为。正因如此，起草中的民法典必须而且当然应当作如下的理解：使媒介物权交易的法律行为，与私权体系中的其他法律行为独立存在。物权契约有独立性还有其历史的基础与渊源。在罗马法上，拟弃诉权、法庭让与及交付（traditio），莫不具有无因性。在德国，'让与土地所有权的物权的合意'（Auflassung），尤其具有此项性质。但是，上世纪（即18世纪——本书作者注）的普通法理论及受其影响而制定的诸法典，譬如1794年的《普鲁士普通邦法》和1811年的《奥地利普通民法典》等，却偏离了这一立场。按照这些法典的规定，要取得物权，除需有取得方式（modus acquirendi）外，还需有特别的权源（取得权源、法的权源抑或法律原因）。而且，取得权源的无效，将影响物权的变动。让与人为了取回所做的给付，可以行使物权之诉。但在现实的法律生活中，于这些场合，当事人的意思是面向标的物的让与和取得的，而且只要作了适当的意思表示，不当得利的返还请求即获承认。可见，应当承认物权让与行为的独立性、无因性。如果对于依法律行为的物权的取得、丧失来说，取得权源这一要件是多余的，则正在起草中的民法典即当然应当将它抛弃。"[1] 这样一来，与债权行为完全独立的物权行为，于《德国民法典第一草案》上，即依其所具有的固有目的被规定下来了。从而，单个的物权行为的成立，只要当事人作了面向物权的移转、设定的意思表示，即获已足。物权行为，必然具有抽象的性质。

另外，《德国民法典第一草案》立法理由书还谈到了物权法律行为中最为重

1　Motive zu dem Entwurfe eines Bürgerlichen Gesetzbuches für das Deutsche Reich, Bd. Ⅲ. Sachenrecht, Amtliche Ausgabe, Berlin und Leipzig 1888，第6页。转引自［日］有川哲夫："关于物权契约的学说史的考察"，载福冈大学《法学论丛》第20卷第4号。

要的契约——物权契约——的问题。并特别指明，要移转所有权，需有普通法上的 traditio（交付）。立法理由书说：对于以罗马法学家保罗的法言——“单纯交付，永远不会使所有权移转，若先有出卖或其他正当原因而后据此为交付，则会使所有权移转”——为据，认为与其到“物的交付（Übergabe）”中去寻求物权契约，还不如从先于交付的债权契约中去探求物权契约更称妥当的见解，显然地，因是由于对保罗的法言的错误理解而生，故民法典第一草案于拒绝“取得权源和取得方式”理论的同时，也明确表示不予采取。

此外，有人主张，在交付中，正在实现的让与人与取得人的意思表示（Willenserklärungen）是彼此孤立、互不相干的，因而应解为是一方（单方）的意思表示。这一认识是违反对当事人之间的关系的全面观察的。事实是：在交付，不仅面向同一个法律效果的双方当事人的意思在表象上是一致的，而且关于移转所有权的法律效果的合意（Willenseinigung）在现实的层面上也是存在的。于学说上，否定交付具有契约的特性的，仅为少数学者。在实务上，尽管正确的认识还未建立起来，但它主要是由于以往的立法迟疑不决地以契约表示交付（Übergabe）时正在实现的法律行为的缘由所导致、所使然。故此，在《德国民法典第一草案》中，为了不使所采取的立场发生疑义与误解，乃明确规定“让与所有权的行为，即是契约”，从而使草案采取学问的立场得以鲜明化、明确化。此所谓“学问的立场”，不言自明，是指萨维尼的认“交付”为独立的物权契约的思想。

《德国民法典第一草案》立法理由书还说：德国普通法与晚近的民事立法，尽管并无关于交付的物权契约性质的明文，但按照占据支配地位的学说，在需要有面向所有权移转的契约（物权契约）这一点上，是共通的。在所有权的让与采“取得权源”与“取得方式”理论，而不知物权契约为何物的立法上，潘德克吞法学的物权契约概念也不仅仅是一个单纯的学问的概念，在解释实定法的过程中，这一概念是受到重视和被接受的。例如，早在1850年代，科赫（Koch）在《普鲁士普通私法》里即写道：作为取得所有权的方式的交付，于本旨上应解作真正的契约。惟为了使交付有法律上的效果，则应当有有效的 Titel。所谓 Titel，即 justa causa（正当的原因），即使不是债权债务关系也是可以的，且也无必要先于交付而存在。Titel，是指依交付而移转所有权于受让人的、为交付行为的人的意图（Absicht）。[1]

还有，对福斯特（Forster）的《普鲁士私法》一书加以修订的学者埃乌斯（Eccius），于《德国民法典第一草案》公布前一年出版的该著作的第三卷中，明确表示：支持交付具有契约性质的主张。[2]另外，认为《普鲁士普通邦法》与《奥地利普通民法典》存在物权契约的学者，也同样把交付解为"物权契约"。

最后，学者兰达（Randa）在把法律上的原因（causa）区分为"主观原因"与"客观原因"后表示：主观原因对于所有权的移转来说乃是不可或缺的；客观原因，即使没有也是可以的。交付，一方面使物的占有发生移转，同时又因它内蕴了让与所有权和取得所有权的意思的合致，故把它规定（厘定）为一个契约——一个物权的、形式性质的契约，是妥当的。[3]

（二）《德国民法典第一草案》第828条的形成与内容考量

1.《德国民法典第一草案》第828条的形成

如前述，在莱茵霍尔德·约霍夫起草的"物权编草案"中，"物权契约"一语是无论如何都找不到的。"物权编草案"第26条第1项规定："土地所有权人移转土地所有权或设定其他权利时，须在土地登记簿册进行登记。"同时，依该草案第30条第1项的规定，当事人同意登记的意思表示，乃为申请登记的程序要件。此点与1872年《普鲁士土地所有权取得法》相同。惟"物权编草案"第30条对应当与该同意登记的意思表示相合致而形成"契约"的取得人方面的意思表示未作规定。这就是莱茵霍尔德·约霍夫的只规定登记的程序要件，对于物权变动的实体要件，除登记外，是否复需有什么，委诸学说决定的立法策略。但是，在审议"物权编草案"第26条和第30条的第304次（1884年3月21日）与第308次（1884年3月28日）会议上，则提出了一些修改意见。这些意见促使德国民法典第一次委员会对"物权编草案"作了下列重要改动。

---

1 Kocb, C. F., Lehrbuch des Preuss Gemein Privatrechts, Bd. 1, 2Aufl.（1851），第478页。转引自［日］有川哲夫："关于物权契约的学说史的考察"，载福冈大学《法学论丛》第20卷第4号。

2 Spielbüchler, Übereignung durch mittelbare Leistung, Jur. Blätter. Jg, 1971，第593页。转引自［日］有川哲夫："关于物权契约的学说史的考察"，载福冈大学《法学论丛》第20卷第4号。

3 ［日］有川哲夫："关于物权契约的学说史的考察"，载福冈大学《法学论丛》第20卷第4号，第16页。

其一，为了防止出现物权变动是与当事人的意思无关的、依单纯的事实行为的登记即可发生的误解，以及为了更好地使物权变动的合意主义（契约主义）的立场明确化，决定不采莱茵霍尔德·约霍夫的“物权编草案”将物权变动所需的实体要件的物权的合意委诸学说决之的做法，而是于条文中明定引起物权变动的实体要件的物权的合意。其结果，使“物权编草案”的作为登记的程序要件的意思表示，被移到德国《土地登记法》中规定，而在实体法的民法上，则新设物权变动的实体要件的物权的合意的规定。亦即，德国民法典第一次委员会在理论上区分了《普鲁士土地所有权取得法》与“物权法草案”中，内蕴于尚未分化（分离）的合意主义的两个侧面：申请登记时所需要的合意（形式的、程序法上的合意主义，formelles Konsensprinzip，承诺主义，Bewilligungsprinzip），[1]与发生实体的物权变动所需要的合意（实质的或实体的合意主义、单纯的合意主义，materielles Konsensprinzip）。这样，面向实体的物权变动的意思，即从登记的共同申请的意思中独立出来。[2]

其二，把当事人的意思的要素，由“物权编草案”的一方当事人的“承诺”（同意），修改为当事人双方的意思的合致的“契约”，并于条文中将它明确地规定下来。[3]

基于以上考量，《德国民法典第一草案》第828条便规定：（1）依法律行为移转所有权，设定或移转其他权利，以及设定担保，如法律没有特别规定，依被登记的权利人（登记簿册上的权利人）与取得人缔结的契约，并在土地登记簿册进行登记而发生。（2）第1项所称的契约，须由同意在土地登记簿册上登记权利的变动的权利人的意思表示（Erklärung），与对象方对该同意的承诺（Annahme）的意思表示所构成。（3）以上契约，在登记官吏的面前被缔结，或契约双方当事

1　与《日本不动产登记法》中的“共同申请的合意”相当。

2　［日］七户克彦：“德国民法不动产让与契约的要式性”，载日本《法学研究》第62卷第12号，第282页。

3　［日］七户克彦：“德国民法不动产让与契约的要式性”，载日本《法学研究》第62卷第12号，第282页。值得注意的是，该第一草案的教条主义的性质或特征，也贯彻到了无因性的领域。第一草案关于物权契约与无因性，直可以说是在忠实地宣示德国普通法学的物权契约和无因性思想，以至于之后的第二、第三草案及1896年正式通过的《德国民法典》，再也不能觅到像该第一草案第828条那样的规定。

人向登记官吏申请登记，抑或仅一方当事人提出登记申请，于获得对方同意（承诺）登记的意思表示并实施了实际的登记后，对契约当事人也有拘束力。（4）以上契约，于具有拘束力之前，契约当事人一方死亡或丧失行为能力的，其有效性也不受影响。

至此，《德国民法典第一草案》将无论在哪一个法典上皆未规定下来的物权契约，纳入到了民法典的条文中。毫无疑义，这是对萨维尼倡导、巴尔（Bähr）及温德沙伊得等人继承并加以传播的物权契约与无因性理论的忠实的法律条文化。[1]对于仅仅存在于理论层面的东西，现今却经由立法将之条文化并赋予其制定法上的地位，这不折不扣地显示了《德国民法典第一草案》的纯理论的、教科书的特征！

2.《德国民法典第一草案》第828条分析

按照《德国民法典第一草案》第828条的规定，基于法律行为的土地所有权的移转，须土地所有权人与买受人缔结契约，及在土地登记簿册进行登记。而且，此契约，系由同意在土地登记簿册上为权利变动的登记权利人（出卖人）的意思表示（Erklärung），与买受人对于该同意的承诺（Annahme）的意思表示所构成。另外，按照《德国民法典第一草案》的规定，后文将要论及的Auflassung（让与土地所有权的物权的合意），需要在登记官吏的面前缔结。特别是，这些契约具有法律上的效力，并不需要有法律上的原因。关于Auflassung与法律上的原因的关系，《德国民法典第一草案》第829条第1项规定，让与土地所有权的物权的合意（Auflassung）的效力，并不因当事人怀抱不同的法律上的原因，抑或法律上的原因不存在或无效而受影响，明示采无因主义。此外，依《德国民法典第二草案》第874条第1项的规定，动产所有权的移转，也依旧需有交付与物权契约，并明定该物权契约为无因契约。

3.《德国民法典第一草案》立法理由书对第828条的说明

《德国民法典第一草案》立法理由书就规定物权契约的第828条（尤其是其中的第2项）作了如下说明[2]："缔结物权契约的当事人双方的意思表示中，需

1　［日］广濑稔："无因性理论的考察"，载《法学论丛》第77卷第2号，第68页以下。

2　Mot. Ⅲ，第158页。转引自［日］有川哲夫："关于物权契约的学说史的考察"，载福冈大学《法学论丛》第20卷第4号。

首先涉及有登记名义的所有人的意思表示。按照契约的一般理论，只要表示了面向所有权的移转的意思即获已足。就此而言，纵使为默示的意思表示也是可以的。但在以合意主义作为登记基础的法制下，因考虑到默示的意思表示与合意主义是相悖的，故而明定，依明示而非默示的意思表示进行登记。如果不以明确的意思表示作为登记的基础与前提，则物权契约的实际功能与价值就会显著降低。"[1]

关于如何规定登记时原权利人（如让与人）的意思表示的内容，《德国民法典第一草案》立法理由书提到了当时较为新颖的三种立法成例：一是梅克伦堡的《城市账簿令》的立法例。二是《普鲁士土地所有权取得法》第2条，与内容基本相同的《奥尔登堡（Oldenburg）土地所有权取得法》的立法例。按照这些法的规定，让与土地所有权的物权的合意（Auflassung）须以口头方式且同时在登记官吏的面前缔结。也就是说，依原所有人同意新取得人登记的意思表示，与新取得人申请登记的意思表示缔结。三是《汉堡法》（Gesetz betreffrend Grundeigenthum und Hypothek vom 4. Dezember 1868）的立法例。按照该法，移转土地所有权而于土地登记簿册上为登记时，需有登记名义人、合法的代理人或权利的承继人向抵押权登记机关为申请登记的意思表示，或作同意登记的意思表示。值得提及的是，即使在这里，也仍然要求原权利人（如让与人）有明确的面向登记的直接的意思表示。

此外，关于为启动登记程序而向登记机关提出登记申请，以上各立法例中，《汉堡法》与梅克伦堡的《城市账簿令》规定，原则上应由登记簿册上的现实权利人提出；与此相对，普鲁士法与效仿该法而制定的其他法则明定以登记承诺（同意）为惟一要件。[2]

4. 关于物权契约的方式——《德国民法典第一草案》第828条第3项分析

这里有必要谈到《德国民法典第一草案》第828条第3项的规定。如前述，在德国普通法学上，是把交付本身解作物权契约的，即认为以物权变动为目的的

---

1 Mot. Ⅲ，第172—173页。转引自［日］有川哲夫："关于物权契约的学说史的考察"，载福冈大学《法学论丛》第20卷第4号。

2 ［日］有川哲夫："关于物权契约的学说史的考察"，载福冈大学《法学论丛》第20卷第4号，第19页。

当事人的意思是以交付这一行为来表现的，是一个要式行为。“物权编草案”的起草者莱茵霍尔德·约霍夫的想法大抵与此相同。他说：“登记，是通过它而使权利发生移转并使权利得以设定的、意思表示的有效要件的形式（Form）。”[1]惟德国民法典第一次委员会对约霍夫的这一主张未表同意。[2]然如前述，物权契约概念，原本是内蕴于登记行为中的、从共同的申请登记的意思中独立出来的东西，因此完全割断它与登记的联系是难谓妥当的。于是，德国民法典第一次委员会决定，在不具备“物权编草案”第 828 条第 3 项所定的形式时，物权契约采“可以撤回”的法律构成，[3]其立法旨趣在于使物权契约于登记官吏的面前订定。[4]可见，尽管登记与物权契约在理论上迥乎不同、应予区别，但这些规定仍试图把二者间接地联系在一起。[5]

5. 关于“让与土地所有权的物权的合意”（Auflassung）：对《德国民法典第一草案》第 868 条的分析

对于《德国民法典第一草案》第 828 条（尤其是其中的第 3 项）关于土地物权变动的一般性规定，德国民法典第一次委员会决定，对于以移转土地所有权为目的的物权契约，作为例外，应采与 1872 年《普鲁士土地所有权取得法》相同的、被称为“让与土地所有权的物权的合意”（Auflassung）的形式。对于如此做

1　Johow，Begrundung TE-SachR，第 255 页。转引自［日］有川哲夫：“关于物权契约的学说史的考察”，载福冈大学《法学论丛》第 20 卷第 4 号，第 19 页。

2　［日］月冈利男：“德国民法典制定时期的登记主义和公信主义”，载《松山商大论集》第 29 卷第 4 号，第 158 页。

3　也就是说，除了现今《德国民法典》第 823 条规定的三种将行为意思表示于外的方式外，原则上双方当事人皆不受（物权的）合意的约束。进而言之，任何一方皆可随时撤回其处分的要约或承诺。关于动产的处分的合意，仍采相同立场，即于交付前，可以撤回意思表示而消灭合意。对此，我国台湾地区学者苏永钦在《物权行为的独立性与相关问题》（载该氏主编《民法物权争议问题研究》，五南图书出版公司 1999 年版，第 43 页）中也谈到了这一点，并指陈：在德国法上，物权契约的运作是很清楚的，物权的合意可以提前与债权合意同时发生，或嗣后独立作成，重要的是，必须在登记或交付之时，“合意仍然存在”（einigsind）。当然也不排除于登记或交付之时“同时”为之。但除非属于《德国民法典》第 873 条第 2 项的情形，否则合意是可以撤回的。又如物权人于完成合意后丧失行为能力，因合意已经作成，并不会受此影响。

4　并且，即便在物权契约的程序法性质与共同申请的合意的侧面，1888 年《德国土地登记法第一草案》第 39 条也设有相同旨趣的规定。

5　［日］七户克彦：“德国民法的不动产让与契约的要式性”，载日本《法学研究》第 62 卷第 12 号，第 284 页。

的因由，立法理由书写道：较于土地上设定负担（如设定抵押权）而言，移转（让与）土地的所有权性质上更重，故此，移转土地所有权的物权契约，应较设定抵押权的物权契约，采更为严格的形式，方为妥当。鉴于此，“物权编草案”规定，当事人需以口头方式，并同时在登记官吏的面前为让与土地所有权的物权的合意（Auflassung）。另外，立法理由书还写道：《普鲁士土地所有权取得法》中的Auflassung，显而易见地具有契约概念的一切特征。并且，《德国民法典第一草案》第828条、第868条中的物权契约，与《普鲁士土地所有权取得法》中的Auflassung，于本旨上也并无差异，且它们都是无因的物权契约，尽管二者于文字表述上存在些许差异。[1]

莱茵霍尔德·约霍夫负责起草的“物权编草案”第117条规定：“让与土地所有权时，依让与土地所有权的物权的合意，与在土地登记簿册上为登记而取得。”第118条第1项规定：“让与土地所有权的物权的合意，由双方当事人同时到场，以口头方式在登记官吏面前为同意（承诺）取得人（如买受人）登记的意思表示，与取得人（如买受人）申请登记的意思表示所构成。”惟德国民法典第一次委员会对该第118条第1项也提出了若干修改意见。其中，萨克森州提出，除可以在登记官吏的面前为让与土地所有权的物权的合意外，也应当允许由法院或公证人为让与土地所有权的物权的合意；巴伐利亚州提出，应当承认裁判证书、公证证书以及登记官吏制作的“调查书”（笔录、记录，日文汉字：調書；德文：Protokoll）具有让与土地所有权的物权的合意的效力。

饶富趣味的是，提出这些建议的，皆为普鲁士以外的州，此反映了这些意见是代表普鲁士以外的州的利益的。萨克森州法的“形式的确定力原则”，并无在登记阶段认可当事人的意思的余地。故此，若要找出像普鲁士法中引起物权变动的当事人的意思（物权的合意），就只好从买卖契约中去寻找。

另一方面，巴伐利亚等虽然采土地担保权登记簿册制度，但这一制度毋庸置疑对于所有权是不适宜的。而且，采土地担保权登记簿册的各州，尽管通常都采罗马法的交付主义，但其中的巴伐利亚则是以作成公证证书的让与契约为所有权

1 ［日］有川哲夫：“关于物权契约的学说史的考察”，载福冈大学《法学论丛》第20卷第4号，第20页。

移转的成立要件。这虽说是罗马法的交付主义，但实质上它是以公证人习惯为基础的、认为经由证书的交付即获已足的制度，从而与法国法的意思主义大致相当。在公证主义之下，物权行为与债权行为的独立性，不言自明是没有存在余地的。之所以如此，该因作为物权行为的交付已为债权契约证书所表彰。[1]

但是，德国民法典第一次委员会拒绝了这些建议，仍旧以《德国民法典第一草案》第828条所定的物权契约概念为基础而创制了第868条的如下规定：关于土地所有权的让与，依第828条的规定，让与人与受让人间所应具备的契约（Vertrag、Auflassung，让与土地所有权的物权的合意），需由双方当事人同时到场，于登记官吏的面前缔结。

应当注意的是，在这里，德国民法典第一次委员会将"让与土地所有权的物权的合意"的受理权限，限定于登记官吏，而不认可公证人等有此权限。这样做的第一个因由是，若认可公证人等有受理权限，则"让与土地所有权的物权的合意"与登记，于场所和时间上将会出现不一致的情况。限定于登记官吏的面前为"让与土地所有权的物权的合意"，则登记簿册上的登记名义人（登记权利人）的变更即可当场为之。从而，与原因契约（债权行为）相分离的物权契约（物权行为）直接引起物权变动的效果的无因性，即可得到一以贯之的贯彻。[2]

第二个因由是，如果规定在公证人等的面前为"让与土地所有权的物权的合意"，则登记官吏基于欠缺登记的形式上的理由而驳回登记的申请时将会面临困难。并且，在缔结了"让与土地所有权的物权的合意"而未向土地登记机关申请登记时，也不能防止二重买卖的欺诈性处分的危险。[3]另外，德国民法典第一次委员会的这一做法尚隐含着如下的意图：经由把"让与土地所有权的物权的合意"的受理权限限定于登记官吏，可以防止土地的频繁流动。也就是说，尽可能地使

---

1 ［日］七户克彦："德国民法的不动产让与契约的要式性"，载日本《法学研究》第62卷第12号，第285页。

2 Motive EI，Bd. 3，第314页。转引自［日］七户克彦："德国民法的不动产让与契约的要式性"，载日本《法学研究》第62卷第12号。

3 Motive EI，Bd. 3，第313页。转引自［日］七户克彦："德国民法的不动产让与契约的要式性"，载日本《法学研究》第62卷第12号。

土地保持在同一人之手，借以维系国民的阶层区分的现状。[1]就此而言，德国民法典第一次委员会的理念和思想是很保守的。[2]

三、《德国民法典第二草案》与物权契约和无因性理论[3]

（一）对《德国民法典第一草案》的批判

根据德国联邦参议院的决议，德国于1888年1月31日公布了《德国民法典第一草案》。公布后不久，便受到了各种各样的批判。[4]对于草案采无因性与物权的合意主义，基本上未见批判。但对于为了导出这一结论而采用普通法学的法律构成，尤其是启用“物权契约”概念，认为不宜把它规定于法条中的意见是为数不少的。在动产的交付与土地的Auflassung（让与土地所有权的物权的合意），主张应重新缔结物权契约的人一个都没有，但存在如下的担忧：将存在于登记之时的当事人的意思表示的合致解作（物权的）契约，并在法条上把它规定下来的教科书与教条主义的思维，将会限制解释论的范围与幅度，从而使法律的发展发生显著困难。

（二）德国民法典第二次委员会的审议

德国民法典第二次委员会从总体上维持了《德国民法典第一草案》所规定的物权契约无因性、物权的合意主义及登记的形式审查主义。惟争点在于，是否应当把《德国民法典第一草案》第828条所定的当事人的意思表示于法律构成上表示为“契约”。对此有三种建议：第一、二种建议，与《德国民法典第一草案》同，主张维持物权“契约”的概念不变，以防止发生解释论上的争议；第三种建议认为不宜在法条上规定物权“契约”这样的概念（即不宜把《德国民法典第一

1　［日］月冈利男：“德国民法典制定时期的登记主义和公信主义”，载《松山商大论集》第29卷第4号，第158页。

2　正是此种保守的立法思想，随后招致巴伐利亚等南德意志各州的反击。参见［日］七户克彦：“德国民法上不动产让与契约的要式性”，载日本《法学研究》第62卷第12号，第284—286页。

3　本部分主要依据［日］七户克彦：“德国民法的不动产让与契约的要式性”，载日本《法学研究》第62卷第12号，第288页以下。谨此说明。

4　据统计，对《德国民法典第一草案》的批评性意见，计有600余条。

草案》所定的当事人的意思表示确定为“契约”）。结果，德国民法典第二次委员会采纳了第三种建议。如此一来，在《德国民法典第二草案》上，“物权契约”一语即被“物权的合意”（Einigung）取代。《德国民法典第二草案》第794条于是规定：“（1）移转土地所有权，就土地设定权利，或为了移转此项权利，或设定担保，于法律无特别规定时，须权利发生变动的权利人与对象方之间有物权的合意（Einigung），及在土地登记簿册上进行登记。（2）前（1）项所称物权的意思表示（Erklärungen，物权的合意），无论在登记官吏、法官或公证人面前为之，或向他们申请（einreichen）登记，抑或权利人仅把土地登记法所定的登记承诺（同意）书交给对象方，于完成实际的登记前，当事人皆应受其拘束。”

（三）让与土地所有权的物权的合意（Auflassung）

1. 对《德国民法典第一草案》的批判

关于让与土地所有权的物权的合意，《德国民法典第一草案》第868条规定必须在登记官吏的面前缔结。这一点于德国民法典第二次委员会遭到了猛烈的批判。有深厚的公证人习惯基础的南德意志各州，特别是巴伐利亚州，以及出生于南德意志各州的人，皆积极主张，应当允许在法院或公证人的面前为“让与土地所有权的物权的合意”。其理由是：公证人系法律专家之一，其对于国民而言，乃为一种重要的利益。如果只规定在登记官吏的面前为“让与土地所有权的物权的合意”，则作为当事人的国民便会丧失对于自己具有莫大好处的、不可或缺的帮助者、依靠者——公证人！另外，规定可依公证方式订立“让与土地所有权的物权的合意”，也是与规定债权契约采取公证证书的形式相关联的，当事人于缔结买卖契约（债权契约）的同时，即完成“让与土地所有权的物权的合意”的公证，此也能减轻当事人的费用和负担。[1]

2. 德国民法典第二次委员会的审议

德国民法典第二次委员会针对《德国民法典第一草案》第868条提出了10条修正意见这10条修正意见，可归并为两类：第一类是维持《德国民法典第一

---

1 ［日］七户克彦：“德国民法的不动产让与契约的要式性”，载日本《法学研究》第62卷第12号，第291页。

草案》的立场不变，第二类是主张可以在法院与公证人的面前为“让与土地所有权的物权的合意”。其中，赞同《德国民法典第一草案》的规定者认为，把“让与土地所有权的物权的合意”的受领权限，限定于登记官吏，可以使当事人明确地感受到所有权移转的无因的性质，如此一来，可以防止当事人轻率地缔结“让与土地所有权的物权的合意”。另外，因“让与土地所有权的物权的合意”与“登记”在时间上是接续的，故而可以防止缔结“让与土地所有权的物权的合意”后而未为实际的登记时，让与人为二重买卖的情况。但是，德国民法典第二次委员会以 11 票对 6 票的结果否决了《德国民法典第一草案》的规定，而明定可以在法院和公证人的面前为“让与土地所有权的物权的合意”。这些多数意见指出，《德国民法典第一草案》第 351 条[1]规定，债权契约（债权行为）需在公证人的面前缔结，但不承认可以在公证人的面前而是必须于登记官吏的面前缔结“让与土地所有权的物权的合意”，不言自明，这是使土地交易徒增烦琐的规定。同时，德国民法典第二次委员会作出该决定，也是出于对以巴伐利亚州为首的采公证主义的南德意志各州的要求的考虑。因德国民法典第二次委员会怀抱使最终完成的德国民法典得成为所有的“州的集合体”的德意志帝国的统一法典的信念，所以促成德国民法典第二次委员会中那些最希望维持《德国民法典》第一草案的规定的所谓“北德意志·普鲁士法域”的委员会委员，也对《德国民法典第一草案》投了反对票，即不赞成《德国民法典第一草案》的规定。如此一来，《德国民法典第二草案》即于第 838 条作了如下的规定：“（1）依第 794 条的规定而移转土地所有权的，让与人与受让人间所应具备的物权的合意，须由双方当事人同时到场，在登记官吏、法院或公证人的面前以表示为之。（2）让与土地所有权的物权的合意，附条件或附期限者，无效。”

---

1 《德国民法典第一草案》第 351 条规定：“（1）使某人负担移转土地所有权的义务的契约（债权契约），应由法院或公证人作成公证证书。（2）不依此项方式，但如果已为土地所有权移转的合意，且已登记于土地登记簿册的，按其全部内容，仍为有效。”

四、《德国民法典》

（一）在德国联邦参议院与德意志帝国议会上的审议

至此，我们可以看到，在德国民法典第二次委员会对让与土地所有权的物权的合意等的审议过程中，极力主张使法律关系于登记阶段（即在登记官吏面前）确定的普鲁士的登记主义，与意欲使法律关系于公证人面前确定的巴伐利亚等的公证主义，乃是两种完全对立的主义。《德国民法典第二草案》对物权契约的规定，是建立在这两种对立主义妥协、让步的基础之上的。这种妥协、让步的结果，是《德国民法典第二草案》对物权契约的规定内蕴了对于登记主义、公证主义来说相互龃龉的内容。故此，在德国民法典草案的联邦参议院与帝国议会的审议上，这两州便倾力于使德国民法典最终采用本州的制度构成。

1. 德国联邦参议院

在德国联邦参议院，巴伐利亚州认为，作为第二修正草案第 858 条（《德国民法典第二草案》第 794 条）的理论基础的债权契约、物权契约的独立性理论，将会置经济上的弱者与不了解法律理论的人于危险的境地，并威胁土地所有权制度的安定性，故此以不采物权契约独立性与无因性为宜。另外，巴伐利亚州还从社会政策的立场，主张至少应当删除第二修正草案第 307 条第 2 句（《德国民法典第二草案》第 265 条第 2 句），[1] 且不应把该条第 1 句作为例外对待，而是必须适用。[2]

按照巴伐利亚州公证人中心的土地交易体系理论，关于债权关系的第 307 条（《德国民法典第二草案》第 265 条），与关于物权关系的于公证人面前为“让与土地所有权的物权的合意”的第二修正草案第 910 条（《德国民法典第二草案》第 838 条），乃是互为作用的。从原则上而言，债权契约的公证，即应认为是已经

1　《德国民法典第二草案》第 265 条规定：使某人承担移转土地所有权的义务的契约，应由法院或公证人作成公证证书。不依此项方式订立的契约，若已为土地所有权移转的合意，且已登记于土地登记簿册的，按其全部内容仍为有效。该条之后稍作修正（即将第一句中的“jemand”修改为“der eine Teil”），乃作为第二修正草案的第 307 条向联邦参议院提出。

2　［日］七户克彦：“德国民法的不动产让与契约的要式性”，载日本《法学研究》第 62 卷第 12 号，第 295 页。

达成了移转所有权的合致（合意）的表现。如此，从作为登记主义的理论基础的登记申请的行为中抽绎出独立的物权契约概念的实益与必要性也就丧失了，进而也就否定了普通法学的物权契约与无因性理论。值得提及的是，否定普通法学上的这一理论的，并不仅限于第二修正草案第 307 条、第 910 条，且规定物权变动的一般原则的第二修正草案第 858 条也属之。在应当成为基柱的公证主义的规定中，混入使债权关系于登记阶段方得以确定的普鲁士法的规定，乃是不恰当的。第二修正草案的第 307 条第 2 句，无论如何都是必须剔除的。

在德国联邦参议院司法部会的第一读会上，对于巴伐利亚州的删除的提案，萨克森、巴登、黑森（Hessen）等州表示赞成，普鲁士、符腾堡（Württemberg）、吕贝克（Lübeck）则表示反对。第一读会只决定删除第 307 条第 2 句。删除这一规定，对于普鲁士来说，不仅与长久以来实行的、由作为法官的登记官吏审查“让与土地所有权的物权的合意”的制度的本旨相悖，且即使从不采公证证书的交易形式的本州法的安定性看，也是不妥的。故此，普鲁士乃极力主张恢复第二修正草案第 307 条第 2 句。结果，第二读会推翻了第一读会的决定，恢复了第 307 条第 2 句。这样，与《德国民法典第二草案》相同的规定，即在《德国民法典第三草案》（德意志帝国议会案）第 307 条中被确定下来了。

至此，普鲁士便成功地击退了巴伐利亚州的主张。但是，接受《德国民法典第二草案》关于在公证人面前为“让与土地所有权的物权的合意”，关系到普鲁士以登记行为为基准时、以登记官吏为中心的交易体制的存废问题。故此，普鲁士又提出应重新回到将“让与土地所有权的物权的合意”的受领权限限定在登记官吏的《德国民法典第一草案》的立场上去。结果，普鲁士的这一要求得到了回应。《德国民法典第三草案》第 909 条即把“让与土地所有权的物权的合意”的受领权限限定于登记官吏。但往后联邦参议院在《德国民法典施行法第三草案》第 143 条中明示，州法可以规定：“让与土地所有权的物权的合意，除可以在登记官吏的面前以表示为之外，也可以在法院、公证人及此外的其他机关、官吏的面前以表示为之。”毋庸置疑，这是考虑到巴伐利亚的要求和利益而作出的规定。另外，在普鲁士法的原则立场（物权契约与登记主义）取得压倒性胜利的情况下，第二修正草案第 858 条（《德国民法典第二草案》第 794 条）的一般规定，乃作为《德国民法典第三草案》第 857 条被维持下来。[1]

2. 德意志帝国议会

德意志帝国议会对以上规定尽管提出了修正的动议，但并未作实际上的改动。如此一来，前述规定乃分别作为 1896 年《德国民法典》第 313 条[2]、第 873 条及第 925 条的内容被定着（确定）下来。

（二）《德国民法典》施行（1900 年）以后的改正

事实上，严格而言，在《德国民法典》原始的、固有的规定之下，巴伐利亚州的公证主义的立场，也是没有被完全抛弃或者说置之不顾的。之所以这样说，乃是因为《德国民法典》第 313 条[3]第 1 句依旧存在。另一方面，也是更为重要的，是前面提到的《德国民法典施行法》也允许各州法规定与《德国民法典》不同的内容（规则）。

具体而言：第一，《德国民法典施行法》第 143 条定有可以在公证人的面前为"让与土地所有权的物权的合意"的规定。第二，直接以《土地登记法第二草案》第 91 条为蓝本的 1898 年《土地登记法》（旧规定）第 98 条规定："州法可以作这样的规定：对于只提示（提出）（德国）民法典第 313 条[4]所要求的证书（Urkunde）的，登记官吏应当受理让与土地所有权的物权的合意的（意思）表示。"

以上《德国民法典施行法》与《德国土地登记法》，关于州法可以保留"让与土地所有权的物权的合意"可以在公证人面前缔结的规定，最初仅被巴伐利亚（法）（AGBGB 第 12 条）、符腾堡（法）（AGBGB 第 22 条）、巴登（法）（AGGBO 第 22 条）及不莱梅（法）（AGGBO 第 9 条）所明定和采取。在 1900 年《德国民法典》施行之后，对该民法典的一个重要修改，即是将以上保留的规定扩大适用

---

1 ［日］七户克彦："德国民法的不动产让与契约的要式性"，载日本《法学研究》第 62 卷第 12 号，第 295 页以下。

2 现已变更为第 311b 条。参见台湾大学法律学院、财团法人台大法学基金会：《德国民法（总则编、债编、物权编）》（上册）（第 2 版），元照出版有限公司 2016 年版，第 321 页以下。

3 现已变更为第 311b 条。参见台湾大学法律学院、财团法人台大法学基金会：《德国民法（总则编、债编、物权编）》（上册）（第 2 版），元照出版有限公司 2016 年版，第 321 页以下。

4 现为第 311b 条。参见台湾大学法律学院、财团法人台大法学基金会：《德国民法（总则编、债编、物权编）》（上册）（第 2 版），元照出版有限公司 2016 年版，第 321 页以下。

到德国全境，而这大抵经历了两个阶段。

第一个阶段是1934年2月16日颁布《关于移交帝国司法程序的法律》(Gesetz zur Überleitung der Rechtspflege auf das Reich vom 16. 2. 1934，以下简称“2月16日法律”)，与1934年5月11日颁布《关于让与土地所有权的物权的合意等的命令》(Verordnung über Auflassungen, Iandesrechtliche Gebuhren und Mündelsicherheit vom 11. 5. 1934，以下简称“5月11日法律”)。其中，“2月16日法律”第5条，将可以受领“让与土地所有权的物权的合意”的权限赋予德意志领域的全体公证人。并且，将这一规定进一步具体化的“5月11日法律”第1条第1句[1]、第2句[2]，进一步使《德国民法典施行法》第143条的规定与《德国土地登记法》第98条的规定适用于德国全部领域。在此种背景下，1935年8月5日对《土地登记法》进行修改时，登记程序即被大幅度地作了变更。而且，“让与土地所有权的物权的合意”的受领权，依1940年1月14日《关于让与土地所有权的物权的合意的第二命令》(Zweite Verordnung über Auflassungen vom 14. 1. 1940) 第1条的规定，即便区法院（简易法院）与和解机关（gerechtliche Vergleich）也保有之。[3]

接踵而来的是所谓第二个阶段，在此阶段，是得以复兴的巴伐利亚州的公证主义立场进一步引发了第二次世界大战后《德国民法典》的修正运动。依1953年3月5日法律第一部第3条第1号，将《德国民法典》第925条第1项的“登记官吏”一语修改为“有管辖权的机构”，并追加规定如下内容作为该条第1项第2句和第3句：“土地登记官署、区法院和公证人皆得受理土地所有权让与契约，其他有管辖权的机关亦同”（第2句）；“土地所有权让与契约，也得以诉讼上的和解为之”（第3句）。另外，依1953年3月5日法律第一部第3条2号，重新规定与德国《土地登记法》第98条、1934年5月11日法律第2条相同的内容。此即现行《德国民法典》第925a条（土地所有权让与契约的要件）：“对于

---

1 第1句为：“让与土地所有权的物权的合意（Auflassung），在帝国的所有州，除登记官吏、州法所认可的机关外，也可于公证人的面前以表示为之。”

2 第2句为：“对于土地所有权让与契约的表示，仅于提示或当场作成第313条第1项（现为第311b条第1项——本书作者注）所规定的契约的公证证书时，方可受理。”

3 ［日］七户克彦：“德国民法的不动产让与契约的要式性”，载日本《法学研究》第62卷第12号，第298页以下。

让与土地所有权的物权的合意（物权契约）的表示，仅于提示或当场作成第 311b 条第 1 项第 1 句所定的契约的公证证书时，方得受理。”

值得注意的是，由于追加规定第 925a 条的内容，结果使来自于普鲁士法的《德国民法典》第 311b 条第 2 句所具有的实益几乎丧失殆尽了。1969 年 8 月 28 日，德国颁布《公证法》（Beurkundungsgesetz vom 28. 8. 1969），将原本只有公证人、简易法院（区法院）才能办理的公证事务，扩大为全体公证人的专属权限。结果，《德国民法典》第 311b 条第 1 句、第 873 条第 2 项原规定中的“裁判证书化”的术语，以及 1953 年法律所追加规定的第 925 条第 1 项第 2 句里的“简易法院”（区法院），便不复存在了。[1]

（三）小结

综上所述，我们可以明了，追随登记程序简易化的发展趋势，德国登记制度乃经历了如下的发展历程：19 世纪时，是以《普鲁士普通邦法》为代表的不动产担保权登记制度采取实质审查主义，之后进到 1872 年《普鲁士土地所有权取得法》的不动产登记制度采取形式审查主义；迈入 20 世纪后，则经历了以登记官吏为当事人意思的确认机关，进到由公证人为当事人意思的确认机关。值得提及的是，在以公证人为当事人意思的确认机关之下，物权契约实际上是与债权契约一起，同时采公证证书的形式缔结或完成的。如此，申请登记时，登记官吏只需形式的、在窗口审查已然作成的以公证证书所表现的物权契约就可以了。[2]

值得特别指出的是，以上德国法的登记情况，与法国现行的登记制度相当类似，此点饶富趣味。在法国，自古法时代[3]以来，因存在“公证人习惯”、证据

1　另外，《德国民法典》第 311b 条第 1 项第 1 句，依 1973 年 5 月 30 日法律（BGB1. I，S. 501），尚追加规定了“取得”一语。如此，不仅移转不动产所有权的义务，且“取得义务”，也同样要求采特定的方式。对此，请参见［日］七户克彦：“德国民法的不动产让与契约的要式性”，载日本《法学研究》第 62 卷第 12 号，第 311 页注释 96。

2　［日］七户克彦：“德国民法的不动产让与契约的要式性”载日本《法学研究》第 62 卷第 12 号，第 300 页。

3　关于法国法制史的分期，有所谓“古法时期的法”之说。根据日本研究法国法的有名学者山口俊夫之说，1789 年资产阶级大革命以前的法皆属于“古法时期的法”；法国资产阶级革命时期的法为“中间法”。对此，请参见［日］碧海纯一、伊藤正己、村上淳一编：《法学史》，东京大学出版会 1981 年版，第 179 页以下。

法上的“书证优越原则”“公证证书的誊本”，及作为“抄本公示体制”的“誊记”（transcription）、“登记”（inscription）制度，所以《法国民法典》关于物权变动尽管明示采意思主义（principe de solo consensu），但在实际运作上，仍间接地要求当事人必须作成公证证书。进而可以说，法国民法于实际的运作上采取了要式主义。[1]法国1955年法（Decret du 4 janv. 1955）第32条规定，公证人须办理公证证书的登记申请程序。这就意味着当事人在作成公证证书的阶段，即完成了登记申请程序。从而法国法的做法，是可以解为与以公证人为登记官吏的登记主义相类似的制度。进而言之，法国法的立场，乃与德国法把对权利关系的审查由此前的登记官吏移交给公证人的结果，几乎没有二致。故长期以来，将德国法的立场与法国法的立场解作完全对立，乃是不正确的。[2]

其次，即使在理论上，长期以来对德国法立场的理解，也不能说是没有问题的。毋庸置疑，当此之时，由于公证主义的复兴，物权契约被湮没于原因契约里，结果一如《德国民法典》立法过程中巴伐利亚州所言明的那样，承认物权行为独立性的实益由此丧失了。《德国民法典》原来的规定也是仅把物权契约概念限定于理论上的。由于可以从物权契约的概念中导出无因性，所以尽管可以从物权变动的要件中暂时排除债权契约这一意思的因素，但另一方面，考虑到物权变动的效果与意思的因素无关联地发生乃是不当的，故而只好从不过是单纯的履行行为或履行形式的交付、登记中去寻求当事人的意思的存在。易言之，在登记主义之下，因采无因性，且排斥“形式的确定力原则”而采合意主义，故而，“物权契约”是一个不可或缺的概念。而且，这一概念必然应该从登记行为中去寻找。进而言之，物权契约概念从一开始即是一个主要以登记程序中的共同申请的合意（合致）为基础或核心而形成的法概念。

1　实际上，法国法的意思主义（principe de solo consensu）是在承认公证人习惯与书证优越原则所支配的法定证据主义之下被采行的，因此，完全可以谓为与要式主义相当。对此，请参见［日］七户克彦：“不动产物权变动中的意思主义的本质——以买卖契约为中心”，载《庆应大学院法学研究科论文集》第24号，第121页。

2　［日］七户克彦：“德国民法的不动产让与契约的要式性”，载日本《法学研究》第62卷第12号，第301页。另外，日本学者镰田熏在“不动产物权变动1”（载《法学教室》第109号第62页）中也说：实际上，在德国，买卖契约与物权行为也是同时在公证人面前作成的。所以，法、德两国的制度，尽管在表面上有其差异（一为意思主义，一为成立要件主义——登记主义），但实际上并无差异。

最后，应该提到，德国法的立场，对于《日本民法》尤其是日本《不动产登记法》第26条的制定，也是给予了直接的影响的。之所以这样说，乃是因为日本《不动产登记法》是忠实地继受《德国民法典》的原始规定而创制的。例如，日本《不动产登记法》关于登记采取“共同申请主义”，即是继受德国法的合意主义而来。[1]而且，该条制定时所参考的《德国民法典第一草案》第828条第1项、《德国民法典第二草案》第794条第1项、第796条第1项以及德国《土地登记法》第19条第2项等，其不独是关于“形式的合意主义”（登记程序上的共同申请主义），而且也是关于“实质的合意主义”，即使实体的物权变动得以发生的合意主义的规定。如果将这些情况与物权契约概念的生成过程相对照，则可以得出这样的结论：日本《不动产登记法》第26条关于物权变动的时间，于承认物权契约概念的同时，也是以登记为物权变动的时间的。[2]

第五节　《德国民法典》施行后物权契约理论的演变脉络或轨迹[3]

1900年《德国民法典》施行后，德国物权契约理论的演变脉络或轨迹是，围绕基于买卖契约等法律行为的物权变动应具备何种要件或采何种主义而展开。

基于买卖契约等法律行为的物权变动应具备何种要件方可发生，从来就是物权法上的重要问题。对此问题，近现代及当代民法主要形成了三种立法成例。

其一是意思主义，以法国民法为代表（日本属之）。物权的变动，只需有双方当事人一致的意思表示即生效力。惟在日本，围绕其民法典第176条的“意思

1　日本近代立法资料丛书（26）：《法典调查会·不动产登记法案议事笔记》，商事法务研究会1986年版，第70页。

2　［日］七户克彦：“德国民法的不动产让与契约的要式性”，载日本《法学研究》第62卷第12号，第300页以下。

3　本节主要是从物权变动的立法主义，尤其是围绕物权的合意主义（Einigungsprinzip）的议论，而追寻1900年以后德国物权契约理论的演变脉络，主要依据日本学者有川哲夫“物权契约理论的轨迹：萨维尼以后一世纪间”（载原岛重义编：《近代私法学的形成与现代法理论》，九州大学出版会1987年版）与原岛重义“债权契约与物权契约”（载《契约法大系Ⅱ》第107页以下）。应特别提及的是，原岛先生编集的《近代私法学的形成与现代法理论》一书，是一部日本学者研究德国近代私法学并对现当代私法理论具有重要影响的著作，其所收文章皆为精品，可谓是近代私法学与现当代私法学之桥。

表示”的理解，历来存在只需有债权契约即获满足的学说，与除此之外尚需有物权契约方获满足的学说的争论。但无论何种学说，皆以如下认识为前提：物权的形式主义系肯定物权契约，意思主义则系否定物权契约，而是否承认物权契约的独立性，作为立法主义，乃与采意思主义抑或采物权的形式主义存在密切联系。[1]

其二是要发生物权变动，除需有债权契约外，尚需有登记或交付的立法成例，称为交付主义（Traditionsprinzip）或登记主义（Eintragungsprinzip），以《普鲁士普通邦法》[2]与《奥地利普通民法典》为其典范。

其三是《德国民法典》的物权的合意主义（Einigungsprinzip）。依此主义，要发生物权变动，需要有债权契约、与债权契约独立的、以直接引起物权变动为内容的物权的合意，以及为登记或交付。并且，物权的合意（物权行为）是无因的，纵原因行为无效或被撤销，物权行为的效力也不受其影响。[3]需注意的是，在我国台湾地区，基于法律行为的物权变动，通常认为系采与德国民法相同立场。[4]

---

1 惟日本现今学者通说认为，《日本民法》关于依法律行为的物权变动，系采法国民法意思主义。参见［日］有川哲夫：“物权契约理论的轨迹：萨维尼以后一世纪间”，载［日］原岛重义编：《近代私法学的形成与现代法理论》，九州大学出版会1987年版，第304页。

2 1794年《普鲁士普通邦法》，不问动产、不动产的不同而统一规定，要取得标的物的所有权，需有取得权源［Titel，意思表示（如买卖、赠与等）］和取得方式（Erwerbungstart）——交付。不过，在登记制度之下，不动产的登记具有何种意义，系有争论。通说认为，登记并无取得所有权的效力（即不认登记为取得所有权的要件）。结果，登记时，申请人（如受让人）便要求取得所有权的、“交付”了不动产的证明文件。但是，1872年的《普鲁士土地所有权取得法》改变立场，明定根据“让与土地所有权的物权的合意”（Auflassung）而移转标的物的所有权，进而使《普鲁士普通邦法》的规定仅得继续适用于动产。《普鲁士土地所有权取得法》规定的Auflassung，通说解为物权契约。但于该法案的审议过程中，作为政府委员而参与其事的弗尔斯特（Förster）则表示反对，即不认有所谓物权契约概念。对此，请参见［日］有川哲夫：“关于物权契约的学说史的考察”，载《福冈大学论丛》第20卷第4号，第315页。

3 就《普鲁士普通邦法》《奥地利普通民法典》及《德国民法典》关于依法律行为的物权变动，皆要求有登记与交付的要件而论，它们莫不可以谓为“形式主义的立法例”。差异仅在于，《普鲁士普通邦法》与《奥地利普通民法典》是不知有与债权契约相对应的物权契约的形式主义；《德国民法典》则是以无因的物权契约为前提的形式主义。此种界分的基准，是德国普通法上的traditio（交付）理论，以及这些制定法是否采纳或实际受到了该理论的影响。

4 新近以来，我国台湾地区明示采物权行为与无因性的重要判决有台湾地区1998年台上字1400号判决：“不动产所有权移转登记系物权行为，而具无因性……”台湾地区2000年台上字第961号判决：“物权行为有独立性及无因性，不因无为其原因之债权行为，或为其原因之债权行为系无效或得撤销而失效。”对此，请参见廖毅编著：《民法（总则编）整合式案例研习》，新保成出版事业有限公司2007年版，第279页。

在德国，学者在一个相当长的时期，对基于买卖契约的物权变动的立法主义并未作出前述那样的分类。学者开始作如此的分类，乃是对《德国民法典》的无因的物权契约的议论（或讨论）变得活跃化的法西斯时期。也就是说，此时期，随着废除《德国民法典》而编纂统一的"民族法典"的潮流的登场，为了为民法典的"改革"指明方向，德国法学会就民法的各个专业（或部门）开始进行轰轰烈烈的检讨。[1]

1900 年《德国民法典》施行后不久，作为民法学的中心问题的物权契约问题被再度提起。那时，对于《德国民法典》的让与所有权的规定，特别提到了该民法典采拒绝立场的《普鲁士普通邦法》与《奥地利普通民法典》的规定，并通过与这些法律的规定相比较来检视《德国民法典》的既有规定。[2]

在一份德国法学会的土地法与动产法的共同委员会的报告中，赫尔曼·克劳泽（Hermann Krause）提出了未来的德国物权法应否继续保留物权契约的问题，并在报告之始即对依买卖契约的物权变动作了立法主义上的分类。他说，对于基于法律行为而取得所有权，在其法秩序的变迁过程中，乃形成了三种立法主义：一是所有权的移转只需有债权契约即获满足的契约主义（意思主义）。二是交付主义，认为所有权的移转，除需有债权契约外，尚需有交付或登记，为早期的普通法理论、《普鲁士普通邦法》与《奥地利普通民法典》所采（另外，当时的荷兰、西班牙及一些南美洲国家也采此主义）。三是物权的合意主义。据此主义，基于法律行为的物权变动，除需有债权契约外，尚需有物权的合意、登记或交付。此项主义为萨维尼以后的潘德克吞法学所创制，系德国民法物权变动的立法基础。关于动产所有权的取得，瑞士民法和奥地利民法尽管也采同样的主义，但并不采物权合意（物权契约）的无因构成。故此，物权合意（物权契约）的无因

1　关于朗格（Lange）的"在民法领域，是应该采个别法抑或采统一法"（Deutsche Rechtswissenschaft，1939 年），日本学者山田晟于《法学协会杂志》第 58 卷第 2 号《学界信息》中作有介绍。另外，日本学者山本户于"法西斯德国的民法修正事业与德国法学院"（载《法律时报》第 11 卷第 10 号第 988 页以下）中，介绍了朗格在 Akademie（法学院）里的情况。Akademie für Deutsches Recht（德国法学院），由时任巴伐利亚州司法省长官的弗兰克（Frank）于 1933 年 6 月创立，同年 9 月成为巴伐利亚州的公法团体，1934 年 7 月 3 日升格为帝国公法团体。

2　［日］有川哲夫："物权契约理论的轨迹：萨维尼以后一世纪间"，载［日］原岛重义编：《近代私法学的形成与现代法理论》，九州大学出版会 1987 年版，第 306 页。

性，可谓是德国民法的特色。[1]

继之，赫尔曼·克劳泽逐一检视了此三项主义，在对契约主义（意思主义）下了否定性的断语后，就将来对所有权让与的规制是采债权契约与交付或登记相结合的主义，还是仍采物权的合意（物权契约），但将其置于债权契约与登记或交付之间，提出了疑问。要回答这一疑问，需首先明了物权的合意的本旨是什么，并弄清楚德国民法物权的合意究竟有何功用。通过分析，他写下了如下的话语："自19世纪肇始以来，在德国，作为一项重要的法律构成并得以发展的，是除债权契约这一法律行为的要素外，尚需有附着于交付、登记之上的物权的合意。以往，坚持无因性的场合，物权的合意（物权契约）是所有权让与过程中不可或缺的东西。与此相左，如果废弃无因性，则物权的合意的存在理由也就会丧失殆尽。此外别的大多数机能即便无物权的合意，也是可以实现的。"[2]由此，我们清晰地看到，赫尔曼·克劳泽为物权变动的改革所指明的方向，是要采第二种主义，即交付主义（或登记主义）。

值得注意的是，在物权变动采交付主义（或登记主义）之典范的奥地利，这一时期也出现了与德国法学界相同的动向。对于曾经给予本国民法学深刻影响的物权契约理论，表示反感的思潮开始抬头了。该国被谓为法西斯主义学者的恩斯特·斯沃博达（Ernst Swoboda），被认为是这方面的代表。他批判了将交付解为物权契约的这一通说的立场。[3]在一本有关《奥地利普通民法典》的面向实务的书

---

1 ［日］有川哲夫："物权契约理论的轨迹：萨维尼以后一世纪间"，载［日］原岛重义编：《近代私法学的形成与现代法理论》，九州大学出版会1987年版，第305页。

2 Krause："德国的杂志论文与法律杂志"，［日］山田晟译，载《法学协会杂志》第57卷第9号（学界思潮），第123页；［日］山木户："德国民法物权变动的合意的否定"，载《法律时报》第13卷第2号（学界思潮），第182页以下。

3 需注意的是，在1930年代的奥地利，占据支配地位的思想，是把交付把握为物权契约。奥地利历史法学派的领导人昂格尔（Unger）在把私法上的契约按私法的法律关系进行区分后，即把traditio规定为契约，并批评《奥地利普通民法典》的"取得权源和取得方式"的规定是完全错误的；且明确表示，作为物权契约的交付的特征，并不从属于法的原因［Unger，System des österreichischen allgemeinen Privatrechts，Bd. Ⅱ，3 Auff.（1868），第9—11页、第170—171页］。将交付把握为抽象的物权契约的昂格尔的见解，尽管此后曾一度占据支配地位，但至1910年代，情况即发生了变化。对此，请参见［日］有川哲夫："物权契约理论的轨迹：萨维尼以后一世纪间"，载［日］原岛重义编：《近代私法学的形成与现代法理论》，九州大学出版会1987年版，第316页。

籍中，于论及所有权的间接取得（继受取得）时，他写道：

“要移转动产的所有权，必须有有效的法律原因、物的交付及其受领。法律原因是存在于买卖契约、赠与等债权契约中的，与《德国民法典》规定的抽象（无因）的物权契约未有关系。交付，不过是原因行为的履行而已，不是独立的法律行为。正因为采取这样的制度，我们才避免了《德国民法典》的非常多的难题与法学的技巧。没有受过法律教育的契约当事人以之为一体的取得行为，而萨维尼等法学家们则在法律上将它分解为两个不同的独立行为，并使物权契约的效力不受债权行为这一原因行为的影响。如此的构成，完全是抽象思维的产物，堪称法技术的标本。此项技术，在自由主义堕落时代的《德国民法典》制定时期的法学家们中间，是占据支配地位的。但由于它是远离民族生活的观念的，所以与‘国家社会主义’的法律观不免背道而驰。根据《奥地利普通民法典》，要否定所有权的移转，只要主张原因行为无效也就可以了。此种规定与民族的确信正相一致，可谓是‘有名誉的法’。承认‘交付’只有作为原因行为的履行的意义的见解，即使在今天，也是相当多的［在这里，可以举出汉斯·勃兰特（Hans Brandt），作为鼓吹这一见解的最有力的代表］。将所有权的移转分离为物权契约与债权契约两个行为，是《德国民法典》的起草者们由于把财产法分隔为债法与物权法这一脱离现实生活的分类所造成、所使然。《奥地利普通民法典》虽然保留了债权与物权的界分，但拒绝对这两种（法）的分野作进一步的区别，即不再区分为债权行为与物权行为。让与不动产所有权，尽管规定必须有有效的法律原因，及在土地登记簿册进行登记（《奥地利普通民法典》第413条），但仍然是不承认无因的物权行为的。另外，《奥地利土地登记法》对于所有权的登记要件，尽管要求有让与人表示同意登记的意思表示，但它也不是物权契约，而只是一方的意思表示。让与人的此项同意的意思表示，也属于原因行为的履行，此履行行为与作为其基础的原因行为相结合，而发生土地物权的变动。”[1]

根据日本学者原岛重义的分析，德国无因的物权契约学说史的发展，大抵经历了三个时期：从民法典制定前后开始，是对这一理论的“法技术的构成”进行

---

1 ［日］有川哲夫：“物权契约理论的轨迹：萨维尼以后一世纪间”，载［日］原岛重义编：《近代私法学的形成与现代法理论》，九州大学出版会1987年版，第306—307页。

批判；不久转到对它的“功能的贫乏”进行批判；迄至最近，是主张采单纯的交付主义、登记主义而摒弃物权契约。[1]

惟值指出的是，在德国，从1930年代开始的大约10年间，关于物权契约，虽一方面有主张废弃它的声音，但另一方面也有主张继续维持它的声音，从而形成废弃与维持相对峙的局面。

朗格（H. Lange）在他的研究生涯发轫之始即提出了古典时期的罗马法的交付（traditio）为有因性的见解。迄至法西斯时期，他对《德国民法典》的物权行为无因性的批判变得愈发强烈。1938年秋，德国法学会召开土地法委员会与动产法委员会的联席会议，在会议的报告中，他号召：应根据具体的各个场合的法律效果，来检视有因主义与无因主义的利弊得失。为了消除无因主义的不当而改采有因主义，他提出了经过自己深思熟虑的三项法技术上的手段：一是仍旧维持无因性，但赋予原因行为无效时让与人的不当得利返还请求权以物权的效力。二是坚持物权的合意（物权契约）本身，但使原因行为无效或被撤销的效力得及于物权的合意。三是在动产法领域，采法律原因与占有的移转（交付）相结合的制度；在土地法领域，采法律原因及基于登记申请、登记承诺而在登记簿册上为记载（Buchung）的制度，但使处分权利的法律效果的发生从属于原因行为（即使权利变动的效力受原因行为的影响）。朗格认为，此三种方法中，动产法，以第二种手段为上乘；土地法，尽管具有法律原因及基于登记申请、登记承诺而为登记即获已足，但在这里，坚持物权的合意（物权契约）仍旧是最理想的。[2]

进入20世纪40年代，德国法学会的土地法委员会再次检讨了将来应当怎样构筑土地法的问题。1942年，德国土地法委员会发表由洛赫尔（E. Locher）执笔的《关于土地法的改革》（E. Locher，Die Neugestaltung des Liegenschaftsrechtes，载《学

---

1 ［日］原岛重义：“债权契约与物权契约”，载《契约法大系》（2），有斐阁1962年版，第114页。

2 ［日］有川哲夫：“物权契约理论的轨迹：萨维尼以后一世纪间”，载［日］原岛重义编：《近代私法学的形成与现代法理论》，九州大学出版会1987年版，第308—309页。

会活动报告书》第18号）的报告。[1] 关于物权契约的存废问题，报告这样写道：

"在继续坚持以当事人的法律行为的意思表示为处分土地的有效要件这一点上，大家的意见是一致的。但对于应当采取何种法律形式表现这一意思，则有三种提案：一是《德国民法典》所采的无因的物权的合意体制；二是维持物权的合意的同时，使其效力从属于原因行为的体制；三是废弃物权的合意，将法律行为的意思的要素单纯地固定于原因行为的体制。但不采一方面主张无因构成，同时又主张废弃物权的合意的做法。这大抵是认为，如果从处分的要件中排除原因关系，进而放弃物权的合意，则对处分的效力来说具有意义的当事人的意思（的联络或存在）也就丧失或没有了。登记申请与登记承诺（登记同意），因仅被认为具有程序法性质的意义，故而不能替代这一联络或存在。

"如果放弃无因的法律构成，那么剩下的作为法律政策的手段，就只能从以下两个中选择一个：一是以原因契约（债权契约）和登记作为处分权利的要件；二是采有因的法律构成，但同时维持作为物权的处分行为的物权的合意。关于这一问题，在委员会里也达成一致意见。于民法学界，近时以来，废除物权契约的呼声颇高。其重要的因由，是认为现行《德国民法典》的物权的合意的功能，几乎已被债权契约、土地法上的登记承诺（登记同意）与登记申请湮灭。但如果由此主张以债权契约与登记作为处分权利的实体要件，则不啻是向采纳"取得权源和取得方式"理论的1794年《普鲁士普通邦法》、1811年《奥地利普通民法典》的回归！如此虽然保持了与《奥地利普通民法典》的一致，但要把它导入到德意志帝国的法律系统中，委员会中的多数人不表同意，而是认为应当继续维持德国原有法律体系不变。如此一来，改革的方向也就被确定为采有因的物权的合意主义，即物权变动的场合虽认有所谓物权的合意（物权契约），但该物权的合意是有因的，其效力受作为原因行为的债权契约的影响。

"惟对物权的合意究竟具有何种功能，该功能可否被别的制度替代，其说不一。经长期讨论，最后得出结论，认为对于直接的当事人而言，物权的合意具有

1 参加审议的委员和学者有：费尔根特雷格、巴克斯（Backs）、埃平（Epping）、腾舍特（Tenschert）、魏瑟（Weißer）、布洛迈尔（Blomeyer）、朗格、施密特-林普勒（Schmidt-Rimpler）、洛克（Locher）、维亚克尔（Wieacker）、锡伯文（H. Sibe）及布塞（Busse）。

保护的功用，这就是承认它的因由所在。物权性质的履行，无论基于债权特性的行为的场合，抑或基于法律行为的场合，皆为各种前提（如条件的成就）所左右。履行的时间、地点，不能依原因行为而预先决定。履行之前，往往发生变更当初的债权关系的情况（这尤其发生在土地交易的场合）。在对登记的形式性质的程序予以确认时，因当事人不能介入其中（即不能表示自己的意见），所以应当在履行过程中直接插入这些人的意思（如让与人和受让人的意思）。买卖契约与物权的履行行为在时间上分离时，基于物权的合意，物权的履行行为的契约上的前提即获已足。物权的合意的此一功能，是原因行为所不具备的。原因行为是打算移转财产的‘计划的确立’（Programmfestlegung），物权的合意是对意欲移转财产的‘实行指令’。”[1]

在说明了“物权的合意”（物权契约）的存在理由后，剩下的问题是要说明物权的合意与原因（行为）之间的关系，即在维持物权的合意的前提下，是保留无因性的构成，还是采有因性的构成？

对此，前述土地法委员会的报告，尽管从字面上看是采有因性构成，但同时也可以窥知报告所内蕴的如下倾向：不具无因性的物权的合意（物权契约）仍有其积极意义。在物权的合意（物权契约）的发生史上，独立的物权的合意，作为事实行为的交付，是无因的构成的。但如果把交付规定为取得物权的决定性步骤，则它即变成不单纯是债权行为的履行行为。结果，交付即演绎为“交付契约”（Traditionsvertrag）。在交付被赋予了移转所有权的效力时，遂不得不承认交付中内蕴了移转所有权的意思的因素。这样，没有让与人的移转所有权的意思，及无基于该意思的事实行为的交付，就不能移转所有权。[2]

以上，我们立足于历史的研究方法，由远而近，解读了物权契约概念的形成与发展史。我们看到，物权契约概念的思想，远在11世纪时即已显露端倪。迄至近代，被称颂为德国“近代私法学之父”的萨维尼，于甄别物权与债权概念的前

---

1 ［日］有川哲夫：“物权契约理论的轨迹：萨维尼以后一世纪间”，载［日］原岛重义编：《近代私法学的形成与现代法理论》，九州大学出版会1987年版，第322—323页。

2 ［日］有川哲夫：“物权契约理论的轨迹：萨维尼以后一世纪间”，载［日］原岛重义编：《近代私法学的形成与现代法理论》，九州大学出版会1987年版，第323—324页。

提下，经由对古典罗马法让与所有权的方法之一的交付（traditio）与问答契约（stipulatio）概念的注疏、解释，创制出近现代及当代意义上的物权契约概念。1840 年和 1850 年，萨维尼先后出版《当代罗马法体系》和《债权法》。在这些著作里，他正式公表了自己的物权契约思想。1872 年，《普鲁士土地所有权取得法》得以颁布，物权契约与无因性理论首次被该法采为正式规定，并被用来涤除物权变动的登记的实质审查主义，标志着近代不动产登记制度发展到一个新阶段，具有重要意义。[1] 1874 年，德国开启民法典制定的序幕，将物权契约与无因性理论贯彻其中。1896 年，德国公布正式的民法典，物权契约与无因性理论不独在物权法领域被规定下来，而且被贯穿到了债法（债务承认、债务约束、无因债权及无因债务）以至总则编的代理权授予、商法中的票据行为中。物权契约与无因性，进而物权行为与无因性，由此成为德国民法的重要的法概念。

第六节　基于法律行为的物权变动，瑞士民法是否认可独立的物权契约 [2]

对于基于法律行为的物权变动，瑞士民法是否认可独立的物权契约，瑞士学者意见不一。易言之，关于依法律行为的物权变动，瑞士民法究竟属于前述三种主义中的哪一种呢？对此，学者在瑞士民法系从德国民法的“形式主义”，但不认可有所谓物权行为无因性这一点上，并无争议。学者之间的争论在于，瑞士民法是否认可有“独立的物权行为”？

1　物权行为的无因性，即物权的变动不受原因行为的瑕疵的影响，被多数的州法（或领邦法）转用于登记领域。《德国民法典》制定当时，除适用法国法的地域外，几乎所有的州皆接受并采用了无因性。但它于实际的立法中究竟得到了多大程度的贯彻，则因各州与各时代而有差异。譬如，在德国民法典第一次起草委员会以之为蓝本的 1872 年《普鲁士土地所有权取得法》中，无因性即被用来排除登记的实质审查主义的弊害而被规定下来，惟像巴伐利亚州那样，一方面采无因性，另一方面又采登记的实质审查主义的情况，也并非绝无仅有。对此，请参见［日］原岛重义：“无因性确立的意义——无因性概念的研究”（2），载九州大学《法政研究》第 24 卷第 1 号，第 71 页以下。

2　本部分主要依据［日］有川哲夫：“物权契约理论的轨迹：萨维尼以后一世纪间”（载［日］原岛重义编：《近代私法学的形成与现代法理论》，九州大学出版会 1987 年版，第 309 页注释 2），及［日］星野英一：《民法概论》（物权），良书普及会 1973 年版，第 30 页以下。

《瑞士民法典》第 714 条第 1 项规定："动产所有权的让与，应将其占有移转于受让人。"该条对于动产所有权的移转（让与），是否仍需有"移转所有权的合意"（物权契约），及是否以有效的原因行为为必要，未予明示（也就是保持沉默）。故此，要从条文本身觅到回答这些问题的线索，不言而喻是困难的。

对于不动产，《瑞士民法典》第 656 条第 1 项仅规定："取得不动产所有权，须于土地登记簿册加以登记"，是以简洁的语言明示采登记主义。第 965 条第 1 项规定："土地登记簿册上的处分，如登记、变更、涂销，概须经证明其处分权及法律原因，方得为之。无法律原因，或基于无效的法律行为所为的登记，系属不当。"[1]

由这些规定可以清楚地看到，对于不动产所有权的让与（移转），《瑞士民法典》是采有因主义的法律构成。作为登记基础的买卖契约无效或被撤销时，土地登记簿册上已然被登记为所有权人的买受人，不能取得该笔土地的所有权。出卖人，对于买受人或恶意的第三买受人，可以请求登记机关为变更所有权人的名义的注销登记。[2]

一、围绕物权行为独立性的议论：以不动产所有权的让与为中心

（一）维兰德[3]之说

在瑞士民法上，对于不动产所有权的移转（让与）有无独立的物权行为，向来有两种迥乎不同的见解，即维兰德与安德烈亚斯·图尔（Andreas Tuhr）所代表的见解。此两人在瑞士民法既不是采德国法体制，也不是采法国法体制这一点

---

1 《瑞士民法典》第 974 条第 2 项规定："无法律原因，或基于无拘束力的法律行为所为的登记，属于不当。"

2 《瑞士民法典》第 975 条规定："物权的登记系属不当，或正当的登记依不当的方法被注销或变更时，其物权因而被损害的人，得提起注销或变更登记之诉。前项情形，善意第三人仍享有基于登记而取得的物权与损害赔偿请求权。"第 973 条规定："善意信赖土地登记簿册的登记并因此取得所有权及其他物权的，其权利的取得应受保护。"

3 卡尔·维兰德（Carl Wieland，1864—1936 年），自 1897 年起任巴塞尔（Basel）大学副教授，1905 年开始新设立的瑞士私法的讲座，直至 1935 年冬。此间他讲授商法、民法课程，并且是票据法方面的权威。其最早出版的著作为《票据及其民法的基础》（1910 年）。《瑞士民法典》制定时，他作为专门委员会（Expertenkommission）的委员参与了该项伟大的工作，自他所起的作用看，可谓是《瑞士民法典》的重要创造者之一。

上存在共识，但在瑞士民法与这两种体制之间究竟有何关联或差异上认识不一。但从他们得出的最终结论看，对于瑞士民法的债权行为与物权的处分的关系，两人的解释，要么是偏重于法国民法，要么是偏重于德国民法。

维兰德于1912年1月1日《瑞士民法典》施行前出版的对该法典“物权编”进行逐条解释的著作中，针对第963条第1项“与不动产处分有关的登记，须有该不动产所有人的书面声明（书面表示，Erklärung）”的规定，解释说：这是关于登记的要件的规定。其将不动产所有人的书面声明（书面表示），称为登记承诺（登记同意，Eintragungsbewilligung），并将该登记承诺与向土地登记簿册官吏（Grundbuchverwalter）请求“实行登记”的申请（Anmeldung）加以区别。不动产所有人于登记所备置的申请用纸上为承诺（同意）时，登记承诺与申请尽管在外表（形）上不好区别，但前者是应以书面的形式实施的私法上的意思表示，后者则是采书面或口头形式实施的程序法性质的行为。由于有此区别，结果，在承认登记具有设权性的、权利变更的效力时，申请、登记承诺及证明有处分权和法律原因，即变成实行登记的要件。在这里，（登记）申请被认为是与《德国土地登记法》第13条中的“申请”相类似的东西。“登记承诺”这一概念也是由来于德国法。至此我们可以明了，维兰德之说，是偏向于德国法主义的解释的。[1]物权的取得、设定乃至移转，需存在有效的法律原因——以移转所有权、设定抵押权等为目的的债权的法律行为（债权行为）。对于该法律原因与登记承诺的关系，他进一步解释说：

“依《瑞士民法典》第665条第1项，基于买卖契约等法律原因，仅发生请求让与人移转所有权的权利。要实际完成标的物所有权的移转，除进行登记外，还需有物权契约及直接引起物权变动的意思表示。因买卖契约而负移转所有权的债务的出卖人，尽管也必须同意所有权的移转，但是，仅凭债务原因里内蕴的清楚明了的移转所有权的意思，所有权的移转无论如何都是不充分的。也就是说，移转所有权的意思，不仅仅存在于买卖契约缔结时，而且也必须存在于登记时。对此，学者温德沙伊得·基普（Windscheid Kipp）于《潘德克吞教科书》第8版

---

1 另外，《瑞士土地登记法（条例）》第13条第1项规定，登记的申请（Anmeldung），也须采取书面的形式。

(1906 年) 里也是这样说的。登记承诺（登记同意）具有两方面的意义：一方面，它是登记的形式要件；另一方面，它又是移转所有权、设定物权的实体性要件的物权契约。此种场合，因对方是当然会同意的，所以法律仅规定，只要有不动产所有人一方的意思表示即为已足。易言之，这里的物权契约系采单方行为，而不是像《德国民法典》那样采物权移转的合意（物权契约）。”[1]

值得注意的是，被维兰德贯以“登记承诺”或“登记表示行为”之名的《瑞士民法典》第 963 条第 1 项的不动产所有人的书面声明（书面表示），其形式的侧面，系相当于德国《土地登记法》第 19 条的登记承诺（Eintragungsbewilligung）；其实体的侧面，则对应于《德国民法典》第 873 条、第 925 条所定的法律行为。对于德国《土地登记法》第 19 条的登记承诺的性质，德国学者之间的见解是对立的。不过通说认为，登记承诺是一方的且要求对方受领的意思表示，系对土地以至于土地上的权利的处分。维兰德之见，也是宗德国法学界的这一通说的。而反对说则认为，登记承诺不是处分（的行为），而是纯粹的程序（手续）性质的行为，其内容为对登记机关实行特定的正确的登记的许可。

日本学者铃木禄弥认为，在瑞士民法，作为物权变动的要件，除需有登记外，尚需有原因关系与登记承诺。而作为登记的要件，除需有（登记）申请与登记承诺外，还需证明为登记簿册上的处分的法律根据（Rechtsgrung）。登记承诺，虽然是为登记而存在的形式要件，但同时也起着替代德国法的作为物权变动的要件的物权的合意（物权契约）的功用。[2]不难看出，铃木先生的见解，从总体上看是因袭维兰德之说的。

---

1 根据认为瑞士民法有物权契约的学者贝尔纳·科姆（Berner Komm）的分析，《瑞士民法典》之所以把物权变动所需的物权行为简化为单方的物权行为，是在理论上认为买卖契约不仅对出卖人产生移转所有权的义务，而且强调买受人同时取得了获让所有权的请求（Anspruch auf Zusprechung des Eigentums），从而只需让与人一方为处分的表示即可。若让与人未依买卖契约处分标的物（为登记承诺的意思表示），则买受人可径依《瑞士民法典》第 665 条第 1 项（土地所有权取得人基于取得原因，对土地所有人有登记请求权，土地所有人拒绝时，土地所有权取得人有向法院请求确认土地所有权的权利）直接诉请获判所有权，基于胜诉判决便取得不动产所有权，之后的登记仅有宣示意义，是采所谓现实执行（Realexekution）。对此，请参见苏永钦：《跨越管制与自治》，五南图书出版公司 1999 年版，第 224 页。

2 ［日］铃木禄弥：《抵押制度研究》，一粒社 1968 年版，第 361 页。

维兰德的学说，之后为伯尔尼（Bern）公证人协会的实务所采。惟1916年11月10日，瑞士联邦参事院（Bundesrat）决定不采其说，认为在《瑞士民法典》中，并无形式性质的（登记）申请与实体上的登记承诺的分别。（登记）申请，不单纯是对登记机关的形式性质的陈述，而且也是表示处分实体权的意思，故法律就申请权设立详细规定，并意图使登记官吏仅受理登记上的处分权人提出的申请。毋庸置疑，瑞士联邦参事院的态度表明，它是支持（登记）申请具有实体法性质的意义的这一多数学者的主张或见解的。[1]

（二）安德烈亚斯·图尔之说

安德烈亚斯·图尔是根据《法国民法典》的法律构成来解读《瑞士民法典》的让与土地所有权的规定的。他说："作为登记的形式要件，《瑞士民法典》第963条第1项的'不动产所有人的书面声明（书面表示）'，完全是《瑞士土地登记法（条例）》第11条以下所定的'申请'。结果，除'申请'外，处分权及法律原因便成为必需的、不可或缺的东西。移转土地所有权的实体性质的要件，乃与德国民法相同，仅有合法的登记，尚不能引起物权的变动或发生设权性的效力。于瑞士民法，只有依与法律原因相结合的登记，所有权方发生移转。故此，《瑞士民法典》是以法国民法的思考方法——债权契约引起所有权移转的效果——来考量和把握德国民法的规定的。土地（不动产）所有人所负的让与（移转）自己土地所有权的义务的债务契约，是受让人取得土地（不动产）所有权的根据（原因）。此项契约，是土地（不动产）所有权让与过程中惟一的法律行为的事实（Vorgang），它体现并内蕴了当事人移转所有权的意思。因此，对于所有权的移转来说，契约具有法律上的效力，乃是具重要意义的事情。于法律政策上，即使所有权移转的有因构成（即采所有权移转的有因性）也是保护让与人的。对于不动产而言，法律与其说应当偏重于交易的动的安全的保护，毋宁说应当重视不动产（土地）所有权的静的安全的保护更为妥当。"[2]

1　［日］有川哲夫："物权契约理论的轨迹：萨维尼以后一世纪间"，载［日］原岛重义编：《近代私法学的形成与现代法理论》，九州大学出版会1987年版，第312—313页。

2　［日］有川哲夫："物权契约理论的轨迹：萨维尼以后一世纪间"，载［日］原岛重义编：《近代私法学的形成与现代法理论》，九州大学出版会1987年版，第309页注释2。

根据安德烈亚斯·图尔的见解，买卖契约除引起《瑞士民法典》第665条所定的债权的效果外，像法国民法那样，也有移转所有权的效力（translative Wirkung），即"买卖契约，蕴含处分（Verfugüng）"。但与法国民法不同，因《瑞士民法典》规定另需进行登记，所有权方生移转，故所有人的处分，于未进行登记时，是不能完成的。对于所有权移转的实体性质的要件，《瑞士民法典》的解释者认为，需有让与人的登记承诺（登记同意）。但是，登记承诺即便为（登记）申请所蕴含（或涵摄），《瑞士民法典》第963条第1项也是秩序规定（Ordnungsvorschrift）。虽未提出（登记）申请，但在实施了实际的登记时，只要作为原因的买卖契约有效，该登记也是有效的。物权变动所必需的实体法上的让与人的意思，在瑞士民法，已经被包含于债权契约中。（登记）申请不过是使符合债权契约的登记（得以）实行的手段。[1]

（三）特奥·古尔之说

特奥·古尔（Theo Guhl）对以上两人的学说加以了评论。他说，维兰德认登记承诺具有实体法上的意义的意见是正确的，但为了把登记承诺"构成"（表述）为物权契约，却牵强地拟制与假定取得人对该契约存在"同意"。与此不同，安德烈亚斯·图尔则正确地否定了瑞士民法有所谓物权契约概念，但他的解释过分偏重于法国法主义，认为买卖等债务负担行为，无论在何种情况下，皆包含了让与人的无条件让与所有权的意思。不言自明，这是不符合实际的。根据债权契约，取得人对于土地（不动产）所有权的让与人（出让人）有"人的请求权"（债权的请求权），但处分本身并不能认为是自由的。一如安德烈亚斯·图尔所言，内蕴于买卖契约中的不动产（土地）所有人的处分，于登记之前，是不能完成的。《瑞士民法典》第665条第1项赋予了取得人基于债权契约而对土地（不动产）所有人保有物的执行请求权。让与人不当地拒绝为《瑞士民法典》第963条第1项的书面声明（书面表示）时，认可受让人得直接基于诉讼判决获得土地（不动产）所有权，也就是基于胜诉判决的结果而取得土地所有权。

特奥·古尔于是断言，土地（不动产）所有人交付给土地取得人与登记机关

1 ［日］有川哲夫："物权契约理论的轨迹：萨维尼以后一世纪间"，载［日］原岛重义编：《近代私法学的形成与现代法理论》，九州大学出版会1987年版，第313页。

的书面声明（书面表示），实际上具有实体法上的意义。依据该书面声明（书面表示），让与人便处分其土地所有权，并履行债权契约上所负担的债务。由此，可作出如下的断语：物权的处分或书面声明（书面表示）或登记承诺，是一方的物权的法律行为（即认登记承诺为单方的物权行为），而不是物权契约。

应当指出的是，在现今的瑞士，占据支配地位的多数说，是依特奥·古尔的见解，将“（登记）申请”解为一方的有因性的处分。关于请求开始登记程序的形式性质的登记法上的申请，是采所谓“绝对的登记主义”（absolutes Eintragungsprinzip），也就是说，为了移转土地所有权、为了对土地设定物权而要求在土地登记簿册进行登记。不过，像继承，尽管可以不依于登记簿册为登记而取得所有权（因继承而取得所有权的，自继承开始时取得），但却只有于取得人进行了登记后方可处分所取得的所有权（即依继承取得的所有权，非经登记，不得处分），是采所谓“间接的强制登记”。概言之，对于登记前业已取得物权的，非于登记簿册登记该物权，则不得处分之，称为“相对的登记主义”（relatives Eintragungsprinzip）。

二、动产所有权让与中的物权契约问题

《瑞士民法典》第 714 条第 1 项几乎是原原本本地照搬 1881 年《瑞士债务法》第六章“动产上的物权”第 199 条“依契约而移转动产所有权时，须移转占有（Besitzübergabe）”的规定而来。故而，在动产物权变动采取交付主义这一点上，瑞士民法较德国民法为早。1881 年的《瑞士债务法》，是《瑞士民法典》统一过程中的一部先驱性立法。但伴随 1907 年《瑞士民法典》的公布，其未再受到像往昔那样的注目。

1881 年《瑞士债务法》的前身是 1863 年的《商法草案》。《瑞士债务法》正是在 20 年前的这部《商法草案》的基础上被创制出来的。而《商法草案》对于动产所有权的移转，则是从法国民法采契约主义（意思主义）。《1871 年草案》（此时“商法”被更名为“债务法”）第 212 条规定：以移转动产所有权为目的的法律行为，纵不交付标的物或支付价金，所有权也要移转。1875 年和 1877 年公布的《瑞士债务法草案》在这一点上采取了相同立场。然 1878 年公布的《瑞

士债务法草案》在这一点上却更易了以往的规定，而改采交付主义。1881 年瑞士通过正式的债法（债务法），其第 199 条正式确立了这一主义。

《瑞士民法典》对于动产所有权的让与，未提供有关物权契约与无因性问题的任何答案。何以如此？通说认为，此系由于《瑞士民法典》的起草者欧根·胡贝尔（Eugen Huber）故意对这一问题采取的回避、暧昧的态度所造成。该氏自 1882 年至 1892 年的哈勒（Halle）时代起，即定期开设有关德国民法典草案的讲座。根据从那时起与他有密切往来的吕梅林（M. Rümelin）之说，欧根·胡贝尔曾说：在各种不同的场合，法律原因的意义与范围，可能有各种各样的考虑或期待。例如，出于错误而以金钱作“非债清偿”时，[1]所有权发生移转，受领人如果破产的话，则为清偿的人只有破产债权。另外，某人为了“信用销售（或信用出售）”而将标的物寄送他人时，即使该他人误信为赠与而受领，于该他人破产时，寄送标的物的人（破产债权人）也不能期待由该物优先受自己债权的清偿。这是确定不易的。[2]

总之，对于基于法律行为的物权变动，解释论上应解为瑞士民法是承认物权行为的。惟此所谓物权行为，非指物权契约，而是让与人单方面地处分物权的行为，即登记承诺。且瑞士民法不认该单方面的物权的处分行为系无因行为，而是采有因的法律构成，即采物权行为有因性。

1　无债务而为清偿，称为“非债清偿”，《法国民法典》第 1376、1377 条设其规定：为清偿的人，得向受领人请求返还。

2　以上参见［日］有川哲夫：“物权契约理论的轨迹：萨维尼以后一世纪间”，载［日］原岛重义编：《近代私法学的形成与现代法理论》，九州大学出版会 1987 年版，第 309—316 页。

第五章

罗马法的交付（traditio）、问答契约（stipulatio）与私法上无因性概念的确立

第一节 概 要

近现代及当代民法有所谓有因行为与无因行为的分别。有因行为，指如缺少原因即不生法律效力的法律行为。无因行为，则指即使欠缺原因，也不丧失其效力的法律行为。[1]债权行为原则上为有因行为，而票据行为与德国民法上的物权行为，为无因行为。票据行为是以发生票据法上的法律效果为目的的法律行为，因属于广义民法的范畴，故物权行为与票据行为的无因性几乎成为民法中无因行为的代名词，即凡言无因性者，究其实，多指物权行为与票据行为的无因性。[2]

但于德国的民法体系中，具有无因性的法律行为并不以物权行为为限。根据德国学者的通说，《德国民法典》第780条、第781条所定的债务约束（Schuldversprechen）与债务承认（Schuldanerkenntnis），也属于无因的法律行为，称为无因债务。也就是说，于德国法上，不独物权行为与票据行为具有无因性，而且作为

1 ［日］石田穰：《民法总则》，悠悠社1992年版，第263页。

2 类似的见解，还可参考陈自强："无因债权契约体系之构成"，载《政大法学评论》第57期，第70页。

债权契约的债务约束、债务承认以至代理权的授予[1]等，也同样具有此项性质。

在瑞士，对于现行民法典是否承认物权契约的无因性，学者间尽管见解不一，但《瑞士债务法》第17条明定无因的债务承认制度，至于票据行为，占支配地位的见解仍采无因性，即认票据为无因证券。法国民法、日本民法及英美法，虽不认有物权契约与债权契约的无因性，但于票据法领域却莫不采无因性。

因继受德国民法的立法思想，我国台湾地区“民法”关于物权行为不仅采无因性，而且通说也认无因债权契约具有法律上的效力。我国台湾地区现今具有代表性的债法著述，皆将债权契约界分为要因契约（有因契约）与不要因契约（无因契约），认为民法上典型的债权契约属于要因契约，惟基于契约自由原则，当事人于不违背法律的强行规定与公序良俗原则的前提下，可以订立无因的债权契约。[2]

我国《民法总则》与2007年3月16日通过的《物权法》不认有所谓无因性概念，但我国关于票据的司法解释中已有对无因性的原则规定，票据法理论与实务也皆承认此一制度。运用考据学的方法研究无因性概念的形成，不独将裨益于我国民法学对无因性问题的研究，而且也有助于正确阐释我国现行《票据法》第10条第1款的规定，并充分发挥这一制度对于我国信用经济发展的特殊的功用。

第二节　无因性：近现代及当代民法的一项重要法概念

如前述，在德国民法上，无因性是贯穿于其中的一个重要概念和原则。也就是说，在德国民法系统中，不仅移转标的物的所有权，设定、移转乃至消灭他物权（用益物权和担保物权）的物权行为，而且关于债权让与、债务承受、债务免除的准物权行为，以及债务约束、债务承认、无记名证券、票据和支票的发票行

1　代理权的授予之具有无因性，被公言为是拉邦德（Laband）于1866年的重要发现。对此可以参见汉斯·多勒（Hans Dolle）在1958年德国第42届法学家年会上所做的专题演讲，该专题演讲的内容已被译成中文。参见王泽鉴：“法学上之发现”，载其所著《民法学说与判例研究》（第4册），台湾1992年自版，第1页以下。

2　邱聪智：《民法债编通则》（第6版），台湾1993年自版，第31页；史尚宽：《债法总论》，台湾1972年自版，第9页；黄立：《民法债编总论》（第3版），元照出版有限公司2006年版，第41—42页。

为等，于法律构成上皆采无因性（abstrakt）。所谓此等法律行为的无因性，其涵义有二：一是这些法律行为本身并无所谓权源（Rechtsgrund）或原因（causa）；二是这些法律行为的适法的成立完全不依赖于其权源或原因。[1]以移转标的物所有权为例，基于买卖契约而产生的出卖人移转标的物所有权的义务，于动产，需有移转其所有权的物权的合意（Einigung）和交付（Übergabe）；[2]于不动产，则需有移转其所有权的物权的合意（Auflassung）和登记（Eintragung）。[3]而且，《德国民法典》第925条与第921条所定的关于“移转”所有权的物权的合意，纯粹是一个以实现所有权的移转为内容的合意，作为其原因关系的买卖契约（债务负担行为）无效或被撤销，标的物所有权的移转也不受影响。[4]于票据债权，因采无因性，所以票据上的权利也不依赖于作为票据关系的基础关系的原因关系，故而原因关系纵使无效或被撤销，也对票据上的权利未有影响。[5]可见，无因性的确贯穿到德国民法的全部系统中。[6]

在瑞士，其现行民法典对于物权变动虽采物权契约的独立性，但依学者通说，对于物权契约的无因性则不采之。譬如，关于土地所有权的移转，依对《瑞士民法典》的解释，如果取得原因（原因行为）有错误、强迫或欺诈的情事，物权行为应归于无效。于是，因错误、欺诈而遭受损害的出让人，便可依《瑞士民法典》第975条的规定，请求为更正登记。当然，此种场合，让与人也可依《瑞

1　［日］原岛重义：“无因性概念的系谱”，载日本九州大学法学部创立三十周年纪念论文集《法与政治的研究》（1957年），第454页。在此需要说明的是，原岛先生是日本研究德国民法无因性制度的资深学者，本章的写作多处受惠于原岛先生这篇文章的启迪，谨致以谢意。

2　参见《德国民法典》第929条。

3　参见《德国民法典》第873条、第925条。

4　［日］原岛重义：“无因性概念的系谱”，载日本九州大学法学部创立三十周年纪念论文集《法与政治的研究》（1957年），第454页。

5　［日］原岛重义：“无因性概念的系谱”，载日本九州大学法学部创立三十周年纪念论文集《法与政治的研究》（1957年），第454页。

6　对于德国民法上的无因性，这里有必要提到齐特勒曼（E. Zitelmann）其人。1888年，德国公布了五卷本的《民法典第一草案立法理由书》，此时的齐特勒曼不仅把该草案关于无因性的规定吹得天花乱坠，而且还说：“无因性的规制的合目的性，是毋庸置疑的，并且它向所有的人民提出了采同一规制的理由，因此无论哪一个国家，其法律迟早都会采取无因性。”但是，时至今日，他的这一预言也未能变成现实。近现代及当代各国民法立法运动的实践未全面规定无因性，而是主要于票据法领域采取了这一概念和制度。

士民法典》第961条的规定而为排除登记的公信力的临时登记（预记登记）。[1]关于动产，《瑞士民法典》第714条采取有因性，乃为一项不争的事实。[2]

需注意的是，《瑞士民法典》对于物权变动尽管拒绝采物权行为的无因性，但另一方面，《瑞士债务法》第17条明定无因的债务承认制度。另外，《瑞士民法典》关于不当得利的规定，依学者之说，也是完全针对债权的无因性而设计的。[3]《瑞士民法典》于承认无因债权契约这一点上效仿德国民法，在立法论上饶富趣味。关于票据行为，虽然维兰德（C. Wieland）等人因受法国法思想的影响而责难与抨击票据行为的无因性，[4]但主导性的见解仍采德国法相同立场，即以票据为无因证券。

在法国法与英美法，关于是否有所谓与债权契约（债权行为）相对应的物权契约及其无因性概念，立法、学说以至判例虽然采否定主义，但于票据关系领域则莫不采之。无因性由此被说成是票据法的一项基本原则。[5]

《法国民法典》第711条规定："财产所有权，得因继承、生前赠与、遗赠以及债的效果而取得或移转。"第1138条规定："交付物件的义务仅依缔约当事人双方的同意而完成；自物件应交付之日起，即使尚未现实移交，债权人即成为所有人，并负担该物件受损的风险，但如交付人迟延交付，物件受损的风险由交付人负担。"关于买卖契约，第1583条规定："当事人双方就标的物及其价金相互同意时，即使标的物尚未交付、价金尚未支付，买卖即告成立，而标的物的所有权即依法由出卖人移转于买受人。"

由这些规定可以明了，在法国民法，买卖标的物的所有权于缔结买卖契约之时即已移转于买受人，既无德国民法关于所有权让与的特别的合意，也无需交付或登记，即采物权变动的意思主义。因而，法国民法的立场，是没有像德国民法那样严格界分债权行为与物权行为的不同，并使二者形成为不同的独立的概念。

---

1 C. Wieland, Das Sachenrecht (Kommentar zum Schweizerischen Zivilgesetzbuch Ⅳ), 第66—67页。

2 C. Wieland, Das Sachenrecht (Kommentar zum Schweizerischen Zivilgesetzbuch Ⅳ), 第179页。

3 ［日］原岛重义："无因性概念的系谱"，载日本九州大学法学部创立三十周年纪念论文集《法与政治的研究》（1957年），第458页。

4 C. Wieland, Wechsel und seine civilrechtlichen Grundlagen, 1901 § 33.

5 ［日］原岛重义："无因性概念的系谱"，载日本九州大学法学部创立三十周年纪念论文集《法与政治的研究》（1957年），第455页。

此外，所谓契约，也仅指债权契约，而无所谓独立于债权契约之外的物权契约与无因性概念。[1]

关于债权债务的成立，《法国民法典》第1108条规定了契约要发生法律上的效力所应具备的要件之一的“适法的原因”，且第1131条同时规定：“无原因的债、基于错误原因或不法原因的债，不生任何效力。”惟因第1132条又规定，“原因虽未经载明，契约仍为有效”，从而围绕此一规定，学说解释发生分歧。不过，根据通说，此所谓契约（convention），非指契约本身，而是指记载该契约的文书（instrument），该文书的主要功能在于，“依此证书，关于原因的存在及适法性，即大致被推定”。[2]由此可以断言，法国民法并无无因债务的概念，从而在法国民法中，像德国民法那样的使物权契约与原因行为分离并使之无因化的观念，也可以说是没有的。

惟在票据法领域，法国采取了无因主义。关于票据债权的成立，于19世纪以前的法国票据法上，尽管占支配地位的学说主张票据债权应受原因关系的影响，[3]及票据关系应与基础关系相粘连，但却阻碍了票据的流通与信用，造成法律与经济生活的龃龉，影响经济的发展。有鉴于此，迈入20世纪以后，学理遂转变立场，主张票据债权应与原因关系分离而独立化，[4]结果促使法国改采《日内瓦统一票据法》的立场，并修订了其商法中有关票据的规定。[5]

近现代及当代英美法，虽以票据行为（如发票）为合同，但同时推定善意持票人是受合法交付票据的人，而于票据上签名的人又推定其已受对价，故而在善意持票人与票据债务人间已成立合法的合同关系。结果，于实务中，对于票据关系的无因性，英美法与大陆法乃并无大的差异，即采无因性。[6]

综上所言，我们看到，除德国法外，近现代及当代各国家或地区尽管未能全

---

1 ［日］川岛武宜：《所有权法的理论》，岩波书店1987年版，第221页。

2 ［日］原岛重义：“无因性概念的系谱”，载日本九州大学法学部创立三十周年纪念论文集《法与政治的研究》（1957年），第456页。

3 ［日］上柳克郎：“法国票据理论之考察”，载《竹田先生古稀纪念论文集》，有斐阁1988年版，第421页以下。

4 ［日］上柳克郎：“法国票据理论之考察”，载《竹田先生古稀纪念论文集》，有斐阁1988年版，第431页以下。

5 谢怀栻：“评新公布的我国票据法”，载《法学研究》1995年第6期，第41页。

6 谢怀栻：《票据法概论》，法律出版社1990年版，第44页。

盘继受无因性，但于票据关系领域却莫不采之，就此而言，谓无因性为近现代及当代民法一项重要概念并不为过。

第三节 罗马法的交付与物权契约无因性

近现代及当代意义的物权契约的无因性概念，被公言为是由萨维尼创造的，[1]惟萨氏的这一创造，又是他通过对罗马法的traditio（交付）进行论理主义的加工而获得的。

在罗马法上，traditio乃是万民法的取得所有权的一种方法，[2]其标的物为“略式移转物”（res nec mancipi）。[3]而且，依当时的罗马法，为移转所有权而为交付（traditio），需有正当的原因（justa causa）。也就是说，并不是只要交付即可发生移转略式移转物所有权的效果，而是尚需有正当的原因。[4]而所谓正当的原因，当时占据支配地位的解释与社会观念，莫不认为指买卖契约、赠与契约等债权关系。

惟萨维尼认为，所谓正当的原因，并不是人们所理解的此种意义。他说，为交付（traditio）的行为前，不必非先存在债务不可，即交付并不是专为清偿债务服务的。例如，向乞丐施舍食物及借贷金钱给他人，即不能认为交付的行为是在“履行”先时存在的以标的物的交付为内容的债务。故而，正当的原因真正的涵义应作这样的理解：人们可以为了各种各样的目的而为交付的行为。譬如，把

1 德国近现代及当代意义的无因性概念，最早系由萨维尼首创。对此，被誉为德国无因债务思想的催生者的巴尔（Bähr）于1855年出版的《以“承认”为债务负担的原因》里也明确地谈到了。他说：“萨维尼的著作，以前所未有的明确性推进了无因性概念的发展。利贝（Liebe）和格奈斯特（Gneist）对stipulatio（问答契约）的研究，以资料的丰富而超群。恩克斯勒贝（Exleben）对不当得利返还请求权（Die Condictiones sine causa）进行了相当彻底的研究，此外，温德沙伊得的前提理论，也极大地推动了这项工作。”［原岛重义：“无因性概念的系谱”，载日本九州大学法学部创立三十周年纪念论文集《法与政治的研究》（1957年），第462页。］一望即知，这段文字是巴尔在说明自己的无因债务思想的最初的理论来源，指明了萨维尼对于无因性概念的形成所起的肇始者的作用。正因为如此，后世学者每每论及无因性概念时，也就主要着眼于萨维尼与巴尔的无因性思想（尤其是前者的思想）。

2 与之相对应的，是市民法上的作为取得所有权的方法的“握取行为”（mancipatio）与“法庭让与”（in iure cessio）。

3 ［日］原岛重义：“无因性概念的系谱”，载日本九州大学法学部创立三十周年纪念论文集《法与政治的研究》（1957年），第464页。

4 Savigny，System des heutigen Römischen Rechts，Ⅲ Bd.（1840），第254页。

物出借（使用借贷）给他人、把物交由他人保管，以及以物设定质权等，皆有交付。在这些场合，交付给对象方的标的物的所有权不发生移转，而仍由交付人保有之。另外，作为买卖、互易契约的结果，以及于赠与和消费借贷的场合，也有交付。在这些场合，经由交付，标的物的所有权移转给了对象方。不言自明，尽管这两种场合皆有交付，但其内蕴的意义却是截然不同的：在后一种场合，标的物的所有人打算让与标的物的所有权给对象方，而在前一种场合则无此种打算。[1]可见，所谓正当的原因，"除指移转标的物所有权的意思（der animus transferendi dominii）外，别无其他内容"[2]。换言之，所谓正当的原因，并非指买卖、赠与关系，而是指双方当事人通过合致的意思而移转标的物所有权，即指移转所有权的意思（der animus transferendi dominii）。此移转标的物所有权的意思，系内蕴于交付中，即交付本身便是一个以移转标的物所有权为内容的物权契约。至此，独立于债权契约的物权契约概念形成了。因交付这一物权契约系超然独立于债权契约而存在，故如果出卖人依有效的交付而移转标的物所有权，纵其出让标的物所有权的动机存有瑕疵（或动机有错误），标的物所有权发生移转的效力也不受影响，出卖人仅可依 condictio sine causa（不当得利返还请求权）等诉请返还。这样，无因的物权契约概念便被创制出来了。

接着，萨维尼进一步把它转用到债权契约的场合，认为债权契约也有无因性的适用。他说："为了形成这实际上极其重要的理论，不独让与所有权的场合，而且此外的别的场合，即涵括依债务而使他人的财产增加，也应采无因性。"就问答契约（stipulatio）而言，便是：纵无原因（causa），债务也可有效成立。债务人仅可依市民法上的 condictio [3]或法务官法上的 doli exceptio [4]对抗之。

1　Savigny，System des heutigen Römischen Rechts，Ⅲ Bd.（1840），第 256—257 页。

2　Savigny，System des heutigen Römischen Rechts，Ⅲ Bd.（1840），第 258 页。

3　所谓 condictio，是主张市民法债权但不载明请求原因的一种对人的诉讼。最初它是以请求一定金额或特定物为标志的，罗马帝国时期，扩及于某些标的不特定的请求，优士丁尼时代适用范围更广（参见优士丁尼：《法学阶梯》4.6.15）。［古罗马］优士丁尼：《法学总论——法学阶梯》，张企泰译，商务印书馆 1989 年版，第 53 页注释 2。

4　所谓 doli exceptio，即"恶意的抗辩"或"欺诈的抗辩"之意，指原告的请求原因有害意（dolus）时，被告可以主张原告有恶意而拒绝其请求。之后，如原告的请求原因有悖于公平观念，被告可以不问原告请求时的意思如何，而概可拒绝其请求，称为"一般的恶意抗辩"。

不只如此，萨维尼尚同时把物权契约、债权契约的无因性概念，贯彻到他的“错误理论”中。[1]在考证和检视了罗马法有关“错误”的法源后，他说：错误，最广泛、最经常地发生于债权契约及依其固有性质仍然属于契约的交付中。但在这些场合，无论该错误为有责任的错误抑或无责任的错误、事实上的错误抑或法律上的错误，原则上皆对物权契约与债权契约的效力不生影响。基于错误的买卖也是不能取消的买卖，基于错误的交付也是完全有效的。[2]

第四节　罗马法的问答契约与无因债务

债务承认与债务约束，为德国民法重要的无因性制度。其创制，通说认为是由学者巴尔（Bähr）完成的。巴尔因此被称颂为近现代及当代意义的无因债务思想的创始者。[3]与萨维尼相同，巴尔提出近现代及当代意义的无因债务的思想，也是经由对罗马法的法概念进行论理的加工而底于成的。巴尔用以加工的概念，是罗马法的 stipulatio（问答契约）。

罗马法的问答契约，性质上属于口头契约（contractus verbis）的一种，[4]是罗

1　萨维尼的“错误理论”，即他关于意思表示的“错误”的学说，为其民法思想的重要组成部分。

2　Savigny，System des heutigen Römischen Rechts，Ⅲ Bd.（1840），第 354 页。

3　需提及的是，于巴尔之前，已有学者提出了无因债务的初步的概念。德国学者孔策（Kuntze）在 1884 年出版的著作《票据法》里指明了这一点。于论及无因债务（abstrakte Obligation）概念的形成过程时，他说：在过去一个相当长的时期，几不知无因债务为何物。格奈斯特、利贝及昂格尔等，最早创立了这一概念的雏形，尔后这一概念为票据与证券持有人所利用。当时的人们认为：支付记账（expensilatio）和问答契约于一定范围（商法）内，应作为无因债务而承认之；但超出此范围即发生问题，因为它并不合于当代的交易方式。但最近以来，一种新的倾向出现了，这就是赋予所有类型的债务证书以无因债务的效力。由孔策的这段话语可以明了，无因债权契约发轫于 1848 年《德国票据法（条例）》颁行前后，促成其发轫和形成的虽说是要为票据及其他商业证券提供理论上的支持，但从正面将它发展成为民法的一项基本理论的，则是巴尔。而对于巴尔之说，虽然当时有这样或那样的批判，但他的学说的主要内容，往后都获得了大多数学者的支持与赞同。1896 年，他的学说被《德国民法典》第 780 条与第 781 条采为正式规定，从而使他关于无因债务的思想迄至现今依然占据支配的地位。对此，请参见［日］原岛重义：“无因性概念的系谱”，载日本九州大学法学部创立三十周年纪念论文集《法与政治的研究》（1957 年），第 461 页。

4　依罗马法，口头契约在类型上除涵括问答契约外，尚包括嫁资的设定与奴隶被解放时的宣誓两种。问答契约，为口头契约的最重要的类型，并有广泛的适用余地，譬如于金钱借贷契约、违约金契约及保证契约，皆有适用的余地。惟因问答契约存在种种弊端，故至优帝时代，当事人于实际交易中已多不采用之。对此，请参见陈朝璧：《罗马法原理》（上册），商务印书馆 1936 年版，第 128—130 页。

马法古典时期广为流行的一种契约形式。[1]依罗马法，问答契约要成为债务发生的原因，除需当事人双方到场外，还需双方的“问”与“答”依特定的顺位并相连合致，[2]即先由债权人以特定的言语向债务人问话，询问其是否愿负债务，然后债务人以特定的言语作表示承诺之意的回答，契约遂告成立。[3]相反，如果双方当事人的问与答不依此顺序或迟迟不答抑或所答非所问，则问答契约便被认为不具法定的条件，从而债权债务关系也就无从成立。[4]

惟中世纪与近代的法律，并未继受罗马法的问答契约。11 世纪欧洲接受罗马法的洗礼后，有因契约由类型固定发展为不要式契约，且其内容不再受法律的限制，当事人可径依自己的意思自由订定。毋庸置疑，此系受到教会法（寺院法）影响的结果。因为按照罗马法，单纯的约束（pactum nudum）并不发生诉权。而教会法思想则认为，单纯的约束，不论是否宣誓，其不仅对上帝具有约束力，而且对他方当事人也同样有约束力。并且，债权契约要发生效力，依其理论，需具有法律上的原因。故而，随着要因契约的内容自由获承认，无因债权契约遂日趋式微。其结果，使继受罗马法的德国普通法无不否认无因契约的效力，[5]这一局面一直延续到 19 世纪中叶。

在 19 世纪前半期的德国普通法学上，为了确保债务负担的真实性，民法学理认为，除当事人间的意思表示一致外，债权契约尚需有法律上的原因，而且该原因可

---

1 罗马法古典时期，债权契约中的要因契约的类型甚受限制，当事人仅可缔结特定类型的契约并无内容自由，而且单纯的契约表示也无拘束力，譬如消费借贷为要物契约，无从有效成立诺成消费借贷。故而，在那个时代，依契约发生债权债务而占支配地位的契约类型，并不是要因债权契约，而是问答契约。对此，请参见陈自强：“无因债权契约体系之构成”，载《政大法学评论》第 57 期，第 73 页。

2 陈朝壁：《罗马法原理》（上册），商务印书馆 1936 年版，第 129 页。

3 陈自强：“无因债权契约体系之构成”，载《政大法学评论》第 57 期，第 74 页。

4 陈朝壁：《罗马法原理》（上册），商务印书馆 1936 年版，第 129 页。需提及的是，此问答契约在罗马法古典时期以后，便逐渐演变为书面的债务约束。古典时期的法律虽不要求书面或证人，但为保全证据，当时流行的做法是把问答契约成立之事记入文书。古典时期以降，实务上认为重要者为文书，而非口头问答。逐渐地，口头问答的形式销声匿迹、不复存在，书面的债务约束代之而兴。而且，此书面契约与其法律上的原因关系更为密切：债权证书若未表明原因，债权人虽不必证明债权即可起诉，但如果被告证明负债欠缺法律上的原因，即发生债务不生效力的效果。对此，请参见陈自强：“无因债权契约体系之构造”，载《政大法学评论》第 57 期，第 74 页；陈朝壁：《罗马法原理》（上册），商务印书馆 1936 年版，第 130 页。

5 陈自强：“无因债权契约体系之构造”，载《政大法学评论》第 57 期，第 74 页。

由契约直接推知，或于诉讼中证明之。所谓债权证书（Schuldschein，cautio），于德国普通法时代仅为证据方法，表明负债原因的证书（cautio discreta），如经证明债务未发生或已消灭，债务人可以请求返还；债权证书若未表明债务负担的原因（cautio indiscreta），因无从证明债务的存在，故不发生效力。惟1848年《德国票据法（条例）》颁行后，伴随德国法院开始承认交互结算与结算（Abrechnung）中的债权证书具有诉求性，否定无因债务约束的效力的传统学说于是面临挑战。[1] 1850年代以降，几乎所有的法院皆承认"结算"为个别的法律行为，并可为独立的债务原因。于这种背景下，学者巴尔遂发表《以"承认"为债务负担的原因》的著作，一方面对传统的否定主义表示质疑，另一方面也全面表述了自己的无因债权契约思想。[2]

在《以"承认"为债务负担的原因》中，巴尔提出并回答了以下问题：其一，给与的约束，如未表明其法律上的原因，是否发生实体上的法律效力？其二，应当于法律上如何评价债务承认？显而易见，巴尔的主要目的，是打算通过重新解释罗马法的问答契约，而赋予单纯的约束与德国普通法以之为无效的"未记载原因的债务证书"（cautio indiscreta）以实体法上的市民权，进而于理论上创建一般的无因债务概念。[3]

巴尔认为，作为自己研究的出发点的问答契约，具有保全债权的功用。因为，该问答契约的本质的内容，是"移转"无因的债权给债权人，从而具有类似于所有权让与的功用。[4]另外，将交付中的所有权、问答契约中的债权无因地移转给受让人与债权人，是双方当事人的意思表示达成合致的结果，故而系正当的。但如果所有权或债权的移转欠缺原因，则会丧失正当性。此时，便应赋予出让人和债务人以请求返还被移转了的财产的"人的权利"（persönliches Recht），易言之，赋予他们请求返还不当得利的诉权…… [5]

---

1 陈自强："无因债权契约体系之构造"，载《政大法学评论》第57期，第75页。

2 ［日］原岛重义："无因性概念的系谱"，载日本九州大学法学部创立三十周年纪念论文集《法与政治的研究》（1957年），第470页。

3 ［日］原岛重义："无因性概念的系谱"，载日本九州大学法学部创立三十周年纪念论文集《法与政治的研究》（1957年），第469页。

4 Bähr，Anerkennung als Verplichtungsgrund，第33页。

5 Bähr，Anerkennung als Verplichtungsgrund，第66页。

基于此，巴尔遂对以往学者忽略甚至否定问答契约的无因性的做法进行了批判，并特别指明：研究并重视问答契约的无因性，是合于时代的要求的，也只有如此，才能使问答契约于新的时代里有其用武之地。[1]

巴尔由问答契约中抽绎的本质的东西，即是承认（Anerkennung）。[2]质言之，在他看来，无因债权（债务）契约的共同要素，即是对债权债务关系的存在或不存在的承认。此承认，与实质的法律上的原因相脱离，[3]从而它便是使实体法上的债权得以成立的要件。立基于如此的分析，巴尔指出，决算契约、承认的表示，债务证书、交互计算、商人债务证券以及票据等之所以有无因性的适用，端的在于有承认契约（Anerkennungsvertrag）的存在。承认这一行为本身，便形成一个契约，称为债务承认与债务约束。债务承认与债务约束，是关于承认债务关系的存在的契约，[4]此契约无须表明其法律上的原因，便可独立发生诉权，并排除被告依基础关系（原因关系）而提出的抗辩，故而，无因债权契约的目的，即正在于从诉讼上实现对债权的保护。[5]

巴尔的无因债务思想，为《德国民法典第一草案》所采。该草案将债务承认与债务约束一并规定于第683条：“经债权人承诺的给付的约束或债务的承认，未表明特殊的债务原因或仅为一般性的表明的，债务人的约束或承认应以书面为之，方生效力。”立法理由书就此写道：债务承认与债务约束，皆为无因债务，并于法律上具有和一般债务相同的效力。1893年，德国民法典第二次委员会虽有委员提议删除第一草案第683条关于无因债务的规定，但多数委员以实际生活有其需要为由而否决了此项建议。结果，第一草案关于无因债务的规定，遂在第二草案上几乎原原本本地被保留了下来。[6]此第二草案，经德意志帝国议会等机关稍作润饰，而成为正式的民法典。在该正式的民法典里，作为无因债务的债务约束

1　Bähr，Anerkennung als Verplichtungsgrund，第32页。

2　Bähr，Anerkennung als Verplichtungsgrund，第70页。

3　陈自强：“无因债权契约体系之构造”，载《政大法律评论》第57期，第76页。

4　Bähr，Anerkennung als Verplichtungsgrund，第175页。

5　［日］原岛重义：“无因性概念的系谱”，载日本九州大学法学部创立三十周年纪念论文集《法与政治的研究》（1957年），第472页。

6　陈自强：“无因债权契约体系之构造”，载《政大法学评论》第57期，第77页以下。

与债务承认，被规定于第二编第七章的第二十节，此即第 780 条与第 781 条。第 780 条规定："因契约以承诺即独立构成债务之方式而允为给付者（债务约束），除另有规定其他方式者外，应以承诺之书面表示为之，始生契约之效力。该承诺之表示，不得以电子方式为之。"第 781 条规定："因契约而承认债务关系之存在者（债务承认），应以承认之书面表示为之，始生契约之效力。该承认之表示，不得以电子方式为之。债务关系之存在经承认，而就该债务关系之成立另定其他方式者，其承认契约须具有该方式。"

行文至此，我们看到，近现代及当代民法的无因性概念，完全是德国概念法学的抽象思维的产物，是萨维尼与巴尔通过对罗马法的交付与问答契约实施能动主义的加工而获得的。饶富趣味的是，于无因性概念形成的同时，以 condictio 为基础的不当得利制度也就随之形成了，此在学说上称为无因性与不当得利的对应关系。亦即，在德国民法，不仅物权契约，而且关于无因债务，也同样认为有不当得利的适用。《德国民法典第一草案》第 684 条第 1 项关于债务约束，原本规定原因欠缺时债务人有履行拒绝权与免责请求权，后因虑及不当得利制度的功能，于是决定删除该规定而为不当得利的一般规定。此外，因立法思想视债务承认为给付（Leistung），所以也同样以不当得利制度来调节利害关系人间的权益的变动。

另外，需提到的是，无因性，尤其是票据行为的无因性，本应是信用经济高度发达、充分发展的产物，但在萨维尼与巴尔的时代，德国的信用经济才开始成长而未臻成熟。于这样的背景下，萨维尼和巴尔之所以能从罗马奴隶制社会的、处于次要地位的交付和问答契约中抽绎出超越经济发展的阶段的无因性，尤其是票据行为的无因性，其根本原因正在于概念法学的逻辑推论本身。此即，依抽象而具体、一般而特殊的方法，由法律行为这个最一般的概念入手推论出契约的概念，复由契约的概念推论出物权契约的概念，再由物权契约推导出物权契约的无因性，最后通过物权契约的无因性导出无因债务的概念。这一推论的过程可以表示为：法律行为→契约→物权契约→无因的物权契约（物权契约无因性）→无因的债务契约（债权契约无因性）。[1]

---

1 由该推论过程，我们还可明了：关于无因性概念的形成，是先有物权契约的无因性，而后有债权（债务）契约的无因性。易言之，物权契约的无因性与无因债务，于形成的源流上，是相互粘连

第五节 小 结

如果把罗马法（学）史的始期定为公元前600年，[1]那么迄今为止，罗马法业已走过了27个世纪的历程。27个世纪以来，罗马法不独为欧洲的近现代及当代文明举行了奠基礼，而且对于推动涵括欧洲在内的整个世界之走向法律文明（尤其是所谓民法文明）也卓有贡献。于21世纪早已到来的时刻，罗马法昔日的光辉尽管离我们日益遥远并成为悠悠往事，但罗马法的精神、罗马法的观念却将与日同辉，永垂不朽，此点当是毋庸置疑的。之所以如此，盖因近现代及当代民法制度无论如何盘根错节、变化多端，皆莫不可以从罗马法那里觅到其最初的观念与雏形。此点可从近现代及当代意义的无因性概念之由来于罗马法的交付和问答契约得到证明。而且，通过前面的考疏，我们看到了罗马法对于近现代及当代民法制度所产生的深远影响之一斑！

在我国，自1949年新中国成立至今，民法立法与学者通说从来不认有所谓物权契约与债权契约的无因性概念，2007年3月16日通过的《物权法》也明示不采物权契约（物权行为）的无因性，不言而喻，此为正确的立场，应继续坚持。惟对于票据关系，是否应采同样立场，乃不无疑问。

由前文的分析我们看到，近现代及当代各国，如法国、瑞士及英美法系国家的民商法立法，虽然在物权与债权领域大都采无因性否定主义，但立基于票据本身为信用经济发展的产物并有促进信用经济的发展的功用，莫不认为票据领域应有无因性的适用，也就是认票据关系与其基础关系相互独立，票据为抽象证券或无因证券。可以肯定，票据为无因证券，票据关系与其基础关系应相分离，已然为各国票据法所普遍接受。

（接上页）而有先后顺序的：物权契约无因性在先，债务契约无因性于后，而且物权契约的无因性是无因债务得以形成的前提。

1 此为日本研究罗马法的资深学者柴田光藏之见。参见［日］碧海纯一、伊藤正己、村上淳一编：《法学史》，东京大学出版会1981年初版第5刷发行，第30页。

对于票据关系与基础关系，我国在改革开放初期，是把二者联系在一起的。[1] 1988年的《银行结算办法》第14条第3项规定："签发商业汇票必须以合法的商品交易为基础。禁止签发无商品交易的汇票。"《上海市票据暂行规定》第7条第3款规定："商业汇票和商业本票的签发，以合法的商品交易为限。"这些规定将票据关系与基础关系搅在一起，破坏了票据的无因性，在过往的一个时期里，曾经在我国的票据使用中造成了许多混乱与纠纷，给法院的审判工作也带来不少困难。[2]经过长时间的曲折和徘徊，我国法院不得不改采票据的无因性。最高人民法院于（1994）法经提字第1号判决中指明："中国人民银行颁发的《银行结算办法》虽然规定签发商业汇票必须以合法的商品交易为基础，但这并不是对汇票的效力的规定。票据关系的存在并不以原因关系的成立和有效为前提，票据关系与其原因关系各自相对独立。"[3]最高人们法院这种把票据关系与原因关系相分离而承认票据为无因证券的做法，毋庸置疑是正确的，值得赞赏。

但是，1995年5月10日公布的《中华人民共和国票据法》在这一点上却大步后退了。第10条第1款规定："票据的签发、取得和转让，应当……具有真实的交易关系和债权债务关系。"显而易见，这是将票据关系和原因关系混在一起，而完全否定了票据行为的无因性。[4]无疑，这一规定是错误的，其不仅有违当代票据法发展的潮流并与当代票据法的基本理论不合，而且也无助于我国市场经济的发展，并最终妨碍我国的信用经济发展。颇值欣慰的是，我国最高人民法院第1102次审委会通过、自2000年11月2日起施行的《最高人民法院关于审理票据纠纷案件若干问题的规定》第14条业已间接地修正了1995年《票据法》第10条第1款的规定，而采票据行为无因性。该第14条规定："票据债务人以票据法第十条、第二十一条的规定为由，对业经背书转让票据的持票人进行抗辩的，人民法院不予支持。"毫无疑问，此为正确的立场，应继续坚持。

---

1 谢怀栻："评新公布的我国票据法"，载《法学研究》1995年第6期，第39页。

2 谢怀栻："评新公布的我国票据法"，载《法学研究》1995年第6期，第39页。

3 参见《最高人民法院公报》1995年第1期。转引自谢怀栻："评新公布的我国票据法"，载《法学研究》1995年第6期，第39页。

4 谢怀栻："评新公布的我国票据法"，载《法学研究》1995年第6期，第40页。

第六章

德国与瑞士的登记制度[1]

第一节　概　要

近现代及当代民法有所谓登记制度。在形式上，登记制度是为不动产交易，尤其是为不动产所有权交易而设的程序性质的制度。法制史上，于大多数国家，登记制度是伴随抵押权的发达而逐渐兴起的。至少，登记制度最初的发轫，是主要为抵押权服务的。盖抵押权的存在，如果无由外部认知的途径，则必然会使第三人遭受不测的损害。为发挥抵押权的功用，遂不得不借重于登记制度。登记因而成为一项重要的制度。

德国与瑞士的登记制度，因地缘与法律传统上的关系，既有共通之处，也有差异。而且，这两个国家的登记制度，与英美法乃至法国法系的登记制度也有不同。作为规律登记制度的法源，两国皆为民法典（《德国民法典》《瑞士民法典》）和土地登记法[2]（德国，Grundbuchordnung GBO vom 24. 3. 1897）抑或土地登记条例（瑞士，Verordnung über die Grundbuch vom 22. 2. 1910）。

惟《德国民法典》未设专章、专节规定登记制度，仅在第三编“物权编”的

1　本章主要依据［日］铃木禄弥：《抵押制度研究》，一粒社 1968 年版，第 326 页以下，谨此说明。此外尚参考了［日］於保不二雄著，高木多喜男补遗：《德国民法Ⅲ》（物权法），有斐阁 1955 年版，第 32 页以下；［日］山田晟：《德国法概论》，有斐阁 1987 年版，第 198 页以下，［日］藤本秀磨：“德国法系不动产登记簿的公信力”，载《法学协会杂志》第 53 卷第 4 号，第 6 页以下。

2　德国《土地登记法》，又称《土地登记条例》，其最初公布于 1897 年 3 月 24 日，1993 年曾作重大修改，修改后的文本于 1994 年 5 月 26 日公布。

第二章“土地物权通则”中，从与实体权利的关联上，设立登记制度的明文。《德国民法典》对登记的这些规定，被谓为“实体的登记法”。至于登记簿的构成、登记业务与登记的要件等，则置于总共124条的《土地登记法》中规定。德国《土地登记法》对登记的规定，学说谓为“形式的登记法”。

与德国法不同，《瑞士民法典》除在第四编“物权编”的各处零星、个别地设有实体的登记规定外，尚特别于该编第三部分（即第三分编）“占有和不动产登记簿”的第二十五章“不动产登记簿”中，设有36个条文的规定（自第942条至977条）。这些规定不独涵括了实体的登记制度的内容，且也包括了形式的登记制度的内容。不过，瑞士《土地登记条例》尽管对登记设有总共117条的规定，但皆属于对民法典的形式性质的登记制度的补充。除这些外，德、瑞二国尚有关于登记制度的若干施行细则。尤其是在德国，继1935年纳粹政权对《土地登记法》进行修改后，其尚颁布了一些施行命令。[1]

按照德国法与瑞士法，登记业务，系由土地登记所为之，即属于土地登记所（Grundbuchamt）的权限，具体由土地登记簿管理人（Grundbuchverwalter）（瑞士）与土地登记法官（Grundbuchrichter）（德国，以下统称二者的场合，称为“登记官”）掌管。土地登记机关，在德国为区法院（简易法院），于每一管区（瑞士，Kreise；德国，Bezirke）设立。在德国原则上以一个市镇村为一管区，在瑞士则通常以一个州（Kanton）为一管区。[2]

对于土地登记机关的决定、登记簿管理人执行职务的行为（如驳回登记申请或拒绝阅览登记簿），[3]申请人可以提起“上诉”。但一旦登记完成，则不得以“上诉”而撤销之。[4]盖若允许撤销已然完成的登记，则会危及登记簿册的公信力。此时，仅可依更正登记、异议登记或预告登记予以解决。[5]关于更正登记、异

1　举其荦荦大者，有1935年8月8日的《土地登记法的施行法》与《土地登记设施法与施行法》，1936年2月25日的《土地登记官责任条例》与1951年8月1日的《以土地登记规则处理住宅所有权事宜的法律》等。

2　［日］铃木禄弥：《抵押制度研究》，一粒社1968年版，第329页。

3　德国《土地登记法》第71条第1项，瑞士《土地登记条例》第102条、第103条。

4　德国《土地登记法》第71条第2项。

5　《德国民法典》第894—898条，《瑞士民法典》第977条，瑞士《土地登记条例》第98—101条，《德国民法典》第892条、第899条，《瑞士民法典》第961条及瑞士《土地登记条例》第76条。

议登记及预告登记，后文将要述及，兹不赘述。另外，德国法与瑞士法皆规定，因登记而致利害关系人于损害时，国家应负赔偿责任。此规定因与承认登记簿册的记载具有公信力有直接的关联，故拟于后文论及。

登记簿册的编制，无论德国法抑或瑞士法，皆采物的编成主义（System des Realfoliums），此与法国法系采取人的编成主义恰成对照。物的编成主义，即登记簿的编制以不动产（土地的地号、建筑物的建号）为准，依登记的先后而编成。人的编成主义，即登记簿的编制非以不动产为准，而是以土地权利人登记的先后为准。[1]德国法、瑞士法与法国法系立法对于登记簿册的编制之所以存在如此差异，其因由尽管可以举出多种，但最重要者莫过于：在德国，早在中世纪末期，为统制城市的土地而采取的城市账簿（Stadtbuch）制度，即已在相当程度上实行了物的编成主义。迄至近代，伴随不动产交易的日渐频繁，这一制度遂被转用来公示不动产物权的变动，以维系不动产物权交易的安全，近现代及当代法意义的登记制度于是形成。于法技术的渊源上，因从那时起迄至现今并未出现历史的中断（即保持了连续性），故而，自中世纪以降，物的编成主义遂一直维持至今于不坠。

与此不同，在法国，不仅未有像德国那样根深蒂固的“城市账簿”制度的传统，而且在 1789 年资产阶级大革命以后，登记制度因变成了对土地所有人的自由的束缚，并使人们背负沉重的负担而被唾弃，且当时的人民特别不愿意采行大革命前封建的物的编成主义。不过，伴随往后不动产交易的急剧增加，创设公示物权的存在的方法的必要性与日俱增，于历经风雨之后，在 19 世纪中期，法国终于建立起了妥协的人的编成主义的登记制度。

从法律技术看，可以肯定，物的编成主义实较人的编成主义为优。然于法制史上，前者是继受和转用中世纪的遗产而形成、发展起来的，而后者则是近代个人主义与自由主义思潮激荡的产物。不过，需要注意的是，尽管德国、瑞士（甚至日本）皆采物的编成主义，但因有沿革上的不同，故而它们于具体的操作上仍有较大的差异，以下分别论述德、瑞法上的物的编成主义。

---

1 ［日］铃木禄弥：《抵押制度研究》，一粒社 1968 年版，第 329—330 页。

第二节　德国与瑞士登记簿册的物的编成主义

一、德国的物的编成主义

（一）土地的概念

物的编成主义，即登记簿册的编制以土地为准，依其登记的先后而编成。故于考察德国法的物的编成主义之前，有必要先解明作为“编制”对象的“土地”究竟指的是什么。对此，需要回望一下此问题自普鲁士时代以来的演变脉络史。

土地，于物理和自然性质上异于动产，是一个不能被切断的各个独立体。但多数场合，土地可根据其用途、地势、形状、自然的以至人为的界址，而构成一个“经济的统一体”，并与其周边的土地相甄别。土地的交易，通常即以该“统一体”为单位而进行。近世德国的登记制度，最初即是以该“统一体”为一宗“土地”的。在登记中，为了使土地得以“特定”，是把土地的名称（例如某农场）、土地的沿革及使用情况等一并加以表示。并且，当时的登记簿册，因仅以公示土地上的担保权为内容，故关于土地所有权的买卖，仍然是依交付而为之。

时至19世纪后半期，伴随土地交易的普遍化，产生了土地所有权本身的变动（即土地买卖）应当通过于登记簿册加以记载而为之的必要性，所谓土地登记簿主义（Grundbuchsystem）于是形成。结果，土地所有权的变动，仅依登记便可完成，称为登记主义（Eintragungsprinzip）。与此同时，登记簿册对于土地的表示，也由此前暧昧、模糊的表示方法，转到依地理学的测量的租税台账（Katasterbuch）为基础的表示方法。如此，土地的概念即变成了以土地登记簿册的记载为基准的观念性的概念。[1]也就是说，所谓土地，乃指登记簿册上的土地（Grundbuchsgrundstück），即在登记簿册中被授予（派定）了一个特别的位置的地表（Bodenfläche）。[2]

1　德国《土地登记法》第2条第2项。

2　［日］铃木禄弥：《抵押制度研究》，一粒社1968年版，第332页。

所谓以租税台账为基础而确定“土地”，准确言之，是以租税台账的构成单位的笔地（Flurstück）为“土地”的构成单位。因而，笔地的一部，即当然不得构成为一宗“土地”。相反，一宗“土地”则可由数个笔地构成。一宗“土地”的一部，只要符合一个笔地的要件，便可以之成立物权。并且，为了构成一宗“土地”，作为其构成要素的数个笔地，不以空间上存在相互接续为必要，进而一宗“土地”可以由数个空间上分离的笔地构成。[1]

（二）土地台账（Grundkataster）与房屋台账（Gebäudekataster）

土地台账与房屋台账，最初本为与登记簿册相异的制度，其目的在于明确土地或者房屋的状况，而将一定的事项（如土地的位置、号数、种类、面积、所有人的住所、姓名，房屋的坐落、号数、种类、构造、室内面积，所有人的住所、姓名等）加以记载，并由土地或房屋所在地的登记机关予以掌管。[2]土地台账与房屋台账使土地和建筑物的状态得以明朗化，登记簿册则登录这些明朗化的事实，以达到向社会公示的目的。[3]

在德国，涵括土地台账与房屋台账的台账制度，迟至19世纪肇端时，始终是一个不完善的制度。仅以普鲁士的情况而论，普鲁士各地即因历史传统的不同而有迥乎不同的做法，此种局面一直延续到1870年2月11日法对此予以统一。另外，作为台账的基础的基于对土地的实地测量而作成的地籍图，于1820年左右，先在莱因-威斯特法伦地区推行，尔后根据1861年5月21日法，乃逐渐燎原至普鲁士全境。进入20世纪以后，德国的台账制度依然未获统一，特别是不少地方并未基于实地测量而作成地籍图。法西斯时代以降，作为政府的集权政策的一环，德国尽管试图制定统一的台账制度，但未获成功。

1871年德意志帝国成立以后的台账制度，大抵以普鲁士的台账制度为原形而作成，由地籍图（Flurkarte）、地籍簿（Flurbuch）、土地簿（Liegenschaftsbuch）及建筑物簿（Gebäudebuch）构成。地籍图，即通过施测各个征税区域内的土地而

1 ［日］铃木禄弥：《抵押制度研究》，一粒社1968年版，第332页。

2 土地台账与房屋台账的掌管，最初系出于课税的旨趣而由征税机关为之。

3 ［日］我妻荣著，有权亨补订：《物权法》（民法讲义2），岩波书店1997年第18刷发行，第75页以下。

对各个笔地加以区分、分割，并在地图上表示各笔地的界标（界址）；地籍簿，即依天然的地形，表示征税区域内的土地；土地簿，即基于地籍簿，将属于同一所有人的同一区域内的土地记载为一个项目。依该地籍簿与土地簿，即可清楚地明了征税区域的名称、地图番号、土地编号、所有人的名称、住所、土地状况以及地目等。

（三）分地、合地与分笔、合笔

对应于土地、笔地的概念，有所谓分地、合地及分笔、合笔的概念。将一宗土地分割为数宗土地的，称为分地；将数宗土地合并为一宗土地的，称为合地；将一个笔地分割为数个笔地的，称为分笔；将数个笔地合并为一个笔地的，称为合笔。前者为登记法上的概念，后者为台账法上的概念。

1. 分地（Grundstücksteilung）

《德国民法典》并无关于分割土地的明文。但依对该法典第 903 条第 1 句“物的所有人，于不违反法律或第三人权利的限度内，得自由处理其物，并排除他人的一切干涉”的解释，所谓所有人得自由处理其物，当涵括了任意分割土地的权能。分地，多发生于让与一宗土地的一部分的场合。对土地进行分割（分地），除要求符合登记的要件外，尚要求由台账机关取得土地台账的抄本，并受地籍图的交付，且把它们提交给登记机关。

2. 合地

《德国民法典》第 890 条规定：“数土地得因所有人视之为一土地，登记于土地登记簿册，而合并为一土地；一土地得因所有人于土地登记簿册上将其记入他土地而成为他土地的成分。”依此，土地的合并乃涵括两种情形：一是将数个土地合并为一个土地，谓为 Vereinigung；二是使一土地作为他土地的构成部分，谓为附加（Zuschreibung）。二者的差异主要见于被合并的土地上有抵押权的情形。

土地的合并或附加，以合并或附加的土地属于同一人为必要，但不以各土地存在地理上的毗邻关系为前提。合并或附加的登记，虽依所有人的申请而发动，但土地登记机关认为由此有产生登记的技术上的混乱的危险时，得拒绝之。

3. 分笔（Flurstücksteilung）与合笔（Flurstücksverschmelzung）

分笔与合笔，皆为台账法上的概念。要使台账事务简便、易于为人们所阅览，并实现征税上的便捷，需尽可能使土地的笔数减至最少。如此，便发生了抑制土地的分笔，而促成土地的合笔的必要性。分笔，作为分地乃至合地的前提，通常根据所有人的申请为之。土地的合笔，因主要在于谋求台账事务处理上的便捷，故通常依职权为之。[1]

（四）一土地一用纸原则

所谓一土地一用纸原则，系指每一宗土地，原则上各占一份登记簿册中的一份登记用纸。在此原则下，登记簿册系按各宗土地的地号顺序编列，称为物的编成主义。根据德国法，此原则存在如下例外。

其一是共同用纸（Das gemeinschaftliche Grundbuchblatt），即登记机关为处理事务上的便利，将两宗以上的土地一并登载于同一份登记用纸上，该登记用纸即被称为共同用纸。采共同用纸，需符合下列条件：一是需两宗以上的土地属于同一人所有；二是这些土地由同一土地登记机关管辖；三是需不因采共同用纸致生登记上的混乱。

值得指出的是，共同用纸的制作（Zusammenschreibung）完全是登记的技术上的手段，不影响实体的权利关系。惟因把属于同一所有人的土地包含于一份登记用纸中，故染有浓烈的人的编成主义的色彩。[2]另外，采共同用纸，也有损害登记簿的明了性的危险。[3]故此，是否采共同用纸，通常由土地登记机关依职权定之。[4]

其二是在土地上设定地上权的情形。对于在土地上设定地上权的，即使之占一份独立的登记用纸。[5]之所以如此，盖因在德国，自一开始即于法律上把地上权与土地作相同的对待，进而在土地上设定地上权而占一份独立的登记用纸时，即被谓为一土地一用纸原则的例外。从实务看，由于地上权的流转、让与，及以之设定负担与担保的情形经常发生，故此，为了不使地上权的登记过于繁杂，也有使地上权的登记采单独用纸的必要。土地登记机关遇到地上权设定的登记申请时，可依职权开设新的登记用纸。此登记用纸，被谓为地上权登记簿册（Erbba-

---

1　［日］铃木禄弥：《抵押制度研究》，一粒社1968年版，第337页。

2　共同用纸，从演变脉络上看，乃是与西德意志各州的人的编成主义相妥协的产物。

3　［日］铃木禄弥：《抵押制度研究》，一粒社1968年版，第340页。

4　德国《土地登记法》第4条第1项。

5　德国《土地登记法》第8条。

ugrundbuch）。

此外，设定永佃权（Erbpachtrecht）的登记，也与地上权大致相同。但依德国《土地登记法》第118条第2项，永佃权登记用纸的开设，非依职权，而是依当事人的申请为之。

二、瑞士的物的编成主义

如前述，瑞士法对于土地的登记也采物的编成主义，即一宗土地各占一份登记用纸，[1]此点与德国法无异。但是，确定一宗“土地”的范围的地图（Plan），与德国法上的地图则有不同，即它不是为课税台账的目的，而是专为登记簿本身的目的创制的。故而在瑞士法上，地图上的一个区划，即是一宗“土地”，此成为登记簿编制的基准。

土地的分割、合并，根据所有人的申请为之。土地分割或数地合并应遵守的程序，由联邦委员会以命令定之。[2]在瑞士法上，一土地一用纸原则的第一个例外，是“对土地的独立且继续的权利”，及对矿山（Bergwerk）的登记。[3]此大体相当于德国法的地上权登记簿与永佃权登记簿。根据瑞士民法，可以占一份独立的登记用纸的权利有：

（一）建筑权（Baurecht）

所谓建筑权，即在他人土地上建构并保有建筑物等工作物的权利。依建筑权而建构建筑物等工作物的人，即是该建筑物等工作物的所有人。“建筑物及其他设备，系掘建或筑墙而附着于他人土地，或以其他方法永久地在地上或地下与该土地连接者，如在土地登记簿册上将其登记为役权，可为特殊所有人所有。”[4]《瑞士民法典》第779条第1项规定：“土地得负担役权，而使权利人享有在地上或地下建造或保有建筑物的权利。”第3项规定：“地上权为独立且有继续性者，得于土地登记簿册登记为土地权利。”

---

1 《瑞士民法典》第945条第1项规定：登记簿就每一土地设其固有的卡片与号码。

2 《瑞士民法典》第945条第2项。

3 《瑞士民法典》第943条第1项第2、3句。

4 《瑞士民法典》第675条第1项。

（二）水泉权（Quellenrecht）

《瑞士民法典》第704条规定：“水泉为土地的部分，仅与其所由涌出的土地一并所有之。对于他人土地上水泉的权利（使用他人土地上的水泉的权利），可经由登记于土地登记簿册而设定役权的方式取得。”

（三）矿山权（Bergwerk）

此所谓矿山，系指作为土地的一部。但采矿的矿床，无矿业权（Lagerstätte）的涵义。矿山的所有人，非地表的所有人的，矿山得占一份独立的登记用纸。如此，即可将矿山作为与地表相独立的一宗“土地”加以对待或把握。

需注意的是，为以上权利而开设独立的登记用纸时，系依权利人的申请为之，而无需征得土地所有人的同意。于让与这些权利，抑或在其上设定抵押权或其他负担时，为不使登记簿册上的记载过于繁杂，登记官吏可依职权开设新的用纸。

一土地一用纸原则的第二个例外，是共同用纸（Kollektivblatt）制度。此与德国法大抵相同，即把属于同一人的两宗以上的土地登录于一份用纸上。但与德国法的差异在于，如所有人不同意的，则不能为之。[1]

三、德国与瑞士土地登记簿册的构成

土地登记簿册的构成，根据德国法，是由各份登记用纸（狭义的登记簿）汇集而形成广义的登记簿（登记总簿）。每一登记用纸，由构成目录（Bestandsverzeichnis）部、第一区（所有权部）、第二区（负担与限制部）以及第三区（担保权部）组成。

在瑞士，登记簿系由主簿（Hauptbuch）、土地记述书（Liegenschaftsbeschreibung）、日记簿（Tagebuch）、平面图以及土地表示书构成。主簿是登记簿的主体。每一主簿，分为所有权部、役权和土地负担（Grundlast）部及担保权部。此外尚有预告登记和建筑物部，其大体相当于德国法登记用纸上的第一部至第三部。土地权利的变动，原则上皆应记载于这些“部”中。土地记述书，相当于德国法的构成目录（部），日本《不动产登记法》的标识部。至于登记的申请，不能立刻

1　《瑞士民法典》第947条第1项规定：“数土地纵未互有连接关系，仍得经所有人同意，记载于单一卡片。”

记入主簿的，则应暂依受理顺序，记入日记簿。[1]《瑞士民法典》第 972 条第 2 项规定："登记的申请，附具法定证明书，或暂为预告登记的，事后适时提出证明书文件的，登记溯及记载于日记簿时，发生效力。"平面图，是基于测量土地的结果，用来表示土地的状况与界址，并进而使于地表上确定土地成为可能的东西。[2]于尚未进行土地测量的地区，作为平面图的替代物的，是土地表示书。土地表示书，顾名思义，是表示土地的状况与界址的文书。最后，由于于主簿上仅可以作简单的记载，故为了补其不足，乃启用原因证书。原因证书，即应当进行登记的原因的文书，如买卖证书、判决书等。土地登记机关应妥善保管原因证书的原本或誊本，以便可以查考原因行为的内容、条件。[3]

以上各账簿，构成登记簿之一部，与主簿共同担负登记的效力。此外，尚有不能构成登记簿之一部的所谓补助簿，即所有权人表示簿（Eigentumerverzeichnis）、扣押目录（Pfändungsregister）、更正簿（Berichtigungsbuch）、通告目录（Register für Korrespondenz）、人名表示簿（Verzeichnis aller in Grundbuch genanten Personen）以及役权目录（Reigister für Dienstbarkeiten）[4]等。

第三节　登记的种类：以异议登记和预告登记为中心

德国法与瑞士法中的登记的种类，大抵可以区分为正式登记（终局登记）与预告登记。正式登记为登记制度的重心，土地物权的发生（取得）、移转、变更乃至消灭，原则上皆应为此登记。需要注意的是，与抵押权登记簿主义（Hypothekenbuchsystem）[5]仅于设定抵押权时进行登记相对应，现今德国、瑞士的登记制

1　《瑞士民法典》第 948 条第 1 项规定："土地登记簿登记的申请，应依时间的前后顺位，立即记入日记簿，并载明申请人及其请求。"

2　《瑞士民法典》第 950 条第 1 项规定："于土地登记簿册记入各土地及作成其地图，依官方测量而作成的图面为之。"第 2 项规定："联邦委员会规定作成图面的原则。"

3　《瑞士民法典》第 948 条第 2 项规定："契据须经提出，方得办理土地登记簿册的登记的，应做合适的整理并予保存。"

4　瑞士《土地登记条例》第 100 条第 2 项与第 108 条。

5　普鲁士迄至 1872 年前，一直采行此种主义。另外，瑞士的若干州也于其民法典施行前，采此主义。

度，皆为登记土地所有权及由土地所有权所衍生的其他物权的变动的。易言之，登记土地物权的变动的，即是土地登记簿主义（Grundbuchsystem）。另外，德国法、瑞士法原则上不允许对债权关系为正式登记。在这一点上，与允许对债权关系为正式登记的日本法、法国法不同。[1]

一、德国法的临时登记（预记登记）：异议登记和预告登记

德国法有所谓临时登记制度。临时登记，又称预记登记，涵括异议登记（Widerspruch）和预告登记（Vormerkung）两种。异议登记，是保全物权的临时登记；预告登记，是保全债权的临时登记。此一界分，是德国《土地登记法》于其发展过程中逐渐形成的，故二者被统称为 Protestatior 或 Vormerkung。于《德国民法典第一草案》中，登记制度的此种区别格局尚未形成，有之，则是自 1896 年的《德国民法典》始。[2]

（一）异议登记

土地登记簿册记载的权利关系，与真实的权利状态不一致时，因登记簿册的记载具有公信力，故有损害真正权利人的利益的危险。故此时真正的权利人可以请求更正土地登记簿册的记载，称为更正登记。[3]但实施更正登记，因需要获得利害关系人的同意，或有替代该同意的法院的判决文书，故更正登记的完成，往往需要较长的时间。而在此之前，为了防止真正的权利人遭受损害，德国法遂定有击破登记的公信力的异议登记。[4]

《德国民法典》第 899 条第 2 项第 1 句规定："异议登记，应基于假处分，或基于因更正登记簿册的记载而使其权利受影响的人的承诺为之。"可见，异议登记，是依利害关系人的承诺，[5]与依假处分（die einstweilige Verfügung）[6]而实施

1 ［日］铃木禄弥：《抵押制度研究》，一粒社 1968 年版，第 348 页。

2 ［日］铃木禄弥：《抵押制度研究》，一粒社 1968 年版，第 349 页。

3 《德国民法典》第 894 条以下。

4 《德国民法典》第 899 条。

5 依此方法，只要利害关系人不表承诺，即需获得可以替代该项承诺的法院的判决，故而缺乏便捷性。

6 需注意的是，申请假处分时，申请人对权利是否曾经遭受过危险，并无释明的必要（《德国民法典》第 899 条第 2 句）。盖此可由登记（公信力原则本身）而当然推知。

的。另外，申请更正登记时，如申请有轻微的瑕疵，则登记机关（土地登记所）可以命令申请人于一定期间内弥补，于所定期间内未为弥补的，如又有他人提出对于同一权利的申请的，则应依职权，对最先的申请为异议登记，尔后方可对后面的申请进行登记。[1]

异议登记，尽管无阻止登记簿册上的权利人（登记名义人）处分权利的效力，但可以击破登记簿册的记载的公信力，故有防止真正的权利人丧失权利的功用。[2]譬如，A所有的土地，于登记簿册上被记载为B的所有地时，A纵就其所有权为异议登记，B照旧可以让与该土地的所有权于第三人C。但在A的异议登记为正当时，C即不能复援引登记簿册的公信力而要求保护自己的利益。依A的请求，其需要向A为所有人名义的返还登记。

应当注意的是，异议登记本身，不得适用公信原则。即在前举之例，信赖A的异议登记，而与A为交易的人，如异议登记为不正当时，其不得对B或C提出任何权利的主张。另外，异议登记，尚有阻止登记取得时效的进行的效力。

（二）预告登记

预告登记（日文汉字：假登記），系指预为保全对于他人土地或建筑物的权利的取得、丧失及变更的请求权所做的登记，旨在防止登记名义人对其土地或建筑物有妨碍保全请求权所为的处分，以保护请求权人的权益。[3]易言之，预告登记旨在保全不动产物权变动的债权请求权。

如所周知，于存在可以请求的、应使特定的物权变动得以发生的债权时，在作为该债权的目的的物权变动实际发生前，若发生与该物权变动势不两立的物权变动的，则债权即不能达成其目的。为防止此一危险，此时债权人可以进行预告登记。因而，预告登记的债权的范围，仅限于以物权变动为目的的债权，此外的其他债权，如租赁权，通常不能为预告登记。

预告登记的本旨，于《德国民法典》之前，曾有激烈争论，并有各种学说，

1　德国《土地登记法》第18条第2项。

2　《德国民法典》第892条前句但书。

3　许仁举：《土地登记法规及实务》，长乐书局1980年版，第27页；温丰文：《土地法》，洪记印刷有限公司2015年版，第215页。

如经由预告登记，独立的限制物权便获产生的学说，等等。时至现今，预告登记的债权的性质尽管未有变化，[1]但其已被赋予了可得对抗之后意欲发生物权变动的第三人的特别效力。易言之，预告登记不具任何实体权性质的效力，充其量不过是一种登记法上的制度。

需要指出的是，预告登记，因性质上属于以保全物权变动为目的的债权的制度，故此，纵有预告登记，也不能阻止债务人处分登记簿上的物权。其着眼点在于，实施预告登记后的物权变动，不能侵害预告登记的债权。例如，A 签订了把自己的土地所有权让与给 B 的契约，B 基于该契约而进行了移转所有权的请求权的预告登记。之后，A 把土地的所有权让与给 C，并完成了所有权的移转登记的，B 的权利并不因此而受影响，即 B 仍然可以取得土地所有权。

对于预告登记，《德国民法典》采取的法律构成是："在预告登记后，就土地或权利所为的处分，致使请求权罹于无效或蒙受损害的，其处分不生效力。依强制执行，或假扣押的实施，或由破产管理人所为的处分，亦同"（第 883 条第 2 项）。预告登记后实施的处分，如害及预告登记权利人的权利的，属于无效，学说称为相对无效。[2]

根据德国法，为预告登记所需的实质要件，是存在以物权变动为目的的债权

1　进而，尽管该债权进行了预告登记，但其让与，仍依债权让与的一般方法为之。另外，该债权的受让人，对债权的瑕疵，不能援用登记簿册的公信力。

2　也就是说，不动产权利经预告登记后，不动产登记名义人所为的处分行为即受到限制。于预告登记被注销前，登记名义人就其不动产所为的处分，对于所登记的请求权有妨碍的，无效。兹所谓处分，指处分行为（物权行为）而言，如所有权的移转、抵押权的设定等。负担行为（债权行为）不包括在内。此所谓无效，应解为相对无效。所谓相对无效，乃特定人或对于特定人不得主张无效。譬如，甲出卖土地于乙，而为移转请求权的预告登记后，仍得将其所有权让与丙。丙得对抗任何人，但不得对抗乙。保全的请求权实现时，乙得向甲请求移转所有权登记，向丙请求注销所有权移转登记。惟若甲、乙间的买卖无效，或乙的预告登记原因消灭（如乙同意甲让与丙），则甲、丙间所有权的让与仍为有效。另外，不动产权利为预告登记后，登记名义人纵受破产宣告，仍无碍于已为预告登记请求权的行使，预告登记的权利人得向破产管理人行使其请求权。惟应注意的是，通常认为，预告登记对于因征收、法院判决或强制执行而为的新登记，并无排除的效力。盖预告登记系基于请求权人与登记名义人间的私法行为，故无排除因征收、法院判决或强制执行所为的新登记的效力。易言之，纵有预告登记的存在，依征收、法院判决或强制执行所为的登记，也仍然有效。惟此所谓法院判决，应解为仅以具有形成力（也称创效力）的形成判决为限，给付判决与确认判决不涵括在内。对此，请参见温丰文：《土地法》，洪记印刷有限公司 2015 年版，第 217—218 页。

请求权。[1]至于形式要件，根据《德国民法典》第885条第1项第1句，是应依假处分或基于因预告登记而其土地或权利受影响的人的承诺为之。

二、瑞士民法的预记登记：预告登记和异议登记

瑞士民法的预记登记，大抵相当于德国民法的预告登记和异议登记。依《瑞士民法典》，预记登记被区分为三种：第一种是关于“人的权利”的预记登记，即债权的预记登记（《瑞士民法典》第959条）；第二种是“处分权的限制的预记登记”（《瑞士民法典》第960条）；第三种是“暂时的登记”（《瑞士民法典》第961条）。其中，第一、第二两种相当于德国民法的预告登记，第三种则相当于德国民法的异议登记。[2]

（一）人的权利即债权的预记登记（Vormerkung persönlicher Rechte）

此种登记，相当于德国法的预告登记。但《瑞士民法典》第959条第1项规定：“对人的权利，以法律有其预告登记的明文规定者，如先买权、买回权、买受权、用益承租权及使用承租权等，得于土地登记簿册为预告登记。”从而，与德国法不同，一方面，瑞士民法把可以为预记登记的对象，限制为法定的特定权利；另一方面，像承租权等与物权变动未有直接关联的债权，也被规定为预记登记的对象。

在瑞士法，人的权利即债权的预记登记的本旨，被解为是赋予债权以对抗新所有人的效力的特殊的登记制度。《瑞士民法典》第959条第2项规定：“先买权等权利，因预告登记而对于事后取得的一切权利，有对抗的效力。”譬如，如果完成承租权的预记登记，则对往后取得该土地所有权的人也可主张承租权。但依

1　通常认为，为预告登记所需具备的其他条件还有：（1）需以他人已登记的土地（不动产）权利为对象，即预告登记的标的，以办竣登记的土地或建筑物的所有权或他项权利为限。且申请预告登记的土地，需以他人所有的土地权利为对象。如土地权利属于申请人所有，则其处分权可自由为之，自无申请预告登记以保全其权利的必要。（2）需经土地（不动产）权利登记名义人的同意。也就是说，申请预告登记，应由请求权人检附登记名义人的同意书。登记名义人的同意，为单独行为，而非契约，具有处分物权的性质（温丰文：《土地法》，洪记印刷有限公司2015年版，第216页）。当然，因预告登记具有从属性，与被保全的债权请求权同其命运，故如买卖契约无效致债权不存在时，预告登记也就丧失其依据，进而应予注销。

2　［日］铃木禄弥：《抵押制度研究》，一粒社1968年版，第353页。

预记登记，承租权因无论如何不能变质为物权，故而于第三人不法侵占租赁地时，承租权人即不得依租赁权而请求排除侵害。[1]

对人的权利为预记登记应具备的实质要件，通常认为，除需有特定的对人的权利外，尚需有就该权利为预记登记的当事人的约定；形式要件，则需有债务人（预记登记义务人）的申请与登记承诺。如预记登记义务人不为此行为的，则债权人（预记登记权利人）可依应为预记登记的约定，而提出应为预记登记之旨的诉求，并于获得胜诉判决后径为预记登记。依《瑞士民法典》，得为预记登记的人的权利（债权）有如下一些。

1. 先买权（Vorkaufsrecht）

先买权，又称优先购买权，即特定人依约定或法律规定，于所有人出卖其财产权时，有根据出卖人（所有人）与买受人（第三人）所约定的同一条件，优先承购买卖标的物的权利，其性质为一种期待权。[2]《瑞士民法典》第 681 条规定："法定先买权，在强制拍卖之情形，亦得行使之，但仅对拍卖本身，且须以土地拍定人的竞价为购买条件，行使之；在其他情形，法定先买权，得以与约定先买权相同的购买条件，行使之。土地被出卖于相同顺位或优先顺位的先买权人者，其他人的先买权消灭。法定先买权，不得继承或让与。法定先买权优先于约定先买权。"[3]顺便提及，《瑞士民法典》之所以设此先买权，其目的在于防止土地所有权人将土地转让给第三人。

2. 买回权（Rückkaufsrecht）、买卖预约完结权（Kaufsrecht）

买回权，即土地的让与人可依自己单方面的意思买回某块土地；买卖预约完结权，即权利人可依单方面的意思并依一定的价格买取某特定的土地。《瑞士民法典》的买回权，主要适用于如下情形：譬如某市镇村以兴建劳动者的住宅为条件，把自己的土地让与给某乙。在某乙于特定期间内不履行约定的条件（不兴建劳动者住宅）时，市镇村即可依买回权而买回土地。[4]

1　［日］铃木禄弥：《抵押制度研究》，一粒社 1968 年版，第 355 页。

2　此例取自［日］铃木禄弥：《抵押制度研究》，一粒社 1968 年版，第 354 页。

3　此被规定于《瑞士债务法》第 216 条第 3 项。

4　［日］铃木禄弥：《抵押制度研究》，一粒社 1968 年版，第 354 页。

3. 赠与复归权（Schenkungsrückfallsrecht）

亦即，为赠与行为时，如受赠人较赠与人先死亡的，赠与人得请求使赠与物"复归"于自己。《瑞士债务法》第247条第1项规定："赠与人得与受赠人约定，受赠人如先于赠与人死亡，赠与人有权取回赠与物。"第2项规定："所赠与者为不动产或不动产物权时，其取回权得预告登记于土地登记簿。"

4. 不动产担保权人的顺位升进权（Nachrückungsrecht）

于存在顺位不同的两个以上的不动产担保权时，先顺位担保权消灭，后顺位担保权原则上不得升进，称为顺位固定。[1]惟依《瑞士民法典》，所有权人与后顺位抵押权人，可就顺位的升进缔结特别的约定。于进行了顺位升进的约定时，后顺位担保权人，于先顺位担保权消灭时，即可请求升进自己的担保权顺位。惟"关于不动产担保物权人间顺位递升的约定，仅在其登记于土地登记簿时，始具有物权的效力"。[2]

5. 用益承租权与使用承租权（Pacht und Miete）

亦即，用益承租权与使用承租权也属于得为预记登记的债权。

（二）限制处分权的预记登记

依《瑞士民法典》，限制处分权的预记登记，对于无过失而不知其限制的第三人，也属有效。处分权的限制，主要有下列两种情形：

1. 直接的处分权的限制[3]

此种处分权的限制，无需为任何公示，受让人即受其拘束。易言之，无需进行登记，即可以对抗一切第三人，且不问第三人为善意抑或恶意。此种形态的处分权的限制，涵括公法上的处分权的限制（如《瑞士民法典》第664条的取得公共物、无主物的限制）与基于私法上的因由，而由法律直接规定的处分权的限制。

2. 间接的处分权的限制（die mittelbare Verfugungsbeschränkung）

此种处分权的限制，仅可对抗恶意的第三人，即不知有处分权的限制而取得

---

1 《瑞士民法典》第814条第1项。

2 《瑞士民法典》第814条第3项。

3 所谓直接的处分权的限制，系指基于公法、私法的原因，而由法律直接规定的对于处分权的限制。

其物的人，得依旧取得该物的所有权。然对于善意的第三人，则无此效力。进而，为了使此种限制的效力确实、可靠，乃有于登记簿加以公示的必要，而这正为限制处分权的预记登记。[1]根据《瑞士民法典》第960条第1项的规定，有下列原因之一的，得对土地为限制处分的预记登记：为保全有争执或可执行的请求权，而由公权力机关发布的命令；扣押；依法得为预告（预记）登记的法律行为，例如为确保后位继承人之期待权而实施的法律行为。此外，《瑞士民法典》第960条第2项规定："处分权的限制，经预告（预记）登记后，对于嗣后任何人取得的权利，有对抗效力。"

（三）暂时登记（die vorläufige Eintragung）

如前述，瑞士民法与德国民法的异议登记相当的制度，乃是暂时登记。根据《瑞士民法典》第961条第1项的规定，有下列情形之一者，得以预告登记的方式，为暂时登记：为保全所主张的物权者；[2]欠缺登记所必要的证书但法律许可日后补充者。另外，《瑞士民法典》第965条第1项规定：土地登记簿上的处分，例如登记、变更、涂销等，无论情形如何，仅须依处分权证书和法律原因证书为之。最后，暂时登记，根据利害关系人的承诺（同意）抑或法院的命令为之。

三、德国与瑞士登记制度的差异（兼及日本的登记制度）

至此，我们有必要对德国与瑞士的登记制度作一比较。从总体上看，德国与瑞士的登记制度，皆属于大陆法系的德国法系支流的登记制度，因而与法国法系支流的登记制度恰成对照。[3]日本的登记制度，属于法国法系的支流，并可代表这一支流的特色。故此，以下于比较德国和瑞士的登记制度时，也一并涉及日本的登记制度。根据日本学者铃木禄弥之说，德国、瑞士及日本登记制度的差异可以表解如下。[4]

1　［日］铃木禄弥：《抵押制度研究》，一粒社1968年版，第356页。

2　此以防止现实的物权遭受登记上的损害为旨趣。

3　自法律传统与民法立法对世界各国的影响看，大陆法系内部得进一步区分为两条支流：以德国民法为代表的德国法支流与以法国民法为代表的法国法支流。

4　［日］铃木禄弥：《抵押制度研究》，一粒社1968年版，第358页。

<table>
<tr><th>名称</th><th>日本</th><th>德国</th><th>瑞士</th></tr>
<tr><td>物权</td><td rowspan="2">正式登记</td><td>正式登记</td><td>正式登记</td></tr>
<tr><td>独立的债权</td><td>—</td><td>人的权利的预告登记</td></tr>
<tr><td>为了击破公信力</td><td>预告登记</td><td rowspan="2">异议登记：普通的异议登记；土地登记法第 18 条</td><td rowspan="2">暂时的登记：民法典第 961 条第 1 项；民法典第 961 条第 2 项</td></tr>
<tr><td>申请登记的程序有瑕疵时</td><td rowspan="2">假登记：不动产登记法第 2 条第 1 项，不动产登记法第 2 条第 2 项</td></tr>
<tr><td>物权变动的请求权的保全</td><td>假登记：土地登记法第 18 条；普通的预告登记</td><td rowspan="2">限制处分的预记登记：民法典第 960 条第 1 项；民法典第 960 条第 2 项</td></tr>
<tr><td>处分权的限制</td><td>各种嘱托登记</td><td>限制处分的登记</td></tr>
</table>

兹对上表的内容予以说明。在物权法上，公示物权本身的状况，系登记制度的中心目的。故此，物权的公示本身，应当通过终局登记（本登记）来完成。关于某些特殊的债权，如承租权、买回权，日本法规定为正式登记（本登记、终局登记）的对象，惟德国法与瑞士法则明示不得为正式登记的对象。于德国法与瑞士法，因物权变动采登记的生效要件主义，故而专以正式登记（终局登记、本登记）一语表示物权的变动，而不以债权为正式登记（本登记）的对象。无疑，此种局面系由德国法与瑞士法采取不同的法律体制所造成、所使然。

德国法虽不认某些独立的债权得依登记簿册而加以公示，但依瑞士法，对于人的权利（即债权），则可为预记登记。其次，登记簿册的记载与真正的物权关系不一致时，因登记簿册的记载具有公信力，故使真正的权利人有遭受损害的危险。此时，阻止登记簿册的公信力而保全真正的物权人的手段，于德国法是进行异议登记，而在瑞士法则是为暂时登记。日本法因不认登记簿册的记载具有公信力，故而严格言之，并无与德国和瑞士法相类似的制度。然于实务上，日本法的预告登记大体具有与德国法和瑞士法的异议登记相当的功能。在申请登记的程序有轻微的瑕疵而未补充完备前，为防止不发生损及申请人的权利的物权变动的登记，于日本，其《不动产登记法》第2条第1项设有假登记；[1]于德国，其《土地登记法》第18条设有异议登记和预告登记；而于瑞士，其民法典第966条第2项规定，“有法律原因证书，但须补充处分权证书时，经所有人同意，或者依法院判决，得为暂时登记”。另外，为保全以物权变动为目的的债权的登记，于德国是所谓预告登记，而在瑞士，则是限制处分的预记登记。[2]最后，对于强制拍卖、强制管理、假扣押、假处分及破产登记，于日本是依法院的命令为之；德国的做法与此大抵相同；而依瑞士法，则以之为一种“预记登记”。

第四节　物权变动要件的登记（登记簿册的设权效力）

一、概要

按照德国法与瑞士法，基于法律行为的物权变动，原则上需要进行登记。[3]对应于法国法、日本法依法律行为的物权变动只需有意思表示即可的意思主义，德国法与瑞士法的此种立场被谓为登记主义（Eintragungsprinzip）；对应于法国法、日本法的登记不过是物权变动得以对抗第三人的手段的对抗要件主义，德国法与瑞士法的主义，可谓是成立要件主义。[4]

自登记的效力看，以登记为物权变动的要件的，称为登记簿册的设权效力（die konstitutive Kraft des Grundbuchs，登记的设权效力），其与登记的推定力、公信力并立。由不进行登记，纵有其他要件物权也不得发生（成立）而论该登记的设权效力时，可以谓为登记簿的消极的效力（die negative Grundbuchwirkung）。由如果进行了登记，纵无实质的权利，也依旧要发生一定的效果看，可称登记的公信力为登记簿的积极的效力（die positive Grundbuchwirkung）。

1　日本《不动产登记法》第2条第1项规定：“未具备登记的申请程序的条件的，可以进行预告登记。”

2　［日］铃木禄弥：《抵押制度研究》，一粒社1968年版，第358—359页。

3　《德国民法典》第873条第1项、《瑞士民法典》第971条第1项。

4　［日］铃木禄弥：《抵押制度研究》，一粒社1968年版，第360页。

（一）登记主义的内容

于法史上，非常彻底地贯彻了登记主义乃至成立要件主义的，是《德国民法典》公布前汉堡、吕贝克、梅克伦堡等北德意志各地实行的形式的效力主义（Prinzip der formellen Rechtskraft des Grundbuchs）。依此主义，一旦实施了登记，即不问当事人的真意如何（即使实施了违法的登记），皆要发生物权变动的效力。故而，此一主义有使登记簿册的记载与真实的权利关系相一致的优点，但其反面则可能忽视真正的权利人的利益，并过分保护交易的安全。因而这一主义于现今的德国、瑞士几已销声匿迹，不复为人们所乐于采取。[1]

如前述，根据德国、瑞士的现行法律，作为物权变动的要件，除需有登记外，尚需有物权变动的“受动的当事人”（如让与土地所有权的让与人——出让人）就同意物权变动而为的意思表示。惟德国法与瑞士法对于此点的法律构成仍有细微的差异。

根据德国法，除要求为登记外，尚要求有当事人双方的合意（Einigung）。此二者合二为一，形成一个无因的物权契约。基此契约，物权发生变动，作为基础的原因关系纵不成立，已然发生的物权变动也不受其影响，而仅生不当得利的返还请求权。需注意的是，此关于物权变动，要求当事人须有合意的规定，学说谓为实质的合意主义（das materielle Konsensprinzip）。[2]故而在德国法，作为物权变

1　另外，根据瑞士民法，尚须为善意。惟德国民法并无此要求。值得提及的是，界分善意与恶意的不同而分别规定不同的时效期间，也为日本民法的做法。

2　“实质的合意主义”一语，为德国民法不动产物权变动上的概念。如所周知，德国民法于不动产物权领域采所谓登记主义（Eintragungsprinzip）。所谓登记主义，系指依法律行为而生物权的取得、丧失和变更，原则上皆以登记为必要，此又涵括两种主义：一是物权的取得、丧失与变更，仅有登记即获满足的形式的效力主义（Prinzip der fomalen Rechtskraft des Grundbuchs）；二是除为登记外，尚需有（物权）的“合意”的实质的合意主义。不言自明，此实质的合意主义与要发生物权变动，仅有登记即获满足，而无需有（物权）的合意的形式的效力主义适成对照，且也与德国登记制度的形式的合意主义（das formelle Konsensprinzip）相对应。形式的合意主义于1900年《德国民法典》施行前仅于吕贝克等地采行。依此主义，违反受动的当事人的意思而实施了登记时，尽管予物权取得人以不当利益，而予受动当事人于损害，但于不承认登记簿册的记载具有公信力的法制下，具有保护交易的安全的功用。然《德国民法典》颁行后，因承认登记簿册的记载具有公信力，交易的安全，据此可以受到保护，并无再采用形式的合意主义的必要，故现行《德国民法典》系采实质的合意主义。对此，请参见［日］山田晟：《德国物权法》（上册），弘文堂书房1944年版，第152—153页。另外，日本学者铃木禄弥也同样指出了这一点。其谓：实质的合意主义不仅与物权变动的发生只要有登记即获满足而无

动的要件，即当然要求非有物权契约不可。原因行为无效或被撤销后，对业已发生的物权变动并无影响。

依照瑞士法，依法律行为的物权变动，除需有登记外，尚需有原因关系与登记承诺。登记承诺，不仅是登记的形式上的要件，而且是物权变动的要件，其相当于德国民法的“物权的合意”。另外，原因关系的存在，因被解为是物权变动的要件，故而，若原因关系不成立，物权变动即不能发生。[1]

（二）原因关系对物权变动的效力的影响

作为原因的债权关系无效或被撤销后，物权变动的效力得否受其影响，德国法与瑞士法的立场并不相同。依德国法，此种场合，只要存在物权变动的要件，物权的变动即完全有效。惟取得物权的人依不当得利的规定，负有返还所取得的物权的义务。而根据瑞士法，作为原因的债权契约不成立抑或消灭，即意味着并无引起物权变动的原因关系，从而物权变动也就无从发生。此时，尽管土地物权已于登记簿册被登记为取得人（如土地所有权的买受人）享有，但物权本身仍属于原来的权利人。如此，物权变动的效力，是否受作为原因的债权关系的效力的影响，即作为有因主义与无因主义的问题，而于物权法理论史上演绎为一个重要的问题。此两种主义孰优孰劣，进而引起争论。

无因主义使物权变动的效力与原因关系相分离，通常认为有保障交易安全的功用。惟因德国法与瑞士法赋予登记簿册的记载以完全的公信力，故对于交易中第三人的安全的保护，依此即可获得充分实现。故而可以肯定，无原因关系也要发生物权变动的法律构成，对于为交易的当事人乃有相当的不便。正因如此，新近以降，学理多认为，有因主义系为先进的、优越的主义。事实上，德国法采取无因主义的真正因由，乃是与限制登记官吏的审查权限相关联的。而登记官吏的审查权限的大小于现今已不复具有多大的实益，且因承认与明定登记的公信力规则，故而直可以说，无因主义的功用与价值正变得愈来愈小。

（接上页）需另有物权的合意的形式的效力主义相对立，且也与登记法上的形式的合意主义形成对照。对此，请参见该氏所著《抵押制度研究》，一粒社 1968 年版，第 361 页注释 3。

〔1〕［日］铃木禄弥：《抵押制度研究》，一粒社 1968 年版，第 361 页。

（三）非依法律行为的物权变动与登记

登记主义主要对依法律行为的物权变动有其价值与意义。然对于非依法律行为的物权变动，也尽可能地贯彻登记主义，或者至少于物权变动发生后进行登记，以实现登记与真实的权利关系的一致，此无疑系登记制度的客观要求与固有旨趣。基于如此的考量，德国法与瑞士法乃设立了这方面的规定。

根据《德国民法典》的立法旨趣，登记原本适用于依法律行为的物权变动。但非依法律行为的物权变动，要发生变动的效力，也非进行登记不可的，根据《德国民法典》也是为数不少的。譬如，强制抵押、假扣押抵押（Arresthypothek）的成立[1]。取得根据除权判决而变成了无主物的土地所有权[2]，以及公库（国库）取得无主物的土地所有权等，皆需进行登记[3]。

与此不同，《瑞士民法典》第971条第1项规定："依规定，物权的设定，非经登记于土地登记簿，不生效力者，仅在该物权被登记于土地登记簿时，始作为物权而存在。"并且，对于非依法律行为的物权变动，明示需以登记为生效要件者也不少。譬如，对于因相邻关系中的通行权（Wegrecht）而生的权利[4]、设定独立且具有继续性的权利[5]，以及设定土地用益权[6]，尽管属于非依法律行为的物权变动，但仍然需要进行登记。[7]此外，德国法与瑞士法尚规定，尽管物权人已经取得物权，但仅于完成登记后，方可处分该物权。也就是说，物权人不于土地登记簿册登记自己的物权的，即不能处分之[8]。[9]

---

1 《德国民事诉讼法》第866条、第923条。

2 《德国民法典》第927条。

3 《德国民法典》第928条第2项规定："被放弃的土地，属于该土地所在的邦的公库所有。公库以所有人的名义登记于土地登记簿册而取得其所有权。"

4 《瑞士民法典》第699条。

5 《瑞士民法典》第779条规定："土地得负担役权，而使权利人享有于地上或地下建造或保有建筑物的权利。前项权利，除另有约定者外，得让与、继承之。地上权为独立且有继续性者，得于土地登记簿册登记为土地权利。"

6 《瑞士民法典》第746条。

7 ［日］铃木禄弥：《抵押制度研究》，一粒社1968年版，第364页。

8 德国《土地登记法》第39条第1项、《瑞士民法典》第656条第2项。

9 从而不发生所谓"中间省略登记"的问题。另外，于瑞士法，称此规定为相对的登记主义；与此相应，称登记为物权变动的要件的规定，为绝对的登记主义。

（四）物权的顺位与登记

物权因有排他性，故此，同一土地上有复数的物权时，各权利人的顺位便需要确定。对此，原则上是先成立的权利优先于后成立的权利（Prior tempore prior jure），也就是说，物权的变动以登记为要件的，先登记的权利优先于后登记的权利。对于此点，德国法与瑞士法的规定存在些许差异。

根据德国法，记载于登记簿册的同一部（区）的各权利间的顺位，系依登记的先后而定。如权利登记于登记簿册不同的部（区）的，各权利的顺位则依登记期日的先后确定，登记期日相同的，顺位相同。[1]登记官吏为登记时，需注明日期。[2]对于同一土地，如有复数的申请时，则未完成在先（前）申请的登记的，即不能办理在后申请的登记。[3]如在前（先）申请有问题时，于就该申请为预告登记或异议登记后，可以办理在后登记的申请。[4]

《瑞士民法典》第972条规定："物权因其登记于土地登记簿的主簿而设定，并依该登记确定其顺位及设定日期。物权的效力，溯及至土地登记簿之日记簿中所记载的日期，但申报时未附法定证书者，或者暂时登记后未及时补充法定证书者，不在此限。依州法规定，公证书得由土地登记簿管理人记载于证书备忘录者，其记载得代替在日记簿中的记载。"也就是说，当事人的申请，需首先记入土地登记机关备置的日记簿（Tagebuch）。自记入日记簿到正式登录于登记簿册，通常需要一定的时日，故此，物权顺位的先后，以日记簿记载的日期为准。

二、德国法与瑞士法的各种登记考量

以上考量了登记与物权变动的关系，如下将分析诸种具体的登记形态及其与物权变动的关联。

（一）基于法律行为而移转标的物所有权

基于法律行为而移转标的物所有权，为物权变动的典型形态。不言而喻，

---

1 《德国民法典》第879条第1项。

2 德国《土地登记法》第44条。

3 德国《土地登记法》第17条。

4 德国《土地登记法》第18条。

其效力的发生，需具备前述各项要件，即在德国法，需有物权的合意与登记；在瑞士法，需有原因行为与登记。但因标的物所有权的移转具有重要意义，故两国法尚规定了其他要件。德国法规定，让与土地所有权[1]的物权的合意，需采特别的方式，称为Auflassung。[2]依此方式，双方当事人需同时出席于主管机关［土地登记机关、公证人、区法院（简易法院）］，并在其面前为此项合意。法史上，此系滥觞于日耳曼法的让与土地所有权需有特定仪式的习惯。通说认为，它具有使土地所有权关系变得明了，及使当事人的意思获得确实的功能。但由于无需当事人亲自出席，当事人委托他人代替出席也无不可，尤其允许双方代理，故而，该制度的功用与合理性颇受质疑。另外，依《德国民法典》，此让与土地所有权的物权的合意，不得附条件或期限（如附价款付清之前保留不动产所有权的条件，或附不动产所有权移转期限的条件），如附条件或期限的，无效。

《瑞士民法典》第657条第1项规定，让与土地所有权的债权的合意（如债权契约）具有拘束力，需由公的机构对之进行公证[3]。[4]如不采此方式（即进行公证），作为原因的债权的合意（债权行为）即属无效，从而所有权的移转也就当然无从发生。此一规定的立法旨趣，一方面系在于防止当事人缔结不当的、违反其真意的移转所有权的契约；另一方面也在于阻止以该不当的契约为据而为登记，进而使所有权仓促地发生移转。[5]需指出的是，此规定也准用于设定、移转土地负担[6]及设定土地担保权的契约。

---

1 根据《德国民法典》，地上权应准用关于土地所有权的规定。然1922年1月22日以后设定的地上权，则不得准用《德国民法典》第925条的规定。对此，请参见《德国地上权条例》第11条。

2 《德国民法典》第925条第1项。

3 《瑞士民法典》第657条第1项规定："让与所有权的契约，非经公证，无拘束力。"

4 于这里，立法对移转（让与）土地所有权的契约特别要求进行公证，显然是把它与其他债权契约区别对待。此点与德国民法关于移转（让与）土地所有权的债权契约为要式契约，应由法院或公证人作成公证证书相同。瑞士法上的此项公证，由"郡书记"（Bezirksschreiber）、"市町村书记"（Gemeinsdeschreiber）或"登记官吏"为之。对此，请参见［日］铃木禄弥：《抵押制度研究》，一粒社1968年版，第368页注释3。

5 另外，《德国民法典》第311b条也规定：缔结以让与土地所有权为内容的债权契约，须采公证证书的形式。其意旨与瑞士法相同，即在于防止出现所谓不当契约。但德国法采无因主义，故此，该第311b条仅是一个纯粹的债法上的问题，其对物权变动的效力并无影响。对此，请参见［日］铃木禄弥：《抵押制度研究》，一粒社1968年版，第368页注释4。

6 《瑞士民法典》第873条第3项。

（二）继承、遗赠

《瑞士民法典》第 560 条第 1 项规定："继承人在被继承人死亡时依法概括承受其遗产。"据此，继承的情形，属于继承财产的土地物权，自被继承人死亡时起，即当然归属于继承人，[1]也就是说，无需登记即可取得继承财产的物权。惟继承人在以自己的名义将继承财产登录于土地登记簿册前，不得处分该继承的财产。

共同继承的情形，要经由分割继承财产，而使继承财产中的特定的土地物权归属于特定的继承人，此不仅需要该人与其他继承人对该物权的归属缔结物权的合意（德国法）或债权的合意（瑞士法），而且需要对该物权的归属进行登记。于为登记前，物权由各共同继承人共有，该继承人仅对其他的继承人享有（保有）债权。

遗赠的情形，遗赠人死亡，物权并不当然移转于受遗赠人，受遗赠人对继承人仅有债权性质的请求权。故此，要使特定的物权归属于特定的受遗赠人，需有继承人与受遗赠人间的物权的合意（德国法）与债权的合意（瑞士法），并进行登记。

（三）时效

1. 取得时效

对于取得时效，德国法与瑞士法皆设有登记取得时效（Tabularersitzung，Buchersitzung）及非登记取得时效两种制度，以下先分析登记取得时效。

登记取得时效，即以登记为要件的时效。《德国民法典》第 900 条第 1 项第 1 句规定："未取得土地所有权，而在土地登记簿册登记为所有人，若其登记持续至 30 年，且于此期间内就土地为自主占有者，取得其所有权。"[2]《瑞士民法典》第 661 条规定："不正当地在土地登记簿中被登记为所有人者，善意，十年间未中断且无争议地占有不动产时，其所有权不得再被撤销。"[3]

另外，德国法与瑞士法尚定有未登记的土地的取得时效，适用于真正的土地

1　《瑞士民法典》第 560 条第 1 项。

2　值得提及的是，德国民法未界分善意与恶意，认为皆可成立取得时效。这里即未规定"善意"的要件。

3　值得提及的是，作为取得的要件，瑞士法要求需有"善意"。于此点上，日本民法的立场稍有不同，即它系区分善意、恶意的不同而定不同的时效期间。

所有人未以所有人的名义进行登记的情形。[1]《德国民法典》第927条第1项第1句规定："土地经他人自主占有达30年者，得依公示催告程序排除土地所有人之权利。"《瑞士民法典》第662条第1项规定："以所有人之地位，三十年间，未中断且无争议地占有尚未登记于土地登记簿之不动产者，得请求登记为所有人。"

根据以上规定取得土地物权的，法院得首先依占有土地的人的申请为公示催告（Aufgebot，Auskündigung），于公示催告期间，若无人提出异议，或提出的异议被驳回的，经由法院的除权判决（德国法）或"处分"（瑞士法），占有人即可登记为土地的所有权人。可见，就该制度的沿革而论，[2]其实具有强烈的消灭时效的特性。

2. 消灭时效

所有权为物权，其不罹于消灭时效，为一项由来已久的原则。于德国法和瑞士法，限制物权只要进行了登记，原则上即不罹于消灭时效。不过，对于未登记的限制物权，德国法与瑞士法的规定则未尽相同。

于瑞士法，登记更正的请求权不罹于消灭时效，[3]故此，只要他人的取得时效未完成，即使限制物权人未进行登记，其权利也不丧失。与此不同，德国法则认为，此种情形，由该限制物权所生的请求权得于一定条件下罹于消灭，且此时限制物权本身也消灭[4]。[5]

（四）土地所有权的放弃（抛弃）与先占

无论德国法抑或瑞士法，放弃（抛弃）土地所有权，性质上皆为一个法律行为，需向土地登记机关为放弃（抛弃）的意思并进行登记。[6]被放弃的土地，由此变成无主物。值得指出的是，对于此点，德国法与瑞士法也贯彻了登记主义。

对于被放弃的土地的处理，德国法与瑞士法的规定不一。德国法规定，对于

---

1 另外，所有人死亡，或受失踪宣告的，也适用之。

2 所有人殆于主张其权利时，即丧失其所有权的日耳曼法的"缄默"（Verschweigung）制度，便属之。

3 《瑞士民法典》第975条。

4 《德国民法典》第901条。

5 按照德国民法，原则上，请求权得罹于消灭时效，但作为其基础的权利本身则不罹于消灭时效。以上情况即属于该原则的例外。

6 《德国民法典》第928条第1项、《瑞士民法典》第666条第1项。

因放弃（抛弃）而成为无主物的土地，国家有排他的先占权，换言之，国家可以通过把该土地登记于土地登记簿册而取得其所有权；[1]与之相左，瑞士法对此则委由州法规定。根据多数州法的规定，州或市镇村，就存在于该州或市镇村的无主土地有先占权，即在土地被放弃（抛弃）而成为无主物时，州或市镇村于法律上即当然取得其所有权。若州法未规定先占权人的，则一般的私人得依先占而取得之。易言之，此时以取得所有权的意思而先占该无主土地者，得取得其所有权。[2]可见，于瑞士法，登记主义并未适用于先占的领域。[3]

（五）德国法的住宅所有权（Wohnungseigentum）

德国民法中有所谓住宅所有权。根据规定，住宅所有权的创设有两种途径：一是土地的共有人依相互间的契约而创设；二是土地的单独所有人先创设住宅所有权，尔后再出卖、让与于各受让人。惟无论依何种方式，皆需进行登记，即采登记主义。

根据相互间的契约而创设的，住宅所有权的成立，需有共有人间的物权的合意与登记。登记，根据申请与其他共有人的登记承诺而为之。

以上第二种情形，根据土地所有人对土地登记机关表示设定住宅所有权的意思及进行登记而生效力。[4]

三、抵押权变动与登记

按照德国物权法，土地（不动产）担保权的形态有抵押权、土地债务及定期土地债务三种。其中，抵押权系从属于债权而存在，土地债务与定期土地债务则非从属于债权而存在。抵押权得进一步分为保全抵押权与流通抵押权。保全抵押权，就债权并无公信力。而流通抵押权，纵就债权也有公信力。抵押权中，发行证券的抵押，为证券抵押（Briefhypothek）。不发行证券的抵押，为登记抵押（Buchhypothek）。保全抵押，通常为登记抵押。流通抵押，既可以登记抵押，也

1　《德国民法典》第928条第2项。

2　《瑞士民法典》第658条第1项。

3　［日］铃木禄弥：《抵押制度研究》，一粒社1968年版，第372页。

4　德国《住宅所有权法》第8条。

可以证券抵押的形式存在。[1]

瑞士民法的不动产担保权，涵括土地抵押证券（登记担保权，Grundpfandverschreibung）、抵押债务证券（Schuldbrief）及地租证券（Gült）三种，大致分别与德国民法的保全抵押、流通抵押及定期土地债务相当。然抵押债务证券，通常为证券抵押。

需注意的是，抵押权的物权变动，采登记主义的例外，亦即不采登记主义的，系为数不少。此一方面是由于抵押权具有附随性、随伴性所使然，另一方面也是因发行抵押证券的结果所造成。故以下分别自抵押权的设定、移转及消灭等予以考量、释明。

（一）抵押权的设定、登记

抵押权的设定，原则上与设定一般的不动产物权同，即依当事人双方的物权的合意与登记而设定。[2]惟设定所有人抵押权（Eigentümerhypothek）时，则只需有土地所有权人的单方面的意思（表示）及进行登记即可。[3]发行抵押证券时，抵押权本身，也依设定登记、物权的合意（德国法）或债权的合意（瑞士法）而成立。然对于该抵押权的归属，两国法的规定不一。根据瑞士法，发行抵押证券前（即把证券交付给债权人前），抵押权即已成立，且已归债权人享有（保有）。[4]与此不同，在德国法，于抵押权成立（即完成抵押权设定的登记）后、将抵押证券交付给债权人前，该抵押权得由土地所有人享有，[5]称为所有人抵押（权）。[6]债权人要取得抵押权，需受抵押证券的交付。[7]

（二）抵押权的移转（让与）与登记

对于被担保的债权而言，抵押权具有附从性（Akzessorietät，Abhängigkeit），

---

1 ［日］山田晟：《德国法概论》，有斐阁1987年版，第88页以下。

2 《德国民法典》第873条第1项，《瑞士民法典》第799条第1项。

3 《德国民法典》第1196条，《瑞士民法典》第859条第2项。

4 《瑞士民法典》第856条第2项规定：“债务证券或地租证券一经登记，不待作成抵押证券，即生效力。”

5 参见《德国民法典》第1163条第3项。之所以如此，盖因抵押债务人如于受取金钱前即让债权人享有抵押权，则有受不测损害的危险。

6 因此时债权尚未成立，故准确而言，应称为“所有人土地债务”。

7 实务上，通常是授信人交付借款，受信人交付抵押证券，即授信人以交付借款为代价而换取受信人的交付抵押证券。

即附随于被担保债权的移转而移转。那么，被担保债权系如何实现其移转？于此点上，登记抵押与证券抵押存有差异。

1. 登记抵押

《瑞士民法典》第835条规定："债权，已为其设定不动产抵押者，其让与，不以登记于土地登记簿为生效要件。"易言之，此种情形，系依债权让与的通常的方法为之。当然，与之不可分离的土地抵押证券，也随之让与。并且，土地抵押证券的让与（移转）不仅无需登记，且法律也未设关于登记的方法。[1]与此不同，于德国法，抵押债权的让与并不适用债权让与的一般规则，而系准用有关移转（让与）土地物权的规定。[2]也就是说，抵押债权依债权让与的合意与登记而为之。

2. 证券抵押

于德国法和瑞士法，让与基于证券抵押的担保债权时，需交付抵押证券（德国：Hypothekenbrief；瑞士：Pfandtitel）。另外，根据德国法，除需交付证券外，尚需以书面为让与的意思表示及进行登记。[3]

以上依证券的交付的物权变动，被认为是登记主义的例外，即无需进行登记。但若以抵押证券为登记簿的延长，则可认为乃依旧实行了登记主义。

（三）抵押权的消灭与登记

在德国法，被担保债权不成立或消灭时，抵押权本身并不因此而消灭，此时抵押权由所有人享有（保有），[4]称为所有人抵押权。如前述，此时因无被担保债权，故而严格言之，应谓为所有人土地债务。[5]

---

1 瑞士《土地登记条例》第66条第1项。于瑞士法上，土地抵押证券的移转，依债权让与的一般规定为之；抵押债务证券与地租证券的移转，依证券的交付为之。

2 《德国民法典》第1154条第3项。

3 《德国民法典》第1154条第1、2项。事实上，此时因尚无被担保债权，故严格而言，不应谓为所有人抵押权，而应谓为所有人土地债务。另外，《德国民法典》第1154条第1项第1句规定："债权之让与应以书面为让与之表示，并将抵押权证券交付之。"第2项规定："让与表示之书面，得以土地登记簿上之让与登记代之。"

4 《德国民法典》第1163条第1项。

5 《德国民法典》第1177条第1项第2句。[日]山田晟：《德国法概论》，有斐阁1987年版，第104页。

（四）所有人抵押权

抵押权与土地所有权归属于同一人时，抵押权得因混同而消灭，系罗马法以来的一项原则。但是，若严格贯彻此原则，则会产生诸多弊端。[1]有鉴于此，德国民法与瑞士民法遂规定了以土地所有人本身为权利人的抵押（权），称为所有人抵押（权）。所有人抵押权，通常于下列情形得以成立：

（1）设定证券抵押后，于将抵押证券交付给债权人前，所有人土地债务成立。[2]于瑞士，此种情形，他主抵押权成立。

（2）土地所有人自一开始，即为自己设定土地债务（《德国民法典》第1196条），或发行抵押债务证券（《瑞士民法典》第859条第2项）。

（3）被担保债权不成立或消灭时，抵押权不消灭，所有人抵押权成立。[3]

（五）顺位确定的原则

所有人土地债务与不伴有债权的所有人抵押权，根据学者通说乃有三项功用：一是所有人以自己为权利人而设定先顺位的抵押权，往后遇到好的融资机会时复利用之；二是设定抵押权时，所有人保留之后设定优先于该抵押权的权利；三是先顺位的抵押权担保的债权不成立或消灭时，可以防止后顺位的抵押权的顺位升进。如下首先考量为实现第二项功用，德国法与瑞士法所采取的手段。

在德国法，土地所有人设定某物权（如甲物权）时，可以保留设定（登记）优先于该物权（甲物权）的顺位与范围所（确）定的其他物权（如乙物权）的权利，是为“顺位保留”（Rangvorbehalt）。[4]《瑞士民法典》第813条第2项规定：“为前顺位不动产担保物权保留其所登记的金额后，得设定第二顺位或更后顺位的不动产担保物权。”

德国法与瑞士法关于以上问题的法律构成近似。尽管如此，两国法的规定仍有差异。具体而言，德国法的法律构成是：土地所有人行使基于顺位保留的权利

---

1 举其要者，譬如抵押权无论因何种原因而归属于所有人时，若皆认抵押权消灭，则往后所有人要获取新的融资，即不得不重新为抵押权设定的繁杂程序。并且，于存在后顺位的担保权时，因为后顺位的担保权要递升其顺位，故重新设定的抵押权，乃不得不位于其后的顺位。

2 《德国民法典》第1163条第2项。在瑞士民法，此种情形得成立他主抵押权。

3 《德国民法典》第1163条第1项。

4 《德国民法典》第881条。

而设定先顺位的权利时，最初设定的权利的顺位退后。与此相左，瑞士法则认为：先设定的担保权，从一开始便处于后顺位。先顺位，直至嗣后被实际设定前，是一个“空位”（空位担保位置，die offene Pfandstelle）。[1]此两种法律构成的差异，于最初的权利（物权）被设定后、优先于该权利（物权）的权利被设定前，而设定第三个物权时见之。譬如，A 权利被保留应优先于其他权利，于设定 C 权利后，设定 B 权利，往后，依保留而设定 A 权利即属之。此种情形，根据瑞士法，各权利的先后顺位是 A、C、B，但依德国法，则并不如此简单。[2]由结果上看，此两种主义中，当以瑞士法为优。[3]

如下考量为实现以上第三项功用，德国法与瑞士法所采取的方法。为此，德国法设有专门的所有人土地债务与所有人抵押权。然瑞士法，如前述，被担保债权不成立或消灭时，即会使抵押权本身不成立或消灭。不动产担保物权（抵押权），“限定于登记时所载明的担保顺位”。[4]先顺位的抵押权消灭，后顺位的抵押权人不得递升其顺位。[5]此种情形，先顺位以“空位”的形式继续存在。然土地所有人与后顺位的抵押权人，可以订立顺位递升的约定，此约定一经预告（预记）登记，即有物权的效力。

第五节　登记的公信力

一、概要

德国民法与瑞士民法一方面规定，对于当事人的登记申请，登记官吏需依一定的程序予以审查；另一方面也明定，如不登记，即不生物权变动的效力。之所以如此，盖在于防止登记簿册的记载与真实的权利关系发生龃龉。

1　［日］铃木禄弥：《抵押制度研究》，一粒社 1968 年版，第 381 页。

2　［日］山田晟：“德国法的顺位保留及其批判”，载《法学协会杂志》第 54 卷第 9 号，第 9 页以下。

3　［日］山田晟：“德国法的顺位保留及其批判”，载《法学协会杂志》第 54 卷第 9 号，第 29 页以下。

4　《瑞士民法典》第 813 条第 1 项。

5　《瑞士民法典》第 841 条第 1 项。

尽管如此，实务上要消弭如此的龃龉乃系不易。故此，为保护信赖登记簿册的记载而与登记簿册上的登记名义人为交易的第三人的利益，尤其是为谋求交易的安全，乃规定登记具有公信力。也就是说，为了保护信赖登记簿册的记载而进行交易的第三人的利益，登记簿册的记载被视为正当。[1]如此，善意信赖登记簿册的记载的第三人的利益，即可因此受到保护，[2]学说谓为公信原则。[3]登记簿册的记载所具有的此效力，称为登记簿的积极效力。[4]

自法史上看，登记制度发轫时，登记并无实体法上的意义，仅作为证明权利关系的手段而被使用，也就是登记具有推定力。然之后不久，乃认登记具有引起物权变动的效力。发展到顶峰，是着眼于保护不动产的交易的安全，而赋予登记簿册的记载以公信力。易言之，公信力是登记制度发展的最后阶段。

当然，于法史上，类似的制度也并不是没有。据考疏，中世纪时期的所谓“缄默”（Verschweigung）制度，即是与之类似的制度。据此制度，让与土地所有权时，需依一定的程序为公示催告（Aufgebot）。于所定的期间（Jahr und Tag）内，如无人提出异议，则让与人纵非土地的真正所有人，受让人也可取得土地的所有权。此制度与近现代及当代公信力制度的效果并无二致。

不过，一望即知，此“缄默”制度，与其说是在保护受让人的信赖，毋宁说是真正的权利人怠于主张其权利时即要丧失权利，且不能对抗受让人的制度。进而，与其说它是由日耳曼法的占有所化出的制度，毋宁说乃是与现当代的由于消灭时效或“除权判决”而丧失权利的“失权制度”相类似的。并且，此制度的旨趣，与其说系在于保护交易的安全，毋宁说是在谋求权利关系的确定。另外，自法史上看，保留了该“缄默”制度的地区（如奥地利等），该制度也未当然演变

1 《德国民法典》第892条第1项第1句。

2 即该第三人取得的权利得受保护。《瑞士民法典》第973条规定：善意信赖土地登记簿册上的登记并因而取得其所有权或其他物权的，其取得的权利应受保护。

3 法史上曾有描述不动产物权的登记的公信力的法谚：“有登记之处，即有所有。”据此法谚，一方面，登记具有绝对的可信性，是真实的、正确的；另一方面，它也意指即使出现不实的登记，凭借法的强力，不实登记也会被拟制为真实。前者称为公信力的静的侧面，后者称为公信力的动的侧面。对此，请参见顾祝轩：“论不动产物权变动公信原则的立法模式——绝对的公信与相对的公信的选择”，载孙宪忠主编：《21世纪物权法国际研讨会论文集》（2000年10月），第114页。

4 ［日］铃木禄弥：《抵押制度研究》，一粒社1968年版，第383页。

为近现代及当代法上的公信力原则，正相反，它乃阻止了近现代及当代法上的公信力原则确立的步伐。

至此可以肯定，近现代及当代物权法的公信力制度，归根结底乃是现当代法上的制度，而绝非完全由来于日耳曼法。近现代及当代公信力制度确立的背景，是19世纪肇始以后的东德意志特别是普鲁士的土地交易日渐频繁，普鲁士的土地所有人经由土地银行而获取（抵押）贷款的融资活动方兴未艾、日盛一日，并将抵押权作成证券而于市场上辗转流通。需指出的是，此普鲁士的公信力制度，乃为德国民法公信力制度的胚芽。[1]

与此相对，于当时的西德意志，由于土地所有的规模零碎、细小，大规模的抵押权的利用，特别是抵押权的流通、让与，未有展开，故至《德国民法典》施行前，并未实际采用公信力制度的州乃不在少数。另外，于“小土地所有”相当多的法国，迄今也未采取公信力制度。由此可见，土地所有的规模乃至性质，与对公信力的需求，可谓有着千丝万缕的联系。惟无论如何，几可断言，近现代及当代民法采取公信力原则，乃为土地（不动产）登记制度长期发展的结果。自纯粹的法技术的立场看，认可登记簿册的记载具有公信力，应认为是进步的登记制度的重要表征之一。

1　于《德国民法典》制定前，据考疏，在德国东部和北部地区的领邦法上流行一种形式效力主义（System der formalen Rechtskraft）的法理。依此法理，只要标志物权变动完成的登记成立，不问当事人的真意如何，即使进行了不法登记，也依旧发生物权变动的效力。登记簿册的记载，具有绝对的真实的效力。于东部的普鲁士，因当时盛行抵押贷款制度的利用，抵押权流通频繁，急需创制一种可信的不动产物权秩序。于是，1872年的《普鲁士土地所有权取得法》乃导入了近代不动产物权的登记系统，《普鲁士土地所有权取得法》因此成为后来《德国民法典》公信力原则的母胎。需注意的是，《德国民法典》于导入普鲁士不动产登记系统的同时，尚从《普鲁士土地所有权取得法》上承继了不动产物权法上的所谓“基本三原则”，即登记主义（Eintragungsprinzip）、物权的合意主义（Abstraktionsprinip）及公信主义（Publizitatsprinzip）。因形式的效力主义过分偏重于交易的保护，故未为《德国民法典第一草案》所采，而以公信原则为民法典起草作业的基本方针。对此，请参见顾祝轩：“论不动产物权变动公信原则的立法模式——绝对的公信与相对的公信的选择”，载孙宪忠主编：《21世纪物权法国际研讨会论文集》（2000年10月），第114页。此外，关于《德国民法典》制定过程中的公信力原则，也就是《德国民法典第一草案》（1888年）与公信力原则，及《德国民法典第二草案》（1895年）和“公信力原则”的情况，也可参见顾祝轩前揭文。

二、采取公信力的前提

如前述，公信力是旨在保护信赖登记簿册的记载而为交易的第三人的利益的，系登记簿册的记载被视为“正确”的制度。然此制度的负面效果，则是真正的、未登录于土地登记簿册的权利人将有因之而丧失权利的危险。概言之，该制度虽有保障交易的动的安全的功用，但也有损害所有权的静的安全的危险。

为了防止损害所有权的静的安全：第一，应尽可能减少甚至杜绝登记簿册的记载与真实的权利关系之间的不一致；第二，对于因该制度而使所有权的静的安全受到损害的受害人（真正的权利人），需经由一定的程序而予补偿。于此点上，德国法与瑞士法采取了以下措施：

（1）完善登记制度的机构、设备，尤其是制作正确的地图（德国，台账附图；瑞士，登记簿附图），以尽可能地消除登记程序的龃龉。[1]

（2）采取以登记为物权变动的生效要件的立法。于登记的对抗要件主义的法制下，由于物权变动系与登记无关联地发生，故此，登记与真正的权利关系发生龃龉，实属难免。于登记的对抗要件主义法制下采公信力，尽管理论上有其可能，但因会严重损及财产的静的安全，故而实际上是不可取的。

（3）要进行登记，需具备一定的要件。明定登记官吏有审查是否具备登记的要件，及于不具备所定的要件时，有驳回申请的权限与义务。

（4）因适用公信力的结果而致真正的权利人的利益受到损害时，除对不法侵害人得提起债权的损害赔偿请求外，尚可基于国家赔偿法而请求赔偿。

三、登记官吏的审查义务（德国，Prüfungspflicht des Grundbuchbeamten；瑞士，Od. des Grundbuchverwalters）：登记的实质审查主义与形式审查主义

（一）概要

如前述，登记官吏要于登记簿册上为处分行为，需具备一定的要件。这些要

1 此点为日本采用公信力的最大障碍，尤其是建筑物的图面，要指望其正确，不无困难。

件，对于登记官吏而言，具有“训示规定”的特性。登记官吏为登记时应审查者，为管辖范围、登记能力及登记法上的处分权，[1]其中尤其是申请（Antrag）与登记承诺（Eintragungsbewilligung）。此为德国法与瑞士法的共同点。[2]所谓申请，即打算为登记的、当事人对土地登记机关的意思表示。申请权，根据德国法，存在于受动的与能动的当事人双方。而依瑞士法，则仅属于受动的当事人一方。申请，德国法要求以文书的形式提出，而依瑞士法，采口头方式也系可以。

登记承诺，即受动的当事人，对土地登记机关承诺（同意）为登记的单方面的意思表示。以之为登记的要件，则权利人违反其本意的、使自己登记簿册上的权利受到损害的危险，即可得到防止或避免。登记承诺，因具有重要价值，故应以特定的方式为之。[3]

以上各点，大致为两国法所共有。然对作为物权变动的基础的债权关系，登记官吏有无审查权，两国法的规定则未尽一致。对此，瑞士法采肯定立场，登记官吏的审查范围，即使作为物权变动的原因的“实质”的关系，也涵括在内；与此相左，德国法则认为，审查应仅限于形式法上的事项。瑞士法的立场，被谓为实质审查主义，德国法的立场则被谓为形式审查主义。于法史上，实质的乃至形式的审查主义的概念或术语，乃来源于德国法“das materielle Od. formelle Legalitatsprinzip”的移译。该概念或术语的内容，因与德国《土地登记法》的特殊发展历程相关联，故以下先概述德国登记官吏的审查权限的历史变迁，之后考量瑞士登记官吏的审查权限，最后作一小结。

（二）德国登记官吏的审查权限的变迁

现行德国登记制度，乃与德国多数民法制度一样，其法史上的渊源，系主要由来于普鲁士法，此点对于登记制度也不例外。而普鲁士登记制度，远在17世纪时即已萌芽。自法制史的演变脉络看，普鲁士登记制度，依通说乃系发端于德国中世纪时期的城市账簿（Stadtbuch）。然与近代不动产登记制度系以公示不动产

---

1 需注意的是，所谓审查登记法上的处分权，即审查处分自己的权利（如让与不动产所有权）的人，与登记簿册上被登记为权利人的人（登记名义人）是否一致。若一致，即有“登记法上的处分权”，否则无之。

2 《瑞士民法典》第963条，德国《土地登记法》第13条、第19条。

3 根据瑞士民法，需采书面形式；而依德国民法，则可以口头表示而由登记（法官）记录。

物权的状态及保障交易的安全为旨趣不同，中世纪时期的城市账簿乃系着重于城市当局对土地的私有、土地所有人的更换等进行管理、干预的警察目的与征收“登录税”的财政目的。据考疏，普鲁士初期的登记制度，染有此方面的浓烈色彩。

应当肯定，公示不动产交易这一私法目的的近现代及当代登记制度的诞生，乃为18世纪之事。其时，伴随普鲁士农业向资本主义方向快速发展，客观上要求向土地投入资金，结果促成抵押权与登记制度的飞速发展。惟这一时期的登记制度，仍带有强烈的国家对私的交易予以监管、干预的色彩。

按照18世纪时的普鲁士登记制度，登记官吏对登记的审查范围相当广泛，纵设定、移转抵押权、让与不动产所有权的基础的原因关系（债权关系），也涵括在内。且不仅要审查申请书的制作是否符合所定的形式，而且要稽查提出申请的背后的事实关系。如因审查不周而作出了“不正登记”，登记官吏需负损害赔偿责任。

不言自明，课予登记官吏如此严厉的审查义务，实际上表现了当时的普鲁士专制政府对土地交易的监管与怵惕之心。一方面，为了提高农业生产力，非设法使资本流向土地不可。而要达成这一目的，又非以先行完善抵押权法与登记制度不为功。另一方面，也要防止城市有产者的资本过分流向农业，进而导致作为普鲁士的国家支柱的大贵族们的政治、经济地位下降。于此两方面的背景下，乃由国家对资本流向土地加以监管与统制。[1]

因对登记的申请实行苛细的审查，故此，若投资时约定高额利息的，即要驳回为担保债权而提出的设定抵押权的登记申请。如此，不仅取缔了高利率的投资，而且因登记程序相当烦琐，故也使土地的流动受到影响。此点可由登记为抵押权的成立要件（登记主义，Eintragungsprinzip），只要不履行复杂的审查程序，抵押权即不能设定这一点得到证明。[2]

1　基此考量，为保障大的土地所有贵族获取融资，及防止新兴的资本主义势力（即容克势力）渗入农地，普鲁士政府乃创设了一种特殊的金融机构——普鲁士土地银行。参见［日］铃木禄弥：《抵押制度研究》，一粒社1968年版，第103页注释3。

2　登记主义，自不动产物权制度的内在性看，显然要比对抗要件主义进步，但自把它作为登记制度的层面看，则至少于历史上，它是作为国家对私的土地交易进行干涉的手段而形成、发展起来的。故于自由主义意识异常炽烈的《法国民法典》颁行前后，此主义几无存在的余地。

毋庸置疑，申请登记时，对作为物权变动的基础的原因关系（债权关系）也要审查的做法，是费时费力，极不经济的。尤其是登记官吏因惧怕作成错误登记而承担责任，故使审查的程序变得十分繁杂：申请登记，应向登记机关提出并附上日期，接着连同“文件”一并交给（登记）的专任公务员。因担心负担损害赔偿责任，于是该专任公务员便花大量的时间对“文件”进行缜密审查。若认为将来有负损害赔偿的危险的，即不把申请的“文件”提交给最近召开的登记委员会会议；若认为并无危险，或该登记（案）于登记委员会会议上可以获得通过的，即发出登记的通知。该通知与申请的“文件”，被一并报送给法院院长。法院院长负与专任的登记官吏相同的责任，并应审查此登记（案）。于花了大量的时间进行缜密审查后，若发现该登记案并无丝毫危险的，则指定副专任官员审查专任官员起草的登记通知，尔后复报请其审核。该副专任官员也负与专人官员、法院院长相同的责任。至此，审查宣告结束，登记的通知（指令）与申请“文件”被送回（登记）事务局，并置于被指定的抵押权登记簿册。继之，拟定抵押权证书与公证证书的草案。该草案需先由直接责任人校阅，尔后由院长校阅。若无问题，方作成正式的文书。

由上可见，自提出登记的申请至登记的完成，需要相当多的时间乃至人力。尤其是登记官吏为了使自己不承担责任，乃不得不顾及登记的后果，其结局上乃使审查的范围不断扩大，造成对与不动产交易无关的当事人的私事也进行审查，由此发生了登记中妨碍人民的私生活的情况。

但是，伴随不动产交易的日渐频繁，以及农业领域吸收的资本急剧增加，以上烦琐的登记程序进而演变成为土地交易进一步向前发展的障碍。另外，进入19世纪以后，普鲁士自由主义思潮蔓延、激荡，并发展成为一种流行的社会思潮，普鲁士人民的自由主义意识由此高涨。此种背景下，登记官吏对申请人的私生活的审查，遂被认为是对人民自由的不当干涉。[1]进而，改革现行的登记制度，尤其

1　莱因兰地区，因拿破仑的入侵而实行《法国民法典》，于拿破仑败北，该地区回归普鲁士后，也与普鲁士本地不同，即莱因兰地区封建贵族势力衰微，人民的自由意识已然觉醒并日渐高涨。普鲁士政府曾试图将普鲁士地区的登记制度推行于该地区，但遭到强烈反对，未获成功。结果，《法国民法典》便原原本本地保留下来。对此，请参见［日］铃木禄弥：《抵押制度研究》，一粒社1968年版，第104页。

是限制登记官吏的审查权限，即为普鲁士人民所热烈期盼。

对此改革的呼声，民法理论给予了支持，此即物权行为无因性理论。依此理论，引起物权变动的物权行为具有独立性，物权变动的效力与作为变动的基础的原因关系（causa）无涉。由于采此理论，乃使登记的程序简单化，并排除了不动产交易的障碍与登记官吏对人民的私生活的干涉。[1]如所周知，此于立法上乃是首先由1872年的《普鲁士土地所有权取得法》规定下来的。[2]

按照该法，让与土地所有权的登记，需在法院为“让与土地所有权的物权的合意”（Auflassung）。与此相应，普鲁士《土地登记条例》规定，登记官吏的审查权限，以物权行为（让与土地所有权的场合为Auflassung）为限，对引起物权变动的基础的原因关系并无审查权限。[3]如此，因仅审查引起物权变动的物权行为，故登记官吏仅需于窗口加以审查也就可以了。其结果，重新颁布的普鲁士《土地登记条例》即把审查的范围限定于物权行为，并将审查的方式由此前的“审判式审查”变更为“窗口式审查”。此种审查方式与审查的范围，为《德国民法典》与德国《土地登记法》所承继，并维持至今于不坠。[4]

（三）瑞士法的实质审查主义

在瑞士法，登记的要件，除需有申请与登记承诺外，尚需证明有登记簿册的处分权的法律原因（Rechtsgrund）。[5]所谓法律原因，即使物权变动得以发生的、以权利义务为内容的原因关系。该法律原因之所以被确定为登记的要件，乃系因

1　日本学者山田晟谓：如认无因性具有保障交易安全的功用，则它与登记簿册的公信力便要发生“叠床架屋”的效果。故新近以来，学者多认无因性为无用的“无稽之谈”。惟无因性于历史上却具有如上功能，此点不应忽视。对此，请参见［日］川岛武宜：《所有权法的理论》，岩波书店1987年版，第227页以下。

2　1872年以前，登记官吏对原因关系也要审查的规定，见于1783年的《普鲁士抵押权令》，1794年《普鲁士普通邦法》进一步确认了该抵押权令的规定。

3　［日］铃木禄弥：《抵押制度研究》，一粒社1968年版，第104页注释8。

4　学说史上，通常把1872年以前推行的登记主义称为实质审查主义，而把1872年及其以后的立法（如1896年《德国民法典》与德国《土地登记法》）所采的登记主义称为形式审查主义。故而，典型的实质审查主义的特征，是审查的范围要及于原因关系，审查的方式采“审判的方式”。与此相左，于形式审查主义下，审查的范围则不及于原因关系，审查的方式为窗口审查。

5　《瑞士民法典》第965条第1项规定：“土地登记簿册上的处分，例如登记、变更、涂销，无论情形如何，仅需依处分权证书和法律原因证书为之。”

为原因关系的有效被明确为物权变动的效力要件，也就是采有因主义。就此而言，瑞士民法可以说是采实质的审查主义的。易言之，根据瑞士民法，只要具备登记申请、登记承诺及存在原因关系的证明文件，即可进行登记。

然对于审查的方式，瑞士法并不采 18 世纪时德国法的审判审查。登记官吏对原因关系的审查，其重点是确定原因关系是否践行了必要的形式，[1]也就是说，是进行窗口审查。于不具备规定的形式，及由提出的文件不能证明存在原因关系时，登记官吏应当驳回申请。[2]惟所规定的应当采取的形式，则因原因关系的不同而有差异。

其一是移转土地所有权[3]，设定、移转独立且继续性的权利[4]，设定用益权（Nutzneißung）、居住权（Wohnrecht）、土地负担（Grundlasten）[5]、土地担保权[6]等的债权的法律行为，皆需进行公证。[7]需注意的是，原因行为的公证，不仅是登记的要件，而且是该行为（如买卖契约）具有约束力的要件，故性质上乃属于物权变动的效力要件。

为公证的权限，委由各州法规定，故实务上未尽统一。公证人（Notar）、市镇村书记（Gemeindeschreiber）、郡书记（Bezirkschreiber）等，皆有为公证的权限。公证，作为采用公信力的前提，是为了防止为无效的登记，从而要求进行严格的审查，及为了登记程序与土地登记机关的审查应尽量便捷而采取的。由熟练的公证人作了充分的审查并作成了公证证书后，土地登记机关按照简单的程序即可迅速完成登记。

其二是依法律行为设定物权，除需进行登记外，尚需证明有原因行为。而原因行为的证明，只需单纯证明作成了书面即可。[8]盖此等物权变动，未具多大重

---

1 《瑞士民法典》第 965 条第 3 项规定："法律原因证书，系证明法律原因有效所应具备的形式要件已具备的文书。"

2 ［日］铃木禄弥：《抵押制度研究》，一粒社 1968 年版，第 108 页。

3 《瑞士民法典》第 657 条。

4 《瑞士民法典》第 655 条。

5 《瑞士民法典》第 783 条第 3 项。

6 《瑞士民法典》第 799 条第 2 项。

7 瑞士《土地登记条例》第 18 条第 1 项。

8 瑞士《土地登记条例》第 19 条第 2 项。

要性。

其三是继承的情形，法定继承人、指定继承人为取得土地所有权的登记，需有证明是惟一继承人的、由主管机关（Erbschaftsbehörde）颁发的证明书（Bescheinigung）。[1]受遗赠人为了取得权利的登记，作为证明原因的书面文件，需有“终意处分书”（die letztwillige）的誊本（当然尚需有遗赠义务人的继承人的登记承诺）。[2]

其四是依判决书而登记的情形，登记官吏仅于审查判决书形式的效力后即可为之。根据政府机关的嘱托而为登记（嘱托登记）的，也与此同。

（四）德国法的形式审查主义

在德国法，登记官吏并无审查原因关系的权限。如前述，此为德国法的物权变动，系与原因关系的有效、无效并无粘连，即采无因主义所导致、所使然。但于登记官吏有疑问时，可主动审查原因行为，并将所发现的疑点告知当事人，惟不能以存在这些疑点为由驳回申请。登记承诺，由登记义务人向土地登记机关表示并由登记官吏记录，抑或以公证证书的形式作成。前一场合由登记官吏，后一场合由“证书作成人”（Urkundenperson，如公证人）确认受动的当事人同意（承诺）为登记的意思（表示）。需注意的是，前者的场合，登记官吏所着重审查的，是登记义务人同意为登记的承诺；后者的场合，因仅单纯审查同意为登记的“文件”是否进行了适当的公证，故不会延缓不动产交易的进程。[3]

以上是物权变动的登记的一般情况。惟让与土地所有权的登记，因具重要性，故乃采慎重的程序。也就是说，要进行登记，除需有登记的通常的要件外，尚需当事人间缔结物权的合意。此种场合，是把实体法上的实质的合意主义，例外性地导入到登记法中。而且，对于土地所有权的移转，其实体法上的效力要件也与一般的物权变动不同。具体而言，双方当事人必须同时出席于土地登记机关为让与土地所有权的物权的合意。其结果，此要式的让与行为的存在，便被认为系登记的当然的要件。以下让我们先考量基于法律行为的物权变动的登记。

---

1 《瑞士民法典》第559条。

2 瑞士《土地登记条例》第18条第2项。

3 ［日］铃木禄弥：《抵押制度研究》，一粒社1968年版，第105页。

德国《土地登记法》第19条规定："登记义务人的登记承诺（Eintragungsbewilligung），是登记的要件。登记官吏，须对登记承诺进行审查。"

再考量继承的情形。依继承，继承财产中的土地物权便移转于继承人。但要为取得该物权的登记，则需证明有继承的事实。[1]法定继承的情形，该"证明"仅依遗产法院（Nachlaßgericht）发行的继承证书（Erbschein）[2]即可。此继承证书记载被继承人与继承人的姓名，若有复数的继承人时，则记载各该继承人的应继份额。登记官吏仅对该继承证书进行形式的审查，即为已足。如继承系出于死因行为的，则需提出"死因处分书"（die Verfügung von Todes wegen），也就是"遗言书或继承契约书及关于其开封的调书"（Protokoll über der Veröffnung der Verfugüng），[3]抑或遗产法院所发行的"继承证书"。[4]

（五）小结

行文至此，我们可对以上所论小结如下。

（1）形式审查主义与实质审查主义的概念或术语，是表示登记官吏的审查权限的，二者的区别在于登记官吏的审查权限是否及于原因关系：及于原因关系的为实质审查主义，反之则为形式审查主义。于瑞士法，审查对象是"实质的"（原因关系也要审查），但审查方法则是"窗口"（形式）的。故而，实质的乃至形式的审查主义概念或术语，系专门用来表示审查对象的范围的概念与术语。

（2）审查范围的实质与形式审查主义，是分别与实体法上的物权变动采取有因主义或无因主义相关联的。盖若把审查的主要目的厘定或规定为是极力防止实体的物权变动与登记簿册的记载发生龃龉，则对影响物权变动效力的因素加以审查也就是必需的。

（3）作为审查的方法的"审判的审查主义"，于强调不动产交易便捷与私的

---

1 德国《土地登记法》第29条第1项后句。

2 《德国民法典》第2353条。

3 《德国民法典》第2300条。

4 德国《土地登记法》第35条第1项。

交易自治的现今，几乎已不复被采取。[1]

(4) 因采单纯的窗口的审查易危及交易的安全，并使交易流于简单化，故于德国法和瑞士法，作为采取窗口的审查的前提，乃是实行了公证制度。也就是以无因主义为前提而采取形式审查主义的德国法，于登记承诺并非于土地登记机关作成时，即须非有登记承诺的公证不可。于瑞士法，则要求对作为原因关系的债权行为进行公证。[2]如此，公证人便首先对内容进行了审查。由于有此审查，登记官吏即便只作形式的审查，也可保障登记的正确性。如此的结果，即使登记程序的迅速、简便与登记的确实性得到了巧妙的调和、兼顾。

四、国家赔偿制度

由于德国法与瑞士法赋予登记簿册的记载以公信力，故真正的权利人纵无过失，也有丧失权利的危险。作为其丧失权利的补偿，真正的权利人对于登记簿册的权利人（登记名义人），不仅可依不当得利的规定请求返还不当得利、依债务不履行的规定请求损害赔偿，而且真正的权利人的损害如因登记官吏的故意、过失而造成时，国家（在德国为“联邦”，于瑞士为“州”）尚需负损害赔偿责任。[3]国家进行损害赔偿后，仅于登记官吏有重大过失时，方得对登记官吏进行追偿（也即国家是“先赔后追”）。[4]

五、受公信力保护的条件

根据德国法与瑞士法，受登记簿册的公信力的保护，须具备的条件如下：

(1) 受保护的人须为善意。所谓善意，系指第三人并不知悉登记簿册记载的

1 当然，于大陆法系和英美法系的一些国家，在就不动产物权进行保存登记（初始登记）时，登记官吏仍需对各项内容详加审查，是采所谓实质审查主义。英美法这方面的情况，请参见［日］幾代通：“英国登记法”，载《法律时报》第24卷第3号，第19页。

2 法国法也同样要求对移转所有权的契约（法国法并无物权行为与债权行为的分别）进行公证。参见［日］关口晃：“法国登记法”，载《法律时报》第24卷第3号，第15页以下。

3 在德国，国家负此项损害赔偿义务的根据，是《1910年5月22日命令》第1条第1项与《1933年6月30日法律》第4条。于瑞士则为其民法典第955条第1项。

4 《瑞士民法典》第955条第2项。

内容与真实的权利关系不一致的事实。[1]善意的准据时点，为权利自登记名义人移转于第三人时，即第三人取得权利时。至于第三人取得权利后是否知道原登记错误，则在所不问。另外，明知有瑕疵，或可得而知者，德国法认为应解为善意。惟瑞士法明定应以恶意处理。[2]

（2）受公信力保护的人，须为下列情形中的各种人：第一，取得登记簿册的物权或该物权上的权利的人。[3]因而，受让被预告登记的“人的权利”（债权）的人，不受公信力的保护。第二，向登记簿册的登记名义人（权利人）履行给付义务的人（如向登记簿册的抵押权人为履行的人）。也就是说，登记名义人并非真正的权利人，但第三人基于登记而信其有此权利并向其履行给付义务的，第三人所做的履行有效，真正的权利人不得复请求该第三人履行，而只能请求登记名义人返还不当得利。第三，与登记簿册的权利人，就该权利为让与以外的处分行为的人。[4]譬如，与登记簿册的地上权人为变更地上权的内容的土地所有人。[5]

（3）根据德国法，受公信力保护的第三人，需与登记簿册的权利人，就该权利为法律行为。[6]也就是说，第三人与登记簿册的权利人之间需基于法律行为而取得权利。盖公信力是保护交易的安全的制度，而交易的安全，主要于法律行为的场合发生问题。不过，瑞士法未设此种限定，其立法旨趣乃在于扩大善意保护的范围，使非依法律行为而取得物权，例如依强制执行、征收而取得物权者，也可有公信力的适用。然无论德国法抑或瑞士法，对于依概括继受而取得物权的人，皆明示不受公信力的保护。

（4）依法律行为取得物权的人，不问取得物权的行为系有偿抑或无偿，皆受保护。

（5）对于登记簿册的正当性，须无“异议登记”（德国法）或“暂时的登

1　在德国，也有学者指出，登记内容的不真实可由登记簿册判明的情况下，权利的取得人即便是善意，也不应受到保护。

2　《瑞士民法典》第974条第1项。

3　《德国民法典》第892条第1项前句、《瑞士民法典》第973条。

4　《德国民法典》第893条。

5　对于后两项，瑞士法未设规定，但于解释上，应作与德国法相同的解释。

6　《德国民法典》第892条第1项、第893条。

记”（瑞士法）。盖“异议登记”或“暂时的登记”，具有击破登记簿册的公信力的效力。

六、公信力的效果

对此，兹说明以下几点：

（1）登记簿册的记载有公信力，即登记簿册的内容纵不真实，但为了保护信赖它的人的利益，也视为真实。譬如，A所有的土地，于登记簿册被登记为B所有时，C由B受让该土地的所有权，或受地上权的设定的，C即取得所有权或地上权。另外，在D的所有地上，E有抵押权，但该抵押权的登记被错误注销时，F由D受让土地的所有权的，其取得的土地所有权为无负担的土地所有权（土地上并无负担）。另外，在G所有的土地上，H有抵押权，但登记簿册误将K登录为抵押权人的，G如向K履行，则该履行有效。

（2）登记簿册的何种内容具有公信力。亦即，为了善意第三人的利益，登记簿册的哪些内容方被视为“真实”？依照德国法与瑞士法，赋予登记簿册的记载以公信力的，仅限于对权利的记载。纯粹的事实的记载，[1]不认有之。盖对于事实，纵将错误的记载视为真实，也无意义。具体而言，登记簿册有关权属、权属范围的记载有公信力，而对于登记簿册的除土地编号、界址的标明等所谓构成的记载（Bestandsangabe）外，其他如土地用途、面积、价格、所在的地理位置等有关不动产的物理的形状、性质的记载（Eigenschaftsangabe），皆无公信力。依1999年德国新公布的《土地登记法》第12a条，土地登记机关对自身向登记簿阅览者提供的目录——所有者目录与土地目录，不负维持最新状态的义务，且对不正确的信息也不承担责任。[2]

（3）公信力的效果是，登记簿册的记载被视为“正当”（真实）。换言之，因有登记的存在，故对于登记上的权利人而言，权利不存在的瑕疵即被该登记

1 所谓事实的记载，譬如关于地目、地积等的记载。另于瑞士法，对于土地上的建筑物的记载，也属于事实的记载。

2 顾祝轩：“论不动产物权变动公信原则的立法模式——绝对的公信与相对的公信的选择”，载孙宪忠主编：《21世纪物权法国际研讨会论文集》（2000年10月），第116页。

"掩盖"或弥补。

（4）公信力仅为善意人的利益而起作用，如对善意人不利，则不起作用。譬如，登记簿册错误地登记了一项无效的地上权时，对于相信登记簿册的记载，而以该地上权的存在为前提受让土地所有权的人，登记簿册的地上权人不得主张该地上权有效，新土地所有权人可以请求注销该地上权的登记。

七、抵押权与公信力

（一）因抵押权的附随性所衍生的特殊规定

1. 保全抵押（德国法）、土地抵押证券（瑞士法）与公信力

此等抵押权，因以担保特定人的债权为目的，而不期其流通，故对债权有强烈的附随性（随伴性），从而让与被担保的债权时，抵押权也随而被让与，并无赋予债权以公信力而谋求流通的安全的必要。惟在此点上，德国法与瑞士法的规定存在细微差异。

于德国法，有关登记的公信力及于抵押债权的规定，[1]并不适用于保全抵押权。[2]故而，"抵押权之设定，得明定债权人基于抵押权所具之权利，仅得依其债权定之，且债权人不得援用登记，以证明其债权（保全抵押权）"。[3]譬如，真的债权人（抵押权人）为 A，但登记簿册误将 B 登录为债权人（抵押权人），则由 B 受让附抵押权的债权的善意第三人即不能取得债权，从而也不能取得抵押权。

在瑞士法，让与土地抵押证券所担保的债权的，因完全依债权让与的一般规定为之，[4]故而，信赖登记而受让附抵押权的债权的善意第三人，于债权不成立时，也就不能善意取得债权（和抵押权）。且与德国法不同，于瑞士法，土地抵

1　《德国民法典》第 1138 条。

2　保全抵押权，系须经登记但关于债权不具备公信力及推定力的抵押权。如登记的债权人以外尚有真正债权人的，则以真正债权人为抵押权人。但关于抵押权的成立，其登记则具有公信力。债权成立后，即使因土地所有人无行为能力而致抵押权的设定无效，信赖登记的受让人仍取得该抵押权。保全抵押权不适于流通，专为担保债权，故不得交付抵押权证券（《德国民法典》第 1185 条第 1 项）。对此，请参见台湾大学法律学院、财团法人台大法学基金会：《德国民法（总则编、债编、物权编）》（上册）（第 2 版），元照出版有限公司 2016 年版，第 1031 页。

3　《德国民法典》第 1184 条第 1 项。

4　《瑞士民法典》第 835 条。

押证券本身不得适用公信力原则。故信赖登记簿册的记载而受让附抵押权的债权的善意第三人，仅债权有效存在，而抵押权无效时，不生抵押权的善意取得的问题。

2. 流通抵押（德国法）与抵押债务证券（瑞士法）

此等制度主要用来为大规模的不动产金融服务。这些场合，因大多使抵押债权辗转流通，故要求它们应有保障交易安全的功能。[1]不过，在此点上，德国法与瑞士法的做法未尽相同。

于瑞士法，对于抵押债务证券的被担保债权，登记簿册的记载被认为有公信力。故而，信赖登记簿册的记载而受让附抵押权的债权的人，即使该债权未有效存在，也一并善意取得债权和抵押权。[2]也就是说，于不清偿债务时，受让人不仅可以实行抵押权，而且对于债务人的一般财产也可强制执行。

在德国法，对于流通抵押的被担保债权的登记簿册的公信力，并不像瑞士法那样未设限制。也就是说，善意第三人的善意取得被担保债权，仅于其善意取得了抵押权时方有可能。盖抵押权具有附随性，如不能取得债权，也就当然不能取得抵押权。进而，善意取得人于未获清偿时，虽可实行抵押权，但不允许以债权为据而执行债务人的一般财产。概言之，根据德国法，公信力，尽管流通抵押的被担保债权也要及之，但善意第三人实质上并不能取得债权，其所取得的抵押权实际上是无担保债权的抵押权，称为土地债务。[3]

（二）证券抵押与公信力

对抵押权发行抵押证券时，让与（或以之设定质权）附抵押权的债权，因无需进行登记，而是以交付证券的方式为之，故其现实的权利人通常不被登录于登记簿册。进而，实施附证券抵押的债权的交易时，抵押证券本身即为判定的标准。概言之，为了保护交易的安全，一方面，于具备一定的要件时，需赋予抵押证券的记载以公信力；另一方面，于一定条件下，又要求排除登记的公信力。

---

1 毋庸置疑，登记的公信力与流通性的抵押权，系相互粘连而一道发展起来的。

2 《瑞士民法典》第865条。

3 对于应称之为“抵押权”抑或“土地债务”，学说向来存有争论。对此，请参见［日］山田晟：“土地债务的抽象性”，载《法学协会杂志》第53卷第1号，第49页注释5。

证券抵押的交易，通常的情况是，人们信赖证券的记载而为交易。故此，为了交易的安全，德国法与瑞士法皆保护人们对证券的记载的信赖。但于具体的规定上，两国法又未尽一致。

按照瑞士法，抵押证券于法律上系作与票据相同的对待，以之为附抵押权的债权的“化体”。[1]也就是说，附抵押权的债权，无记名证券的情形，根据证券的交付，指名证券的情形，根据背书而移转（让与）。易言之，对于抵押债务证券，不仅赋予登记以公信力，[2]且也赋予证券本身以公信力。此种情形，证券被认为系登记的“替代物”（Representant）。[3]

但是，于证券的记载与登记不一致时，则以登记为准。纵善意受让人也只能于登记的文义的限度内取得权利。譬如，登记簿册记载的抵押金额为 10 000 欧元，而证券却载为 15 000 欧元时，受让人便只能取得 10 000 欧元的抵押权。5000 欧元之差，纵因登记官吏的过失而发生，也作相同的处理。然证券记载的抵押金额为 10 000 欧元，而登记簿册记载为 15 000 欧元时，则以证券的记载为准，善意受让人仅能取得 10 000 欧元的抵押权。

于德国法，仅赋予登记以公信力，抵押证券本身不认有公信力。然为了确保证券的流通，《德国民法典》第 1155 条规定：“抵押权证券占有人之债权性权利，有曾经公证之让与表示可资依据，而就连续多次之让与表示考之，可溯及经登记之债权人者，该证券占有人视同土地登记簿册上已为登记之债权人，适用第八百九十一条至第八百九十九条之规定。法院之债权移转命令，及经公证认定之法定债权让与，与公证之让与表示同。”譬如，A 为登记中的附抵押权的债权人。A 将该附抵押权的债权移转于 B，B 移转于 C，于该附抵押权的债权非因登记而移转时，如 A 对于 B 的让与附抵押权的债权的意思表示，及 B 对于 C 的让与附抵押权的债权的意思表示，皆经过公证的，[4]即作与 C 自身在登记簿册作为债权人（抵

1　《瑞士民法典》第 855 条。

2　《瑞士民法典》第 865 条。

3　［日］铃木禄弥：《抵押制度研究》，一粒社 1968 年版，第 404 页。

4　此所谓“认证”，通常依让与人的申请，由区法院（简易法院）或公证人为之。确认让与的意思表示的署名具有完全性，乃为其目的。参见［日］铃木禄弥：《抵押制度研究》，一粒社 1968 年版，第 406 页注释 5。

押权人）而进行了登记相同的对待。也就是说，由C受让附抵押权的债权的善意的D，纵C真的未有权利，也得成为完全的债权人（抵押权人）。进而于结局上，乃与瑞士法的规定并无大异。

另外，值得提及的是，保护善意受让附抵押权的债权的人的规定，与通常的公信力原则并不相同。也就是说，“法院之债权移转命令，及经公证认定之法定债权让与，与公证之让与表示同”。[1]

综上所言，为证券抵押的交易时，证券即为交易的基准，此与通常的物权变动不同。由于非依登记而生交易的效果，故而赋予登记以全面的公信力乃属不妥。由此，德国民法遂明确：登记簿册的记载有欠准确，对抵押权证券或证券上的附记可得而知的，不得适用关于公信力的规定。[2]譬如，登记簿册上记载了10 000欧元的附抵押权的债权，且5000欧元已经清偿，如在抵押证券上作了记载，而未于登记簿册上作记载的，登记簿册的不真实根据证券上的附记即可明了。从而，受让附抵押权的债权的人，纵误信有10 000欧元的债权并受让之，也不受公信力的保护，而只能取得5000欧元的附抵押权的债权。瑞士法对此虽无规定，但其学理系作与德国法相同的解释。

---

1 《德国民法典》第1155条后句。

2 《德国民法典》第892条、第893条及第1140条前句。

第七章

瑞士与德国的相邻关系法

第一节　瑞士的相邻关系法[1]

一、概要

瑞士的相邻关系法，自总体上而言，系属于德国民法的体系。[2]惟因《瑞士民法典》诞生于《德国民法典》之后，故该法典关于相邻关系的规定，实较《德国民法典》对相邻关系的规定更为翔实。另外，该法典对于相邻纠纷的处理方法也更加具有明快性、妥当性。本部分拟以《瑞士民法典》所定的相邻关系中的不可量物侵害制度为中心，来考量瑞士相邻关系法的特色。值得指出的是，《瑞士民法典》对不可量物侵害的规范，尤其对释放或制造“过度”的有害物质的土地所

1　本部分主要依据沢井裕的“瑞士相邻法”（载《关西大学法学论集》第9卷第5、6合并号）和《公害的私法研究》（一粒社1971年版），以及东孝行的《相邻法的诸问题》（信山社1997年版）。应说明的是，沢井裕与东孝行皆为日本研究德国、瑞士相邻法的有名学者。1997年至1998年，我在日本研修期间，东孝行先生曾将自己其时刚出版的《相邻法的诸问题》及过去出版的有关相邻关系法方面的著述寄送给我，我回国后读到这些著述时，受益良多。另外，沢井裕的《公害的私法研究》也是一部很有影响的著作，本书作者于日本旧书市场以高价买得。有鉴于我国学界对瑞士、德国的相邻关系法研究甚少，尤其是对瑞士相邻关系法的研究至今仍付阙如，故而乃不揣浅陋，特撰写本部分。

2　不过，此两国法对相邻关系的称谓存在差异。瑞士民法多将相邻关系称为“相邻权”，此点于殷生根、王燕译的《瑞士民法典》（中国政法大学出版社1999年版）中得到体现，参见其第685条、第691条及698条等。而于德国，其民法典与学理，则多称为“相邻关系”。对此，请参见［德］鲍尔、施蒂尔纳：《德国物权法》（上册），张双根译，法律出版社2006年版，第554页、第556页、第559页及第563页。

有权人，规定了不仅必须停止释放或制造有害物质的行为，而且明示需就所生的损害负无过失的赔偿责任。

《瑞士民法典》将相邻关系规定于“物权编”第一分编“所有权”的“土地所有权”（第十九章）的第二节（“土地所有权的内容和限制”）中。其中，第667条为关于土地所有权的效力范围的规定；第668条为相邻土地间的邻界线的规定；第669条规定各土地所有人的划界的义务；第670条规定划界设备（设施）的共有权；第680条规定土地所有权的法定限制；第684条规定各土地所有人行使权利时，不得对邻人的所有权为过度的干扰（妨害）；第685条规定土地所有人挖掘土地及兴建建筑物时的相邻关系；第687条规定逾越疆界的根枝的刈除；第689条规定水流的相邻关系；第690条规定排水的相邻关系；第691条规定敷设筒管的相邻关系；第694条规定必要通路的通行权；第695条规定其他通行权；第696条规定依法律设定通行权的，得不经登记而生效力；第697条规定土地的围障；第698条规定在行使相邻权时为设置邻界线围障所支付的费用，由有关土地所有人按各自的受益比例分担；第699条规定进入他人土地的权利；第700条规定进入他人土地取回逸失物；第704条规定对水泉及井的权利；第706条规定水泉的掘断；第707条规定水泉及井的原状恢复；第708条规定共同水泉。

另外，这里有必要顺便提及东方的《日本民法》于其第209条以下所定的相邻关系制度系统。按照《日本民法》，相邻关系因系调节土地的相互的利用，所以有关相邻关系的规定也得准用于地上权（《日本民法》第267条）。永佃权、土地租赁权等虽未规定得准用相邻关系的规定，但基于相邻关系制度的本旨与特性，也解为应准用之。[1]在日本法上，相邻关系主要可以作出如下分类。[2]

---

1 参见日本最判1961年3月24日民集15卷3号，第542页（关于农地的租赁权的判例）。

2 ［日］松井宏兴：《物权法》，成文堂2017年版，第158页。

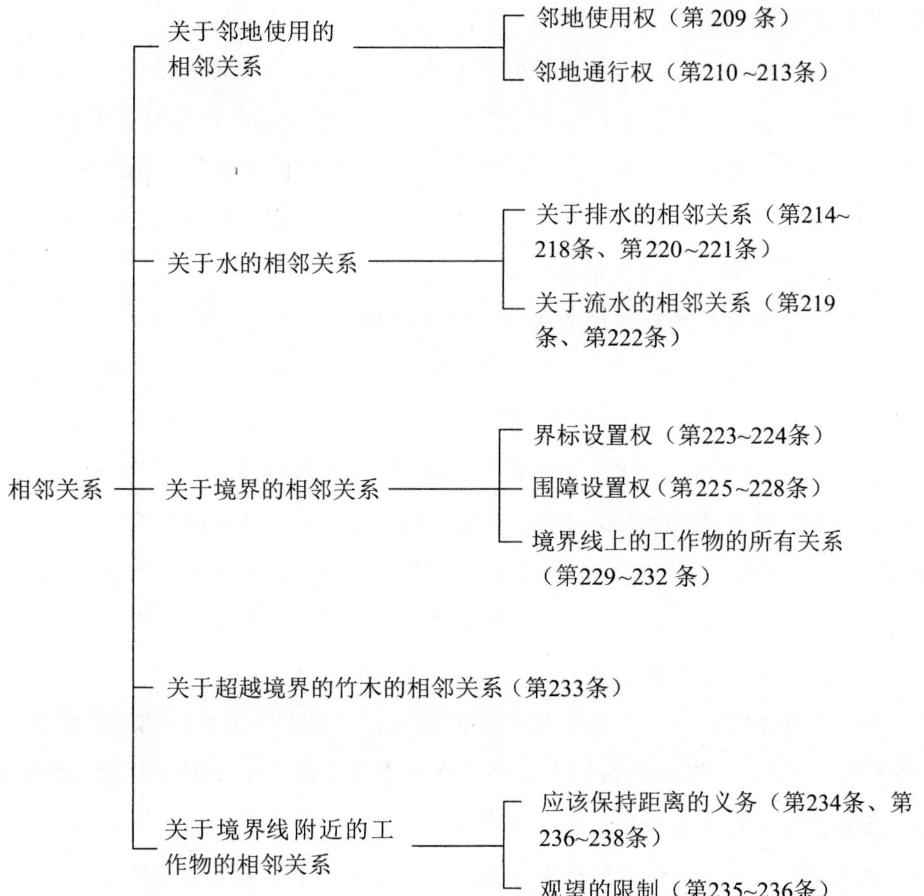

二、《瑞士民法典》相邻关系规定的特色

（一）不动产（土地）相邻各方的“相互的特别照顾义务”

《瑞士民法典》第 684 条至第 694 条规定了不动产相邻各方“相互的特别照顾义务”，且第 706 条至第 710 条关于水泉的掘断、共同水泉及水泉的使用等，也明定相邻各方负有“相互的特别照顾义务”。惟考虑到瑞士各地区文化上的差异，及对同一事项各州素来有不同的习惯，于是将大量的相邻关系事项（尤其是细小的事项）委诸各州法规定。[1]

与《德国民法典》相邻关系相同，《瑞士民法典》的相邻关系也是作为对土地所有权的内容的一种限制而予规定的。不过，于条文的表述与具体的内容上，两国法仍有较大的差异。譬如，对于相邻关系，《德国民法典》是由受害人“忍受”的角度加以规定，而《瑞士民法典》则是自禁止加害人为“过度”的“释放”或“制造”行为设其规定。

（二）瑞士相邻关系制度的基础：妨害排除制度

《瑞士民法典》第641条规定：“物的所有人，在法律限制的范围内，得自由处分其物。物的所有人，对扣留其物的人有返还请求权，对不当的干涉有防止的权利。”第679条规定：“因土地所有人逾越其所有权的范围而受侵害或有受损害的危险的人，可以请求除去侵害或防止损害的发生，并得请求损害赔偿。”第928条规定：“占有依不法的私力被妨害的，占有人纵于妨害人主张其有权利时，也得对之提起诉讼。此项诉讼，可以请求除去妨害、停止妨害及损害赔偿。”

（三）对相邻关系的具体规定

首先是对不可量物侵害的相邻关系的规定。《瑞士民法典》第684条规定：“各土地所有人行使其所有权时，特别是在其土地上经营工业时，对邻人的所有权有不造成过度侵害（干扰）的注意义务。因煤、烟、不洁气体、喧嚣或振动而造成的侵害，依土地的位置或性质，或依当地习惯属于为邻人所不能容忍的情况的，尤其应严禁之。”其次是《瑞士民法典》第685条至第694条对相邻关系的规定。最后是《瑞士民法典》第669条（设置邻界线义务）规定：“任何土地所有人应邻地人的请求，皆有协助确定不明邻界线的义务，例如协助订正地籍图或安置界标。”第670条（邻界线设备的共同所有）规定：“为两笔（宗）土地间的

1　参见《瑞士民法典》第686条、第688条及第695条。值得指出的是，尊重地方的传统习惯，而将具体的细小事项委诸州法规定，此点瑞士、德国并无差异。然于具体的内容上，两国仍有不同，即瑞士是以大量公法性质的规范来调整相邻关系的（参见《瑞士民法典》第702条、第703条、第705条、第711条及第712条），《瑞士民法典》的相邻关系法由此被认为具有社会法的性质。另外，对于相邻关系制度的理论基础，因认为相邻各方对土地的利用存在粘连关系，故规定各方负有相互的“特别照顾义务”，此点与德国法同。仅瑞士法并未如德国学理那样将邻人间的相邻关系解为“相邻共同体关系”（Gemeinschaft）。

划界，于疆界上设有墙壁、篱笆及栅栏等设备，推定其属于双方邻地所有人共同所有。”第 674 条（侵界建筑）第 3 项规定：“被害人明知越界建筑，而未适时提出异议，且越界情形可认为有相当理由时，越界建筑的物权或土地的所有权，得经给付相当补偿金而归于善意的越界建筑人所有。”

（四）对土地所有权的规定

《瑞士民法典》对土地所有权的规定十分翔实。其中，第 667 条至第 679 条为关于土地所有权的内容的规定，第 680 条至第 712 条为关于土地所有权的限制的规定，二者共计 49 个条文，较《德国民法典》对同类事项的规定仅有 20 个条文（第 905—924 条）而言，堪称详尽。所谓对土地所有权的限制，依规定，涵括对土地所有权的转让与利用的限制。

（五）逾越土地所有权的界线（范围）的责任

《瑞士民法典》第 2 条第 2 项规定：“权利显然滥用的，不受法律的保护。”第 679 条第 1 项规定：“土地所有人的所有权，因他人逾越而受到侵害或有受侵害的危险时，得诉请排除侵害，或保护其权利免受侵害，并得请求损害赔偿。”

需注意的是，根据此等规定，土地所有人行使土地所有权逾越其权利范围致生损害时，即应负责任。此民事责任，与《瑞士债务法》第 41 条以下所定的损害赔偿责任的归责原则不同，即其不以故意、过失为必要，只要有单纯的因果关系即获满足，且也不考虑建筑物有无保存、设置乃至修理上的瑕疵，性质上属于绝对的无过错责任。[1]

（六）对相邻土地所有人的利益的限制

1. 不可量物侵入（不可量物干涉或不可量物干扰）

对此，后文拟详细涉及，兹不赘述。

2. 挖掘与建筑

《瑞士民法典》第 685 条第 1 项规定：“所有人挖掘土地或为建筑时，不得因此加损害于邻地，使其地基动摇，或发生危险，抑或使土地上现存的设施受到损

1　[日] 沢井裕：“瑞士相邻法”，载《关西大学法学论集》第 9 卷第 5、6 合并号，第 170 页。惟于《德国民法典》中，与此相当的规定是较难觅到的。根据《德国民法典》，发生此类纷争时，应适用该法典第 903 条、第 1004 条的规定而获解决。

害。”此称为邻地所有人的不作为义务。

3. 植物

（1）枝根割除权（Kapprecht）。《瑞士民法典》第687条第1项规定：“土地所有人于邻地树木的枝根逾越疆界线而侵害其所有权，且经请求，树木所有人未于合理期限内割除时，得自行割除并将割除物归为己有。”

（2）果实收取权（Anriesrecht）。《瑞士民法典》第687条第2项规定：“土地所有人容忍树枝越界伸入其耕作地或盖有建筑物的土地上时，有权取得该树枝上的孳息（果实）。”[1]

4. 关于水路和排水

《瑞士民法典》第689条规定：“由高地自然流至之水，即如雨水、融冰水及未设堰的泉水，各土地所有人应承受之。任何变更水的自然流向的行为，不得造成邻人损失。由高地自然流向低地的水，为低地所必需的，仅以其为高地所不可缺者为限，始得抽引之。”第690条（排水）规定：“承受高地自然流水的低地的所有人，在高地排水时，也应承受，并不得请求赔偿。低地所有人因前项的排水受损害的，得请求高地的所有人负担必要的疏通与修缮的费用。”[2]

5. 必要权（Notrecht）

亦即，邻地人本无忍受义务，惟因土地的合目的的利用或全无设施，抑或虽有设施但需费过巨时，以向邻地人进行完全补偿为条件，得请求邻地人忍受。此涵括如下三种形态。

（1）必要通过设施权（Notleitungsrecht）（第691条至第693条）。此系为适应工业活动、商业活动及科学技术发展的需要而设立的规定。第691条规定：“土地所有人，在输送管线和排泄管道，无其他土地可供敷设，或者在其他土地上敷

---

1 值得提到的是，《瑞士民法典》第687条大体与《德国民法典》第910条、第911条及《日本民法》第233条相当。不过，若仔细考量，则可明了，《瑞士民法典》的规定实较德、日民法的规定更优。

2 《日本民法》与此相当的规定是第214条、第215条、第217条及第219条。于德国，对于“自然的流水”的相邻关系，乃委诸州法规定。根据多数州法的规定，低地所有人或使用人负有忍受的义务。参见［日］沢井裕：“瑞士相邻法”，载《关西大学法学论集》第9卷第5、6合并号，第173页。

设需费过巨时，有许可敷设的义务，但得请求补偿。在依州法或联邦法规定应以征收方式取得敷设权之情形，不得主张基于相邻权的敷设权。需役地所有人或供役地所有人，得请求以需役地所有人的费用，将敷设权作为役权登记于土地登记簿。敷设权未登记者，不得对抗土地的善意取得人。”第 692 条规定：“供役地所有人，有请求合理顾及其利益的权利。管道敷设于地面时，供役地所有人如有正当理由，得就管道所占用的土地，请求管道所有人在合理范围内受让其土地，并支付全部价格。”第 693 条规定：“供役地所有人，在情况变化时，为自己之利益，得请求移植管道。移植的费用，通常应由需役地所有人负担。依具体情事如何认为正当合理，得要求供役地所有人负担合理比例的费用。”

（2）必要的通路（权）。《瑞士民法典》第 694 条规定：“土地所有人的土地与公路无适宜的通路的，其所有人得请求邻地所有人允许通行邻地以至公路，但须支付全额赔偿金。前项请求，应先向按所有权现状或通路现状最有可能提供必要道路的邻地所有人，后向因提供道路所受损害最少的邻地所有人提出。道路的确定，应兼顾双方利益。”

（3）必要井泉。《瑞士民法典》第 710 条规定：“土地缺乏所需饮用水或农业用水，自他处取水极为不便且需费过巨者，土地所有人得以支付全部补偿金的方式，向能分享水源于他人的邻人，请求让与井或泉的应有部分。在确定必要用水时，应首先顾及让与义务人的利益。情况发生变化时，让与义务人得请求相应变更其内容。”[1]

6. 井泉的保护

《瑞士民法典》第 706 条规定：“泉或井，具有重大利用价值或作为蓄水以备将来使用之水源者，因建筑物、设置物或其他设施而遭破坏、妨害或污染时，受损害的所有人或用益权人，得请求损害赔偿。前项损害，非因故意或过失所致，或者受害人自己对损害有过失者，法院得依其衡量，决定应否赔偿、赔偿的范围和方法。”第 707 条规定：“泉和井，为土地的利用或居住或为饮水供给所不可缺少者，被破坏或污染后，如回复原状完全有可能，受害人得请求回复原状。在其

1　需指出的是，《瑞士民法典》规定的此等“必要权”中，“必要通路权”以外的其他“必要权”，德、日民法皆无规定。

他情形，仅在有特别情事而可认为正当合理时，始得请求回复原状。”

7. 相邻的实行义务（Nachbarliche Leistungspflicht）

亦即，根据相邻关系制度及其规则，产生如下的“积极行为”的义务。

（1）协助确定不明的疆界的义务。《瑞士民法典》第669条规定：“土地所有人，有依相邻土地所有人的请求，协助确定不明疆界的义务，例如协助更正土地登记簿中的地籍图或设置界标。”

（2）维护土地的围障的义务。《瑞士民法典》第697条规定：“土地围障的费用，由土地所有人负担，但关于疆界设置物按份共有的规定，不受影响。”

（3）保养义务。《瑞士民法典》第698条规定：“为行使相邻法上的权利而设置疆界时，其费用，由各土地所有人，依其受益比例分担。”

（4）共有水泉的设施与利用费用的分担。《瑞士民法典》第708条第2项规定：“共有设施的费用，由各权利人按其受益比例分担。”[1]

8. 共有水泉

《瑞士民法典》第708条规定：“分属于不同所有人且相互毗邻的数泉，因发源于同一个集水区域而形成泉群时，各所有人皆得请求，共同汇集泉水，并按各自泉水的流量比例引用之。共有设施的费用，由各权利人按其受益比例分担。权利人中之一人拒绝时，其他各权利人各得依通常方式，汇集其泉水并引用之，因此而致其他泉水的流量减少时，也仅对因新建设施而增加的超量部分，负赔偿责任。”

（七）为多数人的利益而依公法对所有权的限制

为了邻地所有人的利益，及为了进入邻人土地上的人的利益，《瑞士民法典》对于土地所有权的排他效力设有23种限制性规定，其第699条至第702条的所谓

---

1 相邻关系中的所谓积极行为的义务，德、日民法未设规定。《瑞士民法典》第669条相当于《德国民法典》第919条第1项，第698条相当于《德国民法典》第919条第3项。于《日本民法》中，与《瑞士民法典》该条相对应的条文是第226条。不过，于瑞士民法，其最值注目的是第698条与第708条第2项的“因行使相邻权而为设施的费用，应由土地所有人按其受益的比例分担”的规定。此与《德国民法典》第919条第3项、《日本民法》第226条仅单纯规定“围障设施与保存的费用，由相邻人平均负担”相较，系为更先进的规定。

“进入权”与“防御权”，即属之。[1]此外，为了多数人的公共利益，该法典尚规定了相当多的公法规范，譬如第702条、第703条及第705条等。此等公法的相邻关系规范，构成瑞士相邻关系法的重要内容。[2]

三、不可量物侵害制度及其规则

（一）不可量物侵害制度及其规则于瑞士相邻关系法中的地位

如前述，《瑞士民法典》对不可量物侵害的规定见于第684条。该条规定于《瑞士民法典》的相邻关系系统中居于重要地位。其实为《瑞士民法典》第641条、第679条的特殊规定。

1.《瑞士民法典》第684条不可量物侵害的规定为第679条的特殊规定

土地所有人违反第684条的规定而行使其权利的，属于逾越土地所有权的范围的违法行为。易言之，属于第679条所称的“逾越”土地所有权的一种形态。[3]另外，根据《瑞士民法典》第679条的规定，土地所有权并非系一种不受限制的权利，而是具有特定范围的权利。可见，此乃系在宣示《瑞士民法典》第641条第1项的规定。[4]

2.《瑞士民法典》第684条为第641条第2项的特殊规定

《瑞士民法典》第641条第2项规定，物的所有人于物的所有权圆满状态受

1　《瑞士民法典》第699条第1项规定：“任何人，得在当地习惯所允许的范围内，进入他人森林、牧场，采集野生浆果、菌类等，但主管机关为土地耕植需要有特别禁止者，不在此限。”第700条第1项规定：“物，因水、风、雪崩或其他自然力或偶然事变，移入他人土地，或者动物，例如大小家畜、蜂群和鱼类等，进入他人土地时，土地所有人应允许其权利人寻找并取回之。”第703条第1项规定：“土地改良，例如水路变更、排水、灌溉、造林、道路铺设和土地合并等，非共同参与不能实行者，如涉及土地改良的土地所有人过半数及其土地合计过半数同意参与土地改良时，其他土地所有人也有参与改良的义务。未参加表决的土地所有人，视为同意。参加表决的情况应附记于土地登记簿。”

2　[日]沢井裕：“瑞士相邻法”，载《关西大学法学论集》第9卷第5、6合并号，第175—176页。

3　《瑞士民法典》第679条第1项规定：“任何人，因土地所有人逾越其所有权，而受有妨害或有受妨害之虞者，得诉请除去侵害或防止可能发生的妨害，并得请求损害赔偿。”

4　《瑞士民法典》第641条第1项规定：“物之所有人，得在法律许可的限度内，自由处分其物。”

到妨害、干涉时，得行使排除不法干涉、不法妨害的请求权（Eigentumsfreiheitsanspruch）。故此，《瑞士民法典》第 684 条实际为第 641 条第 2 项的特殊规定。

3. 关于不可量物侵害诉讼

以上对不可量物侵害制度于瑞士相邻关系法中的地位的考量表明，提起不可量物侵害诉讼的根据，是《瑞士民法典》第 641 条第 2 项所有物妨害排除请求权的规定与第 679 条关于土地所有权人的责任的规定。以下对根据此等条文而提起诉讼时的原告与被告予以考量。

（1）根据《瑞士民法典》第 679 条提起诉讼时的原告与被告。《瑞士民法典》第 679 条第 1 项规定："任何人，因土地所有人逾越其所有权，而受有妨害或有受妨害之虞者，得诉请除去妨害或防止可能发生的妨害，并得请求损害赔偿。"据此规定，受到损害或有受损害之虞的人，即可成为原告，进而不独是邻地所有人与土地的用益物权人，而且承租人也可作为原告。至于得成为被告者，则只有土地所有权人与地上权人。惟根据《瑞士民法典》第 641 条第 2 项的规定，于提起所有物妨害排除诉讼时，得为原告的，则既涵括土地所有人，也包括物权的利用人；得作为被告者，则为妨害原告圆满行使其所有权的人。

需注意的是，于加害人和被害人皆为土地的所有人时，受害人对于加害人得依《瑞士民法典》第 641 条第 2 项的规定，请求停止妨害，根据第 679 条的规定请求损害赔偿，且皆为无过失责任。[1] 于受害人为土地所有人、加害人为使用借贷人（借用人）时，受害人对于使用借贷人（借用人）得依《瑞士民法典》第 641 条第 2 项的规定请求停止妨害，于有故意或过失时，得依《瑞士债务法》第 41 条的规定请求损害赔偿。[2] 另外，于加害人为土地所有人，受害人为承租人时，得依《瑞士民法典》第 679 条的规定，请求停止妨害及负损害赔偿责任。于加害人、受害人皆为承租人时，受害人（原告）既不能依第 641 条第 2 项（因受害人

---

1 ［日］沢井裕："瑞士相邻法"，载《关西大学法学论集》第 9 卷第 5、6 合并号，第 178 页。

2 《瑞士债务法》第 41 条规定："因故意或过失，不法致他人损害者，应负赔偿责任。故意以违反善良风俗的方法，致他人损害者，应负赔偿责任。"

并非所有人）的规定，也不能依第679条（因加害人并非所有人）的规定提起诉讼，亦即只能提起占有妨害之诉。[1]

不可量物侵害诉讼中的举证责任，根据《瑞士民法典》第679条的规定，系由原告证明“土地所有人逾越其所有权”的事实。此外，原告尚需证明不可量物的侵害已属“过度的侵害”。[2]如不能证明此点，则《瑞士民法典》第679条的规定即对其不利。

值得注意的是无过失赔偿责任。事实上，《瑞士民法典》所定的不可量物侵害制度，其举证责任问题并不具重要意义。而其第679条的立法本意系在于，使原告可以请求被告停止妨害及承担无过失的损害赔偿责任。之所以规定无过失的损害赔偿责任，乃因为，譬如某工厂散发的不可量物致邻地于损害时，工厂方面承担民事责任，于德国民法，是根据著名的“私法上的特别牺牲请求权”（Aufopferungsanspruch）理论，[3]而于瑞士民法，则无此种迂回曲折的解决之道，而是径依第679条的规定获得解决。[4]

（2）不可量物侵害诉讼与公法的规范。基于维护社会公共利益的考量，瑞士也通过创设公法规范，而自场所与时间上限制伴有不可量物侵害的工业、农业及商业活动。如此，瑞士对于不可量物侵害的规制，乃形成了私法与公法的双轨制规范系统。当然，私法规范对不可量物侵害的规制，其旨趣在于保障邻人的私的利益；而公法对不可量物的规制，则在于维持社会的公共利益。

1　需注意的是，于德国法上，不可量物侵害诉讼，实质为所有物妨害排除或占有之诉，此与瑞士法相同。惟《德国民法典》因未设与《瑞士民法典》第679条相当的规定，故问题要简单得多。

2　《瑞士民法典》第679条虽然未明示此点，但学理向来作此解释。对此，请参见［日］沢井裕：“瑞士相邻法”，载《关西大学法学论集》第9卷第5、6合并号，第180页。

3　对于德国“私法上的特别牺牲请求权”理论的论述，请参见陈华彬：《物权法原理》，国家行政学院出版社1998年版，第367页。所谓“私法上的特别牺牲请求权”，系指所有权人本应享有的防御请求权（Abwehranspruch）因一项特别法律规定而被剥夺时，所有权人享有的另一项请求权。又请参见［德］鲍尔、施蒂尔纳：《德国物权法》（上册），张双根译，法律出版社2006年版，第551页。

4　［日］沢井裕：“瑞士相邻法”，载《关西大学法学论集》第9卷第5、6合并号，第181页。

（二）对《瑞士民法典》不可量物侵害制度及其规则的具体考量

1.《瑞士民法典》关于不可量物侵害的具体规定

如前述，《瑞士民法典》对不可量物侵害的规定见于第684条：“（1）任何人，在行使其所有权时，例如在其土地上为营业活动时，皆负有注意义务，以避免过度妨害邻人的所有权。（2）禁止任何有害健康的妨害，特别是空气污染、异味、噪音、声响、震动、辐射或遮挡太阳光或自然光等妨害，依土地之位置和性质，或者依当地习惯，为不可容忍者，应严禁之。”

于二个或二个以上的土地相邻时，如果邻地所有人或利用人逾越疆界致生“侵害”（干扰）时相邻各方皆可予以禁止，则土地的利用价值就会大打折扣，此不独对土地的所有人不利，而且会损及社会的公益。故此，法律既规定相邻一方的忍受义务，也规定另一方负有不得于自己的土地上实施为所欲为的行为以损害相邻一方的利益的义务，此即不作为的义务（Unterlassungspflicht）。瑞士立法者尤其是法官的任务，即正在于对一方的忍受义务与他方的不作为义务画一条适当的界线。

需注意的是，《瑞士民法典》第668条第1项是在规定土地所有权的客体——土地——的界域，而第684条则是对土地所有权的界限（或范围）的规定，故而二者皆属于和土地所有权的内容有关的规定。土地所有权的客体的土地，得依数学而划定正确的疆界线（或邻界线），而土地所有权的内容的界限，则系随时间、场所并伴随社会生活而变易的。[1]

2. 不可量物侵入（“干扰”或“侵害”，Einwirkung[2]）的形态

对于《瑞士民法典》第684条中的不可量物侵入，学理界分为直接的侵入与间接的侵入。前者又称为实质的侵入，后者又涵括积极的侵入与消极的侵入。其

1 ［日］沢井裕：“瑞士相邻法”，载《关西大学法学论集》第9卷第5、6合并号，第183—184页。

2 对于《瑞士民法典》第684条中的“Einwirkung”一词，存在不同的译法。日本学者译为“作用”“干涉”或“侵入”，我国台湾地区学者译为“干扰”，我国大陆翻译的《瑞士民法典》译本翻译为“侵害”。本书作者采日本学者、台湾地区学者及我国大陆地区的译法，称为“侵入”“干扰”或“侵害”。

中，积极的侵入复可进一步分为物质的侵入与观念的侵入。兹图解如下。[1]

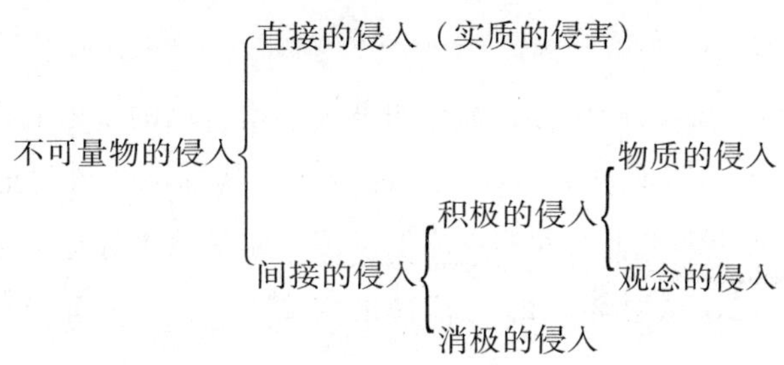

（1）直接的侵入。直接的侵入，系指对相邻土地施加的实质的直接的侵害。需注意的是，以侵入为目的，通过设立专门的管道、坑道、排水管等对邻地为物质的侵入的，属于此直接的侵入。对于直接的侵入，《瑞士民法典》乃完全加以禁止。不过，其第691条所定的允许他人安设管道的情形、第694条至第696条的通行权（通路权）的情形、第699条至第701条的负有忍受义务的情形以及依双方当事人的合意而赋予邻人“侵入”他人土地的权利的情形，则不在此限。[2]

（2）间接的侵入。间接的侵入，是单纯由于土地所有人利用土地的结果而生的侵入，以侵害邻地的利用可能性为其特征。间接的侵入，得进一步分为间接的积极的侵入与间接的消极的侵入。其中，间接的积极的侵入，复可分为间接的积极的物质的侵入与间接的积极的观念（非物质）的侵入。间接的积极的物质的侵入，系指由于利用自己的土地的结果（因而具有间接性），而使某些（有害）物质到达于邻人的土地，抑或自己土地上的噪音、喧嚣、震动对邻地的“侵入”。此类侵入，是《瑞士民法典》第684条的规制对象。由于土地所有人利用自己的土地的结果，而使固体（如尘埃、煤、粘土粒子、灰、火花、锯屑、杂草粒

1　［日］沢井裕：“瑞士相邻法”，载《关西大学法学论集》第9卷第5、6合并号，第184页。

2　需注意的是，此等直接的侵入，根据《瑞士民法典》，其不仅得依不可量物侵入的规定加以禁止，而且可依妨害排除而予禁止。在此点上，德国民法与日本民法并无不同。惟对于以侵入为目的而建造专门的设备或设施而实施侵入的，《瑞士民法典》是作为直接侵入的对象而予排除，《德国民法典》第906条第3项则明定“通过特殊管道而实施侵入，系不允许”。

子、昆虫、蚊及蜜蜂等)、液体（主要指在空气中浮游的液体)、气体（蒸气、臭气、烟、工厂瓦斯）乃至噪音、电流、光的反射到达于邻地而生的侵入（侵害)，即为其典型。

间接的积极的观念的侵入尽管源于加害人利用自己的土地的结果，但并不是物质、噪音等到达于邻地致生的侵害。易言之，其既不是致邻地上的物体于侵害，也不是致生活于邻地上的人的身体于侵害，而是致于邻地上生活的人的精神于侵害。进而言之，系对邻人的“精神的安泰” （Seelische Wohlbcfinden）的侵害。

“精神的安泰”的侵害，主要是因土地所有人利用自己的土地，例如于自己的土地上建构“不治之症疗养所”，经营妓院或建筑厕所，抑或因储藏有发生火灾或爆炸的危险的物质，而使居住于邻地上的人，通过自己的心理感受而遭受的精神上的不快（如呕吐、厌恶与不安的心绪)，由此使其土地的利用可能性与利用价值受到影响。此种观念的不可量物侵害，瑞士各州法院实务认为不适用《瑞士民法典》第 684 条的规定，然瑞士联邦法院与学理通说，则认为应适用《瑞士民法典》第 684 条的规定求得解决。[1]

间接的消极的侵入，系指土地所有人因利用自己土地，而发生的对邻地的侵害。例如，邻地上的采光、空气的流通及对远处景致的眺望，因相邻土地所有人于自己的土地上建构建筑物或种植树木等而被剥夺或受影响，即属之。需指出的是，间接的消极的侵入不得适用《瑞士民法典》第 684 条的规定。盖因该条为关于土地所有权的行使的规定，故而其仅得适用于邻人利用自己的土地而致生侵害的情形。[2]

---

1 ［日］沢井裕：“瑞士相邻法”，载《关西大学法学论集》第 9 卷第 5、6 合并号，第 184—188 页。

2 ［日］沢井裕：“瑞士相邻法”，载《关西大学法学论集》第 9 卷第 5、6 合并号，第 188—189 页。需注意的是，间接的积极的侵入，也得适用《德国民法典》第 906 条有关不可量物侵害的规定。然与德国民法的最大差异乃在于，根据瑞士法，间接的积极的观念的侵入（侵害)，也得适用《瑞士民法典》第 684 条的规定。于德国，其判例与通说皆不认此间接的积极的观念的侵害得适用《德国民法典》第 906 条的规定。对此，请参见［日］沢井裕：“瑞士相邻法”，载《关西大学法学论集》第 9 卷第 5、6 合并号，第 189 页。

(3) 不可量物侵害的“过度性”。如前述，《瑞士民法典》的不可量物侵害制度，是对于因利用土地而发生的侵害（侵入），比较衡量相关当事人的利害，而于一方的忍受义务与他方的不作为义务之间所画的界线。根据第684条的规定，其界线系在于侵入（侵害）的程度（Intensitat），即源自邻地的不可量物侵害并未逾越通常的程度时，受害邻地（人）必须忍受；相反，如属过度的不可量物侵害，则得请求禁止，且此时不以加害人具有故意、过失为必要。

不可量物侵害是否“过度”，也即是否具有“过度性”，并不依被害地（人）主观的感受，而是依事物的性质判定，也即根据独立的客观标准确定。根据《瑞士民法典》第684条第2项的规定，所谓“过度性”，是指对邻地的侵入，根据土地的位置或特性，抑或依当地习惯而为邻人不能容忍或忍受者。

(4) 实务中的救济方法。于瑞士实务上，法官于判定不可量物侵害具有“过度性”后，通常并不立即做出禁止邻人利用自己的土地的命令，而是令其采取适当的防止措施，以使不可量物侵害减少至可以使邻人忍受的程度。如无适当的防止措施，则可限制加害土地的利用时间，此种限制不可行时，则禁止其利用自己的土地。

第二节 德国相邻关系法

一、概要

德国的相邻关系法（Nachbarrecht）主要见于《德国民法典》中的相关规定。而《德国民法典》对相邻关系的规定，则见于其物权编第三章所有权中。[1]其中，第905条规定所有权的界限，第906条以下规定各种具体的相邻关系，即关于不可量物的侵入（第906条），关于在疆界线附近建造建筑物等工作物的相邻关系（第907—909条，第912—916条），关于越界树木的根或枝的相邻关系（第910条），关于果实自落的相邻关系（第911条），关于通行的相邻关系（第917—918条），关于疆界的相邻关系（第919—923条），关于相邻法上

1 具体规定于该“所有权”章中的第一节“所有权的内容”里，自第903条至第924条。

的请求权不受消灭时效的限制（第 924 条）。需注意的是，对于水流的相邻关系，《德国民法典》未设规定，而是委诸各州法规定。另外，根据《德国民法典施行法》第 124 条的规定，德国各州法尚可对相邻关系中的某些细微事项作出规定。[1]

《德国民法典》是从限制所有权的内容的视角来规定相邻关系的。而关于所有权的内容的限制，计有因限制物权的限制、相邻关系的限制，以及公法上的限制和其他限制[2]。其中，根据相邻关系法而对不动产所有权予以限制，系各种限制中最称重要者。另外，德国相邻关系法的立法旨趣，是使邻人间尽可能地和睦相处。故此，其相邻关系法所调整的，不仅为数个土地所有权人间的关系，尚涵括土地所有权人与土地占有人（如使用承租人），及土地占有人彼此间的相邻关系。[3]

按照通说，《德国民法典》根据相邻关系而对不动产所有权的限制，乃滥觞于日耳曼法。然随着时代的变迁，德国现今对不动产邻人间的相邻关系的规制，早已越出了《德国民法典》的原有规定。德国今日的立法与实务大多自保护环境这一广阔的视角来考量与把握相邻关系制度及其规则。噪音、空气污染、震动的防止及日照权等，相继演绎为相邻关系法中的重要内容。同时，防止水污染、水资源的匮乏等也被提升到环境保护的高度而备受重视。概言之，德国法今日的相邻关系制度，无论从“量”抑或“质”上，皆较《德国民法典》制定时有了重要变易。另外，于现今的德国，如何理解相邻关系或相邻权，较为不易。究其原因，主要是因为，于对相邻关系的调整上，私法规范与公法规范双管齐下，却又相互交错而呈混乱局面。[4]此点应予注意。

---

1 ［日］於保不二雄著，高木多喜男补遗：《德国民法Ⅲ》（物权法），有斐阁 1955 年版，第 73 页。

2 参见《德国民法典》第 226 条等。

3 ［德］鲍尔、施蒂尔纳：《德国物权法》（上册），张双根译，法律出版社 2006 年版，第 537 页。

4 ［德］鲍尔、施蒂尔纳：《德国物权法》（上册），张双根译，法律出版社 2006 年版，第 537 页。

二、不可量物侵害法（无形侵害法，Immissionsrecht）

德国相邻关系法的主要内容，为不可量物侵害法，即“无形侵害法”，或称“干涉法”。《德国民法典》物权编第三章（所有权）的第一节（所有权的内容）对相邻关系的具体规定中，首先规定的即是不可量物的侵入（第906条）。此被称为《德国民法典》上的不可量物侵害法。另外，德国尚有《联邦不可量物侵害防治法》，或称为《联邦无形侵害防治法》[1]《联邦公害防治法》[2]抑或《联邦污染防治法》。[3]后者通常又称为公法上的不可量物侵害法。兹分述如下。

（一）《德国民法典》中的不可量物侵害法

1.《德国民法典》第906条的内容及其修正

如前述，《德国民法典》的不可量物侵害法，规定于第906条。[4]而《德国民法典》该第906条，自1959年以降乃经历了两次重要修改，即1959年12月22日根据《关于营业令的变更与民法典的补正的法律》（BGB1，S. 781）的修改，与1994年9月21日进行的修改。1959年的修改，是依“相邻共同体关系理论”而进行的。[5]同时，也正是此次修改，使“相邻共同体关系理论”于《德国民法典》上被定着下来。根据修订前的规定，受害人负忍受义务的情形有：第一，不可量物侵入完全未产生损害；第二，尽管不可量物侵入产生了损害，但损害并不

---

1 ［德］鲍尔、施蒂尔纳：《德国物权法》（上册），张双根译，法律出版社2006年版，第547页。

2 陈卫佐译注：《德国民法典》（第2版），法律出版社2006年版，第330页。

3 郑冲、贾红梅译：《德国民法典》，法律出版社2001年版，第222页。

4 《德国民法典》第906条规定：“土地所有人对于瓦斯、蒸气、臭气、烟、煤、热、音响及震动的侵入，及其他来自邻地的类似干扰，并不妨碍其对土地利用，或其妨碍仅系不重大者，不得禁止之。法律或法规命令所定之上限值或标准值，不为依该规定确定及评估之干扰所超过者，通常构成不重大之妨害。依《联邦公害防治法》第四十八条规定公有且反映现有技术状态之一般行政规定之数值者，亦同。重大之干扰系他土地上之地方惯行利用所引起，且非依经营上对其利用人可期待之措施所能加以防止者，亦同。土地所有人因而应忍受干扰者，得请求他地利用人以金钱为相当之补偿，但以自己土地之地方惯行利用或其收益，因妨害而造成超过一般预期程度之干扰者为限。”

5 《德国民法典》第906条系依1959年12月22日的《关于修改营业条例（Gewerbeordnung）及补充民法之法律》所增定。增定条文于1960年6月1日生效，最新修正为2015年4月15日。对此，请参见台湾大学法律学院、财团法人台大法学基金会：《德国民法（总则编、债编、物权编）》（上册）（第2版），元照出版有限公司2016年版，第867页。

重大（unwesentlich）；[1]第三，损害虽然重大，但损害的发生，系加害地的所有人依合于当地惯行的利用所造成。特别是由该第三种情形，可以导出如下的结论：加害的土地的利用，只要是符合当地通常的土地的利用，纵达到使相邻土地所有人经营的事业不能继续下去的程度（譬如由于亚硫酸的辐射、扩散、放射而使相邻土地的农业经营被废弃），受害地（人）也需忍受。显而易见，这是不适当的。而对此不适当的规定予以修改的理论基础，即是“相邻共同体关系理论”。1959年新修订后的第906条，与“相邻共同体关系理论”几乎完全一致。根据修改后的第906条，受害人负忍受义务的情形，第一、二种情形与修改前无异，然第三种情形则有较大变化，即修改为：加害土地的通常的利用所生的重大侵害（损害），是采取经济上可期待的措施不能防止的。最近的一次修改是1994年9月21日进行的，此次修改系对“轻微损害”的涵义予以界定。[2]

2. 对《德国民法典》第906条的考量

《德国民法典》第906条所称“不可量物”，德文为Imponderabilien，系指煤气、蒸气、臭气、烟、煤烟子、热、噪音、震动以及从另一块土地发出的类似干涉的侵入。又所谓“类似的干涉的侵入”，一如热（能）、噪音、冷气、闪光、电流等，指因能量（能源）的侵入而引起的侵害。此外，与空气混合后的气体（如碳酸气体），与像灰尘那样的体积非常小的固体（如尘垢、尘埃、火花和小石头）所生的侵入，也属之。[3]

1　对土地使用的干扰是否重大，系依客观标准确定。也就是说，何为对土地构成显著的损害或侵害，乃依客观标准加以认定。所谓“客观标准”，系指超过“正常普通人（normaler Durchschnittsmensch）可忍受的限度（Ertraglichkeitdes normalen Dutchschnittsmenschen）”（即相当于日本的“忍受限度论”），而与土地所有人个人的特殊情况无关。就一般观点言，土地所有人未依地方习惯任意使用者，其干扰不具有重大性质。就特殊观点而言：（1）邻地音响等所造成之干扰，对罹患神经衰弱的土地所有人不致构成重大干扰，但对于精神病院所有地的同类干扰，即构成重大干扰；（2）如果邻地音响等致使土地上房屋无从出租的，也构成重大干扰；（3）因邻地的烟、煤等所造成的干扰，不能将致使土地上的温泉旅馆出租于疗养旅客（Krugast）的，也构成重大干扰。对此，请参见台湾大学法律学院、财团法人台大法学基金会：《德国民法（总则编、债编、物权编）》（上册）（第2版），元照出版有限公司2016年版，第867页。

2　［日］东孝行：《相邻法的诸问题》（信山社1997年版）第176页，与《基于判例的法的形成》（信山社1996年版）第111页以下。

3　［日］村上淳一等编：《德国法讲义》，青林书院新社1974年版，第196页；［日］山田晟：《德国法概论》，有斐阁1987年版，第213页。

本来，土地所有人对于来自于邻地的不可量物侵入，得基于所有权的妨害排除请求权加以排除、禁止。然为了邻人之间的和平、安宁，特别是为了维持“相邻共同体关系”的存续，《德国民法典》第906条规定，不可量物的侵入不损害邻地的利用，或者虽然有所损害，但程度轻微并不显著的，即只是“轻微损害”的[1]，土地所有人必须忍受之。并且，即使达到显著损害土地的利用的程度，但如果此为土地所有人依当地惯行的利用所引起，且不能在经济上采取可期待的措施加以阻止的，邻（地）人也须忍受。[2]

另外，《德国民法典》第906条第2项第2句规定：土地所有人因而应忍受侵入（干扰）的情形，得请求邻地的利用人以金钱为适当的补偿（ein angemessener Ausgleich），但以自己土地的地方惯行利用或其收益，因侵入（妨害）而造成超过一般预期程度的干扰（妨害）者为限。当然，通过设置特殊的管道侵入邻地，乃是不允许的（第906条第3项）。

（二）德国《联邦不可量物侵害防治法》（《联邦公害防治法》《联邦污染防治法》）

德国于1974年3月15日制定《联邦不可量物侵害防治法》，旨在对空气污染、噪音、震动以及类似的物质所生的侵入予以防治，称为《联邦不可量物侵害防治法》《联邦无形侵害防治法》《联邦公害防治法》或《联邦污染防治法》（以下采用《联邦不可量物侵害防治法》的称谓）。该法较近的一次修改是1985年10月4日。

德国《联邦不可量物侵害防治法》最值得注意的规定为该法第4条与第14条。第4条规定：某些危险性或损害环境的设施，其特征为“因其特性或其运行，于特定的限度内，易导致对环境有害的影响，或以其他方式对公众或邻人造成危险、重大妨害或重大侵扰”，对此类设施的忧惧，即导致在建立此等设施时，

1　对于“轻微损害”的判定，1994年修订后的第906条设有明文，即指根据规定查明和估算的侵入（或干涉、干扰）未超出法律或者法令确定的极限数值或者标准数值。而且，此同样适用于根据《德国联邦不可量物侵害防治法》第48条颁布并反映技术发展水平的一般行政法规中的数值。参见郑冲、贾红梅译：《德国民法典》，法律出版社2001年版，第222页。

2　［日］村上淳一等编：《德国法讲义》，青林书院新社1974年版，第196页；［日］山田晟：《德国法概论》，有斐阁1987年版，第212页。

需获得官方的许可，也就是必须经过许可获得程序。而于该程序中，邻人对许可获得可提出抗辩（同法第 10 条第 3、6、7、10 项及第 9 条）。进而言之，邻人得被邀请参加许可申请程序。另外，邻人也享有行政诉讼上的起诉权。若许可被批准，则依据《德国民法典》第 903 条、第 906 条、第 1004 条，再也不能请求停止已获许可设施的经营，而只能请求采取保护性预防措施，或者损害赔偿（同法第 14 条）。可见，德国《联邦不可量物侵害防治法》规定了一项超出《德国民法典》第 906 条第 1 项与第 2 项之外的容忍义务。[1]

以上第 14 条规定的深层次的理由，乃在于对第 4 条所定的设施引起的不可量物侵害，应事先予以审查，而审查的结果，要么是颁发许可，要么是拒绝许可；如此进行的事先审查，其意义不仅在于对公众与邻人利益加以保护，而且意味着之后基于许可而创造的经济价值也就不得复因民事法院的判决而被摧毁掉。[2]

当然，对于邻人利益的保护来说，此一程序也有其不足之处：虽然颁发许可的行政机关，于许可颁发后，尚可作出要求保护公众利益的命令（同法第 17 条），且尚可在符合一定条件时，要求停止业已许可的设施建设（同法第 20 条），但受妨害的邻人通过民事诉讼途径，只能请求采取预防性保护措施，或者请求损害赔偿（同法第 14 条）。[3]

应值提及的是，以上德国《联邦不可量物侵害防治法》第 14 条所定的损害赔偿请求权，仅于妨害性干涉（侵害、侵入）超出《德国民法典》第 906 条所定的范围时，方能成立。另外，该第 14 条所定的损害赔偿请求权，与《德国民法典》第 906 条第 2 项第 2 句的补偿请求权的关系，也有必要予以究明。具体而言，于被侵害的土地所有权人自身根据《德国民法典》第 906 条、第 1004 条享有的禁止权（Verbietungsrecht）不能行使时，则得成立德国《联邦不可量物侵害防治法》第 14 条的损害赔偿请求权；于土地所有权人的禁止权不成立，而侵

1 ［德］鲍尔、施蒂尔纳：《德国物权法》（上册），张双根译，法律出版社 2006 年版，第 547、548 页。

2 ［德］鲍尔、施蒂尔纳：《德国物权法》（上册），张双根译，法律出版社 2006 年版，第 548 页。

3 ［德］鲍尔、施蒂尔纳：《德国物权法》（上册），张双根译，法律出版社 2006 年版，第 548 页。

害又超出可期待的程度时，成立《德国民法典》第906条第2项第2句的补偿请求权。[1]

（三）对因建筑施工所生的噪音的规制

对因建筑施工所生的噪音的规制，德国于1965年9月9日制定了《建筑噪音保护法》（Gesetz zum Schutz gegen Baulärm）。根据该法，为了规范浚喋机、压缩空气的杵锤、压器机（compressor）、混凝土搅拌机、浇灌机等于施工过程中所生的噪音，明定联邦政府有制定一般行政规章的权限（第3条第2项）。据此，德国联邦政府乃于1970年8月18日制定了《防治噪音的一般行政规则》（Allgemeine Verwaltungsvorschriften zum Schutz gegen Baulärm）。[2]

（四）对飞机噪音的规制

为了保护机场周围的居民免受飞机噪音的侵入（侵害），德国于1971年3月30日制定了《飞机噪音保护法》（Gesetz zum Schutz gegen Fluglärm）。[3]该法第1条规定：机场周围设立噪音保护区域（Lärmschutzbereich）。于噪音保护区域，原则上不得建构建筑物。噪音保护区域，于联邦内务大臣就供交通用机场获得联邦交通大臣、就供军事用机场获得联邦国防大臣的谅解，并获得联邦参议院的许可后成立（第5条第1项）。噪音保护区分为两种：一是“噪音保护区Ⅰ”（Schutzzone Ⅰ），即同值的、连续的噪音的高低超过75dB（A）的区域（第2条）；二是“噪音保护区Ⅱ”（Schutzzone Ⅱ），即超过67dB（A）的区域。于噪音保护区域，不得建构医院、养老院、疗养所、学校及其他类似的建筑物。于“噪音保护区Ⅰ”，不得建构供居住用的建筑物。但在确定为噪音保护区前已然获得建筑许可的住宅、军队的宿舍及其他设施，则以例外对待，即得进行建筑。对作为例外而获准建构的建筑物，联邦政府应安装防音设备（第6条、第7条）。

机场关系人的义务。德国《航空交通法》第19a条规定，交通用机场的经营者负有于机场和周边地区安装噪音测量装置或设施的义务。并且，机场的保有

1 ［德］鲍尔、施蒂尔纳：《德国物权法》（上册），张双根译，法律出版社2006年版，第551—553页。

2 ［日］山田晟：《德国法概论》，有斐阁1987年版，第213页。

3 该法于1976年12月14日被修改。

者、飞机的保有者及飞机的运行者（飞机的实际运营人，如飞机的驾驶者等），于飞机飞行（运行）时，负有将噪音的扩散控制（限定）于最小限度的义务（第29b 条）。

咨询委员会与委员会。于联邦内务大臣和联邦交通大臣之下，设立咨询委员会（Ein Beratender Ausschuß）。为防治飞机的噪音污染而发布法规、命令及一般行政规章时，于发布前，应听取咨询委员会的意见（《航空交通法》第 32a 条）。[1]

三、逾越自己土地的疆界而建构建筑物

《德国民法典》第 912 条至第 916 条对逾越自己土地的疆界而建构建筑物（即“越界建筑”）设有明文。根据规定，邻地的所有人建造建筑物等定着物时，无故意或重大过失而逾越疆界的，被逾越的土地所有人于邻人逾越疆界的前后，未即时提出异议者，应忍受其逾越。作为对逾越的补偿，被逾越地的所有人，对于邻地所有人，得请求支付“越界建筑定期金”。[2]该越界建筑定期金的数额，以越界时间为准。另外，《德国民法典》第 915 条第 1 项第 1 句规定：定期金权利人，得随时请求定期金义务人，受让其越界建筑土地部分的所有权，以补偿其相当于越界时该部分土地价值的金额。[3]

四、围绕地（Notweg）通行权[4]

被围绕地（人）的通行权，《德国民法典》规定于第 917 条、第 918 条：土

1 参见［日］山田晟：《德国法概论》，有斐阁 1987 年版，第 214 页。

2 此所谓“越界建筑定期金”，即定期的地租，系指邻地所有人得通过接受支付的地租而获损害补偿。其数额，以逾越疆界时为准。

3 需注意的是，所谓越界建筑，当涵括合法越界建筑与违法越界建筑。合法越界建筑，即因轻过失而为的越界建筑，邻地所有人未立即提出异议者；违法越界建筑，系指因故意或重大过失而为的越界建筑，且邻地所有人立即提出异议者。《德国民法典》第 912 条至第 916 条，为关于合法越界建筑的规定。对此，请参见台湾大学法律学院、财团法人台大法学基金会：《德国民法（总则编、债编、物权编）》（上册）（第 2 版），元照出版有限公司 2016 年版，第 871 页；［日］於保不二雄著，高木多喜男补遗：《德国民法Ⅲ》（物权法），有斐阁 1955 年版，第 82—83 页。

4 此所谓围绕地通行权，即《日本民法》的“袋地通行权”。《德国民法典》第 917 条规定一般的围绕地通行权，第 918 条规定特殊的围绕地通行权。

地因与公路缺乏必要的联络，致不能为通常的使用者，土地所有人于此缺陷未排除前，得请求邻地所有人容许其利用，以建立必要的联络。必要通行的方向与通行使用权的范围，必要时得以判决定之。对于必要通行权所经过的邻地所有人，应以地租[1]补偿其损失。于此情形，准用《德国民法典》第 912 条第 2 项第 2 句、第 913 条、第 914 条以及第 916 条的规定。[2]

然土地与公路的原有联络[3]系由土地所有人的任意行为而切断的，则邻地所有人不负容许通行的义务。因土地的一部分被让与，致让与的部分或保留的部分不通公路的，与公路保持原有联络的部分土地的所有人应容许为必要的通行。数土地同属一人所有，而将其中一土地加以让与的，视为土地的一部分的让与。

五、可能发生危险的设备、挖掘、越界的根与枝等

《德国民法典》第 907 条、第 909 条、第 910、第 911 条规定，土地所有人可以禁止邻地上将要发生危险的设备与危险的挖掘活动，并有割除从邻地伸入的树枝与灌木的根的权利。自树木或灌木自落于邻地的果实，视为邻地的果实。此外，《德国民法典》第 919 条尚对界标的设置，第 920 条尚对地界的划定设有明文。

六、日照权（Lichtrecht）

日照权，《德国民法典》未设规定。故此，纵因新建房屋致邻人不能受阳光的照射，加害方也无停止建构房屋的义务。惟根据《德国民法典施行法》第 124 条的规定，德国的各州法得对日照权设立特别规定。于现今，德国各州法就日照权设立明文规定的，系为数不少。[4]

1　此所谓“地租”，即瑞士法所称的“偿金”。

2　此等条、项，皆为关于租金（偿金）补偿请求权的规定。此租金补偿请求权，于土地所有人应容忍通行的状态存在时，即行发生，不必待至通行道路的开设。至于补偿金额，则自通行容忍义务发生时起算。对此，请参见台湾大学法律学院、财团法人台大法学基金会：《德国民法（总则编、债编、物权编）》（上册）（第 2 版），元照出版有限公司 2016 年版，第 873 页。

3　需注意的是，根据相邻关系制度的本旨，土地所有人容忍邻人的必要的通行，乃是由于土地的法定的限制。故此，依《德国民法典》的规定，土地所有人无需负权利的瑕疵担保责任。

4　［日］山田晟：《德国法概论》，有斐阁 1987 年版，第 215 页。

七、创制窗户的权利（Fensterrecht）

对于窗户的创制，《德国民法典》未设任何限制性的规定。故此，不动产的所有人，纵设置俯视邻人建筑物的窗户，也无不可。然根据《德国典民法典施行法》第124条的规定，德国各州法得对此设立限制性规定。[1]

八、建筑物等定着物与疆界（土地的边界）的距离

对于建筑物等定着物与疆界（土地的边界）的距离，《德国民法典》未设规定。然德国各州法对建筑物等定着物与疆界线应保持的距离多设有明文。[2]此外，尚有一些州的州法对猪圈、下水沟（下水道）等与疆界应保持的距离设立有明文。[3]

---

1 ［日］山田晟：《德国法概论》，有斐阁1987年版，第215页。

2 参见《普鲁士普通邦法》第1编第8章第139条。

3 参见《普鲁士普通邦法》第1编第8章第125条以下。

第八章

日本与德国民法的用益物权制度

近现代及当代大陆法系各国民法有用益物权制度。用益物权，即关于物或权利的物权的使用、收益的制度，又称为物权的利用权（Dingliche Nutzungsrechte）的制度。囿于篇幅的限制，本章仅对《日本民法》与《德国民法典》中的用益物权制度作一考量，以为我国《物权法》规定的土地承包经营权、宅基地使用权、建设用地使用权及地役权四种用益物权提供解释论上的参照、借镜。

第一节　《日本民法》的用益物权

《日本民法》上的物权类型共计 10 种，涵括占有权（第 180 条以下）、所有权（第 206 条以下）、地上权（第 265 条以下）、永小作权（永佃权，第 270 条以下）、地役权（第 280 条以下）、入会权（第 263 条、第 294 条）、留置权（第 295 条以下）、先取特权（优先权，第 303 条以下）、质权（第 342 条以下）及抵押权（第 369 条以下）。[1]图示如下即是[2]：

1　此外，日本还有特别法上的物权，复涵括商法与商法以外的特别法上的物权。其中，其商法规定的物权，有商事留置权（《日本商法典》第 31 条、521 条、557 条、562 条、753 条）、船舶先取特权（船舶优先权）（《日本商法典》第 842 条以下）、商事质权（《日本商法典》第 515 条）及船舶抵押权（《日本商法典》第 848 条）等担保物权；而商法以外的特别法规定的物权，则包括矿业权（《矿业法》第 5 条、第 12 条）、租矿权（《矿业法》第 6 条、第 71 条）、采石权（《采石法》第 4 条）、渔业权（《渔业法》第 6 条、第 23 条）、入渔权（《渔业法》第 7 条、第 43 条）等用益物权，与工厂抵押权（《工厂抵押法》第 2 条）及《工厂抵押法》《矿业抵押法》《渔业财团抵押法》等中的各种财团抵押权，企业担保权（《企业担保法》第 1 条）及《机动车抵押法》《建设机械抵押法》《航空器抵押法》等中的各种动产抵押权和假登记担保权（《假登记担保法》）等担保物权。参见

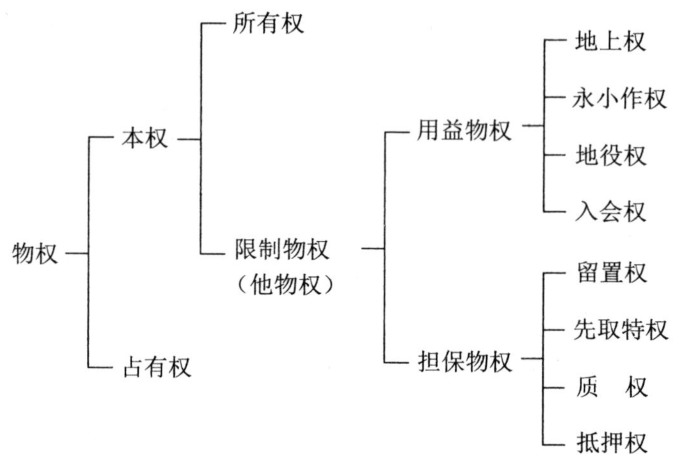

《日本民法》的用益物权，系指可于一定范围内对他人的土地为使用、收益的物权的总称，易言之，是以土地（而非动产）为标的物而成立的权利。用益物权，是在他人所有的土地上成立的权利，故称为他物权。又因它是在设定行为所定的范围内对标的物予以支配，故又称为限制物权、限定物权抑或定限物权。[1]

《日本民法》规定了四种用益物权，即地上权、永佃权（日文汉字：永小作權）、地役权及入会权。这些权利，可依设定契约，或依时效的完成而取得。在日本，入会权、温泉权与水利权也属于所谓“习惯法上的用益物权”。此等权利，是在德川时代村落共同体的总有的支配背景下产生的。自明治以降近代民法产生后，即把它们作为习惯法上的权利对待。此等权利的内容，与近现代及当代民法中的用益物权有较大的差异，故《日本民法》制定时，仅于《日本民法》中就入会权设立规定，而对温泉权、水利权则未设明文。现今的日本判例，系把此两种权利作为习惯法上的物权对待。此外，《日本民法》的用益物权，尚涵括民事单行法所定的矿业权与渔业权。限于篇幅，以下仅论述《日本民法》所定的四种用

（接上页）［日］松井宏兴：《物权法》，成文堂 2017 年版，第 17 页。

2 ［日］松井宏兴：《物权法》成文堂 2017 年版，第 16 页。

1 ［日］川岛武宜编集：《注释民法》（7），有斐阁 1960 年版，第 401 页。

益物权。

地上权、永佃权和地役权，分别规定于《日本民法》第二编“物权”的第四、五、六三章中。其中，地上权被规定于第265条至第269条；永佃权被规定于第270条至第279条；地役权被规定于第280条至第293条。第294条明定无共有性质的入会权，除依各地方的习惯外，准用本章关于地役权的规定。以下先分析、考察《日本民法》所定的地上权制度。

一、地上权

（一）概要

地上权，为近现代及当代民法一项重要的用益物权，各国家或地区民法大多设有其明文。在日本民法史上，原本无地上权一语，至明治政府编纂民法典时，方有地上权的概念。易言之，现行《日本民法》中的地上权概念，系继受近代欧陆各国民法而来。[1]《日本民法》关于地上权的规定，见于其物权编的第四章，凡5个条文（第265条至第269条）。

根据规定，所谓地上权，系指在他人土地上为保有（所有）工作物或竹木而使用其土地（土地的地表及其上下空间）的权利。[2]所谓“工作物”，系指如建筑物那样于土地上建构的设施，及像隧道那样于地下建构的设施。[3]需注意的是，于他人土地的地表及其上下空间保有建筑物，尽管依租赁契约而取得地表或地表上下空间的租赁权也可达成，然因承租人基于租赁权仅有请求使用土地的债权，故其法律地位实较直接支配他人土地的物权的地上权人为弱。不过，对于土地所有人而言，采土地的出租方式对其更为有利。故而在日本，土地所有人于让他人利用自己的土地时，多不愿设定地上权，而是愿意订立租赁契约将自己的土地出租给他人。并且，契约的内容，因当事人可以自由订定，故属于经济上的弱者的承租人，纵契约内容对自己不利，也往往必须忍受。有鉴于此，为保护承租人尤其

1　［日］田中整尔编：《物权法》（山田幸二执笔），法律文化社1998年版，第219页。日本《旧民法》第17条规定：“所谓地上权，系指以保有建筑物或竹木的完全所有权或占有权为目的而使用他人土地的权利。”

2　参见《日本民法》第265条。

3　［日］松坂佐一：《物权法》（第4版），有斐阁1980年版，第172页。

是借用土地而建构建筑物并保有它的人的利益（亦即为保护承租、借用他人土地的弱者的利益），自 1898 年《日本民法》施行后，日本遂相继制定了《关于地上权的法律》（1900 年）、《关于建筑物保护的法律》（1909 年）、《借地法》（1921 年）、《借地借家调停法》（1922 年）、《借地借家临时处理法》（1924 年制定）、《战时罹灾土地物件令》（1945 年制定，1946 年废止）、《罹灾城市借地借家临时处理法》（1946 年），等等。经由此等立法，强化了以所有（保有）建筑物为目的的土地的租赁权，提升了承租人的地位，结果不仅使租赁权与地上权相接近，而且于《租地法》中，在租地权的名称下，将以所有（保有）建筑物为目的而利用他人土地的地上权与租赁权一并规定，由此使租地权较《日本民法》中的地上权得到了强化。[1]

（二）地上权的法特性

根据日本学理，《日本民法》的地上权具有如下法特性。

（1）地上权是以他人的土地为客体（标的物）的物权。此所谓土地，不以一笔土地为必要（土地的一部亦可），且也不问地表或地表的上下。但地上权所及的范围，设定契约应依地上权的设定目的与土地的形状，具体订定。另外，自 1960 年代以降，地铁、地下街、高架桥、空中走廊等纷纷出现，且于地下空间建构工作物等设施的事例俯拾即是，为谋土地的高度利用，日本遂于 1966 年对其民法典进行修改，而追加规定第 269 条之二，明定可以地下或空间的特定部分设定地上权，[2] 称为“区分地上权”或“部分地上权”。

（2）地上权是以所有（保有）工作物或竹木为目的的权利。所谓工作物，系指建筑物及其他于土地上设置的一切设备。所谓竹木，系指以种植为目的的树木和竹，而以耕作为目的的稻、麦、桑、果树、野菜及茶等则不涵括在内，它们属于永佃权的设定范围。可见，所谓竹木，主要系指“以植林为目的”的植物。

（3）地上权是使用他人土地的权利。《日本民法》的地上权，因以所有（保有）工作物或竹木为目的，故而是一种以使用土地为本旨内容的权利，而非如德国民法的地上权，乃是作为“地上物属于土地的原则”的例外，而以于他人土地

---

1 ［日］松坂佐一：《物权法》（第 4 版），有斐阁 1980 年版，第 172—173 页。

2 参见日本《不动产登记法》第 111 条第 2 项。

上所有（保有）工作物为内容的权利。故而，工作物或竹木即便现在不存在，也不影响地上权的设定。另外，工作物或竹木纵使灭失，地上权也不消灭。并且，于所有（保有）工作物或竹木的必要范围内，地上权的效力也得及于基地周围的空地。此外，地上权人对土地的使用因与土地所有人相同，故而有关相邻关系的规定得准用于地上权。[1]

（4）地上权作为一种物权，具有可让与性和继承性。

（5）地租不是地上权的要素。多数情形，地上权的成立与存续，需定期支付地租，但与租赁权、永佃权不同，《日本民法》的地上权并不以支付地租为必要。

（6）区分地上权。《日本民法》第269条之二第1项规定：地下或空间，以对工作物的所有为目的确定上下范围后，得作为地上权的标的。此时，得透过设定行为，为地上权的行使而对该土地的使用加以限制。

《日本民法》之所以追加规定区分地上权，乃在于因应土地的立体化利用。区分地上权制度的创设，为土地所有人与此外的其他人对土地地表及其上下空间进行有效率的分层的利用提供了可能。[2]即使存在第三人对土地使用或收益的权利，只要得到享有其权利或以其权利为标的的权利的一切人承诺后，区分地上权（地下、空中的地上权）也可设定。此时，对土地有使用或收益权利的人，不得妨碍该地上权的行使。[3]

（三）地上权的取得

1. 地上权的取得事由

根据《日本民法》，当事人取得地上权，通常有下列途径：一是依土地所有人与意欲取得地上权的人的设定契约而取得，此为最常见的取得方式；二是依土地所有人的遗嘱而设定。

1　参见《日本民法》第267条。

2　当代土木建筑领域普遍认为，19世纪是桥的世纪，20世纪是高层建筑的世纪，21世纪则将是地下空间的世纪。故此，于立法上规定空间地上权（区分地上权、部分地上权）制度，实具重要意义与价值。对此，请参见肖军：《城市地下空间利用法律制度研究》，知识产权出版社2008年版，第4页。

3　参见《日本民法》第269条之二第2项；参见［日］松坂佐一：《物权法》（第4版），有斐阁1980年版，第173—175页。

应当指出的是，地上权与租赁权虽为两种不同特性的权利，然在皆依当事人之间的契约而利用土地的情形，土地的利用人利用土地的权利，究为地上权抑或租赁权，实务上有时较难判定。其结果，乃需要对所订立的契约进行解释。解释时，通常应考虑利用土地的目的与地方习惯。1900 年 3 月 27 日，日本颁布《关于地上权的法律》，其第 1 条规定："本法施行前，为在他人的土地上所有（保有）工作物或竹木而使用他人的土地的，推定为地上权人。"[1]

2. 法定地上权

《日本民法》第 388 条第 1 句规定：土地及土地上存在的建筑物属于同一所有人时，所有人仅可以其中之一设定抵押权。此种情形，一经因实行（拍卖）抵押权致所有人不同时，视为已就该建筑物设定了地上权，是为法定地上权。此法定地上权，符合于《日本民法》将建筑物与土地分立，而使建筑物本身具有独立的交易价值的观念。以《日本民法》第 388 条的规定为基础，1979 年日本制定的《民事执行法》第 81 条前句规定：土地与土地上的建筑物属于债务人所有的，就其建筑物，可视为业已设定了地上权。[2]

（四）地上权的存续期间

1. 以设定行为确定存续期间

地上权的存续期间可以设定行为定之。关于地上权的最长与最短期间，《日本民法》未如永佃权（第 278 条）与租赁权（第 604 条）那样设有明文。故此，学者于解释时发生歧见。对于当事人得否设定永久存续的地上权，日本判例采肯定主义。[3]学者我妻荣基于如下理由支持判例的立场。

其一，现今承认永久地上权，不会使土地所有人的所有权虚化，并妨碍土地的使用与改良。永久的地上权人与土地所有人，皆会致力于土地的充分利用与改良。

其二，在现今的日本，土地所有权事实上业已逐渐转化为永久的地租征收权。租赁权的物权化与地租权制度的创设，使土地所有权出现了分解的倾向。故

1　［日］松坂佐一：《物权法》（第 4 版），有斐阁 1980 年版，第 175—176 页。

2　［日］松坂佐一：《物权法》（第 4 版），有斐阁 1980 年版，第 176 页；［日］我妻荣著，有泉亨补订：《物权法》，岩波书店 1977 年版，第 350 页。

3　参见日本大审院 1903 年 11 月 16 日判决。

而，即使认可永久的地上权，也不会使民法的物权系统发生崩溃。

对于以上问题，日本20世纪40年代也有判例认为，登记簿册若登记为无期限的地上权的，应解为系未订期限的地上权，但不得解为永久地上权。[1]譬如，为了铺设运煤的车轨而以他人土地设定地上权的，其存续期限即应解为：与煤矿井的经营同时存在。[2]

2. 不以设定行为确定地上权的存续期间

对此，《日本民法》第268条规定："（1）未以设定行为定地上权的存续期间时，无另外的习惯的，地上权人可以随时抛弃其权利。但应支付地租的，应于1年前进行预告，或支付未届期限的1年份的地租。（2）地上权人不依前款规定抛弃权利的，法院应当事人的请求，于20年以上50年以下的范围内，斟酌工作物与竹木的种类、状况及地上权设定时的其他情事，确定其存续期间。"

此外，《日本民法施行法》第44条，尚对《日本民法》施行前地上权存续期间的确定，设有明文。依规定，地上权人于《日本民法》施行前业已保有建筑物或竹木的，地上权的存续期间至该建筑物腐朽或其竹木的采伐期届至为止（《日本民法施行法》第44条第2项）。此所谓建筑物的腐朽，系指自然腐朽，不涵括因水灾、火灾而灭失。《日本民法》施行前设定的地上权，且建筑物或竹木尚存在的，应当事人的请求，法院得依第268条第2项的规定，在自设定时起20年以上，自民法典施行之日起50年以下的范围内，定其存续的期间。[3]

（五）地上权的效力

1. 地上权人的土地使用权

（1）地上权人对于土地的使用权。地上权人于依设定行为所定的目的范围内，对于他人的土地有使用、收益的权利。设定地上权时，可就工作物或竹木的

1　参见日本大审院1940年6月26日判决。

2　参见日本大审院判决1941年9月11日，《新闻》第4749号，第11页。其谓：煤矿经营活动中创设的地上权，与煤矿共命运。

3　参见《日本民法施行法》第44条1项。[日] 我妻荣著，有泉亨补订：《物权法》，岩波书店1977年版，第354页。

种类予以限制。惟此种限制宜进行登记，[1]不进行登记的，即不能以之对抗第三人。又因依《日本民法》，作为利用他人土地的地上权，根据所有（保有）的建筑物系坚固的建筑物抑或其他建筑物而异其权利的存续期间。[2]于登记实务中，要求具体注明于他人土地上“所有（保有）工作物”的种类，如注明“保有木造的建筑物”“保有坚固的建筑物”“保有煤气储罐”或“保有杉树”等。以保有（所有）此种特定的工作物或竹木为目的而于他人土地上设定的地上权的效力，只要未作特别限制，即得及于土地的上下（区分地上权除外）。譬如，于设定了以保有竹木为目的的地上权时，即不应解为土地所有人保留了地下或空中的使用权。[3]

地上权人可以把取得的土地出租。《日本民法》尽管未明定地上权人可以将取得的土地出租，但学理认为，因地上权为一种物权，地上权人对于土地的使用，并不像承租权人那样与土地所有人发生“对人的关系”（债权关系），故地上权人与永佃权人相同，得把取得的土地出租。当然，地上权人不得对土地施加可致永久损害的变更，则系自不待言。[4]

地上权是地上权人使用他人土地的物权。此所谓使用，当然涵括对他人土地的占有。而且，于地上权人对土地的圆满的使用状态受到妨碍时，根据所受妨碍的形态的不同，尚可分别提起基于地上权的返还请求权、妨害排除请求权及妨害预防请求权的诉讼。[5]

土地所有人对于地上权人的义务。根据日本判例与学者解释，土地所有人负有不得妨碍地上权人使用其土地的消极义务，[6]然并无把土地置于适合使用的状态的积极义务。此为《日本民法》的地上权与承租权[7]的不同之处。[8]

---

1 参见日本《不动产登记法》第111条。

2 参见日本《租地法》第1条至第3条。

3 ［日］川岛武宜编集：《注释民法》（7），有斐阁1960年版，第417页。

4 ［日］我妻荣著，有泉亨补订：《物权法》，岩波书店1977年版，第359—360页。

5 ［日］松坂佐一：《物权法》（第4版），有斐阁1980年版，第180页。

6 日本大审院判决1917年9月6日，（民）第1250页。

7 参见《日本民法》第606条第1项。

8 ［日］我妻荣著，有泉亨补订：《物权法》，岩波书店1977年版，第361页。

（2）地上权人的处分的自由。地上权人得把地上权让与给第三人，或以之提供担保。以地上权设定抵押，《日本民法》第369条第2项定有明文。对于让与，《日本民法》尽管未设明文，但因地上权为一种独立的物权，故学者通说认为可以让与。当然，土地所有人与地上权人，可就禁止地上权的让与与设定抵押订立特别约定。惟因日本现行《不动产登记法》未就禁止地上权让与与设定抵押的特约规定公示（登记）的方法，故而当事人订立的特约仅于当事人间具有债权的效力，而无对抗第三人的效力。

（3）相邻关系规定的准用。地上权，因为利用土地的权利，故《日本民法》第209条至第238条以调节近邻土地的利用为旨趣的相邻关系的规定，得准用于地上权人相互间，以及地上权人与土地所有人间。[1]惟准用时应注意，对于疆界线上设置的界标、围障、墙壁及沟渠等共有的规定，[2]仅得准用于地上权设定后建构的工事，[3]此前完成的工事应推定为与土地所有人共有。[4]

2. 地上权的对抗力

地上权为关于土地的物权，其取得、丧失与变更，非经登记，不得对抗第三人。登记时，需要土地所有权人协助的，土地所有人负有协助的义务。如被拒绝，地上权人可向法院提出协助的诉讼请求，并依判决单独登记。[5]不独如此，地上权人尚可单独为地上权设定的假登记，假登记一经完成，其对第三人即有保存地上权的对抗力。此外，地上权的对抗力，尚有依《建筑物保护法》的对抗力，及依《租地租屋临时处理法》的对抗力，限于篇幅，兹不赘述。

3. 地上权人收回投资于土地上的资本

（1）地上权的让与性、担保性。地上权人于他人土地上建造工作物或栽种竹木时，通常要投下大量的资本。作为收回这些资本的手段，是把土地上的工作物，原封不动地让与给他人或以之提供担保。由于工作物或竹木原则上为地上权人所有，故可自由处分，尤其可以将之让与给第三人。

1　参见《日本民法》第267条。

2　参见《日本民法》第229条。

3　参见《日本民法》第267条但书。

4　[日]我妻荣著，有泉亨补订：《物权法》，岩波书店1977年版，第361页。

5　参见日本《不动产登记法》第27条。

惟日本学说认为，工作物或竹木的让与，原则上应解为与地上权的让与同时进行。当然，仅让与地上物而保留地上权，抑或相反，也无不可。于决定属于何种情形时，属于契约的解释问题。但除工作物以木料价格（预定拆毁的情形），竹木以木材（预定采伐的情形）进行交易者外，通常应推定为系附属于土地上的物进行交易。

（2）地上权消灭时，地上权人的撤去权。《日本民法》第269条规定："（1）地上权人于地上权消灭时，因回复土地原状，可以撤去其工作物及竹木。但土地所有人提出以时价购买的通知时，地上权人无正当理由不能拒绝。（2）如有与前项规定不同的习惯时，从其习惯。"

根据以上规定，地上权人得于一定程度上收回投下的资金。然上引第269条所谓"撤去"，依学理，应注意下列各点：一是"撤去"若另有习惯的，应从习惯[1]；二是"撤去"应于地上权消灭后毫不迟延地进行；三是"撤去"时，须回复土地的原状[2]；四是撤去与回复原状，不独是权利，且也为义务；五是当土地所有人行使买取请求权时，撤去权即归于消灭[3]。

（3）地上权消灭时，对于地上物的买取请求权。通常而言，土地上的工作物或竹木，一经自土地上撤去，即会减少其价值。故此，当地上权消灭时，若能让土地所有人买取工作物或竹木，则不独对社会经济有利，且也可促使地上权人于土地上进行安心的投资。《日本民法》制定时，立于偏重土地所有人的立场，规定可以自由行使买取请求权，然未顾及地上权人的利益，故而未臻妥当。日本往后颁布的《租地法》，将地上物的买取请求权规定为地上权人的权利，实不啻为立法上的重要进步。[4]

自民法的视角看，地上权人或土地、房屋的承租人所投下的资本，通常有两种存在形态：一是资本投放于标的物本身的改良上，所投下的资本内蕴于改良物中，譬如将资金投在土地的蓄水池、排水设备及房屋的修缮上即是；二是资本投

1 参见《日本民法》第269条第2项。

2 参见《日本民法》第269条第1项。

3 参见《日本民法》第269条第1项但书。

4 ［日］我妻荣著，有泉亨补订：《物权法》，岩波书店1977年版，第371页。

放于标的物的建设上，譬如为保有（所有）房屋而于他人的土地上投资建房，为保有（所有）杉树而于他人的土地上投资种树，即属之。《日本民法》对前者定有承租人的费用偿还请求权，而对后者允许成立独立的所有权，且明定地上权人于其权利消灭时，有撤去的权利。[1]

4. 地租的支付义务

（1）概要。根据《日本民法》的规定，地租并不是地上权的要素。仅于当事人有支付地租的约定时，方有支付地租的义务。[2]于当事人对支付地租的义务有约定时，该约定即变为地上权的内容之一。然应指出的是，此支付地租的义务如未进行登记，于地上权移转于他人时，土地所有人乃不得以地租请求权对抗新的地上权人。[3]且旧地上权人滞纳地租的效果，[4]也不得对抗新的地上权人。不过，于土地所有权被转让给他人时，新土地所有人即使仅就土地所有权的移转进行了登记，而未就地租进行登记，新土地所有人也可请求地上权人支付原先约定的地租。[5]另外，根据日本判例、学说，地租既可定期支付，也可一次性支付，抑或二者兼采。仅一次性支付的，实际上是地上权的买卖。[6]

（2）地租数额的决定。地租的数额，原则上由当事人协商决定。于日本《租地法》实施以前，法院对地主因经济情况的变化而单方面要求提高地租的习惯是认可的。易言之，于日本，在地租数额确定后，由于地价的涨落，公共税负的增减，以及较之毗邻土地的地租显不相当时，当事人一方可以请求增减地租，此点早在《日本民法》施行前即已然形成通常的惯行。

其一，根据《租地法》的地租增减请求权。日本《租地法》第 12 条规定，因土地的租税或其他公共课征费用的增减、土地价格的涨落，以至与毗邻土地相较为不当时，可以不受契约的拘束，而请求增减地租。

1　［日］我妻荣著，有泉亨补订：《物权法》，岩波书店 1977 年版，第 371 页。

2　参见《日本民法》第 266 条、《不动产登记法》第 111 条 1 项。

3　参见日本大判 1916 年 6 月 12 日，民录第 1189 页。

4　参见《日本民法》第 266 条、第 276 条。

5　日本大判 1916 年 6 月 12 日，民录第 1189 页。参见［日］松坂佐一：《物权法》（第 4 版），有斐阁 1980 年版，第 183 页。

6　［日］我妻荣著，有泉亨补订：《物权法》，岩波书店 1977 年版，第 374 页。

其二，根据日本《罹灾城市租地租屋临时处理法》变更地租。《罹灾城市租地租屋临时处理法》第 17 条规定："地租、押金及其他租地条件明显不当时，应当事人的请求，法院得命其变更条件。"应指出的是，依《租地法》变更地租，是以契约订立后，情势发生变更为前提的，而依《罹灾城市租地租屋临时处理法》的变更地租，则不以此为必要。根据学理，只要法院认为地租、押金及其他条件"明显不当"，即可变更。此尽管表现出对契约效力进行强烈限制的倾向，但其作为非常时期的立法，应当说并无不当。

（3）地租的支付义务的特别规定。根据《日本民法》，地上权人应定期支付地租的，适用有关永佃权的规定。[1]从而，纵因不可抗力致收益减损，[2]根据第 274 条也不得请求减少或免除地租。另外，地上权人根据第 275 条、土地所有人根据第 276 条，可以放弃地上权或消灭地上权。

对于地租，《日本民法》尚规定，有关租赁的规定——不仅《日本民法》第 601 条以下的规定（如第 611 条、第 614 条），而且关于租赁的其他规定（如第 312 条以下的规定），也得准用于地租。[3]

（六）地上权的消灭

地上权的消灭原因很多，一般物权的消灭原因，如土地灭失、地上权存续期间届满以及混同等，皆可引起。此等引起地上权的消灭的原因，兹不赘述。这里仅说明因土地所有人解除地上权、地上权人抛弃地上权及约定的地上权消灭事由的成就而引起的地上权的消灭。

1. 土地所有人请求消灭地上权

（1）根据《日本民法》，应定期支付地租的人，若连续两年以上怠付地租的，土地所有人则可以请求消灭地上权。[4]所谓"连续两年以上"，非指某一时期的地租怠付两年，而是指连续两年怠付此间的地租。[5]又所谓怠付，指"拖延"之意。数人共有一地上权时，只要一部分人拖延达连续两年之久，土地所有人即可请求

1 参见《日本民法》第 266 条第 1 项。
2 ［日］舟桥谆一：《物权法》，有斐阁 1970 年版，第 406 页。
3 参见《日本民法》第 266 条第 2 项。
4 参见《日本民法》第 266 条第 1 项、第 276 条。
5 参见日本大审院判决 1910 年 11 月 26 日民事第 759 页。

消灭全部地上权。此土地所有人的请求消灭地上权，应解为只要对地上权人为单独的解除地上权的意思表示即可，而无需获得地上权人的承诺，故特性上属于一种解除权。但不必事先为支付地租的催告，且其消灭也仅对将来发生效力。需提及的是，日本判例实务将请求消灭地上权的此一规定，解为任意规定，然多数学者不表同意，认为系属于强制规定。

（2）地上权人被宣告破产时，土地所有人可以请求消灭地上权。[1]据此而请求消灭地上权的方法、效果，与前述滞纳地租的情形相同。

（3）《日本民法》规定，地上权人不得对土地施加可致永久损害的变更。地上权人违反此点，或违反有关土地使用的约定的，土地所有人可依《日本民法》第 541 条而请求停止损害土地的变更或回复土地原状，于地上权人拒绝时，可以消灭地上权。当然，消灭的效果，也仅对将来有效。[2]

2. 地上权的放弃（抛弃）

地上权作为一种物权，得因被放弃而消灭。放弃地上权时，需向土地所有人为放弃的意思表示。不支付地租的地上权，因放弃对土地所有人有利，故地上权人可以单方面地自由为之。放弃支付地租的地上权的，则与此不同：设定地上权的契约未定地上权的存续期间的，地上权人可以随时放弃，但应于 1 年前进行预告，或支付未届期限的 1 年份的地租。但因不可抗力，连续 3 年以上毫无收益，或于 5 年以上期间内所得收益低于地租的，可以不预告，且也可以不支付将来的地租而放弃之。[3]

3. 约定的消灭事由

亦即，土地所有人可以与地上权人约定地上权的消灭事由，于约定的消灭事由成就时，地上权归于消灭。

1　参见《日本民法》第 621 条。

2　参见《日本民法》第 620 条。

3　参见《日本民法》第 266 条 1 项与第 275 条。

（七）区分地上权

1. 区分地上权的涵义

根据《日本民法》，土地所有权的效力得及于土地的上下。[1]故此，以在他人土地上保有（所有）建筑物或工作物为目的而设定的地上权的效力，原则上也得及于土地的上下。但是，随着建筑材料与建筑技术的进步，于空中、地中乃至水中建造建筑物和工作物的情形陆续增多，造成土地利用的立体化。结果使横切土地的上空或地中，并以之为标的物而设定用益权的制度被创制出来，此即 1966 年《日本民法》追加规定的第 269 条之二（区分地上权）。

根据规定，所谓区分地上权，系指横切地下或空中的上下范围，以在地下或空中所有建筑物或工作物为目的而利用他人土地的空间的权利。于现今的日本，区分地上权是地上权中最为活跃的利用形态，可称为系地上权发展的“第二春”。按照规定，区分地上权，纵第三人对土地有使用、收益的权利（用益权），但于得到该权利人或以该权利为标的的权利人（如以用益权为标的的担保权人）全体的承诺（同意）后，也可设定。[2]区分地上权人尽管对此等权利人对于土地的使用有所妨碍，然只要获得其承诺（同意），其权利也不受影响。

2. 区分地上权的效力

区分地上权人于设定契约所定的目的范围内对土地有使用、收益之权。区分地上权的效力所不及的部分土地，按常理，土地所有人应有使用权，但以设定行为加以限制（如在设定地下区分所有权的情形，约定不于地表建造超出所定的重量的建筑物）的，应认可其效力。若此种限制进行了登记，则可对抗所有人以外的第三人。[3]当然，若区分地上权系在得到享有土地用益权的第三人的承诺（同意）后设定的，则该第三人负有不得妨碍区分地上权人正当行使其权利的义务，且区分地上权人可以排除其妨害。

区分地上权的对抗力。区分地上权，特性上属于不动产物权，故依《日本民法》第 177 条的规定，非经登记即无对抗第三人的效力。但地下或空间所建构的

---

1 参见《日本民法》第 207 条。

2 ［日］水本浩、户田修三、下山瑛二：《不动产法制概说》，青林书院 1995 年版，第 68 页。

3 ［日］水本浩、户田修三、下山瑛二：《不动产法制概说》，青林书院 1995 年版，第 68 页。

工作物被认定为建筑物时，依日本《建筑物保护法》，得为“建筑物登记”。[1]另外，顺便提及，于完成区分地上权的设定后，根据《日本民法》的规定，区分地上权人得对土地所有人主张登记请求权。

区分地上权的存续期间与普通地上权相同，可以设定行为定之。存续期间的长短，《日本民法》未设限制，故而当事人纵把存续期间定为永久的，也仍然有效。惟如当事人将存续期间定为无期限的，根据判例，则视为“未有确定存续期间”[2]。[3]

区分地上权人行使区分地上权时，不得损害土地所有人与其他用益权人的权益。依《日本民法》第267条，区分地上权也得准用关于相邻关系的规定，如准用相邻不动产的进入权[4]、通行权及疆界线附近的工事或共有的推定等。

此外，如前述，因《日本民法》规定，地上权人不得对土地施加可致永久损害的变更，故此，区分地上权人对于地下与空中的使用，也应作相同的解释。[5]

二、永佃权

（一）永佃权的演变脉络

1. 永佃权的前身

《日本民法》第二编“物权编”，设有永佃权的明文，共计10个条文（第270—279条）。依第270条的规定，所谓永佃权，系指以耕作或畜牧为目的，基于向土地所有人支付佃租，而使用其土地的物权。

法制史上，日本永佃权制度的源起，可自所谓“永借权”谈起。而所谓“永借权”，远在古罗马法时代即已有其踪迹，称为emphyteusis。迄至近代，由于土地的解放运动勃兴，使《法国民法典》与《德国民法典》乃不得不废弃此项制度。[6]于日本，因其固有法早已有此制度，故现行《日本民法》遂仿《意大利民

1　参见日本《借地借家法》第10条。

2　参见日本大判1940年6月26日民集第19卷，第1033页。

3　［日］水本浩、户田修三、下山瑛二：《不动产法制概说》，青林书院1995年版，第69页。

4　参见《日本民法》第209条。

5　［日］我妻荣著，有泉亨补订：《物权法》，岩波书店1977年版，第389页。

6　［日］松坂佐一：《物权法》（第4版），有斐阁1980年版，第188页。

法典》的规定而设立明文。[1]惟于《日本民法》正式规定永佃权制度之前，日本的民间社会中已有与此相当的制度，称为租佃制度（日文汉字：小作）与长期租佃制度（日文汉字：永代小作）。尤其是长期租佃制度，被谓为《日本民法》永佃权制度的滥觞。[2]

于日本法史上，借贷他人的土地而耕作，谓为小作，涵括永小作、年期小作和普通小作三种。其中，永小作自德川时代以降甚为流行，主要因开垦荒地、泥沙地及填海造田而取得。土地所有人与小作人特别是永小作人的关系，是前者就土地有收取“小作料”的权利——所谓“底土权”，后者即“小作人”“永小作人”保有耕种土地的权利——所谓“上土权”，是为“一地两主”的关系。[3]

1871年，日本政府掀起地租改革运动，使旧习惯上的永小作制度发生革命性的变化。亦即，明治政府对封建的土地所有关系与利用关系进行清理、改废，而建立起了近代的土地关系并发行地券，以谋求土地所有关系的明朗化，结果造成近现代及当代意义的永小作权（永佃权）制度应运而生。[4]

2. 永佃权的立法过程的变迁

于日本，其永佃权最终为现行民法典所明定，乃经历了如下的变迁过程。

（1）1896年，现行《日本民法》制定时，于第二编第五章设立永小作权（永佃权）的规定，并明定为物权的一种类型。但因规定该永小作权的存续期间

---

1 ［日］原田庆吉：《〈日本民法〉的历史的素描》，创文社1954年版，第113页。

2 ［日］田中整尔编：《物权法》，法律文化社1998年版，第234页。值得提及的是，长期租佃系租佃制度的一种特殊形态，肇端于日本江户时代（1603—1867年）之初，原是反映封建社会农民的等级的身份关系的制度，至江户时代中后期，开始演变为一般租佃制度。此一般租佃，分为不定年限的普通租佃与定有年限的普通租佃两种。前者，土地所有人可以单方面地随时撤佃，后者则只有于承佃人怠于支付佃租时，方可撤佃。长期租佃是在不定年限的普通租佃的基础上发展起来的，其具有更加浓烈的用益权的特性，并因开垦荒地而取得，且依当时的习惯法，长期租佃人可以把租佃耕地让与给他人、转租或加以世袭，系一种租佃期限在20年以上的“半永久性耕作权”。当时，对于此种耕作权有林林总总的称谓，有谓为永佃权（永小作权）、耕地表土所有权（上土权）的，也有谓为开垦荒地租佃权（开垦小作权）抑或草场权的。对此，请参见邓曾甲：《日本民法概论》，法律出版社1995年版，第206页。

3 ［日］田中整尔编：《物权法》，法律文化社1998年版，第235页。

4 ［日］田中整尔编：《物权法》，法律文化社1998年版，第235页。

的第278条，与日本古来的关于永小作权的存续期间的习惯发生龃龉，故而受到批判。

（2）1898年施行的现行《日本民法》，统一规定永佃权的存续期间为20年以上50年以下。同年通过的《日本民法施行法》第47条与《日本民法》第278条的内容相同，故而受到批判。1899年乃追加规定第47条第3项：《日本民法》施行前设定的永久存续的永佃权，土地所有人有请求消灭永小作权的优先权，永小作人有请求买取土地所有权的义务。[1]结果，永佃的土地面积逐渐减少。为取得土地的耕作权，通常采取签订土地租赁契约而不采设定永佃权的办法。[2]

（3）1922年，日本制定《小作调停法》。于此之前，为保护小作权人的利益，曾有制定“小作法”的打算，但由于此将损及地主的利益，故而遭到地主方面的强烈反对，未获成功。

（4）1938年，日本制定《农地调整法》，小作权因此法的颁行而得到强化。

（5）1946年，日本制定《创设自耕农特别措施法》，基于该法，开展了解放小作农、“创设”自耕农的农地改革运动。[3]

（6）1949年，对《创设自耕农的特别措施法》进行一部分修改，并对该法第3条所定的“作为买取的对象的农地”作了补充规定。

（7）1952年，日本制定《农地法》，有关农地关系的规定，依该法而获统一。之后，该法曾作数次修改。[4]

（二）永佃权的法律特性

依日本学理，《日本民法》的永佃权具有下列法律特性。

（1）永佃权是存在于他人土地上的权利，系永佃权人单方面对他人土地为支配的权利，此点与地上权无异。惟依《日本民法》的规定，永佃权不得于一宗土地的一部上成立，而仅可以一宗土地为标的物而设定。此与地上权得以一宗土地的一部而设定迥乎不同。

1　［日］田中整尔编：《物权法》，法律文化社1998年版，第236页。

2　邓曾甲：《日本民法概论》，法律出版社1995年版，第207页。

3　这方面的情况，可参考［日］我妻荣著，有泉亨补遗：《物权法》，岩波书店1977年版，第394页以下。

4　［日］田中整尔编：《物权法》，法律文化社1998年版，第236—237页。

（2）永佃权系以耕作或畜牧为目的的权利。所谓耕作，系指对土地施加劳动，及栽培谷物、蔬菜、果树以至药草等。[1]所谓畜牧，系指饲养牛、马、羊等家畜。

（3）支付对价。《日本民法》第270条规定：永佃权是以支付“佃租”（日文汉字：永小作料）而享有的于他人土地上耕作或畜牧的物权。也就是说，永佃权的成立，以支付佃租为必要。就此点而言，其有别于地上权。

（4）继承性与让与性。永佃权为财产权，自可继承。又因其为物权，故与其他物权同，也得自由让与。不过，当事人于设定永佃权时，可以特约禁止永佃权的让与。[2]

（三）永佃权的取得

1. 取得原因

根据《日本民法》，永佃权得因设定行为与取得时效而取得。当事人以设定行为设定永佃权的，依《日本农地法》第3条第1项的规定，需获得都、道、府、县的知事的许可；根据取得时效取得永佃权的，需有行使永佃权的意思。[3]

应指出的是，日本实务上，当事人取得的土地利用权，系永佃权抑或租赁权，有时不易判定。结果通常依该地的习惯，并斟酌该土地的利用权的内容而定。不过，自总体上看，于发生判定的困难时，判例大多否认有永佃权的存在。[4]

2. 对抗要件

永佃权，因为物权，故依《日本民法》第177条的规定，不经登记即不能对抗第三人。此点与农地的租赁权只要完成了“交付”，即生对抗的效力不同。[5]日本《农地法》，因为是保护农地的租赁权的法律，故不适用于作为物权的永佃权。[6]

---

1 日本大判1903年7月6日民录第9辑，第861页。

2 ［日］田中整尔编：《物权法》，法律文化社1998年版，第237页。

3 日本大判1926年10月21日，《新闻》2636号，第9页。

4 ［日］田中整尔编：《物权法》，法律文化社1998年版，第238页。

5 参见日本《农地法》第18条。

6 此为日本多数学者的见解，参见［日］我妻荣著，有泉亨补订：《物权法》，岩波书店1977年版，第398页；［日］舟桥谆一：《物权法》，有斐阁1970年版，第416页。

（四）永佃权的存续期间

1. 以设定行为确定存续的期间

根据《日本民法》第 278 条第 1 项的规定，以设定行为确定永佃权的存续期间的，永佃权的存续期间为 25 年以上 50 年以下。所定期间长于 50 年的，需缩短为 50 年。之所以规定不得超过 50 年，系在于尊重所有权的绝对性与弹力性的规则。又之所以规定需在 25 年以上，盖因《日本民法》规定的租赁的最长期限是 20 年（第 604 条）。

《日本民法》第 278 条第 2 项规定："永佃权的设定，可以更新。然存续期间，自更新时起不得超过 50 年。"永佃权的存续期间届满后，土地所有人对永佃农继续使用其土地未提出异议的，应视为契约得到了更新。

值得提及的是，《日本民法》施行前设定的永佃权，纵其存续期间超过 50 年，也为有效。但其期间自民法施行之日起超过 50 年的，则自施行之日起算，缩短为 50 年。[1]另外，《日本民法》施行前被确定为得永久存续的永佃权，自《日本民法》施行之日起经过 50 年后，得经由履行一定的程序而使之消灭。具体而言，土地所有人可于一年内支付相当的偿金而请求其消灭。若土地所有人放弃该权利或于一年内不行使该权利的，永佃权人需在此后的 1 年内，支付相当的代价而买取土地的所有权（《日本民法施行法》第 47 条第 3 项）。[2]

2. 设定行为未确定存续期间时

根据《日本民法》第 278 条第 3 项的规定，未以设定行为确定永佃权的存续期间的，永佃权的期间，依当地的习惯定之，无习惯的，定为 30 年。

（五）永佃权的效力

1. 永佃权人对土地的利用及其限制

永佃权人于耕作或畜牧的设定目的的范围内，对于他人的土地有利用之权。[3]究竟是为耕作而利用土地，还是为畜牧而利用土地，抑或为二者的目的而利用土地，乃依当事人间的设定行为而定。不过，需注意的是，依《日本民法》的规定

1　参见《日本民法施行法》第 47 条 1 项。

2　［日］我妻荣著，有泉亨补订：《物权法》，岩波书店 1977 年版，第 399 页。

3　参见《日本民法》第 270 条。

与学理，永佃权人利用他人的土地时，需受下述诸点限制。

（1）以耕种为目的的永佃权，永佃权人未经都、道、府、县知事的许可，不得把土地供作耕种以外的目的使用，[1]违反者将被课以处罚。[2]进而言之，永佃权人为耕种以外的目的而利用土地的，土地所有人可以请求永佃权人停止其行为；经请求，永佃权人仍不停止其行为的，土地所有人得依《日本民法》第541条的规定，请求解除永佃权设定契约。[3]

（2）于无特别的习惯时，永佃权人不得对土地施加可"致永久损害的变更"，[4]譬如不得将"旱田"变更为"水田"。

（3）永佃权人于土地的形状发生变化时，不得请求土地所有人修复土地。[5]

（4）相邻关系规定的准用。《日本民法》未明定永佃权得准用相邻关系的规定，惟因相邻关系系以土地利用的调节为目的，故解释上应认为相邻关系的规定得准用于永佃权。

（5）只要无另外的习惯，永佃权人于权利存续期间与设定目的范围内，可以出租土地，但设定契约明令禁止的则否。设定契约的禁止的约定如进行了登记的，则具有对抗第三人的效力。

（6）永佃权为以利用他人的土地为目的的物权，故永佃权人得受到基于永佃权的物权请求权的保护。

2. 永佃权的处分

永佃权因属于物权，故不待土地所有人的承诺，永佃权人即可把永佃权让与或出租给他人[6]，抑或供作金钱融资的担保[7]。然永佃权人的此等权利，需受下列限制：（1）设定契约如对永佃权的处分定有禁止或限制的，应依设定契约的规定。但该禁止或限制的约定如未登记，则无对抗第三人的效力。[8]（2）日本《农

1 参见日本《农地法》第4、5条。
2 参见日本《农地法》第92条。
3 日本大判1920年5月8日民录26辑，第636页。
4 参见《日本民法》第271条。
5 ［日］田中整尔编：《物权法》，法律文化社1998年版，第239—240页。
6 参见《日本民法》第272条。
7 参见《日本民法》第369条2项。
8 参见日本《不动产登记法》第112条、日本《农地法》第30条第3项。

地法》第 3 条、第 4 条规定：限制农地权利的移转的规定，得准用于永佃权。据此，永佃权人如未获知事的许可，便不能处分永佃权，譬如将永佃权让与给他人。[1]

3. 支付佃租（日文汉字：小作料）的义务

支付佃租，为永佃权得以成立的要素。亦即，永佃权人通常负有支付佃租的义务，但不影响将来免除佃租。佃租的数额，立法未设限制。惟日本判例曾判示：永佃权也可适用地上权的情形依土地所有人的单方行为而提高地租。[2]

佃租的减免。《日本民法》第 274 条规定：永佃权人即使因不可抗力造成收益受到损失的，也不得请求佃租的免除或减少。因不可抗力连续三年以上完全未得到收益，或者五年以上所得到的收益少于佃租时，可以放弃其权利。[3]不过，若存在与此不同的减免地租的习惯的，则应从其习惯。[4]

（六）永佃权的消灭

1. 消灭事由

永佃权为物权，故物权的一般消灭原因得适用于永佃权。又因永佃权为一种具有独立内容的物权，故而有自身的特殊的消灭原因。以下所论，即是此特殊的消灭原因。

根据《日本民法》的规定，永佃权既可因设定契约所定事由的成就、因永佃权人不履行债务而消灭，也可因永佃权人放弃而消灭。此外，永佃权尚可因不支付佃租而消灭。《日本民法》第 276 条规定："永佃权人连续二年以上怠于支付佃租的，土地所有人得请求永佃权的消灭。"另外，永佃权人对土地施加永久的损害，并违反土地的使用方法时，土地所有人可依《日本民法》第 541 条的规定，请求解除永佃权。

永佃权的放弃。《日本民法》第 275 条规定："永佃权人因不可抗力连续 3 年以上全无收益，或于 5 年以上所得收益少于佃租时，可以放弃其权利。"不过，

1　［日］田中整尔编：《物权法》，法律文化社 1998 年版，第 240—241 页。
2　参见日本大审院判决 1898 年 7 月 6 日民录第 7 卷，第 9 页。
3　参见《日本民法》第 275 条。
4　参见《日本民法》第 277 条。

若存在与此不同的习惯的，则从其习惯。[1]

2. 消灭的效果

根据《日本民法》的规定，永佃权的消灭的效果有如下两个方面。

（1）永佃权消灭时，永佃权人得回复土地的原状及撤去地上物。惟土地所有人可以请求以时价买取地上物。

（2）永佃权人为改良土地而支出的有益费用，得请求土地所有人返还。[2]

三、地役权

（一）地役权的意义与价值

《日本民法》定有地役权制度。依其规定，所谓地役权，系指按设定行为所确定的目的，享有（或保有）以他人土地为自己土地提供方便和利益的权利。[3]举凡为了调节两笔或两笔以上的土地的利用，譬如为了于他人的土地上通行、为了由他人的土地引水，及为了禁止他人于土地上建构一定高度的建筑物等，皆可设定地役权。可见，地役权的功用，乃与相邻关系同。惟相邻关系是法律对不动产所有权或利用权内容的当然的扩张或限制，而地役权则是依当事人之间的契约而设定的一种用益物权，系对不动产所有权或利用权内容的一时的扩张或限制。

《日本民法》中的地役权，乃由来于罗马法的不动产役权（servitus praediorum），而于罗马法上，与之并立的，尚有为特定人的利益而利用他人之物的人役权（servitus personarum），二者合称役权（servitus）。此役权，曾是罗马民法所认可的惟一的他物权，作为利用他人所有物的物权，曾发挥了重要功用。之后，地上权、永借权发达，地役权的功用式微。[4]近代欧陆民法尽管对地役权与人役权皆予承认，但因近代所有权具有独占的、排他的特性，对于役权也是排斥的，因而此两种权利的内容不能不受相当的限制。有鉴于此，《日本民法》便仅设地役权的规定，而不认有所谓人役权。然随着日本资本主义市场经济的发达，企业财

1 参见《日本民法》第277条。

2 ［日］松坂佐一：《物权法》（第4版），有斐阁1980年版，第195页。

3 参见《日本民法》第280条。

4 ［日］原田庆吉：《日本民法典的历史的素描》，创文社1954年版，第115页。

产的所有人与利用人发生分离的情形日益增多，为确保利用人的地位，新近以来，日本学者乃积极呼吁应于其民法典中追加规定人役权。[1]

（二）地役权的法律特性

根据《日本民法》的规定，地役权的成立，需有两笔土地的存在，即一笔土地供他人土地方便和利益之用，另一笔则是受方便和利益之用的土地。供方便和利益之用的土地，为供役地；受方便和利益之用的土地，为需役地。但地役权的成立不以供役地与需役地于地理上相互毗邻为必要。[2]另外，根据日本法，需役地需为一笔土地。为一笔土地的一部的利益不得设定地役权。[3]但供役地则不以一笔土地为必要，纵一笔土地的一部，也可以之设定地役权。[4]

所谓"以他人的土地供自己土地的方便和利益"，系指以供役地供需役地的方便和利益，因而必须是使需役地的利用的价值客观地增大。至于供自己土地的方便和利益的种类，《日本民法》未设限制，故而地役权的内容恒较地上权、永佃权宽阔。譬如，为引水、通行、眺望及日照采光的目的，皆可设定地役权，惟不得违反《日本民法》有关相邻关系的强制性规定。

供役地于供需役地的方便和利益的限度内，其利用得受限制，即供役地的利用人负有容忍（如容忍通行）或不作为（如不得建造妨碍观瞻的建筑物）的义务。对于是否负为一定行为的积极的义务，学者界说不一。法制史上，罗马法曾奉行"役权不得为作为而存在"（servitus in faciendo consistere nequit）的原则。对于日本民法，一些学者认为，作为物权的地役权，其权利人仅可对供役地为支配，而不得请求供役地的利用人为一定行为。换言之，地役权的内容，是不能课供役地人以作为的义务的。[5]另一些学者认为，应采德国固有法的立场，使为一定

1　主张此点的学者有我妻荣、末川博、吾妻光俊与川岛武宜等。对此，请参见［日］松坂佐一:《物权法》（第4版），有斐阁1980年版，第196—197页。

2　大陆法系民法中尚有所谓法定地役权。法定地役权，又称公共地役权，其供役地与需役地即使远隔千里也可设定此种地役权。我国的"西气东输""南水北调"等重大工程，其沿途利用他人土地的私法上的依据，若以法定地役权（公共地役权）处理，或许更为恰当。惟我国物权法对此未设规定。尽管如此，我国物权法的解释论当认可此一制度。

3　日本《不动产登记法》第113条。

4　参见《日本民法》第282条2项，《不动产登记法》第113条、第114条。

5　［日］末川博:《物权法》，日本评论社1956年版，第359页。

行为的作为义务也为地役权的内容。[1]之所以如此，盖因地役权系以调节土地的利用为目的，而为了实现此目的，于必要范围内课供役地人以作为的义务，乃是不违反地役权制度的本旨的。

《日本民法》的地役权，既可有偿，也可无偿。惟日本判例曾明示：虽然缔结了由需役地人向供役地人支付对价的约定，但该支付对价的义务不得作为地役权的内容。[2]《日本民法》的地役权，被认为是一种从属性的权利。具体而言，其涵括下列各点：第一，地役权并不是需役地所有权的内容，而是一种独立的权利。第二，地役权的成立，以有需役地和供役地的存在为前提，但不以必须是所有人之间的关系为必要。第三，地役权对需役地所有权具有伴随性。于需役地所有权移转，或成为其他权利如抵押权的标的时，地役权应随同移转，抑或成为需役地上存在的其他权利的标的。不过，依《日本民法》第 281 条第 1 项但书的规定，地役权的此种伴随性得以设定契约加以限制。第四，地役权具有不可分性。

（三）地役权的存续期间

对于地役权的存续期间，最有争论的，是可否设定永久地役权。日本一些学者认为，他物权是限制所有权的权利，故通常必须是有期限的。尽管如此，也有学者认为，于各种他物权中，仅地役权得规定永久存续。盖因地役权限制所有权的程度最低，且在限制的范围内也不是完全剥夺了所有权的使用。进而，以调节两笔土地的利用为旨趣的地役权，其存续期限可以是永久的。

（四）地役权的取得原因

按照学理，《日本民法》地役权的取得因由有三：一是依设定契约而取得，即《日本民法》第 280 条规定的按行为而取得地役权。二是依时效而取得。[3]此仅限于继续且表现的地役权，如引水地役权及开设通路的通行地役权等。三是依法律的直接规定而取得，称为法定地役权。日本《农地法》规定，电力事业者架设电力线路设施时，对于电力设施所途经的土地，得当然取得地役权。

---

1 ［日］我妻荣著，有泉亨补订：《物权法》，岩波书店 1977 年版，第 281 页；［日］舟桥谆一：《物权法》，有斐阁 1970 年版，第 426 页。

2 参见日本大判 1937 年 3 月 10 日判决。

3 参见《日本民法》第 283 条。

（五）地役权的效力

1. 地役权人的权利

地役权人，依设定契约所定的目的，有以他人土地供自己土地方便和利益之用的权利。亦即，地役权人，依地役权的内容，得支配供役地。支配的形态，涵括地役权人的作为与不作为。需注意的是，因地役权是一种通过调整两笔土地之间的利用关系来实现土地的最大化利用的制度，故《日本民法》也参酌罗马法以降各国家或地区民法的共同经验，而规定地役权人应在对供役地的利用人损害最小的情形下行使地役权。

其一，《日本民法》第285条第1项规定："用水地役权的供役地，其水量不能满足需役地与供役地的需要时，应按各块土地的需要，先供生活所用，如有剩余，复供他用。但设定契约另有约定的，不在此限。"

其二，《日本民法》第288条规定，供役地的所有人，于不妨碍地役权行使的范围内，可以使用为行使地役权而于供役地上设置的工作物。此时，供役地的所有人，应按受益的比例分担工作物的设置与保存费用。

另外，因地役权为具有排他性的物权，故具有优先的效力，于一笔土地上存在两个或两个以上的地役权时，先成立的地役权优先于后成立的地役权。《日本民法》第285条第2项规定："同一供役地上设定数个用水地役权时，后地役权人不得妨碍前地役权人的用水。"

2. 供役地人的义务

根据学理，供役地人的义务，是容忍地役权人为行为，或负不利用供役地的不作为义务。另外，于地役权人有使用供役地人所设置的工作物或设施的必要时，供役地人也负有不得擅自变更该工作物或设施的义务。《日本民法》第286条规定："依设定行为或者特别契约，供役地所有人负有以自己的费用为地役权的行使而设置或修缮工作物的义务时，供役地所有人的特定承继人也要承担其义务。"第287条规定："供役地的所有权人，可以随时放弃地役权所需要部分的土地所有权，将其移转于地役权人，由此而免去前条的义务。"

（六）地役权的消灭

根据《日本民法》，地役权的消灭事由有三，兹分述如下。

第一，因需役地、供役地的消灭，地役权的混同[1]、放弃（抛弃），地役权存续期间的届满，约定消灭事由的成就，以及地役权的被征收而消灭。

第二，《日本民法》第289条（因供役地的时效取得而使地役权消灭）规定：于供役地已被第三人依时效而取得时，地役权消灭。但是，于构成取得时效的基础的占有，其一直容忍地役权的存在（如表现与继续的地役权）的，由于根据取得时效所取得的所有权系受地役权限制的所有权，故而地役权不消灭。[2]另外，于供役地被第三人时效取得时，地役权人若行使其权利（如行使作为的地役权），由于作为时效取得的基础的占有受地役权的限制，故地役权也不消灭。[3]

第三，地役权的消灭时效。根据《日本民法》第167条第2项的规定，地役权因20年间不行使而消灭。另外，《日本民法》第291条设时效期间的起算点的规定："对于非连续行使的地役权，自其最后行使之时起算；对于连续行使的地役权，自妨碍其行使的事实发生时起算。"

四、入会权

（一）概要

日本用益物权系统中有入会权制度。所谓入会权，广义而言，系指属于一定的入会集团[4]的人，基于习惯而对一定的土地、水进行共同管理、利用的支配性权利（称为"总有"的支配权）。[5]譬如进入山林、原野伐木、采草，进入渔场采

---

1 参见《日本民法》第179条。

2 参见日本大审院判决1920年7月16日民录，第1108页。

3 参见《日本民法》第209条；[日]我妻荣著，有泉亨补订：《物权法》，岩波书店1977年版，第425页。

4 此所谓"入会集团"，即村落共同体，古来的日本学理谓为"实在的综合人"（Genossenschaft）。对此，请参见[日]我妻荣著，有泉亨补订：《物权法》，岩波书店1977年版，第440页；[日]舟桥谆一：《物权法》，有斐阁1970年版，第450页。关于"入会集团"的称谓，参见[日]川岛武宜编集：《注释民法》（7），有斐阁1960年版，第512页。

5 [日]田中整尔编：《物权法》，法律文化社1998年版，第251页。惟松坂佐一与我妻荣对入会权则有不同的定义。松坂佐一的定义是，入会权系指居住于一定地域的居民，于特定的山林、原野共同采集杂草、秣草、枯枝、落叶、薪炭用杂木等的习惯上的权利[参见其所著《物权法》（第4版），有斐阁1980年版，第207页]。我妻荣的定义是，入会权是指由特定的村落共同体对土地——主要是对山林原野进行总有性支配的习惯上的物权（参见[日]我妻荣著，有泉亨补订：《物权法》，岩波书店1977年版，第427页）。

捕鱼类或海草，于墓地树立石碑祭奉祖先，对温泉进行利用、经营，由采石场采取石材，以至为灌溉田野而利用河川等，皆属之。惟对于渔业、温泉与水利，已由特别法及判例，确定为渔业权、入渔权（二者皆被视为物权）、温泉权及水利权。故而以下所称入会权，乃指属于一定的入会集团（譬如村落共同体）的人，基于习惯而共同利用并管理一定的山林、原野的支配性权利。值得指出的是，依《日本民法》，入会权涵括有入会地的共有性质的入会权（第 263 条），与无入会地的共有性质的入会权（第 294 条）。前者为所有权的一种，即属于共同所有的一种形态，后者为用益物权之一种。[1]

1. 入会权的肇源

入会权是一定的入会集团的人，为供自给的生活的需要，而得进入一定的山林、原野伐木、采草的权利。据考证，日本法中的入会权，其源起最早可以溯及至古代“大化革新”时。惟现今通常大多认为其起源于德川时代。[2]明治政府成立后，曾对该制度进行过大规模的整理、完善。1890 年日本制定旧民法，对入会权未设规定，1896 年通过的新民法对入会权曾设立两条规定，并明示：入会权，得依各地的习惯定之。1966 年，日本制定《入会林野现代化法》，旨在使入会权演进为现代的权利关系，显示了日本政府谋求积极利用与开发占国土总面积的三分之二的山林的决心与勇气。[3]

2. 入会权的构成

（1）习惯的优先。《日本民法》曾规定：民法上的入会权，依各地方的习惯定之，即习惯居于优先的地位。《日本民法》规定入会权时，其立法者曾对日本各地的习惯进行过粗略的调查，尽管打算对入会权在内容上作统一的规定，但因虑及各地关于入会权的习惯过分斑驳陆离、盘根错节，同时也考虑到使民法典早日出台，故决定放弃对入会权作整齐划一的规定。[4]于是，1896 年最终通过的民

1　［日］松井宏兴：《物权法》，成文堂 2017 年版，第 17 页。

2　［日］川岛武宜编集：《注释民法》（7），有斐阁 1960 年版，第 508 页以下。

3　［日］田中整尔编：《物权法》，法律文化社 1998 年版，第 254 页。

4　参见《日本民法修正案理由书》第 278 条。［日］川岛武宜编集：《注释民法》（7），有斐阁 1960 年版，第 508 页。

法典也就仅对入会权设立了两条规定，此即第 263 条与第 294 条。[1]

（2）两种形态的入会权。《日本民法》对入会权定有两种形态：其一是具有共有特性的入会权，即“共有的入会权”，规定于《日本民法》第 263 条；其二是不具共有特性的入会权，即所谓“地役的入会权”，规定于《日本民法》第 294 条。此种区分的标准，是入会地的地盘所有权是否归由入会集团所有。[2]并且，此种界分，除皆“依各地方的习惯外”，前者尚适用有关“共有”的规定（《日本民法》第 263 条），后者则“准用”有关地役权的规定（《日本民法》第 294 条）。

3. 入会的各种形态：入会权与地盘所有权

日本民法的入会权，是属于一定的入会集团的人，得进入一定的山林、原野伐木、采草的权利，与该土地所有权归谁所有无关，即与入会地属于个人所有，部落乃至村所有，抑或是公有地或国有地，并无粘连。易言之，于此等土地上皆可成立入会权。不过，以往的判例与行政机关的态度是：于公有地和国有地上，不得成立民法上的入会权。且一部分学者也附和之。惟多数学者认为，此系错误的。盖入会权是与入会地的地盘所有权归谁所有全然未有关联的权利。且日本 1874 年将土地界分为“官有地”与“民有地”的法令，是旨在确定土地所有权的归属的。以“官有地”与“民有地”的界分为由否定于官有地上可以成立入会权，乃是对入会权本质的误解。于现今的日本，除少数学者外，通说认为，无论地盘所有权归谁所有，于地盘上皆可成立入会权。[3]按照实务，在日本，入会的形

---

1 ［日］我妻荣著，有泉亨补订：《物权法》，岩波书店 1977 年版，第 427 页。同时，我妻荣于该著作中也指明了仅设如此简略的两个条文的因由，认为此系因为《日本民法》制定时，并无余裕详尽调查各地的入会惯例所使然、所造成。要明确入会权的本旨，需首先调查其惯例的详情，考察其法律构成，最后再将它与现行民法的理论体系进行调和。且考察其理论构成时，需研究自德川时代至明治初年（1868—1912 年）的村落与村落财产的法性质。然显然地，这些工作并不是一朝一夕即可完成的，考虑到使日本民法早日出台，结果只好对入会权设如此简陋的规定。对此，请参见［日］我妻荣著，有泉亨补订：《物权法》，岩波书店 1977 年版，第 427—428 页。

2 ［日］田中整尔编：《物权法》，法律文化社 1998 年版，第 255 页。

3 ［日］末川博：《物权法》，日本评论社 1956 年版，第 367 页；［日］我妻荣著，有泉亨补订：《物权法》，岩波书店 1977 年版，第 439 页；［日］川岛武宜编集：《注释民法》（7），有斐阁 1960 年版，第 508 页；［日］田中整尔编：《物权法》，法律文化社 1998 年版，第 255 页。

态可以表解如下。

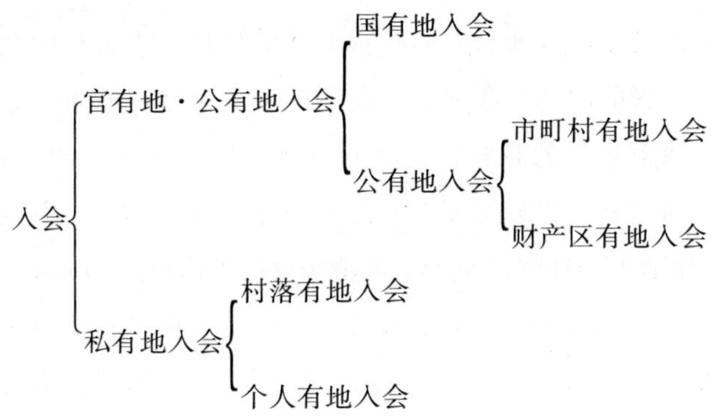

（二）入会权的内容

1. 入会权的主体

（1）入会集团的构成员。如前述，入会权是属于一定的入会集团的人为了伐木、采草，而得对特定的山林、原野进行共同的利用的权利。惟需注意的是，此所谓“属于入会集团的人”，并非指属于一定的入会集团的个人，而是指属于入会集团的“一户”。亦即，入会权是属于构成入会集团的“一户”的权利。换言之，不认入会权得作为个人财产权的客体及得加以继承。[1]

（2）入会集团的构成员的资格。入会集团的构成员，是特定地域的以“户”的形式而定居的人。惟当代日本社会，人口移动频繁，故早先居住于该地域的“旧户”与辗转迁移而来的“新户”，常常围绕有无入会权发生争执。通常的情形是，即使居住于一定的地域，也不能认为当然就是该一定地域的入会集团的构成员，而仅有于给付了一定的金钱，或承担了刈草等劳务后，方可享有入会集团的构成员的资格，进而才得被授予入会权。[2]

（3）入会集团的构成员的权能。入会集团的各构成员的权能，是平等的抑或有差异，并不一定。通常而言，有无地盘所有权、有无利用权，及关于该利用权

1 ［日］川岛武宜编集：《注释民法》（7），有斐阁1960年版，第556页以下。

2 ［日］川岛武宜编集：《注释民法》（7），有斐阁1960年版，第557页以下。

的行使有无限制等，乃依地方习惯或当事人之间的约定定之。[1]

2. 入会地的利用形态的变化：入会权的解体

随着地域居民的生活方式与农业经营方式的变易，入会权的存在形态也发生了变化，称为入会权的解体。在地域居民不得不由山林、原野采集日常生活所需的燃料及农业、牧畜所需的肥料、饲料的时代，于地域居民的共同体的统制下，可以有序地实现对山林、原野的天然资源的利用，此被称为入会的古典形态——“入会稼”。[2]然伴随市场经济蔓延至广阔的山村，日常生活所需的生活资料已可通过买卖而获得时，地域居民纵不受地域共同体的支配，也可照旧生活下去，是为“共同体的统制的松弛”。并且，它尚引起了入会地的利用形态的变化。对于入会地的利用，乃出现了两个方面的变化：一是“入会地的个人的分割”；二是对“入会地的团体的直接的管辖”。分述如下。

（1）入会地的个人的分割，又称为“割山”或“分地”，即对于因分割而被授予（分配）的部分，有独占的利用权，且也可处分所分得的部分。此实际上是认可了对于分得的土地可以保有所有权。

（2）对入会地的团体的直辖（直接管理）。于入会地由入会集团的构成员自由利用时，容易引起土地的荒芜，有鉴于此，乃禁止构成员自由入山对山林实施自由的利用（俗称“留山”），入会集团自身即对入会地为直接的管辖（管理），以谋求入会地的有效的利用，称为团体的直辖的利用。[3]然实务上，非由入会集团本身直接对入会地进行管理、经营，而是由入会集团的构成员中的一部分人，或与构成员以外的第三人缔结契约而利用入会地的全部或一部的所谓“契约的利用”，也是存在的。[4]

---

1 ［日］田中整尔编：《物权法》，法律文化社1998年版，第260页。

2 ［日］田中整尔编：《物权法》，法律文化社1998年版，第260页。

3 参见日本最判1957年6月11日裁判集民26号，第881页。

4 关于入会集团将入会地的一部分租赁给入会集团中的一部分人，由其专有使用的判例，请参见大判1940年5月10日《新闻》第4580号；［日］田中整尔编：《物权法》，法律文化社1998年版，第261页。

第二节　《德国民法典》的用益物权

《德国民法典》中的用益物权，现只涵括该法典第三编“物权编”的第四、五、六三章所定的役权、先买权及物上负担。地上权（Erbbaurecht），《德国民法典》原第1012条至1017条设其规定。1919年1月15日，德国颁布《地上权条例》（VO. über das Erbbaurecht），将《德国民法典》第1012条以下对地上权的规定废止。尽管如此，无论自何种视角看，地上权皆是《德国民法典》用益物权体系中的重要制度，并且应置于各种用益物权之首。另依德国学理，德国《住宅所有权法》中的长期居住权、长期使用权，也属于其民法典中的用益物权。故此，以下对这些用益物权制度一一加以分析、考量。

一、地上权

（一）涵义与演变脉络

《德国民法典》原第1012条与《地上权条例》第1条规定：土地得为他人的利益而设定负担，使之取得于土地的上下保有建筑物的权利，并可将之让与及由继承人继承。据此，德国民法的地上权，乃是指于他人土地的上下保有建筑物、构筑物等工作物（Bauwerk）的、可以让与及可以继承的权利。自1919年起，德国民法中的地上权制度被规定于1919年1月15日颁布的《地上权条例》中。

法制史上，德国的地上权制度曾作为“地上物属于土地”（superficies solo cedit）原则的例外，而最早发轫于罗马法，15世纪德国继受罗马法之后，成为德国普通法上的一项制度。不过，1896年《德国民法典》中的地上权，其法律上的直接渊源，乃是由来于德国城市法上的Bauleihe。[1]《德国民法典》之所以规定地上权，乃因为若不规定此制度，则于他人土地上建构建筑物等工作物时，工作物便与土地发生附合而成为土地的“同体的构成部分”，从而建构建筑物等工作物

1　［日］於保不二雄著，高木多喜男补遗：《德国民法Ⅲ》（物权法），有斐阁1955年版，第168页。据考证，德国日耳曼法并无地上权制度。对此，请参见［日］山田晟：《德国法概论》，有斐阁1987年版，第66页。

的人即不能取得建筑物等工作物的所有权。而若于设定地上权后复建构工作物，则工作物即可成为“地上权的同体的构成部分”，[1]如此，建构工作物的人便可取得其所有权。概言之，基于地上权，地上权人即可取得建筑物等工作物的所有权。然应注意的是，地上权人取得的工作物的所有权，是附随于地上权且与之共法律上的命运的，亦即，是使建筑物等工作物于法律上成为“地上权的同体的构成部分”。[2]

《德国民法典》制定时，强调和偏重于财产的静态的归属的功能，而比较轻视其动态的流转利用的功能。也就是说，不强调与鼓励财产所有人将自己的所有物依契约交付给他人占有、使用（usus）、收益（fructus），而自己收取对价，并认为地上权制度将不会有广泛的作用空间。于此观念的主导下，《德国民法典》的立法者遂仅设立了第 1012 条至第 1017 条关于地上权的 6 个条文。[3]

但是，1896 年《德国民法典》制定公布后不久，德国经济开始急剧增长，结果造成“住宅困难”尤其是“小住宅困难”的局面，由此引发地价暴涨与土地投机等问题，地上权的作用空间遂骤然增大。而这即要求有完善的地上权制度。同时，因人民广泛采用地上权，故也引起地上权的交易价格与借贷能力增加。于此背景下，《德国民法典》对地上权的 6 个条文不能因应现实的需要的弊端即显露无遗。盖《德国民法典》第 1012 条至第 1017 条，对于土地所有人与地上权人的关系、地上权与工作物的关系以及地上权上的权利人的地位等，皆未涉及。换言之，作为经济上的弱者的地上权人的地位，《德国民法典》第 1012 条及其以下的规定对其不利；同时，对于土地所有人而言，依该 6 个条文，地上权的内容也不明确，从而对之也系不利，并深感依地上权而将自己的土地交由他人建构建筑物存在较大的风险。此外，因地上权的内容不确定、不安定，也影响到了地上权的交易价格与借贷能力。鉴于此等方面的原因，为使地上权的内容明确化、安定化，更重要的是为了使地上权人、土地所有人及地上权上的权利人的利益得到保

1 参见德国《地上权条例》第 12 条、《德国民法典》第 94 条。

2 ［日］山田晟：《德国法概论》，有斐阁 1987 年版，第 226 页。

3 ［日］於保不二雄著，高木多喜男补遗：《德国民法Ⅲ》（物权法），有斐阁 1955 年版，第 168 页。惟《德国民法典》物权编此等关于地上权的规定，依德国《地上权条例》第 35 条的规定，业已失效。同时，依德国《地上权条例》第 38 条的规定，其仅对 1919 年 1 月 15 日前成立的地上权有其效力。

护，以增大地上权的交换价值，德国乃于1919年1月15日颁布《地上权条例》，[1]共计39个条文。依其规定，1919年1月22日以后设定地上权的，适用该《地上权条例》的规定。[2]应指出的是，迄至20世纪90年代末，德国的该《地上权条例》业已进行过数次修改与补充，其中对其予以修改与补充的立法主要有：1973年5月20日的立法、1973年7月30日的立法、1974年1月8日的立法、1983年3月29日的立法、1988年6月8日的立法、1993年12月20日的立法、1994年9月21日的立法、1994年10月5日的立法及2013年10月1日（BGB1. IS. 3719）。

（二）德国《地上权条例》的构成

德国《地上权条例》共6章39条。第1章（地上权的概念与内容）涵括第1节法定内容（第1条）、第2节约定内容（第2—8条）、第3节地租（第9条）、第4节顺位（第10条）、第5节土地法（不动产法）的适用（第11条）及第6节工作物、构成部分（第12条、第13条）；第2章关于登记的规定（第14—17条）；第3章借贷能力；第4章火灾保险、强制拍卖，涵括第1节火灾保险（第23条）、第2节强制拍卖［含地上权的强制拍卖（第24条）与土地的强制拍卖（第25条）］；第5章消灭、更新、归属，涵括第1节消灭［含废止（第26条）与期间的届满（第27—30条）］、第2节更新（第31条）、第3节归属（第32条、第33条）及第4节工作物（第34条）；第6章附则（第35—39条）。[3]

（三）地上权的特性与内容

1. 地上权的特性

如前述，德国民法的地上权，系指于他人土地上设定负担，使因设定负担而受利益的人，得在他人土地的上下保有工作物，及得将使用他人土地的权利加以

1　［日］於保不二雄著，高木多喜男补遗：《德国民法Ⅲ》（物权法），有斐阁1955年版，第168—169页。

2　德国《地上权条例》虽名为“条例”，但其效力乃与通常的法律并无二致。正因如此，日本学者於保不二雄与高木多喜男在《德国民法Ⅲ》（物权法）中，便径译成“地上权法”。对此，请参见该书第169页。另外，台湾大学法律学院、财团法人台大法学基金会主持编译的《德国民法（总则编、债编、物权编）》（上册）（元照出版有限公司2016年第2版，第1087页）也同样译为“地上权法”。

3　［日］於保不二雄著，高木多喜男补遗：《德国民法Ⅲ》（物权法），有斐阁1955年版，第169页。

转让与由他人继承。可见，德国民法的地上权制度的本旨，乃是将他人的土地作为建筑物等工作物的建筑用地（Baugrund）而利用。[1]

如所周知，德国固有法因采“地上物属于土地”原则，故并无于他人土地上所有（保有）建筑物等的可能。时至德国普通法时代，为因应实际的需要，遂继承罗马法而认可地上权制度，明定他人得于土地所有人的土地上建构工作物，并保有对其的所有权。1896年《德国民法典》与1919年《地上权条例》秉此沿革，而对德国固有法上的“地上物属于土地”原则设立例外，明定他人得基于地上权而于土地所有人的土地上建构并保有工作物，并废止此前为栽种竹木而得设地上权的规定（《地上权条例》第9条），[2]进而建立起新时代条件下的地上权制度。

地上权的特性，德国普通法时代曾界说不一，有认为是在他人土地上建构工作物并可以所有人的身份加以利用的权利，特性上属于“特别所有权”或“共有”，抑或“分割所有权”——对应于“上级所有权”的“下级所有权”——的范畴。《德国民法典》制定时，未有顾及这些议论，而明定地上权为于他人土地上所有工作物，并将他人土地作为工作物的建筑用地而利用的权利。[3]并明确：《德国民法典》关于土地的规定，得适用于地上权。也就是说，是将地上权与土地作系统的对待和把握。[4]进而，可以地上权为标的而设定土地担保权（不动产担保权）或其他限制物权。同时，也可以地上权为标的复设定地上权。其结果，取得地上权的人，大多以取得的地上权为“住宅建设希望者”（“房屋开发商”）设定所谓“小的地上权”。地上权，根据德国《土地登记法》，系专设地上权登记簿而予登记。[5]

---

1 ［日］於保不二雄著，高木多喜男补遗：《德国民法Ⅲ》（物权法），有斐阁1955年版，第169页。

2 ［日］於保不二雄著，高木多喜男补遗：《德国民法Ⅲ》（物权法），有斐阁1955年版，第169页。

3 参见MotiwⅢ，第466页。

4 ［日］於保不二雄著，高木多喜男补遗：《德国民法Ⅲ》（物权法），有斐阁1955年版，第170页。

5 ［日］山田晟：《德国法概论》，有斐阁1987年版，第227页。

2. 地上权的内容、适用范围与法构造

《地上权条例》第 1 章规定，地上权的内容，涵括法定内容与约定内容。其中，法定内容规定于第 1 条："土地得设定负担，使因设定负担而受利益的人，得于地表的上下保有工作物，并可将取得的地上权让与给他人及由他人继承。地上权的范围不得限于建筑物的一部，地上权不得以解除条件加以限制。"

约定的内容，规定于《地上权条例》第 1 章第 2 节，第 2 条至第 8 条，共计 7 条。其中，第 2 条规定："下列各款，经土地所有人与地上权人合意，可以作为地上权的内容：工作物的设置、保存及其费用；工作物的保险与工作物灭失时的重建；公法与私法上的负担，及捐税的承担；符合特定的要件时，地上权人负有移转地上权于土地所有人的义务；地上权人支付违约金的义务；地上权期限届满后，地上权人更新地上权的优先权；土地所有人将土地出卖给现实的地上权人的义务。"另外，第 3 条规定，土地所有人的返还请求权，不得与土地所有权分离；土地所有人得请求将地上权移转于其指定的第三人。此外，第 4 条至第 8 条尚分别对地上权约定内容的"时效""同意""违反行为的效力""同意请求权"以及"地上权的强制执行"设有明文。

德国实务中，地上权是城市住宅建筑与城市容纳居民所采用的一种法律形式。经由设立地上权，建筑商自土地所有人（通常是国家）处获得一块建筑用地。此对地上权人而言，不必去筹集购买土地的金钱，但需对土地所有权人支付（地上权）租金。因地上权自身可以设定负担，将要建造的房屋也为地上权自身的"同体的构成部分"，故而建筑商也可如同所有权人，以地上权为客体，筹集建房所需要的资金。[1]

（四）地上权的设定、转让及设定负担

地上权的设定，依《德国民法典》第 873 条与《地上权条例》第 11 条第 1 项的规定，系依物权合意与登记为之。尽管无需采《德国民法典》第 925 条的让与土地所有权的物权的合意（Auflassung），但作为设定或取得地上权的基础的债权契约，需符合《德国民法典》第 311b 条的形式规定，即不作成公证证书的，

1　［德］鲍尔、施蒂尔纳：《德国物权法》（上册），张双根译，法律出版社 2006 年版，第 648—649 页。

便无效力。[1]

地上权，土地所有人可以于自己的土地上为自己设定，是为所有人地上权或所有权人地上权；也可以复数的土地而设定一个地上权，称为共同地上权（Gesamterbbaurecht）。[2]此外，尚可设定下级地上权（Untererbbaurecht），即于地上权上设定的地上权以及连带地上权（Gesamterbbaurecht）。[3]最后，地上权可依《德国民法典》第873条、《土地登记法》第20条的规定而予转让。

德国民法因将地上权与土地作相同的对待与把握，故此，地上权得设定负担。该负担主要为不动产担保权负担。当然，设定其他负担也无不可，惟不得逾越地上权人的权限范围。[4]

（五）地上权的存续期间与对地上权人的保护

地上权的存续期间，《地上权条例》未设规定，其旨趣乃在于委诸当事人以合意决之。地上权既然为物权，则于受到妨害或有被妨害之虞时，地上权人得准用基于所有权的请求权而受到保护。[5]另外，地上权人作为工作物与工作物的基地的占有人，尚受占有的保护。地上权的标的物——工作物的建筑用地——以外的土地的部分，[6]地上权人也有占有、利用的权利。[7]另外，为提升地上权人的法律地位，《地上权条例》尚自下列各点对地上权人设立保护的规定：（1）地上权，不得以解除条件加以限制（第1条第4项）。（2）地上权人尽管迟延支付地租，然积欠地租尚未达2年以上的总额时，土地所有人不得请求消火地上权。[8]（3）地

1 德国《地上权条例》第11条2项规定："土地所有人应负担的设定地上权的义务的契约，准用《德国民法典》第311b条的规定。"

2 ［日］山田晟：《德国法概论》，有斐阁1987年版，第227页。

3 ［德］鲍尔、施蒂尔纳：《德国物权法》（上册），张双根译，法律出版社2006年版，第652页。

4 ［德］鲍尔、施蒂尔纳：《德国物权法》（上册），张双根译，法律出版社2006年版，第653页。

5 德国《地上权条例》第11条1项。

6 德国《地上权条例》第1条2项。

7 ［日］於保不二雄著，高木多喜男补遗：《德国民法Ⅲ》（物权法），有斐阁1955年版，第172页。

8 参见德国《地上权条例》第9条3项。

上权，不因工作物的灭失而消灭。[1]（4）土地所有人行使返还请求权时，地上权如系为缺乏资力的人建构住宅而设定的，则土地所有人对地上权的消灭需支付相当的赔偿金。即使地上权因期间届满而消灭，土地所有人也需补偿工作物价格的三分之二及以上。[2]（5）地上权，仅可以第一顺位而设定。之所以如此，乃因使地上权不致因先顺位权利的实行而消灭。[3]（6）为保护地上权人的利益，防止执行以地上权为标的的抵押权而致地上权消灭，《地上权条例》对以地上权为标的而设定抵押权设有限制。[4]

（六）担保的促进

地上权获得普遍采用后，推动地上权的担保化，即为以地上权为标的而设定不动产担保权的权利人所希冀与企盼。而要促进地上权的担保化，一个法技术的手段，即是应减少地上权消灭的情形。此外，因《地上权条例》第12条第1项第2句规定，设定地上权时，之前存在于土地上的工作物也属于地上权的“同体的构成部分”，[5]故而，以地上权为标的而设定的不动产担保权，纵地上权设定前的建筑物，地上权的效力也得及之。故此，有第一顺位的抵押权（及于土地上的工作物）时，如不将该抵押权变更为第二顺位，即不能复设定抵押权。而顺位的变更，通常需向抵押权人支付对价，并获得其承诺（同意）。并且，《地上权条例》第29条规定：“地上权期间届满时，地上权尚负有抵押权、土地债务、定期土地债务或物上负担的，其抵押债权人、土地债务、定期土地债务或物上负担之债权人对于补偿请求权享有之权利，与债权人因拍卖而丧失权利时对拍卖价金所享有之权利相同。”[6]

1　参见德国《地上权条例》第13条。

2　参见德国《地上权条例》第32条2项、第27条2项。

3　参见德国《地上权条例》第10条。

4　［日］山田晟：《德国法概论》，有斐阁1987年版，第227—228页；参见《地上权条例》第18条至第20条。

5　德国《地上权条例》第12条1项第1、2句规定：“基于地上权所设置的工作物，视为地上权的重要成分。于地上权设定时已然存在的工作物，亦同。”

6　［日］山田晟：《德国法概论》，有斐阁1987年版，第228页。

（七）地租（Erbbauzins）[1]

依《地上权条例》，地上权尽管可以无偿的方式设定，然大多需要支付地租。需要支付地租时，当事人双方需就地租的数额与支付方式进行协议。《地上权条例》第9条第1项第1句规定：地上权的设定，约定以定期给付地租为对价的，准用《德国民法典》关于物上负担的规定。于他人的土地上建构的工作物系供居住的目的，纵存在可以请求变更地租的约定，对于要求提高地租的请求，也只有于考虑有关的具体情事并判定提高地租符合公平的旨趣后，方可变更（提高）地租。[2]

（八）住宅地上权（Wohnungserbbaurecht）

根据德国民法，数人可以共有基于地上权而建构的建筑物的专有部分（建筑物内的住宅）以外的部分，然对于建筑物内的住宅（专有部分），各人则有单独所有权，地上权的共有份额与住宅的所有权（专有部分所有权）不能分离，称为住宅地上权。住宅地上权，土地登记机关设有住宅地上权登记簿（Wohnungserbbaugrundbuch），并准用关于住宅所有权的规定。[3]

（九）地上权的消灭与更新

地上权，因不动产物权的一般消灭原因而消灭。也就是说，地上权得因法律行为（《德国民法典》第875条、第876条、第878条）、因《德国民法典》第901条的登记簿取得时效，及因被征用乃至存续期间的届满而消灭。惟需注意的是，《德国民法典》第927条、第928条的规定，不得适用于地上权。[4]另外，地上权也不因工作物的灭失[5]、强制拍卖[6]及混同而消灭。地上权消灭的准据时点，是于土地登记簿册为注销登记时。[7]

---

1 Erbbauzins一词，我国学者张双根翻译的鲍尔、施蒂尔纳的《德国物权法（上册）》（法律出版社2006年版）第649页译为“地上权租金”。本书采日本学者与我国台湾地区学者的译法，称为“地租”。

2 ［日］山田晟：《德国法概论》，有斐阁1987年版，第229页。

3 参见德国《住宅所有权法》第30条。

4 参见德国《地上权条例》第11条第1项。

5 参见德国《地上权条例》第13条。

6 参见德国《地上权条例》第25条。

7 ［日］於保不二雄著，高木多喜男补遗：《德国民法Ⅲ》（物权法），有斐阁1955年版，第172页。

关于地上权的更新，《地上权条例》第2条第（6）项规定：地上权期限届满后，地上权人有更新地上权的优先权。第31条第1项第1句规定：地上权人有更新地上权的优先权的，如土地所有人与第三人订立契约而设定地上权时，得立即行使其优先权。

二、永佃权

德国民法的永佃权（Erbpacht），系指支付佃租（用益租赁金）而利用他人农地的、可以让与和可以继承的物权。依德国民法，永佃权与地上权相同，系作与土地相同的对待和把握。[1] 1896年制定公布的《德国民法典》虽未把永佃权作为正式的物权而予规定，然依《德国民法典施行法》与某些州的州法，于一些州（譬如在梅克伦堡），此永佃权仍有人采用。1945年第二次世界大战结束后，根据1947年2月20日的《世袭农场法的废止与对农业、林业土地的新规定施行法》，此永佃权被废弃不用。[2]

三、役权

（一）概要

1. 役权的概念与构造系统

按照德国民法，所谓役权，系指就他人的物，为土地或人的利益而设定的用益权。也就是说，对他人的物或权利直接地加以利用的权利，即是役权，涵括地役权、限制的人役权及用益权三种。需指出的是，尽管用益权是对物或权利的总括性的利用权，但因其特性上属于专属的权利，且其存续期间法律定有明文，故仍被解为是对他人的物或权利的限制的利用权。可见，以"役权"此一总括的概念描述此三项权利，并未臻于精确。另外，因立法系就此三种不同的役权分别设立规定，故启用"役权"这一名称加以总括或统揽，实益较少。不过，因德国民

1　参见《德国民法典》原第1017条、《德国民法典施行法》第63条及德国《地上权条例》第36条。

2　［日］山田晟：《德国法概论》，有斐阁1987年版，第229—230页。

法制度系由罗马法而化出，故最终启用“役权”这一名称也就不难理解。[1]

《德国民法典》将役权规定于“物权编”的第4章，章名径称为“役权”，涵括3节：第1节地役权（第1018—1029条）、第2节用益权（第1030—1089条）及第3节限制的人役权（第1090—1093条）。其中，第二节用益权设有三目：第一目物上的用益权（第1030—1067条），第二目权利上的用益权（第1068—1084条），第三目财产上的用益权（第1085—1089条）。

2. 役权的特性

《德国民法典》的立法者未就地役权、用益权与限制的人役权设立共同规定。此三种役权，虽具有与别的权利相区别的共同的消极特性，[2]但于此三种役权的内部，需要设立统一规定的积极的共同点则是不多的。故此，《德国民法典》的立法者乃取法1794年《普鲁士普通邦法》和1804年《法国民法典》的做法，对役权不设统一的共同规定，也就是不设关于役权问题的通则。[3]

关于役权的特性，德国民法学理是从与其他权利的界分上加以说明的，即就役权为一种独立的物权而论，其区别于租赁权等所谓债权的收益权；就役权具有用益性或直接支配性而论，其区别于因担保物权或物上负担而生的收益；就役权为限制物权而论，其区别于作为限制物权的地上权。此外，用益权于让与性、继承性，地役权于内容上，及限制的人役权于此两方面，皆较地上权受更多的限制。

就各役权相互间的关系而论，地役权、用益权及限制的人役权，于“物的物

---

1 ［日］山田晟：《德国法概论》，有斐阁1987年版，第230页。值得提及的是，役权为罗马法上一项重要制度。优士丁尼时代关于役权的规定与学理获得了完善的整理，以至蔚成体系。根据优士丁尼《罗马法大全》，罗马法上的役权的种类有：（1）地役权（Servitutes praediorum rusticorum），涵括人的通行权（iter）、家畜的通行（actus）、车的通行权（via）和引水权（agupeductus）；（2）不动产役权（servitutes praediorum）与建筑物役权（servitutes praediorum urbanorum）；（3）人役权（servitutes personarum），涵括用益权（ususfructus）、使用权（usus）、居住权（habitatus）及奴隶、动物使用权（operae servorum et animalium）。《德国民法典》的役权，正是对罗马法中的役权加以继受后创制的。对此，请参见Max Kaser：《罗马私法概说》，［日］柴田光藏译，创文社1979年版，第226页以下；［日］山田晟：《德国物权法概论》，弘文堂1949年版，第72—73页。

2 此三种役权的共同特性，乃在于对他人之物加以使用、收益。

3 参见Motive Ⅲ，第475页。

权”和“人的物权”上具有差异；地役权与限制的人役权，虽皆为以他人的土地为客体而设定的役权，惟地役权无需严格限定用益的范围，而限制的人役权则需严格限定用益的范围。并且，地役权系专为土地的利益而设定，而限制的人役权则是为个别人的利益而设定，两种用益的范围、特性存在区别，故可以同一土地同时设定地役权与限制的人役权；地役权与限制的人役权的客体为他人的土地，而用益权则系以不动产、动产以至权利为其客体。另外，较之地役权，用益权的内容则更多地不受限制。[1]

3. 役权的种类

《德国民法典》将役权分为地役权、用益权与限制的人役权三种而分别设其规定。另外，役权尚可依其他标准而作出不同的分类。分述如下。

（1）地役权与人役权（Grunddienst. Od. Prädialservituten und Personalservit）。此种分类，见于德国民法学者的著述中。德国以外的其他大陆法系国家或地区的民法学者，尤其是东方国家的民法学者，大多也作如此的分类。

（2）不动产役权、动产役权与权利役权（D. an Immobilien und an Mobilien od. an Rechten）。此系以役权的客体的不同而进行的分类。不动产虽可为一切役权的客体，但地役权与限制的人役权则只可以不动产为客体，用益权即使以动产权利与财产为客体也无不可。

（3）积极的役权与消极的役权（affirmative od. Positive und negative D.）。积极的地役权，如通行地役权和水利地役权；消极的地役权，如眺望地役权。

（4）继续的役权与非继续的役权（ständige und nichtständige od. Wiederholende D）。继续的役权，所有的消极役权、居住役权及用益权属之；通行役权与牧场使用权，则为非继续的役权。

（5）表现役权与非表现役权（öffensichtliche und nichtöffensichtliche D）。亦即，依役权内容的实现是否需要伴有外形的事实为标准，可以将役权界分为表现役权与非表现役权。其可由外部查知者，为表现役权，如通行役权、汲水役权和地表引水役权；反之则为不表现役权，如不作为役权与埋设水管于地下的引水役

---

1 ［日］於保不二雄著，高木多喜男补遗：《德国民法Ⅲ》（物权法），有斐阁1955年版，第200—201页。

权即属之。[1]

(二) 地役权 (Grunddienstbarkeit)

1. 立法编制

《德国民法典》物权编第4章役权的第1节，系规定地役权，共12个条文(第1018—1029条)。另依《德国民法典施行法》，地役权的内容，可由各州法定之。《德国民法典》第1018条、第1019条规定地役权的法定内容与需役地的利益；第1020条规定地役权的"谨慎的行使"；第1021条、第1022条规定工作物的保存；第1023条规定供役地所有人的地役权的行使的移转请求权；[2]第1024条规定同一土地上，一地役权与另一地役权或其他对于土地的使用权的竞合；第1025条规定需役地的分割的效力；第1026条规定供役地的分割；第1027条规定地役权的保护；第1028条规定地役权得因消灭时效而消灭；第1029条规定占有保护的规定得准用于地役权。

2. 地役权的涵义

《德国民法典》第1018条规定：土地，可以为另一块土地的现实所有人的利益而设定地役权。享有地役权的土地所有人（地役权人），得利用供役地，得禁止于供役地上为某种行为，得排除供役地的所有人对作为地役权的客体的土地行使权利。

可见，德国民法的地役权，是指以他人的土地供自己土地的方便和利益之用的权利。地役权法律关系的成立，以有两笔土地的存在为必要。自己的土地——享有地役权的土地，为需役地，他人的土地——供自己使用的土地，为供役地。方便和利益的内容，可以是以供役地供使用，如通行地役权、引水地役权即是；也可以是禁止于供役地上为一定的行为（如为了不遮挡邻地——需役地——的眺望，而不于自己的土地上建造一定高度的房屋）；更可以是为排除供役地基于所有权而得对其他土地（包括邻地）行使的权利（如甲地的排水于乙地上流过，乙

---

1 [日]於保不二雄著、高木多喜男补遗：《德国民法Ⅲ》（物权法），有斐阁1955年版，第202—203页。

2 《德国民法典》第1023条第1、2句规定："现实地役权的行使，限于供役地的一部分土地的，其在原来处所行使权利，对于土地所有人特为不便时，其所有人与地役权人皆可请求移转于其他适当处所行使地役权。其移转费用，由土地所有人负担，并需预先交付。"

地的所有人不得依对于土地的所有权而请求排除之)。[1]

3. 地役权的成立

根据规定，地役权基于设定行为、登记簿取得时效（《德国民法典》第900条）与征收（《德国民法典施行法》第109条）而设定或取得。地役权的设定，依《德国民法典》第873条、第874条的规定，作为设定原因的债权行为，无需采取特别的形式。需役地和供役地属于同一人时，无需有所谓“合意”，而仅需有单方面的意思表示即可。[2]设定地役权的行为，可以附条件或期限。地役权，登记于供役地登记簿册的“负担栏”中，并于需役地的登记簿册中加以注明。[3]至于地役权的内容，则需详细登记。[4]

4. 地役权的变更

根据《德国民法典》第96条的规定，地役权为需役地的“同体的构成部分”，[5]

---

1 ［日］村上淳一等编:《德国法讲义》，青林书院新社1974年版，第205页；［日］山田晟:《德国法概论》，有斐阁1987年版，第230页。也有德国学者将地役权的内容（法定内容）归纳为三项：一是使用供役地的权利，即需役地所有权人得对供役地“于特定方面加以使用”（《德国民法典》第1018条第一种情形）；二是供役地使用的禁止，即受负担人对其土地不得实施依《德国民法典》第903条他本可实施的某些行为（不作为，non facere，《德国民法典》第1018条第二种情形）；三是排除基于所有权而生的权利的行使，即受负担人针对需役地所有权人，不得行使他基于《德国民法典》第903条、第1004条本应享有的权利（《德国民法典》第1018条第三种情形）。对此，请参见［德］鲍尔、施蒂尔纳:《德国物权法》（上册），张双根译，法律出版社2006年版，第712—714页。

2 此即设定所有权人地役权。所有权人地役权，即于自己的土地上为自己设定的地役权。此种情形，自无双方当事人的合意之可言，仅需土地所有人（即地役权人）依《德国民法典》第873条、第874条的规定，单方面地向土地登记机关表示于自己的土地上为自己设定地役权的意思即可。与德国普通法时期的原则——于自己的土地上不得成立地役权（nemini res sua servit）——不同，德国现今通说——自《帝国最高法院民事判例集》第42卷234页判决之后——乃通过类推适用《德国民法典》第1196条的规定，承认所有人地役权制度。对此，请参见［德］鲍尔、施蒂尔纳:《德国物权法》（上册），张双根译，法律出版社2006年版，第723页。

3 参见德国《土地登记法》第9条、第21条。

4 此种情形，可以引用承诺书，即当事人为设定地役权而达成的协议，尤其是双方约定的地役权的内容。参见［日］於保不二雄著，高木多喜男补遗:《德国民法Ⅲ》（物权法），有斐阁1955年版，第202—203页。

5 《德国民法典》第96条规定:“与土地所有权结合之权利，视为土地之成分。”所谓“与土地所有权结合之权利”，譬如地役权（Grunddienstbarkeiten）、物的先买权（dingliches Vorkaufsrecht）及物上负担（Reallasten），即属之。此等权利，视为土地的重要成分，与土地同其命运（RG 93，73），土地所负的抵押权的效力及于该权利（RG，83，200）。对此，请参见台湾大学法律学院、财团法人台大法学基金会:《德国民法（总则编、债编、物权编）》（上册）（第2版），元照出版有限公司2016年版，第81页。

由需役地的现实的所有人享有。故此，需役地所有人变更时，新的土地所有人便成为地役权人。[1]惟《德国民法典》第 1019 条规定：地役权只能是给需役地的使用带来利益的负担，不得超出这一范围而扩张该役权的内容。也就是说，需役地的土地所有人发生变更后，若原地役权对变更后的现实所有人并无方便和适宜的利益的，也不得为地役权的内容。此点与限制的人役权不同。另外，因地役权为需役地的“同体的构成部分”，故对于需役地的物权（如对需役地的抵押权），得当然及于地役权。[2]另外，根据学理，地役权不得变更为限制的人役权。[3]

5. 地役权的权利占有（准占有）

《德国民法典》第 1029 条规定：“土地占有人于行使土地登记簿册中为所有人登记的地役权而受到妨害时，以在受妨害前一年内曾行使地役权者为限，纵只行使地役权一次，也准用关于保护占有的规定。”亦即，需役地占有人享有占有人的自力救济权与占有保护请求权，学理称为地役权的准占有（权利占有，Rechtsbesitz）。

6. 地役权的保护

关于地役权的保护，《德国民法典》设有基于地役权的保护与基于权利占有的保护两种方法。前者见于该法典第 1027 条：地役权被妨害时，地役权人享有《德国民法典》第 1004 条所规定的权利，即享有妨害除去请求权与停止妨害请求

1　正因为地役权为土地，尤其是需役地的“同体的构成部分”，并且是为土地的现实的所有人而设定的，它才需要随需役地的所有权的移转而移转，可见地役权人乃是不特定的。也正因如此，需役地的所有权人变更时，才不能使供役地人对新土地所有人承担并无利益的负担。譬如，A 打算把自己的别墅地（甲地）的邻地（乙地）作为网球场而利用，即不能于乙地上设定以乙地为网球场而利用的地役权。之所以如此，盖因于 A 出让别墅地（甲地）给对网球场并无兴趣的 B 时，乙地对 B 来说即变得没有实益。然 A 可以将此种权利作为限制的人役权来设定。《德国民法典》第 1090 条第 1 项规定：限制的人役权，是就土地设定负担，使因该负担而受利益的人，得按个别关系，利用其土地，或享有得以构成地役权内容之其他权利（限制人役权）。不过，与地役权是为甲地的现实的所有人的利益而存续者相对，限制的人役权则是为特定人 A 的利益而存续的。故而，可仅以对特定人 A 有利益的、对于乙地的利用权，作为限制的人役权而设定。限制的人役权既然是为特定人的利益的权利，则除特殊情形外，法律原则上也就禁止限制的人役权的让与和继承（《德国民法典》第 1092 条第 1 项）。对此，请参见［日］村上淳一等编：《德国法讲义》，青林书院新社 1974 年版，第 205—206 页。

2　［日］山田晟：《德国法概论》，有斐阁 1987 年版，第 230 页。

3　［日］於保不二雄著，高木多喜男补遗：《德国民法Ⅲ》（物权法），有斐阁 1955 年版，第 203 页。

权（不作为请求权）。前述《德国民法典》第1029条规定了权利占有（准占有）的情形，并明示有关占有保护的规定，得准用于权利占有。

7. 地役权的消灭

地役权为物权的一种，故也因一般土地（不动产）物权的消灭原因的成就而消灭。[1]另外，《德国民法典》第1025条、第1026条、第1028条，尚就地役权消灭的特别原因设有明文。各种特别的消灭原因中，最值得注意的，是地役权因消灭时效的完成而消灭。此即第1028条第1项第1句规定："供役地上设置工作物，致地役权受到妨害的，纵地役权已登记于土地登记簿册，地役权人的妨害除去请求权也应受消灭时效的限制。"换言之，供役地上设置侵害地役权的设施（如工作物）的，纵地役权已登记于土地登记簿册，基于地役权的妨害排除请求权也得罹于消灭时效。该妨害排除请求权完成消灭时效时，仅设施的存在与地役权相抵触的，地役权方消灭。此种情形，土地登记簿册的记载不具公信力。[2]

（三）限制的人役权（Beschränkte persönliche Dienstbarkeit）

《德国民法典》第1090条第1项规定："土地得作为人的限制役权的客体。人的限制役权的权利人，享有就某种关系而使用土地的权利，或有其他具备地役权的内容的权利。"可见，在德国民法，限制的人役权，特性上乃是一种与地役权具有大致相同的内容的物权。二者的差异系在于，限制的人役权系为特定人的利益而存在，[3]而地役权则系为特定土地的利益而存在。换言之，限制的人役权，是以特定人的方便和利益为权利的内容，且于限制的人役权中，不存在所谓的土地利益（有利于土地，praedio utilis，《德国民法典》第1019条）要求。[4]譬如，于邻地采集昆虫的权利，虽对有采集昆虫兴趣的人有其实益，但若土地所有人变

1　参见《德国民法典》第875条、第876条及第901条，《德国民法典施行法》第120条第2项，《德国拍卖法》第91条及《德国拍卖法施行法》第9条。

2　参见《德国民法典》第1028条、第892条。［日］山田晟：《德国法概论》，有斐阁1987年版，第231页。另外，依德国学理，地役权尚因需役地的利益永久性丧失而消灭。当然，某一条件的成就或期限的届至，也可为地役权消灭的原因。于地役权消灭后，得成立土地登记簿的更正请求权。对此，请参见［德］鲍尔、施蒂尔纳：《德国物权法》（上册），张双根译，法律出版社2006年版，第726页。

3　参见《德国民法典》第1090条1项。

4　［德］鲍尔、施蒂尔纳：《德国物权法》（上册），张双根译，法律出版社2006年版，第729页。

更，原在邻地上采集昆虫的利益，即对无此兴趣的新土地所有人没有实益，进而，也就不能复以之为地役权的内容而主张有地役权的存在，但可以之为限制人役权的内容而重新设定限制的人役权。[1]

具体而言，如同地役权，限制的人役权得涵括下列内容：单项的使用，譬如引水权、汲水权、采取砾石及建造加油站等；于受负担的土地上不为某种行为；于受负担的土地上，排除所有权人的某权能。[2]

限制的人役权的内容既然与限制的地役权相同，则二者的适用范围也基本一致。惟另一方面，由于对限制的人役权并无土地利益的要求，故其适用范围又更为宽泛。当然，如同地役权，限制的人役权的内容也不得涵括受负担土地所有权人的某一行为，但可使受负担人承担其土地上建造的设施维持义务。[3]

限制的人役权的成立、消灭及保护，准用关于地役权的规定。另外，因限制的人役权系为特定的权利人而设定，故依《德国民法典》第1090条第2项的规定，原则上不得转让、继承。惟于某些例外情形，也允许转让、继承。[4]

于现今，限制的人役权主要适用于下列情形：第一，由他人的山林中采掘石头。第二，城市等公共团体将他人的土地辟为公园、道路。[5]第三，股份公司、有限责任公司为取得他人土地的“构成部分”（如石头），也大多通过设定限制的人役权而为之。第四，设定居住权（Wohnrecht）的情形，也大多经由设定限制的人役权而为之。[6]居住权，简言之，系指权利人所享有的、“将他人土地上的建筑物

---

1 ［日］山田晟：《德国法概论》，有斐阁1987年版，第231页。

2 ［德］鲍尔、施蒂尔纳：《德国物权法》（上册），张双根译，法律出版社2006年版，第729页、第730页。

3 ［德］鲍尔、施蒂尔纳：《德国物权法》（上册），张双根译，法律出版社2006年版，第731—733页。

4 ［日］山田晟：《德国法概论》，有斐阁1987年版，第231页。

5 ［日］村上淳一等编：《德国法讲义》，青林书院新社1974年版，第206页。

6 关于德国民法中的“居住权”的类型，鲍尔、施蒂尔纳《德国物权法》（上册，张双根译，法律出版社2006年版）第655页以下将其区分为三种：《德国民法典》中的居住权、《住宅所有权法》中的长期居住权、长期使用权与住宅地上权。正是后两种居住权的出现，使《德国民法典》中的居住权制度已然丧失其往昔的意义与价值。此点应值注意。关于后两种居住权，请参见陈华彬：《建筑物区分所有权研究》，法律出版社2007年版，第43页。

或建筑物的一部分当作住宅予以使用，并具有排除所有权人的效力的权利”[1]。应当指出的是，此居住权，虽说与《德国民法典》债法编中的使用租赁权类似，但因并无租金与解除居住权关系的规定，故其不能替代使用租赁的制度。于德国，居住权是确保权利人终生居住于建造在土地上的建筑物中的一种手段，惟于同时设有住宅所有权与永久居住权的德国民法系统中，此居住权业已于相当程度上丧失其往昔的意义与价值。德国《土地登记法》规定：土地登记簿册，不得登录建筑物。故此，何栋建筑物或建筑物的哪一部分中设有居住权，由土地登记簿册并不能明了、知悉。建筑物灭失时，居住权消灭，土地所有人不负重新设定居住权的义务（BGHZ 7，268；8，58）。[2]

（四）用益权

1. 用益权的涵义

《德国民法典》物权编第4章第2节为关于用益权的规定，包括三目：第一目为物上的用益权（第1030—1067条），第二目为权利上的用益权（第1068—1084条），第三目为财产上的用益权（第1085—1089条）。其中，第1030条规定：“对某物可以这样的方式设定负担，使因设定负担而受利益的人有收取该物的用益的权利（用益权）。”实务中，可经由排除个别的用益来限制用益权。

据此规定并依学理，德国民法的用益权，是指权利人依设定行为所定的目的（内容），全面（即排除所有人的干涉）、独占地使用、收益他人之物的权利。[3]且据此可知，用益权人的权利，实际上已接近于所有权。用益权，是为特定人的利益而成立的主观的物权，于此点上，其与地役权、限制的人役权相同，皆属于役权的范畴，并由此区别于其他物权。不过，就用益权为对标的物的全面的支配权

---

1 ［德］鲍尔、施蒂尔纳：《德国物权法》（上册），张双根译，法律出版社2006年版，第655页。

2 ［日］山田晟：《德国法概论》，有斐阁1987年版，第231页。另外，于德国，农民生前把农地让与给继承人，而为了保留于农地上居住的权利，也通常采取设定居住权的方式，对此请参见［日］村上淳一等编：《德国法讲义》，青林书院新社1974年版，第206页。

3 譬如，对于土地有用益权的人，可于土地上种植蔬菜而收取之，或将拥有用益权的土地“用益出租”给他人而收取租金，抑或对拥有用益权的土地为单纯地使用。因《德国民法典》第100条规定：“所谓收益，指物或权利的孳息，及因物或权利的使用所生的利益。”故此，对土地的使用，对于用益权人实具有利益（Vorteil）——使用利益（Gebrauchsvorteile）。

而论，其又异于地役权与限制的人役权。

应当指出的是，《德国民法典》的用益权虽然是一种可以排除所有人的干涉而全面地支配标的物的权利，但基于用益权的役权的属性，用益权人仍不得滥用该权利，而应按通常的规则行使。另外，用益权于存续期间内，物的所有人的所有权即变成完全的“虚有权”（nuda proprietas），惟因近现代及当代民法思想禁止所有权以如此的状态永久存在，故而，用益权得当然因用益权人的死亡而消灭，因而为不可继承的权利。另外，由设定用益权的经济目的决定，用益权原则上不具让与性，也就是说，用益权人不得将用益权转让给他人。[1]

法制史上，《德国民法典》的用益权，乃直接由来于罗马法与德国普通法中的用益权（Ususfructus）。夫妻一方死亡时订立遗嘱，一方面指定其子女为继承人，同时也使尚生存的配偶对于继承财产（遗产）享有用益权，此时，用益权即担负着扶养生存配偶的余生的功能。盖借助于它，夫妻一方死亡订立遗嘱时，即可于被继承人（如子女）保有所有权的财产上为生存配偶设定用益权。如此，死亡配偶的原有财产尽管已由作为继承人的子女享有所有权，然依死亡配偶的意志，生存配偶对于原有财产仍有用益权。[2]另外，德国实务上，生前把农地让与给继承人的农民，经由于农地上接受用益权的设定，也可由农地受到扶养。并且，为担保债权而设定土地用益权的，也为数不少。[3]德国现今的实务，虽罕有以动产设定用益权的，但以遗嘱就继承财产设定用益权时，继承财产中的动产即成为用益权的客体。[4]

---

1 参见《德国民法典》第1059条。需注意的是，夫妻财产关系中的收益权与亲权人的收益权，尽管类似于用益权，且法律上也准用关于用益权的规定，但需将二者予以区分。盖夫妻财产关系中的收益权与亲权人的收益权，并不单纯是以一定的身份关系为基础的。另外，《德国民法典》委由各州法规定的“僧禄用益权”，也应排除于用益权的范围外。对此，请参见［日］於保不二雄著，高木多喜男补遗：《德国民法Ⅲ》（物权法），有斐阁1955年版，第212—213页。

2 值得提及的是，《法国民法典》第382条与第767条也设有与《德国民法典》类似的、以用益权确保生存配偶的财产需要的规定：父母对未成年子女的财产享有用益权。被继承人的遗产由其子女继承时，其生存配偶对遗产的1/4享有用益权；由兄弟姐妹继承时，其生存配偶对1/2的遗产享有用益权。另依《法国民法典》的规定，按人的意志设立用益权，乃涵括以契约与遗嘱设立用益权。

3 不过，因用益权特性上为“一身专属的权利”，故其功用尚不能完全与不动产质权画等号。

4 ［日］山田晟：《德国法概论》，有斐阁1987年版，第232页。

2. 用益权的一身专属性

按照德国民法，用益权由其特性所决定，不得让与、继承，并随权利人的死亡而消灭。于此点上，法人的用益权也不例外，即法人的用益权随法人的消灭而消灭。[1]故此，于用益权的行使存在时间限制这一点上，用益权仍属于对物为限制性利用的物权。[2]然于公司合并等情形，如使用益权消灭，则合并后的公司便不能行使用益权，从而企业的价值便不能继续维持。相同的情况，于限制的人役权的情形，也可能发生。有鉴于此，1935年12月18日德国颁布《关于用益权与限制的人役权的转让的法律》（G. über die Veräußerung von Nießbrauchsrechten und beschränkten persönlichen Dienstbarkeiten），对用益权的不得让与、不得继承的规定设立例外。[3]也就是说，对用益权与限制的人役权的“一身专属性”设立例外，明示法人的财产根据总括承继的方式移转于他人，及作为法人的企业或其一部移转于他人时，原则上用益权与限制的人役权得一并移转于他人。德国判例曾判示：于他人土地上享有限制的人役权，并将之用于运动场的学校，于被别的学校合并时，合并后的学校可以利用原运动场。另外，于他人土地上有用益权并将之用于堆放材料的股份公司被别的股份公司合并时，合并后的股份公司可以利用材料堆放地。[4]

3. 用益权的设定、变更、消灭及保护

以不动产设定用益权的，依《德国民法典》第873条、第874条的规定行之；以动产设定用益权的，依《德国民法典》第1032条的规定行之；以权利设定用益权的，依《德国民法典》第1069条的规定行之；以财产设定用益权的，依《德国民法典》第1058条的规定行之。设定用益权，可以附条件或期限。设定用益权的债权行为与设定地役权和限制的人役权的债权行为不同，应依《德国民法典》第311b条的规定为之，即采特定的公证证书形式。另外，就世袭农场设定

---

1 参见《德国民法典》第1061条、第1097条。根据《德国民法典》，法人可以成为用益权的主体。

2 之所以说是对物为限制性利用，盖因用益权的行使有时间上的限制。

3 德国法西斯时代的此一规定，往后被纳入到《德国民法典》第1059a条至第1059d条及第1092条第2项中。

4 ［日］山田晟：《德国法概论》，有斐阁1987年版，第232—233页。

地役权或限制的人役权的，无需获得主管机关的许可，但以之设定用益权的，则需要获得主管机关的许可。[1]用益权，除可依设定行为而取得外，尚可依取得时效[2]与法律的直接规定而取得。

《德国民法典》第1059条规定：用益权，是不可转让的。惟可将用益权的行使托付给他人。第1061条规定：用益权，因用益权人的死亡而消灭。法人或有权利能力的合伙享有用益权的，于法人或有权利能力的合伙消灭时，用益权消灭。用益权本身，尽管依《德国民事诉讼法》第857条第3项的规定不得为强制执行的标的，但解释上，用益权的行使则仍可为强制执行的标的。另外，用益权的内容的变更，如其标的物为不动产的，应依《德国民法典》第877条的规定行之。

不动产用益权，与地役权相同，因不动产物权的一般消灭原因而消灭；动产用益权，依《德国民法典》第936条、第945条的规定而消灭。至于用益权的其他特殊的消灭原因，《德国民法典》第1061—1064条及第1072条设有明文。

关于用益权的保护，《德国民法典》第1065条规定："用益权人的权利受到侵害的，用益权人的请求权，准用关于基于所有权而生的请求权的规定。"此外，尚可适用有关占有保护的规定（《德国民法典》第858条以下）。

4. 物上的用益权

《德国民法典》第1030条为关于物上的用益权的基本规定。因用益权与地役权不同，即它仅可为特定人的利益而存在，故不得为现实的土地所有人、企业主或工厂主而设定。依德国民法，可以为用益权的权利主体（用益权人）的，不以自然人为限，法人也可。权利主体为自然人时，也不以一人为限，纵两人或两人以上的复数之人也是可以的。于共有或共同关系的情形，依学理，可为特定多数人的利益而设定物上的用益权。惟对于可否为无权利能力的社团设定物上的用益权，则存在分歧意见。[3]

物上的用益权的标的物，为动产与不动产。为动产的，如该动产为消费物，

---

1 参见《德国世袭农场施行补充令》第32条第1项第1号。

2 参见《德国民法典》第900条2项、第1033条。

3 ［日］於保不二雄著，高木多喜男补遗：《德国民法Ⅲ》（物权法），有斐阁1955年版，第214页。

则用益权人便取得物的所有权，在用益权消灭后应向设定人（消费物的所有人）赔偿消费物的价格。[1]可见，以消费物为标的物设定物上的用益权的，用益权人所取得的，实际上是“附赔偿义务的所有权”，而非本来意义上的用益权，学说谓为准用益权（Uneigentlicher Nießbrauch；quasiususfructus）。[2]

这里有必要提及集合物上的用益权。《德国民法典》第1035条规定：“集合物上的用益权，用益权人与所有人负有共同编制用益物的目录的义务，此目录应记载编制的日期，并由双方签名。双方各得请求对签名加以公证。双方也可请求由主管机关、主管官员或公证人编制目录，所需费用由请求编制或公证的一方负担。”

应注意的是，对当事人以集合物设定用益权，需说明二点：其一，该条为《德国民法典》第260条、第261条的特别规定；第二，该条虽然是针对集合物上的用益权而设的规定，但于解释上，对于准用动产用益权的规定的权利上的用益权（《德国民法典》第1068条）、财产上的用益权（《德国民法典》第1085条）及遗产上的用益权（《德国民法典》第1089条）等，也有准用的余地。[3]

关于物上的用益权的行使，《德国民法典》第1036条规定：“用益权人有占有用益物的权利。用益权人于行使用益权时，应维持用益物原有的经济效用，并按照通常的经营方法处置用益物。”关于用益物的改造，《德国民法典》第1037条规定：“用益权人对于用益物，不得加以改造或为重大的变更。土地的用益权人可以为采掘岩石、沙砾、沙土、黏土、陶土、泥灰、泥炭及其他土壤成分而设置新的工作物，但不得因此使土地的经济效用发生重大变更。”关于用益物的保管，《德国民法典》第1041条规定：“用益权人应注意保持用益物的经营上的现状。用益权人在属于通常保管的范围内，有修缮及更新用益权的义务。”换言之，修缮与更新，仅在它们属于用益物的通常维持的限度内，方应由用益权人为之。

1　《德国民法典》第1067条第1项规定：“用益权的标的物为消费物的，用益权人即为其物的所有人。用益权终了后，用益权人应以其物于设定时的价值，偿还于设定人。设定人与用益权人皆得以自己的费用，使鉴定人决定该项价值。”

2　［日］山田晟：《德国法概论》，有斐阁1987年版，第233页。

3　［日］於保不二雄著，高木多喜男补遗：《德国民法Ⅲ》（物权法），有斐阁1955年版，第217页。

譬如修复被毁坏的窗户玻璃、除去轻微的屋顶损伤等。[1]

5. 权利上的用益权

权利上的用益权（Nießbrauch an Rechten），即以权利为客体的用益权。依《德国民法典》第1068条第1项、第1069条第2项的规定，凡可转让的权利，皆可为用益权的客体。权利上的用益权的设定，依权利让与的方法为之，[2]不可转让的权利不得设定用益权。另外，《德国民法典》第1068条第2项尚规定："除《德国民法典》第1069条至第1084条另有规定外，权利上的用益权，得准用物上的用益权的规定。"

6. 财产上的用益权

财产上的用益权（Nießbrauch an einem Vermögen），即对于财产或遗产的用益权，实际上是对属于财产的各个动产、不动产、权利的用益权，即必须就单个的动产、不动产、权利设定用益权。[3]之所以如此，系因为如准许财产所有人以其全部财产设定用益权，则对用益权设定前对设定人有债权的人不利，即有使之不能受债权的清偿的危险，盖因物权的效力优先于债权。于是，为保护用益权设定前对于设定人存在债权的人的利益得由设定人的财产而获清偿，《德国民法典》乃于第1086条至1088条设立保护债权人的规定：设定人的债权人，其债权发生于用益权设定前的，仍可就属于该用益权的标的物，请求清偿而无须计及用益权的设定。用益权人取得消费物的所有权的，设定人得请求价值的补偿，以替代物的返还。用益权人对于债权人，负有即时补偿的义务。[4]

7. 用益权于实务中的形式

德国实务上，用益权主要有三种形式：供养用益权（Versorgungsnießbrauch），可于所有权人生前或死后设定；担保用益权（Sicherungsnießbrauch），尤其体现于再为不动产担保物权债权人设立一项用益权的情形。经由此种方式，担保物权债

---

1 陈卫佐译注：《德国民法典》（第2版），法律出版社2006年版，第363页注释37。

2 参见《德国民法典》第1069条1项。

3 《德国民法典》第1085条（对个别标的物设定用益权）第1项第1句规定：对于他人财产上的用益权，其设定仅得就属于该财产的个别标的物为之，而由用益权人取得其物的用益。

4 参见《德国民法典》第1086条。

权人可立即（即不必等到实行扣押之后）享受对土地的收益（如使用租金的收取）；所有权人用益权（Eigentümernießbrauch）。根据德国的通说观点，于土地上可以设立所有权人用益权。[1]

四、先买权（Vorkaufsrecht）[2]

（一）概要

《德国民法典》物权编第5章设有“先买权”的规定（第1094—1104条），凡11个条文。第1094条规定先买权的概念与内容，第1095条规定以土地的一部分设定先买权，第1096条规定先买权之及于从物，第1097条规定行使先买权的要件和情形，第1098、1099条规定先买权的效力，第1100—1102条分别规定买受人的权利、权利人之免除义务和买受人的免除义务，第1103条规定主观的物的先买权与主观的人的先买权，第1104条规定对于权利人的公示催告。

法制史上，物权的先买权，系渊源于日耳曼中世纪的Näherrecht与Retraktrecht。而Näherrecht和Retraktrecht，则伴随古代日耳曼的亲属团体、家族团体乃至村落团体的总有制度的废弛，首先演绎为对土地进行处分（abusus）时一定团体成员的同意权制度，往后随着土地总有制度的崩溃，遂向个人所有的形态推移，同意

1　［德］鲍尔、施蒂尔纳：《德国物权法》（上册），张双根译，法律出版社2006年版，第698—699页。

2　先买权，《德国民法典》定有三种类型：债权的先买权、依契约而成立的物权的先买权及基于法律的规定而成立的法定的物权的先买权。债权的先买权，又称为“人的先买权”（persönlichesVorkaufsrecht）或“对人的先买权”，抑或“债法上的先买权”，规定于《德国民法典》第463条至第473条。依契约与法律的规定而成立的物权的先买权，又称为“物的先买权”（dingliches Vorkaufsrecht），规定于《德国民法典》物权编第5章，其效果类似于预告登记。债权的先买权，依出卖人与先买权人的契约而成立。于出卖人违反契约而出卖于第三人时，先买权人虽可行使先买权，但对于第三人（买受人）不得为此主张，出卖人不履行时，对之仅可请求损害赔偿。依契约而成立的物权的先买权，特性上属于土地（不动产）物权的一种，故依土地所有权人与先买权人间的“物权的合意”与登记而成立。土地所有权人即使出卖土地于第三人，且已完成实际的转让过程，但于先买权人行使先买权时，第三人也得把土地所有权登记于先买权人的名下。法定的物权的先买权，即共同继承人出卖其应有部分于第三人时，其余继承人有先买权（《德国民法典》第2034条第1项）。另外，德国《帝国国内殖民（移民）法》（Reichssiedlungsgesetz）与《帝国家产地法》（Reichsheimstättengesetz），也设有物权的法定先买权制度。最后，依1986年12月8日的《建设法典》第24条、第25条的规定，市镇村依建设计划，被确定为建设地的地域时，被赋予法定的先买权。对此，请参见［日］山田晟：《德国法律用语词典》，大学书林1995年版，第704—705页。

权因此变成先买权。概言之，Näherrecht，是由日耳曼社会的家族团体、村落团体，以至作为封建制度的协同体观念的土地的拘束性与限制土地的处分的习惯演变而来，故于中世纪，其为重要的制度。

中世纪的德国，Näherrecht 的种类繁多，不仅共同继承人、次顺位继承人、村落居民以至邻人之间，而且就是封建领土上的领主、领民之间，也认有先买权的适用。日耳曼的 Näherrecht 与日耳曼的土地制度一道，广泛推行于罗马法作用的地域。中世纪时，经注释法学派代表人物伊纳留斯（Irnerius，约 1050—1130 年）的提倡，物权的先买权这一名称被正式确定下来，称为 jus retractus。德国继受罗马法时，此一制度被承袭下来。德国普通法称为 Retraktrech，并赋予其学理上的基础。[1]

可见，由来于日耳曼法的先买权，其功用本在于维系家族财产的一体性，德国继受罗马法以后，此制度不仅未被湮灭，反而得到了发展，以至规定了各种法定的先买权制度，起着维系中世纪以来濒于崩溃的土地的一体性的功用。但 18 世纪肇端以后，伴随自由主义、个人主义思潮的勃兴并弥漫于欧洲大陆，以及资本主义经济的急剧发展，将所有权自各种束缚中解放出来成为社会思潮的最强音，结果使相当多的法定先买权制度遭受了灭顶之灾，《德国民法典》为此种潮流所挟，也就仅规定了契约上的物权的先买权，至于法定的物权的先买权，则只规定共同继承人出卖其应有部分于第三人时，其他继承人有先买权（第 2034 条）。[2]

值得指出的是，近代以降，德国国家与各州为了政治和社会政策的目的，为了防止农地被细分化以维系世袭家产与世袭农场于不坠，以及为了建设新城市及从犹太人那里买取土地，而常常利用物权的先买权制度。并且，此等着重于公益目的的法定先买权，其权利人往往是公共团体或公益法人。[3]

---

1 ［日］於保不二雄著，高木多喜男补遗：《德国民法Ⅲ》（物权法），有斐阁 1955 年版，第 258—259 页。

2 ［日］山田晟：《德国法概论》，有斐阁 1987 年版，第 234—235 页；［日］於保不二雄著，高木多喜男补遗：《德国民法Ⅲ》（物权法），有斐阁 1955 年版，第 259 页。

3 ［日］於保不二雄著，高木多喜男补遗：《德国民法Ⅲ》（物权法），有斐阁 1955 年版，第 259 页。

（二）物权的先买权的涵义与特性

物权的先买权，系指对土地所有人保有的优先购买其土地所有权的不动产物权，先买权人于土地所有人转让其土地给第三人时，可通过行使此项权利，而使土地所有人将土地的所有权移转给自己。

先买权，为依先买权人一方的行为而使土地所有权的取得成为可能的权利，故特性上属于物权的取得权的一种。《德国民法典》第 1098 条第 2 项规定："先买权对于第三人具有与保全因行使权利而生所有权移转请求权之预告登记相同之效力。"也就是说，于物权的先买权发生时，对第三人而言，先买权人的法律地位，与通过预告登记而被保护者的法律地位相同。

物权的先买权并不是固有的、本来意义上的物权，惟因其属于一种土地的物上负担，德国民法方才将之作为一种物权对待。物权的先买权与《德国民法典》第 463 条至第 473 条规定的对人的先买权（persönliches Vorkaufsrecht，债权的先买权、债法上的先买权）不同。其区别首先在于前者具有物权性（Dinglichkeit），是一项物权，故得针对第三人产生效力；而对人的先买权，仅于先买权利人与先买义务人之间成立法律关系。并且，物权的先买权仅针对土地而成立，而对人的先买权的客体则可为任何客体，如物或权利。[1] 此外，物权的先买权于以下各点上区别于其他相类似的权利。

1. 与先占（权）、土地征收（征用）权的差异

就先买权特性上属于物权的取得权而言，先买权与先占（权）及对土地的征收（征用）权具有共同点。然先买权，不是通过直接行使该权利即可取得所有权，而是使土地所有人承担移转其土地所有权的义务，即仅有履行该义务后方可取得土地所有权。此外，先买权的发生尚以土地所有人出卖自己的土地为前提，土地所有人不出卖自己的土地的，先买权无从发生。先买权，特性上属于一种对土地的物上负担，此点也与先占（权）、土地征收（征用）权不同。

2. 与物上负担的差异

先买权，具有物上负担的特性。此点与物上负担同。惟物上负担是一种权利

---

1 ［德］鲍尔、施蒂尔纳：《德国物权法》（上册），张双根译，法律出版社 2006 年版，第 464—465 页。

人由土地受定期的、反复的给付的权利，而先买权则为取得土地所有权的权利。

3. 与债权的先买权、买回权的差异

债权的先买权、买回权与物权的先买权，特性上存在差异，即前者为债权性质的权利，后者为物权性质的权利。

（三）先买权的内容

关于先买权的内容，《德国民法典》第1094条规定：先买权，系指就土地设定负担，使因该负担而受利益的人，得对土地所有人主张先买的权利。先买权，也可为另一块土地的现实所有人的利益而设定。前者称为主观的人的先买权（subjektivpersönlich），后者称为主观的物的先买权（subjektiv dinglich）。此外，《德国民法典》第1098条、第1099条，尚就先买权的内容定有明文。

（四）先买权的变动

1. 先买权的成立

《德国民法典》物权编第5章规定的先买权，仅限于依设定行为而成立的先买权，故其成立依设定不动产物权的一般规定为之，也就是通过物权合意与登记而为之[1]。先买权的设定行为，应与设定先买权的原因行为相区隔，即设定先买权的原因行为应适用《德国民法典》第311b条的规定，采公证文书形式。先买权的设定，虽可以附条件或期限，但不得违反《德国民法典》第463条至第473条的规定。[2]另依《德国民法典》第900条第2项的规定，先买权不得依登记簿册的取得时效而取得。

2. 先买权的变更与消灭

《德国民法典》物权编第5章规定的物权的先买权，根据学理，除另有约定外，原则上无让与性与继承性。[3]

先买权，因先买权人为有效的行使行为而消灭。另外，先买权也因不动产物权的一般消灭原因如抛弃[4]、登记簿消灭时效[5]、征用等而消灭。并且，依《德

1 ［德］鲍尔、施蒂尔纳：《德国物权法》（上册），张双根译，法律出版社2006年版，第466页。

2 参见《德国民法典》第1098条。

3 ［德］鲍尔、施蒂尔纳：《德国物权法》（上册），张双根译，法律出版社2006年版，第467页。

4 参见《德国民法典》第875条、第876条。

5 参见《德国民法典》第901条。

国民法典》第 1104 条第 1 项第 2 句，先买权也因受除权判决（Ausschlussurteil）而消灭。但为土地的现实所有人的利益而存在的先买权，则不因除权判决而消灭。[1]

五、物上负担（Reallast）

（一）《德国民法典》物权编第 6 章关于物上负担的体例安排

所谓物上负担，系指由土地受定期性给付（Wiederkehrende Leistungen）的权利。论其性质，系为不动产用益物权的一种。《德国民法典》第 1105 条规定：称物上负担者，指就土地设定负担，使因该负担而受利益的人，得由土地受领定期的给付。物上负担也可为另一块土地的现实所有人的利益而设定。[2]

《德国民法典》物权编第 6 章"物上负担"，因袭德国法、地方法的传统，明定物上负担为一种用益物权。不过，物上负担乃为一种具有悠久历史，并染有浓烈的封建色彩的制度。正因如此，德国各地方对于此制度乃存在较大的差异。也正因如此，《德国民法典》的立法者方才将物上负担的内容委诸州法规定，而使民法典仅规定该制度的基本的法律构成。[3]

《德国民法典》物权编第 6 章"物上负担"，系由 8 个条文（第 1105—1112 条）构成。第 1105 条规定物上负担的意义与内容。第 1106 条规定对一个部分设定物上负担。第 1107 条规定："物上负担的各种给付，准用关于附抵押权的债权的利息的规定。"第 1108 条第 1 项规定："所有人就其所有权存续时期内已届清偿期之给付，仍须负担人的责任。但法律另有规定者，不在此限。"第 1109 条规定权利人的土地的分割。第 1110 条、第 1111 条规定主观的物的物上负担与主观的人的物上负担不得转换，第 1112 条规定对于权利人的公示催告。

1　参见《德国民法典》第 1104 条 2 项。

2　据此规定，土地所有权被转让给新的所有人时，新的所有人便成为物上负担的权利人。此物上负担，实为土地的构成部分，故以土地为客体而设定的抵押权，其效力也得及于物上负担。惟此种情形于 Rentenbank（定期金银行、地租银行）设有例外。其详情，请参见［日］山田晟：《德国法律用语词典》，大学书林 1995 年版，第 530 页。

3　［日］於保不二雄著，高木多喜男补遗：《德国民法Ⅲ》（物权法），有斐阁 1955 年版，第 269 页。

（二）物上负担的演变脉络、社会价值及意义

物上负担发端于德国中世纪时地主与佃农的身份的、经济的从属关系，即基于佃农对地主承担的赋役、给付地租、赋课金义务而化出的制度。此一时期，公法与私法的界分尚未泾渭分明，服兵役的义务、纳税的义务一同被认为是佃农的作为“下级所有权”（地主对交由佃农耕种的土地享有“上级所有权”）的客体的土地的负担。时至近代，德国各州为消灭农地上的负担，转而开始认可物上负担的清偿，并对设定新的物上负担加以限制。有鉴于此，《德国民法典》的立法者遂对物上负担设立简略的规定，而对于物上负担的清偿、变更和限制，皆委由州法规定。德国各州法对于物上负担的设定，设立限制性的规定者十分普遍。作为物上负担的产物，14 世纪之后，乃出现了定期金买卖（Rentenkauf）。定期金买卖，即资本家（有产者）向土地所有人授予一定的金钱，作为其报偿，则受定期金的支付。定期金买卖，完全是对土地的物上负担。尽管法律上采“交付”一定的金钱而“购入”定期金的形式，但于经济上，定期金则是交付给土地所有人的资金的利息，故而是一种规避当时的教会法关于禁止收取利息的规定的脱法行为。17 世纪肇始以后，开始认可给予金钱的人可以解除定期金买卖契约，并得取回给予的金钱，从而土地所有人借贷资金而支付利息的实质即变得十分明朗。于现今《德国民法典》种，与定期金买卖相类似的制度，是定期土地债务。但需指出的是，定期土地债务与物上负担乃为两种不同的制度。于如今的德国，为担保债权，及把农地转让给继承人的农民为了由农地受到扶养而设定物上负担者，乃为数不少。[1]

（三）物上负担的涵义与特性

1. 物上负担的涵义

所谓物上负担，系指由土地为反复（继续性）的给付的土地的私法上的负担，物上负担的权利人对于土地所有人有请求由土地为一定的反复性（继续性）的给付的权利。《德国民法典》第 1105 条第 1 项规定：称土地负担者，指就土地设定负担，使因该负担而受利益的人，得由土地受领定期的给付。

---

1 ［日］山田晟：《德国法概论》，有斐阁 1987 年版，第 236—237 页。

由土地受领“定期的给付”中的“给付”的对象，既可以是现物（如家畜、谷物、衣服）、金钱，也可以是行为（如房屋的修缮、桥梁的维持、墓地的管理），但无论何者，皆需有“定期的给付”的特性。所谓“定期的给付”，又称“继续性的给付”，即二次以上的给付。建筑房屋等一次性的给付，不得以之为物上负担的内容而设定物上负担。另外，给付，需由土地为之，即以土地的出产物为之。所谓“由土地为给付”，即土地所有人不为给付时，权利人可以通过强制执行土地而获清偿。故而于给付的客体为行为时，土地所有人如不主动为给付的，权利人乃可通过强制执行而将土地换价，并由换价所得的价金受自己物上负担权利的给付（支付）。于给付的对象为现物而不为给付时，得强制为现物的给付。[1]

2. 物上负担的特性

由上可见，物上负担乃是权利人请求由土地为定期的给付的权利。结果，物上负担即成为一种由土地的经济价值而获满足的价值权。就物上负担的本质为价值权而论，其异于用益物权与作为物权的取得权的先买权，故属于抵押权等价值权或担保物权的一种。但就物上负担并不以债权的存在为成立前提而论，其又区别于抵押权、质权，而属于土地债务与定期土地债务的范畴。《德国民法典》的土地债务与定期土地债务，本质上属于物上负担的范畴。而物上负担，即使现今，其也被认为属于价值权的一种。在经济上，物上负担虽也起着担保债权的功能，但一如物上负担这四个字的字面意义所表明的，它是一种得请求由土地受领定期的给付的权利。此点，正为物上负担的本质所在。[2]

值得提及的是，关于物上负担的本质的上述观念，通常隐藏于该制度的背后。与此相反，土地债务与定期土地债务，则并无物上负担的如此的历史背景。它们是起着价值权与担保权的功能的、与抵押权并驾齐驱的土地（不动产）担保

1　参见《德国民法典》第1108条1项；［日］村上淳一等编：《德国法讲义》，青林书院新社1974年版，第209页。

2　值得指出的是，鲍尔、施蒂尔纳著《德国物权法》（上册，张双根译，法律出版社2006年版）第737页谓：物上负担乃介于土地用益物权与土地担保物权之间，是具有独立中间地位的法律制度。如果物上负担的内容是受负担土地所生产的给付，则就其重点看，该物上负担为用益物权；若非如此——尤其在以金钱给付为内容的物上负担中，则该物上负担自始就侧重于担保目的。

权制度，是《德国民法典》的立法者因袭普鲁士抵押权法的规定而确立的。土地债务与定期土地债务，仅有并起着物上负担的功用中的担保的机能。而物上负担，除有担保的功用外，尚有通过物上负担契约的订立而实现对土地的用益的功能。故而土地债务、定期土地债务及物上负担，虽有共同的根源与本质，但于经济功能上则有显著的差异。土地债务与定期土地债务，实质不过为抵押权的特殊形态，故本质上应作与抵押权相同的对待与把握。[1]

（四）物上负担的成立与转让

物上负担因物权合意与登记而成立。物上负担的设定，以一项原因行为（causa）为其基础，如买卖契约、交付契约、赠与契约或其他约定。于物上负担既非为主观的物的权利，也并非依附于权利人的人身时，得根据《德国民法典》第 873 条的规定而转让于他人。[2]

（五）物上负担的解消

所谓物上负担的解消，[3] 系指通过支付一定数额的金钱而使物上负担归于消灭。物上负担的解消，又称为解消权（Ablösungsrecht）的行使，是物上负担消灭的一项特殊原因，德国各州法皆设有规定。该解消权的行使，无论何时皆予允许。[4]

解消的金额，即土地所有人通过向物上负担权利人为给付行为而使物上负担归于消灭的金额，由各州法规定。土地所有人为物上负担所定的给付时，物上负

---

1 ［日］於保不二雄著，高木多喜男补遗：《德国民法Ⅲ》（物权法），有斐阁 1955 年版，第 270—271 页。

2 参见［德］鲍尔、施蒂尔纳：《德国物权法》（上册），张双根译，法律出版社 2006 年版，第 739—740 页。

3 物上负担的解消，日文为“物上负担的偿却”。日文汉字“償卻”，系德文 Ablösung 一词的直译。而德文 Ablösung 一语，则有三项意义：一是“偿却”之意，指通过支付一定的金额而使权利消灭或取得某项权利；二是“清偿”之意，此种意义的 Ablösung，与德语 Befriedigung 同义；三是“崩溃”之意，如建筑物或工作物的一部崩溃中的“崩溃”，德文所使用的单词即是此 Ablösung。此处关于“物上负担的解消”中的“解消”，所采取的是 Ablösung 的第一项意义。不过，日本学者译 Ablösung 为“偿却”，我国学者译为“销除”。考此制度的本旨，本书作者译为“解消”。

4 ［德］鲍尔、施蒂尔纳：《德国物权法》（上册），张双根译，法律出版社 2006 年版，第 740 页。

担权利人不得请求解消物上负担。[1]

六、长期居住权和长期使用权

（一）长期居住权与长期使用权的涵义

长期居住权与长期使用权，为德国《住宅所有权法》中的限制物权。[2]长期居住权（Dauerwohnrecht），即得居住于建构在土地上的建筑物中的住宅里的物权。[3]与此相对，长期使用权（Dauernutzungsrecht），则指得使用土地上的建筑物中的住宅以外的场所，如营业所、车库等的物权。[4]根据德国学理，可以建筑物全体为标的物而设定长期居住权与长期使用权。长期使用权，根据德国《住宅所有权法》第31条第3项的规定，准用关于长期居住权的规定。故以下仅考量长期居住权。

（二）长期居住权的设定

根据规定，设定长期居住权，依物权的合意与登记为之。物权的合意，由土地所有权人或住宅所有权人，抑或住宅地上权人与长期居住权人为之；登记，则于专门的住宅所有权登记簿册或住宅地上权登记簿册为之。[5]

（三）长期居住权的内容

向土地登记机关申请登记时，物权的合意中必须涵括的内容是：对长期居住权的客体的建筑物部分的维持、修理，土地的公法与私法的义务的承担，建筑物的保险，建筑物遭受破坏时的重建，将长期居住权转让于土地所有权人或其指定

1　参见《德国强制拍卖法》第92条1项；［日］村上淳一等编：《德国法讲义》，青林书院新社1974年版，第237页；［日］山田晟：《德国法概论》，有斐阁1987年版，第209页。

2　［日］村上淳一等编：《德国法讲义》，青林书院新社1974年版，第201页。长期居住权与长期使用权的规定，见于德国《住宅所有权法》第31条至第42条。本书作者于《建筑物区分所有权研究》（法律出版社2007年版，第43页以下）一书中分别称二者为“永久居住权”与“永久利用权”。

3　参见德国《住宅所有权法》第31条第1项；［日］村上淳一等编：《德国法讲义》，青林书院新社1974年版，第201页。

4　德国《住宅所有权法》第31条第2项、第3项。［日］村上淳一等编：《德国法讲义》，青林书院新社1974年版，第201页。

5　［日］山田晟：《德国法概论》，有斐阁1987年版，第223—224页。

的第三人的义务（复归请求权，Heimfallanspruch），及行使复归请求权时，土地所有权人的补偿义务、补偿的计算方法、补偿的数额与支付方法。[1]

（四）长期居住权的法律关系

1. 长期居住权的让与、继承

长期居住权，可以转让、继承。此点与不得转让、继承存在于住宅（住居）上的限制的人役权的居住权不同。不过，长期居住权的转让，通常应征得所有人或第三人的同意后方可为之。[2]

2. 长期居住权的转让与所有人的关系

长期居住权一经完成其转让，受让人于权利的存续期间，即承继与所有人所定的法律关系上的义务。[3]

3. 长期居住权人的使用出租与用益出租

根据《住宅所有权法》第31条第1项第1句的规定，长期居住权人有权进行任何合理的用益，尤其是有权使用出租与用益出租。长期居住权消灭，使用出租与用益出租关系也归于消灭。

（五）长期居住权的消灭

根据《德国民法典》第875条的规定，长期居住权因约定的存续期间的经过与废止（Aufhebung）而消灭。与使用出租不同，长期居住权无所谓有“特别解约”（即时的解约）。必须实施即时解约的，所有人可以经由行使复归请求权而达到目的。[4]

---

1 参见德国《住宅所有权法》第32条第3项、第33条第4项及第36条第1项、第4项；[日]山田晟：《德国法概论》，有斐阁1987年版，第224页。

2 参见德国《住宅所有权法》第12条、第35条。

3 参见德国《住宅所有权法》第38条第1项。

4 [日]山田晟：《德国法概论》，有斐阁1987年版，第225页。

第九章

德国的担保物权与人的担保制度

第一节 概 要

1896 年《德国民法典》是人类由 19 世纪迈入 20 世纪的新旧世纪嬗递之际诞生的一部重要法典。于民法史上，它是一部秉承罗马法的传统并历经 22 年的时间而以潘德克吞法学为基础制定的法典。故此可以预料，不独 20 世纪，而且 21 世纪，这部法典也依然会对各国家或地区民法的法典化运动产生至深且巨的影响。

《德国民法典》关于担保物权的规定见于物权编第 7 章“抵押权、土地债务和定期土地债务”（统称“不动产担保权”）及第 8 章“动产质权和权利质权”中。另外，于德国民法中，作为担保债权得以实现的手段的，尚有人的担保。人的担保，规定于《德国民法典》物权编之外（有些甚至未规定于《德国民法典》中）。需注意的是，新近以来，于德国，有学理将担保债权得以实现的手段统称为信用保全。[1] 依本书作者之见，所谓信用保全，不过为担保权的别称，二者为等

1　信用保全，即信用担保（Kreditsicherung）。自 1945 年以降，这一制度伴随德国经济的飞速发展而愈显其重要性。之所以如此，盖因经济的发展，必然要求增大对资本的需求，于是发生自他人那里融资的需要。1914 年第一次世界大战前，德国虽然存在无担保即授予信用的情况，但之后，尤其是 1945 年第二次世界大战结束后，因经济发展的不安定因素较 1914 年以前明显增多，于无担保的情形即授予信用会面临极大的风险，于是金融机关（信用机关，Kreditinstitut）乃改变以往的做法，要求受信人于接受信用时必须提供担保。并且，德国国家本身也参与到信用保证中来。结果，使信用担保（信用保全）于经济政策上占据十分重要的地位。尤其值得提及的是，于这种形势下，经济交易关系变得复杂化了，并发展出担保信用授受的各种担保手段与方法，进而使担保制度于 1945 年以后的德国民法上呈现出十分活跃的局面，德国的担保法学也因此而日增其重要性。对此，请参加［日］伊藤

同的概念。如下先考量、分析《德国民法典》物权编的担保物权——不动产担保权（抵押权、土地债务及定期土地债务）和质权（动产质权与权利质权）制度，另于本章之末，分析、考量德国民法的人的担保制度。

根据日本学者於保不二雄的分析，《德国民法典》物权编的担保物权形态，可以作出如下的分类：（1）不动产担保物权与动产、权利担保物权，从属的担保物权与独立的担保物权。（2）非占有担保物权与占有担保物权。（3）抵押权，可分为流通抵押权与保全抵押权。流通抵押权，非以单纯的保全债权为其旨趣，且是使附抵押权的债权得以便捷、安全地流通的制度，可进一步细分为证券抵押与登记簿抵押。德国民法的抵押权，系以流通抵押权为中心，故谓流通抵押权为普通抵押权。（4）总括抵押权与所有人抵押权。（5）无记名债券抵押、最高额抵押。此二者规定于《德国民法典》第1187条至第1190条。此外，德国法（主要是其《民事诉讼法》）中尚有因扣押土地或假扣押土地而成立的抵押权，系属于保全抵押权的范畴。[1]

另外，依我国台湾地区学者郑玉波的分析，德国民法的抵押权制度，大的方面尚可细分为以下几类[2]：

第一，抵押权与土地债务、定期土地债务。此系依担保权附从性的有无为标准所做的分类。抵押权（Hypothek）乃附从于债权的担保物权（《德国民法典》第1113条），土地债务（Grundschuld）乃与债权相分立，并不因债权的不成立或消灭而受影响的担保物权（《德国民法典》第1191条），其所以与债权绝缘，乃法律欲赋予其流通性，有如票据故也。至于定期土地债务（Rentenschuld），乃土地债务的一特殊形态（《德国民法典》第1199条第1项），由每年有相当收益的农地，定期支付（给付）一定金额，而为信用手段的一种担保权。此三种担保权，法律上可以相互转换，譬如抵押权变为土地债务，土地债务变为定期土地债务

（接上页）进："德国债权担保制度概观"，载其著《物的担保论》，信山社1994年版，第63页以下。

1 参见《德国民事诉讼法》第928条、第929条及第932条。［日］於保不二雄著，高木多喜男补遗：《德国民法Ⅲ》（物权法），有斐阁1955年版，第280页。

2 以下内容系依据、参考郑玉波著，黄宗乐修订：《民法物权》，三民书局2007年版，第241—245页，谨此说明。

(《德国民法典》第 1198 条、第 1203 条)。[1]

第二，流通担保权与保全担保权。用作收回投资的手段，以期流通的安全与确实的担保权，称为流通担保权；专以债权的担保为目的，并不期其流通的担保权，称为保全担保权。土地债务与定期土地债务，特性上当然属于前者。抵押权以流通抵押（Verkehrshypothek）为原则［故而此种抵押权也谓为普通抵押（gewöhnliche Hypothek）］，而以保全抵押（Sicherungshypothek）为例外。具体而言：其一，流通抵押与保全抵押的本质上的差异，在于前者关于债权也有土地登记簿的公信力与推定力（《德国民法典》第 1183 条、第 891 条、第 892 条），而后者则否，亦即抵押权人的权利专依债权定之（《德国民法典》第 1184 条第 1 项），然无论何者，既然皆为抵押权，则关于该抵押权本身，法律上自承认其登记簿的公信力与推定力（《德国民法典》第 891、892 条）。又因从属性的结果，若债权不成立或消灭，则虽皆能变为所有人土地债务（《德国民法典》第 1163 条），但因前者关于债权尚认有登记簿册的公信力与推定力的关系，纵使该债权不成立，但因信赖登记簿关于债权的记载而取得抵押权的受让人，也能取得其债权与抵押权。其二，基于这些差异，在保全抵押，受让人以债权存在为限，得援用登记簿上关于抵押权的记载；而债权的存在则须依登记簿以外的资料证明之，亦即不得援用登记簿，以为债权的证明（《德国民法典》第 1184 条第 1 项），因而保全抵押不得发行抵押证券（《德国民法典》第 1185 条第 1 项），结果保全抵押的流通性极为稀薄。其三，保全抵押除因强制执行或假扣押而成立者（《德国民事诉讼法》第 866 条至第 868 条、第 932 条）外，尚有依合意与登记而成立者，不过因有少数例外之故，登记时须表明保全抵押之旨（《德国民法典》第 1184 条第 2 项）。又流通抵押与保全抵押也得因当事人的合意与登记而相互转换（《德国民法典》第 1186 条）。[2]

第三，证券担保权与登记担保权。此系以证券发行之有无为标准所做的分类。前述的担保权皆分别得有证券担保权（Briefpfandrecht）与登记担保权（Buchpfandrecht）的存在（惟保全抵押则无此区别，只有登记一种而已），而此二者也可相

1 郑玉波著，黄宗乐修订：《民法物权》，三民书局 2007 年版，第 241—242 页。

2 郑玉波著，黄宗乐修订：《民法物权》，三民书局 2007 年版，第 242 页。

互转换（《德国民法典》第1116条）。证券担保权得不依登记而转让，盖注重其流通性使然，其中最主要者为流通抵押，其内容大致为：其一，就抵押权已为登记时，则登记机关依其职权作成抵押证券（Hypothekenbrief），交付于土地所有人（《德国民法典》第1116条第1项、《土地登记法》第60条），所有人以此交付于债权人（通常多与借款同时交换），债权人即取得抵押权（《德国民法典》第1171条第1项），在交付前则所有人自己有其抵押权（《德国民法典》第1163条第2项），此即所谓证券抵押权（Briefhypothek）。抵押权虽以证券抵押为原则，但也得依当事人的合意及登记禁止证券的交付（《德国民法典》第1116条第2项）。此种仅依合意与登记而设定的抵押权，即是登记抵押权（Buchhypothek）。其二，抵押债权与抵押权不得分离而为让与，抵押债权移转时，抵押权也随之移转于新债权人（《德国民法典》第1153条）。此种抵押权的让与，原则上以有书面的意思表示与交付抵押证券为必要（《德国民法典》第1154条第1、2项），例外限于登记抵押的情形，可仅依合意与登记行之（《德国民法典》第1154条第3项、第873条、第878条）。其三，抵押证券乃抵押权化体的记名有价证券，其发行后关于抵押权的处分，非占有证券则不得为之。又抵押权实行时，也以提示此证券为必要（《德国民法典》第1160条、第1161条）。土地所有人可依清偿与交换向抵押权人请求证券的交付（《德国民法典》第1144条、第1145条）。此外，关于证券的丧失或灭失，设有宣告无效的制度（《德国民法典》第1162条）。[1]

第四，他主担保权与所有人担保权。担保权依其性质通常多属于土地所有人以外的人，是为他主担保权（Fremdpfandrecht），但德国民法更认有属于土地所有人自己的担保权，是为所有人担保权（Eigentümerpfandrecht）或广义的所有人抵押（Eigentümerhypothek）。广义的所有人抵押，可分为狭义的所有人抵押与所有人土地债务（Eigentümergrundschuld）。前者乃所有人自己有其抵押权，后者乃所有人自己有其土地债务。法律上承认此两种制度的实益，在于否认后顺位人顺位的升进，而确保所有人的顺位，同时也节省抵押权重新设定的手续及费用，以促进抵押权的流通性能。[2]

1　郑玉波著，黄宗乐修订：《民法物权》，三民书局2007年版，第243页。

2　郑玉波著，黄宗乐修订：《民法物权》，三民书局2007年版，第243—244页。

第五，单一担保权与总括担保权。以一宗土地为标的物的担保权，称为单一担保权（Einzelpfandrecht）；以数宗土地为标的物的担保权，称为总括担保权（Gesamtpfandrecht）。总括担保权以总括抵押权（Gesamthypothek，日本学理称为共同抵押权）为主要。所谓总括抵押权，乃为同一债权就数宗土地设定一个抵押权。此时各宗土地为保全债权而负责任，债权人得由各土地自由地请求债权全部或一部的清偿（《德国民法典》第1132条第1项）。此种抵押权的法律关系较为复杂，德国民法上曾设有详细的规定。[1]

第六，特殊保全抵押权。保全抵押有两种特殊的类型：其一，无记名抵押与指示抵押。无记名抵押（Inhaberhypothek），乃担保无记名债权的抵押权；指示抵押（Orderhypothek），乃担保指示债权的抵押权。此等抵押权惟限于保全抵押有之，纵使于土地登记簿上未明白登记其为保全抵押权时，也视为保全抵押（《德国民法典》第1187条）。无记名抵押由土地所有人一方向登记机关所为的意思表示与登记而设定（《德国民法典》第1188条），而依合意与无记名证券的交付，即附随于无记名债权而移转。此种抵押，因用为铁道公司或工业公司募集资金所发行的无记名证券的担保，故颇为通行。至于指示抵押，乃依合意与登记而设定，而依合意与证券的背书、交付等，随同指示债权的让与而移转。此种抵押，由于用为商人债务证券的担保，故设定者也不在少。其二，最高额抵押。将债权额的确定暂时保留，而仅以土地可担保的最高额所设定的抵押权，称为最高额抵押（Höchstbetragshypothek）（《德国民法典》第1190条）。此种抵押多为担保由长期信用契约所生的债权而适用，纵登记时未明示其为保全抵押，也视为保全抵押（《德国民法典》第1190条第3项）；其最高额应于土地登记簿上登记（《德国民法典》第1190条第1项）；利息因也算入最高额（《德国民法典》第1191条第2项），故利率不必登记。[2]

1 郑玉波著，黄宗乐修订：《民法物权》，三民书局2007年版，第244页。
2 郑玉波著，黄宗乐修订：《民法物权》，三民书局2007年版，第244—245页。

第二节　不动产担保权（抵押权、土地债务与定期土地债务）

一、概要

抵押权、土地债务与定期土地债务，合称“不动产担保权”或“土地担保权”（Grundpfandrecht），相当于我国民法学理所谓“不动产担保物权”，是“由特定土地受特定金额的支付”的法律制度的总称，性质上属于无需占有土地即可成立的担保权，并有物权的换价权与优先权的特性。

《德国民法典》将不动产担保权规定于物权编第 7 章（第 1113—1203 条），共设两节：第 1 节“抵押权”（第 1113—1190 条），第 2 节“土地债务与定期土地债务”（第 1191—1203 条）。其中，第 2 节复包括两目：第 1 目“土地债务”（第 1191—1198 条），第 2 目“定期土地债务”（第 1199—1203 条）。抵押权、土地债务与定期土地债务的差异，系在于被担保债权的存否及有无附属（附随）性。抵押权以被担保债权的存在为前提，具有附属性，称为“从属的担保物权”。土地债务与定期土地债务不以被担保债权的存在为前提，是担保由特定的土地受一定金额的支付的物权，称为“独立的担保物权”。至于土地债务与定期土地债务的差异，则于支付方法上见之。土地债务是由特定土地受“一定数额的金钱的支付”[1]，定期土地债务则是“由土地定期的受一定数额的金钱的支付”[2]。可见，于不动产担保权领域，较日本、法国民法典上的同类制度而言，《德国民法典》物权编关于不动产担保权的规定不独十分精巧，而且内容十分繁复，[3]并有形态多样化的特征。考之所以形成如此局面的因由，乃在于德国不动产担保权是经历了数个世纪的发展而形成的制度。易言之，它是对 1896 年以前德国各领邦法

1　参见《德国民法典》第 1191 条。

2　参见《德国民法典》第 1199 条。

3　正因如此，要完整、准确地理解德国不动产担保权制度及其系统往往并不容易。之所以如此的重要因由之一，是《德国民法典》规定的不动产担保权具有相当强的技术性，且不仅涉及物权法、债法，并涉及证券法乃至票据法等。易言之，德国不动产担保权是一个涉及并横跨物权法、债法以至证券法、票据法等的领域。

上的不动产担保权的总决算与集大成，从而体现和表明了德国不动产担保权发展上的继起性、连续性与不可分性。[1]

（一）不动产担保权的形态

《德国民法典》物权编上的不动产担保权，如前述，以是否从属于债权为标准，可以分为抵押权（Hypothek）与土地债务（Grundschuld），其中，土地债务又涵括其特殊形态的定期土地债务（Rentenschuld）；以是否发行证券为标准，可以分为证券担保权（Briefpfandrecht）与登记担保权（Buchpfandrecht）；以权利主体是否为土地所有人以外的人为标准，可以分为他主担保权（Fremdpfandrecht）与所有人担保权（Eigentümerpfandrecht）。此外，根据不动产担保权系以一笔土地为标的物，抑或以两笔或两笔以上的土地为标的物，尚可分为单一担保权（Einzelpfandrecht）与共同担保权（Gesamtpfandrecht）。

应当指出的是，尽管可以将《德国民法典》中的不动产担保权作出林林总总的分类，但若将这些分类归并起来，则不外主要有抵押权、土地债务及定期土地债务三种形态。其中，每一种形态又内蕴了若干小的形态，图示如下即是：

1　自法史上看，德国担保物权概念，最早肇源于动产法领域，之后次第移向不动产法领域。德国不动产担保权法，经历了与动产担保法未尽相同的发展历程，其最古老的形态是让与担保。之后，“占有质”应运而生。当然，与此同时也兴起了“不移转占有的担保物权”（日耳曼法称为 Jungere Satzung，罗马法谓为 Hypotheca）。自 1450 年始，德国兴起了轰轰烈烈的罗马法继受运动。但因罗马法上的抵押权并无公示及其方法，故继受的结果，是造成德国固有法上的公示方法尽遭破坏。1618—1648 年的“三十年战争”结束后，更加迫切需要回复已然遭受破坏的不动产信用，加之进入 19 世纪之后又迫切需要向土地投资，于此广阔的社会背景下，物权的公示原则、公信主义、特定主义、抵押权的证券化及抵押权与债权的分离等，遂相继于各地方建立起来。1896 年德国制定民法典时，乃一脉相承、顺理成章地规定了这些制度。

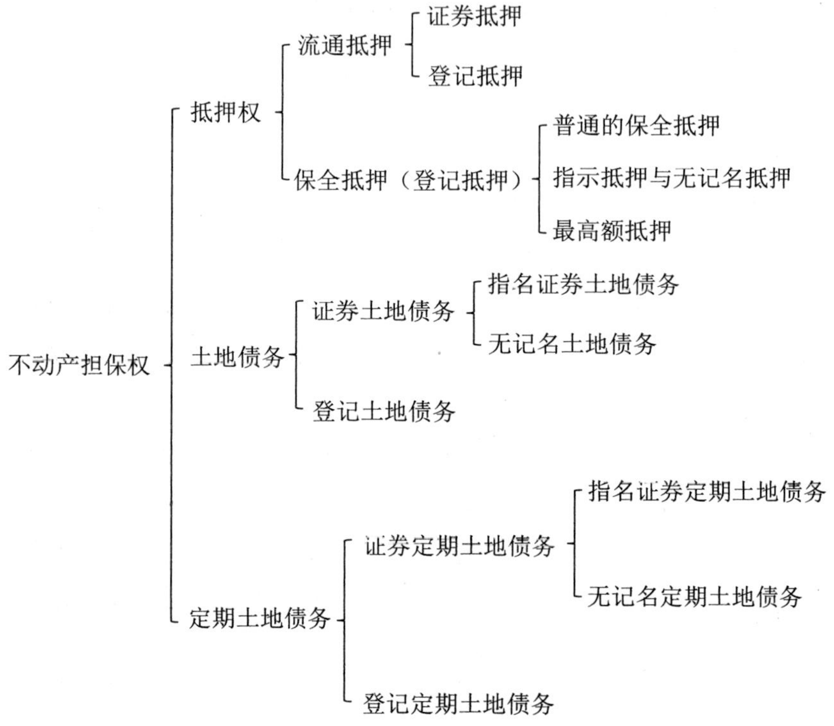

（二）不动产担保权的特性

德国通说认为，不动产担保权系以取得不动产的交换价值为内容的权利。故此，不动产担保权人可以不动产换价而清偿自己的债权。就此而言，其与用益物权中的物上负担（Reallast）无异。但与不动产担保权的各形态之间可以相互转换不同，物上负担不得转换为不动产担保权，不动产担保权也不得转换为物上负担。由此，于德国民法，抵押权、土地债务及定期土地债务被归入同一类型的权利，而物上负担则划入用益物权的领域。

按照《德国民法典》第 873 条与第 1198 条的规定，于抵押权变更为土地债务、土地债务变更为抵押权时，权利人与不动产所有人需要缔结物权的合意及于登记簿册进行登记，但不必征得同顺位或后顺位权利人的同意。将定期土地债务变更为普通土地债务时，[1]定期土地债务的“偿却金额”（清偿金额）变更为土地债务的原本，定期土地债务的金钱数额转化为土地债务的利息。另外，将土地债务变更为定期土地债务时，土地债务的原本变更为定期土地债务的“偿却金额”，土地债务的利息变更为定期土地债务的金钱数额。同样地，保全抵押也可变更为流通抵押，抑或相反；[2]证券抵押也可变更为登记抵押，抑或相反[3]。并且，不动产担保权可以发行证券，[4]而物上负担则不能发行证券。最后，二者的差异尚表现在，不动产担保权得因债权的清偿（于定期土地债务，为支付“偿却金额”）而转由土地所有人享有[5]，物上负担则因“偿却”（清偿）而消灭[6]。

二、抵押权（一）：流通抵押权

由上看到，根据不同的标准，《德国民法典》物权编所定的抵押权得分为证券抵押与登记抵押、他主抵押与所有人抵押及单一抵押与总括抵押等。另外，于债权不成立或消灭时，抵押权尚有“有土地登记簿册的推定力、公信力的流通抵押”与“保全抵押”的分别。其中，保全抵押，复可进一步分为依契约（物权的合意与登记）设立的保全抵押，及因扣押成立的强制抵押（Zwangshypothek）与假扣押抵押（Arresthypothek）。如下先考量流通抵押。

（一）流通抵押的涵义

根据《德国民法典》，流通抵押是一个与保全抵押相对应的概念，系指用作收回投资的手段，以期流通的安全与确实的抵押。按《德国民法典》第1138条、第891条、第892条的规定，流通抵押即使关于债权，也有土地登记簿册的公信力与推定力，而保全抵押权则否。亦即，抵押权虽应附随于债权而存在，但纵使债权不存在，也宛如有债权的存在那样，抵押权仍有土地登记簿册的推定力与公信力。结果，债权即使不成立，受让土地登记簿册的抵押权的人也依旧受到保

1　参见《德国民法典》第1203条。
2　参见《德国民法典》第1187条。
3　参见《德国民法典》第1116条第2、3项。
4　参见《德国民法典》第1116条第1项、第1192条第1项及第1200条第1项。
5　参见《德国民法典》第1143条、第1192条第1项及第1200条第2项。
6　［日］山田晟：《德国法概论》，有斐阁1987年版，第239—240页。

护，惟其不能取得债权，而仅可取得无债权的抵押权（土地债务）。如前述，德国民法抵押权，因以流通抵押为原则（流通抵押为抵押权的常态），保全抵押为例外，故流通抵押被谓为抵押权的普通形态。

（二）流通抵押权的设定

按照《德国民法典》，流通抵押依物权的合意与登记而设定。为设定的登记时，登记机关（土地登记所）依职权作成抵押证券，并交付于土地所有人，[1] 之后，土地所有人再交付于债权人。债权人由土地所有人那里受让抵押证券的交付时，即取得抵押权，[2] 于此之前，抵押证券归土地所有人保有。通常的情况是，土地所有人由抵押权人（债权人）那里受让金钱的交付时，即把抵押证券交付给抵押权人（债权人）。也就是说，土地所有人由抵押权人处受领金钱的交付时，也就同时将抵押证券交付给债权人。抵押证券被交付给债权人前，由土地所有人自己持有，称为“一时的所有人抵押权”。应注意的是，此抵押证券，即作为抵押权的化体的记名的物权性质的有价证券，于处分抵押权时，需要提示之。

（三）流通抵押权的让与

《德国民法典》第1153条规定：“抵押权随同债权的让与，而移转于新债权人。债权不得与抵押权分离而为让与，抵押权也不得与债权分离而为让与。”据此规定，抵押债权与抵押权的让与，原则上应依相同的方法为之。

第一，抵押证券的让与（同时也是被担保债权的让与），依物权的合意（让与的意思表示须作成书面）和证券的交付，抑或依物权的合意、让与的登记及证券的交付为之。[3] 于抵押权非依登记而辗转流通时，因仅认土地登记簿册的记载有公信力，所以受让人不受保护。

譬如，抵押权由作了登记的甲那里，依让与的书面的意思表示被让与给乙，乙让与给丙，丙让与给丁时，信赖丙为权利人的丁即应受到保护。故《德国民法典》规定，丙持有抵押证券，且让与的意思表示由“丙→乙→甲”的顺位向前追查，直追溯到曾作了登记的抵押权人甲，如该抵押权的辗转让与确系前后衔接，

1 参见《德国民法典》第1116条第1项、德国《土地登记法》第60条。

2 参见《德国民法典》第1117条第1项。

3 参见《德国民法典》第1153条，第1154条第1、2项。

且甲、乙间让与的意思表示皆经过公证时，丙即与在土地登记簿册就权利作了登记相同，进而丁受到保护。[1] 此种情形，登记簿册的公信力被扩张到了抵押证券，但抵押证券的记载并无公信力。故此，如登记簿册正确地记载了 1 万欧元的抵押权，而抵押证券错误地记载为 10 万欧元时，丁也就只能取得 1 万欧元的抵押权。另外，若证券上的记载清楚地表明，土地登记簿册的记载是错误的时，丁即不能受公信力的保护（即只能以证券上的记载为准）。[2] 譬如，丙自土地所有人那里受债权的一部清偿时，须将一部清偿的事实记载于证券上，[3] 作了此项记载时，丁仅可就债权的余额取得抵押权。亦即，证券上的记载，击破登记簿册的公信力。可见，受让人丁如不同时查阅登记簿册与证券上的记载，便有蒙受损害的危险。[4]

第二，登记抵押权的让与，依物权的合意与登记为之。实际上，此与让与抵押债权的方法相同。根据《德国民法典》第 1153 条、第 1154 条第 3 项的规定，让与抵押债权时，抵押权也一并移转给受让人。

第三，依《德国民法典》第 1159 条第 1 项第 1 句的规定，债权的内容为迟付的利息或迟付的其他附随给付时，仅依合意即可让与。但是，此种情形，根据合意，仅债权发生移转，而抵押权并不移转。

第四，抵押债权的清偿与抵押权的实行。《德国民法典》第 1163 条、第 1177 条规定：债务人清偿抵押债权时，债权消灭，抵押权转化为土地债务而归属于土地所有人享有（保有），是为所有人土地债务。土地所有人非债务人，而对债权人为清偿的，于受清偿的范围内，原债权得移转于土地所有人。[5]

抵押权已届清偿期，而抵押权人未受土地所有人的清偿时，抵押权人可以通过强制执行作为抵押权的标的物的土地而获清偿。[6] 于证券抵押，抵押权人不提示抵押证券而实行抵押权的，土地所有人可以提出异议。[7]

1　参见《德国民法典》第 1155 条、第 892 条。
2　参见《德国民法典》第 1140 条。
3　参见《德国民法典》第 1145 条第 1 项第 2 句。
4　［日］山田晟：《德国法概论》，有斐阁 1987 年版，第 242 页。
5　参见《德国民法典》第 1143 条第 1 项。
6　参见《德国民法典》第 1147 条。
7　参见《德国民法典》第 1160 条第 1 项。

（四）对流通抵押权的评价

流通抵押权，顾名思义，是以流通为目的的抵押权，特性上属于投资抵押权，是资本家投资与不动产所有人获得融资的媒介，亦即是诱导债权成立的一种法律手段。其成立不独不以债权的先期存在为前提，相反正以促成债权的发生为其特点。故流通抵押权，实具有区别于一般抵押权的重要特性。

流通抵押权，具有确保投资的便利、安全与流通的功能。如所周知，于当代市场经济条件下，投资者最重要的愿望莫过于获得可靠的担保，以使自己的投资获得安全。此点利用一般抵押权固可获得满足，然投资之后，如资本凝滞、固定，也非投资者之所愿，需随时可以变现回收，亦即不丧失流动性始可。此点非一般抵押权所能达成其任务，而惟有证券抵押方能济其穷。证券抵押，因为发行证券的抵押，故投资人如需收回资本，便可利用证券市场将其转让，进而将抵押证券化为现金。[1]

另外，流通抵押尚具有转让程序简单化的特点。如所周知，一般保全抵押所担保的债权，并非绝对不可转让，然而此种转让一方面需要办理债权转让的手续，如订立契约、交付债权证书及通知债务人等，另一方面复需办理抵押权的移转手续如登记，繁复迟滞，莫此为甚，结果往往使投资者望而却步，不敢问津。但于流通抵押，因依发行证券为之，故此等弊端尽可克服。之所以如此，盖因于此情形，证券乃抵押权与被担保债权的化体，只需背书与交付证券，即可发生转让的效力，其手续可谓异常简单。依此，不独投资人可以获得资本的流动性，而且资本的需求者（不动产所有人、使用人）也可使其不动产动产化，亦即使其不动产所内蕴的价值，于移动上脱离不动产法领域，而投入动产法的阵营。[2]

可见，流通抵押权，是最能达成投资目的，并可确保投资安全与流通的不动产担保权。鉴于其颇能发挥当代抵押权的机能，并为当代工商业社会不可或缺，故可预料，伴随我国市场经济的发展，于不久的将来，我国建成发达的市场经济时，也势将建立起这一制度。

---

1 郑玉波著，黄宗乐修订：《民法物权》，三民书局 2007 年版，第 351 页；［日］山田晟：《德国法概论》，有斐阁 1987 年版，第 243 页。

2 ［日］山田晟：《德国法概论》，有斐阁 1987 年版，第 203 页。

三、抵押权（二）：保全抵押权

（一）保全抵押的基本原则

保全抵押为与流通抵押相对应的概念，指专以债权的担保为目的的抵押。《德国民法典》第1184条第1项规定："抵押权的设定，得明定债权人基于抵押权所具的权利仅可依其债权定之，且债权人不得援用登记，以证明其债权。"

可见，在德国民法，保全抵押关于债权，并无土地登记簿册的公信力与推定力。进而，债权的存在，需依登记簿册以外的材料（如债权证书）予以证明，登记簿册不具推定力。另外，于债权不存在时，因登记簿册不具公信力，所以受让人不能善意取得抵押权。保全抵押因专以担保债权的实现为目的，且不得援用登记簿册的记载以证明债权，故不得发行抵押证券，[1] 从而也就使保全抵押不得于市场上辗转流通。易言之，保全抵押不适宜流通，而专起担保债权的功用。然某些适用于流通抵押权的规则，也得适用于保全抵押。譬如，于债权不成立时，所有人土地债务便告成立[2]的规定即得适用于保全抵押。保全抵押中，除以下论及的特殊的保全抵押外，其他皆为普通的保全抵押。普通的保全抵押，除依法律行为（物权的合意与登记）而成立外，也可依对土地的强制执行或假扣押而成立，[3] 称为"强制抵押"或"假扣押抵押"。此外，依德国民法，流通抵押与保全抵押也可依当事人的合意与登记而相互转换。[4]

（二）特殊的保全抵押

根据《德国民法典》的规定，特殊保全抵押，其类型有二：一是无记名抵押（Inhaberhypothek）、指示抵押（Orderhypothek）；二是最高额抵押（Höchstbetragshypothek）。兹分述如下。

1　参见《德国民法典》第1185条第1项。

2　参见《德国民法典》第1163条第1项第1句。

3　参见《德国民事诉讼法》第866—868条、第932条。

4　《德国民法典》第1186条规定："保全抵押可变更为普通抵押，普通抵押也可变更为保全抵押。此种场合，不必征得同顺位或后顺位权利人的同意。"

1. 无记名抵押、指示抵押（Inhaber und Orderhypothek）

无记名抵押，简言之，系指为担保无记名债权而设立的抵押。[1]无记名抵押，由土地所有人单方面地向土地登记机关为设定的意思表示及进行登记而设定，[2]并附随于无记名债权的让与而移转。此种抵押，通常为德国铁路公司、工业公司募集资金时采用。[3]

指示抵押，即担保票据债权及其他指示债权的抵押。需注意的是，此种抵押惟保全抵押有之。根据《德国民法典》第1187条的规定，土地登记簿册未明确登记为保全抵押的，也视为保全抵押。指示抵押，依物权的合意与登记而设定，依合意、证券的背书、交付，伴随指示债权的让与而一并移转。[4]

2. 最高额抵押

最高额抵押，《德国民法典》规定于第1190条："抵押权之设定，得定明就土地只决定其所负担之最高金额，此外关于债权额之确定，加以保留。最高金额应登记于土地簿。债权定有利息者，其利息算入最高金额以内。本条所定之抵押权，在土地登记簿上纵未有所标明，仍应认为系保全抵押权。本条所定之债权，得依关于债权让与之普通规定而为让与。债权依普通规定而为让与者，抵押权并不随同移转。"

据此可知，所谓最高额抵押，即暂不确定担保债权的特定数额，而只定明不动产可以担保的债权的最高限额的抵押，主要适用于担保因长期的信用契约而产生的债权。依规定，此种抵押，纵登记时未明示为保全抵押，也视为保全抵押，且担保债权的最高数额应于土地登记簿明记。

---

1 参见《德国民法典》第1187条。

2 参见《德国民法典》第1188条。

3 ［日］山田晟：《德国法概论》，有斐阁1987年版，第244页。值得提及的是，德国法上的无记名抵押，大体相当于其他国家的"附担保的公司债"。正因如此，德国工业公司、铁道公司往往经由出卖无记名抵押的化体的债权证券而获融资的方式来利用该制度（《德国公司法》中并无关于公司债的规定）。另外，也有不少公司通过发行无担保的无记名债权证券，抑或通过发行指示式商人债权证券来筹措资金，从而几乎不采以票据债权的担保为主旨的指示抵押。之所以如此，盖因票据仅有短期信用的功用，而抵押权则多被用来担保长期的信用，故学理认为票据债权与抵押权的结合乃是不适当的。

4 ［日］山田晟：《德国法概论》，有斐阁1987年版，第244页应当指出的是，德国民法的最高额抵押，日本谓为“根抵押”，我国《物权法》称为最高额抵押权。于德国民法，最高额抵押担保将来的债权实现的功能，经由设定担保将来的债权得以实现的流通抵押或土地债务也可达成。也就是说，无论最高额抵押抑或为担保将来债权得以实现而设定的流通抵押，于债权未确定时，皆得转换为所有人土地债务。[1] 于债权确定前，让与因信用契约而产生的债权的，只要有合意即可。[2]

（三）所有人抵押

所有人抵押（Eigentümerhypothek），即不动产所有人于不动产（土地）上为自己设定的抵押。根据《德国民法典》，所有人抵押有狭义的所有人抵押与所有人土地债务（Eigentümergrundschuld）两种。狭义的所有人抵押，即抵押债权与抵押权皆属于土地所有人的抵押；而所有人土地债务，则指不伴有债权的抵押权（土地债务）属于土地所有人的情形。所有人抵押，尤其是德国法的所有人抵押，因其为近现代及当代民法一项重要的不动产担保权形态，并涉及债法以至民事诉讼法上的问题，情形较为繁杂，故本书拟设专题讨论。另外，因德国法上的所有人土地债务也属于所有人抵押权的范畴，故本书也一并将其纳入到所有人抵押权中讨论。此点于此一并加以说明。

（四）总括抵押（共同抵押）

总括抵押（Gesamthypothek），日本[3]与我国台湾地区谓为共同抵押，[4] 是与单一抵押相对应的概念，特性上属于总括担保物权（Gesamtpfandrecht）的范畴。总括担保物权，于德国民法上，乃以总括抵押权为最重要。

《德国民法典》第1132条规定：“为担保同一债权，而于数宗（块）土地上设定抵押权的，各土地就全部债权负其责任。债权人得任意就各土地，求其债权的全部或一部的清偿。债权人，得就各土地分配其债权额，而限定每一土地仅就

1　［日］山田晟：《德国法概论》，有斐阁1987年版，第245页。

2　［日］山田晟：《德国法概论》，有斐阁1987年版，第245页。

3　日本民法立法与学理皆指称总括抵押为共同抵押。关于共同抵押，《日本民法》仅设有两条规定，从而发生不敷使用的问题。且日本实务围绕此制度的解释适用，也发生了诸多困难。1960年代末期，日本曾迎来过修正、完善共同抵押权的时机，然由于多方面的因由而未获成功。

4　此外，也有称之为“连带抵押”（Solidarhypothek；Korrealhypothek）的。

其分配额负担责任。”此即《德国民法典》关于总括抵押的规定。

《德国民法典》尽管对总括抵押设有规定，但因对总括抵押权标的物的各不动产所有人相互间的利害的衡平，以及对各不动产上的后顺位权利人的地位的安定未有顾及，故未能使各不动产的担保价值获得最大限度的利用。故此，日本学者铃木禄弥指出，《德国民法典》关于总括抵押权的规定，未及日本民法的先进。进而指明，《德国民法典》的总括抵押，对于日本的共同抵押权制度并无直接的立法论上的参考意义与价值。[1]

（五）通货膨胀与抵押权

于20世纪上半期人类经历的两次世界大战中，德国均为主要的交战国。而于每次大战结束后，因受战争的影响，德国皆发生了严重的通货膨胀。受其影响，抵押债权、抵押权及其他不动产担保权均遭受了激烈的动荡。尽管土地的实际价值并未因此而减少，但由于货币的实际价值下跌导致抵押债权与抵押权的价值下跌，故使抵押债权人遭受了严重的不利益。另一方面，土地所有人则因土地承受的实际负担的减少而获利益。于此背景下，为了平衡因通货膨胀而引起的各方当事人的利害关系，德国法院与国家立法遂在第一、二次世界大战结束后的通货膨胀时期，采取了诸多措施以资因应。

1. 第一次世界大战后的通货膨胀与抵押权

1918年第一次世界大战结束后，德国马克的价格逐渐下降。1923年11月20日后，1兆纸币的马克等于1个金马克（4.5美元）。而于战前，1美元则约合2日元、4马克。此一时期，如借入4万马克，便可兴建一个小型工厂；而于居今之世，购买1磅牛酪却需要5兆6000亿马克。于此种经济形势下，债权人（抵押权人）于是极力反对以下跌了的马克清偿债权。对此，德国法院最初以“现今的马克与从前的马克并无不同，即仍为马克”为由，而拒绝债权人方面的主张。但之后鉴于此一问题的普遍性与深刻性，遂依诚实信用原则，而于判决书中判示：债务人应以多于借贷的数额向债权人清偿债权。结果，向法院提起此类诉讼的人骤然增多。其时的法务大臣为此而惊呼：德国的诉讼制度将因数百万件这样的诉

---

1 ［日］铃木禄弥：《抵押制度研究》，一粒社1968年版，第215页。

讼而坍塌!

有鉴于此，1925 年 7 月 16 日与 1927 年 7 月 9 日，德国发布了《价格增额法》(Aufwertungsgesetz) 与《价格增额法改正法》(Aufwertungsnovelle)。[1]。根据这两部法律，抵押债权与抵押权的数额得到增加，具体的增额幅度于《价格增额法》之后附有换算表。按照换算表，将债权与抵押权取得之日的券面额换算成金马克，原则上增加 25%。对于非因财产上的投资而产生的债权，如扶养请求权等，依《德国民法典》第 242 条的诚实信用原则，增加其数额。依《价格增额法》的"增额"，由于系依法律的规定而发生，故无需进行登记。个别例外增加债权的情形，抵押权的"增额"也不得超过 25%。需说明的是，该法律之所以拒绝认可 100%的"增额"，乃是因为虑及债务人也因战争而受到了损害。[2] 之后，此《价格增额法》由 1927 年《抵押权的利息与变更抵押权为土地债务的法律》及《1930 年法律》所补充。不过，此时价格增额抵押权 (Aufwertungshypotheken) 业已丧失其实益，并成为第二次世界大战结束后德国重开币制改革 (1948 年) 运动的一个重要动因。[3]

2. 第二次世界大战后的币制改革运动与抵押权

1948 年，西方占领当局于联邦德国垄断资本的积极支持与配合下，在经过了一番准备，特别是在 1948 年 3 月具有中央银行性质的德意志州际银行建立后，于同年 6 月 21 日为稳定金融、抑制通货恶性膨胀而掀起了币值改革运动。这场运动尽管涉及诸多方面，但其基本精神是冻结银行存款，以新马克即德国马克替代旧马克——帝国马克。[4] 于不动产担保权领域，由这场运动引发的重要问题是如何处

1 此经修改的《价格增额法》，后因同年颁行的《抵押权的利息与变更抵押权为土地债务的法律》及 1930 年颁行的两个法律而得到了进一步的完善。

2 [日] 山田晟:《德国法概论》，有斐阁 1987 年版，第 247 页。

3 [日] 山田晟:《德国法概论》，有斐阁 1987 年版，第 247 页。

4 此处有必要提及 1948 年联邦德国币制改革运动对工人阶级、劳动者及小食利者阶层进行剥夺的情况。一言以蔽之，这场改革运动对于这些人可谓是一场浩劫。盖当此之时，信贷机构的各种存款的实际兑换率只有 10:0.65。也就是说，100 旧马克只能兑换 6.5 新马克 (德国马克)。另据资料披露，对于截至 1948 年 3 月 31 日为止的银行里的 451.9 亿帝国马克的存款来说，于币制改革后，一下子贬值为 21.93 亿帝国马克。广大劳动者历尽艰辛挣来的一点储蓄几乎被剥夺净尽。当然，另一方面，我们也应看到这场币制改革运动给德国社会带来的积极意义，即这场改革运动对于德国而言，可谓是其经济发展的分水岭，并对战后经济的恢复、发展产生了重要影响。盖通过这场改革运动，它取消了一种

理币制改革与抵押权的增额（即增加抵押权的价值的问题）。

按照1948年币制改革的规定，除某些例外的情形外，10帝国马克兑换1德国马克。之所以如此，盖因考虑到货币的价值业已下跌了9/10，并且，若以土地的价格不变计算，不动产担保权的标的物的土地所有人的负担，将减少到1/10，9/10的利益由土地所有人取得了。于英美占领地区的"统合时期"，该占领区的经济委员会（Wirtschaftsrat）于1948年9月2日颁布了《负担调整与债权确保法》——《抵押权保全法》（Hypothekensicherungsgesetz），规定所谓"转换土地债务"（Umstellungsgrundschuld）（第1条），明示该土地债务应用于因币制改革而获不当利益的人与蒙受损失的人的负担的调整，并作为国家的信托财产由国家管理（第2条）。1952年8月14日，又制定《负担调整法》（Lastenausgleichsgesez）。根据该法，转换土地债务被变易为"抵押权不当得利税"[1]（Hypothekengewinnabgabe）。

3. 将帝国马克转换为德国马克所衍生的问题

根据《币制变更法》第13条、第16条的规定，原则上，1948年6月20日以前以帝国马克表示的债务，皆应依10帝国马克兑换1德国马克的规定，变更为以德国马克表示的债务，但对于与债权分离的土地债务与定期土地债务是否应作与债权相同的处理，发生疑问。《币制兑换法》第40"施行令"第1条规定：土地债务、定期土地债务，即使非为担保债权而设定，也应变更为德国马克。当然也例外地存在着将1个帝国马克的债权与不动产担保权更易为1个德国马克的债权与不动产担保权的情况。譬如，最高额抵押权及依当事人的合意设定的担保不特定或不确定金额的债权的流通抵押权及土地债务（即所谓"隐蔽的最高额抵押"），

（接上页）早已信誉扫地、犹如废纸的货币，联邦德国的货币量一下子减少了93%，即由1480亿帝国马克减为100亿德国马克。此对于当时联邦德国的经济来说，"犹如给一个处于半昏迷状态的急性贫血症患者输入了大量鲜血"。自此以降，黑市开始衰退，通货基本得到稳定，经济生活变得活跃起来，城镇的气象焕然一新，商店里昔日空荡荡的货架，如今奇迹般地摆满了琳琅满目的商品。对此，请参见复旦大学世界经济研究所、德意志联邦共和国经济研究室编：《德意志联邦共和国经济》，人民出版社1984年版，第45页以下。

1 按照德国法，所谓"抵押权不当得利税"，实际上属于租税的一种。现在实行的是1969年10月1日推行的"负担调整税"。

即属之。另外，根据雇佣契约、以对标的物的使用为内容的租赁契约、定期金契约及生前与自己的继承人缔结的扶养契约（Altenteilsvertrag）而生的请求权，基于保护债权人的理由，应以1帝国马克兑换1德国马克。此为依法律的直接规定而发生，故无需获得主管机关的许可，也无需进行登记。但欲处分不动产担保权时，则应先进行更正登记。[1]

4. 价值不变的抵押权（Wertbeständige Hypothek）

于第一次世界大战结束后的通货膨胀时期，债权人惮于货币贬值，认为给予债务人以契约法上的信用实属危险之事。故而，1923年6月23日，德国颁行《价值不变的抵押权法》（Gesetz über wertbeständige Hypotheken）。该法规定，当事人可以主管机关所定的一定数量的某物（如黑麦、小麦、纯金、煤炭）的现实价格为债权额而设定抵押权。不久，设定所谓“黑麦抵押权”（Roggenhypothek）的情况盛行起来。但因黑麦的价格变动不居，尤其遇到黑麦歉收而导致价格暴涨时，土地所有人必蒙受损害。故而，1934年5月25日，德国乃颁行《黑麦债务法》（Roggenschuldengesetz），禁止设定新的黑麦抵押权（第1条第3项），并明示当时业已存在的黑麦抵押权应转换为帝国马克的抵押权。1924年，由于《新货币法》的颁行，通货膨胀宣告结束，之后曾流行所谓“纯金额抵押权”。与此同时，价格增额抵押权也依规定而当然被登记为“金马克抵押权”。[2] 时至法西斯主义甚嚣尘上的时期，依《1940年11月16日命令》，1金马克兑换1帝国马克。于第二次世界大战结束后的币制改革时期，票面额10帝国马克，兑换票面额1德国马克。[3]

四、土地债务

（一）土地债务的涵义与法律构成

按照《德国民法典》，土地债务为与抵押权具有相同特性而于土地上成立的

1 ［日］山田晟：《德国法概论》，有斐阁1987年版，第250页。

2 参见德国《价格增额法》第2条。

3 ［日］山田晟：《德国法概论》，有斐阁1987年版，第250页；［日］山田晟：《德国法律用语词典》，大学书林1995年版，第728页。

负担，是由特定的土地受一定金额的支付的物权。然与抵押权不同，土地债务是独立于债权而存在的。为释明二者的差异，尤其是为了解明何谓土地债务，有必要从图1、图2谈起。

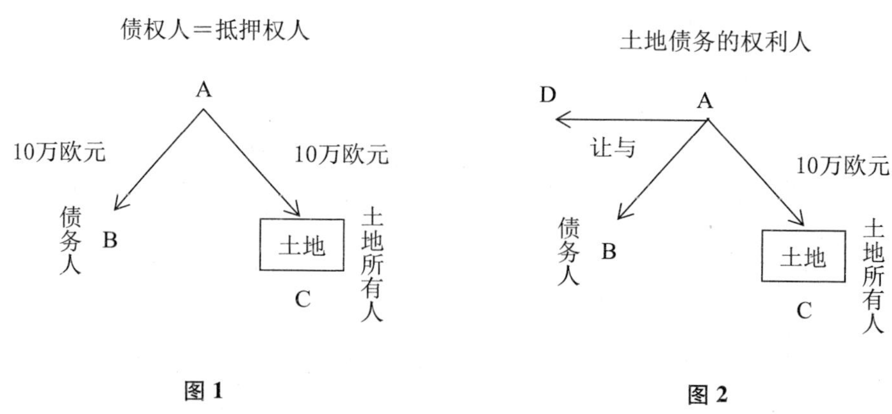

图1 **图2**

如图1所示，为担保对于债务人B的10万欧元的债权，债权人（抵押权人）A就土地所有人C的土地有10万欧元的抵押权。此时A既是债权人，也是抵押权人。A基于债权的效力，虽可强制执行债务人B的财产而获清偿，但并无由土地所有人C的土地获优先清偿之权；A基于抵押权，尽管有从土地所有人C的土地获优先清偿的权利，但并无由债务人B的财产受清偿的权利。可见，债权与抵押权，确为不同的权利。惟抵押权系与债权结为一体，并附随于它而存在，故而若让与债权，则抵押权也随之被让与，称为“不得分别让与原则”。[1]此外，如债权消灭，抵押权便移转于土地所有人。可见，债权的变动确实对作为物权的抵押权存在影响。

然土地债务与债权并无粘连。如图2所示，土地债务不过是一个A单纯地由C的土地获10万欧元的优先清偿的权利。土地债务尽管也使用清偿期与催告等概念，但与债权的清偿期的概念是不可同日而语的。土地债务的清偿期，是指基于土地债务得强制执行土地的时期；所谓催告，是指土地所有人C若不为10万欧元的给付，即为强制执行的通知。土地所有人C，得透过清偿而避免对土地为

1 参见《德国民法典》第1153条。

强制执行。可见，土地债务是不伴有债权的抵押权。不过，土地债务的设定，往往有其原因（如赠与或担保债权），其中多数系为担保债权而设定。[1]

需注意的是，于为了担保债权的清偿而设定土地债务时，其与抵押权也不相同，即此种场合，债权的变动不会致土地债务以物权的影响，学理谓为“土地债务的抽象性”。由于债务人B的清偿，债权消灭，然土地债务也属于以往的权利人A。不过，土地所有人C对于A的强制执行，仅可基于A、C间的债权关系而提出不当得利的抗辩。然于A将土地债务让与给第三人D时，则C不能以A、C间的债权关系来对抗D。就此而言，土地债务实具有远甚于债权的担保功能的机能。规定土地债务的实益，尤其在于承认所有人土地债务这一点。[2]

（二）《德国民法典》认可并规定土地债务的因由

《德国民法典》的不动产担保权，乃是《德国民法典》制定当时归纳、整理流行于德国各地方的林林总总的不动产担保权形态而来，亦即是对1896年以前德国各地区的不动产担保权形态的集大成，由此使《德国民法典》关于不动产担保权的规定呈现盘根错节、纷然杂陈的局面。土地债务是受普鲁士法的直接影响而规定的。考之所以规定之，其重要的因由，是谋求使不动产担保权犹如票据得于市场上自由地辗转流通。所有人土地债务，为土地债务的重要形态。《德国民法典》之所以认可并规定之，乃主要在于通过创设抵押债权、土地债务被清偿后，抵押权不消灭，而转由所有人取得的制度，来为土地所有人利用抵押权提供便利，并由此促进土地价值的流通。亦即，依此制度，土地所有人便取得抵押权，同一土地上的后顺位抵押权人乃不能升进其顺位。其结果，土地所有人也就可以方便地利用该抵押权的顺位。[3]

（三）所有人土地债务（Eigentümergrundschuld）

所有人土地债务，简言之，系指由土地所有人本人享有的土地债务。于德国民法上，土地债务依其成立时间的不同，得分为自始的土地债务（原始的所有人土地债务）与最初为抵押权、尔后演变为所有人土地债务的后发的所有人土地债

1 ［日］山田晟：《德国法概论》，有斐阁1987年版，第211页。
2 ［日］村上淳一等编：《德国法讲义》，青林书院新社1974年版，第210—211页。
3 ［日］山田晟：《德国法概论》，有斐阁1987年版，第251页。

务两种。以下仅讨论作为土地债务的特殊形态的无记名土地债务与定期土地债务，此外的其他形态的土地债务则于本书相关部分论及。

（四）无记名土地债务

所谓无记名土地债务，依《德国民法典》第1195条的规定，系指发行无记名土地债务证券（Grundschuldbrief auf den lnhaber）的土地债务，或将土地债务“化体”为无记名证券的情形，特性上属于一种依合意与无记名证券的交付而辗转流通的土地债务。[1]另外，依《德国民法典》第1195条的规定，发行无记名土地债务证券，需获国家的同意或许可，否则不得发行。

（五）定期土地债务

1. 涵义

定期土地债务（Rentenschuld），系指以支付定期金为目的的土地债务。[2]详言之，指权利人定期地由土地受一定金额的给付的物权的权利，特性上属于土地债务（Grundschuld）的一种。譬如，某甲于某乙的A土地上设定了每年12月1日由该土地受1000欧元的给付的物权时，某甲即成为该定期土地债务的权利人。

按照《德国民法典》的规定，设定定期土地债务时，需规定清偿金额（赎金，Ablösungssumme）并进行登记。此清偿金额，相当于土地债务的原本。土地所有人若偿付（返还）了该清偿金额，则定期土地债务便归由其自己享有。惟依《德国民法典》第1201条第2项的规定，定期土地债务的权利人，原则上并无请求土地所有人偿付（返还）清偿金额的权利。[3]土地所有人不按期支付定期金时，定期土地债务的权利人可以通过强制执行土地而受清偿金额的支付。[4]另外，于定期土地债务转换为普通的土地债务时，清偿金额即变成土地债务的原本，定期金

1　不过，根据调查，实际采用此无记名土地债务证券者系不多见。参见［日］村上淳一等编：《德国法讲义》，青林书院新社1974年版，第216页。

2　参见《德国民法典》第1199—1203条。

3　《德国民法典》第1201条规定：“所有人享有清偿的权利，不得将请求清偿的权利给予债权人。于第1133条第2句的情形下，债权人有请求就土地支付清偿金额的权利。”

4　参见德国《强制拍卖法》第92条第3项。

则成为其利息。[1]

2. 定期土地债务的演变脉络

德国民法的定期土地债务，系发端于中世纪时期城市中广为流行的定期金买卖（Rentenkauf）。而定期金买卖，不过为物上负担的一种。按照定期金买卖，权利人（投资人、资本家）向土地所有人支付一定数额的金钱，作为回报，便可以定期地由土地所有人的土地受一定数额的金钱的给付。此一时期，德国城市中流行的定期金买卖，是为了规避当时的教会法严禁“放贷取利”而兴起的一种交易形式。于定期金买卖，权利人（投资人）交付给土地所有人的特定金额相当于原本，每次定期由土地取得的定期金则相当于“本金”即原本的利息。故此，定期金买卖实质上是权利人通过支付一定数额的原本而“买取”定期金。最初，定期金买卖被视为一种永久的物上负担，权利人无权取回原本。不久，随着城市经济的迅速发展与法律观念的更易，解除定期金买卖的情况开始出现并逐渐合法化。再往后，它进一步演变为以抵押权予以担保的附利息的消费借贷制度。[2]

尽管《德国民法典第一草案》无定期土地债务的明文，而仅定有物上负担，然《德国民法典第二草案》一改此一立场，明定了异于物上负担的适用于农业信用的定期土地债务。此一规定为《德国民法典第三草案》所承继，并最终为1896年制定、公布的《德国民法典》规定下来，此即第1199条至第1203条。[3]

应当指出的是，之所以说定期土地债务是一种适宜于农业信用的制度，乃主要在于农民可以每年或每季节的收成作为“定期金”而向定期金土地债务的权利人为给付。农民如果按期依约定为给付，则定期金土地债务的权利人（投资人）便不能请求农民偿还原本（清偿金额、赎金）。此对意欲获取资金的农民而言，实为方便、适宜的制度。但若自将金钱交付给农民的债权人方面论，尽管相当于原本（债权人支付给农民的本金）的利息的定期金受到了定期土地债务的担保，

---

1 ［日］山田晟：《德国法概论》，有斐阁1987年版，第257页；［日］山田晟：《德国法律用语词典》，大学书林1995年版，第532页。需提及的是，《德国民法典》规定的此种定期土地债务实务上几乎无人问津。此点与前面提及的无记名土地债务的情形相同。

2 ［日］山田晟：《德国法律用语词典》，大学书林1995年版，第530页；［日］村上淳一等编著：《德国法讲义》，青林书院新社1974年版，第257页。

3 ［日］山田晟：《德国法概论》，有斐阁1987年版，第258页。

且农民如果按期支付，即无交易的安全问题，但债权人交付给农民的原本（本金）则无担保，从而发生交易的安全问题。正因如此，于现今的德国，设定定期土地债务者并不多见。[1]

3. 定期土地债务与物上负担的差异

《德国民法典》一方面规定定期土地债务，另一方面也定有物上负担（Reallast）制度。[2] 物上负担，依《德国民法典》第1105条第1项的规定，为不动产定限物权的一种，其内容为由土地受定期的"回归的给付"（"继续性的给付""反复的给付"，Wiederkehrende Leistungen）。[3] 所谓回归，指"重复或反复为给付"之意。譬如，可以权利人每年由土地所有人的土地受10公斤马铃薯的给付为标的，而设定物上负担。仅有一次性的给付的，不能作为物上负担的标的。所谓给付，指须由土地为给付。故而，于土地所有人不为给付时，权利人可以强制执行土地而受给付。至于给付的标的，既可以是金钱、现物（如谷物、家畜），也可以是行为（如修缮房屋、维护桥梁），惟无论何者，皆须具有"回归性"

1 ［日］山田晟：《德国法概论》，有斐阁1987年版，第258页。

2 自法史上看，《德国民法典》的物上负担系渊源于中世纪日耳曼社会中地主与其依附农民间的身份的、经济的从属关系。盖当此之时，耕种地主的土地的奴隶、半自由民及基于租地权而经营土地的自由民，对地主不仅要承担各种劳役地租，而且负有支付现物、金钱的实物地租的义务，此外尚对当时的国家与教会负有服兵役及缴纳"什一税"（zehnte）的义务。惟之后随着货币经济即商品经济的日渐发达，物上负担乃于城市中以定期金买卖的形式盛行起来。所谓定期金买卖，如前述，乃是指权利人（投资人）把一定的金钱（原本）交付给土地所有人，作为报偿，而由土地所有人的土地受领定期金的给付。定期金于经济上相当于原本的利息。另外，值得提及的是，物上负担为德国固有法即日耳曼法上的制度，罗马法上并无与之相类似的制度。饶富趣味的是，德国于经历了1450—1550年长达一个世纪的大规模的罗马法继受运动后，发轫于日耳曼法的物上负担并未因此消弭，而是以变化了的名称——日耳曼法的役权（servitutes iuris Germanici）——继续存在。不过，随着之后公法与私法的分离运动的推进，基于国家、教会等的权力关系的物上负担，开始被认为是公法上的权利，如此一来，就只剩下私法特性的物上负担。并且，定期金买卖及此外的其他物上负担也不复被认为具有身份与经济上的从属关系。迄至近代，德国各州的农业立法为消弭农用地上的负担，乃重新限制物上负担的设定。1896年《德国民法典》对物上负担设有8个条文（第1105—1112条）的规定。物上负担的清偿、变更及限制，皆委由州法规定（《德国民法典施行法》第113条）。物上负担，以为担保债权而设定者居多。此外，将农地移转给作为继承人的农民时，为保障让与人可由该土地受到扶养（譬如为了保障每年可以取得一定数额的定期金）而设定物上负担者也为数不少。对此，请参加［日］山田晟：《德国物权法概说》，弘文堂1949年版，第84页以下。

3 《德国民法典》第1105条第1项规定："土地可以作为物上负担的标的物。物上负担的权利人，享有以土地出产物而受定期的给付的权利。"

（“反复性”“继续性”）的特性。给付的标的为人的行为时，如土地所有人拒绝自己的给付的，权利人可以通过强制执行土地而将土地换价，并由换价所得的价金取得代替执行的费用；给付为现物但现物不存在的，权利人可以提出由土地取得与现物的价格相当的价金。需注意的是，德国民法对于物上负担，主要委由州法规定。[1]定期土地债务与物上负担的差异，主要有下列各点。

（1）物上负担不得转换为不动产担保权；定期土地债务则可以转换为其他不动产担保权，其他不动产担保权也可以转换为定期土地债务。

（2）物上负担因清偿而消灭；定期土地债务则因清偿而转换为所有人定期土地债务。

（3）物上负担不允许发行证券；定期土地债务则可以发行证券。于此点上，定期土地债务具有与抵押权和土地债务相同的特性。

（4）物上负担的给付标的并不限于金钱，但须为“回归性的给付”；与此不同，定期土地债务则以定期的金钱的给付为内容。[2]

五、特殊的不动产担保权

（一）住宅所有权担保

亦即，以住宅所有权为标的物而设定抵押权或土地债务。[3] 以住宅所有权设定抵押权或土地债务的，须于住宅登记簿册（Wohnungsgrundbuch）进行登记，其他方面与普通抵押权及土地债务相同。

（二）地上权（Erbbaurecht）担保

依照德国《地上权条例》第1条的规定，所谓地上权，系指为了于他人土地上保有建筑物而利用他人土地的权利。依此《地上权条例》，当事人可以地上权

1　［日］村上淳一等编：《德国法讲义》，青林书院新社1974年版，第209页以下；［日］山田晟：《德国法律用语词典》，大学书林1995年版，第511页；［日］山田晟：《德国法概论》，有斐阁1987年版，第236页。

2　［日］新井英夫：“土地债务的考察”，载《法学协会杂志》第49卷68页以下；［日］山田晟：《德国法概论》，有斐阁1987年版，第258页；［日］山田晟：《德国物权法概说》，弘文堂1949年版，第82页以下。

3　参见德国《住宅所有权法》第6条。

为标的而设定地上权抵押权与土地债务。地上权担保，除有如下特殊规定外，其他与普通抵押权、土地债务相同。

1. 以地上权为标的设定担保权时，原则上无需有土地所有人的承诺

但于设定地上权时可以约定，设定地上权担保的，需获得土地所有人的承诺。此时，若无此承诺，设定行为即归于无效。土地所有人如无经济上的正当理由不为承诺的，地上权人可依诉讼程序诉请为此承诺。

2. 标的物

按照《地上权条例》，依地上权而建构的建筑物为地上权的“同体的构成部分”，故此，地上权担保权的效力得当然及之。

（三）船舶抵押（Schiffshypothek）

亦即，以登录于登记簿册中的船舶与建造中的船舶为标的物而设定的抵押权。1940 年，德国通过《关于被登记的船舶与建造中的船舶的法律》（Gesetzüber Rechte an eingetragenen Schiffen und Schiffsbauwerken），创设船舶与正在建造中的船舶的登录制度，明定登录的船舶与建造中的船舶，系作与不动产相同的处理，且可以之为标的物而设定抵押权。依此法律，原《德国民法典》有关船舶质权的规定[1]被废弃不用。

船舶抵押主要适用于当事人由船舶抵押银行（Schiffsbeleihungsbank）或其他银行受金钱融资时的担保。故而，船舶抵押，只能设定保全抵押，而不能设定土地债务、定期土地债务及所有人土地债务。而且，于将借贷的金钱交付给债务人以前，抵押权并无法律上的效力。当然，债务一经清偿，抵押权便归于消灭。

（四）飞机抵押（Luftfahrzeughypothek）

亦即，以飞机为标的物而设定的抵押权。根据民法学理，飞机属于动产，故只能依质权或让与担保的方法供作债权的担保。但设定质权时，须移转标的物的占有。设定让与担保时，于金融机关为外国人时将发生问题。故此，以飞机设定此两种形态的担保具有难以克服的局限。于是，1955 年德国乃颁行《飞机法》（Gesetzüber Rechte an Luftfahrzeugen），创设“登录质权”（Registerpfandrecht），为

1 参见《德国民法典》原第 1259—1271 条。

不占有动产而设定担保权铺平道路。结果，飞机抵押权遂成为与船舶抵押相类似的制度。惟二者仍有些微差异，即飞机抵押权的标的物仅限于登录于飞机登录簿（Luftfahrzeugrolle）中的飞机，未登录于飞机登录簿中的滑翔机等，不得作为其标的。

第三节　质权（Pfandrecht）

一、概要

（一）《德国民法典》对于质权的编制与质权的类型

质权，《德国民法典》规定于物权编第 8 章“动产质权与权利质权”中，涵括两节：第 1 节“动产质权”，第 2 节“权利质权”，凡 93 条（第 1204—1296 条）。依标的的不同，本章规定的质权，原本涵括动产质权（第 1204—1272 条）、权利质权（第 1273—1296 条）与船舶质权（第 1260—1272 条），不认有所谓不动产质权。权利质权，即以具有让与性的权利为标的的质权，于无特别规定时，得准用关于动产质权的规定。[1]其中，第 1260 条至第 1272 条关于船舶质权的规定，根据 1940 年《关于被登记的船舶与建造中的船舶的法律》，自 1941 年 1 月 1 日起失效。第 1258 条规定“共有人应有部分上的质权”。对于以质权为标的而设定质权即所谓“星式质权”（Asterpfand）的，明定除得适用《德国民法典》第 1250 条第 1 项的规定外，也得准用该法典第 401 条的规定。[2]

于德国民法的发展上，动产质权属于占有质权，自较远的时代起，分为契约质权（Vertragspfandrecht）与依私人的扣押而成立的质权两种。后者往后演变为基于法院的扣押而成立的质权。中世纪末期，开始承认不移转标的物的占有而成立质权的正当性。15 世纪继受罗马法之后，德国普通法开始接受动产抵押权。《德国民法典》物权编的质权，系以移转标的物的占有的契约质权为原则，而以

1　参见《德国民法典》第 1273 条第 2 项。

2　［日］山田晟：《德国物权法概说》，弘文堂 1949 年版，第 258 页。

不移转标的物的占有的非占有质权为例外。[1]

根据日本学者於保不二雄的分析，《德国民法典》物权编的质权，得依不同的标准而为不同的分类，兹分述如下。

（1）依成立的原因为标准，可以分为约定质权、物上代位质权、法定质权及扣押质权。约定质权，规定于《德国民法典》第1205—1256条；物上代位质权规定于第1219条第2项、第1247条、第1287条；法定质权规定于第1257条；扣押质权见于《德国民事诉讼法》第804条、第808条及其以下。

（2）依标的物为标准，可以分为动产质权与权利质权。如前述，动产质权规定于物权编第8章第1节，权利质权规定于第2节。

（3）依质权的成立与存续是否需要占有标的物为标准，可以分为占有质权与非占有质权。不动产质权原则上为非占有质权，动产质权原则上为占有质权。非占有质权的船舶质权，适用船舶抵押法的规定。

（4）依质权人对于质权的标的物有无用益权，可以分为单纯质权与用益质权。用益质权，见于《德国民法典》第1213条、第1273条第2项。

（5）依质权的标的物为一个或数个为标准，可以分为个别质权与总括质权。总括质权，规定于《德国民法典》第1222条、第1230条。

（6）债权人质权与所有人质权。于动产法上，所有权与限制物权混同时，原则上限制物权得发生消灭。但是，于质权的存续于所有人或第三人有法律上的利益时，质权则不因之而消灭。此时，得成立所有人质权（《德国民法典》第1256条）。[2]

（二）质权的发生、变更与消灭

根据《德国民法典》的规定，质权得依法律行为、物上代位、法律的规定及法院的决定[3]而成立。依法律行为设定质权的，以物权契约及质物的交付为要件。[4]变更质权的内容时，采与质权的设定相同的方法为之；让与质权时，依《德国民

---

1 ［日］山田晟：《德国法概论》，有斐阁1987年版，第259页。

2 ［日］於保不二雄著，高木多喜男补遗：《德国民法Ⅲ》（物权法），有斐阁1955年版，第369—382页。

3 参见《德国民事诉讼法》第803条以下、第930条以下。

4 参见《德国民法典》第1205条。

法典》第 1250 条、第 1251 条及第 1242 条以下的规定为之。

（三）质权的保护

根据《德国民法典》，质权人不仅可依有关自助[1]与占有的保护[2]的规定，而且可依基于所有权的请求权的规定而受到保护。申言之，于质权人的权利受到侵害时，质权人可以受到《德国民法典》第 859 条以下的占有人的权利的保护，及第 227 条以下的自卫权与基于所有权的请求权[3]的保护。

二、动产质权（Pfandrecht an beweglichen Sachen）

动产质权，规定于《德国民法典》物权编第 8 章第 1 节，内容涵括：动产质权的涵义、基于法律行为而设定动产质权、质权的顺位、因设定质权而发生的债权关系、质权人的权利保护、质权的种类、质权人的保管义务、出质人的抗辩权、用益质权、质权的保护及质权的消灭。

质权的顺位，依《德国民法典》第 1209 条的规定，系以设定时间的先后定权利的先后。纵以将来债权或附条件债权设定质权的，也不例外。不过，对于此点，《德国民法典》第 1208 条为善意取得人的利益而设有例外。此外，也不承认有所谓优先质权（privilegierte Pfandrechte）。

动产质权涵括：单纯质权（schlichtes Pfandrecht）、用益质权（Nutzungspfand，第 1213 条）、占有与不动产质权（Faustpfand od. Besitzpfand und besitzloses Pfand）、个别与总括质权（Einzel und Gesamtpfandrecht，第 1222 条）；所有人质权，依《德国民法典》第 1256 条的规定，以其担保的债权设有第三人的权利负担者为限，方予承认；证书质权（Briefpfandrecht），未设规定；船舶证书质权（Bodmerei），《德国商法典》第 363 条、第 682 条设其规定。

（一）普通的动产质权

1. 动产质权的涵义和功能

按照《德国民法典》的规定，动产质权，即为了担保债务的履行，由作为

1　参见《德国民法典》第 227 条。

2　参见《德国民法典》第 859 条。

3　参见《德国民法典》第 985 条、第 1006 条、第 1007 条及第 1227 条。

质物的动产受债权的清偿的物权。需注意的是，《德国民法典》所定的动产质权，现今并未如立法者当初所预想的那样得到了广泛的利用。之所以如此，盖因一方面，质权的实行十分困难；另一方面，债务人以自己的动产设定质权后，便不能复继续利用之。此点也为德国民法不认可得以集合动产设定质权的重要因由。于是，不移转动产的占有，而仅移转动产的所有权的让与担保（Sicherungsübereignung）代之而兴。不过，于德国民间，以每日无利用必要的动产设定质权的，仍未绝迹。且动产质权，因需要移转标的物的占有，故此，其作为一种担保权形态于法律上是明确的，对于债权人债权的实现也是较可靠的。当然，于让与担保，让与担保权人作为法律上的所有权人需要负担公法上的负担（如税费），而质权则无此种负担。就此而论，动产质权实较让与担保为优。[1]

2. *动产质权的设定（成立）*

动产质权，通常依债权人与质权设定人（债务人或第三人）间的质权设定合意及质物的交付而设定（成立），学说谓为“约定质”。此外，依《德国民法典》，质权尚可依物上代位（物上代位质权）、法律规定（法定质权），及因扣押（扣押质权）而设定与成立。按照《德国民法典》，设定质权时，所有人需将质物移转于债权人，并由双方当事人就质权的成立达成合意，如债权人已先行占有质物的，则仅需就质权的成立达成合意即可。于设定质权的合意中，质物与被担保债权的数额必须明记。

质物的交付，通常依现实交付的方法为之。如质物储存于仓库中时，则采将仓库的钥匙交付于债权人的方法为之。间接占有物的交付，是把间接占有让与给质权人，并通知现实占有人。此外，《德国民法典》第1206条规定：“动产在所有人与债权人共同保管之中，或由第三人占有，而其返还仅得向所有人及债权人共同为之者，得让与共同占有以代交付。”

可见，德国民法的动产质权原则上皆为占有质权，即质权的成立，以占有标

---

1 ［日］伊藤进：“德国债权担保制度概观”，载其著《物的担保论》，信山社1994年版，第78页。

的物为要件。但以农业用动产、海底电缆、[1]营业人的在库商品[2]等设定质权的，则无须移转标的物的占有于债权人，称为“非占有质”。航空器、船舶，于法律上系作与不动产相同的对待和处理。

此外，对动产无处分权的人（如动产的非所有人），以所占有的动产设定质权而债权人于受质物的交付时为善意的，依《德国民法典》第 1207 条的规定，得发生质权的善意取得。

3. *动产质权的标的物与效力范围*

动产质权的标的物，原则上为一个动产或动产的共有份额。物的重要成分（Wesentliche Bestandteile）、土地的定着物、集合物及流动的集合物等，依法不得为质权的标的物。船舶、航空器得否为质权的标的物，依特别法的规定定之。有价证券、存折等虽为动产，但因为债权的“化体”，故不能与动产作相同的对待。另外，根据学理，不能扣押的物，得为质权的标的物。

依规定，质权的效力不仅得及于作为质物的动产本身，且得及于动产的重要部分及由质物所分离的出产物，[3]且此出产物无论归谁所属，皆为质权的效力所及。惟由质物所生的法定孳息与保险金请求权，原则上不得为质权的效力所及。然质权人可与质权设定人约定，使质权人有收取的权利，[4]学说谓为“收益质”（Nutzungs Pfand）。于当事人设定此质权时，依《德国民法典》第 1214 条的规定，质权人就取得收益的方法，应负相当的注意义务并负计算的责任，且收益的纯收

1　根据德国 1925 年 3 月 31 日颁行的《海底电缆的质权的法律》（Kabelpfandamt），用于与外国通信的海底电缆的质权，系依所有人、债权人的合意、联邦大臣的同意，及于海底电缆登记所（Kabelpfandgesetz）备置的海底电缆登记簿（Kabelbuch）进行登记而设定。对此，请［日］山田晟：《德国法概论》，有斐阁 1987 年版，第 260 页。

2　以库存商品为一个整体而设定质权，自较早时起便提出来了。1937 年德国法学会公布了对此问题的草案。根据该草案，质权，依设定质权的书面的合意及进行登记而设定（草案第 6 条第 2 项）。对于公示财产的状态的动议，遭到了营业人方面的强烈反对，并最终成为反对规定该类质权的重要因由，其结果使得人们广泛地采取让与担保的方式获取融资。对此，请参见［日］山田晟：《德国法概论》，有斐阁 1987 年版，第 261 页。

3　参见《德国民法典》第 1212 条。

4　《德国民法典》第 1213 条第 1 项规定：“质权，可以质权人有权自质物收取收益的方法而设定。”

入，应抵充债务的给付，如应支付费用与利息的，则应先抵充费用与利息。[1]

4. 被担保债权及其范围

依《德国民法典》的规定，动产质权具有附随性。故而，设定动产质权时，需存在被担保债权。所谓被担保债权，根据《德国民法典》第1204条第2项的规定，无论为将来债权抑或附条件债权，皆无不可。惟若为将来债权的，则需使该债权特定。[2]

质权所担保的债权范围，通常以质权设定契约定之。于当事人未就担保的债权范围达成合意时，除主债权外，利息（约定利息、法定利息与迟延利息）、违约金与费用（必要费用、有益费用、权利追诉的费用及变卖质物的费用），依《德国民法典》第1210条的规定，也属于担保的范围。

5. 动产质权人的义务

根据《德国民法典》第1215条的规定，质权人占有质物时，负有保管的义务。质权人明显侵害出质人的权利，且不顾出质人的劝告而继续其侵害的，出质人可以要求质权人以自己的费用提存质物，或于质物不宜提存时，将质物提交法院任命的保管人保管。[3] 于质物有腐败或其价值有明显减少的危险时，质权人应当通知出质人，出质人可以提供其他担保，而请求返还质物。[4]另外，此种场合，质权人尚可把质物付诸拍卖，以卖得的价金替代质物。[5]

6. 质权的移转

根据《德国民法典》的规定，质权的移转，是与被担保债权一并移转，即被担保债权移转于新债权人时，质权也随之移转于新债权人，不认有所谓质权的"单独移转"[6]。显而易见，此系由质权附随于债权的属性所使然、所造成。质权移转时，新质权人得请求旧质权人交付质物，新质权人取得质物的占有，即代旧

---

1 ［日］伊藤进："德国债权担保制度概观"，载其著《物的担保论》，信山社1994年版，第79—80页。

2 然可不确定债权的具体数额（RGJW44. 269. BGH WH 57. 1430）。

3 参见《德国民法典》第1217条第1项。

4 参见《德国民法典》第1218条。

5 参见《德国民法典》第1219—1221条。

6 参见《德国民法典》第1250条。

质权人之位。

7. 质权的效力与实行

《德国民法典》第 1208 条第 1 句规定："动产为第三人之权利有所负担者，质权仍优先于该权利。但质权人在取得质权时，对该权利不具善意者，不在此限。"此处所称第三人的权利，如用益权；所称"非为善意"，指"质权人于取得质权时，知道第三人的权利或因重大过失而不知道第三人的权利"[1]。另外，第 1227 条规定："质权人的权利受到侵害的，质权人的请求权准用基于所有权而生的请求权的规定。"

质权的实行。《德国民法典》第 1228 条第 1 项规定："质权人就质物受清偿，通过出卖质物而为之。"依第 1229 条，订立流质契约的，不生法律上的效力。变卖质物的方法，依第 1235 条第 1 项的规定，原则上应公开拍卖。但"质物有交易所市价或市场价格者，质权人得请求公设商事居间人或公设拍卖人以市价出卖其质物"（第 1221 条）。学理将德国动产质权的实行方法归并为三种：第一，依私的方法出卖（Privatverkauf）实行质权，即质权人可以让与、出卖质物，由卖得价金受债权的清偿。[2]出卖，原则上须以"公的拍卖"为之。第二，依强执执行法出卖（Pfandverkauf nach Vollstreckungsrecht），即依《德国民事诉讼法》的规定出卖。第三，依质权人与质物所有人的合意出卖，不能形成合意时，依法院的裁判出卖。[3]

8. 动产质权的消灭

根据《德国民法典》的规定，动产质权因被担保债权的消灭（第 1252 条）、质物的返还（第 1253 条）、质权的抛弃（第 1255 条）、质权与所有权的混同（第 1256 条）及债务的承受（第 418 条第 1 项）等而消灭。返还质物的情形，返还需依质权人的自由意思为之。因受欺诈而为的返还，非此所谓返还。于债务承受的场合，如债务的承受取得了质权设定人的同意的，则质权并不消灭。[4]

1　陈卫佐译注：《德国民法典》（第 2 版），法律出版社 2006 年版，第 405 页注释 8、9。

2　参见《德国民法典》第 1233 条第 1 项。

3　［日］山田晟：《德国法概论》，有斐阁 1987 年版，第 261—262 页。

4　参见《德国民法典》第 418 条第 1 项第 3 句。

（二）特殊动产质权

于《德国民法典》，动产质权依其成立的原因、质物的形状及特别法的规定，而衍生出各种形态。这些各种形态的动产质权，皆具有普通动产质权的特性，它们是在稍作增损后形成的。

1. 法定质权（Gesetzliches Pfandrecht）

亦即，依法律规定而成立的质权，涵括以质物的占有为成立要件的质权，及不以质物的占有为成立要件的质权。[1]根据《德国民法典》，法定质权主要发生于下列情形：

（1）提存。《德国民法典》第233条规定："债权人于提存时，对提存的金钱或者有价证券取得质权。若此金钱或有价证券归国库或提存处指定的机构所有，债权人就返还请求权取得质权。"

（2）使用出租人（第562条、第563条）、用益出租人（第581—585条）对于承租人置于出租物上的物享有质权[2]，承揽人的质权[3]，旅店的主人就住宿旅客随身携带的动产享有质权（旅店主人的质权）。[4]另外，《德国商法典》也有法定质权的规定。[5]不过，《德国民事诉讼法》的扣押质权，不属于法定质权。

（3）为了确保经营农业的人购买肥料、种子等的资金获得保障，1949年1月19日，德国颁布了《为确保肥料与种子的供给的法律》（Gesetz zur Sicherung der Düngemittel und Saatgutversorgung）。该法规定，为了确保基于肥料与一定的种子的供给请求权，对土地的果实（含未由土地分离的果实）享有（保有）不伴有占有

---

1 ［日］山田晟：《德国法概论》，有斐阁1987年版，第259页。譬如，旅店的主人就住宿费而对旅客随身携带的照相机有质权即是。非以取得质物的占有为要件的法定质权，相当于《日本民法》中的先取特权（优先权）。

2 此即出租人为担保自己的租金债权而就承租人置于租赁物上的物享有质权。

3 《德国民法典》第647条规定："承揽人因修缮而占有定作人的动产时，就其承揽关系所生的债权，对于已修缮完毕的动产享有质权。"

4 《德国民法典》第704条第1句规定："旅店主人供给客人住宿，及因满足客人的需要而对客人为其他的给付与垫款时，其就此所生的债权，对客人携带的物品，享有质权。"

5 譬如《德国商法典》第397条、第410条、第411条、第421条、第440条及其以下，及第623条与第674条所规定者，即是。

的法定质权。[1]

根据德国民法，法定质权原则上得适用有关意定质权的规定。然对法定质权设有特别规定的，则从其规定。此外，于法定质权为非占有质权时，对于普通质权的成立须以质物的占有为必要的规定，不得适用之。法定质权的顺位，除法律有特别规定外，通常应依顺位确定的一般原则定之。[2]

2. 代位质权

代位质权，简言之，系指以拍卖质物所得的价金为标的物而成立的质权。《德国民法典》第 1219 条第 1 项规定："因质物有腐败之虞，或其价值有明显减少之虞而危害质权人的担保时，质权人可以公开拍卖质物。"拍卖质物所得的价金不能立即供债权的清偿的，以该卖得价金为标的物，成立"代位质权"。[3]

3. 扣押质权（Pfändungspfandrecht）

《德国民事诉讼法》第 135 条、第 136 条规定：查封时，对于被粘贴了封条的动产，禁止再让与，此时，债权人就扣押物取得质权。[4]需注意的是，此扣押质权，特性上属于诉讼法上的质权，故不得适用有关约定质权的规定。

4. 所有人质权

亦即，质物的所有人就自己的物取得质权。依《德国民法典》第 1256 条第 1 项的规定，质权原则上得因与所有权的混同而归于消灭。但作为此规定的例外，第 2 项又明定，所有人就质权的存续有法律上的利益的，不得消灭，所有人质权由此产生。顺便提及，于德国继承法上，规定所有人质权的情形并不少见。[5]

5. 共有份额上的质权（Pfandrecht am Miteigentumsanteil）

亦即，以对动产的应有份额为标的而设定质权。现行《德国民法典》规定当

1　1949 年 1 月 19 日颁布的《为确保肥料与种子的供给的法律》第 1 条。该法第 7 条规定：本法于 1958 年 8 月 1 日失效。然依 1951 年 7 月 30 日的法律，该法的效力得到了延长。对此，请参见［日］山田晟：《德国法概说》，有斐阁 1987 年版，第 259 页。

2　参见《德国民法典》第 1209 条。

3　参见《德国民法典》第 1247 条。

4　《德国民事诉讼法》第 804 条第 1 项规定："扣押后，债权人就扣押物取得质权。"

5　对此，可参见《德国民法典》第 1976 条、第 1991 条第 2 项、第 2143 条、第 2175 条及第 2377 条的规定。

事人可以于共有动产的应有份额上设定质权。对此质权，法律非作为权利质权对待，而是以之为动产质权。

按照《德国民法典》，于共有动产的应有份额上设定质权的，除需有双方当事人设定质权的合意外，尚需依质入份额而让与共同占有。[1] 质权存在于共有人中的一人的应有份额上的，质物的保管与使用，质权人得行使共有人依共同关系所生的权利。[2]

6. 总括质权

亦即，于数个质物上设定一个质权。于总括质权，各质物对被担保债权额全体进行担保。[3] 但一如德国民法的总括抵押权，债权人不得将全部债权分割为若干等份而分别由各个质物担保。

总括质权的实行。《德国民法典》第1230条明定，除另有规定外，质权人可以于数个质物中选择出卖的质物。惟质权人只能于受债权清偿的必要范围内出卖质物，超过清偿的必要范围的出卖，依第1243条第1项，为不合法，应予禁止。但因该条规定特性上属于任意规定，故当事人可以合意而予排除适用。[4]

7. 农业用动产质权

亦即，依德国《农业用益承租人信用法》，以农业用益承租人所有的全部农业用动产为标的物设定的质权。按照该法，农业用动产质权，是以用于农业的动产供作担保，而自授予信用的人那里获取长期的、廉价的信用的制度。

1918年第一次世界大战结束后，于德国，由于战争的结果，农地荒芜、凋敝，农业经营十分困难，从事农业生产经营的人于是发生由第三人那里获取农业生产所必需的资金的情况。特别是自己未有土地的农业用益承租人，不能以土地供作借贷资金的担保，动产质权因以移转动产的占有于债权人为成立要件，故也不可能用来获取融资。另外，采用让与担保也不适当。盖为担保较小的债权额而

---

1 ［日］於保不二雄著，高木多喜男补遗：《德国民法Ⅲ》（物权法），有斐阁1955年版，第407页。

2 《德国民法典》第1258条第1项规定：“质权存在于共有人中的一人的应有部分的，质权人行使由共有人的共同关系所生的有关物的管理与物的使用方法的权利。”

3 《德国民法典》第1222条规定：“质权存在于数物之上的，以各物担保全部债权。”

4 RGJWl908. 142.

让与数量众多的标的物的所有权（因不允许以单个的农业用动产设定质权），对作为受信人的农业经营者而言，系不适宜。此外，出租人因对农业用益承租人的农业机械、农具等有法定质权，所以实际上也不可能以之设定担保而获取融资。可见于现行法的框架内，农业经营者要获得发展生产所需的资金，系很困难。于这种情况下，1926年德国制定了《农业用益承租人信用法》。按照该法，首开不移转动产的占有而设定动产质权的先河，从而为直接利用农业用动产以筹措资金开辟了道路。但因此项法律定有10年的存续期间，故而于第二次世界大战结束后乃丧失效力。

按照该法，农业用动产质权的设定，需订立书面的质权设定契约，并把契约书存放于地方法院，特性上属于非占有质。另外，质权设定人，为农业用益承租人，从而必须是质权标的物的农业用动产的所有人。具体而言，农业用动产质权的标的物，为农业用益承租人所有的全部农业用动产，涵括农具、农业用机械、牛、马、家畜等。此外，农业用动产质权设定后，作为设定人的农业经营者新取得的农业用动产，也当然属于农业用动产质权的标的物的范围。亦即，不允许以单个农业用动产设定质权。正因如此，围绕农业用动产质权的特性是否为“集合物的质权”，学说发生歧见，惟通说认为系以各动产设定质权，即不认农业用动产质权为“集合物的质权”。[1]

三、权利质权（Pfandrecht an Rechten）

（一）概要

权利质权，即以权利为标的设定的质权。《德国民法典》第1273条至第1296条设其规定。其中，第1273条至第1278条，为关于权利质权的一般规定；第1279条至第1290条，是以债权为标的设立权利质权的特别规定；第1291条至第1296条，为以有价证券为标的设立权利质权的规定。权利质权与动产质权具有相同的特性，皆为由“变卖”标的所得的价金而受债权的清偿的担保权。故此，《德国民法典》第1273条第2项规定，除关于权利质权的特别规定外，有关动产

1　［日］伊藤进：“德国债权担保制度概观”，载其著《物的担保论》，信山社1994年版，第84—85页。

质权的规定得适用于权利质权。

另外，权利质权，依成立原因的不同，得分为基于契约而成立的约定权利质权、基于法律规定而成立的法定权利质权，[1] 以及依《德国民事诉讼法》的规定，因对权利的扣押而成立的“权利扣押质权”。应指出的是，这些权利质权中，约定权利质权，已不复为人们所乐于采用，代之而兴的是让与担保。盖设定约定权利质权时，需通知第三人（债务人等）及进行背书，故有使债权人的信用降低的危险。

（二）约定权利质权的成立（设定）

《德国民法典》第1274条第1项规定：约定权利质权，依设定人与债权人关于设定权利质权的合意，及依权利的转让的规定而设定。对于权利（债权）的转让应采取的形式，《德国民法典》第1154条设有明文。另外，依《德国民法典》第1205条的规定，让与权利时需要交付物，即以证券抵押、证券土地债务与定期土地债务设定质权的，得适用动产质权关于物的交付的规定。亦即，在此情形，物的交付，是权利质权得以成立（设定）的要件。[2]

（三）可以作为权利质权的标的的权利

按照《德国民法典》，凡具有可让与性，并可依收取或处分等方法换价的财产权，原则上皆可为权利质权的标的，譬如债权、土地债务（Grundschuld）、后位继承权（Nacherbrecht）（RG 80. 384）、遗留份请求权、特许权（《德国特许法》第9条）、著作权（《德国著作权法》第8条）、版权（《德国出版法》第28条）等无体财产权及公司股票等，皆可为权利质权的标的。然某些可让与的权利，法律基于某种考量也禁止以之设定权利质权。譬如《德国邮政法》第23条第4、5项的邮政支票债权（Postseckforderung），法律便明示不得以之为权利质权的标的。

根据《德国民法典》的规定，不具让与性的权利，譬如法律禁止让与的权利[3]、

---

1 譬如《德国民法典》第233条的债权人于提存时对有价证券取得质权，及《德国商法典》第756—758条的权利质权。

2 参见《德国民法典》第1274条第2项。

3 譬如《德国民法典》第514条曾经规定的先买权与社会保障法上的权利。现已废止。

禁止扣押的债权[1]及与债务人约定不得让与的债权[2]等，不得为权利质权的标的。[3]此外，不具独立的融通性的权利，如商号（RG95.236）、商标、杂志名称等，也不得为权利质权的标的。共有所有权场合的应有份额（权），亦与此同。

（四）质权人、债务人与质权设定人间的关系

于权利质权的情形，除质权人与质权设定人（债务人）外，尚有权利质权的标的的权利的义务人。《德国民法典》第1275条第1句规定："以请求给付的某项权利为质权的标的的，质权人与义务人间的法律关系，准用于权利转让的情况下关于取得人与义务人间的法律关系的规定。"之所以作如是的规定，系为保护债务人。另外，《德国民法典》第1276条第1句规定："只有经质权人同意，方能以法律行为废止已设定的质权。"其立法旨趣则在于保护质权人。

（五）权利质权的实行

权利质权的实行，因权利种类的不同而有异。通常是经由处分权利质权而实行之。譬如，实行以著作权为标的的权利质权时，是处分著作权中的财产权。此外，权利质权，尚可通过"收取"而实行之。

（六）权利质权的消灭

与动产质权相同，权利质权因被担保债权消灭、作为标的的权利消灭、抛弃质权及因质权与权利的混同而消灭。此外，以权利为质权的标的，且权利的出质需要交付物的，则权利质权因物的返还而消灭。[4]

四、债权质权（Pfandrecht an Forderungen）

亦即，以债权为标的的质权，为权利质权的一种形态。债权质权的特性，特别见于质权人（债权人）、设定人与债务人三者的关系上。[5]债权质权，《德国民法典》主要规定于第1279条至第1290条。

---

1 参见《德国民法典》第400条。

2 参见《德国民法典》第399条后句。

3 参见《德国民法典》第1274条第2项。

4 参见《德国民法典》第1278条。

5 ［日］於保不二雄著，高木多喜男补遗：《德国民法Ⅲ》（物权法），有斐阁1955年版，第418页。

债权质权的设定，根据《德国民法典》第1280条的规定，除需具备设定权利质权的一般要件外，复需债权人将质权的设定通知债务人。债权人不为此通知时，依《德国民法典》第140条的规定，[1]得否认为成立让与担保，学说见解不一，惟判例采否定立场（RG79.306）。

债权质权的实行，依德国法，可依强制执行程序、裁判外的自由的收取[2]、公开拍卖及自由变卖等方法为之。其中，对于裁判外的自由的收取，《德国民法典》第1281条设有规定："债务人仅得对质权人及债权人共同为给付。双方各得请求债务人对其共同为给付，并各得请求为双方提存债之标的物，其不适于提存者，交付法院选任之保管人，以代给付。"第1288条第1项规定："依第1281条规定收取金钱债权者，质权人与债权人应互负义务并互为协助，就所收取之金额，在不害及质权利益之可能范围内，依关于受监护人金钱投资之规定，投资生息，并为质权人设定质权。投资之方法，由债权人定之。"。

五、有价证券质权（Pfandrecht an Wertpapieren）

亦即，以有价证券为标的设定的质权。《德国民法典》第1292条至第1296条设其规定。

（一）无记名证券质权

无记名证券因被视为动产，故原则上得适用动产质权的规定。[3]如此，无记名证券质权，乃依质权设定的合意与证券的交付而设定。以无记名证券设定质权的，于证券被移交给质权人时，有价证券上的质权得及于属于该有价证券的利息证券、定期金证券及红利证券。[4]不过，于质权实行期届至前，附随于证券的债权的清偿期届至的，出质人可以请求返还证券。[5]无记名证券质权的实行，依动产质权的实行方法，及通过催收证券上的债权的方法为之。

---

1 《德国民法典》第140条规定："无效之法律行为如具备他法律行为之要件，并可认为当事人如知其无效，即欲为他法律行为者，其他法律行为仍为有效。"

2 参见《德国民法典》第1281—1283条。

3 参见《德国民法典》第1293条。

4 参见《德国民法典》第1296条。

5 参见《德国民法典》第1296条第2句。

（二）指示证券质权

亦即，以指示证券为标的设定的质权。根据《德国民法典》第1292条的规定，以指示证券设定质权的，需依设定质权的合意、背书[1]及交付证券的方法为之。然与债权质权不同，以指示证券设定质权的，无需通知债务人。

第四节　人的担保

一、普通保证（Bürgschaft）

（一）涵义与特性

《德国民法典》第765条至第778条定有保证制度。按照规定，保证依保证人与债权人间的契约而成立，于主债务人不履行债务时，保证人应代替履行。故保证契约，特性上属于保证人一方的债务负担契约，与主债务人间非属连带债务关系，而是单独的债务负担契约。

保证债务的特性，系在于对主债务的附随性。《德国民法典》第765条、第767条规定：保证债务以主债务的有效存在为前提，保证债务的范围、移转及消灭，皆附随于主债务。譬如，主债务因欠缺法定的书面形式，或因违反善良风俗而无效，抑或被撤销时，保证债务皆随而消灭。[2]

（二）保证契约的成立

根据《德国民法典》第766条的规定，保证契约的成立，需保证人与债权人以书面形式对负担保证债务达成合意。[3]另外，依《德国民法典》第765条第2项

1　背书的方法，通常是于证券的背面记载："Wert zum Pfand"。

2　［日］伊藤进："德国债权担保制度概观"，载其著《物的担保论》，信山社1994年版，第65页。

3　之所以要求以书面形式订立保证契约，一则在于为将来发生诉讼时备置证据，二则在于提醒保证人应谨慎行事，不要随意订立保证契约以免使自己陷于枷锁中。但此并不意指整个保证契约需采书面的形式，而仅表示承担保证的意思表示应采书面的形式，于记载保证的意思表示的"文书"上，除需记载保证的意思外，尚应记载主债务的数额与债权人、债务人的名称。另外，此"文书"需采《德国民法典》第126条所定的特定方式。故此，第三人仅于主债务的契约书上署名的，不能解为有保证的意思，进而保证关系也当然解为不存在。惟《德国商法典》第350条规定，"商人保证"的情形，无需采书面的形式。

的规定，所谓保证契约中的主债务，主要指现实债务，此外也涵括将来债务与附条件的债务。其中，于主债务为将来债务或附条件债务时，债务的内容需具有明确与可得确定的性质（Bestimmbarkeit），并仅于债务发生时有其效力。

（三）保证债务的范围

《德国民法典》第767条第1项规定，保证债务的范围，原则上同于主债务的范围。亦即，除契约另有约定外，保证人的义务范围，视主债务的情形而定。如主债务因主债务人的迟延或过错而致范围扩大的，保证人的义务也因此扩大。亦即，保证债务，涵括主债务的利息、违约金、损害赔偿，及从属于主债务的一切负担。不过，订立保证契约后，如主债务人与债权人以法律行为扩大主债务的范围的，则保证人的义务并不因之而扩大。[1]并且，《德国民法典》第767条第2项规定："就主债务人应偿还债权人之终止契约费用及法律追诉费用，保证人应负其责任。"

（四）保证人的抗辩权（Einrede）与异议权（Einwendung）

保证人于债权人请求履行债务时，依《德国民法典》第770条、第771条的规定，第一，可以行使主债务人享有的抗辩权（如时效抗辩权、契约不履行抗辩权）及异议权；第二，享有由保证契约本身所生的抗辩权与异议权；第三，可以行使法律规定的抗辩权。

第一种抗辩权，即主债务人享有的全部抗辩权，保证人皆可行使。主债务人纵抛弃其抗辩权，保证人也可行使。[2]盖主债务人与债权人间的法律行为，并不能影响保证人的地位。第二种抗辩权，因保证债务系以主债务的存在为前提（从属于主债务而存在），故而保证人仅于主债务人所负的债务范围内负其责任，从而对要求承担超越主债务范围的债务有异议权。至于第三种抗辩权，《德国民法典》第770条第1项规定，于"主债务人就发生债务的法律行为有撤销权时"，保证人对于债权人有拒绝清偿权。[3]当然，主债务人就其债的发生原因的法律行为有撤

1 亦即，主债务的范围纵因法律行为而扩张，保证债务的范围也不当然扩大，此为特别规定。参见梅仲协：《民法要义》，中国政法大学出版社1998年版，第503—504页。

2 参见《德国民法典》第768条。

3 ［日］伊藤进："德国债权担保制度概观"，载其著《物的担保论》，信山社1994年版，第66页。

销权时，保证人则不得代主债务人行使。盖撤销的意思表示，具有“人的性质”，应由主债务人自行决定。[1]

需指出的是，由于保证契约具有补充性，从而使保证人的责任也具有此特性。故保证人于债权人未就主债务人的财产为强制执行而无效果前，对于债权人有拒绝清偿的权利，称为先诉抗辩权（Einrede der Vorausklage）。[2]

（五）保证人与主债务人的关系

于保证人代为履行债务后，其有无求偿权，应视保证契约所由设定的法律关系为断。通常而言，凡受主债务人的委托，或因无因管理而为保证的，于清偿主债务后，得向主债务人求偿，然若保证责任的承担系由于赠与的，则无此权利。[3]

《德国民法典》第774条第1项[4]规定：“保证人向债权人为清偿后，保证人于其清偿的限度内取得债权人对于主债务人的债权”，且附属于主债权的权利，如抵押权、质权等也随而移转。惟保证人行使移转的权利时，不得害及于债权人的利益。[5] 另外，《德国民法典》第774条第1项后句尚规定：主债务人基于其与保证人间所存在法律关系之抗辩，不受影响。[6]

（六）保证人的免责（保证人的保证责任除去请求权）

保证人的免责，亦作“保证人的保证责任除去请求权”（Anspruch des Buergen auf Befreiung），系指保证人依法定原因，得向主债务人请求免负保证责任

1 梅仲协：《民法要义》，中国政法大学出版社1998年版，第504页。

2 ［日］伊藤进：“德国债权担保制度概观”，载其著《物的担保论》，信山社1994年版，第67页。

3 梅仲协：《民法要义》，中国政法大学出版社1998年版，第505页；［日］伊藤进：“德国债权担保制度概观”，载其著《物的担保论》，信山社1994年版，第67页。

4 实际上，《德国民法典》第774条是规定保证人为清偿后、债权移转于保证人时，保证人行使权利应受的限制。

5 譬如，保证人仅向债权人为一部清偿时，关于该受偿的一部分债权，固必移转于保证人，但主债务如有物上担保的，则此担保物权，应全部供债权人未受清偿部分的债权的担保。参见梅仲协：《民法要义》，中国政法大学出版社1998年版，第506页。

6 譬如，保证人是基于赠与关系而为保证的，即不得行使因转让而享有的权利。惟保证契约的设定，是否基于赠与关系，当事人间有争执时，其证明责任应由主债务人承担。之所以如此，盖因此抗辩是由主债务人提出的。另外，于共同保证的情形，各共同保证人相互间，原则上应按人数平均分担责任。故此，债权人对于其他保证人所得主张的权利，仅可就各保证人的分担额，移转于为清偿的保证人，而非全部移转。梅仲协：《民法要义》，中国政法大学出版社1998年版，第506页。

之谓。请求权人为保证人，被请求人为主债务人，请求的目的系在于除去保证责任。

根据《德国民法典》的规定，保证人受主债务人的委托而为保证，或依无因管理而为保证，从而享有受托人的各种权利者，于有下列情形之一时，得向主债务人请求除去其保证责任：（1）主债务人的财产显形减少；（2）保证契约成立后，主债务人的住所、营业所或居所变更，致向其请求清偿发生困难；（3）主债务人履行债务迟延的；（4）债权人依确定判决得令保证人清偿的。[1] 另外，《德国民法典》第776条规定："债权人抛弃与债权相结合之优先权、为该债权存在之抵押权或船舶抵押权，为该债权存在之质权或对共同保证人之权利者，于其依第七百七十四条规定原得因该抛弃之权利而取得赔偿之限度内，保证人免其责任。抛弃之权利，于承担保证后始发生者，亦适用之。"

（七）保证债务（保证契约）的消灭

保证债务具有从属性，故主债务消灭，保证债务也随而消灭。德国民法原则上不认可保证人有解除保证债务（契约）的权利。[2]

二、特殊保证

自19世纪以降，伴随德国经济的发展，各种各样的保证形态涌现出来。这些保证形态，除少量规定于《德国民法典》外，其余大多数皆委由判例学说决之。

（一）连带保证（Selbstschuld nerische Bürgschaft）

亦即，无普通保证情形的先诉抗辩权的保证。于普通保证，保证人有先诉抗辩权，如保证人放弃自己的先诉抗辩权，便转换为连带保证，进而普通保证人也相应地转变为连带保证人。惟应注意，依《德国民法典》的规定，放弃先诉抗辩权的意思表示，需采书面形式。另外，《德国商法典》第349条的"完全商人"（Vollkaufmamn）的保证，特性上也属于连带保证。连带保证，适用有关连带债务

1 参见《德国民法典》第775条；参见梅仲协：《民法要义》，中国政法大学出版社1998年版，第506页。

2 ［日］伊藤进："德国债权担保制度概观"，载其著《物的担保论》，信山社1994年版，第67—68页。

的规定。

(二) 损失保证 (Schadlos u. Ausfallbürgschaft)

亦即，债权人的损失，是附停止条件的保证。

(三) 附期限保证 (Zeitbürgschaft)

亦即，保证人就已成立的债务，于一定期限内为保证。《德国民法典》第777条规定："(1) 保证人就既存的债务，于一定期限内为保证的，如债权人未尽速依第772条的规定收取债权，未继续进行其程序而有显著的稽延，且于程序终了后，未尽速向保证人为请求的通知的，保证人于所定时期经过后，免其责任。保证人不享有先诉抗辩权的，若债权人不尽速对其为前句请求的通知，保证人于所定的时期经过后，免其责任。(2) 及时为前项的通知的，于第 (1) 项第1句的情形，以程序终了时主债务的范围为限，保证人负其责任。于第 (1) 项第2句的情形，以所定时期终了时主债务的范围为限，保证人负其责任。"

(四) 最高额保证 (Höchstbetrags bürgschaft)、信用保证 (Kreditbürgschaft)

最高额保证，主要适用于《德国民法典》第765条第2项所定的担保将来的债务的情形。最高额保证，即在一定的决算期与一定的限度内，保证因连续性交易所生的多数的债务。其中，担保因连续性的银行交易、贩卖交易所生的债务的，为信用保证；订立信用保证时，应确定受保证的债务的范围。[1]

(五) 共同保证 (Mitbürgschaft)

亦即，数人就同一债务而为保证。依《德国民法典》第769条的规定，共同保证，除契约另有订定外，各保证人应连带负保证责任，即皆为连带从债务人。共同保证，适用有关连带债务的规定。第774条第2项规定：共同保证人相互间，依《德国民法典》第426条关于连带债务人的责任承担的规定，互负责任。

(六) 分割保证 (Teilbürgschaft)

亦即，数人分割同一主债务而就其各部为保证。譬如，对于主债务人1000欧元的债务，A、B、C约定，A就600欧元以下的债务，B就600欧元以上、800欧元以下的债务，C就800欧元以上、1000欧元以下的债务负其保证责任，即为适例。

---

1 [日] 伊藤进："德国债权担保制度概观"，载其著《物的担保论》，信山社1994年版，第70—71页。

（七）副保证（Nach u. Unter u. Afterbürgschaft）

亦即，保证保证人的保证债务的保证。于副保证，副保证人对债权人担保：保证人对于其保证契约所生的义务，必能履行。故此，副保证人的法律地位，同于主债务人。而且，债权人需先请求保证人为清偿，并仅于保证人不为清偿或清偿不能时，方可请求副保证人清偿。于债权人依法向保证人提出请求而无结果时，副保证人即应代负履行之责。[1]另外，主债务与副保证债务因具有附随性，故主债务消灭，保证债务、副保证债务也随同消灭。

（八）求偿保证（Rückbürgschaft）

也称逆保证，即对保证人将来的求偿权进行保证。亦即，担保保证人代主债务人清偿债务后，对于主债务人的求偿请求权的保证。[2]故而，如保证人依法代主债务人履行债务，而不能由主债务人求得补偿时，求偿保证人即应向保证人补偿。依《德国民法典》的规定，求偿保证，依保证人与求偿保证人间的契约而成立。[3]求偿保证人仅于保证人不能受主债务人补偿的限度内负其责任。故而，求偿保证仅于保证人代主债务人清偿债务后方得发生，且也才生出求偿保证的对象的债务，益见求偿保证，实质上属于《德国民法典》第765条第2项的“将来债务保证”。对于求偿保证人履行求偿保证债务后，原保证人对于主债务人的求偿权得否移转于求偿保证人，见解不一。依《德国民法典》第774条第1项的规定，似应解为移转，然判例与学者通说不表同意，认为要移转，乃非有特别约定不可。

于德国实务上，求偿保证获得广泛利用的，是国家充当求偿保证人的情形。此即，为了支持德国信用保证协会的活动，及补偿（弥补）信用保证协会可能受到的损失，而利用求偿保证。[4]

（九）连带债务保证（Gesamtschuldbürgschaft）

连带债务保证，涵括两种情形：一是担保连带债务人全体的债务；二是担保

1　梅仲协：《民法要义》，中国政法大学出版社1998年版，第503页。

2　需指出的是，求偿保证与副保证，尽管皆以保证人的保证债务的存在为前提，但二者并不相同：第一，求偿保证是对保证人所为的保证，其契约存在于保证人与求偿保证人之间；而副保证则是对债权人所为的保证，其契约存在于债权人与副保证人之间；第二，求偿保证以主债务人为被保证人，而副保证则以保证人为被保证人。参见郑玉波：《民法债编各论》（下册），台湾1981年自版，第902页。

3　梅仲协：《民法要义》，中国政法大学出版社1998年版，第503页。

4　［日］伊藤进：“德国债权担保制度概观”，载其著《物的担保论》，信山社1994年版，第72页。

连带债务人中的一人的债务。其中，前一种情形，由于保证人的清偿，依《德国民法典》第774条的规定，债权人对于全体连带债务人的债权发生移转。后一种情形，保证人的清偿即是连带债务人中的特定人的清偿，惟对债权人对于其他连带债务人的权利是否因此而移转给了保证人，则有不同意见。对此，学理认为，依《德国民法典》第426条第2项的规定，原则上应发生移转。然于无求偿权的情形，依《德国民法典》第422条的规定，由于债权人对于其他连带债务人的债权消灭，故而不发生移转，保证人依《德国民法典》第774条的规定，仅可向被保证债务人求偿。[1]

（十）定型化（格式、书式）保证（Formularbürgschaft）

亦即，订立保证契约时，依被定型化了的格式订立保证契约。此种场合，通常由债权人单方面决定保证契约的内容。定型化（格式、书式）保证，主要适用于和金融机关进行信用交易的情形。此种定型化（格式、书式）保证，于形成定型化保证条款时，因会发生变更《德国民法典》关于保证的规定的情况，故新近以来，德国学界有关于此种保证是否仍为通常意义上的保证的争论。[2]

（十一）票据保证（Wechsel u. Scheckbürgschaft）

按照德国法，票据保证，乃票据债务人以外的人就汇票债务等为保证，而签名于票据上的一种票据行为，亦即，担保票据上的债务的保证。需指出的是，此票据保证，不独区别于《德国民法典》所规定的一般保证，[3]而且异于“票据债

1 ［日］伊藤进：“德国债权担保制度概观”，载其著《物的担保论》，信山社1994年版，第73页。

2 ［日］伊藤进：“德国债权担保制度概观”，载其著《物的担保论》，信山社1994年版，第74—75页。

3 票据保证与民法典的普通保证的区别，可以举出下列各点：第一，民法典的保证为契约，而票据保证则为单独行为；第二，民法典的保证有从属性，而票据保证则无（即有独立性），故主债务即使无效，票据保证债务也仍旧有效（《德国票据法》第32条第2项）；第三，订立保证契约，需采书面形式，而在票据保证，则仅在票据上表示为票据保证的意思即可；第四，票据保证人就支付人的债务为保证的情形，于期满时，负不适用《德国民法典》第771条的责任，就背书人或发票人的债务为保证时，如不具备行使返还请求权的条件，则保证人并无责任。票据保证人为清偿的情形，对于主债务人的权利即全部移转于保证人。此外，主债务人的权利也发生移转。但这并不是受取《德国民法典》第774条所定的债权人对于主债务人的权利，而是依规定，票据保证人被视为是主债务人的票据上的权利人（《德国票据法》第32条第3项）。对此，请参见［日］伊藤进：“德国债权担保制度概观”，载其著《物的担保论》，信山社1994年版，第74—75页。

务的保证”。票据债务的保证，是于票据外，对票据债务所为的保证。此种保证，保证人并不于票据上签名，从而不属于票据保证的范畴，而仍为民法上的一种一般保证。由于票据债务也为债务的一种，且属金钱债务，故也可为一般保证的对象。[1]

顺便提及，于德国实务上，票据保证因有降低被保证人（票据债务人）的信用的危险，故而不为人们所乐于采用。代之而兴并获得了普遍采用的，是所谓寄托担保票据（Depofwechsel）。

寄托担保票据，又称“隐存的票据保证”，系指于票据上不记明保证字样，而以背书方式所为的实质保证。譬如，甲发行票据一张给乙，但不记载乙为受款人，而记载丙为受款人，复由丙以背书将票据转让给乙，即属之。此时，丙应负背书人的责任，此责任与票据保证人的责任大体相同，故形式上虽无保证字样，但实质上仍有保证的目的。此票据如转入第三人之手，第三人向丙追索时，丙固应负背书人的责任；但若乙向丙追索时，丙仍可以其为实质上的保证人的关系而对抗之。譬如，丙为公司时，仍可对乙主张其作保无效。[2]另外，隐存的票据保证，既然采背书的形式，则不独本票、汇票有之，就是支票也可为票据保证，称为“隐存的支票保证”。

三、与保证相类似的制度

（一）信用委任（Kreditauftrag）

亦即，委任他人以该他人的名义及其计算，供给信用于第三人的契约。信用委任的内容，为委托他人供给信用于第三人。为此委任者，为委任人；受委任的他人，为受任人。第三人，即受领信用，而负担债务的债务人。所谓供给信用，涵括新授予信用（如贷款或赊销货物），及更新已成立的信用（如金钱借贷的延期或更新）。譬如，丙（委任人）委任甲银行（受让人）贷款5万元给乙，即前者的适例；又如，甲银行贷款5万元给乙，现已届清偿期，丙乃委任甲银行为乙

1 ［日］伊藤进：“德国债权担保制度概观”，载其著《物的担保论》，信山社1994年版，第74页；郑玉波：《民法债编各论》（下册），台湾1981年自版，第904—905页。

2 郑玉波：《民法债编各论》（下册），台湾1981年自版，第904页。

展期1年，即为后者的适例。[1]

于法制演变脉络上，信用委任乃发轫于古罗马法，称为“金钱贷与的委任”，德国普通法继受此制度，称为“特殊委任”（Mandatum qualificatum）。《德国民法典》第778条设立明文，谓为“信用委任”（Kreditauftrag），[2]并将其规定于“保证”中。[3]于《德国民法典》，信用委任因特性上属于一种契约，故不适用该法典第766条的规定，也无需采书面的形式。委任人与受任人的关系，原则上适用委任的规定。此外，因信用委任适用《德国民法典》第778条的规定，故此，委任人与保证人负相同的责任。[4]

（二）损害担保契约（Garantievertrag）

损害担保契约，即担保人承受因一定的事由而生的危险，[5]从而以担保因该危险所生的损害为内容的契约。[6]易言之，当事人约定，担保人于被担保人因一定事由而受损害时，应独立负补偿责任。譬如，某基金会与出版社约定，补偿因出版

1　郑玉波：《民法债编各论》（下册），台湾1981年自版，第892页。

2　《德国民法典》第778条规定：“委任他人以该他人之名义及其计算，对第三人提供金钱借贷或融资援助者，就该因金钱借贷或融资援助所生之债务，对受任人负保证人责任。”

3　需注意的是，信用委任与普通保证并不相同。于普通保证，保证人与债权人间仅为保证关系，故属于片务契约的一种，仅保证人对债权人负债务，债权人对保证人不负债务，其愿否贷与信用于第三人，有其自由；但于信用委任，保证人（委任人）与债权人（受任人）间先发生委托关系，尔后发生保证效果，故为双务契约，不独保证人对债权人负有保证债务，而且债权人基于受托人的地位对保证人（委任人）负有债务，即负有供给信用于第三人的义务（但第三人却无请求供给的权利，如第三人有请求供给的权利时，即成为保证与为第三人契约的结合）。另外，信用委任与现今商界使用的信用状的法律相类似，二者的差异仅在于，信用状，第三人不取得信用的供给，只获得支付。其支付受托人非为自己的计算，而是为委托人的计算为之。最后，信用委任与指示证券也有差异。指示证券，必须发行证券，而信用委任的成立，则不以采书面形式为必要；指示证券的发行为单独行为，而信用委任的成立则为契约；指示证券的发行，是把证券交付于第三人（领取人），非交付于被指示人；信用委任，则是受任人与受任人间直接成立契约，第三人（受领信用人）无需参与。对此，请参见郑玉波：《民法债编各论》（下册），台湾1981年自版，第893—894页。

4　［日］伊藤进：“德国债权担保制度概观”，载其著《物的担保论》，信山社1994年版，第76页。

5　此所谓“危险”，依德国实务，主要有债务不清偿的危险，及债权人不能由出卖担保标的物所得的价金获债权的完全清偿的危险。对前一种危险进行担保的，是“履行损害担保”（Leistungsgarantie），对后一种损害进行担保的，是“拍卖损害担保”（Ausbietungsgarantie）。对此，请参加［日］伊藤进：“德国债权担保制度概观”，载其著《物的担保论》，信山社1994年版，第77页。

6　［日］伊藤进：“德国债权担保制度概观”，载其著《物的担保论》，信山社1994年版，第76页。

某著作所受的损失，即其适例。[1]德国现行民法尽管无损害担保契约的明文，然判例学说向来认可有此制度，且实务中也有广泛的利用。损害担保契约，特性上为无偿契约与债务契约，此点类似于保证。依德国法，损害担保契约须采书面形式，且不具附从性，纯以担保债权人的损害为目的。就此而论，其异于保证。[2]

（三）债务的并存承担（债务加入）（Schuldmitübernahme，Schuldbeitritt）

又称“并存的债务承担”或“债务加入”，系指第三人依契约或法律的直接规定而加入既存的债之关系，成为新债务人，原债务人仍继续与债权人维持原有的债的关系。以往的债务，因新债务承受人的加入而获保全。应提及的是，债务的并存承担与保证契约有别。于保证契约，保证人系就他人的债务，负从债务人的责任，并具附随性；而债务的并存承担，新债务人对于已然存在的债务关系负共同债务人的责任，故无附随性。[3]

《德国民法典》对于并存的债务承担未有明文，但该法典第419条曾规定，依契约承受他人财产的，作为并存的债务承受人对待。[4]德国实务上，并存的债务承受，主要适用于授予小的信用与分期付款买卖。此外，承受人为了自己经济上的利益，也多利用此制度。

---

1 郑玉波：《民法债编各论》（下册），台湾1981年自版，第907页。

2 ［日］伊藤进：“德国债权担保制度概观”，载其著《物的担保论》，信山社1994年版，第77页。

3 ［日］伊藤进：“德国债权担保制度概观”，载其著《物的担保论》，信山社1994年版，第77页。

4 该条规定业已废止。

第十章

从保全抵押权到流通抵押权：德国不动产担保权的演进脉络考

自演进脉络看，抵押权经历了由保全抵押权进到流通抵押权的发展历程。所谓保全抵押权，即专以债权的担保为目的而不期其流通的抵押权；所谓流通抵押权，指用作收回投资的手段，以期流通安全与确实的抵押权。流通抵押权是较保全抵押权位阶更高、运动形式及所涉及的权利义务关系更趋复杂的一种抵押权。学理认为，抵押权由保全抵押权进到流通抵押权，既是抵押权本身运动的结果，同时也为人类法律文明于不动产抵押权领域孜孜以求的抵押权的现代化理想的最终实现。

于当代各国，流通抵押权于立法上得到完善建立、实务上获得了广泛推行的，是以德国、瑞士为代表的操德语国家，即所谓的德意志法圈国家。于这些国家，其不动产担保权历时上百年的探索与发展，如今已然走过了保全抵押权的阶段而建立起了一套适合于本国市场经济发展的、完善的流通抵押权制度系统，由此完成了由保全抵押权到流通抵押权的演进历程。[1]此一现象引起了世界各国家或地区民法学者的注意，一些国家的民法学者怀抱借镜的目的抑或出于纯粹的学术兴趣不遗余力地研究它、释明它。于此方面，如所周知，当以日本学者所做的努力最值得称道。

1　需注意的是，所谓由保全抵押权进到流通抵押权，并非指完全摒弃保全抵押权而仅规定流通抵押权，相反，它是指建立以流通抵押权为主，保全抵押权为辅的抵押权系统。易言之，是保全抵押权与流通抵押权并立。

我国自 1929 年至 1930 年国民政府颁行《中华民国民法》以降，立法上向来只有保全抵押权制度。1949 年新中国成立至 1986 年，我国虽未通过制定民法典以建立起明文的抵押权制度系统，但社会生活中实际存在的抵押权，以及 1986 年《民法通则》、1995 年《担保法》及 2007 年通过的《物权法》所规定的抵押权，特性上也都属于保全抵押权的范畴。我国未来对于抵押权，是应继续坚持保全抵押权的立法方针，或应当变更现行立法主义而改采流通抵押权，抑或建立保全抵押和流通抵押并行的体系，毋庸置疑是一个重要的立法政策与学理问题。有鉴于此一问题的重要性及我国民法学界对流通抵押权研究的阙如，不言而喻，对作为德意志法圈的代表的德国不动产抵押权由保全抵押进到流通抵押的嬗变历程加以考疏，也就有着积极的启迪、思考与借镜价值。

第一节　德国不动产担保权（土地担保权）演进史素描（一）：继受罗马法以前的不动产担保权与普通法时期的抵押权

德国不动产担保权，也称“土地担保权”，德文为 Grundpfandrecht，系指由特定的土地受特定金额的给付的总称，特性上属于对土地的非占有担保权、物权的换价权及优先权。对于不动产担保权，《德国民法典》规定了三种形态：抵押权、土地债务及定期土地债务。这些不动产担保权，采所谓公示、公信原则、特定原则、顺位确定原则及独立原则，被认为是不动产担保权发展的顶峰。[1]

惟法史上，德国不动产担保权尤其是不动产抵押权并未从一开始即形成如今这样的格局，而是经历了一个较为悠长的嬗变过程。通说认为，公元 13 世纪以前，即近代以前的德国不动产担保权，是以支配不动产的使用价值为目的的担保权，称为不动产质。之后，伴随商品经济的渐次发达，以支配不动产的交换价值为目的的抵押权应运而生，此抵押权因专用于土地所有人向他人借贷金钱的担保，故谓为保全抵押权（大约于 18 世纪前）。再往后，随着德国资本主义经济的迅速发展，抵押权的功能开始移向货币所有人的金钱投资（即作为诱导债权成立

1　［日］铃木禄弥：《抵押制度研究》，一粒社 1968 年版，第 3 页。

的一种手段，是资本家投资与不动产所有人获得融资的媒介），学理称为“流通抵押权”或“投资抵押权”。此流通抵押权或投资抵押权，系现今德国不动产担保权的主流，占据重要与主流地位。

一、继受罗马法以前的不动产担保权

（一）不动产质（古质）

如所周知，中世纪末期欧陆城市勃兴以前的不动产担保权关系，并不是一种近现代及当代私法意义的纯粹的平等主体间的关系，而是以教会为一方当事人的教会法上的关系、授封者与受封者间的封建关系、封建领主与农奴间的庄园法上的关系，以及以帝国或领邦为一方当事人的国法上的关系。[1]不仅如此，中世纪时期的法秩序，也是与近代交易的法秩序相左的法秩序，即利用的法秩序。此利用的法秩序作用于不动产担保权领域，即形成了所谓“占有担保”（Besitzpfand）——不动产质。

于不动产质，作为不动产质权人的债权人，取得对不动产标的物的占有、使用和收益。作为不动产质（权）的标的物的，虽然是土地，但其并非单纯指以物理的形式存在的土地，且也涵括用来耕种土地的各项动产，以及从事耕作的依附农民，称为“经济的统一体”，质权人对该“经济的统一体”保有支配权，并可从中获取收益。[2]

不动产质涵括实体质（Substanzpfand）与用益质（Nutzungspfand）两种。前者，债务人于约定期日届满而仍不清偿债务的，质物的所有权即归由质权人享有（保有）；后者，债务人于清偿债务前，债权人得占有质物、用益质物并收取其孳息。[3]

先考察用益质。德国于15、16世纪继受罗马法以前的最初的不动产担保权形态，是占有质。不动产标的物的占有，须移转于债权人，称为古质（ältere Satzung）。此古质的基本形态，是用益质。债权人于债权未受清偿前得使用不动产，

1　Planitz, Das deutsche Pfandrecht, 1936, 第8页。转引自［日］铃木禄弥：《抵押制度研究》，第4页。

2　［日］铃木禄弥：《抵押制度研究》，一粒社1968年版，第5页。

3　［日］铃木禄弥：《抵押制度研究》，一粒社1968年版，第5页。

并可取得其收益。用益质又可细分为两种，即债权人取得的收益仅充抵债权的利息而不充抵债务的原本（本金）的用益质，与债权人收取的收益的一部得用来充抵债务的原本的用益质。第一种形态的用益质，于原本债务未获清偿时，得永久存续，故又谓为永久质（Ewigsatzung）；第二种形态的用益质，因以不动产标的物的收益渐次清偿原本债务，故而会渐趋消灭，是故又称为死质（Totsatzung）。[1]于14世纪的德国农村中，永久质系基本的利用形态，采用死质者较少。

（二）实体质

古质中，除以上谈到的用益质外，尚有所谓实体质（归属质，Verfallpfand）。依此实体质，于债权的约定清偿期届满前，债权人可以使用、收益质物。于清偿期届满后债务人仍不为债务的清偿的，质物的所有权便归债权人享有。14世纪以降，以该实体质为原形而演绎出了出卖质（Verkaufspfand），即出卖质物的价金超过债务额时，超过部分应返还给债务人，不足部分，债务人则要负所谓“人的责任”。[2]不过，当时采用出卖质者不多，而经常利用的是永久质。此处尚有必要提及中世纪末期，随着封建庄园的内部构造的变化，领主废弃其“直营地”而出现的所谓“地租质”（Rentenpfand）制度。

中世纪西欧各国的城市产生之初，与农村相同，涵括用益质与实体质的古质皆得到了广泛的利用。之后，伴随城市经济的发展，因古质会剥夺债务人对不动产的占有，故对当时城市中迫切需要获得融资的不动产所有人、商人及手工业者而言，以之作为获得融资的担保乃相当不便。盖因此等土地、住宅等不动产，是供他们居住并以之开展营业活动的不可或缺的场所，而不宜由别人占有与利用。于此背景下，一种不占有不动产的所谓非占有质即新质（neuere Satzung）乃应运而生并逐渐流行开来。而作为此制度的过渡形态的制度，便是所谓地租质。据考证，地租质早在12世纪的科隆地方即已有广泛利用，13世纪中期以后，其他城市也曾实行过这一制度。[3]

---

1 ［日］松井宏兴：《抵押制度的基础理论》，法律文化社1997年版，第28页；［日］铃木禄弥：《抵押制度研究》，一粒社1968年版，第5页。

2 ［日］松井宏兴：《抵押制度的基础理论》，法律文化社1997年版，第5页；［日］铃木禄弥：《抵押制度研究》，一粒社1968年版，第56页。

3 ［日］松井宏兴：《抵押制度的基础理论》，法律文化社1997年版，第30页。

按照地租质制度，债权人并不直接占有和利用作为质权的标的物的不动产，而是委由提供不动产的债务人占有、利用，自己仅收取不动产的地租。自法律的视角看，债权人获得的是债务人以地租形式支付的地租，并间接取得对不动产的占有（间接占有）。故而地租质的本旨仍然属于占有质的范畴。并且，自根本上而言，它也是一种永久质，即债权人取得的地租只能充抵原本债权的利息，于原本债权未获清偿前，当事人间的债权债务关系会永久存续，不生消灭。[1] 总之，地租质是德国自然经济向商品经济转轨时期，不动产担保由“质”而“抵押”发展过程中所生的一种过渡形态。[2]

（三）中世纪城市的新质——抵押权——的诞生

随着中世纪时商品经济的发展，流行的社会观念于注重把握不动产的使用价值的同时，也开始注重不动产的交换价值。适应此种观念的变化，经济生活中此前需对土地为现实支配方可成立的不动产质也开始发生动摇，而逐渐向不现实支配土地，而是仅支配其交换价值的新质的方向发展。此新质，即所谓抵押权。于中世纪的德国，因货币经济首先发轫于城市，故抵押权最早也是于这里得以崛起的。往后，随着商品经济次第向山村蔓延，于农村，不动产质也渐次向新质即抵押权的方向转变，惟这一转变的进程较为缓慢。据考疏，时至17世纪，抵押权仍主要于城市中被采行，时至18世纪，方终于在农村中盛行起来。

应当肯定，促成德国新质即保全抵押权得以产生的重要经济条件，是当时德国城市中的商人为进行商品交易（尤其是与外国商人进行商品交易）而亟须融通资金的需要。于当时的科隆、汉萨等城市，为了与外国商人进行航海贸易，产生了向他人筹措巨额资金的需要，于是商人们一方面想保有对自己的住宅与供作生产经营事业用的建筑物的占有、使用、收益，同时又欲以之供作担保而筹措资金。并且，此等融资活动，通常时间较短，大多于一次航海贸易获得成功（所谓“一次商业旅行”结束）后便偿还之，故采取的不动产担保权形式，并非于时间上长久存续的用益质，而是以确保债权的清偿为重心的实体质，此即被称为新质

1　［日］松井宏兴：《抵押制度的基础理论》，法律文化社1997年版，第30页

2　［日］铃木禄弥：《抵押制度研究》，法律文化社1997年版，第6页。

的抵押权。[1]

不过，于当时的背景下，新质即抵押权要真正得以成立，尚需满足下列条件：第一，需有新质成立与存续的公示方法。与古质不同，新质的债权人并不直接占有不动产，故存在不能透过外在的表象而获表彰的弊端，因而需要有公示的手段。所幸的是，登录新质的“公的账簿”——城市账簿（Stadtbuch）制度此间应运而生了。通过于城市账簿上进行登录，新质得以存在的事实便可一目了然。[2]第二，新质，因债权人不直接占有担保的不动产，故此，于债权清偿期届满，债务人仍不清偿债务而需要执行新质时，应存在一种强制剥夺债务人对于不动产的占有的强制执行（Zwangsvollstreckung）的手段。幸运的是，于中世纪的商业城市，这一点同样也具备了。[3]结果，科隆于12世纪，其他城市于13世纪，被称为新质的抵押权即作为主导性的担保权形态而流行开来。

二、德国普通法时期的抵押权

（一）抵押权的类型

如所周知，大约肇始于1450年的罗马法继受运动，[4]乃是德国民法发展上一个极其重要的事件。继受的结果是，罗马法作为“普通法”（Gemeines Recht）而

---

1 ［日］松井宏兴：《抵押制度的基础理论》，法律文化社1997年版，第31页。

2 不过，需注意的是，此城市账簿并不单以记录不动产的交易为其惟一使命，而是尚记载关于该城市的司法、行政及立法的一切文书，如判决录、租税账簿与参事会会员的名单等。并且，此一时期，城市账簿的创制，尚有征收不动产交易的手续费，及国家依此而对土地所有权交易进行统制的财政与管理上的目的，与现今的不动产登记簿系为单纯的私的交易提供便捷及作为公示的场所不可同日而语。还应释明的是，德国中世纪的城市账簿中，最值注目的是科隆的Schreinskarte与Schreinsbuch，它们为现今不动产登记簿册制度的前身（［日］铃木禄弥：《抵押制度研究》，一粒社1968年版，第10页；［德］Heinrich Mitteis：《德国法制史概说》，［日］世良晃志郎译，创文社1971年版，第419页）。此外，关于德国中世纪科隆的新质及其登记的情况，日本学者林毅于《德国中世纪城市法的研究》（创文社1972年版）第201页以下，作有翔实研究。

3 ［日］铃木禄弥：《抵押制度研究》，一粒社1968年版，第7页；［日］松井宏兴：《抵押制度的基础理论》，法律文化社1997年版，第31页。

4 需注意的是，此一时期，德国继受的罗马法，实际上并不是6世纪时东罗马帝国皇帝优士丁尼编纂的《民法大全》，而是意大利波伦亚注释法学派（Kommentatoren），特别是“助言学派”（Konsiliatoren）的法律学说。对此，请参见［日］柴田光藏：《罗马法的基础知识》，有斐阁1973年版，第20页。另外，关于注释法学派的详细情况，日本学者佐佐木有司于《中世罗马法学》（载［日］碧海纯一等编：《法学史》，东京大学出版会1976年版，第101页以下）中有详细论述。

普遍适用于德国全境，标志着德国民法史迈入了一个新的时代——“普通法”时期。此一时期，德国法上的抵押权可以依不同标准而作出各种分类。

首先，依抵押权的成立原因的不同，可以分为约定抵押权（hypothecae conventionales）、法定抵押权（hypothecae legales）与裁判上的抵押权（hypothecae iudiciales）。依当事人的约定而成立的抵押权，为约定抵押权；非依当事人的约定而是依法律的直接规定成立的抵押权，为法定抵押权；基于法官的判决而成立的抵押权，为裁判上的抵押权。此外，尚有所谓任意抵押权（hypotheca voluntaria）与必要抵押权（hypotheca necessaria）的分野，前者即所谓约定抵押权，后者即所谓法定抵押权与裁判上的抵押权。

其次，依抵押权的客体的不同，可以分为一般抵押权与特定抵押权。一般抵押权，即以债务人现在与将来所有的财产为对象而成立的抵押权；与此相对，特定抵押权则是以债务人的特定财产或特定的集合物为对象而成立的抵押权。[1]

（二）抵押权的成立

1. 约定抵押权

约定抵押权，依当事人双方的合意及不移转抵押物的占有而成立。但因依公的文书而成立的抵押权的受偿顺位，将优先于依口头的或私的文书而成立的抵押权，故于当时的实务上，人们通常采公证这一“公”的形式设定抵押权。长此以往，公证人即作成了一套固定的关于约定抵押权的权利、义务的条款。当然，应当提及，此一时期的约定抵押权具有附随性，即附随于被担保债权而存在，无被担保债权的，也就无所谓有抵押权。被担保债权消灭的，抵押权也随而消灭。[2]

2. 法定抵押权

这一时期，德国几乎全盘移植了罗马法上的法定抵押权制度。主要有：第一，房屋出租人对于承租人置于租赁房屋内的动产，土地出租人对于佃户于土地上的收获物，有法定抵押权；第二，国家国库因债务人拖欠赋税，或因其他契约而生的普通债权，对于债务人的财产有法定抵押权；第三，被监护人因监护关系所生的债权而对监护人的财产有法定抵押权；第四，妻对于嫁奁的返还与夫管理

1　［日］松井宏兴：《抵押制度的基础理论》，法律文化社 1997 年版，第 33 页。

2　［日］松井宏兴：《抵押制度的基础理论》，法律文化社 1997 年版，第 34 页。

的特有财产所生的债务，对于夫的财产有法定抵押权。

3. 裁判上的抵押权（裁判抵押权）

裁判上的抵押权，即依判决或其他裁判上的行为而成立的抵押权。申言之，为了防止债务人逃避履行债务，经债权人申请，经由法院的判决而指定将债务人的某项财产或全部财产作为抵押标的物而成立的抵押权。其发生的情形有：某房屋的所有人惧怕相邻一方危险的房屋倒塌而致生损害，可依法院的判决或其他裁判上的行为而取得对于邻居房屋或土地的抵押权，以作为将来发生损害的担保；为了担保遗赠的给付，受遗赠人或受益人对于被继承人的财产有抵押权。应当注意的是，此等裁判上的抵押权，是在被告的一般财产（总财产）上成立的普通抵押权，亦即，被告的所有财产皆为抵押权的效力所及。

（三）抵押权的效力

丁抵押权法律关系中，在债权已届清偿期而债务人仍不履行债务时，债权人便有出卖抵押标的物而由卖得价金优先受自己债权的清偿的权利。对于抵押标的物的出卖，如当事人采“裁判外的出卖”（distractio extraiudicialis），且出卖的标的物为不动产的，则抵押权人需公告出卖的不动产的情况；出卖的标的物为动产的，则需采取“公的”拍卖方式。不过，实际上，于这些场合，如为动产的，通常是由有关当局任命的拍卖人（auctio）按照拍卖程序而出卖；如为不动产，则是依裁判上的拍卖程序（subhastatio）而出卖。之所以如此，盖因抵押权的设定，通常是在公证人的主持下或基于裁判文书而进行。像如此的公的文书，按照当时大多数的各领邦法（territoriale Rechte），实具有与判决相同的执行力。另外，出卖抵押物时，依当时的规定，抵押权人本身不得充当抵押标的物的买主。[1]

1 ［日］松井宏兴：《抵押制度的基础理论》，法律文化社 1997 年版，第 36 页。

第二节　德国不动产担保权（土地担保权）演进史素描（二）：抵押权制度的改革时期

一、德国普通法抵押权的缺陷及其改革

伴随德国社会经济的迅猛发展而产生的对于金钱融资的迫切需要，近代伊始，德国要求改革普通法上的抵押权，以建立公示与特定主义的抵押权的呼声变得日渐高涨与激昂起来。于此背景下，德国抵押权制度的改革事业乃于千呼万唤中起航了。[1]

为了提升不动产于金钱融资中的担保力度及信用能力，这一时期抵押权制度的改革重点是确保不动产抵押权的安全，及使之具有“认识的可能性”。而此点对于德国普通法的抵押权而言，乃当然是没有的。所谓“认识的可能性”，即使社会第三人可以知悉、明了某一不动产上已然存在抵押权的情况。进而言之，德国普通法上的抵押权，因通常是依公证人早已设计好了的定型的“证书”而设定，且设定契约通常也不采特定的形式（即采自由的设定方式），故而并无由外部表彰（公示）抵押权的存在的手段与方法。结果，不仅造成抵押权的效力得及于债务人现在与将来的一切财产，而且出现了被担保债权的数额不特定的情况。

另外，于德国普通法上，抵押权的受偿顺位尽管原则上依抵押权成立的先后而定，但此原则往往被某些抵押权，譬如于三个证人面前成立的抵押权，其顺位得优先于依普通方法而成立的抵押权所打破。此外，某些法定抵押权也被赋予了如此

1　顺便提及，近代肇端时，德国抵押权的情况，自总体上看乃与中世纪时期未有大异。并且，由于近代初期特殊的政治、经济情况，从一定意义上甚至可谓，较之中世纪，此一时期德国的抵押权制度尚有某种程度的倒退。亦即，近代肇始，德国各商业城市呈现没落颓废之势，经济形势显著恶化。于农村，由于30年战争的结果，耕地撂荒净尽，此前已然萌芽的商品经济胎死腹中，农业经济几乎退化到自然的原始状态。所有这些皆使抵押权的作用空间丧失殆尽。另一方面，也正是在同一时期，德国各领邦先后演变成绝对主义的专制“国家”（“领邦”），这就为抵押权的发展准备了政治条件。不久，德国遂决定对抵押权进行规制，以便使之走上规范化道路。之所以如此，乃是国家出于财政目的的考虑，即通过把一般不动产交易登录于国家管理的账簿（登记簿）上而收取“登记手续费”。譬如，于普鲁士，依据1620年由“选举侯”约翰·西吉斯蒙德（Johann Sigismund）发布的所谓《旧领邦法》，抵押权的设定，若未于“法院簿”（Gerichtsbuch）或“官簿”（Amtsbuch）上为设定的登记的，则该抵押权的设定即为无效。对此，请参见［日］铃木禄弥：《抵押制度研究》，一粒社1968年版，第11页。

的优先顺位。故而，德国普通法上的抵押权的顺位，实际上是紊乱而不明确的。实务上，实行抵押权时，对于同一不动产上的负担（如抵押权）的情况，即使利害关系人也往往难以明了。故此，改革普通法上的抵押权的首要工作，是推行抵押权的特定原则与公示原则。抵押权的特定原则，即不仅抵押权所担保的债权必须特定，而且供作债权的担保的抵押权的客体（不动产）的范围也需特定。依此原则，以债务人的总财产设定一般抵押权，及为不特定金额的债权设定抵押权的情况就会匿迹。至于公示原则，即是把不动产上的担保权的情况登录于国家管理的“账簿”上，以使利害关系人可以十分容易地查知不动产上的各种负担以至权利、义务。[1]

为了实现上述改革目标，自那时起，至1896年《德国民法典》制定、公布，德国各领邦皆在不断尝试进行各种各样的改革的努力。各领邦所进行的改革运动中，以普鲁士（邦）的抵押权改革运动最值注目。往后德国抵押权的发展史表明，经由革故鼎新而创制出来的普鲁士不动产抵押权制度，不独是这一时期德国抵押权改革运动的先声与领头羊，起到了榜样和表率的作用，而且对于1896年《德国民法典》规定同类制度也产生了重要影响，以至于它直接成为该法典关于抵押权与其他不动产交易制度的母法。有鉴于此，于以下篇幅，拟以这一时期普鲁士抵押权的改革运动来说明德国抵押权制度的改革情况。

二、普鲁士1722年《抵押权与破产令》

于法史的发展上，普鲁士进行有计划的抵押权制度与改革的立法，系以1722年《抵押权与破产令》（Hypotheken und Konkurs—Ordnung vom 4. Februar l722）的颁行为其端绪。[2]迈入18世纪的门槛以后，随着德国资本主义市场经济向农村的

---

1 ［日］松井宏兴：《抵押制度的基础理论》，法律文化社1997年版，第37—38页。

2 此前的法令，有1620年的《旧领邦法》、于当时的王宫城市——柏林、科隆——施行的《1693年敕令》（Edikt），以及效力及于普鲁士全境的《1704年敕令》等。按照这些敕令，凡抵押权的设定皆应于法令规定的“公簿”上进行登记。但如前述，此主要是出于国家征收登记手续费的财政目的，与确保涵括抵押权的设定在内的不动产交易的安全，及建立切实可靠的不动产登记制度未有关联，故而招致了城市居民的反对。此点也是造成当时包括抵押权交易在内的一般不动产交易呈现颓废之势的重要因由。关于这些法令的详情，请参见［日］伊藤真：“不动产拍卖的消除主义·引受主义问题”（二），载《法学协会杂志》第89卷9号，第1092页以下；［日］有川哲夫：“1872年土地所有权取得法的研究”（三），载《名城法学》第22卷2号，第3页以下。

渗透、蔓延，封建贵族们的消费欲望急剧膨胀，演成封建贵族以自己的土地供作担保而获取金钱融资的风尚。与此同时，于法律上，由于1717年推行“封建的自由地化”（Allodifikation）政策，结果消除了贵族们处分土地的限制。于是在农村，贵族们便可以自由地以农地设定抵押权来获取金钱的融资。于普鲁士，自14世纪以降推行所谓“封建制的重组”政策，领主仅容许“依附农民”保有一部分土地，而把大部分土地作为自己的“直营地”交由农民以赋役的劳动加以经营。利用抵押权制度的，正是这些封建的土地所有贵族，即Gutsherr。这些贵族以整个农场设定抵押权而向城市商人与寺院等筹措资金，以供消费。[1]

在此新的经济背景下，1722年普鲁士乃颁行了效力及于全境的《抵押权与破产令》。按照该法令，于法院设立登录不动产所有权关系与抵押权的“土地与抵押权登记簿册”（Grund und Hypothekenbuch）。申言之，登记簿册，登录辖区内所有不动产的情况，涵括不动产的所在地、不动产所有人的姓名、取得的不动产的权利名称及买受价金等。凡抵押权的设定，皆需进行登记，未经登记的抵押权尽管并非当然无效，但其效力得弱于进行了登记的抵押权。

值得提及的是，尽管该法令一如既往地认可和维持了一般抵押权与法定抵押权，但其规定，于一般抵押权，如利害关系人未在管辖抵押标的物的法院登录抵押不动产的，则其效力即不能优于嗣后登记的、以同一不动产为标的物而设定的抵押权；于法定抵押权，如利害关系人欲确保其优先效力，则只有进行登记一途。应当指出的是，在这里，尽管公示原则得到了采用，但它仍然不是抵押权的成立（生效）要件。而且，登记的先后，决定抵押权受偿顺位的先后的原则也未确定下来。于债务人破产时，破产债权人的受偿顺位，依债权的发生原因而定。譬如，担保妻的嫁资返还请求权与不动产改良（Melioration）费用的债权的法定抵押权，纵未登记，其受偿的顺位也得先于其他已然登记的抵押权。[2]概言之，此一时期的普鲁士抵押权立法，完全是为担保消费资料的买卖而进行的，与往后18世纪中叶开启的流通抵押权（投资抵押权）立法适成对照。

1　［日］铃木禄弥：《抵押制度研究》，一粒社1968年版，第12页；［日］松井宏兴：《抵押制度的基础理论》，法律文化社1997年版，第39页。

2　［日］松井宏兴：《抵押制度的基础理论》，法律文化社1997年版，第40页。

三、金融转换时期的抵押权立法：流通抵押权（投资抵押权）的萌芽

时至18世纪中期，普鲁士社会的不动产金融形势发生了巨大变化。这一时期，由于英国工业革命突飞猛进的发展，造成普鲁士向英国出口谷物的数量激增，并引发土地所有贵族通过农业经营活动倾力追逐超额利润。为此，他们一方面兼并农民的“保有地”与贵族的土地，借以扩大自己的土地面积，并改善土地的利用方法；另一方面，他们把对劳动力的利用由此前的“赋役”的利用，转变成支付“工资”的利用。不过，此两种转变的完成，以需要大量的资金为前提。正是在如此的形势下，普鲁士分别于1748年和1750年颁行了《破产令》［Project des Codicis Fridericiani Marchici（Konkursordnung vom3. April 1748）］[1] 和《抵押权令》（Schlesische Hypothekenordnung vom 4. August. 1750）。

1748年的《破产令》特别强调抵押权的登记，明定破产的场合，各抵押权受偿的顺位依登记而定，即登记的抵押权优先于未登记的法定抵押权受偿。1750年的《抵押权令》，本来是普鲁士腓特烈国王二世（1740—1786年在位）为新获得的西里西亚（Schlesien）地区制定的，结果却适用到了普鲁士全境。该法不仅保留了1722年《抵押权与破产令》中关于抵押权的基本规定，而且明示采抵押权不经登记即无优先效力的登记主义，及规定抵押权的顺位依登记的先后而定。此外，也明确法定抵押权需要进行登记。可见，无论一般抵押权抑或法定抵押权，依该抵押权令，皆以进行登记为必要。如此，抵押权人便不再为登记前已然存在的、优先于自己的未登记的权利而忧心，也不必复为登记以后出现优先的权利而不安，而是可以安心地借助于抵押权而进行长期的投资了。

另外，1722年的《抵押权与破产令》规定，不独抵押权的设定，而且财产所有权的移转也需进行强制登记。然1750年的《抵押权令》则更易了此规定，明定财产所有权的移转，依普通法上的规定，即依买卖、赠与等原因行为与交付或登记而发生。但以不动产设定抵押权的，其首要的前提，是所有权本身必须进行

1　严格而言，它只是一个破产令的“草案”。尽管如此，它却作为一个法律而于普鲁士全境得到了施行。对此，请参见［日］松井宏兴：《抵押制度的基础理论》，法律文化社1997年版，第41页。

登记。自表象看，此似乎是一种逆行的规定，但实际上它正好反映了所有权（于所有权的观念性未如今天这样获得确立的时期）可依占有或占有的移转（交付）而加以公示的情况。可见，废弃财产所有权的移转的强制登记制度，极大地抑制了国家通过登记而收取手续费的财政目的，进而为登记朝完完全全地为交易服务的方向发展铺平了道路。

四、土地银行（旧土地银行）的设立

18世纪中期以降，普鲁士封建贵族土地上的抵押债务数额急剧增加，导致地价暴涨。[1]普鲁士的农业生产曾一度风调雨顺、五谷丰登，但此局面不久即因1756年至1763年的“七年战争”而化为乌有。“七年战争”直接导致土地与农业生产的荒芜。同时，因战争期间发行大量低劣的货币，战后又回收之，造成地主贵族难以获得回复土地原状所需要的资金。加之，战争中谷物价格猛涨、战后谷物价格又大幅下跌，更造成土地所有人的经济状况每况愈下、入不敷出。于此背景下，如不采取适当的措施，则作为普鲁士的国家支柱的贵族阶级，必会因高利息的抵押债务而丧失其拥有的土地。为解此燃眉之急，遂有土地银行的设立。1770年腓特烈国王二世于西里西亚（Schlesien）地方首开设立土地银行（Landschaft）的先河，继之，普鲁士的其他地区也纷纷仿行而设立了类似的银行。[2]

依土地银行制度，土地银行的成员为特定地区的全体土地贵族，即所有的地主贵族皆需加入之。土地银行的业务由全体土地贵族推选的人经营、管理。对于土地银行，普鲁士政府授予了各种特权，并同时提供所谓“补助金”。[3]地主贵族欲获取融资时，需先自土地银行取得其所发行的抵押债券（Pfandbrief），然后将之转让给第三人而获取现金。抵押债券记载土地银行的成员的土地名称。持有债

1　关于这一时期土地贵族的农场价格上涨，及抵押债务的数额增加的情况，参见［日］田中克志：“普鲁士流通抵押权的制定史”，载《民商法杂志》第75卷第3号，第437页以下。

2　关于普鲁士土地银行的情况，参见［德］Nußbaum：《德国抵押权制度论》，［日］宫崎一雄译，清水书店1932年版，第359页以下。另外，日本学者石部雅亮于“Schlesien的土地银行制度（1—3）”（载《法学协会杂志》第10卷第4号第36页以下、第11卷第1号第111页以下、第12卷第1号第95页以下）中也有介绍。

3　［日］松井宏兴：《抵押制度的基础理论》，法律文化社1997年版，第43页。

券的人，可以自由地将之于市场上辗转流通。[1]债券持有人对于土地银行享有债券票面上载明的（票面额）债权，且对于债券所记载的土地有担保该债权得以实现的抵押权。

另一方面，土地银行对土地所有人有债券票面载明的债权，且为了担保该债权的履行，土地银行尚对其土地保有法定担保权（对此法定担保权与证券所有人对于土地的抵押权的关系，存在歧见）。土地银行的全体成员，以自己的全部财产，就土地银行的抵押债券上的债务，负第二次的连带责任。

此种土地银行制度的推行，将地主贵族由高利息的抵押债务中解放了出来，并于很大程度上实现了当初创设土地银行的旨趣。但同时，自土地银行不断获取融资，乃使地主贵族变成了食利性的阶层，以至于他们把由土地银行获取的现金用于土地的投机买卖。对于如此的局面，作为土地银行的创立者的普鲁士政府，乃是当然不愿看到的，于是打算采取措施加以遏制。不料，土地贵族们却成功地挫败了普鲁士政府的这一意图。结果，土地银行也就当然逸出了创始者的初衷，变成了地主贵族满足其欲壑难填的赢利心的工具。当然，这也就在客观上促成了普鲁士封建的农业经济向资本主义的农业经营的转变，也就是说，对普鲁士农业的资本主义化起到了催化剂的功用。[2]

1807 年，普鲁士实行自上而下的农奴制改革，废除农民对地主贵族的依附关系，所采取的措施之一是允许农民通过割让自己土地的 1/3—1/2 以赎买与土地有关的封建义务。同时，地主贵族也充分利用土地银行所提供的资金以买取农民的土地。结果，地主贵族攫取了大量的土地，扩大了经营事业。之后不久，他们便一跃而成为染有封建贵族色彩的农业资本家，即所谓“容克”（Junker）。故而可以说，于普鲁士封建土地贵族向农业资本家演进的过程中，土地银行实起到了催化剂的作用。

---

1 ［日］石田文次郎：《投资抵押权的研究》，有斐阁 1932 年版，第 183 页以下。

2 ［日］铃木禄弥：《抵押制度研究》，一粒社 1968 年版，第 16 页以下；［日］松井宏兴：《抵押制度的基础理论》，法律文化社 1997 年版，第 43 页以下。

五、18世纪后期的流通抵押权（投资抵押权）立法

以上业已看到，土地银行的创设，造成了普鲁士不动产金融事业的繁荣与普鲁士封建土地贵族向农业资本家的转变。此种局面的形成，尽管与土地银行这一半公共性机构所具有的人的信用的功能有直接关联，但更重要的，是因为它把由不动产能够获取的收益作为抵押发行债券，进而使抵押权的实现得到了确实的保障。同时，土地银行制度的推行，也激起了资金的流动，并诱发了私的抵押权投资运动。如此，对投资性抵押权与具有流通可能性的抵押权加以统一的规范立法也就有其必要。18世纪后期，普鲁士接踵而进行的一系列立法，尤其是1783年的《一般抵押权令》（Allgemeine Hypothekenordnung vom 20. Dezember 1783）与1794年的《普鲁士普通邦法》（Allgemeines Landrecht für die Preußischen Staaten vom 5. Februar 1794），正是于这样的背景下出台的。这些法律的出台，标志着18世纪普鲁士抵押权改革运动的终结。不过，顺便提及，1783年的《一般抵押权令》，主要是关于抵押权的设定程序的法律。

（一）1783年的《一般抵押权令》

该法律具有如下特色。

第一，规定抵押权登记簿册的编制采“物的编成主义”（Prinzip des Realfoliums），以使登记簿册的记载更易于为人们所查知，达到社会第三人一查阅登记簿册即可明了抵押权的情况的目的。

第二，整理、完善了此前已然形成了雏形的公示制度。明定不动产所有权的一切变动（涵括所有权本身的移转及于不动产上设定负担），依公共秩序原则，并虑及不动产物权变动的安定性与确实性，当事人应当向设置登记簿册的法院申请于登记簿册进行登记。当事人怠于登记时，将被处以罚款，是采所谓“强制登记主义”（Zwangstitelberichtigung）。关于抵押权，明确法定抵押权与约定抵押权皆需进行登记。惟法定抵押权并非依职权进行登记，而是依债权人的申请进行登记。此外尚规定，一般抵押权，债权人可就债务人的一切不动产或其中一项不动产申请登记。

第三，登记采实质审查主义。依《抵押权令》，登记时，登记官吏不仅要审

查当事人提出的登记申请书是否符合规定的格式，而且要审查实体法上的原因关系是否存在等。易言之，当事人申请不动产物权变动的登记时，对于引起物权变动的原因关系，登记官吏也需审查。于依消费借贷契约设定抵押权时，当事人申请登记的，登记官吏需对当事人的资格、抵押不动产的形状（Beschaffenheit）、契约文本的内容及形式等进行审查。需指出的是，所有这些，皆为法律课予登记官吏的义务，违反此等义务致生错误登记时，登记官吏要承担损害赔偿责任。[1]可见，此种主义，是普鲁士政府对于不动产交易所采取的一种监督措施，即为了提高农业生产力，需向土地进行投资，因而需要完善抵押权与登记制度。同时，如放任城市有产者（贵族阶层）的资本大量流向农业，则又势必威胁甚至动摇作为普鲁士的国家支柱的贵族阶级的地位，从而也就有必要依登记的实质审查主义对城市贵族的资本流向农业加以统制。[2]不过，此登记的实质审查主义于19世纪抵押权改革运动勃兴之时，便作为改革的对象而被废除了。

第四，创设“抵押证书”（Hypothekeninstrument）制度。此“抵押证书”制度，系往后抵押证券（Hypothekenbrief）的雏形，其创设标志着德国抵押证券制度的滥觞。

另外，尚应当提及，土地银行的创设，同时也使普鲁士的不动产金融事业出现了生机盎然的景象，并激发了普鲁士社会单个的私人借助于抵押权而向不动产投资的热情。此单个的私人借助于抵押权而向不动产尤其是土地的投资，称为“私的个别抵押权”（Individualhypothek）。此“私的个别抵押权”，近似于前面谈到的土地银行所发行的抵押债券。按照1783年《一般抵押权令》，“私的个别抵押权”具有流通的功能，即把作为抵押权登记簿用纸誊本的“抵押权证”（Hypothekenschein）交付给债权人，此“抵押权证”与“债权证书”嵌在一起而构成抵押证书。抵押证书，不独表示持有人得依证书上的记载而享有或行使权利，而且是持有人享有所记载的权利的证明文件，债权人持有抵押证书，便可有效处分抵押债权。并且，登录于登记簿册的债权如因清偿、让与而需进行变更登记时，为使与登记簿册的记载相一致，有关之人需提供抵押证书。

---

1 ［日］松井宏兴：《抵押制度的基础理论》，法律文化社1997年版，第46页。

2 转引自［日］铃木禄弥：《抵押制度研究》，一粒社1968年版，第19—20页。

综上所言，我们看到，1783 年《一般抵押权令》因强化了不动产登记簿册的功能、完善了公示主义与采登记的实质审查主义，而使抵押权人的法律地位获得了极大的安定。不言而喻，这些措施的采取，实际上显示了立法者谋求建立完善的、供作担保长期投资的抵押权制度的决心与勇气。尤其值得提及的是，立法者的这些旨趣，也在 1794 年的《普鲁士普通邦法》中得到了忠实地贯彻。此点，可由下面的考察获得印证。

（二）1794 年的《普鲁士普通邦法》（ALR）

1794 年《普鲁士普通邦法》，是 18 世纪欧陆私法史上一部十分重要的法律文献。该法就不动产所有权、抵押权及其他物权的设定与让与等，自实体法的立场作了规定。

首先，依照该法律，登记，于法律上具有“设权性”（konstitutiv）的效力——创设权利的效力。申言之，抵押权既依登记而成立（设定），也因登记的注销而消灭。为确保实体法上的权利义务关系与登记簿册的记载相一致，该法采与 1783 年《一般抵押权令》相同立场，即采登记的实质审查主义与强制登记主义。一面规定登记官吏需就错误登记承担责任；同时也明定，所有权的取得人自取得不动产所有权之时起一年内，负有进行登记的义务。违反者将被科以处罚；并规定依具体情形，登记官吏得依职权进行登记。

其次，为保护信赖抵押权登记簿册的人的利益，规定采登记的实质的公示主义（materiellePublizität）（公信主义）。亦即，抵押权登记簿册登录的所有权人（登记名义人），于登录的不动产与第三人发生法律上的关系时，皆被视为真正的所有权人。以登记簿册上的不动产设定抵押权的，抵押权人明知该人不是抵押标的物的真正所有人时，抵押权的设定仍旧有效（ALR，I，20，§410）。

最后，1794 年《普鲁士普通邦法》还导入了所有人抵押权制度。按照 1802 年 8 月 11 日发布的《通告》，于不动产所有权与抵押权归属于同一人时，作为混同的例外，明确应成立所有人抵押权。并且，1794 年《普鲁士普通邦法》规定，担保的债权被清偿时，抵押权消灭。如此，于被担保债权的清偿与登记的注销之间，抵押权的法的状态如何，发生问题。为解决此问题，1824 年 4 月 3 日发布的《通告》乃规定，所有人清偿了被担保债权的，应成立所有人抵押权。

（三）1822年的《巴伐利亚抵押权法》

这里有必要提及1822年的《巴伐利亚抵押权法》。受1783年普鲁士《一般抵押权令》与1794年《普鲁士普通邦法》的影响，作为巴伐利亚枢密院委员会（Geheimratskommission）委员的尼古劳斯·塔德多斯·冯·根纳（Nikolaus Thaddäus von Gönner，1764—1827年）起草了1822年的《巴伐利亚抵押权法》（Hypothekengesetz voml. Juni 1822）。该抵押权法因规定了如下内容而被称颂为德国19世纪初期抵押权方面的一部重要法律文献：规定了依“物的编成主义”而制作抵押权登记簿册；明定抵押权依登记而设定；明定登记具有公信力；明定采抵押权特定主义。[1]

第三节　德国不动产担保权（土地担保权）演进史素描（三）：流通（投资）抵押权立法的最终完成

一、19世纪中期的抵押权改革运动与1872年《普鲁士土地所有权取得法》

（一）19世纪中期的抵押权改革运动

19世纪肇端以后不久，由于英国等欧洲谷物进口国实施新的关税措施，加之这一时期这些国家的工业呈现颓废之势，故而造成这些国家不得不暂时终止对国外的谷物进口。但由此引起的后果之一，是使19世纪40年代普鲁士为推动农业发展所需的资金出现了严重的匮乏。与此同时，自19世纪30年代开始，德国进入了工业革命时期。1848年德国资产阶级革命以后出现的新情况，更为德国19世纪50、60年代的工业高涨准备了有利条件。于此种背景下，德国掀起了修筑铁路的高潮，对煤炭、铁轨、机车、车厢等产生了巨大的需求，有力地推动了采煤、冶金、机器制造等一系列重工业部门的扩建，并勃兴了创办企业的热潮。为了筹

1　顺便提及，《1822年巴伐利亚抵押权法》对作为近邻的符腾堡地区的《1825年抵押权法》（Pfandgesetz vom 15. April 1825）的制定产生了重要影响。

措进行工业革命尤其是兴建铁路所需的资金，几十家银行相继开业，股份公司如雨后春笋般被创制出来。在短短的20年里，仅在普鲁士，就创设了资本总额达24亿马克的295个股份公司，各种社会游资被大量集中起来投入工业生产。之前被投入农业的资金也为这一潮流所挟而借助于国债、公司债等被转投到工业生产中，[1]造成农业生产所需的资金十分匮乏。且这一时期，因德国开始迈入近代农业化时期，故而更加需要大量的资金。在此背景下，乃发生了史家所称的“农业金融恐慌”。此“农业金融恐慌”，演变成当时德国经济领域的一项重要问题。[2]

自法律上看，农业金融恐慌，是以抵押权为媒介向土地投资未有安全性与确实性的保障所造成。故而现今需要对既有的抵押权制度进行根本性的改造。[3]而通过改造所要达到的目标，即是要调整社会资金的流向，使社会资金大规模地流向工业，进而相当多地流向农业。为此必须赋予抵押权与票据相同的流通性，并使之于金融市场上辗转流通。[4] 这就要求于法律上必须摒弃抵押权的附随性，将登记与登记的原因行为相分隔，并采所有权、抵押权等物权变动的登记的“形式的确定力”（formale Rechtskraft）；[5] 简化抵押证券与抵押权移转的手续；规定无记名式与白纸委任式抵押证券；给予抵押权取得人以与票据取得人相同的保护；废

1　之所以如此，盖因将资金投入国债、公司债，及以抵押权为媒介而向土地投资并不相同。于此场合，投资人因他人实行其权利，不仅不会蒙受危险，相反尚有获得较高利息与丰厚的红利的可能。

2　［日］松井宏兴：《抵押制度的基础理论》，法律文化社1997年版，第51页。

3　以下主要参考、依据［日］田中克志：“普鲁士流通抵押权的制定史”，载《民商法论丛》第75卷第3号，第459页以下。

4　此一时期的抵押权革新运动之所以把着力点放在私的抵押权上，其重要因由，是人民对当时的“土地银行”等不动产金融机构抱有如下的批判：土地银行的基本构造是陈旧的、古老的，且其功能、效率也是缓慢的、低下的，会妨碍土地所有人接受信用；管理机关臃肿，使土地所有人背负了过重的负担；管辖范围狭隘；土地价格的评定方式缺乏灵活性，不能适应变动不居的农场价格的变化；贷款的数额限制得过低，仅为评定价格的1/2；土地银行的特权过大，以至于干涉土地所有人的私的经营活动。另外，迄至1870年，普鲁士已有四种股份公司形态的抵押银行，它们基于“商人的精神”，拒绝为土地所有人提供任何担保，故对农地而言是不适宜的。抵押银行非以向土地所有人提供低利息的融资为目的，而是以利润的追逐为经营活动的惟一宗旨。因抵押银行发行股票，故造成抵押债券市场日益萎缩、狭隘。与抵押银行这一赢利机构相较，土地所有人势单力薄，以至缺乏主张权利的可能性。对此，请参见［日］松井宏兴：《抵押制度的基础理论》，法律文化社1997年版，第52页注释52。

5　关于登记的“形式确定力”，参见［日］川岛武宜：《所有权法的理论》，岩波书店1987年版，第265页以下。

弃实质审查主义，将与抵押权有关的事务交由专门的国家机关管理，以及完善土地登记簿册制度等。

另一方面，普鲁士政府因惧怕不动产信用的“容易化”与无限制的扩大而引起农场债务的增加，及为了防止“土地的流动化”（Mobilisierung von Grund und Boden）过于频繁，故又对抵押权的改革抱消极的态度。[1] 不过，之后不久，此种情况即发生了变化。

1867 年 12 月，作为自由主义者的莱昂哈德（Gerhard Adolf Wilhelm Leonhardt，1815—1880 年）就任司法大臣。于其协力下，时任司法部高级官员的弗尔斯特（Franz Förster，1819—1878 年）于 1868 年作成了一个草案。以该草案为基础，1872 年《普鲁士土地所有权取得法》与《普鲁士土地登记法》得以公之于世。此 1872 年《普鲁士土地所有权取得法》，因为历时近一个世纪的普鲁士抵押权改革运动的总决算与最终成果，故于德国私法的演进上具有承前启后及开辟未来的意义，且成为 1896 年《德国民法典》对抵押权以至整个不动产担保权的立法基础，是德国不动产法演进脉络上的里程碑。

（二）梅克伦堡（Mecklenburg）的抵押权立法与 1872 年的《普鲁士土地所有权取得法》

如前述，1872 年的《普鲁士土地所有权取得法》于德国私法尤其是不动产法的演进上具有重要价值。然于法史上，该法又是以 19 世纪肇端以后梅克伦堡的抵押权立法为蓝本而创制的。鉴于二者之间的此种立法上的继起性与连续性关系，于考察 1872 年《普鲁士土地所有权取得法》之前，乃有必要先回眸一下 19 世纪开始以后梅克伦堡的抵押权立法情况。

当此之时的梅克伦堡，是尚未实现全领邦统一的四分五裂的德国众多领邦中的一个，位于易北河以东，濒临波罗的海，与普鲁士北部地区接壤。此时，梅克伦堡与普鲁士易北河东部地区相同，封建贵族正在从事大农场的经营活动。于普鲁士，因 19 世纪初期斯太因男爵与哈登堡侯爵肇开自上而下的改革运动，故而使农民获得了解放，并荡涤了土地贵族与农场中的依附农民间的封建的人身关系。

---

1 关于此一时期普鲁士议会改革抵押权的讨论，参见［日］伊藤真：“不动产拍卖的消除主义·引受主义问题”，载《法学协会杂志》第 89 卷第 9 号，第 1121 页以下。

然此一时期的梅克伦堡，情形则不相同。因这里未曾发生过农民解放运动，故农民与土地贵族间的人身依附关系依旧存在，而且所谓“邦等族制”（landständisches System）迟至1918年皆一直支配着整个梅克伦堡社会。正是于如此的封建农业“领邦”，独立的抵押权制度形成了。

其一，1819年的《骑士领抵押权令》（Ritterschaftliche Hypothekenordnung voml2. November 1819），废除了先前的法定抵押权与一般抵押权，把各个“骑士农场”纳入到抵押权登记簿册进行登记。

其二，1829年的《城市账簿令》（Stadtbuchordnung vom 22. Dezember l829），除规定移转财产所有权的“让与土地所有权的物权的合意”（Auflassung）外，尚赋予登记以创设权利——“设权性”——的效力，使不动产物权根据登记而成立。

其三，依1848年经修改的《骑士农场抵押权令》（Revidierte Ritterschaftliche Hypothekenordnung für Landgüter vom 18. Oktober l848），梅克伦堡建立起了独立的抵押权制度。此独立的抵押权，即是作为“独立的物上负担”（selbständige dingliche Belastung）的抵押权。其区别于德国普通法上的抵押权的基本特性，系在于不具有附随性，称为“物上债务”（Realobligation）。于立法史上，此“物上债务”为往后《普鲁士土地所有权取得法》创设“土地债务”（Grundschuld）的蓝本。此独立的抵押权，基于登记的形式确定力，乃依登记而设定，依登记的注销而消灭。为赋予其流通性，并把它“化体”为证券（抵押权的证券化）。此外，也规定了所谓“白地让与”（Blankozession）制度。最后，该法令除规定所有权与抵押权混同时得成立后发的所有人抵押权外，尚定有原始的所有人抵押权制度。顺便提及，此原始的所有人抵押权，完全是该梅克伦堡抵押权令的独创。由于它的创设，使得土地所有人得于自己的土地上为自己设定不依附于债权的、仅以土地本身负其责任的独立的抵押权。[1]

接下来考量1872年的《普鲁士土地所有权取得法》（EEG）。以梅克伦堡抵押权法为蓝本而创制的1872年《普鲁士土地所有权取得法》及《普鲁士土地登记

1　［日］松井宏兴：《抵押制度的基础理论》，法律文化社1997年版，第54—55页。

法》(GBO),其重要内容乃涵括下列各点:

第一,一如抵押权与土地债务的设定,对于所有权的移转,《普鲁士土地所有权取得法》也明定以登记为其生效要件与公示的手段。申言之,不动产所有权依买卖而让与时,根据“让与土地所有权的物权的合意”及进行登记,受让人便可取得标的物的所有权(EEG, §1)。[1] 而依1794年《普鲁士普通邦法》,所有权的移转需有“权源”及进行“交付”。

第二,由于规定无论所有权的移转抑或抵押权、土地债务的设定,皆以登记为生效要件,故而登记簿册,尽管此前曾是专为抵押权而设置的(称为“抵押权登记簿册”),但现今却演绎成公示全体不动产的权利关系的不动产登记簿册(土地登记簿册,Grundbuch)制度。

第三,《普鲁士土地登记法》废除了既费时间也费经费的登记的实质审查主义,而改采登记的形式审查主义(formelle Legalitätprinzip)。按照《普鲁士土地所有权取得法》,为了移转不动产的所有权,当事人双方需有物权的合意。而所谓物权的合意,即在登记官吏的面前为移转所有权的当事人的意思表示的合致,由登记名义人同意登记的意思表示,与权利取得人申请登记的意思表示构成,并明确表示它是与所有权的移转的原因行为相分离的无因的物权的合意(EEG, §§2, 10),登记官吏只需审查该无因的物权的合意即可,而不必对作为原因的债权行为加以审查,从而使得登记程序获得了便捷。

第四,与1794年《普鲁士普通邦法》相同,《普鲁士土地所有权取得法》也依旧赋予了登记簿册的记载以公信力。所有权移转的登记及其效果,尽管可依民法的规定而被撤销,但于被撤销前,若第三人有偿且善意信赖登记簿册的记载而取得权利的,则其取得的权利不受影响(EEG, §9)。此所称“权利”,涵括所有权、抵押权及土地债务,且第三人主观上的“善意”与行为的“有偿”性,系取得权利的要件。

第五,除规定依附于被担保债权的附随性抵押权外,尚定有无需以被担保债权的存在为前提的土地债务(EEG, §18)。于此点上,1868年的最初的《土地

---

1 关于抵押权与土地债务,该《普鲁士土地所有权取得法》第18条规定须依登记而成立(设定)。

所有权取得法草案》，只规定了并无附随性的"独立抵押权"。然于草案的审议过程中，此点遭到了否定，决定在继续保留附随性抵押权的同时，也把草案规定的"独立抵押权"命名为"土地债务"，从而建立起了抵押权与土地债务并立的不动产担保权系统。无论抵押权抑或土地债务，法律皆使土地所有人以自己的土地来清偿登记簿册所记载的债务，担保权人可以请求其给付，于不给付时可以请求强制执行土地。于经济上，借助于此两项制度，土地所有人也就有可能获得所需要的资金。在这些方面，土地债务与抵押权并无差异。然与抵押权不同，土地债务是不伴有被担保债权的制度。具体而言，第一，土地债务的登记，无须表明有债务的原因及提示债务证书（EEG，§19）；第二，土地债务，可以土地所有人的名义登记（即土地所有人可以通过登记而为自己创设一个原始的所有人土地债务），而抵押权则否（EEG，§27）；第三，抵押权若不与被担保债权结为一体便不得被让与，而土地债务则可以单独让与（EEG，§52）。

第六，规定提高不动产担保权的流通性的办法。为了使担保权的让与和登记相分离，以提升不动产担保权的流通性，该法使担保权"化体"为证券，从而使通过移转证券的占有即可以让与担保权。此外，尚分别定有"土地债务证券"（Grundschuldbrief）与"抵押证券"（Hypothekenbrief）两种制度。

第七，《普鲁士土地所有权取得法》规定，土地所有人可以自己的名义登记土地债务而受土地债务证券的交付（EEG，§271）。[1]

二、新担保权理论的提倡

由上可以看到，1872年《普鲁士土地所有权取得法》所定的抵押权，确与此前德国普通法上的抵押权大异其趣甚至迥乎不同。尤其是所有人抵押权，乃是与传统民法关于所有权与限制物权的关系的规则相悖的。并且，所有人抵押权的顺位固定（System der festen Pfandstellen），与普通担保物权支配标的物的全体且有不可分性的所谓"担保权的不可分性"（Lehre von der Unteilbarkeit des Pfandrechts）理论也是冲突的。故而，尤其重要的是，此新的抵押权形态的出现，更为当时的

1　［日］伊藤真："不动产拍卖的消除主义·引受主义问题"，载《法学协会杂志》第89卷第9号，第1134页。

人们重新思考不动产担保权的特性提供了机运，尤其是自对它的特性的讨论中，产生出了对往后的德国民法学具有深远影响的物上债务（Realobligation）、换价权（Verwertungsrecht）抑或价值权（Wertrecht）的学理。

物上债务说，由梅迈贝姆（Victor von Meibom，1821—1892 年）所倡。他立足于对梅克伦堡抵押权的实证分析，主张担保物权的特性为物上债务。依其见解，所谓物上债务，即以取得登记簿册所记载数额的金钱为目的的不动产担保权。故而，不动产的所有人即是不动产担保权中负有给付义务的人。其给付特定数额金钱的义务，仅以设定“物上债务”的不动产承担，此外的其他财产不属于责任财产的范围。亦即，对于给付的义务，是负人的责任，即以设定物上债务的不动产本身的交换价值为最高限额。以梅迈贝姆的这一见解为基础，之后基尔克（Otto von Gierke，1841—1921 年）进一步提倡有限责任的物上债务说（dingliche Schuld）。

价值权说，又称“换价权”说，由布雷姆尔（Franz Peter Bremer，生卒年不详）所倡。[1] 他说，可以归属于限制物权的权利人的一切权利，于所有权上得到了统一，所有权人就物有利用的权利与处分的权利。所有权人基于对物的处分权，既可以把自己的物进行换价，也可以通过设定担保权的方法把物的换价权移转给他人。故而，担保物权为换价权。移转换价权时，所有权人既可以移转标的物的全部价值，也可以仅移转一部分价值，并可以自己保留优先的价值后复进行移转。

立基于这些分析，布雷姆尔得出了如下结论：担保权是把物予以换价而获得价金的权利，所以，它可以为担保特定的债权而设定，也可以单纯地为特定的金额而设定。移转换价权时，因可以仅让与物的价值的一定比例（部分），故顺位固定的制度与担保权并不矛盾。并且，所有人因可自己保留一定比例的优先价值，故而此种情形，所有人的优先权便产生了。所有人抵押权，正是依此而获得认可的。布雷姆尔的这些见解，往后获得了不少学者的支持。[2]

---

1 布雷姆尔对于此理论的集中表述，见于其 1896 年的《抵押权与土地债务》一书，惟关于该著述的日文资料笔者迄未读到，故而此处只能转述松井宏兴于《抵押制度的基础理论》（法律文化社 1997 年版）一书中的介绍。

2 例如，Kohler，Pfandrechtliche Forschungen，1882，第 47 页；Wolff，Sachenrecht，8，Aufl，1929，第 461 页。转引自［日］松井宏兴：《抵押制度的基础理论》，法律文化社 1997 年版，第 62 页。

三、《德国民法典》

19 世纪中期以降，伴随德国政治统一进程的加速，统一德国法律的呼声也日渐高唱入云。1873 年 12 月 12 日，经修改的《德意志帝国宪法》将全部民法的立法权授予了帝国国会，这就为《德国民法典》的编纂提供了宪法上的根据。其间经过 1887 年第一草案、1895 年第二草案及 1896 年第三草案，而于 1896 年 8 月 24 日正式通过、公布了成文的《德国民法典》。[1]

如前述，《德国民法典第一草案》的物权法部分，系由时任普鲁士上级法院（Obertribunalrat）法官莱茵霍尔德·约霍夫负责起草的。对于抵押权，该氏完全是以当时的普鲁士抵押权制度为蓝本而予设计的。正因如此，学者指明，《德国民法典》中的抵押权，主要是由 1872 年《普鲁士土地所有权取得法》中的抵押权而化出。然对于不动产担保权的形态，莱茵霍尔德·约霍夫只规定了一种，即不依附于债权的独立的抵押权——土地债务。帝国国会审议草案时，认为未臻妥当，于是复增加规定了三种抵押权形态。最后，正式通过的《德国民法典》也就总共规定了四种不动产担保权形态：附随于被担保债权的保全抵押权（Sicherungshypothek）[2]、附随性得到了极大缓和的作为普通抵押权的流通（投资）抵押权（Verkehrshypothek）、不依附于债权的独立的土地债务[3]以及作为土地债务之一种的定期土地债务（Rentenschuld）[4]。

上述四种不动产担保权中，前三种是考虑到《德国民法典》制定当时，德国各地存在各种各样的担保权，并为尽可能地照顾各地区抵押权信用的实际情况而规定的；后一种不动产担保权（定期土地债务），则是根据当时多数经济学者的意见并响应各农业团体的号召而于《德国民法典第二草案》阶段被增订的。此种担保权形态，是由每年有相当收益的农地，定期向权利人支付一定数额的金钱，

1　关于《德国民法典》的制定过程，日本学者石部雅亮于“外国法的学习方法：德国法（11—12）”（载《法学教室》1975 年 6 月号，第 121 页以下，8 月号第 159 页以下）、大木雅夫于《近世私法史要论》（有信堂 1993 年版，第 155 页以下）中作有介绍。

2　参见《德国民法典》第 1184 条。

3　参见《德国民法典》第 1191 条。

4　参见《德国民法典》第 1199 条。

以作为获取融资的信用手段，故而是适合于农业信用的担保制度[1]。[2]

第四节　流通抵押权的本旨与特性

一、流通抵押权的本旨[3]

对于流通抵押权的本旨，学者解为价值权，即以支配、把握和取得标的物的交换价值为目的的权利。惟于法史上，将抵押权的本旨解为价值权的思想，最早可以溯源到德国学者丹克瓦尔特（Dankwardt）。因而，丹克瓦尔特被称颂为（提倡）价值权说的第一人。[4]之后，学者约瑟夫·科勒（Josef Kohler，1849—1919年）继承并发扬了此学说。另外，该说的重要影响力使日本学者我妻荣与石田文次郎也倡此说。以下先考量科勒的价值权说的要点，之后分析我妻荣等日本学者的价值权思想。

（一）科勒的价值权说

科勒首先把物权界分为实体权（Substanzrecht）与价值权（Wertrecht）。其谓：所谓实体权，即"单个的个人支配标的物，……以及自经济关系上把握与支配标的物的权利。实体权的原形，为所有权"。而价值权，则是由标的物取得价值（金钱的价值）的权利。由标的物取得价值时，价值权即因目的的达成而归于消灭。就皆以取得一定的价值为目的而论，价值权与债权颇为类似。不过，它们在为了取得价值而采取的手段上有差异，即债权是通过债务人履行给付的义务而取得价值，而价值权则是基于"物的物上责任"（dingliche Haftung）而取得价值。

1　［日］松井宏兴：《抵押制度的基础理论》，法律文化社1997年版，第63页。

2　在德国民法上，流通抵押权被谓为普通抵押权，亦即德国抵押权系统，是以流通抵押权为主，保全抵押权为辅。德国民法不动产担保权，乃是以流通抵押为主，保全抵押为辅的不动产担保权。

3　关于此问题，新近日本学者古积健三郎所著《作为换价权的抵押权》（弘文堂2013年版）论述十分翔实。其第1章为"19世纪德国担保权的性质论"、第2章为"德国民法典的制定与担保权的性质论"、第3章为"日本法的抵押权的性质"。其中，第1章的具体内容又细分为"德国普通法学说的议论""关于德国固有法的担保权的性质论"及"关于近代的担保权的性质论"。第2章的内容涵括"关于抵押权的性质的起草者的见解""民法典的制定与学说的展开"及"德国法理论的总结"。

4　关于该人之为近代抵押权的价值权特性的最早倡导者，参见［日］石田文次郎：《投资抵押权的研究》，有斐阁1932年版，第300页注释1。

于此基础上，科勒把价值权进一步界分为三种形态：一是以取得特定总额为目的的价值权，属于此一形态的价值权涵括土地债务（Grundschuld）、抵押权（Hypothek）、破产场合的查封（扣押、冻结）权（Beschlagsrecht）及船舶债权人（Schiffsgläubiger）的权利；二是以取得反复的回归性给付（wiederkehrende Leistungen）为目的的价值权，此以物上负担（Reallast）为其典型；三是为取得或定期取得一定数额的金钱，权利人不仅支配标的物本身，而且自整体价值的增长上把握与支配标的物。此种价值权，是一种随物或财产价值的变化而变化的价值权，股东权（Aktienrecht）即是与之相类似的权利。[1]

可见，科勒是自价值权的角度来把握与理解《德国民法典》所定的各种不动产担保权的。而且，科勒还由价值权的本旨出发，论述了《德国民法典》所定的各种担保权的特性。其谓：

第一，《德国民法典》第1113条、第1191条及第1199条，是分别关于抵押权、土地债务和定期土地债务的规定。此三种不动产担保权，并不是使不动产所有人负支付金钱的义务，而是由不动产本身受金钱的支付。亦即，这些负担是不动产本身的负担，而非不动产所有人的人的负担。并且，价值权利人（Wertberechtigter）无需借助于不动产所有人的行为，而只需透过本人的执行行为（Vollstreckungsakt）即可由不动产受债权的清偿。[2]

第二，对不动产实施侵害行为，并由此使不动产价值减少或发生毁损灭失的危险的，为了确保价值的取得，价值权人有权请求停止侵害，称为防御权能（Abwehrbefugnis）。[3]

第三，保险（Versicherung）是补偿物的价值的制度。进而，保险金不仅应当归属于保险契约人（Versicherungsnehmer），而且应当归属于与物的价值有关的一

1　［日］松井宏兴：《抵押制度的基础理论》，法律文化社1997年版，第100—101页。

2　《德国民法典》第1147条规定："债权人就土地及其他抵押权所能及之标的物受清偿时，依强制执行之程序为之。"

3　《德国民法典》第1134条规定："所有人或第三人干涉土地，致该土地有发生足以危及抵押权担保之毁损之虞时，债权人得提起不作为之诉。干涉系所有人所为者，法院得依债权人之请求，命为防止危害所必要之处分。所有人对于第三人之干涉或其他损害，不为必要之预防，致土地有受毁损之虞者，亦同。"

切之人。故此，《德国民法典》第 1127 条第 1 项规定："抵押权之标的物为土地所有人或自主占有人之利益已付保险者，抵押权之效力及于对保险人之债权。"

（二）现今德国学界关于不动产担保权的本旨的讨论

于现今德国学界，除前文提及的科勒的价值权说外，尚有其他学说的提倡，其中相当有力并产生了较为广泛的影响的，是有限责任的物上债务说（dingliche Schuld mit beschränkter Haftung），即把取得登记簿册所记载的特定金额的不动产担保权的本旨解为物上债务（Realobligation），不动产所有人承担给付义务的责任，仅以该不动产的价值为限。不言自明，此系受到了梅迈贝姆之说影响的结果。

有限责任的物上债务说的倡导者，是著名学者基尔克。其观点如下：不动产担保权，是由不动产所有人向担保权人给付金钱，及由不动产本身承担责任。因而不动产担保权的本旨的内容，是物上责任（Sachhaftung）。然责任的承担因以债务的存在为前提，故于概念上，构成物上责任的前提的物上债务（dingliche Schuld）乃是非有不可的。如此，于不动产担保权，不动产所有人负担物上债务，乃是与物上责任嵌在一起的。亦即，物上债务，是与不动产所有权相关联的：不动产所有权移转，物上债务也就随而移转。且物上债务，尽管是以不动产承担责任而以给付一定数额的金钱为内容，然若强制执行后，不动产担保权人仍旧不能受完全清偿的，物上债务与物上责任乃归于消灭。[1]

需注意的是，于现今的德国，并非科勒的价值权说，而是把不动产担保权的本旨解为换价权（Verwertungsrecht）的学说，居于支配地位。此即把不动产担保权解为：将不动产换价，担保权人由变卖标的物所得的价金而获债权的清偿。此换价权说与价值权说，皆出自于布雷姆尔，二者的差异仅在于，是把取得担保物的价值这一不动产担保权的目的置于重心，抑或为取得价值而将担保物换价这一担保权的效力置于重心。

考对于不动产担保权的本旨，德国学者之所以存在如此的歧见，乃是担保权人对不动产所有人有无请求给付登记簿册所记载的特定金额的权利所使然。易言之，不动产所有人对于担保权人，是否负有给付已然登录于登记簿册的特定金额

1 ［日］松井宏兴：《抵押制度的基础理论》，法律文化社 1997 年版，第 116 页。

的义务?《德国民法典》制定、公布前的一些地方的特别法，认为于抵押权的场合，抵押不动产所有人负有给付的义务。譬如，普鲁士、梅克伦堡及拜恩州的抵押权立法，便宗梅迈贝姆的物上债务说，明示不动产所有人对抵押权担保的债权金额负有给付的义务。此义务与抵押不动产的所有权相粘连，并随不动产所有权的移转而移转。

根据基尔克的物上债务说，不动产所有人对于物上债务，负有给付金钱的义务，担保权人享有请求给付的权利。于现今，根据不动产担保权，担保权人虽可请求不动产所有人给付一定数额的金钱，但该给付请求权仅可透过强制执行不动产而获实现的学说，仍旧是有力的。益见对于德国不动产担保权的本质的讨论，其实务意义远逊于理论意义。尽管如此，早于《德国民法典》制定、公布前，关于不动产所有人有无给付义务，即已引起了争论。由此点而论，于关于不动产担保权本旨的论争史的长河中，价值权说确有其积极意义。

（三）日本学者关于价值权的讨论

前文提及，将抵押权的本旨解为价值权说，于日本也有相当的市场，著名学者我妻荣与石田文次郎即是这方面的代表。由于此两人皆为民法方面的权威学者，且于学术上有相当的造诣及影响力，故价值权说受到了日本学者的广泛重视，并被认为是有关抵押权的特性的通说。

1. 我妻荣的议论

我妻荣关于抵押权的价值权特性的思想，被谓为“我妻说”。其说的要点有三：一是债权的财产化与担保权；二是价值权与不动产的债权化；三是独立于实体权之外的价值权。兹分述如下。

（1）债权的财产化与担保权。我妻指出，近代法上，由于债权在财产法上占据优越地位，所以债权也就需要由“主观的人格关系，进到客观的经济关系”，即使债权成为一种纯粹的经济关系。而债权要成为纯粹的经济关系，则需首先使之具有让与的可能性。要使债权的让与得以自由进行，则不独在法律上要使债权的让与成为可能，且也要保障受让人的地位的安全。而保障受让人的地位的安全，乃涉及三个问题：一是债权的成立以至存在的问题；二是流通中的瑕疵问题；三是债务的偿付能力问题。债务的偿付能力，即债务的清偿能力，需由债务人的全部财产而予保障。但债务人的总财产，总是受债务人经济能力的大小及其他因素的影响，此点与债权的非人格化（财产化）倾向未尽一致。并且，基于债权平等原则，债权人尽管与同一债务人的其他债权人以相同的地位受债权的清偿，然不能受债权的完全清偿的情况也是有的。故而，伴随债权的非人格化（财产化）与流通化的演进，债权遂成为“确保对特定财产的排他性的优先地位”。所谓对“特定财产的排他性的优先地位”，即担保物权。如此，于近代法上，伴随债权的非人格化潮流的演进，一切财产的担保化倾向也就出现了。

（2）价值权与不动产的债权化。我妻指出，不动产财产的功用，主要有二：一是直接利用不动产所内蕴的使用价值；二是利用凝结于不动产中的价值。不动产财产权，涵括专以利用不动产的使用价值为目的的财产权，与专以取得凝固于不动产中的货币价值或资本价值（Kapitalwert，交换价值）为目的的财产权。其中，权利人取得的不动产的使用价值的权利，属于物质权（即德国学者科勒所称的“实体权”），取得的资本价值（交换价值）的权利，为价值权（Wertrecht）。所谓以“不动产担保债权的实现”，指的正是以凝固于不动产中的交换价值来担保债权的清偿。故此，释明不动产担保债权实现的功能，仅需单纯地解明其作为不动产的价值权所内蕴的功能就可以了。[1]

的确，如果一览近现代及当代不动产担保权法制的全貌，我妻指明的抵押权的重心由担保不动产所有人的金钱借贷，转到作为有产者的金钱投资的手段，乃是有相当的根据的。概言之，不动产担保权，经历了单纯担保不动产所有人的金钱债务，进到有产者之向不动产进行金钱投资的媒介的过程。并且，于媒介金钱投资的情形，使抵押权投资人的权利易于流转，依旧是重要的。故而，抵押权由金钱借入为重心进到金钱投资为重心，即已然表明抵押权领域已被导入了“流通性”。此抵押权的流通性，是推动近现代及当代抵押权法制演进的原动力。[2]为了扩大抵押权的流通性，需首先考虑使债权关系与抵押权相“绝缘”，即使“抵押权抽象化”。为了解决此问题，德国采取的办法是承认登记的公信力得及于流通抵押权，并设土地债务制度。为确保与债权关系相分离的抵押权本身的流通，所

---

1 ［日］我妻荣：《債权于近代法中的优越地位》，有斐阁 1953 年版，第 84 页。

2 ［日］我妻荣：《債权于近代法中的优越地位》，有斐阁 1953 年版，第 88 页。

采取的办法乃与让与债权的情形相同，即确保抵押权受让人的地位获得安全。而要保护抵押权的受让人的地位，应对抵押权的成立、存续上的瑕疵及流通中的瑕疵加以保护。对此，《德国民法典》系以登记的公信力加以解决。最后，是使抵押权与证券相结合，以实现抵押权的证券化。对于流通抵押权，德国法原则上采发行抵押证券的做法；关于土地债务，德国法采发行无记名土地债务证券（Grundshuldbrief）的做法。并且，土地银行、抵押银行也发行抵押债券（Pfandbrief）与附抵押的有价证券，二者皆为债权与不动产的交换价值的结合，并“化体”为证券。

综上所言，所谓抵押权的独立性与流通性，乃是以不动产担保一定的金钱请求权得以实现的独立性与流通性。具备独立性与流通性的抵押权，自投资人方面看，是投资的金钱及其利息可以确实收回，亦即不动产对于投资人的意义，正在于它是特定的金钱请求权得以实现的保障。如此，由于近现代及当代抵押权法的发达，不动产的债权化也就可以使不动产于经济上尽显其能了。[1]

（3）独立于物质权（实体权）的价值权。另外，我妻还就近现代及当代抵押权的发达历程作了分析，指明促成近现代及当代抵押权法得以发达的重要因由，系在于价值权由物质权中独立出来并成为一项独立的权利。

他说，近现代及当代抵押权法的发达，乃涵括两个层面，即“纵的层面”与“横的层面”的发达。“纵的层面”的发达，即为了谋求抵押权的确实的成立，及确保流通的便捷与安全，而创设了各种各样的制度。具体而言，为了保障抵押权的成立，赋予登记簿册的记载以公信力；为了使抵押权得以便捷、安全地流通，除认可登记簿册的记载具有公信力外，尚定有抵押证券制度，并采抵押银行发行抵押债券，及发行附不动产抵押的债券制度。抵押权的“横的层面”的发达，即抵押权形态的增多，表现为财产的“不动产化”。之所以如此，盖因财产被“不动产化”后设定抵押权的，该“不动产”的财产，仍旧可由作为债务人的抵押人占有、使用、收益及处分。为达此目的而采取的法律手段，是把抵押权的标的物特定化，并以不动产登记簿册加以公示。

---

1 ［日］我妻荣：《债权于近代法中的优越地位》，有斐阁 1953 年版，第 109 页。

由于抵押权的“纵、横”两方面的发达，终于促使价值权由物质权中独立出来，并成为一项独立的权利。又因为价值权的独立，方造成了近现代及当代抵押权法的发达。纵的层面的发达，是使价值权的成立与便捷、安全的流通获得了实现；横的层面的发达，则是使财产的价值权的范围得到了张扬。[1]

2. 石田的议论

石田文次郎对于抵押权的价值权特性的思想，被谓为“石田说”，[2]其要点如下。

（1）关于实体权与价值权。与德国学者科勒、日本学者我妻荣相同，石田也依旧把物权界分为实体权（相当于我妻荣的“物质权”）与价值权。[3]也就是说，在其看来，除占有权外，[4]举凡所有权、地上权、永佃权以至地役权，莫不为权利人支配“物的实体”（Substanz）的实体权；与此相左，抵押权则不是权利人支配和把握标的物的实体的权利，而是以取得物的交换价值（Tauschwert）为目的的价值权。实体权，因以物的使用、收益为内容，并对物的实体加以利用，所以权利人需要对标的物为“有形的、直接的支配”。作为价值权的抵押权，是把标的物的所有与利用委诸设定人（抵押物的所有人），抵押权人仅取得标的物的交换价值。又因抵押权人是优先取得对于标的物的交换价值，故无需对标的物为有形的支配。实体权与价值权，虽说皆为存在于物上的权利，然实体权是以取得标的物的使用价值为内容，而价值权则以取得标的物的交换价值为惟一内容，故二者乃有明

---

1 ［日］我妻荣：“抵押权制度的发达”，载《民法研究》（担保物权），有斐阁2001年版，第5页。需提及的是，日本学者香山高广在“近现代抵押权论的‘标的物扩张’论的意义”（载《都法》第36卷第2号第537页以下、第37卷第1号第273页以下）中就我妻荣的“抵押权的横的发达”的理论，通过对法国抵押权制度的发展史的研究加以了验证，得出的结论是：至少于法国，所谓抵押权的“横的发达”是没有的。

2 石田文次郎是日本较早提出当代抵押权的价值权特性的学者，其于前引《投资抵押权的研究》（有斐阁1932年版，尤其是该书第1章第8节“抵押权的本质与价值权”、第5章“价值权的纯粹性”），及《担保物权法论》（上卷，有斐阁1935年版，该书为教科书，1947年经全面修订后被重新出版）中，对当代抵押权的价值权特性作了全面论述。

3 ［日］石田文次郎：《投资抵押权的研究》，有斐阁1932年版，第106页。

4 《日本民法》称占有为“占有权”，与德国民法径称为占有的观念乃有不同。惟《日本民法》名义上虽称为“占有权”，但于法解释及实务上仍旧把“占有权”解为系对标的物的支配管领的事实状态。

显的差异。[1]

债权的目的，端的在于价值的移动，而担保该价值的移动的，即是抵押权。故而，债权的移动这一债权的目的，同时也为抵押权的目的。惟债权是以债务人与债权人间的拘束的关系为基础，并以债务人的给付为媒介而取得价值；而抵押权，则是由抵押标的物直接取得价值。故而于价值的移动是否需要义务人的媒介行为（中间行为，Zwischentätigkeit）这一点上，抵押权与债权确有不同。

（2）作为价值权的抵押权。石田把抵押权的本旨解为价值权，即认抵押权为非支配标的物的实体，而是支配标的物所内蕴的交换价值，并将其予以换价而取得价值的权利。故此，若把取得标的物的使用价值的物权谓为实体权，取得标的物的交换价值的抵押权则为价值权。[2]像如此自动的角度把握抵押权的功用时，抵押权乃使不动产内蕴的价值转化为交易上的金钱价值，并成为使这些金钱价值得以辗转流通的法律手段与媒介方法。尤其于土地的资本化的情形，更可清晰地看到抵押权的此功用，即由于以土地设定抵押权，所以，债权便不再与土地的所有关系与占有关系相粘连，而是与土地本身的价值相粘连。并且，因借助于抵押权而使债权证券化，故使土地内蕴的价值获得了“动产化”，并可以作为商品而于市场上辗转流通。结果，使土地等不动产价值的分解、资本化、证券化以及商品化等，皆可借助于抵押权而获完成。抵押权因此被界分为三种：从属于债权的保全抵押权（Sicherungshypothek）；抵押权与债权仅于标的物上结合，而于成立和存续上与债权分离的、抵押权本身即是一项独立的权利的“流通抵押权”（Verkehrshypothek）；抵押权由债权的从属关系中解放出来，而成为独立权利的土地债务。于保全抵押权，作为债权的从权利的抵押权被“囊括”于债权中，且为债权的“功用”所湮灭，其价值权的应有“姿态”未能充分显现；于流通抵押，抵押权的价值权的应有“姿态”显露无遗。然因该抵押权是采债权的担保的法律构造，于此构造之下，其不可能采以取得标的物的交换价值为目的的法律构造。抵押权之由债权分离出来而成为独立的权利，并进而成为媒介“信用授受”的手段，有

1　［日］石田文次郎：《投资抵押权的研究》，有斐阁1932年版，第22页。
2　［日］石田文次郎：《投资抵押权的研究》，有斐阁1932年版，第26页。

之，是自把抵押权把握为一种纯粹的价值权后始。此种纯粹的价值权的抵押权，即是土地债务。土地债务，是完全独立于债权的、无因的抵押权，而于登记簿册表示为一种独立的负担。可见，得表现物的信用的抵押权的纯粹形态的，是土地债务，而非别的东西。[1]

3. 对我妻与石田的议论的评析

由以上考量，我们看到，无论“我妻说”抑或“石田说”，于所使用的概念上莫不重蹈德国学者科勒之说的覆辙，而启用实体权与价值权的概念。惟于内容上，科勒之说与我妻说和石田说仍有明显的差异。依科勒之说，所谓实体权，乃是支配标的物并以取得其收益为目的的权利；价值权，则为由物取得金钱价值的权利。而依我妻说，任何物皆有价值上的二重性，即使用价值与交换价值。实体权，是以取得物的使用价值为目的的，而价值权则以取得内蕴于物中的交换价值为目的。可以肯定，把物的价值二分为使用价值与交换价值，显然是受到了马克思的《资本论》的影响。而于科勒那里，使用价值和交换价值的术语，是无从找到的。毋庸置疑，启用实体权与价值权的概念，足以把物的利用权与抵押权自本旨上加以界分，并使抵押权的特性显露无遗。

但是，对于我妻说与石田说而言，成问题的是，作为实体权与价值权的前提的物的使用价值和交换价值究竟有何关联？盖因物之有交换价值，乃是以物之有使用价值为其前提，易言之，正是物之有使用价值，所以才有交换价值之可言。如果某物系无用之物（即无使用价值），则当然不得作为交易的对象而于市场上辗转流通，从而也就无所谓有交换价值。就此而论，使用价值乃是交换价值的前提。可见，将抵押权的本旨仅仅解为价值权，显然是忽视了它的使用价值的层面。结果，于抵押权这一不以占有抵押物为成立要件的法律构造下，依抵押权的价值权的本旨，遂着力强调抵押权人对于抵押物的非占有这一层面，并认为不能干预标的物的占有与利用。惟因使用价值为交换价值的前提，故而为了确保交换价值，即使使用价值也应解为为抵押权的效力所及。易言之，抵押标的物的占有、用益，也应为抵押权的效力所及。由此可见，我妻说与石田说关于价值权的

1 ［日］石田文次郎：《投资抵押权的研究》，有斐阁 1932 年版，第 317 页以下。

学说，皆未臻精确，即仅强调了交换价值的层面，而未虑及使用价值对交换价值的影响。[1]

二、流通抵押权的特质与本质特性：抵押权的流通性

（一）流通抵押权的特质

流通抵押权（Anlagehypothek），即支配和把握抵押不动产的交换价值，并使之于市场上辗转流通的、以媒介投资者的投资为目的的抵押权。流通抵押权具有下列特质：

1. 公示主义

亦即，流通抵押权的存在与内容，需以登记加以公示，而不认有所谓不公示的“秘密抵押权”，以保护普通债权人与其他抵押权人的利益。

2. 特定主义

亦即，认抵押权仅得于特定的、现实的标的物上成立（抵押权成立时的标的物的特定主义）。并且，因限制被担保债权的数额，故抵押权可得支配的价值范围也就变得客观明了。

3. 顺位固定主义

此涵括两方面的内容：一是抵押权的顺位依登记的先后而定；二是先顺位抵押权消灭，后顺位抵押权不得递升其顺位。

4. 独立主义

亦即，以交换价值为流通抵押权的标的及以之为金融交易的客体，并确保其独立的地位。[2]

（二）流通抵押权的本质特性

流通抵押权的以上特质中，乃以抵押权的流通性与独立性为最重要。盖流通

---

1 ［日］松井宏兴：《抵押制度的基础理论》，法律文化社 1997 年版，第 114 页。

2 亦即，为了保障借助于抵押权这一媒介而投下的金钱得随时收回，需要有确保抵押权安全、便捷地流通的制度，这就是把抵押权确定为金融交易的客体。为了确保抵押权的流通性，需进一步采取公信主义与抵押权证券化。抵押权证券化，即把抵押权表彰于证券之上，使之与登记簿册的记载相分离，并径依有价证券规则而于市场上辗转流通。对此，请参见［日］松井宏兴：《抵押制度的基础理沦》，法律文化社 1997 年版，第 174—175 页。

抵押权是以媒介投资者的金钱投资为目的的，为使投下的资本得以流通，即需要使抵押权所诱导的资金得随时收回。为此，即应使流通抵押权具有流通性，并成为交易的对象。独立性与流通性，由此成为流通抵押权的重要特质。

1. 流通抵押权的独立性

为了使流通抵押权与债权相分离，乃有必要赋予登记簿册的记载以公信力。否则，流通抵押权的受让人即需要就抵押权的成立、存续以至被担保债权的情况等进行调查，结果当然会妨碍流通抵押权的流通的安全与便捷。相反，若使流通抵押权与证券相结合并以该有价证券为交易的对象（抵押权的证券化），则会极大地提高流通抵押权的流通性。

2. 抵押权的流通性

抵押权要在市场上辗转流通，非有金融市场及有流通抵押权与证券的结合不可。

关于金融市场的存在。为了使流通抵押权所诱导的金钱可以顺利收回，首先需要存在进行抵押权交易的金融市场。而如此的市场的存在，又需具备向抵押权投资的条件及有关金融市场的条件。前者又可进一步分为形式条件与实质条件。形式条件，是使抵押权这一投资对象获得高度流通的法律上所必需的技术手段，具体而言，是经由借助于有价证券（即使抵押权与证券相结合）来使抵押权的交易获得安全、便捷地进行；至于实质条件，则是使抵押权这一投资对象成为安全的投资客体。[1]

抵押权与证券的结合。作为提高抵押权流通的安全性与便捷性的手段，抵押权与证券的结合，于法律技术上得分为采抵押权为中心的法律构成与采债权为中心的法律构成两种。前者，使抵押权被表彰于登记机关所发行的证券上，是一种以证券的交易替代抵押权的交易的制度，以德国民法的抵押证券最具代表性；后者，则只使债权被表彰于无记名或指示证券上，经由债务证券的流通而收回投下的资金。

如此，依抵押权与证券的结合，抵押权的流通即变得简单、便捷了。但是，若仅止于此，则抵押权的流通仍有其困难。之所以如此，盖因存在着制约抵押权本身辗转流通的因素，此即各不动产有自己独立的“个性”，从而要恒久地于

---

1 ［日］松井宏兴：《抵押制度的基础理论》，法律文化社 1997 年版，第 177—178 页。

"量"上保障抵押权所支配的不动产价值于不变，无疑有相当的困难。进行不动产交易时，供作担保的标的物的不动产是否可靠、确实，及为了判定有无充分的担保价值，即应对抵押不动产进行鉴定、评价。可见，抵押权的流通，不是单纯地经由抵押权与证券的结合即可以实现，而是必须有实质的前提。所谓实质的前提，即接受抵押信用之人的"人的信用"，亦即接受抵押信用之人的资力的情况。进而，端的支配流通性的，并非抵押权所支配的不动产的价值，而是债务人的资力。于单纯依债务人的资力不能实现抵押权的流通性时，便需有补充不足的资力的机构，此机构即不动产金融机关，譬如抵押银行等。[1]

第五节　流通抵押权与当代抵押权论

一、何谓当代抵押权论

当代抵押权论，即关于抵押权的现代化的理论，由日本学者我妻荣与石田文次郎所倡。此理论，主要是以德国不动产担保权所经历的"由保全抵押权而流通抵押权"（流通抵押权）的发展历程为据，认为不动产担保权，尤其是抵押权的现代化的、最理想的形态乃是流通抵押权。世界各国抵押权的发展，无一例外，皆要经历如此的历程，故抵押权由保全抵押权而流通抵押权，乃是一个具有普遍性的、放之四海而皆准的"真理"，不可易移。质言之，流通抵押权，不独是抵押权的现代化的形态，而且是各国家或地区抵押权立法所孜孜以求的理想与目标。流通抵押权的本旨，正在于它的价值权特性，此外也有不依附于债权而存在的独立性、顺位固定及证券化特性等。

二、当代抵押权论提出的社会背景

值得指出的是，我妻与石田之倡导当代抵押权论，乃是有其深刻的社会背景的。如所周知，我妻发表《债权于近代法上的优越地位》（1929—1931 年）、《资本主义与抵押权制度的发达》（1930 年），及石田发表《投资抵押权的研究》

1 ［日］松井宏兴：《抵押制度的基础理论》，法律文化社 1997 年版，第 179 页。

（1932 年）之时，正值第一次世界大战后日本社会生活发生急剧变化、史家所称的“反动恐慌”——“银行恐慌”（1922 年）、“关东大地震”（1923 年）及“金融恐慌”（1927 年）等接踵发生的时期。并且，因 1930 年以降发生的所谓“昭和恐慌”与大地震，使许多企业的生产经营活动陷入了瘫痪、停滞以至倒闭的局面。于此严峻的经济背景下，为了克服眼前的危机，日本银行遂发行了数额巨大的所谓“特别融资”，结果却不能如期收回此等融资。造成这一局面的因由之一，是银行尤其是地方银行放出的贷款的绝大部分，皆无流通性的不动产抵押权作为担保。而基于收回日本银行的特别融资的目的的考虑，乃决定实行抵押权的证券化。1928 年，日本旨在实现不动产抵押债权流动化的《抵押证券法》终于出台了。[1] 抵押权的所谓当代抵押权论，也就于如此的背景下问世了。[2]

三、对当代抵押权论的评析

应当肯定，由我妻与石田倡导的当代抵押权论，确有其积极价值。并且，较之于以确保特定债权之得以清偿为目的的保全抵押权，当代抵押权论者所称的流通抵押权之为抵押权发展的最高峰的见解，也有其积极的价值。惟有疑问的，是不动产抵押权之由保全抵押权进到流通抵押权，得否是一个普遍适合于各国家或

---

1 ［日］福岛正夫、清水诚：“日本资本主义与抵押制度的发展”，载《法律时报》第 28 卷第 11 号，第 8 页。关于日本抵押证券法的制定过程、社会经济背景、法律构造及问题点，参见［日］今春与一：“抵押证券法的历史考察”（1—2），载《都法》第 23 卷 2 号（1982—1983 年）第 193 页以下、第 24 卷 1 号第 311 页以下；［日］浦野雄幸：“抵押立法史的轨迹”（1），载《东海法学》第 17 号（1997 年），第 25 页以下。需提及的是，对此抵押证券法的颁行曾起到了催化剂功用的，乃是以日本劝业银行为首的、1928 年结成的日本不动产协会组织，以及于当时的金融交易界，围绕抵押权的证券化而展开的热烈讨论。日本不动产协会于 1930 年，向日本大藏大臣及司法大臣提出“关于制定不动产抵押证券的建议书”，被当时的“金融制度调查会”采纳。另外，顺便提及，1928 年 3 月，《抵押证券法》尽管得以公布并自同年 8 月 1 日起施行，但囿于各种原因，于之后的 40 余年间，该法基本上未得到适用。1970 年，因为住宅金融的关系，抵押证券的功用被重新认识。1973 年，日本设立抵押证券股份公司，使抵押证券业务真正开展起来。按照日本法，抵押证券，为抵押权与被担保债权相结合的化体，系指以土地、建筑物及地上权为标的的抵押权，当事人有发行抵押证券的特约，应抵押权人的申请，由管辖的登记机关发行的一种有价证券。发行抵押证券后，抵押权与债权的处分，即依处分抵押证券的方式为之，而不得将抵押权与债权分离处分。抵押证券可依背书流通。丧失抵押证券时，得依除权判决要求再交付。抵押证券具有一定的公信力。

2 ［日］松井宏兴：《抵押制度的基础理论》，法律文化社 1997 年版，第 18 页。

地区抵押权发展的“真理”？换言之，各国家或地区抵押权的发展是否皆要经历如此的过程，抑或不经历如此的过程而径实行流通抵押权？这些问题，概言之，称为“抵押权的发展史观”。

如前述，当代抵押权论，乃是基于德国普鲁士地区抵押权所经历的发展历程而提出的，即认为伴随资本主义的发达，抵押权必由作为债权之担保的保全抵押权进到作为投资手段的媒介的流通抵押权。对此见解，早期的日本学者多表肯定。然降至1960年代以后，学者乃提出了各种批判的意见。而最早提出批判者，是铃木禄弥。

铃木说，流通抵押权是18世纪以后伴随普鲁士农业的资本主义化而兴起的制度。以往利用“依附农民”的赋役劳动而经营“直营地”的封建领主，现今却因受英国资本主义经济的刺激，而被次第卷入商品经济的大潮中。于促使农业迈向资本主义化的过程中，为了获得完成这一跳跃所需的资本，于是以自己的土地供作债权的担保而获取融资，流通抵押权由此诞生。可见，由保全抵押权而流通抵押权，对于资本主义呈异样发展形态的德国尤其是其普鲁士地区来说，可谓是确属得当。然对于作为资本主义的典型形态的英国与法国而言，则难谓为正确。[1]

铃木的以上意见，之后渐次于日本学者中传播开来。譬如，研究担保物权的学者槇悌次即明确指出：由保全抵押权而流通抵押权，虽说是德国抵押权发展过程中的“特征性标志”，但不能据此断言它即是作为信用手段的当代一般抵押权的“特征性标志”。[2]从而，所谓伴随资本主义的发达，抵押权必由保全抵押权而流通抵押权，也就不过是专门针对特殊的德国尤其是其普鲁士地区的情况而发的议论，故不具有普遍性。并且，新近以来，学者对德国、奥地利抵押权法所做的实证研究，也充分地证明了这一点。[3]

1　[日] 铃木禄弥：“德国抵押权法与资本主义的发达”，载《法律时报》第28卷第11号，第20页；[日] 高岛平藏：“德国抵押权法的发达”，载《早比》第7卷第2号，第121页以下。

2　[日] 槇悌次：《担保物权法》，有斐阁1981年版，第114页。

3　对德国抵押权的演进史作实证研究的著述，参见 [日] 田中克志：“普鲁士流通抵押权的成立史”，载《民商法杂志》第75卷第3号，第71页以下。[日] 田中克志：“《德国民法典》不动产担保法的形成过程”（1—4），载《富大经济论集》第24卷第2号，第6页以下；第24卷第3号，第38页以下；第25卷第1号，第26页以下，以及第25卷第3号，第88页以下。关于奥地利抵押权制度的演变史，参见 [日] 上原由纪夫：“奥地利抵押制度的展开与流通抵押权”，载《早稻田法学杂志》第29卷，第61页以下。

本书认为，对于1960年代以降，以铃木为代表的日本学者对当代抵押权论的批判，应当予以客观的评价。诚然，伴随资本主义的发达，抵押权必由保全抵押权而进到流通抵押权，是立于普鲁士抵押权的特殊发展历程而下的断语，貌似违反唯物辩证法而失之正确，但若从资本主义市场经济发达国家不动产抵押权发展的总的情况看，这一断语似乎又有其合理性。盖近现代及当代市场经济国家，经济上多采金融资本主义的经济构造，信用及其维持，乃是经济关系与社会总资本得以顺利周转和循环的必要条件，故称为信用经济时代。各国家或地区早期的抵押权，于法律观念上被认为是加重债务人的责任的制度，属于保全抵押权的范畴。此保全抵押权，需以债权的存在为前提，故而又属于一种附属于债权的权利。然降至近现代及当代，抵押权的功用跃身一变，由此前之担保债权的实现，转到媒介金钱的投资，是为流通抵押权。此流通抵押权，乃有产者进行金钱投资与不动产所有人获得资金的媒介，亦即是诱导债权成立的一种法律手段，其成立不仅不以债权的先行存在为前提，而且正以促成债权的发生为其特点。故于现今的资本主义市场经济发达国家，实际上乃是流通抵押权发挥其重要功用的时节。[1]对此，乃有予以特别提及的必要。

第六节 小 结

如所周知，我国从清朝末年毅然决定变革传统中华法制而从欧陆、日本民法，迄今已百余年。1929—1930年，国民政府颁行《中华民国民法》虽说是主要继受了欧陆民法，如德国民法与瑞士民法，然关于不动产抵押，却未取法该两国法的规定，而是以当时的日本法为蓝本，规定了保全抵押权法制。1949年新中国成立以降的一个相当长的时期，我国并无效力及于全国范围的、制定法上的统一的抵押权制度。1986年通过的《民法通则》及以此为基础而于1995年颁行的《担保法》、2007年3月16日通过的《物权法》，建立了适应社会主义市场经济初步发展的抵押权制度系统，惟依这些法律的规定，抵押权的成立，皆以债权的存

1 ［日］石田文次郎：《投资抵押权的研究》，有斐阁1932年版，第1—2页。

在为前提，无债权也就无所谓有抵押权的成立，故而特性上乃属于保全抵押权的范畴。惟发生疑问的是，伴随我国社会主义市场经济的发展，我国的抵押权是否也应由保全抵押权而进到流通抵押权，易言之，于我国社会主义市场经济获得相当程度的发展后，是否也应考虑认可流通抵押权？对此问题，毋庸置疑，答案应当是肯定的。

如前述，我国现行《物权法》中的抵押权，是以担保债权的清偿为目的的，属于保全抵押权的范畴。此种保全抵押权，至多可以充当特定当事人之间信用授受的媒介，过于消极不言自明，惟就立法当时的社会情况而论，则又无可厚非。不过，于 21 世纪已然过去近二十年的时间后，伴随我国社会主义市场经济的快速发展，抵押权的利用势将相当活跃，此观我国抵押权之由不动产抵押权而动产抵押权，复由财产集合抵押权而动产浮动抵押权的演进过程，即可明了其大概。故此，如何使抵押权的功用，追随社会生活的变迁而向媒介金钱投资的方向迈进，并次第渗入流通抵押权的因素，实为抵押权立法与实务运作上的重要课题之一。盖抵押权既然为一种价值权，则将其支配的交换价值作为交易的客体，也就具有经济上的实益。[1] 而且，抵押权不独为企业经营所需资金的最佳媒介手段，而且为不动产投资人获取融资的最佳方式。社会资金活络而畅其流，自可促进社会经济的繁荣兴旺。环视当今世界，举凡市场经济发达国家，莫不为抵押权立法最称周密、抵押权运用最为活跃的国度。若要发挥抵押权的媒介投资手段的功用，则又非使抵押权具有流通性不可，此即建立证券抵押权制度。[2]

有鉴于我国现行的抵押权并无流通性之可言，故此，将来的抵押权立法于完善保全抵押权的同时，似应考虑建立具有流通性的流通抵押权。而流通抵押权的

1　陈华彬：《物权法原理》，国家行政学院出版社 1998 年版，第 677 页、第 679 页。

2　证券抵押因具有下列优点而为现当代市场经济发达国家所采取：一是投资的安全性与流动性。资本的安全、迅速周转及循环，为现当代市场经济的客观要求。资本的安全，投资者借助于普通的抵押权固然可以实现。而要实现资本的加速周转与循环，使资本于流动中增值，则非有赖于证券抵押不可。二是转让手续的简化。普通抵押权所担保的债权，虽非绝对不可转让，但此种转让一方面需要办理债权让与的手续，如订立契约、交付债权证书及通知债务人等；他方面也需办理抵押权移转手续，如办理登记等，繁复迟滞，莫此为甚，结果往往使投资者望而却步，不敢问津。根据发行抵押证券的方式转让，此等缺点尽可克服，盖证券乃抵押权与被担保债权的“化体”，只需背书与交付证券，即生转让的效力。对此，请参见郑玉波著，黄宗乐修订：《民法物权》，三民书局 2007 年版，第 352 页。

建立，又以下列各点为其首要。故我国未来于立法方针上乃不能不注意下列各点。

第一，抵押权的独立化。亦即，将抵押权与被担保债权分离，使抵押权依凭其自身的独立价值而存在。盖抵押权若不具独立性而仍从属于被担保债权，则必然会影响抵押权的确实性和安定性，进而成为抵押权流通的最大障碍。况抵押权既然为价值权，则自有可以直接支配的交换价值，并使其抽象存在。

第二，抵押权顺位的固定。我国现行法与实务对于抵押权的顺位，系采升进主义。而要建立流通性抵押权，则又非采顺位固定主义不可。顺位固定主义，具有如下实益：一是可以使抵押权独立存在。盖抵押权的顺位固定，实际上表示各抵押权支配的抵押物的交换价值确定不易，先顺位抵押权所担保的债权虽因清偿而消灭，但其可以支配的抵押物的交换价值仍然存在。不言自明，此也是抵押权可以于市场上辗转流通的前提。二是可以为所有人抵押权的存在提供空间。盖规定先顺位抵押权所担保的债权消灭，而抵押权不消灭，乃无异于认抵押权属于抵押物的所有人享有，亦即，认所有人得于自己的所有物上为自己设定优先顺位的抵押权。

第三，抵押权的证券化。亦即，将抵押权证券化，使其依有价证券规则而于市场上辗转流通。抵押权既然为独立的价值权，则将其支配的交换价值作为交易的客体，也就并无不可。为使抵押权作为商品的一种而于金融市场上辗转流通，其最有效的办法莫过于使抵押权证券化。抵押权一旦被“化体”为证券，其媒介投资手段的功能，即可彰显无遗。[1]

---

1 ［日］松井宏兴：《抵押制度的基础理论》，法律文化社 1997 年版，第 173—174 页；谢在全：《民法物权论》（下册），新学林出版股份有限公司 2014 年版，第 141 页以下。

第十一章

所有人抵押权

所有人抵押权（Eigentüemerhypothek），亦作所有人抵押，为近现代及当代物权法一项重要制度，系指所有人就自己的所有物保有抵押权。近现代及当代各国家或地区物权法大多定有此项制度的明文。我国《物权法》无此项制度的规定，是为缺漏，毋庸置疑。但由学者起草的《物权法建议稿》（社科院）第34条第1项曾规定："不动产物权人，可以为自己将来设定一项类型肯定、范围明确的物权，保留一个确定的顺位。顺位的保留，自登记时生效。"第330条规定："同一物上设定的抵押权与该物的所有权归属于一人时，且于该抵押物上另有其他担保物权的，抵押权不因混同而消灭。"《担保法解释》第77条规定："同一财产向两个以上债权人抵押的，顺序在先的抵押权与该财产的所有权归属一人时，该财产的所有权人可以以其抵押权对抗顺序在后的抵押权。"这些规定，为我国物权法学理与实务对于所有人抵押权的明文，表明我国物权法学理与实务肯认所有人抵押权的基本立场。如今，无论出于立法的旨趣抑或纯粹的学术目的，对各国物权法，尤其是对德意志法圈国家物权法上的所有人抵押权制度进行研究，实有着积极的价值与意义。

第一节　各国家或地区民法的所有人抵押权[1]

一、罗马法

自法史上看，距今约30个世纪的古罗马法，乃是近现代及当代民法制度的端绪，近现代及当代各国民法制度大都可以在这里找到其最初的观念与雏形，所有人抵押权亦不例外。

于古罗马法时代，由于立于债权人之保护的立场规定担保权，所以担保权的设定，被认为是对债务人责任的加重。终罗马法时代，担保权需从属于债权而存在，被认为是一项确定不移的原则。被担保债权消灭，担保权也随而消灭，被说成是债权与担保权的关系的一项铁则，且认为先顺位担保权消灭，后顺位担保权得随而升进。结果，使所有人于自己的所有物上享有（保有）抵押权也就成为虚无缥缈之事。

总之，可以肯定，于古罗马法时代，近现代及当代意义的所有人抵押权观念尚未真正形成。抵押权从属于债权而存在，债权消灭，抵押权也随而消灭，乃是一项普遍的观念。

二、德国法

（一）所有人抵押权的形成与演变小史

德国法所有人抵押权观念，是在抵押权的附从性得到缓和，以及抵押权被解作一种价值权后出现的。所有人抵押权，最初是因继承与法律行为而使所有权和

1　本节与下节主要依据、参考日本学者石田文次郎所著《投资抵押权的研究》（有斐阁1932年版）第2页以下。该著作为日本关于此领域的重要著作，即使今天，仍旧于日本学界有着重要影响。惟我国迄无关于该著作的介绍。1998年本书作者于日本研修期间在神户大学读到此书，复印若干重要章节。不过，我国台湾地区有关于该著作的部分内容的介绍［参见郑玉波主编《民法物权论文选辑》（下），五南图书出版公司1984年版，第691—721页］，本书作者撰写本章第一、二节翻译石田的此一原著时参考了它，谨此说明。另外，本部分的撰写还参考了松井宏兴《抵押制度的基础理论》（法律文化社1997年版）一书的相关部分。

抵押权归属于同一人时，作为例外得到认可的。[1] 1824 年的《普鲁士宣言》谓：不动产所有人清偿债务后，抵押权不消灭，而是移转于所有权人。

之后不久，伴随学术研究的日益发达，无论债权存续与否，抵押权皆可以所有人抵押权的形态存在，乃逐渐获得了多数学者的认同。同时，这一时期的登记制度也为所有人抵押权的创设准备了条件。[2] 此表明，于一般不动产担保法上，抵押权之对于债权的附从性已得到了极大的缓和，而有认可具有独立性的抵押权的趋向。19 世纪中期以后，创设不以债权的存在为前提的土地债务，成为德国民法立法所肩负的重要使命。之后的情况表明，肇始于 19 世纪末期的民事立法运动完成了这一使命，所有人可于自己的土地上为自己设定所有人抵押权，乃为各州法所明定。[3]

（二）各领邦法上的所有人抵押权

据考疏，德国法所有人抵押权的历史，最早可以溯及到土地定期金买卖（Rentenkauf）。此定期金买卖，系指投资人贷与一定数额的金钱给土地所有人，尔后便可由该土地连续性地受一定地租的支付。并且，土地所有人纵使变更，新的土地所有人也要继续负担该特定地租的给付。可见，土地定期金买卖，是以土地负给付地租的“代当责任”（Sachhaftung），学说谓为“物的代当责任”。从而，于未受地租的给付时，作为债权人的投资人仅可通过强制执行土地而受地租债权的清偿。按照通说，1871 年以前德国地方法上的所有人抵押权，正由来于此定期金买卖。[4]

1. 不来梅（Bremen）法

依不来梅地方的法律，为定期金买卖时，须作成“公约证书”（Handfeste）。“公约证书”所记载的定期金买受人，通常为真正的买受人。然例外也存在由土地所有人记载虚拟的买受人而作成“公约证书”的情况。“公约证书”由土地所有人保留于自己手中而未出让时，所有人即享有（保有）由自己的物（土地）收取“定期金”的权利。此与证券抵押，于所有人把（抵押）证券交付给债权人

---

1 参见 1794 年《普鲁士普通邦法》“附则”的《1802 年敕令》及 1843 年《萨克森法律》。

2 参见 1843 年《萨克森法律》与 1872 年《普鲁士土地所有权取得法》。

3 譬如 1848 年的《梅克伦堡抵押权条令》、1868 年的《吕贝克抵押权条令》、1880 年的《吕贝克和汉堡抵押权条令》及 1872 年的《普鲁士土地所有权取得法》，皆完全认可土地所有人得于自己的土地上以自己的名义而为自己设定所有人抵押权。

4 ［日］石田文次郎：《投资抵押权的研究》，有斐阁 1932 年版，第 265—266 页。

前，抵押权即归属于他自己，并无不同。[1]

2. 巴伐利亚邦法

因受罗马法的影响，巴伐利亚领邦效仿罗马法而规定：抵押权与所有权混同时，原则上抵押权归于消灭，后顺位抵押权得升进其顺位。同时，为防止此项规定可能发生不公平的结果，该法又规定：抵押权已全部或一部消灭，但未于登记簿册予以注销的，所有人得保有该抵押权的顺位，且可以之向他人融资。[2]

3. 萨克森（Sachsen）法

于萨克森地方，1843 年 11 月 6 日的《质权法》规定：土地所有权与抵押权归属于同一人时，土地所有人可以将自己登记为债权人，并有处分抵押权的权利。土地所有人如仅出让土地所有权的，则抵押权仍由土地所有人享有，受让人不能取得之。[3]

4. 普鲁士（Preußen）法

1794 年《普鲁士普通邦法》继受了罗马法的担保权因混同而消灭的规定。惟对于抵押权与土地所有权混同时，土地所有人得否出让其债权或抵押权，未设明文。有鉴于此，1802 年 8 月 11 日的法典调查会议便决定：纵抵押权与所有权混同，只要所有人不注销抵押权的登记，抵押权也不消灭，从而所有人仍旧可以把它“让与”给第三人而获取融资。之后，此规定被追加规定于《普鲁士普通邦法》中。惟因其得否适用于所有人清偿债务的场合并不明确，故而普鲁士政府乃不得不于 1824 年 4 月 3 日的《通告》中指明：所有人清偿了被担保债权，但未注销抵押登记簿册上的债权的登记的，无论清偿之时是否进行了抵押权的让与，以及是否交付了债权受清偿的证书，皆应视所有人（即债务人）为抵押权受让人而享有一切权利。进而，于《普鲁士普通邦法》，无论债权与所有权混同，抑或不动产所有人清偿债务，所有人抵押权皆可成立。此外，1872 年《普鲁士土地所有权取得法》第 27 条也明确：土地所有人可以自己的名义登记土地债务，并作成土地债务证券。[4]

---

1 ［日］石田文次郎：《投资抵押权的研究》，有斐阁 1932 年版，第 266—267 页。

2 ［日］石田文次郎：《投资抵押权的研究》，有斐阁 1932 年版，第 267 页。

3 ［日］石田文次郎：《投资抵押权的研究》，有斐阁 1932 年版，第 267 页。

4 ［日］石田文次郎：《投资抵押权的研究》，有斐阁 1932 年版，第 268—269 页。

5. 梅克伦堡（Mecklenburg）法

梅克伦堡位于德国北部，较之其他各地，该地区于较早之时即已进行了自己的抵押权立法事业。1848 年梅克伦堡修订了旧有的抵押权制度，而认可抵押权的独立性，并规定土地所有人可以自己的名义登记抵押权。尽管此规定当时只适用于士大夫的土地，但至 1872 年《普鲁士土地所有权取得法》颁行时，其即被扩大适用于一般的场合，也就是说，一般的土地所有人也可以自己的名义登记抵押权。[1]

三、瑞士法

据考证，瑞士民法的所有人抵押权，系渊源于 Gültrecht，而 Gültrecht，迄今已有较为久远的历史。按照 Gültrecht，一笔土地仅可供作一次担保，但至后来，以同一土地设定数个担保也获承认。不过，此种场合，后成立的担保权仅能取得先成立的担保权满足其债权的清偿后所剩下的余额。此外，依瑞士民法，土地所有人可以发行“地租证券（债券）”（Gültbrief）。但因土地所有人需为地租证券（Gült）的债务人，故而若其未觅到债权人时，即与地租证券的形式不合。于是，土地所有人先拟制某人为债权人，并将之记载于证券上，以实现地租证券的设定。1867 年 2 月 10 日，瑞士民法明文废止同一土地的先顺位抵押权因清偿或混同而消灭时，后顺位抵押权人得升进其顺位的规定，明定应由土地所有人享有（保有）该抵押权及其顺位。1907 年公布的《瑞士民法典》直接承袭 1867 年 2 月 10 日法的规定，于第 814 条第 1 项明定：“同一不动产设定有不同顺位的数个不动产担保物权者，某一顺位的不动产担保物权被注销时，后顺位的不动产担保物权人不因此享有请求递升其顺位的权利。”[2]

四、奥地利法

1811 年《奥地利普通民法典》设有所有人抵押权的规定。第 1446 条规定：“已登记于公共登记簿的权利和义务，在其由公共登记簿中被注销前，不因混同而消灭。已登记的担保物权，在被注销前，得由所有权人或以强制执行的方式，

---

1 ［日］石田文次郎：《投资抵押权的研究》，有斐阁 1932 年版，第 269—270 页。

2 ［日］石田文次郎：《投资抵押权的研究》，有斐阁 1932 年版，第 271—272 页。

移转于第三人。”第 469 条规定：“担保物权因债务被清偿而消灭。但担保人，非同时受领担保物之返还，得不清偿债务。仅债务被清偿，并不当然使抵押权消灭。登记于公共登记簿中的债务被注销前，抵押物对该债务仍负责任。登记于公共登记簿中的债务被注销后，抵押物的所有权人，得依清偿证书或其他可证明所担保债务已消灭的文书，将该担保物权转而担保新债权，但新债权不得超过所登记的担保债权额。”[1]

五、法国法

法国为现当代大陆法系之一重要国家，其关于所有人抵押权的立法大抵经历了如下三个时期：

第一个时期是 1789 年资产阶级大革命以前。这一时期，因受罗马法的影响，罗马法抵押权制度广泛作用于法国各地，无论何人皆不能以自己的物为自己设定担保权，担保权与所有权混同时，担保权归于消灭，乃为一项基本的观念。

第二个时期是 1789 年资产阶级大革命开始至 1804 年《法国民法典》的制定。这一时期，法国社会跌宕起伏、社会关系变动不居，抵押权于此种背景下也发生了重要变化。因受重农学派的影响，法国共和 3 年 10 月 19 日，法律规定所有人可就自己的所有物为自己设定抵押权。详言之，土地所有人可于自己土地价格的 3/4 的限度内，发行抵押证券，供作债权的担保，该抵押证券因特性上类似于票据，故可依背书而转让。惟因此项制度的理论基础过于烦琐、不易理解，结果造成实务上难以推行。于是，共和 7 年 2 月 11 日，法律乃不得不将其废止。

第三个时期是 1804 年《法国民法典》制定以后。此一时期的法律与交易实务认为，如果抵押权与所有权混同，原则上抵押权应归于消灭。惟因贯彻此一原则将发生不公平的结果，于是取法罗马法的立场，而设例外规定。即于此情形，应成立所有人抵押权，以防止后顺位抵押权人获取不当利益，同时也可达到保护所有人的权利的目的。[2]

---

1 参见戴永盛译：《奥地利普通民法典》，中国政法大学出版社 2016 年版，第 280 页、第 99 页。

2 ［日］石田文次郎：《投资抵押权的研究》，有斐阁 1932 年版，第 264—265 页。

六、《日本民法》与我国台湾地区“民法”

《日本民法》与我国台湾地区“民法”，仅规定混同的情形得成立所有人抵押权，适用范围甚为狭窄。[1] 我国台湾地区“民法”第762条规定：“同一物之所有权及其他物权，归属于一人者，其他物权因混同而消灭。但其他物权之存续，于所有人或第三人有法律上的利益者，不在此限。”《日本民法》第179条第1、2项规定：“就同一物，所有权及其他物权归属于同一人时，其他物权消灭。但其物或其物权为第三人的权利标的时，不在此限。所有权以外的物权及以之为标的的其他权利，归属于同一人时，其权利消灭。对此，准用前项但书的规定。”

可见，于我国台湾地区“民法”和《日本民法》，纵所有权与其他物权发生混同，仍不能当然成立所有人抵押权，而仅于兼具但书所定的条件时，方可成立所有人抵押权。具体而言，仅于具备下列要件时，方可成立：

第一，须所有权与抵押权混同，即只有同一物的所有权与抵押权归属于一人时，方有所有人抵押权成立的可能。否则，如非因混同，而是由于债务人的清偿债务，抑或抵押权人绝对抛弃抵押权，皆不得成立所有人抵押权。

第二，须抵押权的存续于所有人有法律上的利益。亦即，仅所有权与抵押权混同，并不能当然成立所有人抵押权，而仅有该抵押权的存续于所有人有法律上的利益时，方可成立。所谓抵押权的存续于所有人有法律上的利益，涵括：同一抵

---

1 与德国法采抵押权顺位固定原则不同，日本民法与我国台湾地区“民法”系采顺位升进原则。依此原则，先顺位抵押权消灭时，后顺位抵押权得当然升进，抵押物所有人并无因债务的清偿而取得先顺位抵押权的可能。结果，乃不免一面牺牲抵押物的担保价值，而有害于所有权人；另一面亦贻后顺位抵押权人以不当的利得。盖后顺位抵押权人之取得抵押权，是在先顺位抵押权已然存在的前提下取得的，故对变卖标的物所得价金，应尽先由先顺位人受偿，尔后自己只能以余额受偿，尽在预料中。故于债权成立时，往往对债权的利率及清偿期等作有利的约定，借以冲销顺位在后的不利。若竟因债务人清偿先顺位人的债权，而使自己的顺位升进，其债权也因此毫无问题地得到满足，当属不当利益。此外，自另一方面观察，该抵押物的担保价值，因后顺位抵押权人升进其顺位的结果，于该升进者的利得的限度内，也相应减少，对抵押物所有人的利益也有影响。盖因先顺位抵押权所担保的债权消灭，而其抵押权若移转于所有人时，则所有人自可把该抵押权再用于其他债权的担保而获取融资。如此不独对所有人有莫大的利益，且对后顺位抵押权人也无不测的损害。当代各国家（如德国、瑞士）之所以广泛采行所有人抵押权，其重要的因由大抵正在于此。惟日本与我国台湾地区“民法”对于所有人抵押权，认为仅可于混同的情形成立，此立场是否妥适，实值斟酌。对此，请参见郑玉波著，黄宗乐修订：《民法物权》，三民书局2007年版，第345—346页。

押物上，存有两个或两个以上的抵押权，即同一抵押物上存有多数抵押权的竞合；发生混同者，须为先顺位的抵押权，亦即混同后，尚存在后顺位的抵押权。[1]

另外，所有人抵押权，以是否保有债权为标准，可作出不同的分类。保有债权者，为“保有债权的所有人抵押权”，反之为“不保有债权的所有人抵押权”。之所以如此，盖因抵押权与所有权的混同，与被担保债权和债务的混同，乃为截然不同之事。抵押权虽然与所有权混同，但被担保债权并未与债务混同者有之；抵押权与所有权混同时，被担保债权即与债务混同者也有之。因前一种混同所生出的所有人抵押权，为保有债权；因后一种混同所生出的所有人抵押权，为不保有债权。然于如何情形方能发生前一种混同，又于如何情形方能发生后一种混同，须视抵押物属何人所有及混同原因如何而定。兹录我国台湾地区学者郑玉波对此问题的释明如下。[2]

抵押物所有人	混同的原因	混同的状况	混同的结果
债务人	继承	无论抵押权人因继承而取得抵押物的所有权，抑或抵押人（债务人）因继承而取得抵押权，皆发生所有权与抵押权的混同，债权与债务混同	成立不保有债权的所有人抵押权
	让与	抵押人（债务人）因受让而取得抵押权时，亦与上栏同	
		抵押权人因受让而取得抵押物的所有权时，只发生抵押权与所有权的混同，而不生债权、债务的混同	成立保有债权的所有人抵押权

1 兹举例释明如下。设甲将其所有的建筑物先抵押于乙，乙为第一顺位抵押权人；之后又抵押于丙，丙为第二顺位的抵押权人，若往后甲为乙的继承人而取得乙的抵押权，或乙为甲的继承人而取得甲的所有权时，则皆得发生混同。此时，乙的第一顺位抵押权仍为甲或乙而存续，成立所有人抵押权。盖若不如此，则丙的抵押权势必升进为第一顺位，对于混同后的所有权人难免不利。又同一事例，如甲为丙的继承人，取得丙的抵押权，或丙为甲的继承人，取得甲的所有权时，尽管也发生混同，但丙的第二顺位抵押权却归于消灭，而不能成立所有人抵押权。因其存续，对于混同后的所有人并无法律上的利益可言（因已无后顺位抵押权可以升进）。由此可见，我国台湾地区与《日本民法》上的所有人抵押权，仅于先顺位抵押权与抵押物的所有权混同时方可成立。对此，请参见郑玉波著，黄宗乐修订：《民法物权》，三民书局 2007 年版，第 347 页。

2 郑玉波著，黄宗乐修订：《民法物权》，三民书局 2007 年版，第 348 页。

续表

抵押物所有人	混同的原因	混同的状况	混同的结果
物上保证人	继承	无论抵押权人继承物上保证人，抑或物上保证人继承抵押权人，皆只发生所有权与抵押权的混同，而不发生债权、债务的混同，让与时亦同	成立保有债权的所有人抵押权
	让与		
	代位清偿	物上保证人因代位清偿而取得抵押权时，亦与上栏同	
第三取得人	继承	无论抵押权人继承第三取得人，抑或第三取得人继承抵押权人，皆只生所有权与抵押权的混同，而不发生债权、债务混同，让与时亦同	成立保有债权的所有人抵押权
	让与		
	代位清偿	第三取得人因代位清偿而取得抵押权时，亦与上栏同	

由上表可知，抵押物若为债务人以外的人（第三取得人）所有时，则无论其混同的原因如何（由于继承、让与或代位清偿），皆得成立保有债权的所有人抵押权。盖此时债权、债务并未混同，亦即另有债务人存在，故得保有债权也。抵押物若为债务人所有时，则不能一概而论。申言之，混同的原因如为继承时，则成立不保有债权的所有人抵押权，混同的原因若为让与时，则债务人为受让人者固成立不保有债权的所有人抵押权；若抵押权人为受让人者，则又成立保有债权的所有人抵押权。[1]

第二节　所有人抵押权的法构成

一、诸学说的分析与考量

由以上考察可以明了，所有人抵押权，乃是就自己的所有物享有（保有）抵押权。然应提及的是，罗马法以来近现代及当代民法所称所有人抵押权，实际上

1　郑玉波著，黄宗乐修订：《民法物权》，三民书局 2007 年版，第 348—349 页。需指出的是，根据我国台湾地区“民法”，所有人抵押权因系依法律的规定而发生，故无需办理登记即得成立。

有广狭二义。广义的所有人抵押权，涵括“保有债权的所有人抵押权”，与“不保有债权的所有人抵押权”；狭义的所有人抵押权，则仅指“保有债权的所有人抵押权”。“不保有债权的所有人抵押权”，学理上属于“土地债务”。[1] 以下对于所有人抵押权的释明，系从广义，即不仅涵括“保有债权的所有人抵押权”，而且囊括了“不保有债权的所有人抵押权”。此点，于此谨予说明。

由前文的考察还可以明了，民法自罗马法以降，莫不认抵押权为他物权。抵押权既然为他物权，则当然应存在于他人之物上，亦即应以他人之物（债务人或第三人的所有物）而设定。而所有人抵押权，则是于自己的物上设定的，故而谓为特殊抵押权。[2]

事实上，所有人抵押权，不独是一种特殊的抵押权，而且被认为是近世私法上的一大怪物，其不仅对旧有的担保物权理论提出了挑战，而且越出担保物权法的领域而向一般的私法理论提出了挑战。盖民法自罗马法以来，对于担保物权，从来采行“担保权的不可分性”与“担保权的附从性”原则。依前一原则，于被担保债权未受清偿时，担保权人得就担保物的全部行使权利，亦即以担保物的全部来担保债权的各部，并以担保物的各部来担保债权的全部。依后一原则，“无债权即无担保权”，担保权的成立需以债权的存在为前提，无债权也就无所谓有担保权，如果将债权比之为“皮”，担保权喻之为“毛”，则“皮之不存，毛将焉附”正为二者关系的生动说明。显而易见，根据传统民法的此两项原则，使人们对所有人抵押权的合理性不能不产生疑问。同时，又给私法理论投下了如下的疑义：于自己的所有物上，除可以成立所有权外，何以还能成立此外的其他权利，如抵押权？实际上，对于所有人抵押权的法构成的讨论，其核心之点正是围绕此点而展开出来的。惟对于所有人抵押权的法构成的学说，归并起来，主要有下列

1　德国现行法上的不动产担保权，涵括抵押权（Hypothek）、土地债务（Grundschuld）及定期土地债务（Rentenschuld）。其中，抵押权以债权的存在为成立前提，为从属于债权的不动产担保权；土地债务则不以债权的存在为成立前提，系非从属于债权的不动产担保权。土地债务于归属于不动产所有人本人时，学理上即称为所有人土地债务。

2　日本学者石田文次郎甚至声言：“所有人抵押权，乃是近世私法学上的一大怪物”（参见其著《投资抵押权的研究》，有斐阁 1932 年版，第 273 页）。可见，要于学理上释明所有人抵押权的法构成，并非易事。

五说。[1]

（一）对自己的物的权利说

学者哈特曼（Hartmann）与胡贝尔倡之。哈特曼指出，物权得依一定的方向或目的加以区别或使其个别化。亦即，权利人借助于特定物权而欲达成的目的，即是各种物权的区别标准，各种物权各有其特有的目的。正是此特有的目的，才赋予了物权的支配力以一定的方向，并由此而确定其内容、限制其范围。但因产生该目的的契机各不相同，故有的物权被称为他物权，有的物权则演变为对于自己之物的权利。

胡贝尔说，所有人分离自己的物的所有权而形成的权利，无论为他物权抑或为对于自己之物的权利，皆有其独立的价值。一旦由所有权分离出这一价值，所有人便可以之为权利的标的而保有之。

此处暂不涉及于自己的所有物上得否为自己设定他物权这一私法学上的难题，而仅论及关于所有人抵押权的特性的“抵押权说”与“土地债务说”。换言之，所有人抵押权的性质，究竟属于“抵押权”抑或“土地债务”，对此的回答，无论何种学说，皆肯定于自己所有的物上得成立所有权以外的权利。此为二说的共同点。

主张“抵押权说”的代表人物，可以举出朗格其人。其认为所有人抵押权是一种真正的、基本的抵押权，是“物上负担”的源泉。[2]而主张“土地债务说”的学者，则并不立于所有人抵押权的本旨来检视所有人抵押权的法构成，仅以成文法上的规定来诠释所有人抵押权，并主张所有人抵押权特性上为土地债务（Grundschuld）。此外，也有学者将所有人抵押权解作“对将来债权的抵押权”。主此见解的学者，以梅迈贝姆与德恩堡（Dernburg）最具代表性，认为所有人抵押权，是为将来的债权，抑或为债权人的利益而设定的权利，惟因谁将成为债权人不能确定，故暂以所有人的名义而为抵押权的登记。[3]

---

1 ［日］石田文次郎：《投资抵押权的研究》，有斐阁1932年版，第273—274页。以下非有特别注释（明），所做论述系出自于该书第274页以下，谨此说明。

2 Lange，Eigentümerhypothek，1901年，第18、29、30、32页。转引自石田文次郎：《投资抵押权的研究》，有斐阁1932年版，第276页。

3 ［日］石田文次郎：《投资抵押权的研究》，有斐阁1932年版，第274—276页。

（二）顺位保留说

学者施温德（Schwind）倡之，认为将土地予以换价的权利，仅土地所有人保有之，亦即只有土地所有人得容许他人取得土地价值的一部或全部。土地所有人可依土地登记簿册制度，而使土地的价值独立化，并将其分为若干部分，且将一部分价值保留于自己之手。故而所有人抵押权既不是权利，也不是就将来的债务设定“物上责任”，只不过是为所有人的利益而于登记簿册采取的一种形式，即为了取得该土地将来的信用，而把优先顺位保留于自己之手。[1]

（三）价值分割说

此说由布雷姆尔（Bremer）与奥伯尼克（Oberneck）所倡，认为所有人抵押权是所有人对于抵押物的一部分价值的优先取得权。换言之，是以抵押权的形式表现所有人的独立权利。故而，所有人抵押权实质上是所有权的表现，只不过于所有权的权能上披上了担保权的外衣，并以担保权的形式独立地表现其存在。故其并不是真正的担保权。而且，如认所有人抵押权为担保权，则其一定存在另外的（即所有人以外）权利主体，且该权利主体应享有实行权。然所有人抵押权，既无另外的权利主体，且权利人也无实行权，故不属于担保物权。所有人抵押权既然不是担保物权，则其究为何种权利？实际上，它是一种渊源于所有权的独立的价值取得权，称为价值分割说。[2]

需注意的是，此价值分割说，与德国普通法时代的价值部分说（Wertparzellentheorie）未尽相同。依价值分割说，土地与其价值应予分开，出质之时，非以土地出质，而是以土地的价值出质。此点正为价值分割说与价值部分说的区别之点。概言之，顺位确定，并不一定推论出价值部分说。不过，承认“顺位确定”，与“各抵押权得分别支配抵押土地的价值”之间并不矛盾。根据价值分割说，担保权人尽管可以支配担保物的全部，但因顺位业已确定，故抵押权人受偿自己的债权时，仅以特定顺位所表示的价值为限。按此见解，拍卖土地时的抵押权的效力即可获得解明。亦即，抵押权的设定，整个抵押物虽受拘束，但抵押物并不以其全部价值负其责任，故于抵押土地因拍卖而变成价金时，各抵押权人仅能依其

1 ［日］石田文次郎：《投资抵押权的研究》，有斐阁1932年版，第277页。

2 ［日］石田文次郎：《投资抵押权的研究》，有斐阁1932年版，第277—278页。

顺位与债权额，取得拍卖价金的一定部分（相当于债权的金额）。又因法律规定须由土地（抵押物）负此责任，故而应解为由整个土地负责，而非由土地的一部负责。法律之所以如此规定，乃在于使整个土地成为强制执行的标的物。概言之，各抵押权人的价值取得权，受各价值取得权的先后顺位的影响，仅于先顺位的价值取得权实现后，后顺位的价值取得权方有可能实现。[1]

（四）所有权的消极的效力说

此说最早为学者耶林所倡。其将各种权利的效力类型化为两种：积极的效力与消极的效力。积极的效力，指能够使权利人享有其利益的法律地位；消极的效力，指即使一时欠缺权利主体，也能使权利的客体受到与积极的效力下所受相同的拘束。概言之，权利的积极效力，纵一时有所欠缺，其消极效力也仍然可能存在。权利，如果仅有消极效力，则该权利尽管无通常状态下的利益，但因可以随时插入权利主体，而使之成为完全的客观的权利，且因此时该权利客体已受拘束，故有可能成为完全的权利，进而也会受到法律的保护。所有人抵押权，正为权利的消极效力的一种表现。[2]

学者彭夏尔特（Puntschart）也持与耶林相近似的见解。其认为，所有人抵押权，并不是基于一定的法律目的而对物的拘束，也不是对将来债权的抵押权，只不过是权利的萌芽而已。显而易见，彭夏尔特之说，与耶林的“权利的消极效力说”乃大同小异，甚至有异曲同工之妙。彭夏尔特尚补充说，所有人抵押权，是为将来的信用而作的准备。[3]

学者基尔克未如耶林把权利的效力界分为积极的效力与消极的效力，而是立于主观与客观的立场来释明所有人抵押权的本旨。自总体上看，基尔克之说尽管在形式上与耶林之说有出入，但其基础则与耶林之说并无大异，故将基尔克的见解归入耶林类型，并无不当。

基尔克说，欲检视所有人抵押权的法构成，应将所有人抵押权的法律关系区别为主观与客观两方面加以观察。由主观方面观察，所有人抵押权是所有权权能

1 ［日］石田文次郎：《投资抵押权的研究》，有斐阁 1932 年版，第 279—280 页。

2 ［日］石田文次郎：《投资抵押权的研究》，有斐阁 1932 年版，第 280 页。

3 ［日］石田文次郎：《投资抵押权的研究》，有斐阁 1932 年版，第 280—281 页。

的表现；由客观方面观察，所有人抵押权则是以他物权的形式而存在的独立权利。亦即，自主观方面看，的确不会发生对自己之物的担保物权。盖所有人除对自己的所有物享有（保有）所有权外，不可能对自己的物复有其他的“物上支配”的权利，故所有人当然不能以自己的物为自己设定限制物权。但是，若自客观方面观察，则所有人抵押权，除所有权外，显然地另有对土地的权利存在。亦即，此种情形，担保权的内容已由所有权分离出来而成为独立的权利，并依登记公示该权利的状态，使之具有他物权的形式。易言之，所有权人以担保权的形式，保有由自己的土地分离出来的权利。如此，所有权人自可以让与担保权的方式处分其权利。至于该处分，当然是担保权的处分，而不是所有权的一部分权能的处分。于担保土地被强制执行时，所有人即可取得以担保权的形式而独立存在的一部分价值。[1]

（五）所有权说

由恩德曼（Endemann）与哈根（Hagen）倡之。值得指出的是，该说获得了多数学者的赞同，以至于成为事实上的通说。

恩德曼说，所有人抵押权的实体法上的本旨，既不是抵押权，也不是土地债务，更不是登记簿册上的空位子，而是对后顺位抵押权有排他效力的特殊形式的所有权；也不是对自己土地的负担，而是对自己土地的无限制的所有权的一种表现形式。所有人抵押权绝不是他物权，只不过于形式上把它登记为抵押权而已。以此为基础，恩德曼进一步解释说，所有人抵押权不是对土地的支配权，而是对拍卖土地的价金的权利。故抵押物一旦被拍卖，所有人自可依登记簿册所记载的顺位取得一定的金额。惟应注意的是，土地所有人对于拍卖土地的价金的取得权，不是基于债权人的身份有此权利，而是基于所有人的身份有此权利。土地所有人可依登记簿册载明的顺位而由拍卖所得的价金中受一定数额的金钱的给付。[2]

1　［日］石田文次郎：《投资抵押权的研究》，有斐阁 1932 年版，第 281—282 页。

2　［日］石田文次郎：《投资抵押权的研究》，有斐阁 1932 年版，第 282—284 页。

二、所有人抵押权的本旨

（一）对以上各说的评析、考量

所有权是所有人对于标的物的完全的支配权，所有人纵以自己的物为他人设定他物权，而使自己的所有权受一时的限制，也绝不会因此使自己的所有权受任何影响。易言之，他物权于日后消灭时，所有权便回复其原有的状态，称为所有权的弹力性。

由所有权的特性所决定，将物予以换价的权利，仅所有权人有之。至于以所有物设定担保权于他人，则为所有人容许他人取得该物的一部分价值。故而，担保权一旦归于消灭，所有权便不再受其拘束，从而可以回复其完全的支配力。所有权与担保权因混同而归于一人时，担保权不消灭，而应由所有人享有（保有）。但此并不意即所有人额外取得了多余的权利，而仅在表示，所有权的限制已被解除，并回复了其完全的、圆满的支配力。

根据关于所有人抵押权特性的顺位保留说，所有人抵押权，系为保留所有人优先的顺位而存在。然顺位的单纯保留与所有人抵押权不可同日而语。于顺位的单纯保留，顺位的处分权应移转于物的受让人，即受让人随时都有处分该顺位的权利。但于所有人抵押权，抵押权却未必移转于物的所有权的受让人。亦即，依合意，让与所有权的人既可以保留抵押权，也可以与抵押权一并移转于受让人。所有权与抵押权一旦分离，所有人抵押权即成为完全的权利并独立存在。可见，顺位的保留与所有人抵押权，不但有其差异，而且登记簿上的“空位子”，依顺位保留说，也不过是“无权利”的表示而已。故把所有人抵押权的特性解为单纯的“空位子”，自然无助于问题的解决。[1] 价值分割说，亦与此同。

耶林把权利的效力界分为积极效力与消极效力，进而将所有人抵押权解作权利的消极效力的一种表现。然于所有人抵押权，其权利主体并非一时欠缺，而是自始存在，即所有人便是其权利主体。

（二）所有人抵押权的本旨

所有人抵押权的本旨不过为所有权，且为不负任何负担并可免受各种限制的

---

1 ［日］石田文次郎：《投资抵押权的研究》，有斐阁 1932 年版，第 287—288 页。

所有权。从而，所有人抵押权虽名为“抵押权”，但与通常的抵押权却有很大的不同，即它绝不是登记簿册上的“空位子”，而是由所有权的各项权能所充实的实质所有权。标的物被拍卖时，所有权人虽有权依登记簿册上的顺位，及登记的债权数额，由拍卖标的物所得的价金受一定金额的给付，但所有人并非以债权人的身份取得此权利，且也不是作为对债权的清偿而取得此项金钱，正相反，它是以拍卖土地所得的金钱为所有物的换价代金，并由之而取得一定数额的金钱。易言之，所有人取得拍卖土地所得的价金的一部，特性上是在行使所有权。所有人的此权利，是经由抵押权登记簿册而表现的所有权的权能，是一种可以对抗后顺位抵押权人的权利。进而言之，所有人抵押权是一种权利的回复，即通过对它的回复，而排除后顺位抵押权人，以防止其取得不当的价值，故可认为是一种可以对抗后顺位抵押权人的、所有权的排他性的一种表现。[1]

然存在疑问的是，既然所有权的权能要回归所有权人，则缘何又要赋予所有权的权能以担保权的形式，并使之披上抵押权的外衣，且以成文法上的担保权对待？之所以如此，乃是有其法律与经济上的因由的。

法律上的因由，是所有权与抵押权混同时，为了于立法政策上表示抵押权不消灭，故规定必须于登记簿册加以登记。同时，为了表示所有人可以排斥后顺位担保权人而由拍卖所得的价金中优先受偿一定数额的金钱，也要求采取担保权的形式，舍此别无他途。

经济上的因由，是所有人不注销抵押权登记便可以该不动产复供作债权的担保，并作为将来获取不动产信用的基础。可见，为了实现所有人的经济目的，使本应因混同而归于消灭的抵押权仍然保留于所有人之手，乃有必要保留登记簿册上的记载。此为所有人达成其经济目的的捷径。[2]

目的，为法律之母，为了实现某一目的，即应创制相应的法律。为了实现所有人的经济目的，使所有权中的某一权能可以独立存在并赋予其区别于所有权的法律形态，即非采取所有人抵押权的形式不可。此点，正为所有人抵押权受到各国家或地区物权法重视的因由所在。故而可以断言，所有人抵押权，乃为近现代及

---

1 ［日］石田文次郎：《投资抵押权的研究》，有斐阁 1932 年版，第 290—291 页。
2 ［日］石田文次郎：《投资抵押权的研究》，有斐阁 1932 年版，第 291—292 页。

当代信用经济的产物，而绝非近现代及当代民法上的所谓“怪物”。[1]

三、所有人抵押权的发展趋向

近现代及当代民法大多从罗马法而规定先顺位抵押权消灭时，后顺位抵押权得递升其顺位。但如果忠实地贯彻此原则，则不独会损及所有人的利益，且对后顺位抵押权人也十分不利。故此，近现代及当代多数国家或地区的民法就此设立例外，明定同一标的物上有后顺位抵押权时，如先顺位抵押权与所有权混同，即应成立所有人抵押权。惟前述不公平的情形，并不仅仅发生于混同时，于被担保债权不成立、抵押权人抛弃抵押权，及债务人清偿先顺位的被担保债权时，皆可发生。换言之，此不公平情形，于先顺位担保权消灭，后顺位担保权递升其顺位时，也可发生。而要避免此不公平的结果，法律即应对混同的情形，认可所有人抵押权的成立，于其他情形，尤其于清偿后，也应认可有所有人抵押权的成立，方称妥当。概言之，应以先顺位担保权消灭，所有人抵押权成立为原则，后顺位担保权递升其顺位为例外。惟有如此，方才不至于发生不公平的结果。当然，如所有人不利用该担保权的顺位而将其注销时，后顺位担保权人自可递升其顺位。总之，应将顺位升进与否，委诸所有人的意思定之，方属恰当。于现今的德意志法系国家，尤其是德国民法，正是依此而广泛认可所有人抵押权。[2]

抵押权是以支配抵押标的物的交换价值为目的的权利。故此，抵押权人的权利，并非以标的物的使用、收益为内容，而是将标的物换价并由换价所得的价金中取得相当于自己的债权额的金钱。抵押权人固可支配与把握抵押标的物的全体并将之拍卖，但负清偿责任的，并非抵押标的物的全体，而是换价标的物后所得价金中的一部。易言之，抵押物的交换价值，乃是抵押权的法律基础，而由抵押权取得其价值，则为抵押权的内容。[3]

实际上，后顺位抵押权人仅能以先顺位抵押权人满足其债权后的余额清偿其债权，亦即，第二顺位以后的抵押权人无从取得抵押标的物的全部价值，亦即仅

---

1 ［日］石田文次郎：《投资抵押权的研究》，有斐阁 1932 年版，第 292—293 页。

2 ［日］石田文次郎：《投资抵押权的研究》，有斐阁 1932 年版，第 293—294 页。

3 ［日］石田文次郎：《投资抵押权的研究》，有斐阁 1932 年版，第 295 页。

可依登记簿册记载的顺位取得抵押物的一部分价值。抵押权因登记而有确定的顺位，后顺位抵押权人是知悉此一事实的。于是，后顺位抵押权人乃在利息或清偿期上进行了有利于自己的约定。如此，先顺位担保权消灭时，后顺位担保权人不递升其顺位，也不会对其不利。此外，规定所有人抵押权，还可以使所有人较易获得融资、信用，并于节省费用及简化程序上，对不动产所有人具有裨益。[1]

可见，理论上既应肯定所有人抵押权，也应肯定顺位确定原则。所有人抵押权，是以顺位确定为基础的，二者为互为表里的关系。不过，如承认顺位确定原则，则应容许分割抵押物的价值。但如果抵押物的价值可以分割，则担保权的不可分性原则就会面临挑战。易言之，担保权的不可分性，是否合于市场经济条件下的经济关系，乃不能不予以重新检视。不言而喻，此原则因过分偏重于债权人的保护，而未虑及债务人获取融资及取得不动产信用的利益，故应予以废弃。[2]

总之，仅例外认可所有人抵押权的立法，现今已到了认真加以检视并考虑建立完善的所有人抵押权制度的时候了。废弃抵押权的不可分性、改采抵押权顺位固定主义，进而广泛认可所有人抵押权，此不独有助于不动产交易的顺利进行，而且有利于金融资本主义的维持，故而具有重要价值与实益。[3]

第三节　所有人抵押权与民法诸原则的关系

所有人抵押权现今已为德国、瑞士等德意志法系国家或地区广泛采行，并成为这些国家不动产担保权法上的一项重要制度。惟所有人抵押权，无论于德国抑或瑞士，皆不是一项孤立的制度，而是建立于民法的诸多原则之上的。以下即对所有人抵押权与民法诸原则的关系作一分析、考量。

一、所有人抵押权与混同原则

如前述，按照罗马法，标的物的所有权与标的物的限制物权归属于同一人

1　［日］石田文次郎：《投资抵押权的研究》，有斐阁 1932 年版，第 296 页。
2　［日］石田文次郎：《投资抵押权的研究》，有斐阁 1932 年版，第 297 页。
3　［日］石田文次郎：《投资抵押权的研究》，有斐阁 1932 年版，第 297 页。

时，限制物权消灭。对此，法国、日本与我国台湾地区“民法”，无不宗之。惟《德国民法典》第 889 条规定：“在他人土地上所设定之权利不因土地所有人取得该权利或权利人取得土地所有权而消灭。”据此可知，德国民法不仅认可所有人抵押权，而且认可“所有人地役权”及“所有人地上权”。[1]

依日本法、法国法、我国法及我国台湾地区“民法”，若要采行所有人抵押权，则非正确处理与物权混同原则的关系不可。亦即，是完全排除混同原则的适用，而普遍认可一切不动产限制物权皆由所有人享有（保有），抑或仅于抵押权场合排除混同原则的适用，而使抵押权归所有人享有（保有）。显而易见，此为一项立法政策问题。

二、所有人抵押权与抵押权的附从性

依罗马法，抵押权的价值，乃在于担保债权的清偿，债权消灭，抵押权随而消灭，称为抵押权的附从性。[2]纵排除物权混同原则，但若坚持抵押权的附从性，则所能成立者也仅仅是狭义的所有人抵押权。结果，如同土地债务那样的所有人抵押权，也就无从成立了。于所有人抵押权系统上，较之狭义的所有人抵押权，因土地债务更具重要意义，故若坚持抵押权的附从性，则所有人抵押权的意义与价值即会丧失大半。[3]

《德国民法典》是认可与债权完全分离的土地债务的。故而，不保有债权的所有人抵押权（土地债务）的存在根据，不发生问题。与此相左，于法国、日本

1　当然，于此等归属于所有人的限制物权中，当以所有人抵押权为最重要。值得提及的是，于法史上，所有人抵押权也是被用来排除混同原则的适用，及为了促进抵押权的流通而定着下来的。对此，请参见［日］铃木禄弥：《抵押制度研究》，一粒社 1968 年版，第 179 页。

2　于德国等德意志法系国家的民法上，尽管并无债权消灭，抵押权也随而消灭这一意义上的抵押权的附从性，然抵押权随债权的处分而处分，及抵押权不能与债权分离而为处分此一意义上的抵押权的附从性，则是存在的。

3　譬如，符合《日本民法》第 179 条第 1 项第 2 句的“但书”的规定时，即得成立所有人抵押权。然依日本学理，抵押权的附从性即使于这里也是得到了贯彻的。故此，若被担保债权消灭，则抵押权也当然应随而消灭。进而，所有人抵押权的成立，即仅限于所有人与债务人为不同的人，且所有权与抵押权归属于同一人的情形。可见，《日本民法》第 179 条关于所有人抵押权的成立的“但书”的规定，并无多大的实益。对此，请参见［日］铃木禄弥：《抵押制度研究》，一粒社 1968 年版，第 180 页。

及我国民法上，尽管一般性地采土地债务并无大的问题，但要自理论上自圆其说地释明债权消灭，抵押权并不消灭的现象，则有不小的困难。[1]

三、所有人抵押权与顺位固定原则

自近代民法以降，有所谓顺位固定原则。顺位固定，为与“顺位升进”相对应的概念，系指先顺位抵押权消灭时，后顺位抵押权一仍其旧，不得升进。通常认为，德国民法与瑞士民法采取了此原则。

惟于德国民法上，也例外地定有（所有人）抵押权不成立或抵押权消灭时，后顺位抵押权得升进的规定。据此，一些学者认为德国民法并未普遍采取顺位固定原则，而仅于所有人抵押权场合肯认了此原则，即因有先顺位的所有人抵押权，故后顺位抵押权不得升进其顺位。据此见解，先顺位即使变成“空位”，后顺位抵押权也不得升进其顺位。

通常认为，切实贯彻并采行了顺位确定原则的，是瑞士民法。按照瑞士民法，先顺位抵押权消灭时，所消灭的“担保位置”（Pfandstelle）即变成“空位”而被保留下来，后顺位抵押权不得升进其顺位。[2]另外，所有人自始可以保留先顺位的“空位”，而设定后顺位的抵押权[3]。[4]

四、所有人抵押权与对自己之物的权利

自学理上看，所有人抵押权的重要特性在于，于土地所有权与该土地上的抵押权或土地债务归属于同一人时，抵押权或土地债务不消灭。亦即，依所有人抵

1 ［日］铃木禄弥：《抵押制度研究》，一粒社 1968 年版，第 180 页。

2 《瑞士民法典》第 814 条第 1 项规定：“同一不动产设定有不同顺位的数个不动产担保物权者，某一顺位的不动产担保物权被注销时，后顺位的不动产担保物权人不因此享有请求递升其顺位的权利。”

3 《瑞士民法典》第 813 条第 2 项：“为前顺位不动产担保物权保留其所登记的金额后，得设定第二顺位或更后顺位的不动产担保物权。”

4 所有人不受重新设定抵押权的程序上的劳苦即可利用担保，经由于登记簿上移转旧抵押权即可设定实体法上的新抵押权，以及可以把握新的受信（接受信用）机会等方面，瑞士法的不保有债权的所有人抵押权实具积极价值。由此，日本有学理认为，无论作为立法论，抑或不伴有债权的抵押权，为了克服理论上的困难，可以考虑规定“空位担保位置”制度。对此，请参见［日］铃木禄弥：《抵押制度研究》，一粒社 1968 年版，第 182 页。

押权，抵押权与土地债务不被所有权所吸收，而是保持其独立性。不过，与日本、法国民法不同，依《德国民法典》第 889 条的规定，土地所有权与该土地上的限制物权混同，限制物权也不消灭，而是归由所有人享有（保有）。进而，纵所有权与抵押权或土地债务混同，据此规定，所有权也不得吸收之，而是以所有人抵押权或所有人土地债务的形态继续其存在。可见，所有人抵押权，不过是适用此原则的一种表现。[1]

但是，如前述，对于自己之物的权利，是由土地所有人除可对自己的土地享有所有权外，尚可享有限制物权而引申出来的。关于抵押权与土地债务，依《德国民法典》第 889 条、第 1163 条及第 1196 条的规定，土地所有人就自己的土地除得享有所有权外，复可享有抵押权或土地债务。此外的限制物权，于判例、学说上发生问题的，是地役权（Grunddienstbarkeit），即在供役地与需役地属于同一所有人时，所有人为了需役地的利益，得否于供役地上设定地役权，若可以，即称为所有人地役权（Eingentümergrunddienstbarkeit）。[2]

德国的判例实务，最初依罗马法的源自于绝对所有权观念的“无论何人皆不得就自己的物享有役权”（nulli res sua servit）的观念，及《德国民法典》第 873 条关于物权的成立需权利人与对象方达成合意的规定，而否定所有人地役权的成立。[3]但时至 20 世纪 30 年代，法院终于改变了立场。1933 年 11 月 14 日，德国最高法院的一项决定，肇开承认所有人地役权的先河。依该决定，认可所有人地役权的法律根据主要有二：一是规定土地所有权与该土地上的限制物权即使混同，限制物权也应继续其存在的《德国民法典》第 889 条，及规定限制物权自始即可与所有权一道同属于土地所有人的第 1196 条、第 1009 条[4]中内蕴的、可以于自己的物上存在限制物权的根据。二是关于不动产物权的成立（设定），依《德国民法典》第 873 条第 1 项，尽管需要权利人与对象方之有“合意”，但此规定仅在表示：要取得权利，“意思”是必要的，于限制物权人和所有人为同一人时，

---

1 ［日］铃木禄弥：《抵押制度研究》，一粒社 1968 年版，第 179 页。

2 ［日］松井宏兴：《抵押制度的基础理论》，法律文化社 1997 年版，第 144 页 。

3 譬如，1910 年 1 月 26 日德国最高法院的决定（RGZ，Bd. 47，第 202 页）即采此立场。

4 《德国民法典》第 1009 条第 1 项规定：“共有物得为共有人中一人之利益，而设定负担。”

一方的意思表示，即同时是在表示取得限制物权的意思。据此，可以实现《德国民法典》第 873 条第 1 项的规范目的。另外，德国最高法院还举出了之所以认可所有人地役权的经济因由。[1]

对此问题，学理向来有肯定与否定两种见解。采肯定说的理由，大体与前述德国最高法院的理由相同，认为《德国民法典》既然规定可依单独行为成立所有人土地债务，且纵使发生混同，限制物权也依然存续，则否认依单独行为成立所有人地役权的根据当然也就丧失了。[2] 与此相左，否定说认为，因规定不动产物权的成立需有权利人与对象方的“合意”的《德国民法典》第 873 条第 1 项所定的“除法律另有规定外”，得适用于一切不动产物权的成立，而地役权，因无《德国民法典》第 1009 条、第 1196 条那样的特别规定，故不宜认为依所有人的单独行为可以成立所有人地役权。[3] 需注意的是，由于德国的判例实务肯认所有人地役权的合法性，故而，现今居于优势地位的是肯定说，而非否定说。

五、顺位保留

德国民法有所谓顺位保留（Rangvorbehalt）制度。依此制度，物权的顺位虽然依登记的先后顺位而定，但土地所有人于进行限定物权（如甲抵押权）的设定的登记时，可以保留给予后登记的权利（如乙抵押权）以优先的顺位。[4] 惟保留的权利（乙抵押权），需登记于土地登记簿册，并与因保留而顺位退后的权利（如甲抵押权）登记在一起。土地所有人行使此权利时，乙抵押权即变成第一顺位，甲抵押权则变成第二顺位。[5]

---

1 ［日］松井宏兴：《抵押制度的基础理论》，法律文化社 1997 年版，第 145 页。

2 Dernburg, Sachenrecht, 3. Aufl., 1904, 第 510 页, Anm. 4; Kohler, Enzikiopadie der Rechtswissenschaft, 7. Aulf. 1914, 第 60 页, Anm. 4。转引自［日］松井宏兴：《抵押制度的基础理论》，法律文化社 1997 年版，第 146 页注释 83。

3 Strecker, Planck's Kommentar,. Anm. 1 3zu § 873, 第 119 页, Anm. 4a vor § 1018, 第 568 页; Biermann, Sachenrecht, 3. Aufl. 1914, Anm. 1c zu § 1018, 第 326 页。转引自［日］松井宏兴：《抵押制度的基础理论》，法律文化社 1997 年版，第 147 页注释 84。

4 《德国民法典》第 881 条第 1 项规定：“土地所有人于就土地设定权利负担时，得预先保留使范围确定之他项权利登记为优先顺位之权限。”

5 ［日］山田晟：《德国法律用语词典》，大学书林 1995 年版，第 506 页。

不过，于甲抵押权的设定完成登记后，所保留的优先顺位的权利（即乙抵押权）未登记前，又于土地上设定不享有保留权的权利（即丙抵押权）并进行登记的，业已设定的抵押权（甲抵押权）将因新设定的权利（丙抵押权）的登记而受损害，且新设定的权利（丙抵押权）超过乙抵押权所保留的数额时，不发生效力（土地变卖的金额与保留数额相等或较少者，全归于乙；如土地变卖金额超过乙抵押权的保留数额时，甲可就超过部分取偿）。亦即，依此保留的功能，所谓之后设定的抵押权优先，仅是指优先于最初设定的特定的抵押权（甲抵押权），故此，于保留了优先顺位的抵押权（乙抵押权）未被设定前而又设定其他抵押权（如丙抵押权）的，就会产生出非常奇妙的效果。[1]由此之故，德国民法的此制度于立法论上所具有的参考价值即不无疑问。

第四节　所有人抵押权的形态与成立

一、所有人抵押权的形态

所有人抵押权，可依不同的标准而作出不同的分类。以是否保有债权为标准，可以分为“保有债权的所有人抵押权”（forderungsbekleidete Eigentümerhypothek），与“不保有债权的所有人抵押权”（forderungsentkleidete Eigentümerhypothek）。惟学理认为，严格而言，仅前者为所有人抵押权，而后者于学理上应属于所有人土地债

1　譬如，在为甲设定A欧元的抵押权时，保留了设定优先于它的C欧元的抵押权的权利。接着，为乙设定B欧元的抵押权。之后，基于顺位保留的权利，为丙设定了C欧元的抵押权。若拍卖土地所得的价金为X欧元，甲、乙、丙分得的金额分别为a、b、c欧元，则优先于甲的权利的，是丙的C欧元，从而a=X-C，乙的权利不受顺位保留的影响，因此b=X-A。丙的应得份，为自X中除去甲、乙的应得份后的余额。进而言之，假设A=10 000欧元，B=7000欧元，C= 5000欧元，则由于X的价额的变动，a、b、c将呈现如下图所示的变化。

X	5000	10 000	15 000	20 000	25 000
a	0	5000	10 000	10 000	10 000
b	0	0	5000	7000	7000
c	5000	5000	0	3000	5000

由上图可以明了，C的位置相当不安定，随X的变动而变动，并生较大的差异。对此，请参见［日］铃木禄弥：《抵押制度研究》，一粒社1968年版，第183页。

务（Eigentümergrundschuld）。又依所有人抵押权成立的方式的不同，可以界分为“自始成立的所有人抵押权”，与本为普通抵押权、尔后方演变为所有人抵押权的“后发的所有人抵押权”（nachträgliche Eigentümerhypothek）。前者又谓为“原始的所有人抵押权”（ursprüngliche Eigentümerhypothek），即“不保有债权的所有人土地债务”。后者即“后发的所有人抵押权”，涵括“保有债权的所有人抵押权”与“不保有债权的所有人土地债务”。如此，所有人抵押权的类型遂可界分为三种：原始的所有人土地债务、后发的所有人土地债务及后发的所有人抵押权。

二、所有人抵押权的成立

所有人抵押权，尤其是德国民法的所有人抵押权，于何种情形方可成立，为研究所有人抵押权时不能不予以注意的问题。如前述，德国民法关于抵押权的顺位，由于采“顺位固定原则”，故原则上自可当然发生所有人抵押权。换言之，德国民法的所有人抵押权，乃是采顺位固定原则的当然结果。有鉴于德国民法所有人抵押权的代表性特质，以下即以德国民法所有人抵押权为例，来释明所有人抵押权的成立。

（一）原始的所有人土地债务的成立

根据德国法，使原始的所有人土地债务[1]得以发生的因由有三：其一，被担保债权不成立；其二，抵押证券的发行；其三，土地所有人以自己的名义设定土地债务。分述如下。

1. 被担保债权不成立

《德国民法典》第1163条规定：“为担保某债权而已设定抵押权的，在该债权未成立时，抵押权归属于土地所有人；债权消灭时，土地所有人取得其抵押权。未免除交付抵押权证券者，在证券交付于债权人前，抵押权由所有人享有。”据此规定，其一，抵押权虽已设立，但于债权不成立时，应成立所有人抵押权。此

1　根据《德国民法典》第1191条的规定，所谓土地债务（Grundschuld），系指无被担保债权，支配或把握土地的担保价值，由该土地中受优先给付的不动产担保权。对此，请参见［日］村上淳一等：《德国法入门》，有斐阁1994年版，第121页。

种情形，无论被担保债权不成立的原因为何，[1]抵押权均由土地所有人享有，即成立所有人土地债务。其二，抵押权若为担保将来债权或附条件债权而设立的，因设立抵押权时，债权尚未成立，故抵押权应作为所有人土地债务而归属于土地所有人；但若债权成立，则移转至债权人而变成他主抵押权。由此，此种情形下的所有人土地债务，实际上是"一时的所有人土地债务"（vorläufige Eigentümergrundschuld），学理上称为"附解除条件的所有人土地债务"。[2]

2. 抵押证券的发行

根据《德国民法典》的规定，证券抵押权，即在设立抵押权后须交付抵押证券的抵押权。又依《德国不动产（土地）登记法》，须交付抵押证券（Hypothekenbrief）的证券抵押权（Briefhypothek）的场合，不动产（土地）登记机关作成抵押证券并交付于土地所有人，[3]之后土地所有人再将抵押证券交付给债权人。《德国民法典》第 873 条第 1 项尽管规定依设立的合意与登记设立抵押权，但在需要发行抵押证券时，依同法第 1117 条第 1 项的规定，则只有向债权人交付了抵押证券，债权人才可以取得抵押权。由此，抵押权尽管已经设立，但抵押证券尚未作成，抑或虽已作成但尚未交付给债权人时，即作为所有人土地债务而归由土地所有人享有。此种情形的所有人土地债务，性质上也属于"一时的所有人土地债务"。

依上述《德国民法典》第 1117 条第 1 项和第 1163 条的规定，因交付抵押证券时才交付借贷（融资）的资金，所以债权人和土地所有人的利益由此可以得到兼顾和保护。换言之，债权人交付金钱时方可取得抵押权，而土地所有人于获得金钱前，也未给予债权人任何利益。[4]惟《德国民法典》第 1117 条第 2 项同时规

1　譬如，于消费借贷情形，为担保金钱债权而设立抵押权，然实际上并未交付金钱，债法上的行为应属无效。此时，为担保金钱债权而成立的抵押权得作为所有人抵押权而归属于作为债务人的土地所有人。对此，请参见［日］松井宏兴：《抵押制度的基础理论》，法律文化社 1997 年版，第 125 页注释 10。

2　［日］松井宏兴：《抵押制度的基础理论》，法律文化社 1997 年版，第 122—123 页；［日］铃木禄弥：《抵押制度研究》，一粒社 1968 年版，第 17 页。

3　参见德国《土地登记法》（Grundbuchordnung vom. 24. März 1897，简称 GBO）第 56 条、第 60 条。

4　［德］Nußbaum：《德国抵押制度论》，宫崎一雄译，清水书店 1932 年版，第 106 页。

定，债权人依与土地所有人的合意，可直接由登记机关受抵押证券的交付。[1]由此，《德国民法典》第1117条第1项和第1163条对于土地所有人具有多大的保护效力，即存在疑问。[2]

3. 土地所有人以自己的名义设立土地债务

在德国，根据《德国民法典》第1196条第1项的规定，土地债务也可为土地所有人而设立。此在学理上被称为“以自己的名义设定土地债务”。要设立此种土地债务，土地所有人应向不动产登记机关表示为自己设立土地债务并于不动产（土地）登记簿册予以登记的意思，并实际进行登记。[3]换言之，土地所有人以自己的名义，并依自己的意思表示而于不动产登记机关实施土地债务的设立。之后土地所有人若发现有适当的融资机会，即可以该土地债务供作担保而获取融资，[4]抑或将该土地债务保留于自己之手，供作他用。[5]

值得指出的是，德国民法的一般抵押权（普通抵押权），系以担保债权的清偿为目的，且以债权的先期存在为前提，于无担保的债权时，即不能以自己的名义且以自己的土地设立抵押权。与此不同，德国法上的土地债务尽管实际上也系用于债权的保全，但因它采取切断与债权的粘连的法律构成，[6]所以《德国民法典》第1196条第1项规定了原始的所有人土地债务。此种土地债务的功用有二：一是土地所有人以自己的名义先设立此种土地债务，之后遇到适当的融资对象

1 《德国民法典》第1117条第2项规定：“当事人得以合意，使债权人有权向土地登记机关受领证券，以代证券之交付。”

2 ［日］松井宏兴：《抵押制度的基础理论》，法律文化社1997年版，第123页。

3 参见《德国民法典》第1196条第2项。

4 土地债务与抵押权之间的相互转换，不仅可能，且也为《德国民法典》第1198条所明定。亦即，所有人可将所有人土地债务转换为他主抵押权。

5 譬如当自己的女儿出嫁时，将之用作嫁资赠与给她。需指出的是，抵押权的设立，尽管土地所有人的意思表示有效，但若因行为能力方面的因由致对方的意思表示无效时，应不成立他主抵押权。但是，对于此种情形得否成立《德国民法典》第1196条所定的所有人土地债务，乃存在分歧。肯定说认为，根据土地所有人一方的意思表示，所有人土地债务即可成立，此为《德国民法典》第1196条的真意。与此不同，否定说则认为，土地所有人表示自己意思的对方，由契约的对方变为不动产登记机关，以及意思表示的内容由为债权人设立抵押权，变为为土地所有人设立土地债务，皆有悖于法律行为的一般原则，故不应适用《德国民法典》第1196条的规定。对此，请参见［日］松井宏兴：《抵押制度的基础理论》，法律文化社1997年版，第125页注释18。

6 参见《德国民法典》第1191条。

时，将其供作债权的担保而获取融资；二是通过此种所有人土地债务而保留先顺位以备将来用之，而现今则利用后顺位抵押权或后顺位土地债务。[1]

（二）后发的所有人土地债务的成立

根据德国法，使后发的所有人土地债务得以发生的因由有五：被担保债权的消灭；抵押权的放弃（抛弃）；债权人不明；债务承担；强制执行的撤销。分述如下。

1. 被担保债权的消灭

根据《德国民法典》第1163条第1项第2句的规定，有效成立的被担保债权消灭时，他主抵押权归属于土地所有人而成为所有人土地债务。引起被担保债权消灭的原因中，最常见、最重要的是土地所有人的债务人清偿了自己的债务。另外，因继承而使抵押权与所有权归属于同一人时，原抵押权也会变成土地债务。[2]惟《德国民法典》第1178条第1项规定，“抵押权系为担保迟付的利息或迟付的其他附随给付，及为担保应偿还债权人的费用而设定的，若抵押权与土地所有权同归于一人，抵押权消灭；但请求上述各该给付的权利，如原为第三人的权利的内容的，其抵押权不消灭”，值得注意。

2. 抵押权的放弃（抛弃）

根据《德国民法典》第1168条的规定，债权人可以通过向不动产登记机关或土地所有人为单方面的意思表示及进行登记而放弃（抛弃）抵押权。此时，债权脱离原抵押权的担保而作为所有人土地债务归属于土地所有人。另外，因债务的免除（Erlaß）而导致债权消灭的，原抵押权也作为所有人土地债务而归土地所有人享有（《德国民法典》第1163条第1项第2句）。

值得指出的是，根据《德国民法典》的规定，当土地所有人享有永久排除抵押权的实行的抗辩权时，其可请求债权人抛弃其抵押权（第1169条）。由此，原抵押权作为所有人土地债务而由土地所有人取得。此外，放弃（抛弃）为担保附随给付而设定的抵押权无须登记，仅向土地所有人为抛弃的意思表示即可（《德

1　［日］铃木禄弥：《抵押制度研究》，一粒社1968年版，第170页。另外，土地债务与抵押权因可相互转换（《德国民法典》第1198条），故土地所有人得将所有人土地债务变更为他主抵押权。

2　参见《德国民法典》第1163条第1项后句、第1177条第1项。

国民法典》第1178条第2项）。尽管因放弃（抛弃），该原抵押权也转化为所有人土地债务，但得立即消灭（《德国民法典》第1178条第1项）。由此，该抵押权的放弃（抛弃），实际上也就是抵押权的废止（Aufhebung）。[1]

3. 债权人不明

在德国法上，当债权人不明时，可通过公示催告程序（Aufgebotsverfahren）除斥（Ausschluss）抵押权，所有人由此取得所有人土地债务（《德国民法典》第1170、1171条）。对此，德国法规定了两种方法：其一，债权人不明时，自抵押权最后登记之时起经过10年，并且土地所有人在此期间内又未曾进行《德国民法典》第212条所定各种中断时效的行为，足以表明其不承认债权人的抵押权的，即可依公示催告程序，排除债权人的抵押权（《德国民法典》第1170条）；其二，债权人不明时，土地所有人在有向债权人为清偿或通知的权利的情形，且曾为债权人提存其债权金额而又经申明抛弃取回权的，可依公示催告程序排除债权人的抵押权（即无需第1170条所定的经过10年的条件）（《德国民法典》第1171条第1项）。据此规定，可知即使未经过《德国民法典》第1170条所定的10年期间，但只要符合第1171条所定的要件，土地所有人也可除斥抵押权，进而原抵押权作为所有人土地债务由其享有。[2]之所以如此，系因为《德国民法典》第1170条为原则性规定，而第1171条则为特别规定。

4. 债务承担

在德国法上，根据其规定，为他人的债务设定抵押权时，若债权人未获土地所有人的同意而让第三人为债务承担（Schuldübernahme）的，视为放弃（抛弃）抵押权（《德国民法典》第418条第1项）。由此，被放弃（抛弃）的抵押权与原所担保的债权分离而移转给土地所有人，变成所有人土地债务（《德国民法典》第1168条）。之所以如此，系在于防止因债务人的更替而损害土地所有人的利益。[3]

5. 强制执行的撤销

在德国法上，根据其《民事诉讼法》的规定，当作为强制执行的一种方法的

---

1 ［日］松井宏兴：《抵押制度的基础理论》，法律文化社1997年版，第127页。

2 ［日］松井宏兴：《抵押制度的基础理论》，法律文化社1997年版，第127页。

3 ［日］松井宏兴：《抵押制度的基础理论》，法律文化社1997年版，第128页。

"强制抵押权"(Zwangshypothek),抑或作为临时扣押之执行的"临时扣押抵押权"(Arresthypothek)被设立时,若强制执行或临时扣押的执行被撤销(取消)的,原抵押权即作为所有人土地债务而归属于土地所有人(第 866、867 条,第 933 条第 1 项,第 868 条,第 932 条第 1 项)。[1]

(三)后发的所有人抵押权的成立

在德国法上,后发的所有人抵押权系由他主抵押权转化而来,其发生或成立仅限于抵押土地的所有人与债务人为不同之人的情形。根据《德国民法典》的规定,后发的所有人抵押权得以发生的因由有二:土地所有人的清偿;混同。分述如下。

1. 土地所有人的清偿

根据《德国民法典》的规定,非债务人的抵押地所有人就债务的清偿有正当利益的,其可代债务人为清偿(第 1142 条)。此时,为确保土地所有人对债务人的求偿,债权人对债务人的债权移转于土地所有人(《德国民法典》第 1143 条第 1 项);同时,原抵押权也移转给土地所有人(《德国民法典》第 1153 条),所有人为担保对债务人的债权而在自己的土地上取得所有人抵押权。不过,当土地所有人对债务人负有代替履行的义务时,其即使实施了清偿,也不发生土地所有人对债务人的求偿权,债权消灭的同时抵押权即归属于土地所有人,成为所有人土地债务(《德国民法典》第 1163 条第 1 项第 2 句)。[2]

2. 混同

在德国法上,当因继承、不动产转让而使不动产所有权与抵押权归属于同一人时,抵押权并不因混同而消灭(《德国民法典》第 889 条)。此时,由所有人享有抵押权,即土地所有人为担保债权而在自己的土地上享有抵押权。[3]

(四)小结

综上所述,在德国法上,广义的所有人抵押权(包括土地债务)的成立,主要分为两种情形:一为"设立",即所有人为自己而于自己的所有物上设立抵押

1 [日]松井宏兴:《抵押制度的基础理论》,法律文化社 1997 年版,第 128 页。
2 [日]松井宏兴:《抵押制度的基础理论》,法律文化社 1997 年版,第 130 页。
3 [日]松井宏兴:《抵押制度的基础理论》,法律文化社 1997 年版,第 130—131 页。

权，其抵押权自始即为所有人自己所有，是为原始的所有人抵押权；一为“法定”，即为他人所设立的抵押权，但基于法定的原因，尔后归于所有人自己取得，是为后发的所有人抵押权。至于“法定的原因”，则主要涵括：被担保债权的消灭（《德国民法典》第1163条第1项第2句）、抵押权的抛弃（《德国民法典》第1168条第1项）、债权人不明（《德国民法典》第1170条）、债务承担、强制执行的撤销、土地所有人的清偿（《德国民法典》第1143条第1项）及抵押权与所有权的混同（《德国民法典》第889条）等。[1]

1 郑玉波著，黄宗乐修订：《民法物权》，三民书局2007年版，第346页。

第十二章

瑞士不动产担保权法

我国在一个相当长的时期实行计划经济体制，不存在真正的市场，因而也不存在市场风险。在这一时期，担保法，尤其是不动产担保法，作为化解市场风险的法律手段，也就无存在的必要。1992 年，我国选择社会主义市场经济体制作为改革的目标模式，市场交易的风险因此发生，制定统一的不动产担保法的必要性于是应运而生。适应发展市场经济的要求，以 1986 年《民法通则》关于担保法的规定为基础，1995 年颁行《担保法》，逐步建立了符合市场经济客观规律的关于保证、抵押权、质权和留置权的担保系统。惟因这些法律的规定过分简略，且有些规定相互龃龉、彼此矛盾，使它们不能发挥其应有的功能。1998 年以后，随着我国经济体制改革的深入发展与建立法治国家的客观要求，立法机关、法律实务界和法学界对于涵括担保法在内的物权法于当代市场经济中的重要功用有了更深刻的认识，于是决定制定物权法。至 2007 年 3 月 16 日终于通过了《物权法》。于原《担保法》的基础上，该法建立起了我国比较完善的以抵押权为中心的担保物权系统。然这一担保物权体系尤其是其中的抵押权制度，于特性上属于保全抵押权，异于瑞士等先进、成熟国家的流通抵押权。

瑞士为当代大陆法系之一重要国家，于民法传统、法律技术及民法的思维方式上皆属于大陆法系中的德意志法系。1907 年 12 月 10 日，瑞士颁布民法典，开创 20 世纪民法法典化运动的先河，对于接踵而至的各国民法法典化运动产生了至深且巨的影响。影响所及，使现今从事民法典编纂的国家仍纷纷以之为蓝本而编纂自己的民法典。该法典关于不动产担保权的规定虽与《德国民法典》的不动产担保权制度有相类之处，但更有自己的特色。譬如，其不采《德国民法典》把土地债务分为普通土地债务与定期土地债务的做法，而是把地租证券分为一般地租证券与定期地租证券。另外，《瑞士民法典》关于不动产担保权的规定也不像《德国民法典》那样纷繁复杂、盘根错节以至扑朔迷离，使人难以把握和理解。其关于不动产担保权的规定，仅有地租证券、抵押债务证券及登记担保权三种，且立法对此三种不动产担保权的内容的规定也清晰、明了，此点同样体现了《瑞士民法典》于立法风格上的典雅和明晰。

本章拟首先考察瑞士不动产担保权的源起与确立，其次考量1907年《瑞士民法典》对于当时林林总总、斑驳陆离的不动产担保权形态进行统一及希冀借此达成的目标，接下来考疏《瑞士民法典》关于不动产担保权的规定及其特色，最后考量瑞士不动产担保权制度对于完善、发展我国不动产担保权制度所具有的借镜、参考价值。

第一节　瑞士不动产担保权的源起与确立[1]

一、地租证券（Gült）

（一）源起

地租证券，即地租证券权利人（Gültherr，投资人）交付给土地所有人一定数额的金钱（称为“买卖价金”），作为回报，其得由土地所有人的土地受一定数额的地租（Zins）的给付，从而对于土地所有人的土地，地租证券权利人（投资人）即在其上设定了一项“物上负担”或“土地负担”（Real-oder Grundlast）。[2] 土地所有人，称为地租证券债务人，其仅以设定地租证券的土地承担责任。

据考证，地租证券的源头最早可以追溯到中世纪时期的定期金买卖（Rentenkauf）。依中世纪的定期金买卖，投资人交付给土地所有人的金钱称为原本，其每

1　本节主要依据、参考［日］松井宏兴：《抵押制度的基础理论》，法律文化社1997年版，第67页以下。另外，也参考了下列著述：［日］柚木馨、高木多喜男：《担保物权法》，有斐阁1982年版，第192页以下；［日］松仓耕作：“《瑞士民法典》的统一及其特色”，载《名城法学》第23卷第2号，第123页以下。

2　［日］松井宏兴：《抵押制度的基础理论》，法律文化社1997年版，第67页。

次由土地所有人的土地取得的地租则相当于原本的利息。投资人实际上是通过向土地所有人提供一定数额的金钱而“买取”“定期金”（利息），故双方的关系被称为定期金买卖。正因如此，投资人又被称为“买主”，土地所有人又被谓为“卖主”。[1]于土地所有人不按期给付地租时，投资人可以支配设定了地租的土地。惟作为“卖主”的土地所有人，则仅以设定地租的土地对投资人承担责任，此外的其他财产不属责任财产的范围。投资人与土地所有人订立的“定期金买卖契约”，系以终生给付地租为目的，故而契约当事人不得随意解除。亦即，定期金买卖关系中的投资人不得请求返还业已给付的金钱（“价金”），土地所有人如未获投资人的同意，也不能主动返还所受领的金钱。[2]

此种定期金买卖，自15世纪起，性质次第发生了变化。其最初的变化，是承认投资人与土地所有人可以“消灭”他们之间的“债权债务”。亦即，允许双方当事人依清偿（偿还）而“解消”他们之间的权利义务关系。如此就改变了定期金债务的永久性、终生性的“物上负担”的特性。16世纪肇始以后，定期金债务不仅被解作一种以获得“地租”（利息债权）为目的而设定的“物上负担”（Reallast），而且被认为是土地所有人为获得“金钱”（原本）而设定的“物上负担”。与此同时，土地所有人向投资人给付定期金责任的财产范围，也不再仅限于设定定期金债务的土地，而是扩及土地所有人的其他财产。

惟需注意的是，定期金债务的此种变化，并未于瑞士境内普遍发生，而是因地而异。在瑞士西部地区，因采行德国普通法上的抵押权（gemeinrechtliche Hypothek），故完全排斥之。而以坎顿苏黎世州（Kanton Zürich）为中心的瑞士东部地区，自16世纪末期，便采所谓“新的不动产担保权”。此“新的不动产担保权”，即“定期金买卖”“新质”（neuere Satzung）及“普通法上的抵押权”。

于苏黎世，定期金债务更获得了广泛的利用。在瑞士中央地区和阿彭泽尔州（Appenzell），至1907年《瑞士民法典》公布前，定期金债务一直被作为不动产担保权采行。[3]以下即依瑞士中央地区与阿彭泽尔州的定期金债务制度，来释明这

1　［日］石田文次郎：《投资抵押权的研究》，有斐阁1932年版，第140—141页。

2　［日］松井宏兴：《抵押制度的基础理论》，法律文化社1997年版，第67页。

3　［日］松井宏兴：《抵押制度的基础理论》，法律文化社1997年版，第68页。

一时期瑞士地租证券的主要内容。

（二）地租证券的内容

1. 地租证券与被担保债权的关系

地租证券，依“形式的设定行为”（formaler Errichtungsakt）与不依赖于实体上的债权关系而设定。亦即，债权关系尽管是地租证券的基础，但登记机构（Behörde）无需审查有无债权关系，且也不把基础的债权关系登记于登记簿册（Protokoll）和地租证券（Gülturkunde）上。[1]

2. 地租证券的“偿还”（日文汉字：偿却）

19世纪以降，瑞士各州的法律大多普遍认可债务人（土地所有人）可以通过“偿还”原本而消灭所负的债务。然问题在于，如果也认可债权人（投资人）有此权利，则债权人只要需要资金时即请求返还“原本”，如此就会使作为债务人的土地所有人面临突如其来的返还资金的困难。有鉴于此，最初也就没有认可债权人（投资人）有解除契约的权利。惟日后不久，阿彭泽尔州以外的一些地方以相当优惠的条件吸引投资，于此种背景下，为了防止本州的资金流向他州，阿彭泽尔州遂率先承认债权人也有解约权。但此外的其他州仍旧不认可双方当事人皆有自由的解约权，而是仅认可于一定条件下有此权利。不过，进入19世纪中期以后，瑞士相当多的地区认为，债权人与债务人皆有自由解除地租证券的权利。[2]

3. 地租证券的设定与移转

地租证券，依“证券的作成”（Fertigung）和“登记”（Eintragung）而设定。需注意的是，无论“证券的作成”抑或“登记”，皆需由登记机关为之。学理将此两个行为合称为“证券作成行为”（Fertigungsakt）。其中，地租证券文书最具意义与价值。

通常而言，地租证券文书应记载下列事项：当事人的姓名、原本数额、利息额、给付日期，及作为标的物的不动产已经设定负担的情况。地租证券的设定，须登记于登记簿册。但因登记系依年代顺序为之，其公示（表彰）不动产上的负担并不充分，所以地租证券文书便起着一定程度的公示的功能。当然，打算取得

---

1 ［日］松井宏兴：《抵押制度的基础理论》，法律文化社1997年版，第69页。

2 ［日］松井宏兴：《抵押制度的基础理论》，法律文化社1997年版，第69—70页。

后顺位不动产担保权的人，于不能查阅地租证券文书时，其公示的机能即变得不充分了。[1]

另外，“证券作成行为”，通常始于主管机关对作为标的物的不动产进行鉴定评价之时。依此，可以确保不动产向债权人提供确实的必要的担保，进而维系地租证券的信用。故在一些地区（如伯尔尼和卢塞恩），法律往往要求主管机关于一定期限内就所做的鉴定评价担保其具有正确性、确实性。此外，这种鉴定评价，对于规定了借贷限额的州，也是必要的。譬如于奥布瓦尔登（Obwalden），法律规定，借贷的金额原则上不得超过不动产价格的3/4，超过部分无效。

最后，因地租证券文书对于行使、移转地租证券是不可或缺的，所以它具有有价证券（Wertpapier）的特性。也就是说，地租证券的移转，依证券的交付为之。地租证券债权（Gültforderung）被“化体”为证券，故不采债权让与的方法。

4. 地租证券的顺位

亦即，于同一不动产上存在二个或二个以上的复数地租证券时，各地租证券受偿的先后顺位。设定复数的地租证券，当初是把设定最初的地租证券时的不动产价值与之后增加的价值相界分，仅以增加的价值为第二个地租证券的标的。此即自一开始便把不动产的价值界分为最初的价值与嗣后增加的价值，使各地租证券仅得及于与别的价值相分别的特定价值之上。惟往后不久，乃抛弃此种自一开始便把不动产的价值加以分割的做法，而使设定的地租证券仅在原本债权额的范围内支配作为标的物的不动产价值，剩余的不动产价值则为别的地租证券所“空出”。另外，所谓“观念的担保位置”（ideelle Pfandstellen）这一时期也出现了。“观念的担保位置”，即把分配给最初的地租证券的不动产价值与分配给嗣后设定的地租证券的价值相区别。[2]

对于先顺位的地租证券因清偿（偿还）而消灭，后顺位的地租证券得否升进，各州的规定未尽一致。于伯尔尼（Berm）地区，法律规定，债务一经清偿（偿还），地租证券便告消灭，后顺位的地租证券得升进其顺位；在乌里（Uri）州和卢塞恩（Luzern）地区，法律规定，地租证券并不因清偿（偿还）而丧失其

1 ［日］松井宏兴：《抵押制度的基础理论》，法律文化社1997年版，第70页。

2 ［日］松井宏兴：《抵押制度的基础理论》，法律文化社1997年版，第72页。

效力，且也不得被注销。另外，于阿彭泽尔州的一些地方，法律规定，地租证券纵被注销，后顺位的地租证券也不得升进，可见是采后顺位地租证券不得升进的原则。

地租证券不得升进的原则，系为了使不动产所有人易于获得新的融资而采行的。此外，也是出于以下的考虑：业已于设定担保权时获得了好处的后顺位债权人，现在却因先顺位债权的消灭而升进其顺位，此于情于理皆难谓妥当。另外，此种否定顺位升进的规定也贯彻到了混同（Vereinigung）的情形，即在债权人与债务人的法律地位归属于同一人时，地租证券也不消灭。[1]

既然于某些州和地区，排斥顺位升进原则（Nachrückungsprinzip），而采固定的担保位置（feste Pfandstellen），即顺位固定原则，则尔后沿着此一方向出现的进一步变化，乃是允许土地所有人可以把返还的、载有特定债权人的姓名的地租证券让与给其他债权人，及允许自始创设不记名的地租证券（Gültbriefe auf den Namen des Inhabers）。如此，在债权关系产生前，土地所有人便可自己保留担保位置。于自己保有（占有）地租证券文书时，自己便成为地租证券的权利人，称为“对自己的物的地租证券”（Gült aneigener Sache）。譬如，于阿彭泽尔州的一些地方，便认可此所谓“所有人地租证券”（Eigentümergült）。但在强制执行（Zwangsvollstreckung）时，则无需顾及土地所有人所保留的、未及利用的“空位担保位置”（1eere Pfandstellen），而是使后顺位的地租证券得递升其顺位。

5. 土地所有人与债务人的同一性

在地租证券，债务人原则上须同时为土地的所有人，而不认设定地租证券的土地所有人与其作为债务人的地位可以分离。进而言之，在地租证券，债务人非负人的责任，而是仅以土地承担责任，即负所谓物的责任。此即，不允许债务人以他人的土地设定地租证券[2]，债务人出让设定了地租证券的土地时，受让人不仅是新的土地所有人，而且在法律上当然成为新的债务人。

1　譬如，于当时的卢塞恩地区，法律便规定：发生混同时，不动产所有人于登记簿册注销定期金债务，只要定期金债务证券不丧失效力，定期金债务即不消灭。对此，请参见［日］松井宏兴：《抵押制度的基础理论》，法律文化社 1997 年版，第 75 页注释 27。

2　［日］松井宏兴：《抵押制度的基础理论》，法律文化社 1997 年版，第 78 页。

二、抵押债务证券（Schuldbrief）

（一）抵押债务证券的源起与确立

抵押债务证券，是19世纪时主要于瑞士东部地区确立与发展起来的制度。特别是在苏黎世，这一制度于布隆奇利（Johann Caspar Bluntschli，1808—1881年）起草的《私法典》（Priva-trechtliche Gesetzbuch，1853—1855年）中得到了最完全、最翔实的规定，并作为融资手段得到了利用。

当时创设抵押债务证券的重要因由，是前文提及的地租证券不能满足投资人的要求，即它把债务人的责任财产的范围仅限定于担保土地本身，而不扩及于此外的其他财产。为了克服此一局限，以满足投资人扩大担保财产范围的要求，遂创设抵押债务证券制度。依此制度，债务人就其债务，不独应当承担物的责任（即以特定的物承担责任），而且要承担人的责任。[1]

（二）抵押债务证券的诸问题

1. 抵押债务证券的设定、移转

与地租证券相同，抵押债务证券依登记机关的“证券作成行为”而设定。被作成的抵押债务证券，除需记明债权人的姓名与被担保债权外，尚需载明由土地登记簿册可以查知的所有的不动产担保权及其他物上负担（dingliche Belastungen）。一些州的法律规定，设定抵押债务证券前，有关机关负有就土地的价格进行鉴定评价的义务，且鉴定评价委员（Schätzungskommission）需于一定时期内对鉴定评价的真实性负责。[2]

经由“证券作成行为”，抵押债务证券遂告成立。但是，登记官吏（Kanzleibeamte）在把抵押债务证券交付给债权人前，需确认是否存在债权关系。故此，于苏黎世，为了确保债权人的利益，法律规定，对于证券内容的真实性，从而关于债权关系的有效成立，于无相反证据的情况下，应作推定。既为推定，债

1　［日］松井宏兴：《抵押制度的基础理论》，法律文化社1997年版，第76页。

2　譬如，在沙夫豪森州（Schaffhausen）、图尔高（Thurgau）和圣加仑（Sankt Gallen）等即是。尤其在圣加仑，法律规定，不动产不能供超过评定价格的担保。易言之，某一不动产只能于被评定的价格的限度内为债务提供担保。

务人也就当然可以举出反证而予推翻，但对于善意取得抵押债务证券的人，则不得主张基于实体债权关系的抗辩。从而，对于善意取得人，纵实体的债权关系全然未有发生，抵押债务证券也有法律上的效力。于此场合，虽然产生的是无债权的不动产担保权（Grundpfandrecht ohne Forderung），但债务人仍要承担人的责任。[1]

与地租证券相同，抵押债务证券也按有价证券对待。故此，于苏黎世，证券的交付，不仅产生不动产担保权移转，而且产生让与债权（Abtretung der Forderung）的效果。惟此单纯的移转行为，未被所有的州认可。譬如，于沙夫豪森州（Schaffhausen），法律即规定，除需交付证券外，还要求债权的让与须践行特定的形式。[2]

2. 抵押债务证券的顺位

对于抵押债务证券的顺位，各州多不承认地租证券场合的“空位担保位置”。但为了防止后顺位担保权升进，往往采地租证券很盛行的州的做法。譬如，1853年至1855年《苏黎世私法典》第836条规定：债务人由他人那里借贷金钱清偿债权人的债务，而需向新债权人交付抵押债务证券的，受清偿的债权人即需把抵押证券返还给债务人。如此，债务人为了获得新的信用，也就可以数次利用同一顺位的抵押债务证券了。另外，于债务人和债权人的地位因混同而致债权消灭时，明确得成立对于自己的物的物权（dingliches Recht an eigener Sache），称为“所有人不动产担保权”（Eigentümergrundpfandrecht）。[3]

3. 不动产所有人与债务人的分离（非同一性）

与地租证券不同，在抵押债务证券，认可担保不动产的所有人与作为债务人的地位可以分离。但于债务人让与自己的担保不动产时，在一般的州，为了维持担保与债务于同一人上的结合，乃尝试使新的所有人负担债务。譬如，在苏黎世，为此而规定了“债务引受”（Schuldübernahme）制度。不过，新的所有人是否认可“债务引受”，应依其意思而定，于认可时，须负“人的责任”。可见，于

---

1 ［日］松井宏兴：《抵押制度的基础理论》，法律文化社1997年版，第77页。

2 参见《1863—1865年私法典》（Privatrechtliche Gesetzbuch von 1863—1865），第769条。

3 ［日］松井宏兴：《抵押制度的基础理论》，法律文化社1997年版，第78页。

此点上，抵押债务证券，并未受债务人与不动产所有人之不得分离的地租证券的影响。[1]

4. 抵押债务证券的解除

抵押债务证券的解除，依实务与法律的规定，无论债权人抑或债务人，皆有解除权，且也无解除期间的限制。[2]

三、登记担保权（Grundpfandverschreibung）

登记担保权的前身，是所谓普通法上的抵押权。此普通法上的抵押权，是19世纪时受法国法的影响而于瑞士西部地区发展起来的，其基本功能，系在于保全债权的实现，故无流通抵押权（Verkehrshypothek）的旨趣。进而，登记担保权也是以债权的担保为目的的从属于债权的制度。此点为异于地租证券与抵押债务证券之处。[3]

登记担保权，采所谓特定原则（Grundsatz der Spezialität），即不问被担保债权的种类为何，债权的数额皆需明确和特定，且担保不动产也需正确地加以表示。[4]此原则的确立，与切实采用不动产登记簿册（Grundbuch）制度存在粘连。[5]

与此同时，也正是因为采用了不动产登记簿册制度，方使公示原则获得了完全承认。公示原则与登记担保权的成立关系，因各州而异。具体言之，因各州受何种法律传统——法国法抑或德国普通法——的影响而有所不同。譬如，于瓦莱州（Wallis），由于受法国法的长期影响，登记担保权虽仅依公证人作成的担保权设定契约（Pfanderrichtungsvertrag）便可成立，但要对第三人产生效力（即对抗第三人），则非进行登记不可，[6]可见登记是对抗第三人的要件。与此相对，于深受德国普通法影响的巴塞尔斯塔特（Baselstadt），向土地登记簿册管理官吏提出的

1 ［日］松井宏兴：《抵押制度的基础理论》，法律文化社1997年版，第78页。

2 《苏黎世私法典》第382条规定："不能告知抵押债务证券的解约的，依契约，债务人方面为6年，债权人方面为不能超过2年。"

3 ［日］松井宏兴：《抵押制度的基础理论》，法律文化社1997年版，第80页。

4 对于此点的例外，为"一般抵押权"。某些州为了妻、子女及被监护人的利益，而规定有"一般抵押权"制度。对此，请参见1837年《提契诺（Tessin）州民法典》第859条。

5 ［日］松井宏兴：《抵押制度的基础理论》，法律文化社1997年版，第80页。

6 参见1854年《瓦莱州民法典》第1490条、第1899条。

由公证人作成的文书契约仅有债法上的效力，登记担保权依登记即可自始成立。[1] 此外，因不认登记担保权之有流通性，故其有效成立，不以发行证券为必要。

最后，尚有必要提及登记担保权的顺位。于瑞士，多数州不承认不动产所有人有保留先顺位的登记担保权，或出于相同目的而以自己的名义登录、登记担保权的权利。例外地，仅巴塞尔斯塔特的法律赋予了不动产所有人以顺位保留权（Rangvorbebaltsrecht）。[2] 于适用法国法的日内瓦（Genf）地区，仅承认所有人抵押权（Eigentümerhypothek），且也无“观念的担保位置”之说。换言之，登记担保权（人），非支配担保物的观念的价值部分，而是支配担保物的全体（全部），先顺位的被担保债权消灭时，后顺位担保权人的顺位得当然升进。[3]

第二节 《瑞士民法典》对不动产担保权的统一[4]

一、统一不动产担保权的背景与要达成的目标

时至19世纪末20世纪初，瑞士兴起了轰轰烈烈的民法典编纂运动。这一运动的重要任务之一，就是要统一当时各州纷繁复杂、异彩纷呈的不动产担保权形态，[5] 以消弭各种担保权形态之间的冲突、龃龉。当时，瑞士的抵押权市场（Hypothekenmarkt）已经越出州的范围而扩大到了全国。于这种形势下，制定瑞士联邦层次上的统一的不动产担保权法的任务也就历史地落在了民法典编纂者的身上。而经由统一不动产担保权制度所要达到的目标，则是要整理形态各异、斑驳陆离的担保权形态，以实现不动产担保权于类型上的统一，并在此基础上确立统

---

1 参见1860年《土地登记法》（Grundbuchgesetz von 1860）第17条、第18条。

2 参见该州1860年《土地登记法》第26条。

3 ［日］松井宏兴：《抵押制度的基础理论》，法律文化社1997年版，第81页。

4 本节主要依据、参考［日］松井宏兴：《抵押制度的基础理论》，法律文化社1997年版，第67页以下。此外也参考了下列著述：［日］柚木馨、高木多喜男：《担保物权法》，有斐阁1982年版，第192页以下；［日］松仓耕作：“《瑞士民法典》的统一及其特色”，载《名城法学》第23卷第2号，第123页以下。

5 据统计，于1907年《瑞士民法典》将不动产担保权统一为地租证券、抵押债务证券及登记担保权以前，瑞士大约有60种不同的不动产担保权形态，欧根·胡贝尔将此60种不同的担保权形态类型化为三种。

一的不动产担保权规则，由此达到提升土地信用（Bodenkredit）及改善农业领域的各项关系的宗旨。[1]

如所周知，瑞士19世纪时的这场统一不动产担保权运动的成果，集中体现在1907年12月10日颁布的《瑞士民法典》对不动产担保权的规定中。该法典对不动产担保权规定了三种形态：地租证券、抵押债务证券及登记担保权。有疑问的是，于林林总总的担保权形态中，民法典的起草者缘何仅明定了此三种不动产担保权形态？经考证，其因由主要有如下二点。

其一是作为法典编纂者的欧根·胡贝尔（Eugen Huber，1849—1923年）考虑并顾及瑞士各州的不动产担保权的法律传统，认为把各州传统与惯行上的主要不动产担保权形态纳入民法典中，便可促使各州迅速采用和理解民法典关于不动产担保权的规定。

其二是认为明定此三种不动产担保权形态可以达成不动产担保权制度的改革目标。所谓不动产担保权制度的改革目标，即通过统一和重新规定不动产担保权形态，达到“促进信用”（Förderung des Kredits）、“分割地租”（Verteilung der Bodenrente）及实现“土地价值的流动化”（Mobilisierung des Bodenwertes）的宗旨。其中，信用的促进，虽可通过不动产担保权所赋予的保全债权的手段而获实现，但此目的的达成，以登记担保权最为适当。换言之，登记担保权为最可保全债权得以实现的担保权形态，盖因它是一个单纯的以债权的保全为目的的担保权形态。

关于“地租的分割”，欧根·胡贝尔认为，农业生产及其经营活动，尽管可以通过借贷必要的资金而获进行，但采“地租的分割”的形式将更称妥当。盖“地租的分割”是一种“土地所有人于不丧失土地所有权的前提下，通过交换利息（Zins，地租）而自资本所有人那里取得资金”，“投资人不取得土地所有权，而仅给付金钱”的制度。并且，“地租的分割”，土地所有人虽然借入了资金，但为了由土地获得收益，其乃不得不对土地进行改良。同样，投资人得由土地的收益中请求给付利息，故土地的收益对其甚为重要，进而农业经营水平的提高，对

1　［日］松井宏兴：《抵押制度的基础理论》，法律文化社1997年版，第82页。

其也属有益。故而可见，地租证券乃是一种妥当的制度。

“土地价值的流动化”，简言之，即实现支配土地的担保价值的担保权的流通。此不仅为达成前述两项目的的手段，而且可以最大限度地保障所有人的经济自由，并降低债务人对债权人的从属性或依附性。盖因若提高担保权的流通性，则债权人即可通过出让担保权而收回投下的资金，结果使依强制执行方法而换价担保物的必要性丧失殆尽。[1]

与此同时，欧根·胡贝尔也指出，保全债权以促进债权的流通及使土地的价值流动化，并不是透过建立一个不动产担保权形态即可以实现的。盖为了达成债权流通的目的及使土地的价值流动化，非发行所谓“不动产担保证券”（Grundpfandtitel）不可，这也是行使与移转作为有价证券的担保权的不可或缺的一环。而那些单以债权的保全为目的的担保权，并无发行此种证券的必要。由于这些担保权是作为从权利而附随于债权的，故此处的证券只是表示存在债法上的关系的证据文书，而非行使、移转担保权的手段。

二、《瑞士民法典》关于不动产担保权的规定及其特性

如前述，《瑞士民法典》规定了登记担保权、抵押债务证券及地租证券三种不动产担保权形态。较之法国、日本及我国现行法上的不动产担保权，此三种不动产担保权于法律构成上具有自己的特性。

（一）登记担保权

此种担保权特性上属于“保全不动产担保权”（Sicherungsgrundpfandrecht）的范畴。作为法典编纂者的欧根·胡贝尔，将瑞士西部地区广为流行的登记担保权规定为一种重要的担保权形态。《瑞士民法典》第825条规定：“对于金额不确定或可变更的债权，亦得设定特定担保顺位的不动产抵押，且不论情况如何变化，均依登记，保持其顺位。债权人得就所设定的不动产抵押，请求依土地登记簿中的登记，填发抵押摘要，但该抵押摘要，仅具有证据的性质，而无有价证券的性质。前项证据，得由抵押契书所附的登记凭证，代替之。”

---

1 ［日］松井宏兴：《抵押制度的基础理论》，法律文化社1997年版，第83页。

可见，登记担保权是一种单纯以担保债权的实现为目的的从属于债权的权利。此种担保权，无需发行担保证券（Pfandtitel），但依债权人的请求，得交付不动产登记簿的抄本（Auszug）。惟此抄本，性质上非属有价证券，而仅具证据方法（Beweismittel）的意义。权利的移转，依让与债权的书面方式为之。故《瑞士民法典》第835条规定："债权，已为其设定不动产抵押者，其让与，不以登记于土地登记簿时产生。"也就是说，权利的让与，依让与债权（Forderungsabtretung）的规定行之，[1]而无需进行登记。

关于被担保债权，《瑞士民法典》第824条第1项规定："不动产抵押，得用于为任何种类的、现在的、将来的或仅具有可能性的债权，设定担保。"可见，可以登记担保权担保的债权，其范围相当广泛，不仅涵摄了现在已然确定的债权，而且包括了将来或仅属可能发生的债权。即使金额不特定或可变的债权，也可指定担保地位而设定登记担保权。[2]值得提及的是，对于登记担保权，《瑞士民法典》的编纂者预定适用于如下情形。

其一是担保数额可变的债权，尤其是担保"财产结合制"（Güterverbindung）中的妻对于夫的补偿请求权。盖《瑞士民法典》第201条第1项规定："夫妻各方，均得在法律许可的范围内，管理、用益和处分其所得财产和特有财产。"

其二是于一定数额的范围（限度）内，担保不特定与现在不能预定其数额的损害赔偿请求权。[3]

其三是于一定数额的范围内，担保连续性地授予信用，即担保所谓"交互计算信用"（Kontokorrentkredit）所生的债权。

其四是犹如"建筑工匠的担保权"（Bauhandwerkerpfandrecht），作为法定担保权而被利用。

需指出的是，于以上场合，登记担保权皆属于单纯以债权的保全为目的的担保权，而并不把它"化体"为证券及使其流通。

---

1 1811年《瑞士债务法》第165条第1项规定："债权让与契约，为使其有效，须采用书面形式。"

2 《瑞士民法典》第825条第1项规定："对于金额不确定或可变更的债权，亦得设定特定担保顺位的不动产抵押，且不论情况如何变化，均依登记，保持其顺位。"

3 即当代大陆法系物权法所称的最高额抵押权。

（二）抵押债务证券与地租证券

依瑞士民法，抵押债务证券与地租证券，特性上属于“流通不动产担保权”（Verkehrsgrundpfandrecht）。二者的差异在于：抵押债务证券，债务人不独需以担保的不动产承担责任，而且要以自己的一般财产承担责任；而地租证券，债务人则仅以担保的不动产本身负其责任。[1]

抵押债务证券与地租证券，皆与成立原因的债权相分离，即独立于它而存在。基于抵押债务证券和地租证券的权利（债权），仅可依凭担保证券而行使。担保证券，由不动产登记簿管理官吏（Grundbuchverwalter）制作并发行。[2]另外，依《瑞士民法典》第859条的规定，担保证券也可以特定人、持有人或不动产所有人本人的名义发行，此即“所有人不动产担保权”。此所有人不动产担保权，以往仅在若干州就地租证券而承认之（抵押债务证券，以前仅可以特定人的名义发行）。

上述担保证券，具有有价证券的特性，移转抵押债务证券与地租证券（采让与抵押债务证券或地租证券的形式）时，需向取得人交付担保证券，尤其是担保证券为记名证券时，尚需于证券上记明证券的移转与取得人的姓名。但无需进行登记，且也不采让与债权场合的书面形式。此外，关于解除，《瑞士民法典》是把抵押债务证券的解除与地租证券的解除分别规定。

（三）登记担保权、抵押债务证券及地租证券的共同特性

登记担保权、抵押债务证券及地租证券，具有以下共同特性。

1. 公示与特定原则（Publizitäts und Spezialitätsgrundsatz）

《瑞士民法典》第799条第1项规定：“不动产担保，除法律另有规定外，因登记于不动产登记簿而设定。”可见，无论登记担保权或地租证券抑或抵押债务证券，原则上均需通过于登记簿册为登记而成立，并同时明定地租证券与抵押债务证券这两种“流通的不动产担保权”以向取得人交付担保证券为移转条件。对于特定原则，《瑞士民法典》第794条规定：“设定不动产担保时，债权额已确定者，无论情形如何，均须以本国货币表示之。债权额不确定者，须表明：对于债

---

1 参见《瑞士民法典》第842条。

2 参见《瑞士民法典》第856条、第857条。

权人的全部请求权，不动产应负责任的最高数额。”特定的土地，仅为特定的债权提供担保。并且，公示与特定原则，因1910年2月22日的《土地登记条例》(Verordnung des Bundesrates betreffend das Grundbuch vom 22. Februar 1910) 明定实行不动产登记簿册制度，而于瑞士全国得到了推行。

2. 固定担保位置制度（System der festen Pfandstellen）

如前述，于《瑞士民法典》制定、公布前，固定担保位置仅在地租证券的场合认可之。《瑞士民法典》制定之时，欧根·胡贝尔也意欲在登记担保权领域贯彻此制度。但为了以更加明了的形式创设单纯的法律关系，其毅然决定将其适用扩大到全部的不动产担保权领域，亦即使三种不动产担保权皆采取之。

依固定担保位置制度，各担保权人就担保不动产取得所规定的担保位置的顺位后，纵先顺位担保权之后被注销而生出“空位担保位置”（1eere Pfandstelle），后顺位担保权人也不得升进其顺位。[1]然于强制执行与破产的情形，在对担保不动产进行换价时，并不顾及空位担保位置的存在，出卖标的物所得的价金于各担保权人间依各自的顺位进行分配，[2]从而发生与后顺位担保权人递升其顺位相同的效果。

3. 担保不动产的让与、分割

按照《瑞士民法典》，登记担保权与抵押债务证券，适用相同的规定。也就是说，“已设定抵押的不动产被让与者，除另有约定外，该不动产的担保责任和债务人的责任，不发生变更。”[3]关于分割，第833条第1、2项规定：“已设定担保的不动产被让与其中一部分，或者属于同一所有人的数宗不动产被让与其中一宗，或者担保物被分割为数宗不动产者，其担保责任，除另有约定外，由各部分的不动产，依价值比例分担。债权人不同意前项分担者，得在分担生效后一个月内，请求在一年内清偿其担保债权。”

于担保不动产的所有人与债务人的地位不得分离这点上，地租证券区别于登记担保权和抵押债务证券这两种不动产担保权。从而，负担土地的取得人，因原所有人免除负担，而当然为地租债权的债务人。分割的场合，各分割地的所有人

---

1 参见《瑞士民法典》第814条第1项。

2 参见《瑞士民法典》第815条。

3 参见《瑞士民法典》第832条第1项。

成为地租证券债务人。各分割地承受负担的比例，准用登记担保权与抵押债务证券的规定。

（四）登记担保权、抵押债务证券及地租证券的利用情况

应当肯定，《瑞士民法典》规定的登记担保权、抵押债务证券及地租证券，是20世纪肇始以后物权立法于不动产担保权领域取得的重要成就，自总体上看，乃属于德意志法系不动产担保权的范畴，与《德国民法典》不动产担保权如土地债务等，具有类似性。

但是，1912年《瑞士民法典》施行后的情况表明，此三种不动产担保权形态并未实现欧根·胡贝尔等《瑞士民法典》的编纂者最初规定如此的担保权系统所意欲达成的目标。事实是，纵使1912年《瑞士民法典》施行后，一些州也依然置《瑞士民法典》上的不动产担保权形态于不顾，而依旧我行我素地采行本州的古来的担保权形态。譬如，于承认并采行普通法上的抵押权的各州，主要采登记担保权，并且主要是为了抵押的目的而利用之；以往喜好抵押债务证券的各州，今日也依然如故，而拒绝采行登记担保权。另外，于《瑞士民法典》施行前主要适用于农村的地租证券，现今也未如民法典的编纂者所预料的那样将由山乡燎原至全国，此点通过1967年对不动产登记簿管理人的专门调查而得到了印证。[1]不言而喻，此为瑞士不动产担保权演进上一个饶富趣味的现象，值得提及。[2]

第三节　瑞士不动产担保权的特质[3]

一、瑞士不动产担保权的共同特质

依《瑞士民法典》立法思想与学理，瑞士不动产担保权，即登记担保权、

1　根据1967年的调查，自1912年《瑞士民法典》施行以降，未采用地租证券的州占多数。圣加伦州（St. Gallem）非常有限地采取了此制度。于楚格州（Zue）和巴塞尔兰（Baselland）地区，设定地租证券者更是寥若晨星，仅有几例。

2　［日］松井宏兴：《抵押制度的基础理论》，法律文化社1997年版，第90—91页。

3　本节主要依据、参考［日］松井宏兴：《抵押制度的基础理论》，法律文化社1997年版，第67页以下。此外，也参考了下列著述：［日］柚木馨、高木多喜男：《担保物权法》，有斐阁1982年版，第192页以下；［日］松仓耕作："瑞士民法典的统一及其特色"，载《名城法学》第23卷第2号，第123页以下。

抵押债务证券及地租证券的共同特质有三：公示原则、特定原则与顺位确定原则。

（一）公示原则

如前述，《瑞士民法典》规定的登记担保权、抵押债务证券及地租证券，皆依于登记簿册进行登记而成立（设定），[1]因登记的注销而消灭，[2]从而可以肯定，《瑞士民法典》于总体上乃采行了公示原则。但《瑞士民法典》第799条第1项规定："不动产担保，除法律另有规定外，因登记于不动产登记簿而设定。"此规定使得公示的原则并未得到彻底的贯彻。亦即，依此规定，第一，《瑞士民法典》是认可了不进行登记而直接可成立担保权的，此即"法定担保权"或"直接的法定担保权"（unmittelbares gesetzliches Pfandrecht）。例如，第808条第3项规定："债权人因采取必要措施而支出的费用，得请求所有人偿还，并因此对不动产有担保物权。该担保物权，虽未登记于土地登记簿，仍得成立，且优先于任何已登记的负担。"第810条第2项规定："债权人为除去或防止价值减少，得采取必要措施。因此而支出的费用，虽非所有人应负责的债务，债权人仍对担保物有担保物权。该担保物权，虽未登记于土地登记簿，仍得成立，且优先于任何已登记的负担。"此外，第819条、第836条也有类似规定。第二，在州法上，为了保障不动产税、继承税、赠与税等租税债权的实现，也规定不经登记即可成立法定担保权。此等法定担保权的顺位，优先于在先登记的不动产担保权，所以对它们有产生损害的危险。[3]

（二）特定原则

通常认为，采用了公示原则后，作为其逻辑结论，必然应当采用特定原则。

---

1 参见《瑞士民法典》第799条第1项。

2 《瑞士民法典》第801条第1项规定："不动产担保，因其登记被注销或不动产完全灭失而消灭。"

3 不过，因《瑞士民法典》所定的法定担保权，主要是出于维持与保存担保物的目的，亦即使担保权人为维持与保存担保物而支出的费用可以收回（参见《瑞士民法典》第808条第3项、第810条第2项。第819条第12页规定："担保物权人，为保全担保物而支出的必要费用，特别是代付应由所有人支付之保险费者，得因此对不动产有担保物权。该担保物权，虽未登记于土地登记簿，仍得成立，且优先于任何已登记之负担。"），故此，即便赋予其以优先的顺位，也不会损害其他担保权人的利益。

所谓特定原则，一是指担保标的物必须特定这一标的物的特定的意义，二是指被担保债权额必须特定这一债权特定的意义。对于担保标的物必须特定，《瑞士民法典》第796条第1项规定："不动产担保，仅得设定于已在土地登记簿中登记的不动产。"对于不动产担保权的设定，第797条第1项规定："不动产担保的设定，须具体指明被设定担保的不动产。"此即明确采取标的物特定化意义的特定原则。

债权的特定化意义的特定原则，是为了那些意欲以不动产供作担保而向他人借贷金钱的人可以迅速、准确地由土地登记簿册明了已然存在的负担而规定的。故此，《瑞士民法典》第794条第1项规定：设定不动产担保时，债权额已确定者，无论情形如何，皆须以"本国货币"（Landesmünze）表示之。并且，被担保债权额，从一开始即是特定的，则该特定金额即应登记。于此场合，"不动产担保物权，为债权人提供以下担保：原本债权；执行费用和迟延利息；至债务人被宣告破产时或债权人请求变价担保物时已到期的三年的利息，以及最后一期利息到期日之后所发生的利息；在抵押证券之情形，仅担保实际应负的利息。"[1]另外，于担保"交互计算信用"的情形，因担保债权的金额自始不特定，故应于登记簿册记载土地对债权人的请求权所负担的最高金额。[2]此种情形，实行担保权的费用、迟延利息及约定利息，皆内蕴于最高金额之内。可见，债权特定化意义的特定原则，《瑞士民法典》乃予以了切实贯彻。

（三）顺位确定原则

顺位确定原则，即不动产担保权的顺位依登记的先后而定的原则。此原则被《瑞士民法典》采取。[3]并且，该法典除定有"直接的法定担保权"外，尚赋予特定人以设定法定担保权的请求权，称为"间接的法定担保权"（mittelbares geset-

---

1 参见《瑞士民法典》第818条第1项。学理将此种情形的不动产担保权谓为"固定抵押权""原本抵押权"（feste od. Kapitalhypothek）或"金额抵押权"（Summenhypothek）。另外，依瑞士《土地登记条例》第40条第1项的规定，约定的利率须在土地登记簿册标明。

2 参见《瑞士民法典》第794条第2项。此即所谓最高额抵押权。

3 参见《瑞士民法典》第792条第1项。

zliches Pfandrecht)。[1]此"间接的法定担保权"，依《瑞士民法典》第799条第1项，是因登记而成立，其顺位也依登记的时间而定。故此，后登记的"间接的法定担保权"并无优先于约定的不动产担保权的效力。然因法定担保权中的直接的法定担保权无需登记即可成立，且也不问成立时间的先后而皆得优先于已然成立的其他不动产担保权，故此，于一定程度上乃限缩了顺位确定原则。

其次，先顺位的不动产担保权消灭，后顺位的不动产担保权不得升进的顺位确定原则（固定担保位置原则），也被采取。[2]依此原则，不动产担保权一旦消灭，即生出空位担保位置。此时，不动产所有人即可以之设定新的不动产担保权。[3]

进而言之，依固定担保位置，纵无先顺位的不动产担保权，不动产所有人也可自始设定原始的后顺位担保权，即不动产抵押权可指定为第二或其他任意顺位而设定之，但须于登记时，就一定金额保留其优先顺位。[4]特别是地租证券与抵押债务证券，因不动产所有人自始即可以自己的名义而登记，并受担保证券的发行，[5]这就使先以自己的名义设定先顺位的地租证券或抵押债务证券成为可能。不过，对于这样的固定担保位置制度，《瑞士民法典》设有两项例外规定：一是于强制执行和破产的场合，将无视不动产担保权空位位置的存在。换言之，强制执行担保不动产并将其换价时，空位担保位置将不被顾及，拍卖担保不动产所得的价金于实有的各担保权人间依各自的顺位分配，[6]故发生与后顺位担保权人的顺位

1　《瑞士民法典》第837条第1项规定："对下列债权，得请求设定法定的不动产担保物权：（1）出卖人，因出卖土地而享有的债权；（2）共同继承人和其他共有人，因分割共有的不动产而享有的债权；（3）手工业者或建筑承揽人，因其为不动产上之建筑物或工作物，为土地上之拆毁工作或建筑脚手架之搭建或建筑基坑之加固或其他类似工作，提供材料或劳务，或者单纯提供劳务，而对该不动产享有的债权；其债务人，为不动产所有人、手工业者、建筑承揽人、使用承租人、用益承租人，抑或为其他对该不动产享有权利的人，在所不问。"

2　据此制度，先顺位的不动产担保权消灭，后顺位担保权也不得升进。结果，先顺位担保权所占据的顺位，即变成无担保权的空位担保位置，学理谓为"空位担保位置"或"空白担保位置"。

3　参见《瑞士民法典》第814条第2项。

4　《瑞士民法典》第813条第2项规定："为前顺位不动产担保物权保留其所登记的金额后，得设定第二顺位或更后顺位的不动产担保物权。"

5　参见《瑞士民法典》第859条。

6　参见《瑞士民法典》第815条。

升进相同的效果。[1]并且，因于不动产所有人保有担保证券时，也作相同的把握，[2]故而，于强制执行时，无论原始的抑或后发的所有人不动产担保权，皆无效力。二是，《瑞士民法典》第 814 条第 3 项规定：当事人可依约定而使后顺位担保权升进至空位担保位置，此约定于登记簿册进行预告登记后，乃具有物权的效力（dingliche Wirkung）。[3]

二、地租证券与抵押债务证券的共同特质

登记担保权以外的其他担保权，即地租证券与抵押债务证券的共同特质，是独立原则和流通性的确保。兹分述如下。

（一）独立原则

所谓独立原则，即否定不动产担保权的从属性，而使不动产担保权独立存在。《瑞士民法典》规定的三种不动产担保权中，仅登记担保权是从属于债权而存在的，故具有附随性（Akzessorietät），亦即附随于债权的成立而成立，附随于债权的消灭而消灭。但此外的两种不动产担保权，即地租证券和抵押债务证券，则是独立于债权的，即无附随性。债权人，得基于抵押债务证券或地租证券行使权利（债权）。抵押债务证券与地租证券的差异在于，于抵押债务证券，纵债务人的一般财产，也属责任财产的范围；而地租证券，则仅以设定担保权的不动产本身承担责任。

（二）流通性的确保

亦即，为了确保交易的便捷与迅速，不动产担保权须“化体”为证券。无论抵押债务证券抑或地租证券，皆依登记而成立，[4]且通常需要作成担保证券。由于

---

1 《瑞士民法典》第 815 条规定：“无前顺位的不动产担保物权而设定后顺位的不动产担保物权，或者债务人尚未使用现存的前顺位权利设定担保物权，或者前顺位不动产担保物权所担保的债权额小于所登记的债权额时，变价担保物所取得的卖得金，得不考虑空缺的担保顺位，而在实际的担保物权人中，依其顺位分配。”

2 参见《瑞士民法典》第 815 条。

3 《瑞士民法典》第 814 条第 3 项规定：“关于不动产担保物权人间顺位递升的约定，仅在其登记于土地登记簿时，始具有物权的效力。”［日］松井宏兴：《抵押制度的基础理论》，法律文化社 1997 年版，第 93—94 页。

4 参见《瑞士民法典》第 799 条第 1 项、第 856 条第 2 项。

此等担保证券特性上属于有价证券，所以行使基于抵押债务证券与地租证券的权利时，须提示担保证券。移转抵押债务证券或地租证券时，仅须向取得人交付担保证券，而无须采移转登记和债权让与的书面形式。于抵押债务证券和地租证券，债权与担保它的不动产担保权同时被“化体”为有价证券，债权与担保权因而构成为一个不可分的统一体（untrennbare Einheit）。与此不同，于登记担保权，则不发行担保证券。惟已设定的抵押证券，因债权人的请求，应依土地登记簿册发给抄本。该抄本仅具证据方法的性质，而非有价证券。[1]

依公信原则，让与不动产担保权的安全，必须受到保障。亦即，于抵押债务证券和地租证券，登记与担保证券的公信力，不仅及于担保权，而且及于债权。与此不同，于登记担保权，登记的公信力则仅及于担保权，而不及于被担保债权。从而，善意信赖登记而受让登记担保权所担保的债权的人，不得主张登记担保权之不存在的抗辩。[2]但因登记的公信力并不及于债权，故而债务人得就债权的存在与债权的数额提出异议。[3]

第四节　小　结

我国从清末改制引进欧洲大陆法系民法，至1929—1930年，国民政府颁行了正式的《中华民国民法》。如所周知，该民法系主要继受大陆法尤其是德国法与瑞士法而来。之所以继受德、瑞法，乃是受日本的影响。而于日本，关于民法的制定，究应采大陆法还是英美法，当初颇为犹豫，未几决定采法国民法，并请法籍教授波伦索那得协助完成草案，之后突又改采德国立法。其所以不采英美法，纯粹由于法技术的因由，而非基于法律品质的考虑，盖英美法是判例法，不适于依立法方式继受。又之所以舍法国民法而从德国民法，其主要的因由，是《德国民法典第一草案》恰好于1888年公布，其无论于立法技术抑或内容上，均较法国

1　参见《瑞士民法典》第825条第1、2项。

2　《瑞士民法典》第973条第1项规定：“善意信赖土地登记簿册的登记而取得所有权或其他物权者，其取得受保护。”

3　［日］松井宏兴：《抵押制度的基础理论》，法律文化社1997年版，第97页。

民法典进步、先进。[1]可以肯定，我国于1929—1930年颁行的《中华民国民法》，系继受德意志法系的德国法与瑞士法而来（当然也受到了日本民法的影响），属于大陆法系。

惟关于不动产担保权，该法典则未取德国、瑞士民法经验，而是采取了大陆法系中的法国民法与日本民法的立场。例如，关于不动产担保权的顺位，不采德国、瑞士法的“顺位固定”（德国法）或“空位担保位置”（瑞士法），而是采顺位升进原则；关于不动产担保权，不规定德国、瑞士法用作收回投资的手段的，以期流通的安全与确实的流通担保权，而仅规定担保债权得以清偿的保全抵押权。亦即，于德国法与瑞士法，不动产抵押权系以流通抵押权为原则（故德国法、瑞士法称不动产抵押权为“流通抵押权”或“普通抵押权”），而以保全抵押为例外；与此不同，于法国民法、日本民法及我国台湾地区“民法”，所谓抵押权，则仅指以担保债权的实现为目的的保全抵押权，而不认有所谓流通抵押权，此外也无德国法、瑞士法的原始的所有人抵押权之观念。可见，我国1929—1930年的《中华民国民法》对于不动产担保物权确实未有继受德国法、瑞士法，而是承继了法国法、日本法的立场。

我国自1949年至1980年代中期的一个相当长的时期，并无制定法上的统一的担保物权如抵押权、质权和留置权制度。1986年制定《民法通则》与1995年颁行《担保法》，以制定法的形式创设了担保法系统，于担保物权法的演进上具有里程碑的意义。由这些法律的规定可以明了，此等法律关于担保物权的规定，非取法德国法、瑞士法，而是采法国法、日本法及1929—1930年《中华民国民法》相同立场。换言之，我国现行不动产担保权尤其是不动产抵押权，其法律构成与法国、日本及我国台湾地区抵押权相同，性质上属于以担保特定债权的实现为目的的保全抵押权。于此保全抵押权，抵押权系从属于债权而存在，抵押权本身不得作为交易的客体而于市场上辗转流通。此与德国法、瑞士法不动产担保权之以流通性为原则，不动产担保权本身得作为独立的投资对象而于市场上辗转流通，迥乎不同。尤其是德国、瑞士不动产担保权的独立性原则，更是为涵括我国

---

1 王泽鉴：《民法学说与判例研究》（第5册），台湾1992年自版，第4—5页。

在内的法国法系国家或地区的担保物权制度之所无。

应当看到，不动产担保权的独立性，一方面是德国、瑞士流通性抵押权得以成立的基石之一（另一基石为抵押权的公示与特定原则），同时也使不动产抵押权的价值权特性得到了最纯粹、最淋漓尽致以至最一以贯之的表现。概言之，它使动产抵押权的价值权性质达到了表现上的无以复加的程度，故而可以肯定，抵押权的独立性，乃是人类法律文明于抵押权领域所取得的重要成就，进而于不动产担保权的演进上具有积极价值与意义。

如此一来，是否可以说不动产担保权的独立性即是代表未来各国家或地区不动产担保权的演进方向呢？对此问题的回答无疑是否定的。其因由之一，是迄今的各国家或地区不动产担保权法制的演进史表明，对于一个国家乃至某些国家是合理而妥当的制度，对于别的国家则未必如此。

按照瑞士等德意志法系民法，不动产担保权尤其是不动产抵押权的独立性原则，乃具体表现为抽象化原则、公信原则、证券化原则及顺位确定（空位担保位置）原则。兹逐一分述如下，并探讨其有无被我国借镜的可能。

第一，抵押权抽象化原则。所谓抵押权抽象化原则，即使抵押权与被担保债权分离、绝缘，进而使抵押权本身以抽象的方式存在。瑞士民法的地租证券与抵押债务证券，均是建立在此原则之上的制度。此原则，彻底荡涤了抵押权的从属性，使抵押权得于市场上自由地辗转流通。

我国民法向来认抵押权有所谓从属于被担保债权而存在的属性，谓为抵押权的从属性（最高额抵押权的承认，为抵押权从属性之放宽）。尽管抵押权为价值权，坚持抵押权的从属性并无学理上的充分根据，但依我国现实情况，要否定抵押权的此属性，进而使之完全独立于债权而存在并自由地辗转流通，应可肯定，此非但不可能，且也不适宜。

第二，公信原则。按照瑞士法，不动产担保权的存在既然以登记为生效要件并以之为表征，纵表征与实质的权利不符，对于信赖此表征而为交易的人也无任何影响，此即不动产担保权的公信原则。

我国现行抵押权立法，不认有所谓抵押权的公信原则。惟可以肯定，随着我国社会主义市场经济体制的发达，将公信原则引入抵押权领域，不仅有其必要，且也有其实益。故而可以断言，认可抵押权公信原则，将是我国未来抵押权发展的一个方向。

第三，抵押权的证券化原则。证券化原则，即将抵押权附着于证券之上，视为独立动产，并依有价证券理论确保其流通的原则。[1]瑞士民法上的地租证券与抵押债务证券，皆属于抵押权与债权相分立、相绝缘，抵押权附着于证券之上，进而使之于金融市场上辗转流通的制度。抵押权之被证券化，其媒介投资手段的功用便可彰显无遗。另外，为使抵押权得作为一种“商品”而于市场上辗转流通，其最有效的办法，也同样在于抵押权的证券化，除此之外别无他途。

可见，抵押权的证券化，实为一项颇能合乎当代市场经济需要的法律制度。盖于资本的需求与供给之间，证券乃是一种最佳的媒介手段，而抵押证券，尤能完成此一使命。在我国，因迄今尚未建立抵押证券制度，故抵押权的证券化，今日不过为学理上的构想，要真正付诸实施，非首先制定抵押证券法不可。

第四，不动产担保权的顺位固定（空位担保位置）原则。亦即，使不动产担保权的顺位固定，先顺位不动产担保权消灭时，后顺位担保权不得升进。我国现行抵押权制度对于抵押权的顺位，系采升进主义，先顺位抵押权消灭时，后顺位抵押权得当然升进。本书认为，基于民法公平正义观念及为了平衡各方当事人的利益关系，不动产担保权采顺位固定原则，应值考虑。

---

1 ［日］柚木馨、高木多喜男：《担保物权法》，有斐阁 1982 年版，第 224 页。

第十三章

债权的消灭时效与担保物权的效力

民法自罗马法以降有所谓债权的消灭时效制度。依照该制度，于法律所定的债权的消灭时效期间届满后，债务人即保有得拒绝返还所欠的债务的抗辩权。然于债权同时附有抵押权、质权或留置权的担保时，债权罹于消灭时效后，此等担保物权是否罹于消灭时效，进而债权人得否通过行使担保物权来清偿自己的债权，既为学理，也为各国家或地区法上的重要问题。我国实务中业已发生了抵押权、质权及留置权所担保的债权罹于消灭时效后，债权人（担保权人）得否就抵押权、质权及留置权的标的物而受债权的清偿的问题。2007 年 3 月 16 日通过的《物权法》第 202 条对债权罹于消灭时效后，债权人得否通过行使抵押权而获自己债权的清偿设有规定。《物权法》的此规定是否妥当，以及各国家或地区法围绕此问题的立场与学理，皆有必要予以考量、分析及释明。鉴于此问题的重要性，特设本章而予研究。

第一节　德国法 [1]

一、请求权的消灭时效

《德国民法典》将取得时效与消灭时效分别规定，取得时效（Ersitzung）作为物权的原始取得方法被规定于物权编，消灭时效（Verjährung）被规定于总则编，立

1　本节主要依据、参考林锡璋：《债权与担保》，法律文化社 1997 年版，第 3 页以下。此外，还参考了［日］於保不二雄著，高木多喜男补遗：《德国民法Ⅲ》，有斐阁 1955 年版，第 95 页以下。

法体例上异于法国法和日本法，而同于《韩国民法典》及我国台湾地区“民法”。

本来，于德国法律的演进上，无论消灭时效抑或取得时效，皆为因时间的经过而引起法律关系变动的制度，承认它们的因由，皆在于对长期存在的事实的尊重、对举证困难的补救（救济），以及对权利上睡眠的人的惩罚。然因《德国民法典》建立了完善的不动产登记、善意取得及短期消灭时效制度，结果使二者的共同点销声匿迹，导致学理自不同的规范目的与功能上把握此两项制度。

《德国民法典》的消灭时效制度，是在后期历史法学派的领导人、潘德克吞法学之代表人物温德沙伊得（Windscheid，1817—1892年）提倡请求权概念的影响下被规定下来的。受该氏关于请求权思想的影响，立法者剔除了以往的诉权消灭时效（klageverjährung），而于《德国民法典》第194条第1项规定：“请求他人作为或不作为之权利（请求权），适用消灭时效之规定。”亦即，明定请求权得因法定期间的届满（经过）而消灭。[1] 之所以设此请求权消灭时效，其根本的因由，乃在于举证上的考虑与利益。[2]换言之，《德国民法典》第194条第1项的请求权消灭时效，其立法旨趣系在于保护未曾履行债务的义务人（债务人）。1888年公布的《德国民法典第一草案立法理由书》就此指明：“请求权消灭时效的存在理由与目的，乃在于限制一方当事人依陈旧的请求权而要求对象方（债务人）继续履行其债务”。[3]惟因请求权概念于1888年之前尚未成为一个普遍的学理概念，故而《德国民法典》第194条第1项对于请求权的定义乃是很抽象的。其虽然是消灭时效的基础性概念，但于实体法系统中究居于何种地位当此之时尚不明确，于是围绕该概念与其他概念的界分，学者展开了讨论。[4]

---

1 《德国民法典》第194条规定：“请求他人作为或不作为之权利（请求权），适用消灭时效之规定。基于亲属法关系之请求权，以完成将来相当关系之状态为目的，或为确定血缘关系，以允许基因鉴定为目的者，不适用消灭时效。”

2 林锡璋：《债权与担保》，法律文化社1997年版，第54页。

3 Motive zu dem Entwurf eines Bürgerliches Gesetzbuchs，Bd. I，1888，第291页。转引自林锡璋：《债权与担保》，法律文化社1997年版，第54页。

4 参见［日］冈本：“德国的消灭时效制度”，载《比较法研究》第22号，第21页；［日］奥田昌道：“温德沙伊得的actio理论”，载《法学论丛》第63卷第3号，第1页；［日］奥田昌道：“德国普通法学的请求权概念的发展”，载《法学论丛》第64卷第1号，第22页以下；［日］奥田昌道：“德国民法的请求权概念”，载《法学论丛》第64卷第6号、第65卷第1、2号。

（一）请求权与 actio、Klage

如所周知，在罗马法时代，由于公法与私法的分野尚不显明，所以罗马法体系是具有私法内容的诉讼法体系，称为“actio 体系”。actio，是私权与权利的保护之间不可或缺的媒介。[1]

温德沙伊得于论及 actio 时，提出应以请求权概念代之，并以之作为沟通私权与诉权的桥梁。德国普通法时代，actio 与 Klage，被解为“因权利受到侵害的、由被侵害的权利所衍生的、要求给予裁判上的保护的权利”，及“附着于一切权利之上的、权利受到侵害时即可要求受到裁判上的保护的权利”。“此权利于权利受到侵害前尽管已然存在，但仅于侵害发生时，方变成现实”。[2]

对于 actio 与权利的关系，有主张 actio 是“权利的附加物或权利的构成部分”的，也有主张 actio 即是权利本身的另一种表现形态的，各种见解，不一而足。对此，温德沙伊得说，actio 并不是由权利所衍生出来的，而是与权利分离的、独立存在的事物。在其看来，所谓 actio，即“依裁判上的追行而贯彻个人的意思的权能”。且“法律秩序，也正是通过容许为此种裁判上的追行而赋予个人以权利的”。此 actio，不独表示作为请求权的实体的功能（actio 的实体的、事实的侧面），而且表示诉讼的权能（actio 的诉讼的侧面）。某人之有 actio，不仅意味着他享有实体上的请求权，而且意即可以主张诉讼上的请求权（即表示 actio 的实现的侧面）。温德沙伊得明确界分了罗马法的 actio 与德国普通法学者定义的 actio 和 Klage 的差异，指明应正确把握 actio 的实体的侧面，进而主张把 actio 表示为“请求权”。也就是说，德国近代法上的 actio，并不是直接承袭罗马法古典时期的 actio 的衣钵的结果，而是由德国普通法学说的 actio、Klage 化出的。[3]

（二）请求权与债权

在债权，请求权构成其本质的内容。原则上言之，债权发生，请求权也就发生。故此，自债权是请求特定的人为给付的权利这一《德国民法典》为债权所下

1 林锡璋：《债权与担保》，法律文化社 1997 年版，第 55 页。
2 林锡璋：《债权与担保》，法律文化社 1997 年版，第 55 页。
3 林锡璋：《债权与担保》，法律文化社 1997 年版，第 56 页。

的定义看，请求权与债权似乎未有差异。也正因如此，相当多的学者（涵括温德沙伊得）皆等量齐观地把握债权与请求权概念。然实际上，债权的内涵，并非请求权一语即能概括。譬如，债权除有请求权的内容外，尚有受领给付并保持此种受领的效力，称为“债权的受领保持效力”。另外，于债权的履行期（清偿期）尚未届至时，尽管有所谓债权，但并无所谓请求权。最后，于附停止条件债权、不作为债权，债权尽管已依契约而成立，但于所约定的条件成就前，也不发生请求权。可见，请求权与债权非属同一事物。请求权是债权的本质要素的东西，其为债权所内蕴并因债权而生。事实上，债权与请求权的分野，乃在于请求权是实现债权的手段。不过，时至现今，学理通常把对于人的请求权解为债权，而把物权的请求权解为异于债权的东西。[1]

请求权得因消灭时效的完成而减损其力量。换言之，请求权得为消灭时效的客体，从而意味着支配权、形成权等不得为消灭时效的客体。但此并不表示举凡民法上的一切请求权皆得罹于消灭时效。譬如，依《德国民法典》的规定，下列请求权即不得罹于消灭时效：（1）请求解除共有关系的请求权。[2]（2）基于土地相邻关系而对邻地的请求权。[3]（3）已于土地登记簿册进行了登记的土地物权。不过，权利人基于地役权或限制的人役权，请求排除损及其权利的设备的权利，即使进行了登记，也得罹于消灭时效。[4]（4）要求更正土地登记簿册或船舶登记簿册的记载的更正请求权。[5]（5）依亲属法上的关系所生的请求权。[6]

二、消灭时效的效力

按照法理与学理，消灭时效完成后，义务人取得拒绝给付的抗辩权。请求权已罹于时效，义务人仍为履行的给付的，不得以不知时效已经届满为由而请求返

1 ［日］奥田昌道：“温德沙伊得的 actio 理论”，载《法学论丛》第 63 卷第 3 号，第 19—29 页。

2 《德国民法典》第 758 条：“解除共同关系之请求权，不罹于时效。”

3 参见《德国民法典》第 924 条。

4 参见《德国民法典》第 1028 条、第 1090 条。

5 参见《德国民法典》第 898 条。

6 林锡璋：《债权与担保》，法律文化社 1997 年版，第 57—58 页。

还。义务人以契约承认及提供担保者，亦同。

可见，罹于时效的请求权，并非请求权本体消灭，而仅在义务人主张抗辩权时，失其力量。且其效力，只是予义务人给付拒绝权，即予以永久的抗辩权，至于义务人是否行使此抗辩权，则完全听其自由。此永久的抗辩权性质上属于“反对权”（Gegenrecht），故时效完成后，债权人不得违反义务人的意思而强制实现请求权。诉讼中，法院不得依职权主动适用时效，仅在债务人援用时，方得适用。又因请求权罹于时效后，具有效力较强的自然债务的特性，也有受领给付的能力，故债务人不主张抗辩权，而仍为给付的，不得以不知时效为由而请求返还。其以契约承认其债务，或提出担保者，请求权仍回复其力量。[1]并且，以抵押权或质权所担保的债权请求权尽管罹于时效，但权利人仍得就担保标的物受清偿。[2]此外，《德国民法典》第390条、第215条尚规定：“就附有抗辩之债权，不得主张抵销”，“请求权于首次得抵销或拒绝给付时，尚未消灭时效者，其时效完成，不影响抵销及留置权之主张”。

义务人因时效完成而享有的抗辩权，并无使请求权本体消灭的效力，而仅减损其力量，在债权请求权的场合尤其如此。惟于德国普通法时代，对于消灭时效的效力，则有不同之见，概言之约有三说：

其一，诉权消灭主义，由萨维尼所倡，认为消灭时效完成后，权利本身依然存在，但其诉权归于消灭。此主张由来于罗马法，德国普通法宗之。

其二，权利消灭主义或强效力说（starke Wirkungstheorie），由温德沙伊得所倡，认为消灭时效完成后，不仅请求权消灭，而且权利本身也消灭。

其三，抗辩权发生主义或弱效力说（schwache Wirkungstheorie），由叶鲁图曼（Örtmann）所倡，认为消灭时效完成后，权利请求权不消灭，义务人取得抗辩权（永久的抗辩：dauernde od. zerstörliche od. peremptorische Einrede）。

以上三说中，《德国民法典》采取第三说，即抗辩权发生主义或弱效力说，认

1　参见《德国民法典》原第222条第2项。林锡璋：《债权与担保》，法律文化社1997年版，第58页；梅仲协：《民法要义》，中国政法大学出版社1998年版，第160页。

2　参见《德国民法典》原第223条第1项、第2项。

为罹于时效的债权得作为自然债务而继续存在。[1]结果，罹于消灭时效的请求权，只要债务人不主张抗辩权，其效力即与一般请求权的效力并无二致。[2]

三、被担保债权的消灭时效与担保物权的关系

对于被担保债权罹于消灭时效时，抵押权、质权的效力，《德国民法典》定有明文。该法典原第223条第1项规定：以抵押权或者质权所担保的请求权，虽罹于时效，但权利人仍得就担保标的物受清偿。[3]

自法史的源流看，《德国民法典》的此条规定乃源自于古罗马法。其旨趣在于，纵被担保债权罹于消灭时效，动产质权、抵押权及船舶抵押权的“物的责任”（sachhaftung）仍应继续存在。其结果，权利人以担保物权的标的物受债权的清偿，即具正当性。对此，学者施陶丁格（Staudinger）针对德国民法典第一次委员会对于消灭时效的效力采“强的效力说”而批判道：这是完全错误的，应采“弱的效力说”。并特别指明：“消灭时效的效力仅在于减轻义务人的责任（赋予义务人给付拒绝权），而债务关系本身依然存在。”[4]另外，前引《德国民法典》原第223条第1项，虽适用于依契约而设定的质权（约定质权），但对于是否适用于法定质权——使用出租人的质权、用益出租人的质权及承揽人的质权，向来存在肯定与否定两说，惟通说采肯定说。[5]不过，其不得适用于预告登记。之所以如此，盖因《德国民法典》第886条规定：“因预告登记而其土地或权利受影响之人，取得抗辩权，足以永久排除因预告登记而受保全之请求权之行使者，得请求债权人除去其预告登记。”[6]

---

1 学说史上，认消灭时效的效力在于债权的消灭者，为“强的效力说”（Starkere Wirkung）；认为仅减损请求权的力量，而其他效力依然存续者，为“弱的效力说”（Schwacherem Wirkung）。德国民法系采“弱的效力说”。林锡璋：《债权与担保》，法律文化社1997年版，第66页注释4。

2 林锡璋：《债权与担保》，法律文化社1997年版，第58页。

3 参见梅仲协等译：《德国民法》（条文），台湾大学法律学研究所编译（1965年），第236页。不过，《德国民法典》第219条至225条现今已被废止。

4 林锡璋：《债权与担保》，法律文化社1997年版，第60页。

5 林锡璋：《债权与担保》，法律文化社1997年版，第60页。

6 ［日］於保不二雄著，高木多喜男补遗：《德国民法Ⅲ》（物权法），有斐阁1955年版，第52页以下。

四、被担保债权的消灭时效与留置权

《德国民法典》的留置权，与瑞士、日本、韩国及我国台湾地区“民法”的留置权皆不相同，即不认留置权为一种独立的担保物权，仅以之为债权的一种特别效力，于一定条件下，债权人于相对人未为给付时，得拒绝自己的给付。纵非双务契约，但若二债权间具有特定的牵连关系，且相对人的债务已届清偿期时，也可拒绝给付。[1]益见德国民法的留置权，实际上相当于同时履行抗辩权。根据《德国民法典》，此抗辩权不独可以对债权的请求权行使，而且对物权请求权的物的返还请求权也可行使。[2]

对于被担保债权罹于消灭时效后，留置权人得否行使留置权，尽管不无疑义，但学理自《德国民法典》原第223条第1项的立法旨趣出发，认为应采肯定主义，即可以行使。[3]例如，修理自行车的报酬请求权，依《德国民法典》第195条的规定，虽因三年间不行使而减损其力量，但于时效完成后，权利人仍可将留置的自行车拍卖，而就拍卖所得价金清偿债权。此外，德国的宫廷裁判所（Kammergericht）于1913年12月15日的判决中也采取了相同立场。[4]

第二节　法国法[5]

一、消灭时效的类型

《法国民法典》对消灭时效与取得时效设统一规定。惟学理仍分别把握此两

1　参见《德国民法典》第273条至第274条。

2　郑玉波著，黄宗乐修订：《民法物权》，三民书局2007年版，第408页。对于《德国民法典》留置权的特质，日文方面可资参考的文献较多，如清水元《留置权概念的再构成》（一粒社1998年版）、药师寺志光《留置权论》（三省堂1935年版）等，皆为这方面的有名著作。

3　［日］於保不二雄著，高木多喜男补遗：《德国民法Ⅲ》（物权法），有斐阁1955年版，第95页。

4　KG. v. 15 Dez. 1913 Rspr. 28. 50，转引自林锡璋：《债权与担保》，法律文化社1997年版，第62页。

5　本节主要依据、参考林锡璋：《债权与担保》（日文），法律文化社1997年版，第3页以下。此外，还参考了［日］於保不二雄著，高木多喜男补遗：《德国民法Ⅲ》（物权法），有斐阁1955年版，第95页以下。

种不同的时效制度，即从债权消灭的视角说明消灭时效，而自物权取得的角度说明取得时效。惟法国法上的消灭时效，依其特性，可以界分为两类：通常的消灭时效与推定时效。

（一）通常的消灭时效

1. 普通权利的时效

《法国民法典》第2262条规定："一切诉讼，无论是对物诉讼还是对人诉讼，时效期间均为30年，援用此时效期间的人无需提出某种证书，他人也不得提出该人系出于恶意而为抗辩。"此项时效，为《法国民法典》所定的最长期时效。

2. 一般的时效

其一，10年时效。此为因商事关系而生的债务的一般时效。

其二，5年时效，即《法国民法典》第2277条所定的时效。依该条规定，下列款项的支付之诉，时效期间为5年：第一，工资；第二，永久性定期金、终身定期金以及抚养费；第三，房屋及土地租金；第四，借贷款项的利息及其他按年支付的款项以及有更短支付期限的定期支付款项。

3. 特殊的时效

此具体涵括下列各项时效：

其一，长期时效，即《法国民法典》第475条所定的5年时效。[1]

其二，中期时效，即《法国民法典》第2276条所定的5年时效。[2]

其三，短期时效，即5年以下的时效。譬如，关于保险契约的《1930年7月13日法》第25条的2年时效、关于教师责任的《1937年4月5日法》第2条的3年时效等。惟应注意的是，《法国民法典》第2271条至第2273条的时效尽管属于短期时效，但特性上属于推定时效。

（二）推定时效

《法国民法典》第2271条至第2273条所定的时效尽管为短期时效，但与一般

---

1 《法国民法典》第475条规定："未成年人对监护人关于监护行为的一切诉权，自其到达成年后，经过5年时效期间而消灭。"

2 《法国民法典》第2276条："法官与在诉讼中代理或协助当事人的人，在法院作出判决之后或者在其停止给予协助之后5年，即对诉讼中的各项材料的保管不再负有责任。"

短期时效的存在因由不同，即它是建立于债务清偿的推定基础之上的特殊制度。得作为该时效的客体的债权，通常为即时清偿，且于清偿时也不立清偿字据的债权。债权人不于所定期间内请求清偿时，即推定债务已获清偿。[1]

第一，2 年的时效期间。亦即，《法国民法典》第 2272 条第 4、5 项及第 2273 条所定的时效期间。

第二，1 年的时效期间。亦即，《法国民法典》第 2272 条第 1、2、3 项所定的时效期间。

第三，6 个月的时效期间。亦即，《法国民法典》第 2271 条所定的时效期间。依其规定，下列请求权，经 6 个月不行使而消灭：科学与艺术教师有关其按月授课所得酬金的诉权；旅馆与饮食店经营者因其提供的住宿与饮食而产生的诉讼。

二、消灭时效的效果

（一）通常的消灭时效的效果

《法国民法典》第 2262 条规定：一切关于物权或债权的请求权均经过 30 年的时效而消灭。此规定，是原封不动地由一般诉权的消灭时效而化出。然《法国民法典》第 1234 条却把时效规定为债务消灭的一种原因。[2] 而所谓时效，指依法律所定的条件，经过一定的期间，而取得财产所有权或免除义务的方法。需注意的是，该条规定与《法国民法典》第 2262 条之间存在龃龉。尤其是消灭时效因被解为债务消灭的一种原因，故债权人不于法律所定的时效期间内请求清偿债务时，债权本身即认为消灭。

然学理则不作如此理解，认为对不清偿债务的债务人，宣布免除其债务，乃是明显的不公平。消灭时效对于债务人而言，是通过抗辩债权人的请求权而表现的对于自己的一种利益，是限制债权人的诉权的一种方法。故此，于债权罹于消

1　林锡璋：《债权与担保》，法律文化社 1997 年版，第 35 页以下。

2　参见《法国民法典》第 1234 条。

灭时效时，与其说是债权本身的消灭，毋宁说是诉权的消灭。[1]

另外，按照法国法，时效只能由当事人主张，而不能由法院主动援用。[2]亦即，债务人援用时效时，即引起债权人的诉权消灭的后果，惟债务本身仍作为自然债务而继续其存在。[3]

（二）推定时效的效果

如前述，推定时效是以债权清偿的推定为基础而成立的，于一定期间经过后方请求清偿债务者，即推定债务人业已清偿了债务。但既为“推定”，若有相反证据证明未为给付时，所做的推定即被推翻，债务人从而不得免负其责。此所谓证明，指债权人要求债务人就债务的清偿为强制宣誓。[4]若债务人拒绝宣誓，即视为债务未被清偿，从而判其败诉。[5]就此而言，其异于通常的消灭时效。于通常的消灭时效，时效期间完成后，如债务人援用时效期间完成的事实，则无论债务人是否已经清偿债务，债权人的诉权皆告消灭。[6]

三、被担保债权罹于消灭时效时担保物权的效力

若把消灭时效解为债权消灭的原因，则于原本债权罹于消灭时效时，债权即消灭，作为担保物权的留置权、质权及抵押权也当然随而消灭。[7]然如述，《法国

---

1 Planiol-Ripert，Traité pratique de droit civil francais 1954，t. 7，n 1325，转引自林锡璋：《债权与担保》，法律文化社 1997 年版，第 37 页。

2 参见《法国民法典》第 2223 条至第 2224 条。

3 需注意的是，法国 1920 年 6 月 25 日颁布的法律对此予以了明确的否定，即于下列场合，债务人不得被免责，罹于消灭时效的债权归国库所有，结果乃使债务人日后向国库负清偿之责（即向国库进行清偿）：(1) 股份、公司债的利息与红利（适用《法国民法典》第 2227 条 5 年时效的规定）；(2) 股份、发起人股、公司债及其他有价证券（适用《法国民法典》第 2262 条规定的 30 年时效）；(3) 存于银行的金钱或证券。此等债务，债务人不得被免责，罹于消灭时效时将归由国库享有的规定，显然是国家立于财政的立场而设的规定。而之所以如此，一个重要的因由，是认为债务人无论为大公司抑或银行，债务的存在，皆可由账簿而获证明。不过，此种立场不独与民法的消灭时效的本旨不合，且也直面国家对私法的介入等问题，故而受到各方面的批判。对此，请参见林锡璋：《债权与担保》，法律文化社 1997 年版，第 37 页。

4 参见《法国民法典》第 2275 条。

5 债务人拒绝宣誓，即意味着间接承认债务的存在，从而债务人须对债权人负清偿之责。

6 林锡璋：《债权与担保》，法律文化社 1997 年版，第 38 页。

7 参见《法国民法典》第 1234 条。

民法典》的解释者并不将债权的消灭时效解为实体权的消灭原因，而是采诉权消灭理论。故此，债权即使罹于消灭时效，仍认为债权系作为无诉权的债权而继续存在。

（一）被担保债权的消灭时效与质权和留置权

1.《法国民法典》对于质权与留置权的基本观念

（1）法国法上的质权。在法国民法，所谓质权，涵括动产质权（gage）与不动产质权（antichrèse）。至于权利质权，则未明定为一种独立的质权类型，而仅于动产质权的规定中设有关于它的某些规定。[1]《法国民法典》秉承罗马法的传统，把质权关系解为通过交付标的物而生法律上的效力的要物契约（contract rée1），明定不得依占有改定设定质权关系，且要求质权人对质物为继续占有。此规定，旨在贯彻动产物权变动以占有的移转为公示方法的公示原则。然近代以降，法国通过制定各种特别法，创设了不以移转标的物的占有为成立要件的新质权制度。而且，立法者设计了用来替代交付的、为保护第三人的利益而于公的账簿上进行登记的公示方法。显然，根据这些公示方法成立的动产质权，实质上是动产抵押权。此种采质权之名而规定动产抵押权之实的做法，系法国民法的重要特色之一。此外，《法国民法典》还定有不动产质权制度。[2]

（2）法国法上的留置权。对于留置权，《法国民法典》并未将之明定为一种独立的物权类型，而仅认其为双务契约上的同时履行抗辩权之一种，而分别规定于民法典各条文中。[3]学理与实务因而对留置权的涵义、特性及效力发生歧见。不过，依学理，如下债权，为伴有留置权效力的债权。[4]

1）为担保债权而设定质权时，是以留置（拒绝返还）质物来担保债权的实现。

1　参见《法国民法典》第 2075 条。

2　林锡璋：《债权与担保》，法律文化社 1997 年版，第 39、40 页。

3　参见《法国民法典》第 867 条、第 1612 条、第 1613 条、第 1948 条、第 2028 条第 2 项及第 2280 条。对于《法国民法典》的留置权，日本学者乐师光志与清水元在《留置权论》与《留置权概念的再构成》（一粒社 1998 年版）中有翔实研究。

4　Colin et Capitant，Coursé le´mentaire de droit civil francais，1953，t. 2，n1478，转引自林锡璋：《债权与担保》，法律文化社 1997 年版，第 40 页。

2）有契约上的债权关系，于债权的发生和该动产有牵连关系时，有留置权的成立。该留置权，被认为是同时履行抗辩权之一亚种。根据《法国民法典》，下列情形得发生留置权。

a. 出卖人于受价金的清偿前，可以留置买卖的标的物。[1]

b. 附买回条款的买卖中，买主享有留置权。[2]

c. 保管人对保管物有留置权。[3]

d. 船长为了受运费的清偿（支付），而对于装载的货物有留置权。[4]

3）下列场合，留置权也得成立：

a. 对他人的物进行加工的人，于受加工费的清偿前，有留置加工物的权利。[5]

b. 以不动产现物返还的共同继承人，于现实补偿其支出或改良的费用前，得保持其占有。[6]

c. 占有人占有的盗窃物或遗失物如系由市场、公卖（vente publigue）或贩卖同类物品的商人处买得的，于未由原所有人受价金的偿还前，得留置之。[7]

4）特殊留置权。土地或房屋的承租人，于第三取得人要求腾出房屋时，于由出租人获得因腾出房屋而所受的损害赔偿前，得留置土地或房屋。[8]之所以如此，其学理基础乃在于，“无论何人，皆不能转让大于自己所有的权利”的罗马法原则，系旨在于保护承租人。

2. 被担保债权的消灭时效与质权和留置权

法国法上的质权契约，因属于为担保债权而订立的，故性质上属于附随于债权的契约。也就是说，《法国民法典》的质权契约，是以被担保债权的存在为前提而成立的，故被担保债权无效，质权契约也无效；于被担保债权因清偿、抵

1 参见《法国民法典》第1612条至第1613条。

2 参见《法国民法典》第1673条第1项。

3 参见《法国民法典》第1948条、《法国民事诉讼法》第851条。

4 参见《法国商法典》第306条。

5 参见《法国民法典》第570条。

6 参见《法国民法典》第867条。

7 参见《法国民法典》第2280条。

8 参见《法国民法典》第1749条。

销、更新及债务免除而消灭时，质权归于消灭。但是，对于债权罹于消灭时效时，质权是否消灭，《法国民法典》未有明确。

对此，有学者认为，为了消除被担保债权罹于消灭时效后债务人要求返还质物的不合理状况，应作如下的解释：质物于债权人占有期间，应解为债权不罹于消灭时效。譬如，吉尤阿（Guillouard）明确地指出："质物于债权人占有期间，债权并不因时效的完成而消灭。盖为担保债权的清偿，使债权人占有质物的事实，是以债务人永久性地承认债务的存在为前提的。"[1]另外，奥布里（Aubry）和劳（Rau）也认为，债务人之使债权人占有质物的事实，是在表示永久性地承认对于债权人之有债务。并强调说，此债权之不罹于时效，在不动产质权的情形，尤其显明。亦即，债权人收取不动产的孳息，[2]是继续行使债权的表现。[3]

泰兹（Thézard）说，《法国民法典》第2082条第1项"债务人仅于以质权担保的债务的原本、利息及费用已全部清偿时，始得请求返还质物，但质物占有人滥用质物时，不在此限"，虽然是在规定债务因清偿而消灭，但也应作如此的理解：债务也得因抵销、自愿免除及无保留的更改而消灭，不过于消灭时效的情形，依优士丁尼《罗马法大全》确立的原则，只要债权人对质物予以占有，即说明债务继续存在，从而债务并不罹于消灭时效，我们应当承续此原则。进而，债务人只要不清偿债务，即使时效期间届满，也不得请求返还质物。[4]

有学者认为，对此问题，应采如下的释明："债务人对于罹于消灭时效的债务，如进行了一部清偿或支付利息，……或有为清偿而提供保证、质押、抵押等担保的主要事实时，即生默示承认的效果。质物只要存在于债权人之手，债权的消灭时效即应停止进行。何以如此？盖占有质物，即意味着默示的承认。"[5]

此外，达洛（Dalloz）还从质权的放弃的视角来说明此问题。他说："债权人

1　转引自林锡璋：《债权与担保》，法律文化社1997年版，第41—42页。

2　参见《法国民法典》第2085条第2项。

3　Aubry et Rau, Droit civil francais, 1951, t. 6, §434, texte et note 15, p. 350，转引自林锡璋：《债权与担保》，法律文化社1997年版，第42页。

4　转引自林锡璋：《债权与担保》，法律文化社1997年版，第42页。

5　转引自林锡璋：《债权与担保》，法律文化社1997年版，第42—43页。

可以放弃其债权。但不能由质权人不请求清偿被担保债权达30年的事实，即推断质权人放弃了其质权。盖债务人之不请求债权人返还质物的事实，是表明债务人永久性地承认债权人的权利。”故此，债权人无需以任何行动来阻止权利的消灭。惟若债权人不占有质物时，请求清偿债务的诉权则因30年时间的经过而罹于消灭时效。[1]

以上各说，于考量问题的出发点上尽管有其差异，但均主张：于债权人占有质物时，即视为债务人永久地承认债务的存在，从而债权不罹于消灭时效。学说史上，此被谓为“永久承认说”。

如前述，对于留置权，《法国民法典》并未把它明定为一种独立的物权类型，而是分别规定于民法典各条文中。然《法国民法典》对于留置权所担保的债权罹于消灭时效后，留置权本身的命运为何，未有涉及。以上“永久承认说”，是把留置权与质权作相同的对待。[2]不过，马佐（Mazaud）认为，质权的场合，虽应采永久承认说，但对于留置权，则不应采同样的立场。[3]其因由为，质权是依当事人的意思表示的合致而成立的，质物之由债权人占有、管领，也是出于债务人的意思，故采“永久承认说”有其正当理由；留置权，因非依当事人的意思，而是依法律的直接规定而成立，故不能与质权作相同的对待，即不应采“永久承认说”。

应当肯定，于依法律的直接规定而成立这一点上，留置权与质权确为两种不同的制度，但于留置物的占有和消灭时效的关系上，二者又并非不同。换言之，于法国民法，对于留置权与债权的消灭时效的关系，仍应作质权与债权的消灭时效的关系的相同的解释，即债权尽管罹于消灭时效，但债权人仍可就变卖自己占有、管领的留置物所得的价金而受自己债权的清偿。

---

1 转引自林锡璋：《债权与担保》，法律文化社1997年版，第43页。

2 Aubry et Rau，op. cit.，t. 6，§438；H. L. et J. Mazaud，op. cit.，t. 3，n 120，转引自林锡璋：《债权与担保》，法律文化社1997年版，第46页。

3 转引自林锡璋：《债权与担保》，法律文化社1997年版，第46页。

（二）被担保债权的消灭时效与抵押权

1. 法国法的抵押权

《法国民法典》规定了三种抵押权，即约定抵押权、法定抵押权及裁判抵押权。约定抵押权（hypothéque conventionelles），依第 2124 条至第 2133 条的规定，是不动产所有人为担保债权的履行而依设定契约将不动产提供给债权人设定抵押权。依第 2127 条的规定，设定抵押权的契约因须由公证人作成公证证书，故设定契约为要式行为。[1]进而言之，依第 2129 条的规定，设定证书，须载明下列事项：当事人的身份、被担保债权的发生原因及其金额及抵押物的特性与所在地。

法定抵押权（hypothéque légale），依《法国民法典》第 2117 条第 1 项、第 2121 条及第 2122 条的规定，系依法律的直接规定而成立。譬如，就夫的财产为妻设定的抵押权，就监护人的财产为未成年人、禁治产人设定的抵押权等，皆属之。[2]毋庸讳言，《法国民法典》之所以规定此种法定抵押权，其旨趣在于保护无行为能力人与社会生活中的弱者。盖夫或监护人对于妻或被监护人的财产的管理如有不当，则妻或被监护人即取得损害赔偿请求权。为担保此请求权，遂设法定抵押权。由此法定抵押权，我们可以看到《法国民法典》的立法者当时所怀抱的尊重静的安全的思想。[3]

裁判上的抵押权（hypothéque judiciaires），即依判决或裁判上的行为而成立的抵押权。此种抵押权，依《法国民法典》第 2123 条的规定，是债权人取得对于债务人的给付判决或确认判决而于债务人的财产上成立的。[4]

---

1 参见《法国民法典》第 2126 条。

2 林锡璋：《债权与担保》，法律文化社 1997 年版，第 48 页。

3 郑玉波著，黄宗乐修订：《民法物权》，三民书局 2007 年版，第 245 页。

4 《法国民法典》本无动产抵押制度。19 世纪中期以降，由于社会经济突飞猛进的发展，以特别法建立了此制度。举其要者，有 1885 年 7 月 10 日《海上抵押权的法律》所定的动产抵押制度，1917 年 7 月 5 日《河川抵押权的法律》所定的动产抵押制度，以及 1924 年 5 月 31 日《航空的法律》所定的动产抵押制度。对于法国动产抵押的立法情况，参见［日］柚木馨：《担保物权法》，有斐阁 1970 年版第 19 刷，第 155 页以下。此外，《旅馆业者担保证券（1913 年）的法律》，及《煤油担保证券（1932 年）的法律》，也皆为动产抵押的法律。

2. 被担保债权罹于消灭时效时的抵押权

《法国民法典》第2180条第2项规定：抵押权的时效，于债务人占有不动产时，因使抵押权发生的债权的诉权的时效期间的经过，为债务人的利益而完成。亦即，债务人占有抵押不动产时，抵押权的时效与被担保债权的消灭时效同时完成。同条第3项规定：抵押不动产由第三人占有时，抵押权的时效，因第三人应取得所有权的时效期间（第2265条）的经过，为该第三占有人的利益而完成。亦即，抵押权因抵押不动产本身的取得时效期间的完成的间接效果而消灭[1]。[2]

第三节　英国法[3]

一、出诉期限（消灭时效）的涵义

英国法属于英美法系，其与大陆法系消灭时效相当的概念为出诉期限。英国早期的普通法上，曾存在纵因时间的经过致权利消灭，法院也不得拒绝当事人提起的诉讼的情况。但是，如此一来，一方面，权利人无论什么时候都可以行使权利，另一方面，也会致对方于永久的不安定状态。故此，自17世纪以降，遂有《出诉期限法》（Statutes of Limitations）的制定，1939年又制定《诉讼时效法》（Limitation Act）。惟这些制定法未曾变更普通法的原则。依这些法律，纵长期不行使权利，所消灭的也仅是依诉讼而实现权利的途径，权利本身并不消灭。[4]

1　罗马法规定：于债务人占有抵押不动产时，纵债权的30年时效期间完成，也不得剥夺债权人的抵押权，而自时效完成时起复经过10年，抵押权方消灭。

2　Planiol-Ripert，Traité pratique de droit civil francais，1953，t. 13，n1313，转引自林锡璋：《债权与担保》，法律文化社1997年版，第49页。

3　本节主要依据、参考林锡璋：《债权与担保》，法律文化社1997年版，第11页以下。

4　但作为其例外，1833年的英国《不动产出诉期限法》（Real Property Limitation Act）第34条规定：关于土地的权利，权利本身消灭。且Limitation Act，1939ss. 3，16规定：土地和动产，如其返还请求权罹于出诉期限，则土地和动产的权利消灭（惟依日本法，所有权并不罹于消灭时效）。另于英国法上，虽也有取得时效（prescription）制度，但它仅适用于“无体继承财产”（incorporeal hereditament）与同种的权利，而不适用于土地及其他“有体继承不动产”（corporeal hereditament）。对此，请参见［日］矢头：“英国的出诉期限法”，载《比较法研究》第22号，第6页以下；林锡璋：《债权与担保》，法律文化社1997年版，第12页。

二、契约法上的出诉期限

依单纯契约（simple contract）的诉讼、为强制实行“誓约”（recognisance）的诉讼及“计算诉讼”（action of account）的出诉期间，自诉讼原因发生之时起为6年。[1]基于“盖印契约”的诉讼（action upon a specialty）、请求支付土地买卖金的诉讼，以及请求行使判决书所确定的权利的诉讼，出诉期间为12年。[2]

三、被担保债权的出诉期限与担保物权的关系

英国《出诉期限法》规定，出诉期间届满后，仅发生诉权消灭的效果，而权利（1egal right）本身依旧存在。从而，罹于出诉期限的债权人，可依诉讼程序以外的方法而获债权的清偿。

地租负担的权利人（rentchargee）因占有土地，故可通过受领地租而获债权的清偿。[3] 作为遗言执行人、遗产管理人的人格代表者（personal representative），则可由遗赠份（1egacy）中 扣除罹于出诉期限的受遗赠人负担的债务。[4]

（一）债权罹于出诉期限时留置权（Lien）的效力

1. 英国法上的留置权

于英国法上，留置权存在各种不同的分类。首先，普通法上的留置权（common law lien）或占有的留置权（possessory），可以分为“特定留置权”（particular lien）与“一般留置权”（general lien）。特定留置权，即留置与债权的发生有牵连的特定物的权利，相当于瑞士、日本民法的留置权。此种留置权，有依法律的规定而成立者，也有依合同而成立者。依法律规定而成立的，如对于运费的请求权，运送人就运送的货物有留置权；就住宿费的请求权，旅店主人对旅客的行李有留置权；就修缮费用与其他加工费用，修理人、加工人对于修缮物、加工物有

1　Limitation Act，1939s. 2.

2　Limitation Act，1939s. 18，s. 2.

3　所谓地租负担（rentcharge），指由土地每年的收益受取一定金额的给付，若给付迟延，则有扣押或留置（distrain）动产的权利。土地的所有人也负“人的给付责任”。参见林锡璋：《债权与担保》，法律文化社1997年版，第31页注释7。

4　林锡璋：《债权与担保》，法律文化社1997年版，第13页。

留置权。[1]

所谓"一般留置权"，即就客户应当支付的"一般的余额债务"（general balance）享有的留置权。此种留置权，除依明示或默示的合同而成立外，也有依特殊的营业习惯承认的。律师就其手续费的请求权，对于委托人（客户）的文件，享有留置权，即其适例。

其次，在英国法上，还有所谓衡平法上的留置权（equitable lien）和海事上的留置权（maritime）。前者为与是否占有标的物并无粘连的留置权；后者为对于船舶、货物的海事上的留置权。此两种留置权，皆属于可由债务人及其他人占有的财产而受债权的优先清偿的"担保的留置权"（charging lien）。此外，此两种留置权，在无需对物有占有关系即可成立，以及可经由向法院提起出卖财产的诉讼而得以实行之点上有其特色。

2. 债权罹于出诉期限后，留置权是否因之而受影响

依英国法，债权罹于消灭时效，仅发生金钱债务的诉权消灭的效果，而债务本身并不消灭，从而债权人可依诉讼以外的方法使得债权得以实现。艾尔登勋爵（Lord Eldon）在Spear诉Hartley一案中明确表示：债权人的请求权，纵罹于出诉期限，但若债权人取得动产的占有，且在该物上有"一般的余额债务"的留置权时，即可依该留置权，而为自己的利益占有该动产。[2]请求支付律师费用的权利罹于出诉期限后，尽管不能经由诉讼而获清偿，但对委托人（客户）的文件享有留置权。此外，获胜诉判决的原告的律师，于6年的出诉期限内，不对委托人请求支付律师费用时，该律师费用因由判决上对胜诉的诉讼物的留置权予以担保，故可通过由执行官强制执行被告的动产所卖得的价金，受债权（律师费用）的清偿。[3]

（二）债权罹于出诉期限时质权（pledges）的效力

按照英国法，所谓质权，指为担保债务履行，而通过"寄存"的方式，把质

---

1 例如，船主就海上运送物品有出卖权。旅店的主人的出卖权，系 Innkeepers Act，1878s. 所明定。转引自林锡璋：《债权与担保》，法律文化社1997年版，第31页注释10。

2 转引自林锡璋：《债权与担保》，法律文化社1997年版，第15页。

3 Higgins v. Scott（1831）2Band Ad. 413，转引自林锡璋：《债权与担保》，法律文化社1997年版，第15页。

物的占有移转于质权人，于履行了债务时返还质物，于不履行债务时得出卖质物以获债权的清偿的权利。此质权关系，是为质权人的利益，通过现实交付质物或“准交付”（如交付仓库的钥匙）而成立的。质权人，于债务人不清偿债务时，即可依“公卖”（public）而变卖之。[1]

如前述，依英国《出诉期限法》，债权罹于出诉期限后，仅诉权消灭，债权人对质物所享有的质权则不受影响。于债权受清偿前，债权人无需返还质物。[2]

（三）债权罹于出诉期限时让与抵押（mortgage）的效力

如所周知，在法史上，大陆法系罗马法担保制度经历了由信托（fiducia）而质权、而抵押权（hypoteca）的发展历程。与此不同，英国法上的担保制度，则始终是围绕“权利的移转”而展开的。故此，于英国的担保权系统中，让与抵押占据着重要地位。惟应注意的是，英国法的让与抵押，是债权人不占有抵押物的让与抵押，例如所谓“衡平法上的负担”（equitable charges），即是由债务人占有标的物的让与抵押，其大致相当于罗马法的抵押权（hypotecation）。[3]

英国法的让与抵押，涵括普通法上的让与抵押（1egalmortgage）与衡平法上的让与抵押（equitable mortgage）两种。早期普通法上的让与抵押，发端于物物交换与自救行为时代的单纯的质权，计有两种：其一，“生质”（vivum vadium），即债权人即时占有债务人的土地，以占有土地的地租、收益充抵债务的原本、利息；其二，“死质”（mortumn vadium），即债权人由占有的土地收取地租、收益，以抵充利息，但原本债务并不因之而减少。

至布兰克通（Black Ton）时代，让与抵押乃依“附条件的权利让与证书”（deed upon condition）而设定，称为“附解除条件的不动产让与”。若债务的履行期届满而仍不清偿时，不动产的权利由最初的附条件的移转，转变为现实的移转给抵押权人，且尚未履行的债务也不消灭，此对债务人而言不啻过苛。于是采取衡平法上的救济手段。让与抵押的法律构成因此演变为：让与抵押，本旨上不是

1 Byrnés Law Dictionary; Seasongood, “Drastic Pledge Agreements”, 29 *Harv. L. Rev.* 277 (1916).

2 林锡璋：《债权与担保》，法律文化社 1997 年版，第 17 页。

3 英国法上的让与抵押权乃与留置权相同，也涵括移转标的物的占有的让与抵押权，与非移转标的物的占有的让与抵押权两种。抵押权一语，源自于罗马法，相当于不移转占有的衡平法上的留置权（equitable lien）与衡平法上的负担（equitable charges）。

出让不动产的权利，而是单纯地为担保金钱债务的清偿而提供的担保。[1]

第四节 日本法

一、被担保债权的消灭时效与留置权

《日本民法》将留置权规定为一种独立的担保物权类型。其第 295 条第 1 项规定："他人之物的占有人，享有其物上所生的债权时，在其债权得到清偿以前，可以留置其物。但其债权未届清偿期时，不在此限。"论其性质，属于一种法定担保物权。依学理，日本民法留置权的主要功能，系在于间接强制债务人履行债务。于债务人的其他债权人申请拍卖、强制执行留置物时，留置权人于受自己债权的清偿前，得拒绝将留置物交付给申请拍卖的债权人，[2]从而留置权人债权的受清偿即获得了保障。[3]

《日本民法》第 300 条规定："留置权的行使，不妨碍债权消灭时效的进行。"依解释，此处所称"留置权的行使"，系指"继续占有留置物"，而非指留置权内容的具体实现的留置权的行使；所谓"不妨碍债权消灭时效的进行"，系指留置权人行使留置权时，因非行使债权，故而债权的消灭时效依旧进行，并不发生中断或停止。关于债权罹于消灭时效时，法院认可留置权消灭的判例，迄未出现。[4]

二、被担保债权的消灭时效与质权

在日本法，依实体权消灭说，于被担保债权罹于消灭时效时，因所消灭者是

---

1 G. C. Cheshire, The Mordern Law of Real Property, 10th. ed., 1967, 第 567 页。［日］海原："让与抵押的历史的考察"，载《法文论丛》第 5 号，第 20 页；［日］海原："关于让与抵押取回权的再考"，载《金泽法学》第 7 卷第 2 号，第 166 页。

2 参见日本《（旧）拍卖法》第 2 条第 3 项、《（旧）民事诉讼法》第 649 条第 3 项及《民事执行法》第 59 条第 4 项。

3 林锡璋：《债权与担保》，法律文化社 1997 年版，第 68 页。

4 参见林锡璋：《债权与担保》，法律文化社 1997 年版，第 69 页以下。

债权，故依被担保债权与质权间的附从性关系，质权也随而消灭，[1]从而，质权的设定人可以请求返还标的物。此点较为特殊，应值注意。

三、被担保债权的消灭时效与抵押权

在日本法，依实体权消灭说，消灭时效的效果，是债权的消灭，所以被担保债权罹于消灭时效时，抵押权也随而消灭，抵押权的设定人从而可以请求注销抵押权登记。《日本民法》第396条规定："抵押权，对于债务人及抵押权设定人，非与其担保的债权同时，不因时效而消灭。"对此，学者解释说：抵押权，仅于被担保债权因时效的经过而消灭时消灭，而不能与担保债权分离单独罹于消灭时效。[2]

第五节 我国台湾地区"法"

我国台湾地区"民法"第144条关于消灭时效，系采抗辩权发生主义，即债权虽然罹于消灭时效，但债权本身并不因此而消灭，仅减损请求权的力量。第145条第1项规定："以抵押权、质权或留置权担保之请求权，虽经时效消灭，债权人仍得就其抵押物、质物或留置物取偿。"第2项规定："前项规定，于利息及其他定期给付之各期给付请求权，经时效消灭者，不适用之。""立法理由书"谓："谨按以抵押权、质权或留置权担保之请求权，虽经时效消灭，债权人仍得就其抵押物、质物或留置物取偿。盖对人的请求权，虽已消灭，而对于物上担保，则仍未消灭，故得行使权利也。惟对于利息及其他定期给付之各期给付请求权，苟其时效已经消灭，则不得适用在担保物上行使权利之规定。盖以此种债权，本可从速请求履行，不应使经久而不确定。"[3]可见，我国台湾地区"民法"的立场大抵与德国法相同。而之所以如此，盖因台湾地区"民法"的这些规定系

1 ［日］林良平编集：《注释民法》(8)，有斐阁1968年版，第248页

2 ［日］我妻荣：《新订担保物权法》，岩波书店1973年版，第422页。

3 陶百川等编纂：《最新综合六法全书》，三民书局1986年版，第124页。

由《德国民法典》的同类规定而化出。[1]

特别值得指出的是，对于抵押权，我国台湾地区“民法”于设立上述规定的同时，复于第880条规定：“以抵押权担保之债权，其请求权已因时效而消灭，如抵押权人于消灭时效完成后，五年间不实行其抵押权者，其抵押权消灭。”是为抵押权因除斥期间的经过而消灭的规定。对于设此规定的理由，“立法理由书”谓：“谨按抵押权为物权，本不因时效而消灭。惟以抵押权担保之债权已因时效而消灭，而抵押权人于消灭时效完成后，又复经过五年不实行其抵押权，则不能使权利状态永不确定，应使抵押权归于消灭，以保持社会之秩序。”[2]本书认为，抵押权为不占有标的物的物权，自不应使其久悬不决，否则将有害于抵押人的利益。况外国立法例，如《德国民法典》第1170条至第1171条设有不动产担保权得因一定期间的经过，而依公示催告程序宣告为无效的规定。故此，径规定抵押权得因除斥期间的经过而消灭，应属妥当。

第六节　我国的学理、未来应有立场及《物权法》第202条评析

一、我国的学理与未来应有立场

综上，我们看到，对于被担保债权罹于消灭时效后，担保物权应否继续存在，除《日本民法》的立场较为特殊外，其余国家或地区的立场大体一致，即债权罹于消灭时效后，担保它的抵押权、质权和留置权，原则上并不消灭，而是一仍其旧，继续存在。其中，《德国民法典》关于此点的立场尤其明确。考诸各国家或地区民法尤其是德国民法之所以如此的因由，乃在于这些国家或地区的民法

1　我国台湾地区“民法”该条规定系继受《德国民法典》原第223条而来（该条现今已被废止）。惟所谓“继受”，并非指全部继受，而是仅继受该条第1项、第3项。《德国民法典》原第223条第2项规定：为担保请求权而让与权利者，不得以请求权已罹于时效为由，请求返还。此所谓以“担保请求权而让与权利”，典型者如信托的让与（fiduziarische Rechtsübertragung，让与担保权），采让与担保的方式担保债权的，让与担保权与请求权的时效无关。考诸我国台湾地区“民法”之所以未继受《德国民法典》原第223条第2项的规定，其端的因由在于，该“法”制定之时，其社会生活中尚未出现以让与权利的方式来担保债权的需要。

2　陶百川等编纂：《最新综合六法全书》，三民书局1986年版，第246页。

(典) 诞生之时，物权与债权之甄别的民法思潮正甚嚣尘上，即认物权为具有绝对性的支配权，债权为具有相对性的请求权，从而对于物权的保护应较债权为重。此表现于立法上，即是规定债权应罹于消灭时效，而物权则否。进而，这些民法遂规定：消灭时效的客体为债权的请求权，作为支配权的物权如抵押权、质权及留置权，则不得罹于消灭时效。

确实，在《德国民法典》《中华民国民法》乃至《日本民法》诞生之时节，物权与债权之严格界分的思想正处于炽烈时期，且学说与立法上作这样的区分也确有其必要。除《法国民法典》外，德国、日本民法及我国台湾地区“民法”于立法思想上莫不受到了潘德克吞法学的影响而采五编制立法体例。而五编制立法体例，正是以物权和债权、财产权和身份权之分隔为前提的。由此可以推知，德国与我国台湾地区“民法”之所以规定仅有债权的请求权得适用消灭时效，而物权的支配权则否，乃是受到了概念法学的直接影响的结果。

需指出的是，德国与我国台湾地区“民法”之所以严格界分物权与债权，从而规定仅债权得适用消灭时效，而物权则否，乃是因为这些民法诞生之时，社会生活相对稳定，财产关系相对简单，财产的归属、利用关系（物权关系）与财产的交易关系（债权关系）的边界不独十分清楚、明了，而且所谓债权的物权化或物权的债权化，也都还未出现。但是，在迈入20世纪后，尤其是于20世纪的上半期，人类的社会生活乃发生了急剧变化。这一时期，人类先后经历了1914—1918年、1937—1945年的两次世界大战，以及1929—1933年的世界性经济危机，此外还发生了无数次的地区冲突、局部战争及社会动荡。所有这些，无不严重地动摇了德国与我国台湾地区“民法”诞生之际赖以严格界分物权与债权的社会基础，物权与债权的楚河界线由此被打破。亦即，物权与债权的分际已丧失其绝对性，并出现了“债权的物权化”（如买卖不破租赁）或“物权的债权化”，及于某些场合，某一权利究为物权或债权，已颇难判定——出现了既不单纯属于物权也不单纯属于债权的“第三种权利”——的现象。于此背景下，若仍然一如既往地将消灭时效的客体限定于债权的请求权，也就没有必要且也不可能。故而，对于支配权的物权，如抵押权、质权和留置权，是否皆不得适用于消灭时效，也就不能不重新检视。尤其在当代社会资源有限，社会财货需要不断加速其周转与循环方能保持其价值或使之增值的情况下，尽管仍应继续维持物权与债权之分野于不坠，但对于将消灭时效的客体仅限于债权的请求权的做法必须予以检视。

本书认为，于抵押权、质权、留置权及其他权利移转型担保权（如让与担保权）所担保的债权罹于消灭时效时，若皆认为此等担保物权不随而消灭，而是永续存在，当属不妥。在把消灭时效的客体规定为债权的请求权的同时，应对债权罹于消灭时效后，担保物权的存续予以限制，即规定其仅可于债权罹于消灭时效后的一定期间内存在。鉴于我国现行民法并无德国、瑞士民法的不动产担保物权得因一定期间的经过而依公示催告程序宣告为无效的制度，故此，可以考虑通过规定除斥期间来限制债权罹于消灭时效后的担保物权的存在。又鉴于抵押权成立后，抵押标的物仍由债务人或第三人占有，故抵押权所担保的债权罹于消灭时效后，抵押权之存续的除斥期间应当较短，可以考虑规定为二年；而质权、留置权，其成立因以债权人占有标的物为要件，所以其存续的除斥期间应当较长，可以考虑规定为三至五年。以“让与抵押权”（债务人或第三人占有标的物）、“让与质权”（债权人占有标的物）的方式设定让与担保权（权利移转型担保权）的，可以准用这些规定。应当肯定，我国学理与未来的解释论与立法论应依此而前行。[1]

二、对《物权法》第202条的评析

我国《物权法》未在“担保物权”的“一般规定”中对被担保债权的消灭时效届满后，抵押权、质权及留置权的效力设立统一规定。《物权法》第202条仅对被担保债权罹于消灭时效后抵押权的效力作了规定：“抵押权人应当在主债权诉讼时效期间行使抵押权；未行使的，人民法院不予保护。”需指出的是，此规定并不能谓为正确，从而应作否定性评价。

《物权法》第202条的雏形最早可以追溯到1995年通过的《担保法》第52

1　中国社会科学院《物权法建议稿》第332条规定：“抵押权人自抵押物所担保的债权的诉讼时效完成后，经过二年不行使抵押权的，抵押权消灭。”第379条规定：“质权人在质权所担保的债权的诉讼时效完成后，仍可以对质物行使权利。”第402条规定：“留置权人在留置权所担保的债权的诉讼时效完成后，仍可对留置物行使权利。”这些规定中，第332条对于抵押权的规定应属正确，而第379条、第402条的规定则不能谓为正确，盖如此乃对作为债权人的质权人与留置权人保护得过头了。

条。该条规定："抵押权与其担保的债权同时存在，债权消灭的，抵押权也消灭。"当此之时，学界对于债权罹于消灭时效后，抵押权等担保物权的效力如何，尚未有深入研究。故此，于当时的背景下，立法作如此规定，应可理解。1999 年民法学者起草的《物权法草案建议稿》（社科院）完成。该《物权法草案建议稿》在对大陆法系各国家或地区民法在此问题上的立法立场作了比较衡量后，参考我国台湾地区"民法"为抵押权设立除斥期间的做法（但认为我国台湾地区的 5 年除斥期间过长），而将除斥期间规定为 2 年。这就是《物权法草案建议稿》第 332 条："抵押权人自抵押物所担保的债权的诉讼时效完成后，经过二年不行使抵押权的，抵押权消灭。"受此《物权法草案建议稿》的直接影响，2000 年最高人民法院《担保法解释》第 12 条第 2 款遂明确："在担保物权所担保的债权的诉讼时效结束后，担保权人在诉讼时效结束后的二年内行使担保物权的，人民法院应当予以支持。"应当说，《物权法草案建议稿》第 332 条与最高人民法院的解释并无不当，应顺理成章地被《物权法》采为正式规定。然 2007 年 3 月 16 日通过的《物权法》却并未如此。

我国立法向来无制作和发表立法理由书的制度，这就给我们探求《物权法》第 202 条的立法真意及作如此规定的因由增添了困难。即使如此，应当肯定，《物权法》第 202 条的规定是缺乏科学性的。

第十四章

日本、德国与瑞士民法的占有制度

日本、德国与瑞士民法典，皆设有占有制度的规定。占有，作为一项民法制度，迄今已有甚为深长的历史，且从来就是民法尤其是物权法上的重要制度之一。关于占有制度的功能，学理有各种不同的界说，有认为在于保护占有人的人格，有认为在于保护所有人，有认为在于保护占有人的意思，也有认为在于保护物的使用本身，以维持社会的和平与秩序，等等。[1]

占有于民法典物权编中的体系地位，各国家或地区立法例未尽一致。《瑞士民法典》认占有为一种事实，于物权编最后一章设其规定（第24章，第919—941条）。《德国民法典》尽管同样认占有为一种事实（状态），但却将之规定于物权编第一章（第854—872条）。《日本民法》明定占有为一种权利，称为"占有权"，于物权编第二章（第一章为"总则"）设其规定（第180—205条）。《法国民法典》将占有规定于最后一编，与时效并列规定。其第2228条规定：对自己掌管的物或行使的权利的持有或享有，或者对由他人以我的名义掌管的物或行使的权利的持有或享有，谓之占有。我国台湾地区"民法"将占有规定于物权编最后一章（第十章），明定占有为对于物的事实上的管领力。[2]

1　［日］我妻荣著，有泉亨补订：《物权法》，岩波书店1997年第18刷发行，第457—458页。

2　各国家或地区民法（典）对于占有的体例安排皆有所据。将占有置于各种物权之前者，乃有相当的理由。就历史渊源与法律逻辑的体系而论，占有为物权尤其是所有权的前提与基石，故规定于物权编之始并无不当；另一方面，占有为对于物或权利的一种事实上的管领力、支配力，与作为本权的所有权、用益物权及担保物权不可同日而语、等量齐观，不过为一种"类似物权"，故将其规定于各种物权之末也属得当。值得指出的是，日本学者加贺山茂于《民法体系Ⅰ》（总则·物权，日本信山社1996年版）一书中谓：占有本旨上并不只是一个物权法上的概念，其与债权也有密切关联，因不近现代及当代各国家或地区民法典上的占有制度，为罗马法占有制度与日耳曼法占有制度的混合。[1]在罗马法，占有被谓为 possessio，是一种事实，而非权利，[2]其功能不在于保护权利，而在于保护社会的和平与秩序。[3]按照罗马法，要取得 possessio，须具备两个条件：一是物的管领（corpus），二是占有意思（animus），丧失其中之一，占有即归消灭。[4]于日耳曼法，占有被谓为 Gewere，既是人"对物

（接上页）当得利而生的债权债务关系，其起点即在于无法律上的原因而占有他人的利益，并由此致他人于损害。此外，因无因管理而生的债权债务也以对"本人"的物进行管理为其前提。故此，占有实际上乃是一项保护或取得作为本权的物权或债权的前提性制度。立基于此，其主张应将占有制度规定于民法典的总则中。对此，参见其所著前揭书，第 2 页。

1 ［日］滝沢聿代：《物权法》，三省堂 2013 年版，第 124 页。

2 占有于一般古代法上与所有权的观念并无明显的区别，罗马法亦然。惟罗马法上，占有与得为占有的权利（本权），尤其所有权，如发生争讼时，则法务官为诉讼进行的容易与判决执行的保全起见，常发布于本权确定前，暂维持占有状态的命令，以保护之。故此，占有可以脱离其本权而独立存在的观念，乃逐渐发生。至于占有于罗马法上究属一种权利，抑或一种事实，学者间争议不断，耶林（Jhering）主张前者，萨维尼（Savigny）主张后者。对此，请参见郑玉波著，黄宗乐修订：《民法物权》，三民书局 2007 年版，第 436 页。

3 罗马法占有的种类主要涵括：（1）市民法上的占有（Possessio Civilis）。此种占有系构成依时效而取得所有权要件的占有，占有人以具有"所有意思"（animus domini）为必要。（2）依命令的占有（possessio ad interdicta）。此种占有系法务官命令所保护的占有，是否与所有权结合，在所不问。而此之占有人虽不必具有"所有意思"，而与市民法上的占有不同，但必须具有"占有意思"（animus possidendi），即为自己而保持标的物的意思。（3）自然的占有（possessio naturalis），即以"仅为他人保持的意思"的占有。譬如，家屋的短期承租人或一般的保管人对于标的物的占有，即属之。此种占有，不附有占有诉权，故也别称持有（detentio）。对于占有的保护，罗马法有下列方法：（1）占有保持命令（interdictum retinendae possessioenis）。此为法务官对于现在占有状态的保护，所发的命令因占有标的物的不同，更分为不动产占有保持命令与动产占有保持命令两种。（2）占有回收命令（interdictum recuperandae possessionis），也为法务官所发布的保护占有的命令，即占有被侵夺时，依此命令加以救济。对此，请参见郑玉波著，黄宗乐修订：《民法物权》，三民书局 2007 年版，第 436—437 页。

4 罗马法上占有的取得，须具备主观要件，即占有的意思（animus），与客观要件，即占有的事实（Corpus）。惟所谓占有的意思，其内容如何，学者间争议不止，有人认为须具备所有的意思，有人认为仅具有立于占有人地位的意思即为已足。二者孰当，至难论断，但以罗马法的占有观之，似偏重于所有的意思。至于所谓占有的事实，本系身体的接触的意思，但解释上并不以此为限，亦即须就各个具体状态，广义解释之。譬如，保罗（Paulus）曾说："对于不易移转的石柱，其买主只要以取得的意思，而注视一下，即可取得占有。"可见所谓占有的事实，并不严格以身体接触为限也。另外，占有的取得既然须具有主观的要件与客观的要件，则此二要件，如欠缺其一，即构成占有的消灭，自不待言。惟所谓"欠缺"，并非一时的不存在之意，乃确定的不存在之谓。先就占有意思而言，若仅一时的不存在，如睡眠中，也不致消灭其占有，也须占有人放弃占有的意思可由外部明确认识时，其占有方归消灭；次就占有事实而言，须依人的行为或自然力，确定的不能支配其标的物时，其占有方归消灭，否则如罗马人向有夏居高山，冬移平地的习惯，其所居家宅自不因其一时离去之事实，而消灭占有也。对此，请参见郑玉波著，黄宗乐修订：《民法物权》，三民书局 2007 年版，第 436—437 页。

有支配权的外衣和表征”，也是“人与物之间一定的外部关系”。于对物的占有（Gewere）不伴有真实的支配权时，尽管最终会被真实的支配权打破，但于透过一定的程序被打破前，占有（Gewere）则一直作为支配权而受到保护。Gewere 因此具有三项功能：权利的推定、权利的防御及权利的移转。近现代及当代德、瑞、日民法典中的占有制度，正是因袭罗马法的 possessio 与日耳曼法的 Gewere 而来，是一种混合的制度。其中，权利的推定与即时取得（善意取得），由来于日耳曼法的 Gewere；占有诉权，则由罗马法的 possessio 而化出。此外，据考证，近现代及当代民法关于善意占有人的孳息取得与费用偿还请求的规定，也主要由来于罗马法的占有（possessio）制度。[1]

第一节 《日本民法》的占有制度

一、占有的涵义、特性及周边

《日本民法》将占有规定于物权编第二章，凡四节 26 条（第 180—205 条）：第 1 节占有权的取得；第 2 节占有权的效力；第 3 节占有权的消灭；第 4 节准占有。

《日本民法》的占有制度，为罗马法的 possessio 与日耳曼法的 Gewere 的混合。[2] 在罗马法上，对物的事实的支配——也就是对物的占有权，与对物的法律上的支配，乃是两项迥然不同的观念，占有权与所有权及其他本权并无粘连。而 Gewere 则与所有权并未严格界分，它并不是一种单纯的事实，而是一种物权，是对物的支配权的表征，并依支配权的种类与客体——动产或不动产——而区分为各种类型。之所以如此，盖因日耳曼土地上的权利不易确定，须以 Gewere 表彰之，并以 Gewere 推定某权利的存在。Gewere 由此具有公示性、权利推定的效力、权利移转的效力及防御的效力。权利被包裹于 Gewere 之内，并借 Gewere 而获表现，进而

---

1 ［日］我妻荣著，有泉亨补订：《物权法》，岩波书店 1997 年第 18 刷发行，第 459—460 页。本书作者于利用该书时参考了我国台湾地区李宜芬律师校订的（五南图书出版公司 1999 年版）中文译本，谨此说明并致谢。

2 ［日］田中整尔编：《物权法》，法律文化社 1998 年版，第 265 页。

Gewere 又被称为“权利的外衣”。据考疏，《日本民法》的占有的权利推定（第188条），是基于 Gewere 的权利的防御的功能而设的制度；善意取得，是日耳曼法占有（Gewere）的移转效力的一种表现；占有诉权，是继受罗马法的 possessio 而来。善意占有人的孳息取得权（《日本民法》第189条），尽管主要发端于 possessio，但也受到了 Gewere 的影响。[1] 至于对回复请求人的费用偿还请求权（《日本民法》第196条），则来源于罗马法“所有物回收之诉”中关于所有人的义务的规定。[2]

惟《日本民法》第180条规定：“占有权，因以为自己的意思，事实上支配物而取得。”应当指出的是，对于以自己的意思，事实上支配物的状态，《日本民法》不以占有称之，而是谓为占有权。对于此占有权的性质，依学理，是将占有这一事实，即“以为自己的意思”而持有的事实，作为法律要件而成立的一种物权。但其内容，则非如其他物权系在于确保外界资源的利用，而是以事实的支配作为基础，认其暂且正当的一种权利。亦即，并不是将它与作为本权的物权作等量齐观的把握与对待。概言之，占有权与其他物权的共同之点仅在于，是“对物的支配权”，但无一般物权——作为本权的物权——的优先效力。故有学者明确指出：赋予占有权以物权的性质，并非妥当。并指明，若把与所有权和限制物权完全异其性质的占有权谓为物权，则会极大地损害物权概念的科学性。[3] 有鉴于此，日本学者舟桥谆一遂表示：“占有权，起于对物的现实的事实上的支配，一旦丧失对物的事实上的支配即会消灭，故此，不能认为是一种可以支配物的权利，进而也当然不是一种物权。”[4]

通常认为，要准确理解《日本民法》物权编第二章所定的占有权，需要首先明了以下各项概念：

第一，“所持”。《日本民法》第180条有“所持”一语。对此概念，我国学

1 ［日］原田庆吉：《日本民法典的历史的素描》，创文杜 1954 年版，第 98 页。

2 ［日］原田庆吉：《日本民法典的历史的素描》，创文社 1954 年版，第 99 页。

3 ［日］田中整尔编：《物权法》，法律文化社 1998 年版，第 267 页。关于对把占有权理解为一种物权的批判，参见［日］舟桥谆一：《物权法》，有斐阁 1960 年版，第 277—278 页；［日］广中俊雄：《物权法》，青林书院新社 1982 年版，第 7—8 页。

4 ［日］舟桥谆一：《物权法》，有斐阁 1960 年版，第 277—278 页。

者多译为“持有”“支配”，或干脆不译，径直使用日语汉字“所持”。[1]本书赞成译为“支配”。依解释，所谓“所持”，系指人对物为事实的控制、管领的支配关系。此种关系，多属于客观关系。

第二，占有。《日本民法》于观念上认为，占有是形成占有权的基础的事实。客观主义认为，“所持”即是占有权的基础，就是占有；主观主义认为，仅有“所持”尚不能成为占有权的基础，尚须另有“所持人”的意思这一主观要件方可。于现今的日本学界，学者多持后一种见解。

第三，占有权。依日本学者的解释，占有权与占有乃是两个迥乎不同的概念。占有权，是以占有作为法律要件而成立的物权，一旦成立，即会产生多种法律效果，如权利的推定、占有诉权、即时取得；与此相左，占有的成立，则不会发生这些效果。

第四，所谓“应当占有的权利”。应当占有的权利，即“本权”，如所有权、租赁权及质权等。占有权是与“本权”相对应的一个概念。如盗窃者对于盗窃之物不具本权，但有占有权；被盗窃者对于丧失占有之物，具有本权，而无占有权。[2]

二、占有权的成立与形态

（一）占有权的成立

依《日本民法》第180条的规定，占有权，以“为自己的意思”，依事实上对于物的支配而取得。据此可以明了，《日本民法》占有权的成立，须具备两项要件，即支配与占有的意思。

1. 支配（所持）

支配，即所持，是占有权得以成立的最重要的要素——客观要素，称为“体素”。支配（所持）的涵义，依日本大判1940年10月24日判决，系指社会观念

1 譬如曹为、王书江译《日本民法》（法律出版社1986年版）第38页，把“所持”译为“支配”；渠涛编译的《最新日本民法》（法律出版社2006年版）第43页，即对“所持”不作翻译，仍称为“所持”。

2 邓曾甲：《日本民法概论》，法律出版社1995年版，第168页。

上，物处于属于该人事实支配的客观关系中。换言之，指本人对物的事实上的支配。按照通说，有无对某物的事实上的支配，系依社会观念而定。[1]亦即，只要社会观念认可对物的事实上的支配，即认为对物有支配（所持）的事实。

2. 占有意思

此为占有权成立的主观要件，谓为“心素”。依日本学者的通说，对于物的所持（支配）要被民法认可为占有权，须有“为自己的意思”。所谓“为自己的意思”，即依所持（支配），将事实上的利益归于本人的意思。通常而言，物的所有人、地上权人、永佃权人、质权人、租借人、运送人、财产管理人及盗窃人等，对于所持有（支配）的物，皆有占有的意思。[2]

惟日本学者我妻荣于论及占有权成立的“为自己的意思”的要件时，特别指出，对于有无“为自己的意思”的判定，应格外慎重。依其分析，《日本民法》第180条所称“为自己的意思”，应具有下列特性：“为自己的意思”，是打算把通过支配而获得的事实上的利益归属于自己的意思；该意思应纯粹由产生占有的原因——权源——的性质决定；该意思可以是潜在的、一般性的。

3. 占有的客体

依《日本民法》第180条的规定，占有的客体为“物”。因事实上的支配关系，纵对物的一部也可以成立占有。亦即，占有的客体不受“一物一权原则”的拘束。另外，根据日本1929年12月11日大审院判决，对于不得成立私所有权的公用物，如海滨或已划分区域的海面，也得成立占有。[3]

（二）占有的各种形态与代理占有

1. 占有的形态

占有的形态，日本学者依各种不同的标准而有不同的分类。具体而言，《日本民法》的占有得区分为自主占有与他主占有、基于正权源的占有与基于非正权源的占有、善意占有与恶意占有、有过失的占有与无过失的占有、有瑕疵的占有

---

1 ［日］田中整尔编：《物权法》，法律文化社1998年版，第268页。

2 邓曾甲：《日本民法概论》，法律出版社1995年版，第170—171页。

3 ［日］我妻荣著，有泉亨补订：《物权法》，岩波书店1997年第18刷发行，第469页。

与无瑕疵的占有、单独占有与共同占有及自己占有与代理占有等。[1]各种占有形态中，最值得注意的是代理占有。

2. 代理占有

（1）代理占有的涵义与认可代理占有的因由。代理占有，见于《日本民法》第181条。占有权，可依代理人而取得。可知，占有可以透过他人的持有（支配）或占有而成立。譬如，认可乙为甲实行占有或持有（支配）时，甲便可据此而取得占有（权）。与此不同，直接以自己对物的持有（支配）或占有为依据而取得的占有（权），为直接占有。惟因“代理占有”一语，除有透过代理人占有的意思外，还意味着作为代理人的占有，故而，新近以降，学者乃直接启用德国民法的直接占有（unmittelbarer Besitz）与间接占有（Mittelbarer Besitz）的概念。若以此两项概念来表示前述关系，即是：“乙为甲实行直接占有，甲则透过乙而对物为间接占有。”但因乙的直接占有并不是自己占有，而是使甲得以间接占有的代理人的占有，故为了表示这一点，须表明甲、乙间有《日本民法》第181条所定的代理关系。[2]

《日本民法》缘何承认代理占有？对此，我妻荣解释说：作为占有的基础的持有（支配），是认可物因社会秩序的力量而处于某人的支配之下。正因如此，于承认物属于特定的人（如承租人这一代理人）支配（持有）的同时，多数情形也得同时承认该物属于同该人有特殊关系的他人（如出租人这一本人）所支配。由于他人的持有或占有，所以需要把本人作为占有人而加以保护。这就是之所以承认代理占有的因由。此制度，不独是把动产物权变动的公示方法的占有的移转——交付——扩大到现实的交付，而且是把它扩大到占有改定、简易交付及依指示的占有的必需的前提条件。[3]

需提及的是，代理占有与《日本民法》总则中的代理（意思表示的代理）于性质上并不相同：首先，意思表示的代理，是基于私法自治而获得承认的效果意思的代理，而代理占有则是由客观的秩序决定事实的支配关系。其次，意思表示

1 ［日］田中整尔编：《物权法》，法律文化社1998年版，第275—280页。

2 ［日］我妻荣著，有泉亨补订：《物权法》，岩波书店1997年第18刷发行，第474—475页。

3 ［日］我妻荣著，有泉亨补订：《物权法》，岩波书店1997年第18刷发行，第475页。

的代理与代理占有，于成立范围上也有不同。意思表示的代理人的占有，通常也可使本人的占有得以成立，而代理占有则不仅限于此。譬如，承租人对于出租人而言，虽无《日本民法》总则所定的代理关系，但得同样成立代理占有（间接占有）。[1]

（2）依日本学者解释，代理占有（间接占有）的成立须具备如下要件：

1）代理占有人须有持有（支配），即代理占有人须直接且独立地持有（支配）物（标的物）。[2]

2）占有代理（直接占有人），须有为本人的意思。所谓“为本人的意思”，应作与“自己占有中为自己的意思”相同的解释。

3）须有占有代理关系。处于一定关系中的人（如法定代理人），只有怀抱为本人的意思而持有物时，代理占有方可成立。依学者鸠山秀夫之说，此可解为：“本人具有外形上应占有的权利，持有人基于此种权利而持有标的物，故而持有人对本人负有返还物的义务。”[3]不过，应提及的是，本人（间接占有人）之有“通过代理人而取得占有的意思”，并不是代理占有的成立要件。盖代理人（直接占有人）的持有或占有，依广义代理关系，占有权将归属于本人，此为一种代理占有制度。既然如此，便无需复以本人的意思为其要件。

（3）代理占有的效果。代理占有的效果，是本人因此而取得占有权（间接占有权）。取得占有权的结果，是为本人的利益，取得时效开始进行（计算）。

（三）占有的推定

《日本民法》第186条规定：“对占有人，推定其以所有的意思，善意、平稳而公然实行占有；于前后两时均有实行占有的证据时，推定占有于该期间继续存在。”是为权利的推定。依此规定，权利的合法的范围的推定，不仅涵括所有权，而且包括实行占有的一切正当的权利，譬如租借人、受寄存人的一切权利，皆可推定为合法有此权利。[4]

1　［日］我妻荣著，有泉亨补订：《物权法》，岩波书店1997年第18刷发行，第475—476页。

2　［日］田中整尔编：《物权法》，法律文化社1998年版，第273页。

3　转引自［日］我妻荣著，有泉亨补订：《物权法》，岩波书店1997年第18刷发行，第477页。

4　邓曾甲：《日本民法概论》，法律出版社1995年版，第171页。

另外，上述推定，既然未限定仅可适用于动产，则不动产自然也可适用。于近现代及当代民法上，不动产既然以登记为权利的表征，则随着登记制度的发达，此种推定的效力势将大减，甚至全无，盖真正权利人不难以登记为反证而推翻，此即所谓登记的效力强于占有的推定力。[1]《日本民法》对于不动产物权变动尽管采登记对抗主义，且不动产登记簿册的记载也无公信力，但一旦进行了登记，便有推定力。主张登记事项为不正当的人，只有提出反证方可推翻登记簿册的记载。

对于《日本民法》第186条的规定，我妻荣谓：自正视和保护社会的事实状态，维持社会和平与秩序的占有的功能看，是妥当的。无本权的占有人可以据此十分容易地主张占有的效果，尤其是主张时效取得的效果。

不过，应注意的是，《日本民法》并不推定占有人之无过失。之所以如此，盖因“推定善意，乃是维持和平所必需的举措，但对有无过失，则无加以推定的理由”。故而，《日本民法》第186条将无过失排斥于推定之外，此无疑是恰当的。[2]

三、占有权的取得

（一）占有权的原始取得

《日本民法》的占有，是以占有的事实为要件，而于法律上赋予其效力的制度。[3]故此，于原始取得占有时，也原始取得占有权。按照日本学者的解释，占有的原始取得通常发生于“认可某物处于该人事实支配下的客观事实成立之时”[4]。譬如，猎人将貉追赶至岩洞内，堵住洞口使其无法逃出时，[5]或已买下散佚于海岸的贝壳的人，立公示标牌并设置监护人时，[6]占有的原始取得皆告成立。不动产，

---

1 郑玉波著，黄宗乐修订：《民法物权》，三民书局2007年版，第454页。
2 ［日］我妻荣著，有泉亨补订：《物权法》，岩波书店1997年第18刷发行，第478—479页。
3 ［日］於保不二雄：《物权法》（上册），有斐阁1989年初版第4刷发行，第182页。
4 参见日本大审院判决1940年10月24日新闻4637号，第10页。
5 参见日本大审院判决1925年6月9日刑378页认可先占成立的案例。
6 参见日本大审院判决1935年9月3日民第1640页认可先占成立的案例。

尽管与登记相粘连，但不能认为只有进行了登记才算取得了占有[1]。[2]当然，因占有可依代理而取得，故占有权也可依代理而取得。[3]

（二）占有权的继受取得

1. 占有权的可移转性

占有权有无继受取得的可能，与占有系权利抑或事实的争论相联系，此争论早自德国普通法时代即已兴起。若将占有解为权利，则具有继受的可能性，盖占有权并不是只可归属于占有人的专属性权利。不过，依《日本民法》，占有权因以占有为法律要件而赋予其法律效果，是一种与占有状态相关联的“状态权”，故占有权的继受，只有伴以占有方有其可能。

占有虽然是占有人对于物的事实上的支配关系，但其归根结底是依旨在维持物的秩序的“社会力”乃至“法律力”而成立的，故此，于承认前主得把对于物的支配移转于后主时，社会观念与法律上即承认了占有这一事实状态的移转。[4]占有权之所以具有移转性，正是以占有的移转性为前提的。并且，自近代以降，法律莫不认占有与占有权具有可移转性。[5]

2. 占有权的让与：依意思而移转占有

依占有的移转理论，占有权的让与，依占有移转契约与占有的移转而发生效力。就占有权是以占有状态为基础，占有权的让与是占有的继受而论，此也为当然之事。但从《日本民法》关于物权移转系采意思主义看，则可谓是一项例外。[6]应提及的是，于一定情形下，纵未实施外部的支配状态的移转，而仅变更了伴随此项占有

1　参见日本大审院判决 1919 年 5 月 5 日新闻 1583 号，第 15 页。

2　［日］我妻荣著，有泉亨补订：《物权法》，岩波书店 1997 年第 18 刷发行，第 479—480 页。

3　［日］於保不二雄：《物权法》（上册），有斐阁 1989 年初版第 4 刷发行，第 182 页。

4　亦即，占有尽管是对物的事实的支配关系，但因此项对于物的事实的支配关系是透过社会秩序的力量而形成的，故此，甲把对于物的支配移转给乙时，即认为甲的支配与乙的支配具有同一性。对此，也可作如此的理解：由于占有的观念蕴含着人对物的关系的社会评价，故占有的主体的变更，即应认为是占有的移转。对此，请参见［日］川岛武宜编集：《注释民法》（7），有斐阁 1960 年版，第 24 页。

5　［日］於保不二雄：《物权法》（上册），有斐阁 1989 年初版第 4 刷发行，第 182—183 页。

6　［日］田中整尔编：《物权法》，法律文化社 1998 年版，第 282 页。

的抽象的法律关系，也认为占有可以移转，并且仅依意思表示即可为占有权的让与。[1]

（1）现实交付，即把对于物的事实的支配，由让与人移转给受让人。[2]《日本民法》第182条第1项规定："占有权的让与，依占有物的交付而为之。"所谓占有物的交付，系指将让与人对于物的支配，从外形上移转给受让人。交付的形态，依动产、土地、建筑物、林木等的不同而有异。于动产，多数情形是通过场所的变动而进行；不动产，则通常是其使用、管理的主体的移转，[3]不过若另有习惯的，则从其习惯。[4]

（2）简易交付。《日本民法》第182条第2项规定："受让人或其代理人现实支配占有物时，占有权的让与，可仅依当事人的意思表示而为之。"是为简易交付。之所以作如此的规定，盖因此种场合，受让人一方已存在成立占有权的基础的事实上的支配关系。

（3）占有改定。《日本民法》第183条规定："代理人对自己的占有物，已经作出此后乃为本人而为占有的意思表示时，本人因此取得占有权。"是为占有改定。

（4）依指示的占有移转（指示交付）。《日本民法》第184条规定：在通过代理人而为占有时，若本人指示代理人为第三人占有其物，而第三人对此已做出承诺，该第三人取得占有权。此种场合，占有与占有权的让与只需让与人、受让人间有让与契约，及让与人对代理人为单方面的让与通知即可。[5]从而，所称"指示"，即为"通知"之意，且无需获得占有代理人的同意。[6]

3. 占有权的继承

占有权的继承，早在德国普通法时代，即是一项有名的争论问题。《德国民法典》第857条、《瑞士民法典》第560条及《法国民法典》第724条，皆设有明文。《日本民法》尽管未设明文，但处于被继承人事实支配下的物，因原则上应视为为继承人的支配所承继，故而应解为占有权也可承继。如此，于被继承人

---

1 ［日］我妻荣著，有泉亨补订：《物权法》，岩波书店1997年第18刷发行，第481页。

2 ［日］田中整尔编：《物权法》，法律文化社1998年版，第183页。

3 参见日本大审院判决1920年12月27日，（民）第2087页。

4 参见日本大审院判决1920年12月27日，（民）第2087页。

5 ［日］於保不二雄：《物权法》（上册），有斐阁1989年初版第4刷发行，第185页。

6 ［日］田中整尔编：《物权法》，法律文化社1998年版，第284页。

死亡、继承开始时，此前属其占有的物，原则上自然移转至继承人占有（共同继承的情形，为共同占有），既不需要继承人开始其管理，也不需要继承人知悉继承何时开始或特定继承财产的所在。[1]申言之，占有得为继承的标的，继承人尽管未事实上管领其物，但仍然取得占有。如甲有名画一幅存放于乙银行的保险箱，甲因地震死亡，其继承人丙纵为胎儿、植物人或居住于国外，不知名画存放于乙银行之事，仍得因继承而为该名画的占有人。若有某丁僭称继承人，取得该名画，出售于戊，并为交付，戊纵为善意，丙也得于法律所定的期间内请求回复之。

四、占有权的效力

占有权的效力，依日本学者解释，约有下列四点：

第一，通过维持和维护物的占有关系的现状，来维持社会的和平与秩序。此主要是由权利的推定来完成的。主张现实的占有关系之不正当的人，应当举证。于举证成立前，占有人享受正当权利人的待遇。

第二，某种状态长久存在时，纵举出反证，也不得将其覆灭，此即取得时效制度。

第三，占有，为动产物权变动的表征。

第四，尊重社会现状，禁止恣意扰乱物的占有秩序的理想，正是通过占有诉权得以实现的。于所有权和其他本权的保护尚不周到、不完善的时代，占有诉权曾发挥了重要功用。惟在今日，借助于本权也可达到维持社会和平秩序的目的，占有诉权的功用，由此远逊于从前。于现今的日本，占有诉权之广泛发生作用的，是不动产租赁权领域。当然，此系由于《日本民法》未把租赁权确定为物权的因由。惟无论如何，可以肯定，占有实际上担负着不动产使用权这一本权的“前卫队的角色”。[2]

（一）权利的推定

《日本民法》第188条规定：“占有人于占有物上行使的权利，推定为适法的权利。”第186条第1项规定：“对占有人，推定其以所有的意思，善意、平稳且

1　［日］我妻荣著，有泉亨补订：《物权法》，岩波书店1997年第18刷发行，第483—484页。
2　［日］我妻荣著，有泉亨补订：《物权法》，岩波书店1997年第18刷发行，第487—489页。

公然实行占有。”结果，占有物的人，原则上即被推定为物的所有人。惟依《日本民法》立法旨趣与学者解释，权利推定的适用并非漫无限制，正相反，其在适用范围上存在着人的限制与物的限制。

1. 适用范围的人的限制

基于占有的权利推定，是否对一切人生效？对此，《瑞士民法典》第931条第2项规定：“动产的占有人，就该动产主张有限制物权或对人性权利者，得推定其在该动产上有此权利，但不得援引此推定，对抗其受领该动产时的占有人。”也就是说，占有的权利推定，不得适用于占有人与使其占有人之间（直接当事人之间）。盖若可适用于占有人与使其占有人之间，则将违背诉讼上举证责任的法则，且有欠公平合理。譬如，甲将物交付给乙占有，之后甲依所有物返还请求权请求返还，乙认为其间存在租赁关系，主张有租赁权而占有。依诉讼法上举证责任分配法则，乙对妨碍所有权存在的障碍事实本应负举证责任，惟如依占有的权利推定，却可主张有租赁权而无需另负举证责任，此与当代民事诉讼法对于举证责任的分配法则显然相违，并有欠公平合理。是故，基于占有的权利推定，仅可适用于所有人或移转占有的前占有人以外的第三人，至于使其占有的直接当事人间，则不得适用。

2. 适用范围的物的限制：基于占有的权利推定，原则上仅限于动产

依日本学者通说，基于占有的权利推定，主要适用于动产。不动产物权，因以登记为其变动的公示方法，故仅于无登记时，方可为权利的推定。[1]

（二）推定的效果

经由占有来推定本权（如所有权），系属于事实上的权利推定，抑或属于法律上的权利推定，易言之，推定是针对实体上的权利，抑或针对诉讼上的举证责任的分配？对此，学者见解不一。[2]兹分析日本学理对此问题的通说如下。

第一，推定的效果，是在诉讼上，就占有之有无本权，免负举证责任。亦即，于诉讼时，若占有人证明对物有占有的事实，即认为暂且证明了占有人有占有的正当的本权。

---

1 ［日］田中整尔编：《物权法》，法律文化社1998年版，第292页。

2 详情参见［日］川岛武宜编集：《注释民法》（7），有斐阁1960年版，第48页以下。

第二，占有的权利推定，不限于为占有人的利益，对其不利益，也有适用的余地。

第三，占有的权利推定效力，不仅占有人可以援用，而且第三人也可主张。易言之，占有的推定力，不仅立于消极地位者得援用，而且占有人对他人积极主张有权占有时，也得援用。概言之，不仅用于防御，也可用于攻击。[1]

五、善意占有人的孳息收取权与恶意占有人的返还义务

（一）善意占有人的孳息收取权

《日本民法》第 189 条第 1 项规定："善意占有人，取得由占有物所生的孳息。"其立法理由书就此解释曰：此种场合，若规定本权人可以请求返还，则对占有人不啻过苛，且孳息由占有原物的人收取后通常会消费殆尽。

按日本学者的解释，所谓"善意占有人"，指误信有涵括孳息收取权在内的本权——所有权、地上权、永佃权、租赁权及不动产质权等——的占有人。对于未包含孳息收取权的本权——动产质权、留置权，纵误信有此本权，甚至误信此本权涵括了孳息收取权，也不得适用之。[2]所谓"孳息"，系指天然孳息与法定孳息，此外也涵括"物的使用"，即"物的使用"也视为孳息。进而言之，误信有包含使用权的本权的人，并无返还"使用的利得"的义务。

另依学理，使用强暴或隐秘手段占有物的占有人，对孳息的取得，视同恶意占有人。[3]

（二）恶意占有人的孳息返还义务

《日本民法》第 190 条第 1 项规定："恶意占有人负有返还孳息义务，对于所消费孳息、因过失毁损孳息、怠于收取孳息的代价，负偿还义务。学理称为恶意占有人的孳息返还义务。"

1　［日］我妻荣著，有泉亨补订：《物权法》，岩波书店 1997 年第 18 刷发行，第 492—493 页；［日］田中整尔编：《物权法》，法律文化社 1998 年版，第 292—293 页。

2　［日］於保不二雄：《物权法》（上册），有斐阁 1989 年初版第 4 刷发行，第 199 页。

3　［日］我妻荣著，有泉亨补订：《物权法》，岩波书店 1997 年第 18 刷发行，第 493—495 页。

六、占有人与回复请求人的权利义务

于占有制度上，当占有某物的人依法将占有的物返还于请求人时，通常会面临如下的问题：其一，物的使用、收益是否返还？其二，物的毁损灭失是否赔偿？其三，对物支出的费用可否求偿？此三项问题，本应依民法一般原则，即关于物的使用、收益，依不当得利的规定，关于物的毁损灭失，依侵权行为的规定，对物支出的费用，依无因管理或不当得利的规定，而获解决。惟鉴于此问题的特殊性，《日本民法》乃取法瑞士、德国民法的做法，而设有特殊的解决之道。具体而言，《日本民法》依原占有人之为善意或恶意的不同而分别设立此方面的不同规定。

（一）善意占有人的权利义务

（1）使用收益（孳息）。依《日本民法》，善意占有人，于推定为合法所有的权利范围内，得为占有物的使用、收益。

（2）因可归责的事由致占有物毁损灭失的赔偿责任。此涵括两种情形：一是自主占有，即占有人以所有的意思占有物者，仅以灭失或毁损所受的利益为限，负赔偿责任；二是他主占有，即占有人非以所有的意思持有（支配）占有物时。应赔偿回复请求人所受的全部损害（《日本民法》第191条但书、第415条及第415条以下），盖此种情形的占有人，其明了自己负有将占有物返还于回复请求人的义务。

（3）费用的返还。此涵括两种情形：其一，为保存占有物而支出的费用及其他必要费用，[1]于占有人返还占有物时，可以要求回复人偿还。但若占有人业已取得了孳息的，则该必要费用应由占有人负担。[2]其二，占有人为改良占有物而支付的费用及其他有益费用，以其增加的价值尚存为限，可依回复人的选择，使其偿还所支出的金额或增加的价额。[3]

1　参见《日本民法》第196条第1项第1句。

2　对于必要费用的判定，日本大审院曾判示（1932年12月9日判决第6卷民第334页）：为重新布置商店而支出的装修费，不属于必要费用，而为有益费用。参见［日］我妻荣著，有泉亨补订：《物权法》，岩波书店1997年第18刷发行，第497页。

3　参见《日本民法》第196条第2项。

（二）恶意占有人的权利义务

（1）关于使用、收益。依解释，恶意占有人对于回复请求人负有返还孳息的义务，且对于所消费孳息、因过失毁损孳息、怠于收取孳息的代价负偿还义务。

（2）因可归责于自己的事由致占有物毁损灭失的，无论自主占有抑或他主占有，占有人皆应负全部赔偿责任。关于灭失，日本大审院1922年9月19日曾判示：占有物被让与给第三人而不能返还时，视为“灭失”。

（3）费用的返还。依《日本民法》第196条，系与善意占有场合善意占有人的费用偿还请求权相同。盖保存标的物或使其价格增加，最终结果，系其利益皆由回复请求人享有。惟对于“有益费用”的偿还请求，“法院可以根据回复人的请求，许以相当的期限偿还”。许以期限时，占有人不得以未返还有益费用为由而留置占有物。[1]显然，此系立于公平立场而作的限制。[2]

七、依占有而取得家畜以外的动物

《日本民法》第195条（因占有动物的权利取得）规定：“占有他人饲养的家畜以外的动物的人，其占有之始为善意，且自动物脱离饲主的占有时起一个月内未得到饲主的回复请求时，取得就其动物行使的权利。”本规定的旨趣，是削弱家畜以外的动物所有权的效力。并且，依占有而取得家畜（含家禽）以外的动物所有权的规定，系介于无主物的占有取得（以所有的意思占有无主动产的，得取得其所有权）与遗失物的拾得（遗失物，依日本《遗失物法》，于进行公告后6个月内所有人仍不明了时，由拾得人取得其所有权）之间的制度。[3]兹将日本学理对《日本民法》第195条的解释意见归并如下。

（1）所称“家畜以外的动物”，系指该动物于当地被普遍饲养，且“通常处于不遵从人的支配而生活在自然状态下的动物”。按照大审院1932年2月16日判决，“八哥”（九官鸟）在日本属于家畜，猴子在东京市内属于家畜，狮子在日本不属于家畜以外的动物，故不能依占有而取得其所有权。此等动物纵使逃逸，也

1　参见《日本民法》第295条第1项但书。

2　［日］我妻荣著，有泉亨补订：《物权法》，岩波书店1997年第18刷发行，第498页。

3　邓曾甲：《日本民法概论》，法律出版社1995年版，第173页。

不会立刻成为无主物。当然，如饲主主动放弃追索的，则成为无主物。

（2）受本条保护的占有人，涵括原始取得人（捕获之人及其概括继受人）与自该人受让占有的人。

（3）所谓“善意”，指捕获当时误信为无主物，即不知道是被饲养的动物。确信有饲养主人，但不知究竟何人为饲养主人的，为非善意[1]。[2]

（4）依本条规定而捕获动物的人，原始取得捕获动物的所有权。原饲养主人的所有权消灭。之后受让该动物的人即使为恶意，也不影响其取得所有权。[3]

八、占有诉权

（一）占有诉权的涵义、类型与法性质

占有诉权，又称“占有保护请求权”“占有人的物上请求权”“占有人的请求权”或“基于占有而生的请求权”。日本学理谓为“占有诉权”。占有诉权，是对占有进行保护的主要手段，[4]涵括占有保持之诉、占有保全之诉及占有回收之诉三种。

占有诉权是一种排斥对占有权的侵害，以回复完全的占有状态的权利，故属于物上请求权的范畴。[5]《日本民法》之所以称为“占有诉权”，乃是出于沿革脉络上的理由。[6]从对《日本民法》曾经产生了深刻影响的法、德两国民法的相关规定看，法国民法对于不动产的占有，规定了异于本权诉讼的特别诉讼形态——占有诉讼。此占有诉讼，具有普通诉讼所未有的简易性与便捷性。与此不同，于

1　参见日本大判1932年2月16日判决。

2　［日］田中整尔编：《物权法》，法律文化社1998年版，第300页。

3　［日］我妻荣著，有泉亨补订：《物权法》，岩波书店1997年第18刷发行，第499页；［日］舟桥谆一：《物权法》，有斐阁1960年版，第315页；［日］川岛武宜编集：《注释民法》（7），有斐阁1960年版，第167页。

4　在近现代及当代民法上，对于占有的保护，有物权法的保护与债权法的保护之分别。前者涵括占有人的自力救济权与占有保护请求权（占有诉权），后者涵括不当得利返还请求权与侵权行为损害赔偿请求权。惟《日本民法》对于占有人的自力救济权未设规定，此为《日本民法》在占有制度上异于德、瑞民法的重要之点。《日本民法》对于占有权的保护，仅设有占有诉权（占有保护请求权），而无自力救济权的规定。

5　此为日本学者我妻荣的见解。舟桥谆一认为，占有权并非物权（参见其所著《物权法》，有斐阁1960年版，第318页）。川岛武宜认为，占有诉权是一种对人的、具体的请求权。

6　［日］我妻荣著，有泉亨补订：《物权法》，岩波书店1997年第18刷发行，第503页。

德国诉讼程序上，未采取将占有诉讼列入基层法院管辖的迅速处理方式。日本的做法与立场，系介于这二者之间，其立法进程上经历了自“波伦索那得民法草案”至日本“旧民法”的制定，及延期实施的道路，往后直接以《德国民法典第一草案》为蓝本而制定了现行民法。现行《日本民法》，设有适用于动产、不动产的占有之诉的共通规定。惟日本《民事诉讼法》并无占有诉讼的特别规定，而仅于《法院组织法》（明治 23 年法 6 号）中规定：有关占有的诉讼，不论数额大小，概由区法院管辖。不过，此规定未被二战后的《法院法》（1947 年法 59 号）认可，认为占有权是一种私权，基此私权，仅可提起《日本民法》第 198 条及其以下所定的诉讼请求。

（二）各种占有诉权的通则

占有诉权，涵括占有保持之诉、占有保全之诉及占有回收之诉。兹依日本学理，将适用于此三种诉权的共同规则概括如下。

1. 成立要件

占有诉权的成立，须有两项要件：一是须有占有权，二是须占有被侵害或有被侵害的可能。若同时提出损害赔偿请求的，尚须对象方之有故意或过失，但如果仅提出排除现实的侵害，则无须对象方之有故意或过失。[1]

2. 当事人

按照《日本民法》第 197 条第 1 句的规定，占有诉权的主体，是占有权人。此所谓占有权人，既可以是自己占有人（直接占有人），也可以是透过代理的占有人（间接占有人）。惟占有机关与占有辅助人，并无占有诉权。另外，所称“为他人的利益而占有的人”，即受任人、受寄人、运送人及管理人，法律也赋予他们以独立的占有诉权。[2]

（三）占有保持之诉

1. 成立要件

《日本民法》第 198 条规定：“占有人于其占有受到妨害时，可依占有保持之诉，请求停止妨害和赔偿损害。”依此规定，可知占有保持之诉的成立要件有三：

1　［日］田中整尔编：《物权法》，法律文化社 1998 年版，第 302 页。

2　［日］田中整尔编：《物权法》，法律文化社 1998 年版，第 303 页。

第一，占有人的占有受到妨害。所谓“妨害”，系指以夺取占有以外的方法妨碍占有。其典型事例，是邻地施工致房屋倒塌（大阪地方法院判决 1955 年 4 月 5 日下民第 631 页），[1]或他人于占有地上放置石料（东京地方法院判决 1916 年 7 月 7 日新闻 1187 号第 21 页）。

第二，妨害行为的发生，虽无须出于妨害人的意思，但产生妨害的事实应处于其支配的范围内。[2]

第三，依占有保持之诉请求损害赔偿时，是否须以对象方有故意或过失为必要？对此，有学理认为，应与“妨害的停止”相同，并不以对象方之有故意或过失为必要。惟依侵权行为法的一般归责原则，多数学理主张对象方需有故意或过失。[3]总之，占有制度的旨趣，是维持社会的和平与秩序，故停止妨害即获满足，而无需课对象方以无过失责任。[4]不过，新近以来，大势的见解认为，应把因占有受侵害的损害赔偿范围，严格限定于占有本身的物权性效果（譬如孳息收取权）上。[5]

2. 占有保持之诉的内容

占有保持之诉的内容，是请求停止妨害与赔偿损害。依通说，请求停止妨害的，不以妨害人有故意、过失为必要；但请求赔偿损害的，则需妨害人之有故意或过失。[6]

所谓停止妨害，通常而言，系指除去妨害，使之回复到妨害发生前的状态，[7]或妨害人以自己的费用排除妨害，使之回复到此前的状态。[8]妨害继续存在时，受到妨害的人不仅可以请求停止该继续的妨害，而且可以请求除去现实的妨害。[9]

应当指出的是，当妨害非因可以归责于妨害人的事由而发生时，对于排除妨

---

1 关于该案的详情，参见日本学者田中整尔编：《物权法》，法律文化社 1998 年版，第 304 页。

2 参见日本大判大 1930 年 7 月 22 日民录 22 辑，第 1585 页。

3 ［日］我妻荣著，有泉亨补订：《物权法》，岩波书店 1997 年第 18 刷发行，第 463 页。

4 参见日本大审院判决 1916 年 7 月 22 日，（民）第 1585 页。

5 ［日］我妻荣著，有泉亨补订：《物权法》，岩波书店 1997 年第 18 刷发行，第 507 页。

6 ［日］松坂佐一：《物权法》（第 4 版），有斐阁 1980 年版，第 125 页。

7 ［日］我妻荣著，有泉亨补订：《物权法》，岩波书店 1997 年第 18 刷发行，第 507 页。

8 ［日］田中整尔编：《物权法》，法律文化社 1998 年版，第 304 页。

9 ［日］於保不二雄：《物权法》（上册），有斐阁 1989 年初版第 4 刷发行，第 227 页。

害所需的费用（即所谓“回复费用”）由谁人负担——由妨害人负担还是占有人负担，学理见解不一。一种意见认为，不应由妨害人负担。此时，妨害人仅负有容忍受到妨害的人除去妨害、回复原状的义务。[1]另一种意见认为，此种情形应作与所有物妨害排除请求权相同的处理，即由妨害人承担此费用。[2]最后一种意见认为，妨害因不可抗力而生时，应解为占有人得以自己的费用排除妨害，妨害人仅负容忍占有人为排除妨害行为的义务。[3]譬如，由于地震，乙的树木倒在甲的占有地上时，如不先论《日本民法》第717条的损害赔偿责任，则应解为甲对土地的占有因乙的树木而受到了妨害，而不是乙的占有因甲的土地受到了妨害。[4]此时，乙应以自己的费用将倒下的树木回复原状，而不是甲以自己的费用把倒下的树木返还给乙。当然，于有妨害而无损害，或有损害而妨害状态已消失时，则只能请求其中之一，即要么请求停止妨害，要么请求损害赔偿。

3. 诉讼期间

《日本民法》第201条第1项第1句规定：占有保持之诉，“应于妨害存在期间，或妨害停止后一年内提起”。此一年期间，性质上为除斥期间。另外，妨害停止，因不能于妨害停止后提出，故“停止后一年”的期间，应解为是提起损害赔偿的期间。

于妨害存续期间，可以请求停止妨害，但“因工程而对占有物产生的损害，不能在其工程开工后经过一年或其工程竣工时提起”。[5]盖停止因工程而造成的占有妨害，反而会给社会造成更大的损害，且因工程而造成的妨害，纵使原来是因侵害占有而生，也会比较迅速地被认可为新的状态。从而，关于损害赔偿的请求，也应认可此种限制。[6]

（四）占有保全之诉

《日本民法》第199条（占有保全之诉）规定：“占有人于其占有有受到妨害

1　[日] 原岛重义等:《民法讲义》(2)（物权），有斐阁1977年版，第198页。

2　[日] 我妻荣著，有泉亨补订:《物权法》，岩波书店1997年第18刷发行，第507页。

3　[日] 松坂佐一:《物权法》(第4版)，有斐阁1980年版，第125页。

4　[日] 川岛武宜编集:《注释民法》(7)，有斐阁1960年版，第187页。

5　参见《日本民法》第201条第1项但书。

6　[日] 我妻荣著，有泉亨补订:《物权法》，岩波书店1997年第18刷发行，第508页。

之虞时，可以通过占有保全之诉，请求妨害的预防或损害赔偿的担保。”是为占有保全之诉。

1. 占有保全之诉的成立要件与内容

依解释，占有保全之诉的成立要件是，占有有受妨害的危险。占有是否有受妨害的危险，应依社会观念进行客观的判定。占有保全之诉的内容，是预防妨害或提供损害赔偿的担保。预防妨害的方法，依日本学理，可准用基于所有权而生的妨害预防请求权的规定。提供损害赔偿的担保，是为将来发生妨害而承担损害赔偿责任预先提供担保，故不以对方之有故意或过失为必要。不过，纵使将来发生损害，但妨害人最终不负损害赔偿责任的，也不得由担保物而获赔偿。担保的种类，尽管以金钱的寄存为主，但并不以此为限。[1]

2. 诉讼期间

《日本民法》第 201 条第 2 项规定：占有保全之诉，可于妨害的危险存在期间提起。但因工事而对占有物有产生损害的危险的，则准用该条第 1 项但书的规定，即因工事而对占有物产生损害的，不得于工事着手一年后或工事竣工后提起。

（五）占有回复之诉

《日本民法》第 200 条第 1 项规定：“占有人于占有被侵夺时，可以通过占有回复之诉，请求将其物返还及损害赔偿。”第 2 项规定：“占有回复之诉不能对占有侵夺者的特定承继人提起。但其承继人知其侵夺的事实时，不在此限。”是为占有回复之诉。

1. 成立要件

（1）占有人的占有被侵夺，即违反占有人的意思而夺去占有人对物的占有。间接占有人（如出租人）的占有是否被侵夺，应就直接占有人（承租人）进行判断。侵夺占有尽管多发生于动产的情形，但对不动产，也有以在他人土地上修建建筑物的方式而实施侵夺的。判例认为，耕种他人的土地，即属于对占有的妨害。[2]

（2）对物有所有权或其他本权的人，如不自占有人处接受合法的占有移转而

---

1 ［日］我妻荣著，有泉亨补订：《物权法》，岩波书店 1997 年第 18 刷发行，第 508 页。

2 参见日本大审院判决 1935 年 2 月 16 日新闻 3812 号，第 7 页。

是强行夺回其物，也属对占有人的占有的侵夺。此时，丧失占有的人，得通过占有回复之诉回复对物的占有。

（3）占有回复之诉，不得对侵夺人的特定承继人提起，但承继人已知侵夺的事实的，不在此限。

2. 占有回复之诉的内容

占有回复之诉的内容，是请求返还标的物与赔偿损失。返还的内容，与基于所有权的返还请求权相同。然占有的侵夺，因起于侵夺人的行为，故返还标的物的费用，原则上应由侵夺人承担。损害赔偿，即对侵夺占有而生的损害予以赔偿。赔偿的数额，非依物本身的价格，而是依物的占有价格算定。惟占有价格，又通常依物的使用价格算定。[1]

3. 交互侵夺

交互侵夺，即侵夺人侵夺占有人的物以后，被侵夺人又自侵夺人处将物夺还的反复侵夺。对此，东京高等法院 1956 年 10 月 30 日《民事判例集》9 卷 10 号第 626 页谓：于最初的被侵夺人在一年之内夺还原占有物时，可视为最初占有状态的继续存在，侵夺人不能提起占有回复之诉。[2]

4. 诉讼期间

《日本民法》第 201 条第 3 项规定："占有回复之诉，应自被侵夺时起一年内提起。"之所以设此规定，盖因占有被侵夺的状态，于经过一定的时间后，即会转变为平静的状态，若改变这种平静的状态，反而会扰乱社会的和平与秩序。故规定占有回复之诉，应自侵夺发生时起一年内提起。所定期间届满后，纵以诉讼方式，也不允许回复原状。不言自明，此符合占有制度的理想与旨趣。[3]

1　参见日本大审院判决 1915 年 9 月 20 日，（民）第 1481 页。

2　邓曾甲：《日本民法概论》，法律出版社 1995 年版，第 176 页。日本学者田中整尔于所编集的《物权法》（法律文化社 1998 年版，第 307—308 页）中对此作有详细介绍。

3　［日］我妻荣著，有泉亨补订：《物权法》，岩波书店 1997 年第 18 刷发行，第 509—512 页。这里有必要提及日本判例史上关于回复之诉的著名判例：大正末年，某甲所有的一艘名为"小丸船"的小艇，于日本东京桥附近被盗，经搜寻，某甲发现该船正在某乙处（实际上该船被某丙盗去后，转卖给某乙）停泊，于是击毁船锁，将船夺回，后又出售。某乙遂向法院提起占有回复之诉，并要求某甲赔偿买船的损害。日本大审院判决某乙胜诉，认可了某乙的请求（1924 年 5 月 22 日《民事判例集》第 3 卷，第 224 页）。参见邓曾甲：《日本民法概论》，法律出版社 1995 年版，第 176 页。

九、占有权的消灭

《日本民法》上的占有权，依“对物的持有”与“为自己的意思”而成立。于《日本民法》，占有权因被认为是一种物权，故原则上得因一切物权的共同消灭原因而消灭。惟因占有权又具有特殊的特性，故不得因混同、消灭时效的完成而消灭。概言之，占有权，依其特殊的消灭原因而消灭。具体言之，有以下二种情况。

（一）自己占有（直接占有）的消灭原因

自己占有，即不通过代理人，而由自己实行持有的占有。《日本民法》第203条规定：“占有权，因占有人放弃占有的意思或丧失对占有物的事实上的支配而消灭。但占有人已提起占有回复之诉时，不在此限。”可见，自己占有，因下列事由而消灭：放弃占有的意思，即占有人积极地表示不为自己的利益而进行占有；对占有物的持有的丧失。

（二）代理占有（间接占有）的消灭原因

代理人代行占有时，占有权因下列各项事由而消灭：本人放弃让代理人占有的意思；代理人对本人表示此后系为自己或第三人所持占有物的意思；代理人已丧失对占有物的所持。[1]

十、准占有

（一）准占有的涵义

占有，是对物为事实上的支配（所持）。故此，通过占有制度所实现的保护事实支配关系的理想，也就仅止于物的支配关系。惟保护事实支配关系的理想，并不应仅限于物的支配关系。对于不伴有物的支配的事实的支配关系，如果自外形上可以得到社会的认可与信赖，也应予以保护。此对维护社会的和平与秩序乃是必要的。而此点正是认可准占有（权利占有）的因由所在。

本来，占有制度，是伴随对物的支配而发展起来的。于罗马法时代，占有以

1 参见《日本民法》第204条第1项。

物为限，仅对地役权设其例外。但中世纪日耳曼法与寺院法（教会法）上的占有制度，则扩大了占有的客体范围，使权利也为占有的客体。《法国民法典》制定时，受当时流行的法学思潮的影响，对于物以外的权利与身份关系也认为得成立占有关系（第2228条、第195条以下）。《德国民法典》制定时，对于应否规定权利占有，发生争议，最后认为权利的占有不具实益，故未设一般规定，而仅设地役权与人役权的准占有（第1029条、第1090条）。《德国民法典》第1029条规定：土地所有人已将地役权登记于土地登记簿册者，土地占有人行使此地役权而受到妨害时，准用关于保护占有的规定，但以妨害发生前一年内曾为一次的行使者为限。《瑞士民法典》采与《德国民法典》相同立场。[1]《日本民法》因效仿《法国民法典》而设其规定，故对于占有采概括主义，其第205条规定："本章的规定，准用于以为自己而为的意思行使财产权的情形"。[2]

（二）准占有的要件

准占有与占有相同，其成立需具备"体素"与"心素"二要件。依解释，准占有的成立要件如下：

1. 须有为自己的意思

此与占有无异，且也认可代理人代行的准占有。[3]

2. 行使财产权

此相当于占有场合的"占有的持有"，故应解为：有获得承认的财产权处于该人事实支配下的客观事实。惟如严格解释"行使"一词，即意味着权利内容的实现。其结果，对于行使一次即达目的从而消灭的权利，如解除权、撤销权，以及受一次清偿即归消灭的债权，便无认可准占有成立的余地。然自准占有赖以存在的因由看，只要存在财产权归属于该人的事实，即应认为可以成立，而不应认为只有实现了权利的内容，方可成立。[4]故此：

（1）对撤销权与解除权而言，当事实上认定某人是这些权利的法律地位的继

1　参见《瑞士民法典》第919条第2项。

2　［日］我妻荣著，有泉亨补订：《物权法》，岩波书店1997年第18刷发行，第519—520页。1929—1930年制定、公布的《中华民国民法》之设立准占有，正由来于此。

3　日本最高法院判决1962年8月21日，（民）第1809页（代理人行使债权的案例）。

4　［日］松坂佐一：《物权法》（第4版），有斐阁1980年版，第131页。

受人时，即应认为该人对这些权利有准占有。[1]

（2）债权（涵括以继续性给付为目的的债权与经一次清偿即归消灭的债权），只要有足以表明其属于该人支配的客观事实，便应认为得成立准占有。那么，何种情形得认为有足以表明债权归属于某人的客观事实？对此，难以一概而论。通常而言，持有债权证书及其他债权凭证，便应认为有准占有。如无此类证书，但有可以使人推测债权已移转给该人的事实的，也得成立准占有。质言之，尽管不是债权人，但事实上行使债权的人，也为债权的准占有人，如表见继承人、债权证书的持有人及债权让与无效的受让人，皆为准占有人。[2]

（3）准占有的标的尽管限于财产权，但并非所有的财产权皆可为其标的。换言之，准占有的标的，不限于以物的占有而成立的财产权。故所有权、地上权、永佃权、典权、质权、留置权及租赁权等以物的占有而成立的财产权，不得为准占有的标的。这些权利，因可借占有制度而受到保护，故也就无认可得为准占有的标的的必要。至于债权、抵押权、地役权、先取特权（优先权）、著作权、特许权及商标权，则得为准占有的标的。此外，撤销权与解除权等一次行使即归消灭的权利，学理认为也得成立准占有。[3]

（三）准占有的效力

按照解释，准占有的效力是：除特性上不相容者外，有关占有的规定，皆可准用于准占有。如占有状态的推定、权利的推定、孳息的取得、费用偿还请求权及占有诉权，皆有适用于准占有的余地。动产善意取得的规定，因以动产的占有为要件，故无准用的余地。另外，准占有除准用占有的规定外，尚有两种效力：一是对于债权的准占有人善意所为的清偿，有清偿的效力；二是准占有的标的如为继续行使的权利的，则可发生所有权以外的财产权的时效取得。[4]

---

1 反对意见参见［日］舟桥谆一：《物权法》，有斐阁 1960 年版，第 334 页；［日］铃木弥禄：《物权法讲义》（第 4 版），创文社 1994 年，第 78 页。

2 ［日］我妻荣著，有泉亨补订：《物权法》，岩波书店 1997 年第 18 刷发行，第 520—521 页。

3 ［日］林良平：《物权法》，青林书院 1986 年版，第 157 页。

4 ［日］田山辉明：《物权法》，三省堂 1992 年版，第 211 页；［日］原岛重义等编著：《民法讲义 2》（物权法），有斐阁大学双书 1980 年版，第 209—210 页；［日］於保不二雄：《物权法》（上册），有斐阁 1989 年初版第 4 刷发行，第 239 页，并参见《日本民法》第 478 条。

第二节　《德国民法典》的占有制度

如前述，占有为近现代及当代民法一项重要制度。近现代及当代各国家或地区民法有将其规定于物权编之始者，如《德国民法典》（《日本民法》也属之）；也有将其规定于物权编之末者，如《瑞士民法典》与我国台湾地区“民法”及我国《物权法》。惟无论置于何处，自法史渊源与民法系统的和谐看，皆有其正当的因由。

《德国民法典》将占有规定于物权编的第一章，共19个条文（第854—872条），章名径定为占有。依规定，占有为“对于物的事实上的管领力”。该章涵括直接占有的取得（第854条）、占有辅助人（第855条）、占有的消灭（第856条）、占有的移转、继承（第857条）、占有地位的保护（Schutz des Besitzstandes，第859条以下）、前占有人对现占有人的返还请求权（第1007条）、占有人对于所有人的拒绝返还权（第985—986条），以及占有人的可移转性（第854条2项、第870条）。另外，《德国民法典》第五编“继承”的第三章（第2169条），尚就占有之可以为遗赠的标的设有明文。最后，于《德国民法典》之外就占有设其规定的，还有《德国民事诉讼法》第808条、第809条、第886条关于物的保管（Gewahrsam）的规定。[1]

一、占有的涵义与功用

（一）占有的涵义

《德国民法典》物权编第一章占有，未从正面规定占有的涵义，而仅从占有的取得、丧失、变更的要件，以及占有的保护上设其规定。对于物具有何种事实上的支配，方可谓为占有，从而赋予其法律地位，涉及占有理论，即占有的构成要件。此一问题，于德国普通法时期曾发生激烈争论。

《德国民法典第一草案》曾依德国普通法理论而严格界分占有（Besitz）与持有（德文：Inhabung；日文汉字：所持）的不同，规定：“占有权，以怀抱所有的

1　梅仲协等译：《德国民法》（条文），台湾大学法律学研究所编译，1965年6月印行，第530页；《德国民事诉讼法》第808条、第809条及第886条。

意思，对于物为事实上的支配（持有）而取得。”依此规定，占有的构成，除需有作为“体素”（corpus）的持有外，尚需有作为“心素”（animus）的占有的意思（Besitzwille）——所有的意思（Willen, die Sache als die seinige zu haben）。1896年制定、公布的《德国民法典》，因袭日耳曼法的占有（Gewere）观念，并追随日常生活与经济交易的通念，明定以占有的意思，对于物为事实上的支配者得成立占有，且同时明定占有辅助概念，以创建所谓“占有法”的系统。[1]

《德国民法典》第854条第1项规定：“对于物有事实上的管领力者，得取得对该物的占有。”按照该条的文义，直接占有的取得，无需有“占有的意思”（Besitzwille），系采所谓“纯粹客观说”。[2]但“无意思的持有”（unbewusste Inhabung）向来认为不得构成占有。[3]另外，《德国民法典》施行后不久，有学者径依第854条第1项的文义，认为占有为对于物之有事实上的管领力，不以占有人有占有的意思为必要，但未被多数学者接受。[4]德国现今判例学理的一致见解，是认为占有的成立，除需有事实上的管领力这一“体素”的要素外，尚需有“占有的意思”这一“心素”的要素。之所以如此，盖因：第一，《德国民法典第一草案》本规定占有的成立只要有占有的意思即可，之后因担心发生占有需于占有人知悉

---

1 ［日］於保不二雄著，高木多喜男补遗：《德国民法Ⅲ》（物权法），有斐阁1955年版，第9—10页。

2 于占有制度的形成与演进过程中，占有的成立，除需有对物为事实上的管领力这一“体素”的要素外，是否复需有“占有的意思”这一“心素”的要素，从来就是有名的争论问题。按照日本民法学者田中整尔在《占有论的研究》（有斐阁1975年版）一书中的分析，此项问题，学说见解从来不一，计有主观、客观和纯粹客观三说（我妻荣归并为主观和客观两说）。主观说认为，占有的成立，需兼具事实上的管领力与占有的意思，惟此所谓占有的意思，有认为需为“所有人的意思”者，有认为需为“支配的意思”者，也有主张需以“自己的意思而占有”者。客观说认为，占有为对于物有事实上的管领力，无需有特别的意思，仅需有管领的意思即可，此为管领事实之一部，而非独立的要素。纯粹客观说认为，占有纯为客观地对于物为事实上的管领，无需有“占有的意思”。立法例上，1804年的《法国民法典》采所有人意思说（第2228条至第2229条），1896年的《日本民法》第180条采自己意思说。参见［日］我妻荣著，有泉亨补订：《物权法》（民法讲义Ⅱ），岩波书店1997年第18刷发行，第457—458页、第462—464页；王泽鉴：《民法物权2》（用益物权·占有），台湾1996年自版，第18页。1907年《瑞士民法典》第919条第1项规定：“对物有事实上的管领力者，为该物的占有人”，显然采与《德国民法典》第854条第1项相同立场，即“纯粹客观说”。参见［日］山田晟：“德国民法的占有的取得与意思”，载《法学协会杂志》第57卷，第12号以下。

3 参见《德国民法典》第867条。

4 转引自王泽鉴：《民法物权2》（用益物权·占有），台湾1996年自版，第19页。

对物有管领力时方可成立的误会，故而将其删除；第二，取得占有而无占有的意思者，实难想象。[1]

可见，《德国民法典》所谓占有，一方面指对物进行事实上的支配的“权利”，另一方面也指对物进行事实上的支配的状态。占有辅助人（Besitzdiener），受他人的指示而占有物，系他人手足的延长，属于替代他人持有标的物，故属于非占有人。[2]

（二）占有的功用

《德国民法典》占有制度的功用，依解释有三：保护功用、维持功用及公示功用。这些功用起于同一根源，也就是说基于此认识：占有于任何时候都是一定权利或利益的外在体现。对占有进行保护，也就对存在于占有“背后”的利益进行了保护。占有也通常体现着一物属于某一人财产的归属秩序，故此法律即将权利推定与一定的占有状态联系起来，并要求物权的变动须以占有关系的变动为条件。不过，于土地和土地物权中，占有的公示功用现今已被土地登记簿取代，盖土地登记簿能为土地物权关系的准确描述提供更大的可靠性。[3]

二、占有的类型

《德国民法典》物权编所定的占有，可以分类如下。

1　王泽鉴：《民法物权 2》（用益物权·占有），中国政法大学出版社 2001 年版，第 19 页。

2　［日］山田晟：《德国法概论》（Ⅱ），有斐阁 1987 年版，第 193 页。《德国民法典》第 855 条规定：基于家务、业务或其他类似的关系，依照他人的指示而事实上管领其物者，仅该他人为占有人。此称为占有辅助人制度。依德国学者解释，占有辅助人，需基于本人与占有辅助人间的“社会的从属关系”（Soziales Abhängigkeitstverhaltnis）而成立。惟在某些情形，尽管有所谓“社会的从属关系”，但也例外的不成立占有辅助人。譬如，妻就家具的占有，妻即非夫对于家具的占有的占有辅助人。另外，所谓“社会的从属关系”，依文义，非指“债权债务的对等关系”，而是指“社会意义上的命令服从（Befehl und Gehorsam）的从属关系”。参见［日］於保不二雄著，高木多喜男补遗：《德国民法 III》（物权法），有斐阁 1955 年版，第 14 页。另外，此处应与占有媒介关系相区分。虽然于占有媒介关系中也有上下级关系，但占有媒介人的地位，为所选择的契约类型（如使用借贷契约）的内容所决定。占有媒介人只要于所约定的或为法律所规定的范围内为行为，则其即不需要接受间接占有人的指示。对此，请参见［德］鲍尔、施蒂尔纳：《德国物权法》（上册），张双根译，法律出版社 2006 年版，第 135 页。

3　［德］鲍尔、施蒂尔纳：《德国物权法》（上册），张双根译，法律出版社 2006 年版，第 105 页。

（一）直接占有与间接占有

间接占有的规定，见于《德国民法典》第 868 条：“用益权人、质权人、收益承租人、使用承租人、保管人或基于其他类似的法律关系，于一定时期对于他人有为占有的权利或义务者，该他人也为占有人。”

依此规定并依《德国民法典》第 854 条的立法旨趣，德国学理解释谓：“对于物行使事实上管领力”者，系直接占有。故而，《德国民法典》第 868 条规定的用益权人、质权人、收益承租人、使用承租人及保管人等，皆为“对物行使事实上的管领力”，故为“直接占有人”（Unmittelbarer Besitzer）；与此相对，用益权设定人、质权设定人、收益出租人、使用出租人、委托人（寄托人）及有类似法律关系的人，则为“间接占有人”（Mittelbarer Besitzer）。所谓“类似的法律关系”，即存在占有的由“间接占有人”移转给“直接占有人”的关系，及现在不占有物的人对于现在占有物的人于特定时期有返还请求权。譬如，地上权人是直接占有人，土地所有人为间接占有人，地上权存续期限届满，土地所有人即变成直接占有人。另外，幼童的法定代理人，是幼童的所有物的直接占有人，幼童为间接占有人，然于幼童成年后，即由幼童取得对所有物的直接占有。[1]

（二）共同占有（Mitbesitz）与单独占有（Alleinbesitz）

依占有权利是否受他人的限制或以占有人的人数为标准，《德国民法典》上的占有可以分为单独占有与共同占有。单独占有，即一人对于物所为的占有，例如单独所有人或借用人对于自行车的占有即是。共同占有，即数人对同一物进行共同占有，涵括重叠的共同占有（vervielfältigender Mitbesitz，anteiliger Mitbesitz，schlichter Mitbesitz）与统一的共同占有（einheitlicher Mitbesitz）。重叠的共同占有，即各共同占有人于不妨害他人共同占有的情形下，各自可以单独管领其物，例如数人承租一套房屋，各自可以单独使用公用的厕所或厨房，即其适例。统一的共同占有，即全体共同占有人对于占有物仅有一个管领力的占有。[2]例如，甲、乙二人将有价证券寄存于银行保险箱，约定其返还应对两人共同为之。客户与银行对于保险箱，各有不同的钥匙，需一起使用方能开箱时，就保险箱成立共同占

1 ［日］山田晟：《德国法概论》，有斐阁 1987 年版，第 193—194 页。

2 ［日］山田晟：《德国物权法》（上卷），弘文堂书房 1944 年版，第 94 页。

有；就保险箱内的物品，则应认为由客户单独占有。[1]

（三）自主占有（Eigenbesitz）与他主占有（Fremdbesitz）

以占有是否具有所有的意思为标准，《德国民法典》的占有可以分为自主占有与他主占有。对于物以所有的意思而进行占有者，为自主占有；[2]反之，为他主占有。[3]亦即，以物属于自己所有而为占有的人，即是自主占有人；对物不是以所有权人的意思内容，而是以限制物权人、债权人或其他权利人的意思内容为占有的人，即是他主占有人[4]。

（四）占有人与占有辅助人

此一分类，是依当事人社会从属关系而生的占有法律关系的规则。[5]占有辅助人的规定，见于《德国民法典》第855条。按照该条规定，处于从属地位的人，尽管对物有直接的关系，但不视他们为占有人，而仅把他们当作占有辅助人来对待。只有那些享有指示权而处于上级地位的人，才被视为占有人。占有辅助的构成要件与特性，是指示之服从（Weisungsunterworfenheit）。指示之服从的对立面，也就是"主人"于任何时候均有发出指示的权限。此外，从属关系也是占有辅助关系的一个特性。从属关系的产生，是基于私法抑或公法，是基于契约抑或直接基于法律，其存续是长期还是临时，皆在所不问。占有辅助人是否具有为占有主进行占有的意思，也不重要。最后，从属关系也不必为外部所认识。当然，在欠缺其外部可认识性时，占有人享受着极其广泛的好处，并因对公示原则的突破而有害于权利交易。占有辅助成立后，将产生占有辅助的法律效果：占有辅助人无占有人资格及占有辅助人可行使针对第三人的自力防御权。[6]

1　此为德国现今学者的通说。转引自王泽鉴：《民法物权2》（用益物权・占有），中国政法大学出版社2001年版，第59页。

2　《德国民法典》第872条规定：以所有的意思占有其物者，为自主占有人。

3　［日］山田晟：《德国物权法概说》，弘文堂1949年版，第19页。

4　［德］鲍尔、施蒂尔纳：《德国物权法》（上册），张双根译，法律出版社2006年版，第147页。

5　［德］鲍尔、施蒂尔纳：《德国物权法》（上册），张双根译，法律出版社2006年版，第133页。

6　［德］鲍尔、施蒂尔纳：《德国物权法》（上册），张双根译，法律出版社2006年版，第133—138页。

占有辅助的终止。依学理，一旦占有辅助人终止“指示之服从”，则占有辅助人的地位也告终止。不过，占有辅助人单纯的意思表示，尚不足以引起其地位的终止，该意思表示必须公示于外。[1]

值得指出的是，在当代社会，工人、雇员（法律基础：雇佣契约）、公务员（法律基础：公法上的公务员关系，即所谓特别的权力关系）、孩子对于由父母交给他们的物——使孩子自己成为物的所有权人（法律基础：亲权）、妻子对于因丈夫突然被捕而由她继续经营的营业等，皆为占有辅助人。由于劳动法律关系（基于私法规范或者公法规范）具有从属性，故此，于当代社会，越来越多的人成为占有辅助人大军中的一员。其结果就是，占有辅助人创造的劳动成果，其所有权自始就属于他们的老板，占有辅助人为他工作，为他加工！[2]

三、占有的取得与丧失

（一）直接占有的取得与丧失

《德国民法典》第854条第1项规定：“对于物有事实上的管领力者，得取得该物的占有。”可见，直接占有依对物有“事实上的管领力”而取得，复因“占有人抛弃或依其他情形丧失对于物的事实上的管领力而消灭”（第856条第1项）。直接占有的让与（占有的移转、占有的继受取得），[3]依《德国民法典》有如下两种方法。

一是现实的交付（körperliche Übergabe），即依让与人与受让人的意思的合致，及移转对于物的“事实上的力”（管领力）——交付，而为占有的让与。

二是依让与人与受让人间的合意，即依“单纯的合意”（schlichte Einigung）而为占有的让与。《德国民法典》第854条第2项规定：“现已管领物者，即因与原占有人间的单纯的合意而取得其占有。”易言之，现实已管领物者，物的占有

---

1 ［德］鲍尔、施蒂尔纳：《德国物权法》（上册），张双根译，法律出版社2006年版，第139页。

2 ［德］鲍尔、施蒂尔纳：《德国物权法》（上册），张双根译，法律出版社2006年版，第135—136页。

3 占有的让与，指占有人依法律行为将占有物交付给他人，该他人因而取得占有之谓。由于占有的移转需依法律行为为之，故学说又称占有的让与为占有的移转。

的让与，依当事人间达成单纯的让与的意思的合致即可。此单纯的让与的意思的合致，学理谓为“占有指定契约”(Besitzzuweisungsvertrag)。[1]

（二）间接占有的取得与消灭

依《德国民法典》，间接占有根据第868条所定的各种法律关系的成立而取得，因各种法律关系的消灭而消灭。按照《德国民法典》第870条的规定，间接占有，“因占有物返还请求权的让与而移转”。亦即，间接占有的让与，是间接占有人让与对于直接占有人所占有的物的返还请求权。[2]

（三）占有的可继承性

《德国民法典》第857条规定：“占有可以转移给继承人”。此即，于被继承人死亡，继承开始时，继承人取得对所有属于被继承人的遗产的物的占有，即使继承人并未取得对这些物的事实上的支配力。德国学理解释说，此规定放弃了公示要求。而这主要是源于对继承人予以保护的思想：即使继承人还未获得对物的事实管领力，其只享有“观念化的对物支配”，也应照样能行使占有保护权利。物被他人取走时，对其来说即是非基于其意思的占有丧失。[3]

四、侵害占有的保护

对于侵害占有的保护，《德国民法典》规定了占有人的自力救济权（Selbsthilferecht，Gewaltrecht）与占有保护请求权（Besitzschutzansprüche)。其中，自力救济权涵括占有物取回权（自力取回权，Wiederbemächtigungsrecht）和自力防御权(Selbslverteidigungsrecht，Recht der Selbstwehr)；占有保护请求权涵括因侵夺占有而生的请求权（Anspruch wegen Besitzentziehung）——妨害排除请求权，及因妨害占有而生的请求权（Anspruch wegen Besitzstörung）——妨害防止请求权及引取请求权（Abholungsanspruch，占有人的追诉权）。图示如下即是。[4]

1　［日］山田晟：《德国法概论》，有斐阁1987年版，第194页。

2　［日］山田晟：《德国法概论》，有斐阁1987年版，第194页。

3　［德］鲍尔、施蒂尔纳：《德国物权法》（上册），张双根译，法律出版社2006年版，第151页。

4　［日］山田晟：《德国法概论》，有斐阁1987年版，第195页。

(一) 自力救济权

1. 自力防御权

《德国民法典》第859条第1项规定：占有人可以强力防御法律所禁止的私力行为。此所称“法律所禁止的私力行为”，指《德国民法典》第858条第1项的“未经占有人的同意而侵夺或妨害占有人的占有”。不过，数人共同占有一物的，各占有人就其相互间的关系，就占有物所得使用的范围，不得请求占有的保护(第868条)。之所以如此，盖因各共同占有人对占有物的使用的界限并不清晰。[1]

2. 占有物取回权

《德国民法典》第859条第2、3项规定：“占有物被侵夺者如系动产，占有人可以就地或追踪向加害人取回”，“土地的占有人，其占有因暴力而被侵夺时，得即时排除侵害而回复占有”。另外，《德国民法典》第869条设有“间接占有人请求权”制度。其中，第1句规定：对占有人实施法律所禁止的私力行为的，间接占有人也有第861条至第862条的请求权。第2句规定：占有被侵夺的，间接占有人可以请求对原占有人回复其占有；原占有人不能或不欲受领的，间接占有人可以请求对自己回复其占有。第3句规定：具备第1、2句的要件时，间接占有

1 ［日］山田晟：《德国法概论》，有斐阁1987年版，第195页。

人于《德国民法典》第 867 条第 1 项（占有物脱离管领，偶至他人占有地内时）的情形，也可请求容许其寻查取回其物。

（二）占有保护请求权

1. 因侵夺占有而生的请求权（回复物的占有的请求权、占有物返还请求权）

此即《德国民法典》第 861 条规定："占有因暴力而被侵夺者，占有人得向有瑕疵之占有人请求回复其占有物。被侵夺之占有，于现实占有人或其前占有人为有瑕疵，且于被侵夺前一年取得者，不得请求回复其占有。"

2. 因妨害占有而生的请求权

《德国民法典》第 862 条规定："占有因暴力而被妨害者，得对加害人请求除去其妨害。占有有继续被妨害之虞者，得请求防止其妨害。占有人对于加害人或其前占有人为有瑕疵，且于被妨害前一年内取得者，不得请求除去或防止其妨害。"

3. 占有人的追诉权（日文汉字：引取请求权）

《德国民法典》第 867 条[1]规定："占有物脱离管领，偶至他人占有地内者，土地占有人应许可该物之占有人进入其地内，寻查取回。但其物已为他人所占有者，不在此限。土地占有人得请求赔偿因寻查取回而生之损害。土地占有人有受损害之虞时，在提供担保前，得拒绝许可。因延期足致危险者，不得拒绝。"

五、前占有人的请求权

前占有人的请求权，见于《德国民法典》第 1007 条，涵括 3 项。第 1 项规定："动产占有人取得占有非系善意者，前占有人得对之请求返还其物。"第 2 项规定："前占有人之物系被盗或遗失或基于其他事由脱离占有者，对于善意之占有人也得请求其返还。但占有人系物之所有人，或在前占有人占有期间前曾脱离其物之占有者，不在此限。前段规定，对于金钱及无记名证券，不适用之。"第 3 项第 1 句规定："前占有人取得占有非系善意，或已抛弃其占有者，无第 1 项之请求权。"第 2 句规定："于其他情形，准用《德国民法典》第 986 条至第 1003 条之规定。"譬如，甲将自行车寄存于乙处，乙将自行车让与（移转占有）于恶意

1　对本条的内容，日本学者於保不二雄著、高木多喜男补遗的《德国民法Ⅲ》（物权法）（有斐阁 1955 年版）第 25 页概括为"寻查取回的容许请求权"，纵观该条的内容，此概括堪称允当。

的丙时，甲可以通过证明“自己以前曾占有该自行车，丙出于恶意占有自行车，及自己现在仍对自行车存在占有关系”而请求丙返还。又如，乙由甲处盗得一自行车并移转占有于善意的丙时，甲可通过证明以前曾经占有该自行车，其丧失占有系违反其意思，及丙正现实占有该自行车而请求返还。[1]

第三节 《瑞士民法典》的占有制度

《瑞士民法典》将占有规定于物权编之最后——第三分编——“占有与土地簿册”中。该分编涵括二章：第二十四章与第二十五章。第二十四章规定占有，第二十五章规定“土地登记簿册”。

《瑞士民法典》第二十四章占有，自第919条至第941条。第919条规定占有的涵义：“对于物有事实上的管领力者，为物的占有人。依地役权与土地负担占有物者，视同事实上行使权利。”第920条规定自主占有与非自主占有：“占有人，为设定限制物权或成立对人性权利，将物移转他人占有者，双方均为占有人；作为所有物而对物为占有者，其占有为独立占有，其他占有人的占有，为非独立占有。”第922条以下规定占有的让与，第926条以次规定占有的保护，第930条以下规定占有权利的推定，第932条规定对占有人之诉，第933条以下规定善意取得，第937条规定土地权利的推定，第941条规定占有的合并。

综据以上规定，可知《瑞士民法典》的占有制度与《德国民法典》的占有制度于基本点上并无大异，仅于条文的内容和行文上存在差异。以下扼要分析《瑞士民法典》占有制度的基本内容。

一、占有的涵义与分类

（一）占有的涵义

关于占有，《瑞士民法典》第919条将其规定为一种事实，即对于物有管领力的事实。换言之，所谓占有，系指对于物有事实上的管领力。被管领之物，称

---

1 ［日］山田晟：《德国法概论》，有斐阁1987年版，第195—196页。

为“占有物”，是占有的客体。对物进行管领的人，为占有人，系占有的主体。

《瑞士民法典》第919条第2项又规定：“在地役权和土地负担之情形，事实上行使其权利者，视同对物的占有。”此规定，系直接仿1811年《奥地利普通民法典》第309条的规定而来。《德国民法典》第855条尽管设有类似规定，但于行文的表述上与之不同。另外，《意大利民法典》第1140条第2项也设有类似的规定，即占有，可由占有人本人直接为之，也可通过持有物的另一人为之。

（二）占有的分类

占有，依状态的不同，可作出各种分类。不过，《瑞士民法典》第920条仅以占有人有无所有的意思为标准，将占有区分为自主占有与他主占有。以所有人的地位占有物者，为自主占有；非以所有人的地位占有物者，为非自主占有。考疏其未设此外的其他分类的因由，乃大抵在于认为，有权占有与无权占有等的分类，乃为当然的分类，故并无于条文上明定的必要。需指出的是，依解释，所谓他主占有，指非以所有的意思而占有，即凡基于占有媒介关系而占有他人之物者，如留置权人、保管人、借用人、地上权人、质权人、承租人，皆为他主占有人。

二、占有的移转（让与）：交付及其形态

《瑞士民法典》第922条规定：占有，依交付其物或为受领人创设对物管领力的方法而让与之。受领人基于原占有人的意思而得对物行使管领力时，交付即告完成。第923条规定：“当事人不在场的占有交付，在物被交付于受领人或其代表人时完成。”

占有的移转，即交付的形态，除现实交付外，《瑞士民法典》尚设有交付的特殊形态。此即《瑞士民法典》第924条第1项规定：第三人或让与人自己，基于特殊法律关系而继续占有物的，取得该物的占有，无须交付。是为占有改定。《瑞士民法典》第925条规定：以交付于运送人或仓库的货物，发行表彰该货物的有价证券时，此项证券占有的让与，视为货物本身的让与。货单的善意受领人与货物的善意受领人利益相抵触时，后者优于前者。

三、占有的保护

（一）占有人的自力保护权（自力救济权）

1. 占有防御权

《瑞士民法典》第 926 条第 1 项规定：各占有人得以实力防御不法的私力。需提及的是，依瑞士学者的解释，占有防御权的发生，以占有被侵夺或受到妨害为要件。对占有的侵夺或妨害，如抢劫他人手中的书籍，强占他人的停车场等属之。对占有的侵害，须现实存在，若侵害已然消失的，则自无以己力加以防御的必要。

2. 占有物取回权（自力取回权）

《瑞士民法典》第 926 条第 2 项规定：占有人被他人以暴力或隐蔽的方式侵夺占有物时，占有人得驱逐行为人而回复土地的管领，也得向当场被发现并立即追捕到的侵夺人取回动产。

应当指出的是，占有物被侵夺时，《瑞士民法典》第 926 条第 1 项赋予占有人的占有防御权，仅为消极权能，仅得以之排除侵害。为进一步保护占有，其第 926 条第 2 项乃赋予占有人以取回占有物的积极权能，是为占有物取回权。惟依解释，占有物取回权的行使应有时间限制，即所谓“立即”。之所以如此，盖因法律赋予占有人占有物取回权，系在于保护占有人原有的事实上的管领力，若此种管领力因新管领力的介入而式微，并达可能成立新的占有的程度时，法律自不应再赋予原占有人以占有物取回权，以破坏形成中的新占有事实，扰乱社会和平与秩序。

（二）占有保护请求权

占有保护请求权，学理又谓为“占有诉权”。兹分述如下。

（1）《瑞士民法典》第 927 条规定：以非法暴力侵夺他人占有者，有返还的义务。纵使侵夺人主张对该物有优先权利，亦同。但是，若被告能立即证明自己的优先权利并基于同一原因有权请求原告交付该物时，得拒绝返还。此处侵夺占有之诉，以返还占有物及损害赔偿为内容。

（2）占有因不法的私力被妨害时，占有人纵在妨害人主张有权利时，也得对之提起诉讼。此诉讼，得请求除去妨害、停止妨害及赔偿损害。

(3)《瑞士民法典》第 929 条第 1 项规定：基于不法私力之诉，占有人只有在知悉侵害事实与侵害人后立即请求返还其物或排除侵害行为时，方得提出。

(4)《瑞士民法典》第 929 条第 1 项的诉讼期间，依第 929 条第 2 项的规定，自占有被侵夺或妨害行为发生后一年间不行使而消灭。

四、善意取得

《瑞士民法典》第 933 条规定："以所有权或限制物权之移转或设定为目的，而善意受让该动产之占有者，让与人虽无让与的权利，其取得仍受保护。"是为《瑞士民法典》善意取得的一般规定。

但是，受让人所受让的物为赃物或遗失物的，原所有人可于五年内向受让人请求返还。此即第 934 条第 1、1[bis] 项的规定："动产的占有人，因被盗、遗失或因其他违反其意思而丧失占有者，得在 5 年内，向该动产的任何取得人，请求返还。第 722 条不受本条影响。违反所有人的意思而丧失占有的物，属于 2003 年 6 月 20 日《文物交易法》第 2 条第 1 项意义上的文物者，其返还请求权，经过 1 年而罹于时效，自所有人知悉该文物所在地及占有人时起算，但自丧失占有时起已逾 30 年者，不得请求返还。"

五、占有人与回复请求人的权利义务

（一）善意占有人

《瑞士民法典》第 938 条第 1 项规定："物的善意占有人，依其被推定的权利得使用并收益该物的，对权利人无损害赔偿的责任。"第 2 项规定："前项情形，物消灭或受损害的，占有人无需赔偿。"第 939 条第 1 项规定："权利人请求返还物者，善意占有人得请求赔偿必要与有益的费用，并得于获偿还前拒绝返还。"第 2 项规定："对于其他费用，占有人无偿还请求权，但就该费用，占有人如未受任何补偿，得将其支付费用所添置的物取走，但其取走，会对占有物造成损害者，不在此限。"第 3 项规定："占有人已收取的孳息，应抵充其费用偿还请求权。"

（二）恶意占有人

《瑞士民法典》第940条第1项规定：“恶意占有人须向权利人返还其占有物，并对因其扣留该物而发生的一切损害，以及已收取的孳息或应收取而未收取的孳息，负赔偿责任。”第2项规定：“恶意占有人仅对其因占有而支付的必要费用，有请求赔偿的权利。”第3项规定：“恶意占有人不知应向何人返还占有物者，仅对因其过错而发生的损害，负赔偿责任。”

六、占有的合并

《瑞士民法典》第941条规定：“占有人，其占有得适用取得时效者，得就自己的占有，与前占有人的占有合并而计算其占有期间，但前占有人的占有，不能适用取得时效者，不在此限。”

附录一

潘德克吞体系的肇源、确立与演进*

一、概要

在整个18世纪和19世纪初期，关于民法的体系应当怎样构成这一问题，涌现出了各种各样的构想。此点可从这一时期的《普鲁士普通邦法》（1794年）、《法国民法典》（1804年）和《奥地利普通民法典》（1811年）所采取的不同的体系构成获得证明。至19世纪后半期，潘德克吞体系被普遍认可，其原因依学者施瓦茨（A. B. Schwarz）的分析，可从历史法学派和往后潘德克吞法学的巨大影响力中得到释明。潘德克吞体系，是1807年由海泽在《普通民法的体系概要》中正式创立的，他因此被称为潘德克吞体系的鼻祖（创始者）。[1]其后萨维尼于兰茨胡特和柏林作讲座时，皆以海泽的这一著作作为讲学的基础，而且他还不时受到该书的激励。在萨维尼的鼓动下，该书曾被数次重印。

需提及的是，海泽上列著作中采用的潘德克吞体系，完全是自然法与罗马法的混合物，具体而言，从体系上思考法学或曰给法学灌注一个体系的思想，即所谓法的体系思考，乃是自然法理论的产物。自16世纪前后起，无论在德国还是在法国，都没有采取优士丁尼的《学说汇纂》的体例，而是可以看到采取理性的体例的倾向。这一时期，在德国，自然法思想重新以特殊的方式出现。例如，施瓦茨、普芬道夫均提出了有关“体系”的思想，尽管每个人提出的“体系”的思想

* 本文曾载《上海师范大学学报》2007年第4期，收入本书时作了增删、改易。

1 海泽创立的潘得克吞体系，自1866年的《萨克森民法典》到1896年的《德国民法典》、1907年的《瑞士民法典》、1911年的《瑞士债务法》，都大体上得到了采纳和贯彻。

不尽相同。概言之，自17世纪到18世纪，各种各样的体系的思想涌现出来了。这一时期的《普鲁士普通邦法》《法国民法典》和《奥地利普通民法典》采取的不同的立法体例即是其明证；及至18世纪后半期，抛弃《法学阶梯》的体系的倾向异常炽烈。这种倾向，在沃尔夫影响下的自然法思潮甚嚣尘上时，尤其明显地得到了认可。潘德克吞体系的首要特征就是将共通的事项整理成为"总则"，设立"总则"的规定。而这一思想，系起于自然法学。

不过，对于民法的总则究竟应当涵括哪些内容，则是自然法与罗马法综合作用的产物。例如，"总则"中先规定"法人格"（自然人、民事主体）的内容，就是罗马法的结晶。其次，自16世纪到18世纪，一直依循罗马法的做法将"物"置于物权法之首，这也是一项普遍的做法。这种做法，不独在19世纪的潘德克吞法学者和德国民法典第一草案中被采纳，而且在今日也依然得到支持。再次，物权法与债法的区分及其对应把握，系由来于罗马法，尤其是受到了《法学阶梯》影响的结果，最后，于物权法和债法之后设立"亲属法"和"继承法"的做法，系受到自然法理论影响的结果。

"亲属法"于古罗马《法学阶梯》上系作为"人法"的一个部分来对待和处理。《法国民法典》和《奥地利普通民法典》依循之。但是，在近代潘德克吞体系中，它与"人法"分离，且被置于"债法"之后，此点系受到自然法理论影响的结果。自普芬道夫以来，自然法体系由"个人的法"开始而渐次向"大的集合体的法"升进，即沿着"个人、夫妇、家庭、奉公人（Gesinde）关系、国家及国际社会"的法的顺序递进。依此顺序，"家庭法"自然而然地被置于财产法之后处理。因此，胡果、海泽将亲属法（婚姻家庭法）置于债法之后处理，是不足为怪的。

至于继承法，其在罗马法中系置于最开头处理；在《法学阶梯》上，继承法系作为取得财产的一种方法而对待。《法国民法典》与《奥地利普通民法典》追随之。不过，海泽则是依据自然法的理论，使继承法被家庭法吸收，其显然是着重于将继承法置于亲属法（婚姻家庭法）的侧面考量。

至此，可将上述归纳如下：近代潘德克吞体系是自然法理论与罗马法学的混合物。从体系的视角，或曰以体系的思维认识法律世界的观念和做法，是起于自然法的；同时，将适用于全体私法关系的通则的事项规定为“总则”并将之规定于民法典的最前面的思路，也是受到了自然法影响的结果。不过，民法的“总则”的内容，除受到了自然法的因素的影响外，也受到了罗马法的因素的影响。至于物权法和债法的区别和对应，则主要是受到了罗马法影响的结果。关于亲属法（婚姻家庭法），特别是将“亲属法”和“继承法”置于最后处理，则是受到了自然法影响的结果。可见，近代潘德克吞体系，乃是自然法因素与罗马法因素交互作用的混合物。也就是说，潘德克吞体系并不仅仅是受某一理论（自然法理论）或学说（罗马法学说）影响的结果，而是一个混合的东西。

二、萨维尼为近代潘德克吞体系奠定基础

如前述，近代潘德克吞体系得到了萨维尼的积极支持。他不仅曾以海泽的“体系”的思想作为自己讲学的基础，而且还使海泽的《普通民法的体系概要》一书重印了数次。与此不同的是，学者普赫塔（G. F. Puchta，1798—1846 年）在 1820 年反对海泽的体系；蒂堡（A. F. J. Thibaut，1772—1840 年）一方面坚持自己构筑的体系，另一方面也受到萨维尼的影响。19 世纪 20 年代末、30 年代初，德国的私法（涵括地方私法）大体上已然接受了海泽的“体系”思想。另外，在 1819 年至 1820 年的冬期讲座中，萨维尼在讲授《普鲁士普通邦法》时，也是按照海泽的“体系”的思想进行的。时至 19 世纪后期，海泽的“体系”的思想，遂被作为近代潘德克吞体系思想对待，即以海泽的体系为近代潘德克吞的体系。奥地利民法也在 19 世纪的后半期，经由学者约瑟夫·昂格尔（Joseph Unger，1828—1913 年）的介绍，掌握和领会了潘德克吞体系。[1] 1840 年代以后，受到萨维尼支持的海泽的“体系”的思想，几乎被人们一致地接受了。海泽创立的民法体系，由 6 编构成：第 1 编“总则”（Allgemeine），第 2 编“物权法”，第 3 编“债务法”，第 4 编“物的、人的权利”（家族法，Dinglich persönliche Rechte），第 5 编“继承法”，第 6 编“原状回复”（In intergrum Restitutio）。不过，萨维尼认

1 J. Unger, System des österreichschen allgemeinen Pravatrechts. 1u. 2. Bd. , 5. unver - änderte Aufl.（1892）. 在这里，他设计的“总则”系由 6 个部分构成：第 1 部分“私法”，第 2 部分“人”，第 3 部分“物”，第 4 部分“私权”，第 5 部分“法律关系的发生与消灭”，第 6 部分“法律关系的保护”。

为，其第6编“原状回复”并不妥当，因此该编遂被后继者们剔除了。

需提及的是，对于海泽提出的上述潘德克吞体系，萨维尼在《当代罗马法体系》（第1卷）中为其奠定了学理基础。他说：“每项权利，在法律关系上皆具有其深厚的基础。并且所谓法律关系，是指某人在不妨碍他人的情形下，可以为有意识的支配的领域，是由法律来规定的。在法律关系上，有意识的支配所及的领域，首先是自己的人格，其次是自己以外的外界。其中，自己，是所有的法与权利的基础，无须由实定法承认，或为其奠定基础。因而，自己对自己的人格的权利，便是‘根源性的权利’，无须受到承认、认可。这样一来，作为法律关系的客体，就只剩下‘外界’，即‘自然’（unfreie Natur）和‘他人’了。”

“其中，人，是不能支配自然的全体的，即不能支配世界的一切。从而，须对偌大的自然（世界）进行区分（划分）。而被划分（区分）开来的‘自然’，就是‘物’。对物进行的有意识的支配中，最单纯且最完全的是所有权。它与由实定法所规定的定限物权合而为一，合称为物权。对‘他人’的关系中，仅可支配对象方的行为，如请求他人为或不为一定行为的，是债权债务关系。支配对象方的人格，蔑视（无视）其自由，像支配所有物那样支配人，此在今日已不允许。应注意的是，对于物的支配（物权）与对他人的行为的支配（债权），皆是向外界扩张个体的能力。因此，这两者的集合，被称为‘财产’（Vermögen），关于这方面的法律制度的总和，被称为‘财产法’。”

“‘人’这个东西，一如财产法，既是一个独立的个体的概念，也是一个有机体的全体构成员的概念，也就是说是一个社会的概念。因此，人是不完全的。例如，男性与女性，只有单个的一方，是不完全的，需依婚姻而结合。另外，人的存在也是有时间上的限制的，也就是人的生命有限。这一‘不完全性’须由繁殖来补充。为此而设立的法制度，是‘父权’（väterliche Gewalt）制度。此外，亲属（Verwandtschaft）制度，也是与父权制度相类似的制度。这些法律制度，被合称为‘家族法’。惟家族法与债务法不同。因为在家族法中，与对象方的关系，是全面而永久的。而且，家族关系，受伦理规制的情形也为数不少。这些是所谓

‘自然的家族法’，此外还有所谓‘人为的家族法’。”[1]

作为“人为的家族法”，萨维尼举出了监护制度。在各项制度的编排顺序上，萨维尼认为，家族法，是自己自身的人格的扩大，因而应被置于最重要的“自己自身”之后处理，即应置于财产法之前处理。其顺序是：家族法、物权法、债务法。萨维尼也提出了家族法对财产法产生影响的情形。例如，在“父权”（监护权）之下的孩子的财产取得、亲属间的扶养和赡养等“被应用（适用）的家族法”（angewandtes Familienrecht）与“继承法”。这样，萨维尼就作了如下的顺序安排：婚姻、父权、亲属、监护（此四者合称为“本来的家族法”）、物权法或所有权与定限物权、债务、被应用（适用）的家族法、继承法。

另外，萨维尼还厘清了设立民法的总则的理由。他说：当从联系的观点考察此法律制度与彼法律制度时，就会发现所有的法律制度的共通点。将共通点与某一具体的法律制度的体系分开，且将共通点置于前面处理，这就是“总则”。不过，他又指出：不应使共通点过分抽象化，为此应有“平衡的意识”。遵循此原则，他在8卷本的《当代罗马法体系》中遂建立了如下的体系：第1编“法源”，第2编“法律关系”，第3编“法规对法律关系的适用”，第4编“物权法”，第5编“债务法”，第6编“家族法”，第7编“继承法”。

三、温德沙伊得的《潘德克吞法教科书》与潘德克吞体系

自19世纪40年代起，由萨维尼为其奠定理论基础的海泽的潘得克吞体系，被一般性地接受了。此间采纳海泽的潘得克吞体系而撰写的潘德克吞教科书不胜枚举。举其要者，有阿恩茨（L. Arndts）[2]、韦希特尔（C. G. v. Wächter）[3]和温德沙伊得等人撰写的著作。其中，温德沙伊得的《潘德克吞法教科书》[4]被誉为

1 ［日］赤松秀岳：《十九世纪德国私法学的实像》，成文堂1995年版，第269页以下。

2 L. Arndts, Lehrbuch der Pandekten 14., unveränderte Aufl. hrsg. v. L. Pfaff u. F. Hofmann（1889）. 该书系为献给萨维尼而作，但它所采取的体系是：第1编“权利一般”，第2编“对物的权利”，第3编“债务”，第4编“家族关系”，第5编“继承”。

3 C. G. v. Wächter, Pandekten, hrsg. dch. O. v. Wächter. Ⅰ Allgemeiner Teil（1880），Ⅱ Besonderer Teil（1881）. 其构成体系是：绪论、潘得克吞法的一般理论、物权法、债务法、家族法、继承法。

4 B. Windscheid, Lehrbuch des Pandektenrechts 1. Bd. 9. Aufl., bearbeitet v. T. Kipp（1960）.

“19 世纪的标准注释书”（Glossa ordinaria des 19. Jahrhunderts）。该书集中体现了他的潘德克吞体系思想。

温德沙伊得指出，所谓潘德克吞法，即起源于罗马法的德意志的普通的私法。它是适合于德意志全国的私法，其法源是优士丁尼的《民法大全》中的各个组成部分，即《法学阶梯》《学说汇纂》《优士丁尼法典》和《新律》。在《潘德克吞法教科书》中，温德沙伊得简略地回顾了于意大利波伦亚大学兴起的罗马法复兴运动，和之后的罗马法学说史的变迁过程，即先后经历了欧洲中世纪后期的注释法学派、注解法学派、15 世纪以后的历史的倾向、体系的倾向、哲学的倾向（即所谓的自然法论），自 18 世纪后期到 19 世纪的历史法学派等。同时，温德沙伊得还分析了萨维尼的《当代罗马法体系》，认为萨维尼是历史法学派的最伟大的代表。众所周知，德国历史法学派的重大贡献，是从现实的需要出发去探寻和“发现”罗马法的法律规则，努力赋予这些法律规则以内在的生命力，同时也为其具有内在的生命力奠定学理基础。并且，历史法学派学者们还依自己的观察力进行严密的逻辑概念的推理，使罗马法的单个的、零星的规定，成为逻辑缜密的、有体系的整体。历史法学派的此种方法，即便今日也为人们所采用，并处于有利地位。

在《潘德克吞法教科书》中，温德沙伊得指出，私法的调整对象有二：财产关系与家族关系。由此，私法可以分为财产法与家族法。至于继承法，其实质不过为财产法的一大分野。财产法的调整对象为：关于物的法律关系与关于人与人的法律关系，称为物权和债权关系；财产法也须对死者的财产的归宿进行调整。关于这方面的各项规范的总和，系继承法。并且，存在一个与权利的内容没有粘连的、有关一切权利的法律原则。此外，法律本身（客观意义上的权利，Recht）也存在一个与由它导引（或衍生）出来的规则相粘连的法律原则，它本身不属于私法，而是属于公法的东西，但应置于私法中论述，否则就会发生前后不一贯和违反逻辑的问题。基于这些原因，他在《潘德克吞法教科书》中于是构筑了如下的体系：（1）关于法这个东西本身；（2）关于权利这个东西本身；（3）物权法；（4）债务法；（5）家族法；（6）继承法。并特别指出：（1）和（2）应称为“总则”，将家族法置于继承法之前处理，系一般性的做法。家族法与物权法、债务法相同，系调整关于“活着的人”的法律关系的法，因此将它置于继承法之前处理是妥当的。

四、世界各国尤其是北欧国家对潘德克吞体系的采用

迄今，肇源于近代德国的潘德克吞体系业已为大陆法系的德国法系支流的国家和地区所普遍采取。这些国家涵括：日本、瑞士、巴西、希腊、土耳其、韩国和中国台湾地区等。此外，北欧国家也引入了该体系。因日本等国家或地区采用潘得克吞体系的情况已为人们所熟知，所以以下专门分析北欧各国之引入和采纳潘德克吞体系的情况。

北欧各国之采用潘德克吞体系，系起于对德意志法学，尤其是对概念法学的接受。例如，在挪威，哈格尔普（Hagerup）于 1887 年发表的论文中，就已引入了德国的概念法学；在瑞典，于 19 世纪 70 年代，概念法学的影响盛极一时，例如温德沙伊得的学生阿夫纽斯（Afzelius，1848—1921）便是其坚定的信仰者；于芬兰，也有概念法学的思想在传播。随着德国概念法学理论之被北欧国家所接受，德国的民法体系也被北欧各国接受了。

19 世纪的北欧各国，虽然对大学里的法律教育进行了改革，但各专业由于只有为数不多的研究人员，所以在各国家中难以形成独立的学说或学派。于是，北欧各国的法学研究者走出国门寻求自己学问上的交流、讨论的对象。而去德国，是实现这一目标的最好选择。其后不久，北欧各国与包括德国在内的外国国家的交流变得十分容易，尤其是去德国留学几乎是一种义务。当时的温德沙伊得等接受了来自于北欧各国的学者。另外，萨维尼的关于在欧洲的基督教国家间应成立国际法（Volkerrecht）的主张，以及“一个国家的法有两个要素，即个别的要素（主要是每个人民的归属的要素），与基于人性的共通性而产生的普遍的要素”的思想，以及温德沙伊得的“罗马法是地地道道地表现人与人之间的普遍关系的东西”的主张等，皆为德国法学具有泛欧洲的普遍性奠定了基础。

于是，自 19 世纪中期以后，潘德克吞体系乃被北欧各国所接受。当然，在此之前，曾有《法学阶梯》的编排体系传播到北欧国家。例如，在瑞典和芬兰，早在 17 世纪时，就已采用《法学阶梯》的体系。当时著名的乌普萨拉（Uppsala）

和图尔库（Turku）大学，就规定用比较法的方法进行教学，而作为比较的基础的，就是罗马法的体系。18世纪时，一方面仍旧采用《法学阶梯》的体系，另一方面，在瑞典和芬兰，也可看到关于“总则”的思想的萌芽。此外，也有了承认物权和债权之区分的端绪。当然，与瑞典、芬兰相较，丹麦和挪威虽然也主要采用了《法学阶梯》的体系，但在采用时也考虑到了自己国家的情况。

如前述，潘德克吞体系是海泽在1807年于《普通民法的体系概要》中创立的，1840年萨维尼在《当代罗马法体系》中将其正当化，并在稍作更易后被北欧各国所接受。在德国，潘德克吞体系思想于19世纪20年代广泛传布开来；而于北欧，有关潘德克吞体系的教科书之问世则稍晚一些，大约是在19世纪40年代。具体而言，瑞典的施罗伊柳斯（Schrevelius）的教科书（1844—1849年），先是“一般的概说”，其次是“财产法”与“家族法”，并从这三方面来论述本国的民法体系。其中，“财产法”由“物权法”和“债务法”构成，家族法由“本来的家族法”和“属于同一氏族（Sippe）的人的法律关系”，包括“继承法”“监护法”和“关于继承债务的清偿的法律”（Erbablösungsrecht）构成。

在丹麦，早在1830年，拉尔森（Larsen）就依照潘德克吞体系讲授民法课程。其创新之点仅在于，于“总则”之后是丹麦“人事法”（dänisches Personenrecht），即“总则”“人事法”“物权法”“债务法”“家族法”“继承法”的体系。及至1850年，潘德克吞在丹麦已然成为一个普遍性的概念。其后不久，吸取德国潘德克吞体系的精华，并进行了创新的丹麦自己的潘德克吞体系诞生了，此即：“总则”“人事法”“家族法”“物权法”“债务法”“继承法”。

挪威在接受德国潘德克吞体系的过程中也有新的认识，并根据自己的风土人情而有创新。例如，它认为“总则”是财产法的总则，而非其他法（如身份法）的总则。另外，在该国特有的自然环境和风俗的影响下，法定继承也较遗嘱继承具有更重要的意义和价值，因而继承法遂被作为家族法的一部分来处理和对待。

五、我国制定民法典系采德国潘德克吞式编纂体例

考虑到德国潘得克吞式编纂体例的优点在于注重法律的逻辑性和体系性，并考虑到《德国民法典》的编制体例及所确立的概念、原则、制度、理论体系和民

事权利体系等，实际上已经为我国民事立法、实务和学术界所接受，《民法总则》《民法通则》《物权法》《合同法》《侵权责任法》的章节安排、所使用的概念术语和确立的民事权利体系，已经借鉴了《德国民法典》的立法经验。因此，我国现今制定民法典，应着重参考《德国民法典》5 编制编纂体例设计其结构。但考虑到百余年来民法理论、立法和实务的极大发展，因此于继受的过程中又应根据我国自身的情况而有所创新，所以可考虑民法典的结构为 6 编：第 1 编“总则”，第 2 编“物权”，第 3 编“合同”，第 4 编“侵权行为”，第 5 编“婚姻家庭”及第 6 编“继承”。

附录二

19、20 世纪的德国民法学说史 [1]

一、引言

考察 19、20 世纪的德国民法学说史，需首先划定自 19 世纪起德国民法学说史的大致分期。按照多数民法史家的见解，19 世纪肇始以降的德国民法学说史，大致可以分为四个时期，即第一个时期：19 世纪前半期的“法典论争”与“历史法学”时期；第二个时期：19 世纪后半期的“概念法学与德国民法典”时期；第三个时期：20 世纪前半期的“自由法运动”与“法社会学”时期；第四个时期：20 世纪后半叶的“现代私法学”时期。以下分别考量这四个时期中德国民法学说的基本状况。

二、法典论争与历史法学

（一）法典论争

19 世纪前半期的德意志私法学上，最引人注目的事件不啻是德国历史法学派之登上德意志法学的历史舞台。而导致其登场的直接契机，是所谓的“法典论争”（Kodifikation sstreit）运动，即围绕是否需要立即制定一部统一的民法典而展开的论战。

1　本文主要依据、参考日本学者坚田刚：“各国的法律学（民法学）史：德国”［载水本浩、平井一雄编《日本民法学说史》（分论），信山社 1997 年版，第 373 页以下］，谨向作者坚田刚，编者水本浩、平井一雄致谢。本书作者于 1997 年至 1998 年的在日研修期间，曾受惠于水本浩先生，谨记于此，以供忆念。本文曾载《法治研究》2011 年第 6 期。

围绕应否立即制定一部统一的民法典而展开的论战，最早发轫于1814年德意志人民反击拿破仑的民族解放战争的胜利。同年，学者A. F. J. 蒂堡（Anton Friedrich Justus Thibaut，1772—1840年）发表《论制定一部德意志统一民法典之必要性》，[1] 号召编纂适用于德意志各邦的统一的民法典。对于A. F. J. 蒂堡的主张，萨维尼（Friedrich Karl von Savigny，1779—1861年）发表了《论当代立法与法理学的使命》以为反击，一方面认为现今制定民法典为时尚早，另一方面呼吁在进行正式的立法前，应建立“法学理论”，即理论应当先行。需注意的是，此两人立场的迥异，尽管直接表现为是否应当立时编纂一部统一的民法典，但其后的背景，则实际上是对18世纪以降风靡欧陆各国的“自然法”与“习惯法”思潮的不同认识。A. F. J. 蒂堡立于启蒙主义的立场，故主张构筑一部“理性法的法典”；萨维尼则因认法律为民族精神的产物，成文法与习惯法相较，实居于次要地位，故主张德意志民族的统一民法典应基于习惯法而编成。显而易见，这是两种对立、截然不同的主张。

发生在19世纪肇始以后不久的这场法典论争，其范围实际上并不仅限于关于民法典编纂的各种是是非非。如后所述，萨维尼志在通过对法律的历史研究来构造民法的“体系的法学理论”（即潘德克吞法学），并因此成为19世纪德意志法学的最高权威。[2] 但A. F. J. 蒂堡倡导的“理性法的思想”并未因此于德意志法学界销声匿迹。事实上，这一思想与费尔巴哈的刑法学以至黑格尔的法哲学思想合流，最终促成了哲学法学派的诞生。结果，以这场法典论争为契机，19世纪前半期的德意志法学，便以历史法学和哲学法学为轴心而展开。历史法学和哲学法学因此成为19世纪前半期德意志法学上的双壁。

（二）历史法学（派）

历史法学（historische Rechtswissenschaft）的真正创始人，依学者通说乃是萨维尼。他为了法典论争的需要而于1815年创立了用以反击对手的理论阵地的学术刊物——《历史法学杂志》，并倡言对“法律进行历史的研究”，及以“作为学问

1　本文德文标题为 über die Notwendijkeit eines allgemeinen bürgerlichen Rechts für Deutschland，相应的中文译法有好几种。该文的全部中文译文，刊载于《比较法研究》2008年第3期，傅广宇译。

2　［日］水本浩、平井一雄编：《日本民法学说史》（分论），信山社1997年版，第374页。

的法学”（Rechtswissenschaft）为该刊的历史使命。经过一段时间，以向该杂志投稿的学者为中心，形成了著名的历史法学派（historische Rechtsschule）。[1]

最初，历史法学派系由萨维尼、普赫塔和耶林所代表的“罗马法派”，及基尔克所代表的“日耳曼法派”组成。这种情况反映了德国15世纪以降继受罗马法以后所形成的日耳曼法和罗马法的双重构造格局。惟随着对法的历史的探究的日渐深入，两派之间的裂痕益深，以致最终走上了分道扬镳的道路。通常认为，促使两派之走上分道扬镳的道路的，是1846年的Germanisten[2]大会。在这次大会上，两派不仅于学问上形成了对立，而且在对待1848年三月革命的态度上也形成了对立。[3]

这样一来，在外与黑格尔的哲学法学派进行斗争，内与Germanisten的相互对垒的论战中，Romanisten[4]终于发展为19世纪德意志法学的主流。不言自明，Romanisten的最大成就，是发起并从事了德国民法典的编纂运动。饶富趣味的是，当初坚决反对法典编纂的历史法学派，如今却极力主张编纂之。历史法学派的这一立场的转变，表明萨维尼构筑的私法学体系已然确立起来了。

萨维尼在《论当代立法与法理学的使命》一文中表述了历史法学（派）的如下纲领：其一，法律和语言一样，是民族的共通的确信的产物；其二，法与民族的历史共命运；其三，法首先基于民族的习惯，尔后才基于法学而形成。[5]需注意的是，强调民族的历史，意味着历史法学（派）是罗马主义的国家主义之一环。萨维尼法学的出发点，也正在于摒除启蒙主义的自然法，而确认民族的、历史的习惯法。

---

1 ［日］水本浩、平井一雄编：《日本民法学说史》（分论），信山社1997年版，第375页。

2 Germanisten一词，为德语，指19世纪德国历史法学派中专门从事日耳曼法与德意志固有法的研究的学者，著名学者基尔克便是该派的代表人物。参见［日］内阁法制局编：《法律用语词典》，有斐阁1998年版，第359页。

3 关于Germanisten大会，详情参见［日］坚田刚：《历史法学研究：历史与法及语言的三位一体》，日本评论社1992年版，第98页以下。

4 Romanisten一语，指19世纪德国历史法学派中，专门从事罗马法研究的学者，他们以私法为中心，使继受而来的罗马法获得了概念的抽象化和体系化，其代表性的学者有萨维尼、普赫塔、温德沙伊得及耶林等。参见日本内阁法制局编：《法律用语词典》，有斐阁1998年版，第1385页。

5 ［日］水本浩、平井一雄编：《日本民法学说史》（分论），信山社1997年版，第375页。

不过，以上三点并不能完全描述萨维尼法学的全貌。之所以如此，盖因萨维尼尚有历史的方法与体系的方法这样两个法学方法论。上述所谓纲领，仅系这两个方法中的前者，即历史的方法。萨维尼的真正意图，是通过对“法的概念”进行“逻辑的计算”来构筑自己的“体系法学”。历史法学，尽管形式上推崇法律的历史主义，但实质上却是怀抱创建“极端抽象的理论性”的“论理主义法学”之志向的。

如果说萨维尼在《中世罗马法史》（共六卷，1815—1831年）里表述的是“法律的历史研究”的话，那么在八卷本的《当代罗马法体系》（1840—1849年）的鸿篇巨作中则是在从事以概念的论理为依据的非历史主义的研究。萨维尼运用罗马法概念以创立现代德意志法学的信念是未曾动摇过的。对于罗马法学派的萨维尼是否可以真正称为罗马派的历史主义者，德国著名私法史家维阿克（Wieacker）评论说：“这只是口头上的归依”，[1]可见是抱有疑问的。[2]

值得注意的是，在整个19世纪，萨维尼法学的权威未曾动摇，其倡导的“权利意思说”和“法域论”，对于民法学以至国际私法学乃有划时代的贡献。1842年，萨维尼弃教从政，任普鲁士修法大臣，通过对1794年《普鲁士普通邦法》的修订活动，而为《德国民法典》的编纂作了政治上的准备。

这里有必要提到执着坚持和崇尚“历史法学的历史主义”的雅各布·格林（Jacob Grimm，1785—1863年）。该人不仅以作为童话集的著名编者而蜚声世界，[3]而且作为萨维尼的开门弟子于法学领域也有重要成就。例如，他的《论法中的诗意》（《法の内なるポエジー》，1816年）便是于法典论争犹酣之时写成的名著。

---

1 ［德］Wieacker：《近世私法史》，［日］铃木禄弥译，创文社1961年版，第477页以下。

2 ［日］水本浩、平井一雄编：《日本民法学说史》（分论），信山社1997年版，第376页。

3 雅各布·格林与其弟威廉·格林被后人合称为“格林兄弟”。人们对格林兄弟的了解通常仅限于其在文学和语言学领域的成就，尤其是家喻户晓的《格林童话》（出版于1812—1815年）。100多年来，这部童话集一直都是每一代儿童的经典读物。除此之外，格林兄弟合编的《德语大辞典》以及雅各布·格林撰写的《德语语法》，于德国语言学史上也具有举足轻重的地位。事实上，格林兄弟也是法学家，尤其是雅各布·格林于日耳曼法律史方面也有出色研究，以至成为历史法学派日耳曼法分支的代表之一，1840年被柏林科学院聘为法学教授，并于1846年至1847年任法兰克福、吕贝克日耳曼法学家大会主席。参见《萨维尼法学方法论讲义与格林笔记》，杨代雄译，法律出版社2008年版，第2页。

另外，他还出版了《德意志法古事志》（1828年）和四卷本的《习惯法判告录》（1840—1863年）等。雅各布·格林作为罗马主义的日耳曼法学者，主张自历史和语言的角度来把握法律现象，即在日耳曼的习惯法中，确认民族固有的历史与语言，进而倡导作为整合（统一）法学、历史学、语言学的新学问的“日耳曼学”（即德意志法学）。就此而论，忠实地践行历史法学的宗旨和纲领的，不是萨维尼本人，而是雅各布·格林。萨维尼和雅各布·格林尽管是历史法学派的双璧，但无论于学问抑或政治立场上，两人皆存在对立的意见。另外，于方法论上，与萨维尼坚信法的概念的论理性相左，雅各布·格林则是确信“法的语言的、诗的、象征的风格”。[1]

（三）潘德克吞法学

亦即，秉承罗马法继受的传统，由历史法学中的罗马法学者于19世纪后半期构筑起来的德意志私法学，他们以对德意志普通法和潘德克吞进行研究为工作的中心。所谓潘德克吞，即《罗马法大全》中的《学说汇纂》（Digesta），也就是罗马帝政时代被赋予“解答权”的法律学者们的学说集成。萨维尼的后继者们，从这个“学说法”中抽出法的概念，并用以构筑19世纪的私法学。就此而言，可以说潘德克吞法学（Pandektenwissenschaft），乃是“罗马法的现代的惯用”的产儿。

潘德克吞法学，具有易于理解的特色。创建它的学者们在潘德克吞这一题目下撰写了数量众多的教科书，并因此使19世纪的德意志私法学体系得以最终形成。其中，可以之为代表的著述有作为萨维尼的后继者的普赫塔（Georg Friedrich Puchta，1798—1846年）的《潘德克吞教科书》（1838年）。此外，温德沙伊得（Bernhard Windscheid，1817—1892年）的三卷本的《潘德克吞法教科书》（1862—1870年）、德恩堡（Heinrich Dernburg，1829—1907）的三卷本的《潘德克吞》（1884—1887年），也是这方面的重要著作。此外，作为历史法学派的论敌的A. F. J. 蒂堡，也在法典论争之前写成了两卷本的《潘德克吞法体系》（1803

1 ［日］水本浩、平井一雄编：《日本民法学说史》（分论），信山社1997年版，第376—377页。

年）。[1]

应注意的是，无论是温德沙伊得还是A. F. J. 蒂堡及普赫塔，都受到了黑格尔法学的影响。潘德克吞法学的所谓“泛论理主义”，与其说应当归功于萨维尼法学，毋宁说应当归功于黑格尔哲学。申言之，可由罗马法学者与历史主义之诀别而倾向于“批判的自然法论”，找到潘德克吞法学的出发点。盖法学的概念化和体系化，本来是经由经院哲学的自然法论孕育出来的。谈到这一点时，维阿克称潘德克吞法学为“隐性的自然法”，即“被隐蔽的自然法”。[2]

潘德克吞法学，往后不久被耶林（Rudolf von Jhering，1818—1892年）斥为“概念法学”而受到猛烈批判。惟无论如何，法学史上，此概念法学的确曾经决定过德意志私法学的发展方向。《德国民法典》实际上是处在潘德克吞法学的延长线上的东西。[3]

三、概念法学与《德国民法典》

（一）对概念法学的批判

对于潘德克吞法学中过分抽象的论理主义，上文提到，耶林斥之为概念法学而加以非难。[4]实际上，尽管萨维尼的法学体系的方法是“以概念的计算”为内容和志向的，但耶林直接发起攻击的则是普赫塔的法学思想。

普赫塔于1842年接替柏林大学萨维尼的讲座的位置，并使罗马私法学得到了发展。不过，普赫塔尽管是萨维尼的继承者，但他仍旧受到了黑格尔的影响。说历史法学（派）纲领中的“民族的共通的确信”是萨维尼所说的“民族精神”，便正好反映了普赫塔对黑格尔历史哲学的解释。普赫塔的“泛论理主义”，是萨

---

1 A. F. J. 蒂堡于这两卷本的著作中主张四编制的构成。即“总则”“身份法”“债务法”“物权法”。此与1896年最终制定的《德国民法典》之采五编制的构成不同。

2 ［德］Wieacker：《近世私法史》，［日］铃木禄弥译，创文社1961年版，第464页。

3 ［日］水本浩、平井一雄编：《日本民法学说史》（分论），信山社1997年版，第379页。

4 “概念法学”一语，虽由耶林所创，但之前的雅各布·格林在《并不严密的学问的价值》（1846年）中，基希曼（Kirchmann）在《作为法律学的学问的无价值性》（1847年）中，已作了同样的论理主义的批判。参见［德］基希曼：《论法律学的无价值性》《对于概念法学的挑战》，［日］田村五郎译，有信堂1958年版，第1页以下。

维尼的概念的构成和黑格尔哲学思辨的合流的结果。

如所周知，使概念法学之所以成为概念法学的，是对于“法的构成”（juristische Konstruktion）的确定的信念。对于信奉概念法学的人来说，法学与法典，乃是完美无缺的论理体系，通过逻辑的演绎和推论，所有的法律问题皆可得到自动的解答。耶林批判概念法学，推崇逻辑崇拜，并以嘲弄的手法写成《法学戏论》（Scherz und Ernst in der Jurisprudenz，1884 年），嘲讽当时的法学者盲信逻辑，热衷于抽象概念的游戏，而忘却法律对实际生活所负的使命，这犹如人生活在“概念的天国”中，不知社会生活为何物，自于实际生活无所裨益。耶林指出，“概念的天国”的第一个“入国者”并非萨维尼，而是普赫塔，即在他看来，普赫塔正是造成历史法学蜕变为概念法学的罪魁！[1]

但遗憾的是，耶林自身却成了概念法学的忠实信徒。于四卷本的《罗马法的精神》（1852—1865 年）里，尽管他指明了自己的法学抱负是“通过罗马法而超越罗马法”，但其中的内容仍是确信“法的构成的优位性”。他坚信“分析、综合与构成”的三种法技术，倡导“依法的构成”的“高度的法律学”。不过，在 1872 年出版的《为权利而斗争》一书中，他却指明，权利并不是“理性或意思的发现形态”，而是通过不断的斗争而实现的利益，后期的耶林将注意力由“法”移向“权利”，主张在法学中不是引入演绎的论理，而是引入归纳的论理。[2]

在 1877—1883 年出版的两卷本的《法的目的》（Der Zweck im Recht）中，耶林强调法律是人类意志的产物，有一定的目的，故应受“目的律”的支配，与自然法则之以“因果律”为基础而有其必然的因果关系，截然不同。[3]从而，耶林在该书的扉页上开宗明义地写下了这样的话语：“目的，是一切法律的创造者。”这一话语被认为是耶林由概念法学而转向目的法学（Zweckjurisprudenz）的“转向宣言”。[4]

---

1 ［日］水本浩、平井一雄编：《日本民法学说史》（分论），信山社 1997 年版，第 379—380 页。

2 ［日］水本浩、平井一雄编：《日本民法学说史》（分论），信山社 1997 年版，第 380 页。

3 杨仁寿：《法学方法论》，三民书局 1987 年版，第 78 页。

4 ［日］水本浩、平井一雄编：《日本民法学说史》（分论），信山社 1997 年版，第 380 页。

（二）《德国民法典》的制定

远在德国法学界兴起民法典编纂的论争前，主张立即制定民法典的A. F. J. 蒂堡便提出了在德意志实现政治上的统一之前，应先期实现法律上的统一。萨维尼则认为应创建作为立法的前提和基础的法学理论。之后，尽管萨维尼等人创建的法学被斥为概念法学而广受批判，但历史法学派的学术活动在事实上却加速了潘德克吞法学的学问的体系化的进程。另一方面，德国在经历了1848年革命的挫折后，于1871年实现了国家的统一。这样，民法典编纂的政治与学问的基础也就被奠定了，进而使民法典编纂指日可待！

在做了周到的准备并经过了较长的时期以后，德国于1881年为编纂民法典而成立了第一次委员会。该第一次委员会的实际的领导人，便是后期历史法学派的温德沙伊得。该委员会于1887年拟成《德国民法典第一草案》和《立法理由书》并向社会公布。[1] 1892年第二次委员会作成民法典第二草案。该第二草案经联邦参议院稍做修正后作为第三草案提交给帝国议会，1896年公布，此即现行《德国民法典》。

《德国民法典》是一部涵括五编、2385条的卷帙浩繁的大法典。这是德国历史法学派诞生以来德国私法学的集大成的作品，以用语的洗练和论理的精致而对20世纪世界各国或地区的民法法典化运动产生了深刻影响。总则、债法、物权法、亲属法和继承法的编制体例，被公言为是“潘德克吞模式”的典范。[2]其中，于法典之始便开宗明义地规定作为“共通的概念”的“总则”，则更被谓为是该法典最大的特色。[3]

顺便提及，鉴于温德沙伊得于德国民法典的创制中所起的重要作用（《德国民法典第一草案》是由他负责起草的），故后世有称《德国民法典》为“小温德沙伊得”之说。该人对《德国民法典》的影响，除他身体力行参与民法典起草委员会的各项活动外，更重要的还在于他撰写的《潘德克吞法教科书》对民法典的

---

1 惟此草案受到了日耳曼法学者与社会主义者的批判。

2 法制史上，由五编构成的潘德克吞体系，系以“Georg Arnold Heise, Grundriß eines Systems des gemeinen Civilrechts zum Behufe von Pandektenvorlesungen, 1807”为其嚆矢 。参见［日］水本浩、平井一雄编：《日本民法学说史》（分论），信山社1997年版，第382页注释1。

3 ［日］水本浩、平井一雄编：《日本民法学说史》（分论），信山社1997年版，第382页。

制定所产生的重要影响。该书被谓为是潘德克吞法学的最称标准的体系书，囊括了德国的罗马法学者关于私法学的全部文献，可谓是罗马法理论的总决算，并为现当代民法立法选择、取舍罗马法概念和制度提供了参照。[1]

（三）对《德国民法典》的批判

《德国民法典》自 1900 年 1 月 1 日起施行。德国人民在庆贺这部 20 世纪的大法典问世的同时，也听到了对这部法典的不绝于耳的批判之声。有人认为它是“德意志自由主义延期出生的温馨儿”；也有人斥之为“19 世纪的遗产儿”，而非“20 世纪的种子”。值得注意的是，这些批判的声音，早在民法典草案阶段，尤其是对温德沙伊得负责起草的第一草案提出严厉批评之时即已出现，其代表人物是著名学者基尔克（Otto Friedrich von Gierke，1841—1921 年）和奥地利的安东·门格（Anton Menger，1841—1906 年）。基尔克是历史法学派中日耳曼法学的代表，其主要著作为四卷本的《德意志团体法》（1868—1913 年）。该书叙述了德意志法中的家族、职业组合及国家等林林总总的所谓“同志团体”（Genossenschaft）的历史。他特别指出，并非罗马法的个人主义，而是日耳曼法的团体主义，才是适合于德国传统的法制度。另外，他还撰写了介绍日耳曼法学者的私法学见解的概说性的三卷本著作——《德意志私法》（1895—1917 年）与《德意志私法概论》（1913 年）。[2]

应当指出，团体主义理念及其法制度，乃是日耳曼民族的传统。在这点上，日耳曼法可谓是前近代性的制度。近代资本主义因以自由竞争和私的自治为前

---

1 ［日］水本浩、平井一雄编：《日本民法学说史》（分论），信山社 1997 年版，第 382 页。值得指出的是，《德国民法典》与《日本民法》于编纂的时间上几乎是同时的。现行《日本民法》无论在内容抑或形式上，皆受到了《德国民法典》的影响。之所以如此，盖因在日本，围绕民法典的制定，也曾发生过“法典论争”运动，故而《日本民法》可谓是真正地参考《德国民法典第一草案》而编纂的。由《日本民法》之采潘德克吞体系，可以清楚地看到，《日本民法》主要是在德国民法学的影响下创制完成的。惟因日本是以 1887 年《德国民法典第一草案》为蓝本而创制民法典，结果乃使《日本民法》先于《德国民法典》——从 1898（明治 31 年）年起便得以施行。另据日本学者的考证，日本之所以采用潘德克吞体系，主要应当归功于日本民法起草委员会的重要成员的穗积陈重。参见［日］穗积陈重：《法典论》，信山社 1991 年版，第 124 页以下。当然，《日本民法》对于债法和物权法的编排顺序与《德国民法典》有异，此系因为它取法德国潘德克吞体系中的 1863 年《萨克森民法典》的缘故，即《萨克森民法典》即把物权法置于债法之前。

2 ［日］水本浩、平井一雄编：《日本民法学说史》（分论），信山社 1997 年版，第 383 页。

提，所以罗马法的个人主义本质是与其相吻合的。但随着社会生活的斗转星移，无论是从事有效率的资本主义生产，还是改善劳动者的劳动条件，个人主义皆无不显现出明显的局限性。资本主义的矛盾，同时也是近代法尤其是近代私法的矛盾。为克服这一矛盾，日耳曼法的团体法理念于是在新的背景下有了其合理性及用武之地。

基尔克的团体法理论，赋予各种团体以实在的人格，并承认其有权利、义务的主体资格。此即关于法人本质的“法人实在说”。此说暴露了以个人主义为基础的罗马法的法人拟制说的局限性。另外，团体法理论还打破了传统的公、私法的二元区分理论，为一个新的法域——社会法——的诞生奠定了基础。

1888 年《德国民法典第一草案》一经公布，基尔克便发表《民法典草案与德国法》（1888—1889 年），立于日耳曼法的团体主义立场，对草案的非民族性、对德国固有法的轻视和非社会性，以及该草案的浓烈的罗马法色彩或倾向等进行了批判。[1] 另外，奥地利的安东·门格还从所谓“法律界人士的社会主义”立场出发，对第一草案进行了批判。该氏所著《民法与无产者阶级》[2]一书，自社会主义者的视角，指明了民法典草案的阶级性。

基尔克和安东·门格对《德国民法典第一草案》的批评，受到了民法典第二次委员会的高度重视，第二次草案因此被导入了一些社会主义的因素。尽管如此，它并未从根本上动摇该草案的“19 世纪的性质”，结果使这部草案最终成为法律，并带上“19 世纪的性质”而付诸施行了。基尔克、安东·门格等人的团体的乃至社会主义的见解，作为 20 世纪的课题，被之后的自由法运动所承袭。[3]

1　［日］水本浩、平井一雄编：《日本民法学说史》（分论），信山社 1997 年版，第 383 页 。

2　Menger, Das bürgerliche Recht und die besitzlosen Volksklassen, 3. Aufl., Darmstadt, 1968. 该德文著作有日人井上登的翻译本，弘文堂书房 1926 年出版。由这部著作，可以明了 1917 年俄国十月革命胜利后，社会主义思潮于当时的欧洲尤其是在德国的传播情况。据本书作者所知，此系第一部自社会主义者的立场来评述《德国民法典第一草案》的作品。

3　［日］水本浩、平井一雄编：《日本民法学说史》（分论），信山社 1997 年版，第 383—384 页。

四、自由法运动与法社会学

(一) 自由法运动

上文谈到，19 世纪之时由萨维尼、普赫塔及温德沙伊得苦心经营而后底于成的德国潘德克吞法学，坚持认为罗马法的概念极为精致，任何问题莫不可“依概念而计算”、依形式逻辑演绎的操作而求得解答。于进行机械操作之时，应摒除权威，排除实践的价值判断，所获答案方能期其精纯。所谓“逻辑崇拜”（der Kultus des Logischen）、“概念的支配”，正是概念法学内容的生动写照。[1] 1896 年《德国民法典》，正为“概念法学之精华”。[2]

但是，自 19 世纪末、20 世纪初开始，反概念法学的“自由法运动”（Freirechtsbewegun）崛起，并由星星之火演成燎原之势，“自由法学”由此登场，造成法学的崭新课题再度被提起。这一运动，史称“自由法运动”，其发起者是著名学者耶林。

作为概念法学的叛逆者，耶林提倡“目的法学”，声称法律的解释，必先了解法律究欲实现何种目的，只有以此为出发点而解释之，才能得其肯綮。而所谓目的，指解释法律的最高准则，即所谓目的法学。[3] 具体言之，是指依法的论理的单个的利益。亦即，正是“依法的论理的单个的利益”，才是法学的对象。关于概念法学的形式的论理，自《德国民法典》施行以后受到了诸多批判，而这些批判均是打着承认“自由法”这一共通的旗帜而进行的。

“自由法论”（涵括利益法学）的主张，可以归结为以下五点：

（1）国家的成文法，并非惟一法源，此外尚有活的法律存在，而这正是真正的法源。

（2）自由法论者，对概念法学所服膺的“法律体系的逻辑完足性”“法典完美无缺”等加以批判，认为法律有漏洞（Lucke）乃属必然之事。

（3）概念法学，以“概念数学”（begriffsmathematisch）的方法，就法律的解

---

1 杨仁寿：《法学方法论》，三民书局 1987 年版，第 77 页。

2 ［日］水本浩、平井一雄编：《日本民法学说史》（分论），信山社 1997 年版，第 384 页。

3 杨仁寿：《法学方法论》，三民书局 1987 年版，第 78 页。

释为逻辑演绎的操作，而不为目的考量或利益衡量，甚至认为社会上可能发生的各种问题，只需将各种法律概念，进行如“数学公示”般的演算一番，便可导出正确答案。此种方法最为自由法论者所责难，斥之为“法律的逻辑”（juristische Logik），认为它未能契合现代法学的要求。现代法学的使命，端的在于促进人类社会的进步与发展，因而必须把“目的论”等“自由的思考方法”导入法学领域。

（4）概念法学禁止司法活动造法（Rechtsschopfung），认为法典完美无缺，任何具体案件皆可在法律之内寻得正确答案。而自由法论者却认为此纯属迷梦，法律不可能尽善尽美，其意义晦涩者有之，有待法官阐释；条文漏洞者有之，有待法官补充；情况变更者有之，有待法官为渐进的解释（不改变法律文字，渐改其意义）。凡此种种，法官莫不需凭其智慧，而为利益衡量或价值判断，此非“造法”而何？

（5）概念法学不认法学为一门应用科学，忽视法学属于高度价值判断的学问，致认纯以逻辑分析方法加以认识，即为已足。而自由法论者认为，法学兼具实践的性格，并含有评价的因素，绝非像其他经验科学，仅为纯粹的理论认识活动便为已足。[1]

需注意的是，于论及自由法运动时，除应提及耶林外，尚应提到康德罗兹（Hermann Urlich Kantorowicz，1877—1940年）和埃尔尼希（Eugen Ehrlich，1862—1922年）这二人。康德罗兹被谓为自由法运动的先驱与“自由法学派之父”，其所著《为法学而战》（1906年）一书，点燃了自由法运动的熊熊烈火，并酿成汹涌澎湃的“自由法运动”。该书以匿名形式发表，由标题便可清楚地明了，它是有意模仿耶林《为权利而斗争》而作。在书中，康德罗兹否认了所谓制定法体系的完全性的神话，指明制定法的不完备性，倡言探求、补充其不完备性的自由法（freies Recht）。并且，受著名社会学者马克斯·韦伯（Marx Weber，1864—1920年）的影响，他还提出了研究、探求自由法的方法的必要性（《法学与社会学》，1911年）。康德罗兹因此被谓为自由法运动的旗手。[2]

1　杨仁寿：《法学方法论》，三民书局1987年版，第86页。

2　［日］水本浩、平井一雄编：《日本民法学说史》（分论），信山社1997年版，第385页。

另外，还有必要提到这一时期鼓吹自由法运动的著名人物埃尔尼希。埃氏是安东·门格的学生。在康德罗兹之前，埃氏即以《自由的法发现与自由的法学》（1903年）为题发表过演讲，以后以该演讲稿为基础而写成了翔实的《法社会学的基础理论》（1913年）一书，认为所谓“自由的法”，即社会中的“活的法”（lebendes Recht），其与作为“死的法”的“国家法”正相映衬。故而在他看来，所谓自由的法学，即指作为活的法的探求的法社会学。

综上所言，可知康德罗兹与埃尔尼希的自由法理论，乃是以法社会学而由外部补充法解释学的缺陷的理论。与此相对，黑克（Philipp von Heck）的利益法学（Interessenjurisprudenz），则是“楔入”到法解释学的内部，以谋求其“革新”。值得指出的是，非从概念构成，而是从利益衡量上去寻求“法的发现”的思想，也同样来源于耶林的目的法学，黑克积极地把它导入到了法解释学中。黑克的主要著作为《法律解释与利益法学》，1914年刊行。[1]

（二）新康德派的法哲学

无论是自由法运动还是利益法学运动，莫不内蕴了实践的目的，惟它们的哲学上的基础是不充分的。于是乃有新康德（Neukantianer）派法哲学之兴起。

新康德派法哲学，以反对黑格尔哲学的观念论与自然科学的实证主义为旨趣，并确保精神科学的独立性。尽管它是打着“回归康德”的旗帜而勃兴于19世纪末期，但它以法哲学的姿态而横空出世，则是20世纪肇端以后之事。新康德派，包含了基于康德的认识论而形成的“马尔堡学派”，与偏重于价值论的庞德学派（西南学派）两条支流。前者以鲁道夫·施塔姆勒（Rudolf Stammler，1856—1938年），后者以拉德布鲁赫（Gustav Lambert Radbruch，1878—1949）为其代表。另外，按照通说，凯尔森也属于新康德派之一成员。[2]

新康德派的根本主张，可以归结为“方法二元论”与“价值相对主义”，即在严格界分“存在”与“当为”之后，承认作为“当为”的价值的多样性。鲁道夫·施塔姆勒属于马尔堡学派。有学者指出，与其说该氏是因属于新康德派而蜚声学坛，毋宁说是作为自然法论的“再建者”而名扬于当时的学术界。故而在

1 ［日］水本浩、平井一雄编：《日本民法学说史》（分论），信山社1997年版，第386页。

2 ［日］水本浩、平井一雄编：《日本民法学说史》（分论），信山社1997年版，第387页。

坦率地承认法的历史性并使自然法相对化这一点上，可以清楚地看到他所受的萨维尼与康德思想之影响的痕迹。该氏倡导的“内容变迁的自然法”与“正法”理论（《正法论》，1902年），是第二次世界大战后自然法复兴运动的先驱性业绩。

在西南德意志学派的法哲学者中，最为著名的是拉德布鲁赫。最初，他谋求鲁道夫·施塔姆勒的“正法”与“自由法”的结合，把法的理念解作“正当性”“法的安定性”及“合目的性”这一三位一体的东西。当初，尽管他基于法实证主义的立场，认为法的安定性是最重要的，但在经历了法西斯的统治，即在1945年第二次世界大战结束后，却反而亲近起自然法理论来，认为“正当性”才是法的理念的核心。该氏的主要著作是《法哲学》（1932年）。

此外，拉德布鲁赫认为，法学是先进的、有价值的学问。于实践的层面上，他基于相对主义的世界观，倡言社会民主主义。作为司法大臣，他竭力拥护魏玛共和国。

除拉德布鲁赫外，作为彻底的法实证主义者，还有属于“纯粹法学派”的凯尔森（Hans Kelsen，1881—1973年）。该氏严格区分“存在”与“当为”之不同，并从法学中排除法社会学，及立于实定法中心主义的立场排除自然法理论。他把通过这样的“二重的纯粹化”以后构筑起来的法学，谓为“纯粹法学”（Reine Rechtslehre）。[1]其关于纯粹法学的论述，见于他1934年出版的《纯粹法学》一书，此书奠定了他在西方法哲学史上牢不可破的地位。[2]

（三）法社会学

德国的法社会学（Rechtssoziologie），是由埃尔尼希和韦伯于20世纪初创建的。如前述，埃尔尼希的法社会学与自由法运动有密切的关联，是作为解释法学的“补助性学问”而启程的。与此相左，韦伯的法社会学，则是立于康德派的哲学思想而能动地把握法的社会现象的。马克思·韦伯的《经济与社会》（1922年）一书，是他倡导“理解社会学”的集大成的著作。而所谓“理解社会学”，即从因果关系的视角解明人的社会行为的学问，是一种独特的社会学方法论。

另外，于站在社会主义立场的法社会学者中，这里还有必要提及作为埃尔尼

1　［日］水本浩、平井一雄编：《日本民法学说史》（分论），信山社1997年版，第388页。

2　张乃根：《西方法哲学史纲》，中国政法大学出版社1997年版，第337页以下。

希的朋友的奥地利马克思主义者卡尔·伦纳（Karl Renner，1870—1950 年）。该氏著有《私法制度的社会机能》（1929 年）一书。[1]该书通过对所有权的功用的分析，批判了资本主义社会及支撑该社会的基础的市民法。不过，该书并未完全把法理解为经济基础的上层建筑，从而显示了作者对作为上层建筑的法及其相对独立性加以修正的倾向。至于作者的所有权思想，概言之，无非是对马克思的《资本论》的法学的解释，进而强调于资本主义社会，所有权之作为特定人支配特定物的权利，实际上反映的是人对人的支配权，且有榨取的机能。若一言以蔽之，即是所有权的债权化。[2]

而且，卡尔·伦纳也是社会民主劳动党的政治家，第一次世界大战后任奥地利第一共和国的首相并聘凯尔森为法律顾问，同时委托他起草 1920 年共和国宪法。第二次世界大战后第二共和国成立时，当选为首任总统。[3]

五、德国现代私法学的动向

自 1945 年第二次世界大战结束迄至现今的德国私法学，呈现出多姿多彩的景象。毋庸置疑，试图全面、翔实地评介这一时期私法学的情况，殆不可能。以下仅考察其中的三个主要方面。

（一）法学方法论

前已提及新康德派的法学方法论。需注意的是，与新康德派的法学方法论相抗衡的新黑格尔派也在 19 世纪末、20 世纪初应运而生。新康德派以个人主义的价值相对主义为立足点，而新黑格尔派则主张民族的伦理，并批判价值相对主义。

新黑格尔派的浪潮退去以后，与现代私法学这一论题具有直接关联的，不能不提及著名学者拉伦茨（Karl Larenz）其人。该氏向来抱有克服黑格尔法哲学与

---

1 该书已由日人加藤正男译成日文，日本法律文化社于 1972 年出版了日译本的“改译版”，现中国社会科学院法学研究所图书馆藏有此书。

2 ［日］水本浩、平井一雄编：《日本民法学说史》（分论），信山社 1997 年版，第 389 页。

3 应当注意的是，卡尔·伦纳的思想，涵括日本在内的大陆法系国家的民法学者多有介绍。惟我国迄今未有。于日本私法学界，最先介绍卡尔·伦纳的法学思想的，是我妻荣。其在《债权在近代法上的优越地位》中论述了卡尔·伦纳的法律思想尤其是所有权思想。参见［日］我妻荣：《债权在近代法上的优越地位》，有斐阁 1953 年版，第 331 页以下。

法实证主义之缺陷的志向，早期著述有论述“法的因果性”的《黑格尔的归责论与客观的归责概念》(1927年)。如所周知，“归责”(Zurechnung) 一语，不独在黑格尔法哲学，而且在凯尔森的纯粹法学和韦伯的法社会学中，都是一个基础性的重要概念。不言自明，它也是犯罪理论及侵权行为法上的一个基础性概念。

其次，应提及的是他的《法学方法论》(1960年) 一书。所谓法学方法论(Methodenlehre der Rechtswissenschaft)，如所周知，乃是一个总括性的题目。拉伦茨自身也曾谈到了这一点。他说，《法学方法论》的对象，是法解释学的方法，而不是法理论、法社会学与比较法学的方法。且所称法解释学，通常也应将其限定于私法学的领域，即关于私法的法解释学。[1]

另外，也应提及尼古拉斯·卢曼 (Niklas Luhmann) 的两卷本的《法社会学》(1972年)。该书是依独立的社会机制理论而诠释法学方法论的著述。尽管尼古拉斯·卢曼是学法律出身，但在美国学成回国后则以社会学学者的身份而活跃于学界。其关于法社会学体制的理论，内蕴了进化论和现象学的思想。譬如，关于法的形成过程，便试图从伴随人的社会行为的预期，及依与其他行为主体相关联的“预期的预期”的无限反复的过程上加以说明。从而，所谓实定法，按照他的说法，即是“规范的行动、预期的整合的一般化”。另外，作为对法解释学本身的社会学分析，尼古拉斯·卢曼著有《法机制与法解释学》(1974年) 一书。[2]

(二) 私法史

如所周知，近现代及当代意义上的法史学，乃始于历史法学，从而，作为历史法学派之主流的罗马法学派，仅仅使法的历史的研究停留在“解释法学的基础的领域”。另一方面，日耳曼法学者也未能成功地从“民族的框架”中把法史学解放出来。20世纪前半期以前的法史学，即使伴随法社会学的发展而与时俱进，也没有形成为一个独立的领域。统一罗马法史与日耳曼法史（德意志法史），并赋予低迷的法史学以崭新的发展契机的，是近代私法史 (Privatrechtsgeschichte der Neuzeit) 这一崭新的学问与专业的崛起。[3]

---

1 [日] 水本浩、平井一雄编:《日本民法学说史》(分论)，信山社1997年版，第391页。
2 [日] 水本浩、平井一雄编:《日本民法学说史》(分论)，信山社1997年版，第391页。
3 [日] 水本浩、平井一雄编:《日本民法学说史》(分论)，信山社1997年版，第392页。

作为一门学问的近代私法史，其新颖之处在于：第一，把法史学的研究对象从古代、中世纪扩展到近代、现代，以适应法解释学提出的实践上的要求。第二，超越德意志的国界，将研究的视野扩大到对欧陆各国的法律制度进行综合的研究上。不言而喻，使此种研究之成为可能的，是欧陆各国共同的精神基础——基督教及罗马法和日耳曼法长期混杂的历史。[1]

作为近代私法史的体系性的重要著作，可以举出莫利托（Molitor）的《近世私法史要论》（1949 年）、韦森贝格的《近世德国私法史》（1956 年）等。其中，最引人注目的成果是维阿克（Franz Wieacker）的《近世私法史》（1952 年）。该书由日本学者铃木禄弥于 1961 年译成日文在日本出版，于学界产生了重要影响。

维阿克本为罗马法史方面的著名学者。但在《近世私法史》中，他却成功地把法史学与文化史结合起来而由法思想史的视角记述了私法制度——尤其是德国私法制度的变迁历程。另外，该氏在法思想史的研究方面也卓有成就，此表现在 1959 年出版的《创始者与后继者：德国近世私法史上的法学者们》一书中。在这部著作里，他谈到了萨维尼、格林兄弟、温德沙伊得及耶林等历史法学派的代表性学者，对这些人的思想作了介绍，值得一读。

不过，应当指出的是，尽管维阿克在《近世私法史》中从法思想史的视角论述了德国私法史的发展历程，但该书关于法律制度的说明不容讳言是不充分的。为弥补此不足，海因里希·米特斯（Heinrich Mitteis）写成了《德国私法概说》一书（1950 年）。[2]该书连同维阿克的《近世私法史》，一并构成为第二次世界大战结束后德国于私法学领域的双壁。[3]

海因里希·米特斯的《德国私法概说》一书，从标题上看，似乎是关于德国现行私法制度的概说书，但实际上，该书是作者表达自己之对于德国私法史的见解的著作。在这部书里，他把“人法”“财产法”和“继承法”加以明确区分并予以体系化，故属于一部法制史教科书。进而言之，如果说维阿克的《近世私法

---

1 ［日］水本浩、平井一雄编：《日本民法学说史》（分论），信山社 1997 年版，第 392 页。

2 该书的日译本是由日本学者世良晃志郎完成的。该书与铃木禄弥翻译的德国学者维阿克的《近世私法史》（1952 年德文版），均在同一年（1961 年）于日本出版。

3 ［日］水本浩、平井一雄编：《日本民法学说史》（分论），信山社 1997 年版，第 393 页 。

史》是一部庞大的私法思想史的集成的话，海因里希·米特斯的《德国私法概说》则是一部坚实的、可堪信赖的私法制度史的著作，从而具有补充维阿克著作之不足的意义。另外，海因里希·米特斯还著有关于公法史的《德国法制史概说》[1]一书。对私法史和公法史的综合的理解力，显示了海因里希·米特斯于法律研究方面的卓越禀赋。[2]

(三) 两德统一后私法学面临的课题

1990年10月3日，德意志终于结束了1945年以来东、西两德对垒、分裂的格局，实现了新的统一（Wiedervereinigung)。惟所谓“统一”，实际上不过是按照所谓的“统一条约”而把此前的东德并入西德，结果是东德不复存在。对于应当怎样评价二战以后发生的这一重大事件，在法学上也是一个重要的课题。德意志联邦共和国的基本法迄至国家统一前，只是一个临时性的宪法，曾打算进行修改。如今统一大业已然完成，制定新宪法的必要性与日俱增。因此自1990年两德统一以后，关于公法的各项问题的研究及其实践始终走在了私法的前列，但由此却造成堆积如山的私法问题迟迟不能得到有效的解决。

不用说，在众多的私法问题中，最重要的问题之一是如何对东德的财产（主要是公有财产）进行私有化？易言之，应当如何把“人民的所有权”转换成“私的所有权”？进而言之，1945年第二次世界大战结束以后，原东德地区为实行社会主义公有制而被国家征收了的农地、工厂设施和金融资产等，是否应当返还给原来的所有人？此一问题，因意味着对东德的社会主义公有所有权进行全面清算，因此情形较为复杂，当设专题研究，兹不赘述。

当然，应当看到，无论公法抑或私法，伴随德国的重新统一而产生的法律问题，绝不仅仅是德国一国的问题，事实上它已越出德国的国界而成为一个全欧洲的问题。由于德国的统一与欧洲的“统一”在时间上重叠，所以可以预料，德国私法在今后一个相当长的时期中仍然会对欧洲法产生直接影响，从而使现今立于比较法的视角研究、考察德国法和欧洲法的关系，不仅有其必要，而且有其紧迫性。

---

1 该书的首次出版是在1949年。

2 ［日］水本浩、平井一雄编：《日本民法学说史》（分论），信山社1997年版，第393页。

在这方面，1990年两德统一前的著作，可以代表战后研究水准的，以康拉德·茨威格特（Konrad Zweigert）的《私法领域的比较法入门》（1969—1971年）一书为其代表。在欧洲，私法学的研究与发展在个别国家甚为落后以至无足轻重的情况，现今却因东西两德和欧洲的统一，而成为一个方兴未艾、生机勃勃的崭新领域，这一新的动向不可等闲视之。另需提及的是，尽管该书是一部以西欧为中心而展开的比较法著作，但对于英美法、北欧法、社会主义法、远东法、伊斯兰法以至印度法等也都有涉及，并指明了这些法的发展方向，提出了世界的比较法未来的发展蓝图。[1]

---

1 ［日］水本浩，平井一雄编：《日本民法学说史》（分论），信山社1997年版，第395页。

附录三

瑞士民法典的制定（统一）及其特色*

一、引言

瑞士是欧洲中西部的一个内陆国家，东与奥地利、列支敦士登，南与意大利，西与法国，北与德意志联邦共和国接壤，全国总面积 41 284 平方千米，[1]人口约 730 万。[2]就面积和人口而论，瑞士是欧洲乃至世界上的一个小国，但随着 1907 年《瑞士民法典》的公布，尤其是该民法典于 1912 年正式施行后，瑞士这一小国的名声却逐渐跃出国界的范围而名扬寰宇，即变成了一个“大国”。这部民法典，与《法国民法典》（1804 年）和《德国民法典》（1896 年）一道，对 20 世纪以降各国民法的法典化运动产生了至深且巨的影响。客观地说，无论在哪一方面，《瑞士民法典》均不逊于前两部民法典。德国著名的私法史家维阿克（Wieacker）在《近世私法史》中甚至明确地说：《瑞士民法典》作为潘德克吞法学的第二部大法典，较之《德国民法典》更称优秀。[3]本文拟对《瑞士民法典》的制定与特色作一探析，以裨益于我国民法学界对《瑞士民法典》的研究。

---

* 本文曾载《法治研究》2014 年第 6 期。

1　就面积论，瑞士是一个小国。据计算，瑞士的国土面积相当于日本的 1/9（比其九州还小），法国的约 1/13，意大利的约 1/7。

2　参见《新编实用世界地图册》，中国地图出版社 2008 年第 3 版，第 59 页。

3　［德］Franz Wieacker：《近世私法史》，［日］铃木禄弥译，创文社 1961 年版，第 593 页。

二、瑞士私法的统一[1]

如所周知，1830年，受法国“七月革命”的影响，瑞士保守主义势力特别炽烈的七个州，于1846年结成史家所称的“分离同盟”（Sonderbund），意欲从瑞士联邦中分离出去，组成“独立的、天主教的保守主义”的联邦国家。

与此同时，奉行革新和自由主义的各州，依照1847年的“中央会议”，于议会中占据了多数席位。在法国和东欧各国的援助下，于1848年以军事力量镇压了上述“分离同盟”，史称“分离同盟战争”（Sonderbundskrieg）。战争的直接结果，是导致了宪法的修改。[2]按照新修改的宪法，瑞士成为一个中央集权的联邦制国家，联邦政府为最高的行政权力机关。

但是，从Helvetia（瑞士的旧名，现作为瑞士的别名使用）时代以来一直期盼的联邦层次上的法律统一（尤其是联邦民法和联邦刑法的统一）运动，则始终因19世纪初至1848年瑞士政治上的动荡不已而屡遭挫折。所幸的是，统一联邦私法的政治和经济的机运在经历这段时期后并未衰微，而是以星火燎原之势在瑞士全境急速蔓延开来，此即19世纪中叶以后瑞士各州所勃兴的私法（民法典）编纂运动。这场运动的结果，是使19世纪末、20世纪初瑞士约3/4的州皆拥有了自己的民法典。不言而喻，瑞士各州的民法典编纂，实际上为瑞士联邦民法典的制定奠定了基础。鉴于各州的民法典编纂对于瑞士联邦民法典的制定具有先驱性的意义，因此如下先对各州的私法统一（即“民法典编纂”）运动作一素描。

（一）各州的私法统一运动

一如在德国私法的发展上具有重要意义的事件是对罗马法的继受，在瑞士私

1　本部分的主要内容依据日本学者松仓耕作：“瑞士民法典的统一及其特色”，载《名城法学》第23卷第2号，第123页以下。松仓先生是日本著名的研究瑞士民法的专家，且有丰硕的研究成果（有关于瑞士的继承法方面的专著，中国社会科学院法学研究所图书馆藏有之）。如所周知，日本民法学界对瑞士民法的研究远逊于德国民法，已取得的研究成果不是很多。这就使松仓先生所取得的成就更显其难能可贵，并直可表明他是这方面的披荆斩棘的拓荒者。本书作者于1998年在日研修期间读到松仓先生的前揭论文，感于他在这方面的翔实研究，遂萌生了将它介绍给我国民法学界的念头。此外，我国现今民法学界对《瑞士民法典》的研究尚不充分，这也使我们有必要展开对它的研究。

2　此经修正的宪法，史称“新宪法”。

法的发展上，具有重要意义的事件，则可以谓为是私法的统一。与德国之继受罗马法相同，在瑞士，私法统一运动得以兴起的重要动因仍在于理想的动机和社会生活的客观要求。[1]惟瑞士私法即联邦民法典统一运动的道路并非一帆风顺、没有荆棘，相反，自瑞士联邦宪法制定、施行以后，在1848—1874年宪法修正的40年间，统一民法典的宪法上的条件始终没有具备。[2]

理论是灰色的，生活与实践之树则是常青的，统一瑞士民法典的运动仍在悄悄地进行。饶有趣味的是，这一运动是以各州民法典的制定为其端绪的。时至19世纪末，瑞士大约3/4的州都有了自己的民法典，从而使私法（民法）首先在各州的范围内实现了统一。不言自明，这就为瑞士联邦民法典的编纂举行了奠基礼。

不过，应值注意的是，瑞士各州的民法典，是受复杂多样、异彩纷呈的思想潮流与法律学说的影响而编纂的。从文化的视角上看，即是各州的民法典在所使用的语言、反映的文化背景和历史传统上，有其差异。以所受的思想潮流与法律学说的影响之不同为标准，各州的民法典编纂约可类型化为四种情况。

1. 西南瑞士型

如所周知，在欧陆法制史上，开启民法典编纂的先声的，是与瑞士毗邻的法国（1804年）和奥地利（1811年）的民法典编纂。这两个著名民法典的编纂，给予了瑞士各州的民法典编纂以有力影响。

瑞士西南部的日内瓦（Genf）州、弗赖堡（Freiburg）州、提契诺（Tessin）州、瓦尔德（Waadt）州、瓦莱（Wallis）州、纳沙泰尔（Neuenburg）州等，在地理位置上同法国毗邻，受其影响也至深且巨，故属于同一类型。这些州的民法

1　通说认为，德国之所以继受罗马法，乃是出于以下动因：一是基于理想的、政治哲学的动机；二是基于德国当时经济交易上的实际需要。通过继受罗马法所要达成的重要理念之一，是1806年以前的德国（即"神圣罗马帝国"）被视为是罗马帝国的继续。并认为，作为人类理性精神的表现的罗马帝国的"帝国法"，特别是优士丁尼《民法大全》，纵直接适用于德国，也是天经地义、无可厚非的。另一方面，德国继受罗马法的因由，还在于国内法秩序的异常紊乱和分裂，以致进入近代以后，在飞跃发展的经济生活面前，法律的落后以至滞后显露无遗。为克服此种局面以推动经济生活的发展，于是决定继受罗马法。[日] 松仓耕作："瑞士民法典的统一及其特色"，载《名城法学》第23卷第2号，第118页。

2　当此之时，《瑞士民法典》的制定（统一）之所以迟迟未能提上议事日程，还受到了作为邻邦的德国国内对于是否立即制定一部统一的民法典的争论的影响，尤其是受到了反对制定民法典的萨维尼派的影响。

典编纂，从总体上说是以《法国民法典》为蓝本而进行的，但同时也对本州的固有传统和古来的习惯予以了极大的注意。例如在瓦尔德州，编纂民法典用了长达16年的时间（1803—1819年），其重要原因之一，就是试图把本州传统的生活习惯纳入到民法典中。

上述弗赖堡州于1850年，提契诺州于1837年，瓦莱州于1853年，纳沙泰尔州于1885年，分别完成了各自的民法典编纂事业。

2. 伯尔尼（Bern）型

属于此类型的伯尔尼（Bern）、卢塞恩（Luzern）、索洛图恩（Solothurn）及阿尔高（Aargau）州，比较早（1824—1855年）地便完成了民法典的编纂。这些州的民法典编纂，主要以1811年《奥地利普通民法典》为蓝本。不过，所谓“蓝本”，并非照抄照搬，而是在编纂之际也同样把各州古来的传统和习俗定入到民法典中。

属于伯尔尼型的各州中，最先完成民法典的编纂的，是伯尔尼。[1]伯尔尼民法典，具有值得注目之处。该法典制定之时，瑞士虽然处于革故鼎新、除旧布新之时，但它仍然是由保守的贵族一手创制的，从而使这部法典染有浓烈的“贵族的风格”。此一“贵族的风格”，与1811年6月1日施行的奥地利民法典相近。

伯尔尼民法典的起草者萨穆埃尔·路德维希·施内尔（Samuel Ludwig Schnell，1775—1849年）在制定民法典之际，尽量把伯尔尼地方长久以来形成的习惯纳入到民法典中，以谋求实现伯尔尼地方的固有法和奥地利民法典的和谐、统一。在民法典编纂之始，施内尔便特别强调法典应具有明确性和简洁性的特征。这一点是注意到了奥地利民法典的编纂经验的结果。而奥地利民法典的立法思想和理念，乃是以18世纪的自然法思想和康德的哲学思想为基础的，此外也受到了德国普通法学说与实务的影响。

继伯尔尼完成民法典的编纂后，属于Bern型的其他各州亦纷纷编纂了自己的民法典。卢塞恩州［法典的创制者为卡西米尔·皮佛（Kasimir Pyffer）］于1831—1839年，索洛图恩州［法典的创制者为约翰·巴普蒂斯特·赖纳特（Johann

1　该州在1826—1831年，开始逐步施行自己的民法典。

Baptist Reinert）］自1842—1848年，阿尔高州于1847—1855年完成了自己的民法典编纂（其中“人事法”和“监护法”于1826年被创制成了法典）。这些民法典中，索洛图恩民法典（CGB），以概念的准确性和表现的明快性而获得了极高的评价。

3. 苏黎世（Zürich）型

属于此类型的，有苏黎世（Zürich）、沙夫豪森（Schaffhausen）、尼德瓦尔登（Nidwalden）、图尔高（Thurgau）、楚格（Zug）、格拉鲁斯（Glarus）和格劳宾登（Graubünden）州等。苏黎世及其周边各州，与前述两种类型不同，即不以外国法为法典编纂的基础，而是另辟蹊径，走自己的路。

首先，苏黎世在1854—1856年，沙夫豪森在1863—1865年，分别颁行了民法典。尼德瓦尔登，在参照苏黎世法草案的同时，也将本州固有的习惯法纳入到了法典中。其中，“人事法”和“家族法”分别于1853和1859年开始施行。但由卡尔·冯·德施万登（Carl von Deschwanden）起草的物权法，则迟至1868年才得以公布，因而未订入到法典中。

在图尔高，1860年制定“人事法”和“家族法”时虽然参考、继受了苏黎世法，但其“继承法”自1839年以来，则一直适用《法国民法典》的规定。在楚格州，1862年开始施行“人事法”和“家族法”，1874年施行“物权法”，1876年施行“继承法”。

在格拉鲁斯，分别于1869年、1870年及1874年颁行了“物权法”“人事法”“家族法”和“继承法”。在格劳宾登，自1862年起开始施行民法典。这一法典是由声誉卓著的瑞士历史学家彼得·康拉丁·普拉塔（Peter Conradin Planta，1815—1902年）一手创制的。他广泛参考了当时已然存在的各民法典，即在着重参考苏黎世民法典的同时，也广泛借鉴和取法了其他各州的民法典及外国民法，并把本州古来的和人民生活密切相关的法制度与习惯，也纳入到了法典中。因而可以说，这部法典是苏黎世法典以外的染有强烈独立性的民法典。正因如此，学者利弗（Liver）评论说：“这部法典是各民法典中最称完善、简洁的法典。”

以上为“苏黎世型”各州的民法典编纂情况。以下考察苏黎世法典的编纂情况。苏黎世法典编纂之际，正值法律家接受新的精神的指引，并依新的思维方式进行学术研究之时。其典范是毗邻的德国的历史法学派达于隆盛时期。该学派的领导人萨维尼（Savigny）和艾希霍恩（Eichhorn）的法律思想给予了此间的瑞士私法学界以强烈的影响。

学者弗里德里希·路德维希·克勒尔（Friedrich Ludwig Keller，1799—1860年）和约翰·卡斯帕·布隆奇利（Johann Caspar Bluntschli，1808—1881），均为萨维尼思想的忠实的践行者。其中，克勒尔还曾经直接受教于萨氏门下，并是其得意门生。正因为有这样的渊源关系，这两人遂在瑞士法律界广泛地传播德国普通法和德国的法学说、法思想。克勒尔几乎完全以德国法律学为对象而从事学术研究；布隆奇利写成了 Staats-und Rechtsgeschichte von Stadt und Landschaft Zürich（2Bd. 1838—1839）一书，该书是苏黎世的第一部私法典——苏黎世私法典（das Privatrechtliche Gesetzbuch Zürichs）——得以诞生的前提。经由其手创制的苏黎世私法典，是瑞士民法史上第一部德国法类型的法典。恩斯特·莱尔（Ernst Lehr）曾指明：这部法典是瑞士所有的州法典中最值得称道的法典。[1]

克勒尔、布隆奇利及经由布隆奇利的弟子欧根·胡贝尔（Eugen Huber）之手编纂的《瑞士民法典》，被公言为是一部杰出的法典。由这些事实可以推断，德国历史法学派和潘德克吞法学，实际上对19世纪的瑞士，尤其是瑞士操德语的地区勃兴的民法典编纂运动产生了重要影响。

4. 未进行民法（私法）典编纂的州和城市

据考，乌里（Uri）州、施维茨（Schwyz）州、奥布瓦尔登（Obwalden）州、阿彭策尔内罗登半（Appenzell-Innerrhoden）州、圣加伦（St. Gallen），及巴塞尔城市州（Basel-Stadt）等，未进行州法层次上的民法典编纂。其原因在于，由于地理上的关系，它们在经济上较其他各州落后，产业凋敝，交易活动甚不发达，从而未有涌现出制定统一的民法典的必要性。加之这些州的人民长期以来在思想上受“团体主义”之风的熏陶和支配，个人的自主决定与权利意识素不发达。

---

1 Tuor Schnyder，ZGB，第3页。转引自［日］松仓耕作：“瑞士民法典的统一及其特色”，载《名城法学》第23卷第2号，第123页。

在这些州中，圣加伦州曾把法国的继承法直接采为本州的法律而径行适用。在巴塞尔城市州，关于民法典的制定，1865年虽有“安德烈亚斯·霍伊斯勒草案（Andreas Heusler）”的出台，但因种种原因，该草案最终未能成为正式的民法典。因而，“州的命令”（Landesordnung）便成为人民的行为规范与法院裁判案件的裁判规范。[1]

（二）联邦的统一立法运动

以上回眸了瑞士各州民法典编纂情况的小史。推行统一立法运动，使瑞士的多数州拥有了自己的民法典。各州之有自己的民法典，对瑞士联邦编纂统一的民法典起到了架桥的作用，即举行了奠基礼。

在瑞士私法史上，统一瑞士各州的民法典，即制定联邦民法典的第一步，是1861年在瑞士民法典统一运动的激流中成立了瑞士法律家协会（der Schweizerische Juristenverein）。自1860年以降，该协会进行了十分频繁的法律活动。其中，在1866年的阿劳大会（Aarau）和1868年的索洛图恩大会上，以表决方式作出了修改宪法的决议，依该决议，瑞士法律家的意见被统一到了瑞士民法典的制定上来。

法律家要求统一私法典的声音，同此间经济交易要求统一私法规范的呼声相互激荡，瑞士的政治家们为潮流所挟，也逐渐认识到修改宪法，从而制定统一的瑞士民法典的必要性与紧迫性。1872年，瑞士迎来了投票表决修改宪法的时机，但因提出的修改草案（即“1872年草案”）建议把民法、刑法和诉讼法的立法权限皆赋予联邦，故遭到瑞士上院和下院的反对。不得已，瑞士联邦政府只好决定暂时放弃刑法和诉讼法的立法权限，而只要求赋予联邦以民法的立法权限。1874年，经修改的宪法修正案被提交到联邦议会，联邦宪法的修改宣告成功，并同时授予联邦下列立法权限，[2] 从而迈出了通向联邦统一民法典之制定的具有决

---

1 ［日］松仓耕作：“瑞士民法典的统一及其特色”，载《名城法学》第23卷第2号，第118页以下。

2 饶富趣味的是，在瑞士通往统一的民法典制定的道路上，也发生了一场类似于《德国民法典》制定前萨维尼派和蒂堡派之间的论争。1874年前后，瑞士法律家协会的机关杂志——《瑞士法律杂志》（Zeitschrift fur schweizerisches Recht）——的实际负责人约翰内斯·施内尔（Johannes Schnell）及亲近其立场的法律家们，出于尽可能地维持各州法的固有性及其特色，主张依历史的基础而编纂

定意义的一步：(1) 经修改的宪法第64条规定，对于私法的重要部分，即关于商业和动产交易的法律关系事项，涵括商法与票据法在内的债务法等，委诸联邦统一立法。(2) 有关人的行为能力的事项。(3) 有关著作权的事项。(4) 有关身份的事项。

依此，瑞士联邦通过了下列法律：

(1) 1874年12月24日通过《市民身份与结婚的确认暨登记法》(又名《关于身份和婚姻的确定、证明的联邦法》)。该法旨在统一规范结婚、离婚行为，并采市民身份登记簿制度。

(2) 1881年6月22日制定《关于行为能力的联邦法》(BG über die persönliche Handlungsfähigkeit，该法是稍后颁行的民法规范的前提)，《关于工业管理责任的联邦法》(BG über die Haftpflicht aus Fabrikbetrieb) 和《关于著作权的联邦法》。

(3) 1889年颁布《关于债务征收和破产的联邦法》(BG über Schuldbetreibung und Konkurs)。

(4) 1881年6月14日公布出自于蒙青格尔 (Munzinger) 之手的《瑞士债法》(Schweizerisches Obligationenrecht) 和有关的附属法 (Nebengesetze)，自1883

(接上页)《瑞士民法典》，建立植根于瑞士古来的传统之上的私法规范。为此，他们决定对瑞士古来的法律史进行研究，从而对当时主张立时制定民法典的意见表示反对。当此之时，反对立时制定民法典的学者有二：一是施内尔，该氏对急于进行统一的民法典编纂进行了深刻批判；二是安德烈亚斯·霍伊斯勒，他是最彻底的反对进行民法典编纂的人。尽管结果是主张编纂法典的人获胜，反对者失败，但反对者强调民法典的编纂要考虑各州的固有传统和民族文化的思想，还是或多或少地影响到后来的《瑞士民法典》的编纂，这点可从后来瑞士编纂民法典时特别重视古来的习惯获得证明(参见［日］松仓耕作："瑞士民法典的统一及其特色"，载《名城法学》第23卷第2号，第125页以下)。另外，在东方的日本，关于民法典的编纂也同样经历了与德、瑞相同的论争过程。如所周知，1868年日本明治维新以前，其法律体系追随中国，1879年招聘法国巴黎大学教授波伦索那得 (Boissonade，1825—1910年) 起草民法，于1890年公布，预定1893年起施行，是为"日本旧民法"。惟此民法公布后不久发生争论，断行派 (也称"断行论者") 主张如期施行，延期派 (也称"延期论者") 主张无限期的延期，结果后者胜利，该法典于是被搁置。而于1893年，改派学者穗积陈重、梅谦次郎、富井政章三人，以《德国民法典第一草案》为蓝本另行起草民法典，自1898年7月16日起施行，是为现行日本民法。关于这方面的情况，参见［日］水本浩、平井一雄：《日本民法学史·通史：从法典论争至明治民法成立·注释时代》，信山社1997年版，第83页以下。

年起施行。该法除涉及债法的全部内容外，还设有动产物权（第199—228条）、商法及票据法的规定。

（5）人法、亲属法、继承法及物权法的其他部分，由各州法定之。州际法律冲突，适用1897年6月25日的《住所与居所的民法关系法》予以解决。

上述法律，可谓是适应经济生活的需要而率先完成的法律上的统一。这些法律施行之后，联邦法律尽管已具相当规模，但却未能形成一个体系。特别是因为这些联邦法与州法并存，故造成了适用上的无数冲突及违反正义观念的情况。尽管消除这些局面的手段之一，是制定“州际私法”（Das interkantonale Privatrecht），但随着交易的日渐频繁与人民流动性的增加，经由这一途径往往难获成功。

在这种背景下，伯尔尼大学教授柯尼希（König）、希尔特伊（Hilty）及策勒德（Zeerleder）三人，遂提出编纂统一的瑞士民法典的动议。他们的动议，再度带来了瑞士法律家协会讨论制定统一的民法典的机运。1884年9月16日，瑞士法律家协会通过了“根据多种多样的州法以实现联邦层次上的统一：从学术的角度研究并促进法律的统一”的报告，明确指明，这是法学界当前直面的重要课题。

1870年代的瑞士，可谓是政治斗争最为激烈的时节，且政局也动荡不已。在这样的背景下，显然是无法启动法典的编纂进程的。正如埃格（Egger）所言，1848年、1872年和1874年的法律统一运动之不可能展开，乃是有其深刻的历史原因的，即存在无从进行法律统一运动的缘由。迟至1898年11月13日，通过人民投票，修改宪法的愿望终获实现，新修改的宪法第64条追加规定：“民法的其他部分，联邦有权立法”。至此，编纂统一的民法典的宪法上的根据具备了，接踵而来的便是迎接民法典编纂的曙光。

三、《瑞士民法典》的起草、审议和通过

（一）立法过程

编纂《瑞士民法典》的一项重要工作与出发点，就是要把瑞士古来的法律制度与各州法上的法律原则纳入到统一的联邦民法典中。为了实现这一目的，需将

散见于瑞士各地的法律制度和制度史，以及私法的基本知识进行归纳、整理。1884年，瑞士法律家协会采纳了联邦政府官员鲁赫欧内特（Ruchonnet）的建议，决定把瑞士各州的民法典加以对照、比较。当时，欧根·胡贝尔正主持瑞士法律家协会的工作，于是决定对各州有效的法律制度进行比较研究，以便可以作通盘筹划。该氏在1886至1893年间，先后完成《瑞士民法典》各项制度与沿革史的研究，并写成不朽名著《瑞士私法制度及其历史》（System und Geschichte des Schweizerischen，4Bd. 1884—1893）[1]一书。该书奠定了欧根·胡贝尔本人在《瑞士民法典》制定过程中的领导人的地位。

欧根·胡贝尔在完成《瑞士私法制度及其历史》之前，曾就职于瑞士联邦司法部（Eidgen ssische Justiz-und Polizeidepartement），并为联邦参事会（Bundesrat）的重要成员，不久奉法务大臣之命，起草《瑞士民法典》草案。在接受该任务的同时，复于1892年6月1日受伯尔尼大学之邀，出任该大校的教授。[2]

欧根·胡贝尔首先考察了各州民法典的情况，在此基础上，分别于1894年、1895年和1898年完成了“婚姻的效果”“继承法”和“土地担保法”三个所谓“部分草案”（Teilentwurfe）的起草。在对这些草案作了若干说明后，他便交给“专门委员会”和瑞士法学家协会讨论。经“小委员会”审议，这些草案遂成为“联邦司法省案”。之后，在增添“序言”和“补充规定”后，便作为一个内蕴“人事法”“家族法”“物权法”和“继承法”的草案，而被冠以“1900年11月15日联邦司法省草案”的名称。这一草案，后世学者谓为“司法省案”（Departementalentwurf）或民法典第一次草案（Entwurf I）。

1901年，瑞士司法省公布Zusammenstellung der Anträgeund Anregungen zum Vorentwurf，以广泛征求社会各界的意见。与此同时，欧根·胡贝尔也把该草案的立法思想、立法目的等所谓“立法注释”附加在第一次草案上。此所谓“立法注释”，又称为“解说”。需注意的是，此“解说”或“立法注释”，于《瑞士民法

1　该著作计四卷。第1—3卷分别于1886年、1888年及1889年出版，主要内容是对瑞士各州的法律制度进行比较研究；第4卷面世于1893年，主要考察从法兰克时代至当此之时的瑞士私法的发展情况，以及作者对将来应当如何制定民法典的展望。

2　在这一点上，最后通过的《瑞士民法典》与《法国民法典》《德国民法典》不同，即民法典草案的作成，是由一人来完成的。这一点也是《瑞士民法典》的特色之一。

典》的立法资料中实居于重要地位，即使今天，人们也给予其极高的评价。

随后不久，第一次草案乃被交付给扩大了的专门委员会审议。专门委员会委员凡31人，其中9人为法学家。这些人分别代表不同的地区，主要是当地的宗教界、政界及经济界的头面人物。草案的审议，以联邦参事会的柯特萨（Comtesse）和布伦纳（Brenner）为议长，从一开始便进行了认真、翔实的讨论。审议会在数周之内连续召开了三次会议，即在卢塞恩召开了“人事法”和“家族法”的审议会，在纳沙泰尔召开“监护法”和“继承法”的审议会，在苏黎世和日内瓦召开“物权法”的审议会。审议的情况，随后向社会进行了公告。

接下来，编纂委员会（Redaktionskommission）开始整理审议的成果。1904年5月28日，联邦参事会将整理出来的草案作成“报告书”，并提交给瑞士联邦议会审议。此“报告书”，即1904年5月28日联邦参事会草案（Entwurf des Bundesrates vom 28. Mai 1904）或第二次草案（EntwurfII）。[1]

（二）联邦议会对民法典草案的审议

如所周知，关于法典的审议方式，从来就有两种代表性的成例。一是西班牙的成例。1888年西班牙编纂民法典时，仅对构成草案的27个“主要原理”进行了审议，而对此外的其他内容不进行审议，此被谓为法典审议中的“急进主义”。二是《德国民法典》的成例。德国议会对于民法典的审议，非采“急进主义”，而是审查法典内容中涉及政治、宗教以至社会生活的重要的点或面，与“急进主义”恰成对照。在瑞士，采取的是与德国相同的审议方法。历时3年，众议院与参议院终于在1907年12月10日通过了《瑞士民法典》（ZGB），1908年3月20日公布，自1912年1月1日起施行。[2]

需注意的是，《瑞士民法典》颁布后，仍存在若干亟待解决的问题。其中，

1　［日］松仓耕作：“瑞士民法典的统一及其特色”，载《名城法学》第23卷第2号，第129页。

2　《瑞士民法典》公布后，一如《法国民法典》和《德国民法典》，对接踵而编纂民法典的国家产生了重要影响。列支敦士登王国（欧洲）的1922年和1936年私法典、1928年的《墨西哥民法典》、1926年的《土耳其民法典》、1936年的《秘鲁民法典》等，莫不是直接受到了《瑞士民法典》的影响而编纂的。其中，土耳其民法典几乎是对《瑞士民法典》的逐字逐句的翻译，足见其所受影响之深。在1804年以后欧陆各国编纂的民法典中，《瑞士民法典》享有崇高的声誉，被公言为是“欧洲中部的潘德克吞法学的第二部法典，且比《德国民法典》更称优秀”（德国学者Wieacker语）。

最为重要者，是如何协调1881年《瑞士债务法》和《瑞士民法典》的规定。因为，债法中的有些规定，现已被移植到《瑞士民法典》中。例如，动产物权已被规定于民法典物权法部分。故而又委托欧根·胡贝尔起草瑞士债法第一修正草案，并提交联邦议会讨论。不过，在讨论中，该修正草案遭到了否决。于是不久又拟定第二修正草案。该第二修正草案连同“报告书”于1909年6月1日被提交给瑞士联邦议会，议会于1911年3月30日通过了该修正草案，翌年（1912年）元旦与《瑞士民法典》同日施行。[1]

四、《瑞士民法典》的结构[2]

Schweizerisches Zivilgesetzbuch一语，通常有两种意义：一是狭义的习惯上的意义，指1912年1月1日开始施行的民法典；二是广义的意义，包括自1912年1月1日起施行的民法典和自1881年起施行的“债法”。但从官方公布的法律名称来看，应当肯定，所谓《瑞士民法典》，当指广义的Schweizerisches Zivilgesetzbuch，即1907年的《瑞士民法典》和1881年的债法的集合。进而言之，瑞士债法虽为一独立的法律，并从第1条开始计算条文（未接续民法典前四编续编条文）和编目，但实质上仍是一补充民法典的联邦法律，是《瑞士民法典》的第五部分（编）。以下为行文之便，拟分别讨论《瑞士民法典》和《瑞士债务法》的体系构成。

（一）《瑞士民法典》的构成

狭义意义上的《瑞士民法典》，系由四编构成。第一、二编为规定一切私法秩序的基础的“人”和“家”，称为“人法”和“亲属法”。[3]第三编为“继承法”，第四编为“物权法”。另外，与此四编并立的，还有所谓“法例”（Einleitung，第1—10条）、“适用规定”及“补充规定”。其中，“法例”规定法解释和

---

1 ［日］松仓耕作：“瑞士民法典的统一及其特色”，载《名城法学》第23卷第2号，第127页以下。

2 本部分主要依据、参考日本学者松仓耕作：“瑞士民法典的统一及其特色”，载《名城法学》第23卷第2号，第123页以下。

3 惟此前瑞士的多数州法，对于“人”（人法）和“家”（亲属法）的规定并不相同，大多把二者分别规定。统一的《瑞士民法典》将二者合并规定，此毫无疑义是妥当的。

法适用的基本规范，后两者规定民法典施行前的民事法律和民法典的关系，以及民法典施行的必要事项。

1. 关于“法例”

《瑞士民法典》未如《德国民法典》那样设有“总则”的规定，而是从一开始即规定10个条文的“法例”。其中，前4条的规定向来被认为是《瑞士民法典》的特色与精华。第1条规定法律适用的基本原则：“法律问题，在文字与解释上，法律已有规定者，概适用法律。法律未规定者，依习惯法，无习惯法的，法院应遵立法者所拟制定的原则，予以裁判。于此情形，法院务须恪遵稳妥的学说与判例。”第2条规定行使权利、履行义务时的诚实信用原则与权利滥用的禁止原则。第3条规定善意的推定制度，即“依法律的规定，法律效力系于人之善意的，推定为善意。依照情形，有必要的注意，而按其注意的程度，尚难认为系善意者，不得主张其为善意”。第4条规定适用法律的衡平原则。依照规定，法院应适用“衡平之法”的情形有三：一是法院得依职权衡量而为裁判；二是法院得依情形而为裁判；三是法院得基于重大事由而为裁判。[1]第5条规定联邦民法与各州民法的关系。第6条规定联邦民法与各州的公法的关系。第7条规定：“债法通则，关于契约的发生、履行与废止的规定，亦适用于其他民法上的关系。”第8—10条规定“证据原则”：“主张基于某项事实而导致权利者，应证明该项事实之存在，但法律另有规定者，不在此限。”第9条规定“公文书的证据力”。第10条规定：“联邦法律对于法律行为的效力，未定有特殊方式的，各州法律不得就法律行为之证明，定其特殊方式。”[2]

2. 关于总则

这里有必要涉及《德国民法典》以还，在民法典上设立“总则”（Allgemeiner Teil）的问题。如所周知，在民法典上设立“总则”，系以《德国民法典》为其嚆矢。惟与《德国民法典》之有“总则”（第1—240条）不同，《瑞士民法典》并

---

1 王泽鉴：《民法学说与判例研究》（第8册），台湾1996年自版，第38页。

2 ［日］松仓耕作：“瑞士民法典的统一及其特色”，载《名城法学》第23卷第2号，第140页。

无“总则”的规定[1]。[2]

从法制史上看，在民法典之始设立抽象的“总则”的规定，乃是潘德克吞法学的创造。《瑞士民法典》尽管并无关于总则的规定，但1907年以前瑞士各州编纂的私法典（民法典），业已仿效《法国民法典》而就“法律公布的规则”“法律适用范围的规则”，及“法官应严格服膺法律规定以裁判案件”等设有明文。

另一方面，伴随1881年《瑞士债务法》的施行，立法者认识到，就州法和联邦民法典的关系设立规定乃是必要的。不过，在民法典中设立总则的思想，对于各州的法典编纂来说则是无份的。所幸的是，这一点并未影响到1896年《德国民法典》之设立“总则”的规定。[3]

值得提及的是，于《瑞士民法典》中设立“总则”，民法典的起草者和当时的法律学者，并非自始便积极地排斥之，明确表示不宜设立“总则”的，是1900年的欧根·胡贝尔。在这一年里，他明确表示反对效仿《德国民法典》而在《瑞士民法典》中设立“总则”。之所以这样，是他认为1881年的《瑞士债务法》，在其开头的“Abteilung”中，已有关于“总则”的规定（按：准确言之，是“关

---

1 值得注意的是，《法国民法典》第1—6条分别就法律的公布，法律的无追溯力，法律的适用范围，法官不得借口没有法律或法律不明确、不完备而拒绝受理民事案件，以及个人不得以特别约定违反公共秩序和善良风俗等，定有明文。将《法国民法典》的这种体系构成和《瑞士民法典》的体系构成相较，可以明了，《瑞士民法典》的立法者对于总则的态度，与其说是取法德国民法，还不如说是步法国民法之后尘（即以《法国民法典》为蓝本）。另外，《法国民法典》自一开始便规定“人”（“人事法”与“亲属法”），此同于《瑞士民法典》开宗明义便规定“人事法”和“亲属法”，而有别于德国民法。

2 在民法的继受问题上，属于法国法系的国家，如比利时、荷兰民法典皆未设总则的规定。此外，意大利旧民法与新民法（1942年）、《西班牙民法典》（1889年）、《葡萄牙民法典》（1867年）等，也同样未设总则的规定；与此相左，由于追随《德国民法典》的缘故，《日本民法》（1896年）、《巴西民法典》（1916年）、《中华民国民法》（1929—1930年）及《希腊民法典》皆设有总则之明文。1811年《奥地利普通民法典》，尽管无总则之规定，但该法典第三编，以“Von den gemeinschaftlichen Bestimungen des Personen-und Sachenrecht”为题，规定了诸多相当于总则的内容，如关于权利的产生，权利义务的变更、消灭，消灭时效和取得时效等。不过，这些规定是否应当作与《德国民法典》总则相同的对待和评价，学说多采否定说。[日]松仓耕作：“瑞士民法典的统一及其特色”，载《名城法学》第23卷第2号，第161页注释65。

3 不过，《德国民法典》关于互相引用条文的做法（Verweisungstechnik），为《瑞士民法典》所不采。作为例外，仅第7条规定：“债务法通则，关于契约的发生、履行及废止的规定，也适用于其他民法上的关系。”

于债务关系的总则”）。这些规定中的绝大多数，皆可适用于由民法典调整的各种关系。对此，《瑞士民法典》第7条明示：“债法通则，关于契约的发生、履行与废止的规定，也适用于其他民法上的关系。”[1]可见，《瑞士民法典》是把契约法里的规定推广适用到“其他民法上的关系”中去。但既然是“推广适用”，就与“当然适用”有所不同，且也只限于“成立”“履行”“解除”三点，“撤销”就不包括在内，要把契约的撤销的规定适用于其他（契约法所规定的）情形，就需有专门的规定（如第638条）。[2]

（二）《瑞士债务法》（1881年）的构成

《瑞士债务法》（Obligationenrecht）与《瑞士民法典》中的“物权法”，一并构成“财产法”的骨干。如前述，瑞士联邦层次上的统一的债法，于1881年即已公布。该债法，是依瑞士1874年宪法的授权而颁行的，在当时具有十分重要的意义。

惟1881年债法仍有值得斟酌之处。例如，对于一般的债法均设有规定的“赠与”和“土地买卖”（Grundstuckkauf），该法却未设规定。另一方面，又将本应纳入其他法（如物权法）规定的内容（如动产所有权的移转、动产抵押权的规定），纳入到债法中规定。特别是将调整有关商事关系的商法乃至票据法也定入到该法中。在这方面，《瑞士债务法》较之法国、德国民法典上的“债法编”乃有相当大的差异。[3]

以上各点，是《瑞士债务法》在体系构成上的特色。如所周知，自1881年迄至现今，关于《瑞士债务法》的此等特色，学者已立于各种不同的视角而作了卷帙浩繁、汗牛充栋的评说。其焦点集中在债法是作为一部独立的法律而存在，抑或是《瑞士民法典》的一部分？对于这些问题，本文拟简要涉及，以下先就

---

1 ［日］松仓耕作：“瑞士民法典的统一及其特色”，载《名城法学》第23卷第2号，第142页。

2 谢怀栻：“瑞士民法典研究”，载《外国法译评》1995年第2期，第4页。惟在现今，学者普遍认为，不独契约的成立、履行及消灭，而且关于债法的所有规定，皆应扩张适用于民法上的各项关系。譬如，对于条件、期限、违约金的规定，对于无因管理的规定，尽管是债务法上的规则，判例学说也认为仍然应当适用于民法上的其他关系。

3 关于瑞士债法与法国、德国债法的差异，以及关于瑞士债法的介绍，参见谢怀栻：“瑞士民法典研究”，载《外国法译评》1995年第2期，第3页。

《瑞士债务法》（以下简称《债法》）的一般情况及其修正作一素描。

第一，《债法》实质为民法典的第五编。不过，《债法》本身应保持其独立性，所以其条文由第1条开始起算。

第二，《债法》共1186条，计五个部分。第一部分“总则”，第二部分“各种契约关系”，第三部分“公司与合作社”，第四部分“商业登记、商号与商业账簿”，第五部分“有价证券”。此外还包括另编序号的终编与过渡规定。

第三，前已提及，1907年《瑞士民法典》公布后，为协调《债法》与《瑞士民法典》的关系（如债法关于动产物权的规定，现已移到民法典物权编中规定），遂又委托欧根·胡贝尔提出《债法》修正草案。1911年3月30日，瑞士联邦议会通过了他提出的修正草案。是为新的《瑞士债务法》，于翌年元旦与《瑞士民法典》同日施行。[1]

第四，上述修正对象，为第一部分“总则”和第二部分“各种契约关系”，至于其他部分则一仍其就，不作修改。

第五，1936年，上述经修改的《债法》再度被修正。引发此次修正的动因是第一次世界大战后瑞士社会所面临的新的经济形势，与瑞士统一刑法典的施行。1919年欧根·胡贝尔受命作成“修正草案”（称为“第一修正草案”）；1923年欧根·胡贝尔仙逝后，由联邦内阁成员的阿图尔·霍夫曼（Arthur Hoffmann）继续其未竟的事业，于1923年作成新的草案，即“第二修正草案”。其后，该草案经扩大的专门委员会审议后，于1928年作为“联邦参事会案”向联邦议会提出，1928—1930年经参议院、1934年经众议院分别审议后，1936年12月18日由两院通过，自1937年7月1日起施行。

五、《瑞士民法典》的特色

（一）构造上的独特性

如前述，《瑞士民法典》虽然属于德国潘德克吞法学的宁馨儿，但它却并无“总则”的规定，从而与《德国民法典》之有“总则”的规定形成对照。《瑞士

1　参见［日］松仓耕作：“瑞士民法典的统一及其特色”，载《名城法学》第23卷第2号，第144页。

民法典》开头的10个条文，是其后的人法、亲属法、继承法和物权法的指导性规定。《债法》虽为一独立的法律，并有其固定的条文编目，但仍被视为一补充《瑞士民法典》的联邦法律，故为民法典的第五部分，此点前已论及，兹不赘述。

考疏《瑞士民法典》之所以未设"总则"的规定，一方面固然由于各州的法律传统所使然，另一方面也源于立法上的先后，即在《瑞士民法典》之前已有了《债法》。而《债法》已然设有"总则"的规定。该"总则"的大部分，依潘德克吞法学，本应纳入民法典"总则"中规定，只因《债法》制定在先，故未作改动。例如，关于法律行为、侵权行为和债务关系的履行、让与等，《债法》均有明文，这些规定对于民法典的其他部分（如物权法部分）皆能适用。且民法典第7条也明示《债法》的总则的规定，得适用于民法的其他部分。故而，《债法》第1—183条的规定，遂间接地成为《瑞士民法典》的"总则"，至于其他问题，则由民法典的"人法"规定。[1]

（二）民族主义的性质

依上述理解，《瑞士民法典》属于五编制结构的立法体例，应无疑义。《瑞士民法典》，除了此项构成上的特色外，还有其他特色，即法典的现代性与民族主义的性质。以下先考察法典的民族主义的性质。按照德国历史法学派的思想，法律乃是一个民族的历史、文化以至人文主义精神的结晶与表现。但民法典，却并不像习惯法那样，只要依人类的群体生活的自然的发展便可形成，而是由于立法者的有意识的创造，称为"人为的作品"。《瑞士民法典》，尽管是"人为的作品"，但由这部作品的内容观之，其乃表现了瑞士民族的伟大的创造精神。如果说1804年《法国民法典》在精神文化领域的特色在于染有浓厚的个人主义，那么《瑞士民法典》的特色则在于它的"自由和民族主义的精神"。对此，可由以下各点得到证明：

第一，条文的明确性、平易性。如前述，《瑞士民法典》的条文具有平易性的特征，受过专门的法学教育的人自不用说，就是普通人也可一望而知。这与《德国民法典》只有受过专门的法学教育的法学家、法官和律师才能理解不同。

1　参见《瑞士民法》（条文），台湾大学法律学研究所编译（1967年），第3页。

当然,《瑞士民法典》的这一特征,与法典的起草者欧根·胡贝尔个人的风格有着千丝万缕的联系,自不待言。

作为法典的起草者的欧根·胡贝尔,一开始便着力强调条文的明确性。为了这一目的,他缜密地检讨了《德国民法典》的各项规定,最后决定应避免像《德国民法典》那样广泛规定一般原则和抽象概念,因为,只有这样,才不会使没有受过法学教育的人理解民法典产生困难。

基此考虑,《瑞士民法典》遂以简短的语句表述条文的内容,且每一条文不超过三段,通常只有二段或一段,而每段只有一句,其用语力求平易,使无法律知识者也能了解,在一般情形下,无需特别加以解释(按:例外者为《瑞士民法典》第664条)。[1]在这一点上,《瑞士民法典》具有与《法国民法典》相近似的风格,值得注意。

第二,《瑞士民法典》大众的、民族主义的性质,除表现在极力避免规定一般化的、抽象的概念外,还表现在未如《德国民法典》那样于民法典之始即设立统领整个民法典的"总则"。对此,前已述及,兹不赘。

第三,较之其他国家的民法尤其是《德国民法典》,《瑞士民法典》还具有文本和用语的简洁性、明快性的特征。《瑞士民法典》前四编——人法、亲属法、继承法和物权法的条文总数只有977条,而《德国民法典》关于这些事项的规定,则用了1533个条文。这一点也被说成是《瑞士民法典》的大众化、民族化的特征,并认为应当同样归功于欧根·胡贝尔的努力和风格。但事实上,除欧根·胡贝尔外,其他有名学者如普拉塔,也特别强调《瑞士民法典》的简洁性,并认为这是《瑞士民法典》之有大众化特征的重要表现。另外,联邦参事会也是立足于普拉塔同样的想法来考虑《瑞士民法典》的制定的。在1904年5月28日的"报告"中指明:"法律,必须简洁。作为大众化的民法典,尤应如此。"[2]

第四,《瑞士民法典》具有明确性的特征。为实现民法典的明确性而采取的手段,即是连续计算所有的"章"(Titel)。该民法典共计25章,在章下设节,

---

1 参见《瑞士民法》(条文),台湾大学法律学研究所编译(1967年),第3页。

2 [日]松仓耕作:"瑞士民法典的统一及其特色",载《名城法学》第23卷第2号,第133页。

于节之内又设有栏外注（备注），以表明各条之间的联系。而且，这种栏外注为法律条文之一部，故在解释法条时，应视同法条本身。[1]毋庸置疑，此种立法技巧有助于人们更加准确地理解法条的原文。1911年瑞士修改《债法》时，一方面为了与《瑞士民法典》保持一致，另一方面也为了有助于人们研究和理解民法典，亦同样设有“栏外注”。[2]

第五，从使用的术语和表述条文的方式上看，《瑞士民法典》也具有自己独到的风格。如所周知，《德国民法典》向来重视“概念的共通的理解”，因而是由“法律概念的、专门的术语”构成的。亦即，该法典所使用的术语，大多具有特别的法技术的意义。当然，《瑞士民法典》也启用了这样的法概念，但因该法典以“大众化”为立法方针，[3]故大多使用人民耳熟能详的术语，仅在非使用不可的场合才启用“技术性的专门的法概念”。结果，使《瑞士民法典》的条文较之《德国民法典》更加简明，并有适度的弹性，且使法院有发挥创法功能的余地，法官可以运用广泛的裁量权，并依“正义和公平”（nach Recht und Billigkeit）的观念进行裁判，进而使《瑞士民法典》具有20世纪的进步的大法典的显著特征。[4]

第六，《瑞士民法典》，犹如瑞士的其他联邦法律，为一具有德、法、意三种文字的法律。在适用上，依联邦宪法第116条的规定，此三种文字具有同等价值。法文的条文，由维格拉·罗塞尔（Virgile Rossel）拟订，与德文的条文相较，由德文意译过来的成分居多。反之，由吉欧利乌·伯尔托尼（Giulio Bertoni）拟订的意大利条文，其本身并非是一种缺点，相反正为其优点之所在。此一优点，也同样表现了《瑞士民法典》的民主、民族主义的性质。盖此三种文字具有同等价值，可以避免人民受条文用语的拘束，而能探求其真意。[5]

1　参见《瑞士民法》（条文），台湾大学法律学研究所编译（1967年），第3页。

2　［日］松仓耕作：“瑞士民法典的统一及其特色”，载《名城法学》第23卷第2号，第134页。

3　所谓“大众化”的立法方针，即“复杂的文句、过于专业化的术语”将有碍于人民大众对于法典的理解，从而不宜采取的方针。

4　参见《瑞士民法》（条文），台湾大学法律学研究所编译（1967年），第2页。

5　［日］松仓耕作：“瑞士民法典的统一及其特色”，载《名城法学》第23卷第2号，第135页。

以上所论，无一不是《瑞士民法典》的民主主义、民族主义特征的表现。同时，它们也是《瑞士民法典》的形式和表面上的特色。另外，由法典的内容，我们同样可以看到《瑞士民法典》的民族主义的性质，此即瑞士人民的“自由的私生活的形成”。

《瑞士民法典》第27条第2项以“人格的保护”为题，明定“自由不得抛弃，并不得于害及法律或善良风俗的程度上，限制其行使”。这一规定，为人民发挥自己的主观能动性以创造私的自由的生活提供了法律上的基础。[1]

（三）法典的近代性

如前述，《瑞士民法典》的立法者在设计民法典的条文时，也试图尽可能地维持各州古来的法制度，并努力把它们导入到民法典中。例如，立法者将所谓“家产共同性”（Gemeinderschaft）、“婚姻子关系”（Brautkindschaft）、“亲属监护”（Familienvorundschaft）、“土地负担”（Reallast）、“地租证券”及“总有”（Gesamteigentum）等纳入到民法典中，即其适例。

欧根·胡贝尔本人，出生于瑞士操德意志语的地区，是一个日耳曼主义者。通过其老师的传授，他从历史法学派那里吸取了丰富的营养，并感受了法学的清新之风。这一点表现在《瑞士民法典》受到了德意志法律精神的深刻影响，且某些规定染有浓厚的日耳曼法的色彩。例如，“财产结合制度”（Güterverbindung）、“夫妻财产契约”和“继承契约的一般财产制”、“总手的共同体”（Gemeinschaften zur gesamten Hand）、“公示原则”（Pubizitatsprinzip），“所有人役权”（Eigentümerdienstbarkeit）、“所有人抵押”（Eigentümergrundpfand）及“夫妻财产上的债务与责任的分离”等等，无不染有浓烈的日耳曼法的色彩。[2]

惟应注意的是，在强调《瑞士民法典》受到了德国固有法——日耳曼法——影响的同时，也应看到法典的内容在相当程度上尊重和维持了瑞士古来的固有的法律制度这一方面。而且，《瑞士民法典》的立法者还把当时先进的近代法律制

---

1 ［日］松仓耕作：“瑞士民法典的统一及其特色”，载《名城法学》第23卷第2号，第136页。

2 ［日］松仓耕作：“瑞士民法典的统一及其特色”，载《名城法学》第23卷第2号，第136—137页。

度导入其中，使得法典的内容即使今天看来也一点不落后。其立法上的进步，表现为对人民财产的保护、对道德和社会问题的解决上。《瑞士民法典》的这种崇高的法伦理与所谓“法的社会”的形成，主要是通过以下各项制度来保障其实现的：

（1）规定了数量众多的委由法官自由裁量的“空白条款”。

（2）规定了诚实信用原则，借以领导一切民事关系。同时规定“权利滥用不受保护”，以纠正个人主义的私权绝对思想。这些规定今天看来也许不足为奇（因为多数国家的民法典皆有规定），但在20世纪肇始便于民法典上明示这些规定，实具有开创先河的意义。

（3）经由建立法人和非法人团体的制度，以促进团体主义精神的形成与发展。

（4）《瑞士民法典》以前的法典，如《法国民法典》，多将财产的保护置于头等重要的地位，而《瑞士民法典》则把人格权（Persönlichkeitsrecht）的保护置于重要地位。这一点可以由《瑞士民法典》将物权法和债法置于法典之后，而把人法、亲属法、继承法置于法典之前，获得印证。

（5）为了救济感情即将破裂的婚姻关系，把所谓“婚姻保护准则”（Eheschutzmabnahme）订入到民法典中，并规定“单纯别居制度”，以防止由于暂时的感情对立而造成婚姻关系的破裂。

（6）关于家庭内的母亲的地位、因婚姻关系而形成的妻的地位、夫与妻的地位的平等（按：有若干例外）、妻的特有财产，以及扩大生存配偶者的继承权等，立法者均作了缜密的考虑。

（7）对于未成年人和被监护人的行为，明定国家可以干涉。

（8）在维持婚姻制度的前提下，改善非婚生子女在家庭和继承法上的地位。

（9）高扬交易场中的信赖关系。强调交易中的诚实信用，并以侵权行为制度保护受害人的利益。为了确保其得以实现，引入了夫妻财产契约的公示制度；对于土地的限制物权，规定了土地登记簿册制度；对于重要的法律行为，明定必须采取“公证证书”的形式。

（10）强化公务员和行政机关的民事责任。规定公务员和国家机关的民事责任由国家承担，称为“国家责任”。

（11）注意保护农业和手工业阶层的利益。[1]

六、联邦法和州法对于民法典的补充规定

值得注意的是，包括《瑞士债务法》在内的广义的《瑞士民法典》并不是瑞士私法的全部内容。事实上，所谓瑞士私法，乃是由广义的瑞士民法典、瑞士联邦关于私法的特别法和命令，以及各州关于私法的命令与地方习惯所构成的。不言自明，所有这些均为瑞士私法的法源。以下简要介绍之。

（一）联邦的法律与州法

《瑞士民法典》公布前已然存在的某些法律，于民法典施行后，作为民法典的补充而仍然具有效力。

1. 以往的法律规范

组成民法典的诸多规定，来源于民法典公布前的“妥当的联邦的私法”，如《关于身份和婚姻的联邦法》《关于私的行为能力的联邦法》（das Bundesgesetz betreffend die persönliche Handlungsfähigkeit vom 22. Juni 1881）等。此外的其他联邦法，于民法典施行之际，其大部分尽管依然如旧，继续存在，但其中的一些法律随后被修改，或被新制定的法律所取代，如《关于著作权的联邦法》（das Gesetz über das Urheberrecht an Werken der Literatur und Kunst）、《关于商标与特许的联邦法》《关于工艺的联邦法》（das Gesetz über die gewerblichen Muster und Modelle）及《关于保险契约的联邦法》（das Gesetz über den Versicherungsvertrag）等。应当注意的是，属于联邦层次上的这些“统一法”，之所以在《瑞士民法典》施行后仍维持效力不变，其重要原因在于这些法律所规定的内容和《瑞士民法典》的规定并无龃龉之处。

2. 新颁行的法律

《瑞士民法典》要真正付诸实施并产生效力，非有配合其施行的“补充法规”不可。这其中最称重要者，是联邦内阁和联邦法院发布的命令。

---

1 ［日］松仓耕作：“瑞士民法典的统一及其特色”，载《名城法学》第23卷第2号，第137—138页。

（1）联邦内阁的命令。

1）《关于土地登记簿册的联邦令》，1910 年颁布，后经 1964 年 4 月 22 日、1965 年 6 月 29 日及 12 月 17 日的会议修改。

2）《关于户籍登录和婚姻缔结的处理的联邦令》，即所谓“户籍令”，1910 年公布，经 1960 年 9 月 13 日、1965 年 1 月 8 日、1966 年 1 月 14 日、1967 年 1 月 24 日及 1969 年 8 月 24 日修改。

3）《关于商业登记的联邦令》（1937 年公布）。

4）《关于夫妻财产制登记簿的联邦令》（1910 年 9 月公布）。

5）《关于牲畜的质押的联邦令》，1911 年公布，1917 年 1 月 30 日、1957 年 9 月 6 日修改。

（2）联邦法院的命令。

1）《关于所有权保留登记的联邦法院令》，1910 年公布，1920 年 3 月 4 日、1932 年 12 月 23 日、1953 年 12 月 23 日及 1962 年 10 月 29 日修改。

2）《关于完善所有权保留登记簿的联邦法院令》（1939 年公布）。

3）《关于对土地进行强制变价的联邦法院令》，1920 年公布，1923 年 12 月 19 日进行了补充修改。

3.《瑞士民法典》的修正

自 1912 年《瑞士民法典》施行迄今已百余年。百余年来，瑞士的社会生活变动不居，因此对民法典进行修改自然在所难免。其中，以 1918 年第一次世界大战和 1945 年第二次世界大战结束后所做的修改及增订的条文最值注目。[1]

（1）《瑞士民法典》本在第二十三章第四节设立“质权证券”（Pfandbrief，第 916—918 条）的规定，往后，随着社会生活的发展、变迁，本节规定，依 1930 年 6 月 25 日《关于质权证券之发行的联邦法律》（1931 年 2 月 1 日生效）而被废止。

1967 年 10 月 5 日的联邦法，对《关于质权证券之发行的联邦法律》再度作了修改。

1　如修改婚姻的无效、遗产分割的规定及增加规定建筑物区分所有权等。

（2）1940 年，瑞士公布《关于农业家产之整顿的联邦法》（das Bundesgesetz über die Entschuldung Landwirtschaftlicher Heimwesen vom 12. Dezember 1940）（zit. LEG，1947 年 1 月 1 日施行）。该法经 1955 年 3 月 25 日的修改而成为一部重要法律。值得注意的是，该法变更了《瑞士民法典》中“继承法”和“物权法”的某些规定。[1]

（3）民法典第 703 条关于“土地改良”的规定，依 1951 年 10 月 3 日《关于发展农业和维持农民的地位的联邦法》（“农业法”），而被注入了新的内容。

（4）民法典第 89 条关于“监督官署和利害关系人，均有起诉的权利”，“财团的废止，为注销登记，应通知登记官员”的规定等，均是依 1958 年 3 月 21 日联邦法律关于雇佣契约法和财团法的规定而作的补充。关于“员工福利财团”的第 89 条之一的规定，是依该法的补充规定而追加的。

（5）现行《瑞士民法典》第 647 条以下关于共有的规定，是依 1963 年 12 月 19 日关于修改民法典第四编（“共有与分层建筑物所有权”）的联邦法律而追加的。特别是第 712 条之一至二十关于分层建筑物所有权（“建筑物区分所有权”）的新条文，是依该法而新增的。

（6）依 1965 年 3 月 19 日修改地上权和土地买卖的规定的联邦法律（1965 年 7 月 1 日生效），新增第 779 条之一至十二的内容。第 779 条的标题也相应的做了变更。[2]

（二）各州的私法

《瑞士民法典》制定时，考虑到瑞士是一个联邦制国家，为使组成联邦的各州不致因不同的理念而影响民法典的统一实施，于是明定私法关系上的诸多细微事项和特殊事项，可以由各州法定之，《瑞士民法典》不作统一规定。毋庸置疑，各州法关于这方面的规定，成为“州的私法”的重要内容。

1　依照该法，原民法典第 848 条、第 850 条第 2 项的规定被变更，此外，该法也完全废除了关于“农业家产继承”的原民法典第 620 条、第 621 条及第 625 条。参见［日］松仓耕作：“瑞士民法典的统一及其特色”，载《名城法学》第 23 卷第 2 号，第 147—148 页。

2　［日］松仓耕作：“瑞士民法典的统一及其特色”，载《名城法学》第 23 卷第 2 号，第 149 页。

七、结语

《瑞士民法典》，可谓是瑞士法律界自19世纪后半期以降发起和推行的联邦统一立法运动的产物。19世纪之时，瑞士的民法体制尽管已有相当的发展，但因沿袭地方分权传统，在州自治原则下，仍采州民法体制。19世纪末叶，民法统一运动得势，于是在1898年乘瑞士联邦宪法修改之机，新订条规，将关于一般私法的立法权限授予联邦。据此，联邦司法警察部（Justiz-und Polizeidepartment）于1892年委托欧根·胡贝尔起草民法。其起草的民法草案（Vorentwurf）和理由书（Erläuterungen）再经专家委员会（Expertenkommission）审议，成为联邦委员会民法草案（Bundesrätlicher Entwurf），并提交联邦议会审议。1907年12月10日，该草案获得通过，《瑞士民法典》于是诞生，自1912年1月1日起施行。[1]

《瑞士民法典》是一个很有特色的20世纪的大法典，它在民商合一与民商分立的问题上毅然决然地抛弃此前的旧有传统而采民商合一体制，在法国和德国的民商分立之外另创一格，令人耳目一新，并使人认识到，在大陆法系内部，多样性仍是存在的，法国和德国私法典的编纂模式并不能把大陆法系瓜分尽净。现在比较法学家在法国和德国之外，不仅注意到瑞士，同时也注意到北欧各国和亚洲各国；立法者也不为法国模式和德国模式所限，而是从各自的国情出发，开辟新的道路。这不能不说是《瑞士民法典》的启示。[2]

我国在清朝末年毅然决定抛弃固有传统法制而继受西洋法律，标志着中国传统法律之向近代转型的开始。宣统三年（1911年），公布民法典第一次草案（《大清民律草案》），至1929—1930年，先后公布了民法典各编，是为《中华民国民法》。《中华民国民法》，为中国法制史上第一部成文民法，其制定及施行经历了中国近百年来空前的政治动荡，充分显示了一个古老民族如何在外来的压力下，毅然决定抛弃固有传统法制，而继受西洋法学思潮，以求生存的决心、挣扎与奋斗。[3]此

1　参见《瑞士民法》（条文），台湾大学法律学研究所编译（1967年），第1页。

2　关于《瑞士民法典》之采民商合一，法、德民法之采民商分立的立法体制，谢怀栻先生在“瑞士民法典研究”（载《外国法译评》1995年第2期）中作有翔实论述。

3　王泽鉴：《民法学说与判例研究》（第5册），台湾1992年自版，第2页。

民法典，正是受《瑞士民法典》等的影响而制定的。[1]其采民商合一体制，更是直接得益于《瑞士民法典》的启示。自1949年以降，我国民事立法都是在民商合一的原则下进行的，这不能不说是受到《瑞士民法典》的影响的结果。可以期待，我国未来的民事立法仍将继续沿着民商合一的道路而前行。

如前述，按照近现代及当代民法史家的见解，《瑞士民法典》是较《德国民法典》更称优秀的潘德克吞法学的法典。《德国民法典》的“总则”“债的关系法”“物权法”“亲属法”及“继承法”的五编制编纂体例固有其优，而《瑞士民法典》的立法者基于“人”和“家”为一切私法秩序之起点和基石的考虑，从一开始便开宗明义地规定“人法”“亲属法”“继承法”，尔后才规定“物权法”和“债法”，其所表达的是“人重于物”的思想，避免了《德国民法典》的“重物轻人”之嫌，很值得我们参考。

另外，从《法国民法典》《奥地利普通民法典》《德国民法典》以至《瑞士民法典》，我们都可以看到这样一种现象：在每一个法典的背后，都存在着一个法学家集体、一个学派、甚至一个或几个著名的法学家。[2]这表明，作为一个国家、一个民族的文化精神的结晶的民法典，乃是民法理论发展到一定阶段的产物，同时也是该国的经济生活发展到一定阶段的产物。就民法典是一个法学家或一个法学家集体的著作而言，《瑞士民法典》表现得尤其明显。这就从侧面告诉我们，重视某个法学家或法学家集体的作用，是重要的。一个国家的民法典一经公之于世，通常不是施行几年或十几年就废止了，而是要一直施行下去的，中途纵因社会生活的变易而进行修改也不至于推倒重来重新制定，至多仅对个别条文作细枝末节的修正而已。也就是说，一部民法典要受时间的检验，绝不等同于一般的普通的行政文件，施行几年就可以作重大修改或弃而不用。一言以蔽之，“我们可以从《瑞士民法典》学到不少东西”。[3]

---

1 1929—1930年颁行的《中华民国民法》，取德国民法十之六七，取瑞士民法十之三四而底于成。

2 谢怀栻：“瑞士民法典研究”，载《外国法译评》1995年第2期，第8页。

3 谢怀栻：“瑞士民法典研究”，载《外国法译评》1995年第2期，第8页。

附录四

论基于法律行为的物权变动

——物权行为与无因性理论研究*

一、引言

按照当代民法物权理论，所谓物权变动，系指物权发生、变更及消灭的运动状态；就物权主体方面观察，为物权的取得、丧失及变更；究其实质，系为人与人之间对于权利客体之支配和归属关系的“法的关系”的变革。一如世界万物之生生息息均各有其固有的推动力一样，物权变动也当然有其固有的推动力，学说谓为物权变动的原因。依罗马法以降近现代及当代各国民事立法及实践，作为物权变动推动力的“原因”大抵有如下三类：其一，法律行为原因，如合同和单独行为；其二，法律行为以外的其他原因，如取得时效、先占、遗失物拾得、埋藏物发现、附合、混合、加工及混同；其三，某些公法上的原因，如公用征收及没收等。此三类物权变动原因于法律效果上并无不同，即均可发生物权变动的直接效果，但就于物权变动中的地位及发生变动的成立要件而言，则有显著差异。本文着重研究于物权变动原因中居于重要地位的所谓因法律行为而生的物权变动问题。其中，基于合同这一双方法律行为所生的物权变动将是本文研究的逻辑起点与重心。需特别指出的是，后文非有特别说明，所称物权变动，皆指以合同为其变动原因。

* 本文曾发表于《民商法论丛》第6卷，此次收入本书，个别内容作了增删与更易。

英美法有关不动产权利变动系采契据交付主义。按照美国法，不动产权利[1]之变动除让与人和受让人缔结买卖契约外，仅需作成契据（deed），交付给买受人，即可发生不动产权利变动的效力。受让人虽然可将契据拿去登记，但依大多数州法及其实践，该登记非为不动产权利变动的生效要件，而仅是对抗要件，[2]虽然具有公示机能，却无公信力。[3]依英国法，不动产土地权利的变动需有二项要件方可发生，即"契约阶段的要件"与"严格证书"之必要性。[4]所谓"严格证书"，与美国法所指称的契据具有同一涵义。由此可见，无论美国法、英国法，对于涵括不动产物权在内的一切不动产权利之变动，都不要求有专门的物权变动之意思表示（物权的合意、物权契约、物权的单独行为），登记一般系物权变动的对抗要件，物权行为概念、物权行为独立性及无因性无从谈起，对于后述德国民法所谓物权行为独立性与无因性制度，学说斥之为荒诞无稽。[5]

19 世纪以降大陆法系民法立法对于物权变动之规制，其源流可上溯至公元前 753 年至公元 565 年的罗马法。中经专制的封建时代、漫长的中世纪及 19 世纪初期开始的近代民法立法，迄至 20 世纪初期，大陆法系民法立法就物权如何发生变动业已形成"三足鼎立"之规制格局。此即以《德国民法典》为代表的物权形式主义，以奥地利、瑞士[6]及韩国为代表的债权形式主义，以及以法国、日本为代表的债权合意主义（意思主义）规制模式。二战以来的现当代各国家或地区民法立法对于物权变动之规制未再创造新的模式，要么跟随物权形式主义（1929 年国民政府制定的《中华民国民法》主要于解释和判例上采德国物权形式主义），要么跟随债权形式主义模式（如韩国 1958 年民法典）。二者之中，债权形式主义为二战以后的各国家或地区民事立法所广泛采用，居于有利和支配地位，代表物权变动立法规制模式的基本潮流和趋向。除现今欧陆中的奥地利、瑞士等国采取此

---

1 依美国法，涵括租赁权在内的诸种不动产权利皆为财产法（property law）的范围，无不动产物权性权利与不动产债权性权利之区分。

2 ［日］木下毅：《美国私法》，有斐阁 1988 年版，第 245 页。

3 ［日］木下毅：《美国私法》，有斐阁 1988 年版，第 245 页。

4 ［日］国生一彦：《现代英国不动产法》，有斐阁 1988 年版，第 158 页。

5 ［日］铃木禄弥等：《不动产法》，有斐阁 1973 年版，第 157 页。

6 瑞士的情况稍微有些特殊，但总体上看，仍旧应当归为债权形式主义。

种立法主义外，拉丁美洲各国、苏联及现当代东欧各国，以丹麦为首的北欧各国及远东各国（如我国《物权法》及1958年《韩国民法典》）皆系采取此种主义。这些情形表明，债权形式主义已在当代世界民法立法中占据压倒性的有力支配地位，成为物权变动立法规制模式的基本潮流。

我国作为大陆法系之一重要成员国，自1998年3月迄至2007年3月16日，完成了史无前例的《中华人民共和国物权法》（以下简称《物权法》）的制定。其中物权变动所采取的规制模式，虽然在表述上有些变化（如《物权法》第15条规定所谓“区分原则”），但其坚持债权形式主义的总体立场，不承认物权行为无因性，仍未见有任何变化。鉴此问题的重要性，本文拟由物权变动立法规制模式的分析入手，尔后对诸立法规制模式的优劣予以衡量、分析与比较，在此基础上，着力考察和研究德国民法物权行为理论尤其是物权行为之无因构成问题，最后表明笔者对于这些问题的基本立场见解。

二、基本立法规制模式考

（一）罗马法

公元前753年至公元565年的罗马法为近现代及当代西方文明之肇端及大陆法系民法制度与学说的发祥地，现当代大陆法系诸民法制度大都可以从这里找到其雏形和胚胎，关于物权变动的法的规制也不例外。

依罗马法，所有权之移转必须遵循严格的方式，无论动产或不动产，如果仅有当事人双方单纯的债权合意，则所有权根本不生移转。在历史上，罗马法关于所有权的移转首先存在着所谓mancipatio（握手行为）[1]和in jure cessio（拟诉弃权）两种特殊形式。所谓mancipatio，又称“要式买卖”[2]、“曼兮帕蓄”[3]或“握取行为”[4]（握手行为），为罗马市民法上移转所有权的最古老的方式。mancipatio一词本身由manu（手）与capere（攫取）二词构成，意谓“以手取手”或“以

1　［日］舟桥谆一编集：《注释民法》（6），有斐阁1967年版，第110页。

2　周枏：《罗马法原论》，商务印书馆1994年版，第314页。

3　江平、米健：《罗马法基础》，中国政法大学出版社1991年版，第136页。

4　［日］松坂佐一：《物权法》（第4版），有斐阁1980年版，第24页。

手攫取”，反映原始社会后期渔猎民族确定所有权归属的方式：谁最先用手拿到渔猎物，该物所有权便归谁所属。当此之时，权利与强力之界限模糊不清，人们以为一切权利非以实力加以支配即不足以证明其对物享有权利。其后法律思想进步，mancipatio 演变为移转所有权的要式行为。[1]据盖尤斯与乌尔披亚努斯记载，采用要式买卖时，当事人必须亲自到场（但买受人可由家子或奴隶代替，出卖人则不允许之），另需有 5 个证人和 1 个司秤参加。5 个证人以 1 人为首，称“首席证人”（antestatas），负召集其他证人和司秤参与之责。买卖由司秤主持，买受人一手持标的物或其象征物，一手持铜块说：“按罗马法律，此物为我所有，我以此铜块与秤买得之。”言毕，即以铜块击秤并将铜块交与出卖人，买卖遂告完成[2]。所谓 in jure cessio，即“拟诉弃权”，为罗马市民法中继 mancipatio 之后极其重要的所有权移转方式，其晚于《十二铜表法》产生，为罗马共和国社会生活迅速发展的产物之一。依此 in jure cessio，买卖当事人双方假装对所有权发生争执，携带标的物或标志到长官处争讼，长官发问时，受让人（原告）以手触及该物，主张“依罗马法律，此物为我所有”，出让人（被告）则表示同意或默许，于是长官就把该物“判归”原告，从而完成交易。[3]

自优士丁尼帝以还，所有权移转的繁杂手续趋于缓和，直至优士丁尼（Instinianus）法即被消灭。虽然如此，traditio（交付）却成为替代上述两种交易方式的新的交易制度。[4]按照此种制度，当事人双方的单纯的合意仅止于发生债权关系，而并不发生物权移转的效力，[5]物的所有权买卖，买主基于契约并不能成为所有权人，仅可单单成为卖主的债权人。[6]要使所有权发生移转，必须履行物的 traditio 行为。此即所谓“经由交付与取得时效可使物的所有权发生转移，而基于单纯的合意则不能有此效力”的罗马法物权变动原则。[7]迄至罗马帝国后期，于

1 周枏：《罗马法原论》，商务印书馆 1994 年版，第 315 页。

2 江平、米健：《罗马法基础》，中国政法大学出版社 1991 年版，第 137 页。

3 周枏：《罗马法原论》，商务印书馆 1994 年版，第 318 页。

4 ［日］松坂佐一：《物权法》（第 4 版），有斐阁 1980 年版，第 23 页。

5 ［日］松坂佐一：《物权法》（第 4 版），有斐阁 1980 年版，第 24 页。

6 ［日］松坂佐一：《物权法》（第 4 版），有斐阁 1980 年版，第 24 页。

7 ［日］松坂佐一：《物权法》（第 4 版），有斐阁 1980 年版，第 23 页。

现实的所有权移转必须转移对标的物的“占有”而方可发生物权变动的效力外，占有改定、简易交付等物权变动的便捷交易形式逐渐产生出来并受到注目。按照这些交易形式，即使标的物不发生“非现实的移转占有”——交付，物权变动的效力也依然可以发生。即使如此，在此时期，交付作为所有权移转发生效力的要件却未有任何变化，[1]没有交付，所有权移转即不能实际发生。

这里有必要涉及罗马法关于所有权让与所要求的 mancipatio、in jure cessio 及 traditio 等“行为形式”所蕴含和表征的意义问题。首先，可以肯定，罗马法对于物权变动（所有权移转）所要求的这些“形式”，显示了世界各国古代法所具有的一般特征，即如果不存在代表某些事实的象征性的东西，则当事人之间重新形成的利益关系即不能获得法律的充分保护。[2]其次，由于物权关系的特殊性，物权变动非加以公示不可，因此罗马法对于物权变动的形式要件的要求具有谋求物权交易的安全的功能。此二点无疑是罗马法关于物权变动之形式要件所蕴含和表征的本来意义。

但近代以来，学说在对罗马法物权变动的上述形式要件予以诠释时，有学者却指出：罗马法上业已存在着与原因行为（债权行为）相阻隔的独立的物权变动行为（物权行为）。

罗马法要求所有权的让与必须采取 mancipatio、in jure cessio 及 traditio 等形式主义。[3]对此见解，不应予以赞同。诚然，罗马法对于所有权的让与确实有行为的形式上的要求，但无论如何绝不能将此种行为的形式与德国近代民法所谓无因的物权行为加以同视或相提并论。[4]因为德国近代民法所谓无因的物权行为乃是以债权行为的独立存在为前提，并与其相对立而存在的。[5]事实上，在罗马法上，物权交易因受“实质的原因”（即现今所谓“债权契约”）之约束，该原因经由现实

1　［日］松坂佐一：《物权法》（第 4 版），有斐阁 1980 年版，第 24 页。

2　［日］舟桥淳一编集：《注释民法》（6），有斐阁 1967 年版，第 110 页。

3　川岛武宜《所有权法的理论》（岩波书店 1987 年版）第 196 页以下对此观点作有介绍。但其本人并不同意此种意见。德国学者黑克（Heck）指出，近代德国物权行为无因性理论正是对罗马法所有物让与过程中的形式要素所蕴含的本来意义的误解而生。

4　［日］川岛武宜：《所有权法的理论》，岩波书店 1987 年版，第 198 页。

5　［日］川岛武宜：《所有权法的理论》，岩波书店 1987 年版，第 199 页。

的物的支配的移转——交付——而获得实现。所有权因交付而发生移转，原因（causa）也同时因该交付而完成其效力。[1]在这里，从契约的缔结至标的物交付完毕的全部过程乃是作为一个现实的行为而存在，同时只有作为一个现实的行为，其存在也才有意义。质言之，所有权让与行为与作为原因的契约并非作为两个不同的行为而分别独立存在，它们只是一个完整买卖的一"部分"，二者之结合方构成一个现实的买卖。[2]像这样将物权的交易过程统一为一个整体，不承认债权行为之外另有独立的物权行为的时机与社会经济基础正在于当时的"物的支配的现实性"。因为于罗马法上，如果权利主体不能以某种形式现实地对某物予以支配，则其对该物即不拥有权利。因而，在移转物权权利时，必然也就要求必须移转对于标的物的现实占有。[3]在这种构造下，观念的债权关系的独立存在必然为不可能，从而在标的物占有的移转过程中，作为"原因"的契约关系对于物权移转行为而言也是不可能独立存在的。由此，在整个物权交易中也就仅存在一个统一的、不能对其加以分离的"现实的行为"[4]。因此，我们可以肯定地说，后世所谓的物权行为独立性与无因性于罗马法上始终是不存在的。

（二）德国法

1. 德国固有法（日耳曼法）与德国普通法

如所周知，德国于15世纪广泛继受罗马法之前，曾长期适用其固有法——日耳曼法。按照日耳曼法，不动产物权移转，须有物权移转契约（sale，sala）及双方当事人在证人面前履行严格的移转标的物的现实占有（Gewere）的移转行为（investitura）。虽然具有物权移转契约，但如果未履行物的现实占有的移转行为，则所有权不生移转的效力。迄至法兰克时代，"物的现实占有之移转"的所有权让与要件趋于缓和，作为代替行为的"表象行为"（如树枝、土块、手袋等的给予）开始出现并日渐蔓延开来。至中世纪时期，不动产土地的让与制度一分为二："封地的让与"与"非封地的让与"制度。关于"封地的让与"，依"封建

1 ［日］川岛武宜：《所有权法的理论》，岩波书店1987年版，第195页。
2 ［日］川岛武宜：《所有权法的理论》，岩波书店1987年版，第195页。
3 ［日］川岛武宜：《所有权法的理论》，岩波书店1987年版，第196页。
4 ［日］川岛武宜：《所有权法的理论》，岩波书店1987年版，第195页。

法”为之：让与人将土地交与领主，领主对受让人不为让与的占有移转行为（investitara），而仅宣言“授封”的意思即可完成“让与行为”；[1]于非封地场合，则仍依日耳曼让与制度为之。不过，日耳曼法让与制度至此已获得相当发展：让与土地所有权时，于证人面前不仅要缔结让与契约，而且必须为物的移转行为的“表象行为”（即将象征标的物的物交付给受让人）。此两个行为均为土地让与行为（Auflassung）[2]。其后以文书代替象征物的交付及记载当事人让与合意的要旨并交付于买受人，交付行为始获完成。此文书的发达，遂演变为登记制度。[3]另外，大抵于日耳曼土地让与制度获得发展的同时，德国一些地方产生了于法院进行土地所有权移转的习惯。11世纪时，此种习惯变得普遍化，以至于实务上开始形成如下规则：进行不动产让与时，须在法院缔结要式的让与契约（Auflassung），现实的交付并不必要。[4]法院办理此种让与时，向双方当事人“宣言”让与之要旨及有关诸事宜并加以确认，办毕即将交易过程记入“账簿”。经过一定期间后，社会第三人即使对双方当事人的此项交易提出“异议”，也丝毫不对该交易的有效性产生影响（此为近代法上登记簿册的记载具有公信力的肇端）。由于在法院进行不动产交易具有这些优点，因而不久这种方式便被广泛推行开来，即使所有权以外的其他物权的设定、移转也利用之。自12世纪以降，权利的取得、丧失开始直接记入此种“账簿”，并产生同等效力。这样一来，即使法院以外的机构、公署也纷纷设计此种“账簿”，结果使裁判上的此种“让与契约”逐渐变得有名无实。[5]

历史上，罗马帝国以后的德意志帝国通常被认为是罗马帝国的继续，[6]结果使德意志帝国将罗马帝国的法律作为“自己的法律”加以承认和使用。经由13世纪勃兴起来的德国后期注释法学派（Postglossatora）之诠释及设立于德国各地的

1　［日］舟桥谆一编集：《注释民法》（6），有斐阁1967年版，第111页。

2　［日］舟桥谆一编集：《注释民法》（6），有斐阁1967年版，第111页。

3　史尚宽：“论物权行为之独立性与无因性”，载郑玉波主编：《民法物权论文选辑》（上册），五南图书出版公司1984年版，第7页。

4　［日］舟桥谆一编集：《注释民法》（6），有斐阁1967年版，第110—111页。

5　［日］舟桥谆一编集：《注释民法》（6），有斐阁1967年版，第111页。

6　［日］山田晟：《德国法概论》，有斐阁1987年版，第6页。

大学讲坛的传播，罗马法知识日渐在德国各地广泛普及开来。此即所谓德国的“罗马法继受运动”。被继受的罗马法一跃而成为适用于德国全境的法，史称德国普通法（Gemeines Recht）。由于罗马法的继受，一时间所有权让与的交付主义制度流行开来。但在另外一些地方，历来的旧有交易方式仍旧维持。这样，不动产的交易方式一时间遂呈现出十分“芜杂”的状态。罗马法的交付主义，其方式简易，但交易保护的安全机能却因之丧失，源于德国固有法的 Auflassung 交易方式由此复活，尤其是 1872 年 5 月 5 日的普鲁士法，承认了公示方法的另一种最发达的制度——登记，登记制度由此确立下来，并在其后不久便获得广泛推行。

关于动产让与，依日耳曼法，其程序及规则均较不动产的让与，更简便和单纯：仅须有所有权让与的合意（至于合意的方式，则并无要求）——债权契约与“现实占有的移转”——交付即可发生。所谓“现实占有的移转”，仅指“从手到手”的交付，而不像土地所有权让与场合的移转行为那样必须履行烦琐的形式。另外，对于动产让与场合的现实占有的“交付”，受让人只要有对标的物予以支配的“表象”证据，即可表明其已然取得了标的物的所有权。此种日耳曼法动产让与规则与罗马法交付主义［让与的合意——债权契约与占有（Possessio）的移转］在外形上颇为酷似，因而罗马法的继受对日耳曼法的动产交易制度并未给予较大的影响。[1]

2.《德国民法典》

《德国民法典》公布于 1896 年 8 月 8 日，自 1900 年 1 月 1 日起施行。关于因法律行为所生物权变动，法典明定采取“物权形式主义”的模式。[2]第 873 条规定，为了移转土地所有权，或为了在土地上设定某项物权或移转此项权利，或为了在此项物权上更设定某项物权，除法律另有规定外，必须由权利人及相对人对于此种权利变更成立合意，并必须将此种权利变更之事实登记于土地登记簿内。第 929 条规定，动产所有权之出让，必须由所有人将物交付于取得人，而且双方就所有权之转移，必须成立合意。如取得人已经占有该物时，仅须就所有权之移转成立合意。按照这些规定，德国民法所谓物权变动的“物权形式主义”，可作

---

1 ［日］舟桥谆一编集：《注释民法》（6），有斐阁 1967 年版，第 112 页。

2 ［日］舟桥谆一编集：《注释民法》（6），有斐阁 1967 年版，第 112 页。

如下归纳：

其一，产生物权变动的契约称为物权的合意[1]。该“物权的合意”与发生债权债务关系的债权契约俨然不同。其中，关于不动产物权变动的物权的合意称为Auflassung，动产物权变动的物权的合意称为Einigung[2]。而所谓Auflassung，则指契约双方当事人于登记官吏面前，同时为要式行为，附条件或附期限则不允许。

其二，物权的变动除需有债权契约（普通契约，Vertrag）与物权的合意外，尚需具备一定的形式，即不动产需有登记（Eintragung，《德国民法典》第873条、第925条），动产须有交付（Übergabe）。如果未有登记或交付，即使有债权契约与物权的合意，物权变动也不会实际发生。[3]可见，登记或交付等公示方法，系物权变动的生效要件，而非对抗第三人的对抗要件。

其三，物权变动中的债权契约只能发生债权法上的权利义务关系，物权的实际变动并不因之而发生。要使物权变动成为现实，必须还要有物权的意思表示。此即所谓物权行为的独立性。[4]

其四，由于物权行为独立存在，故其效力不受作为原因关系的债权行为的影响。换言之，所有权移转行为系作为与原因的债权契约无任何关系的绝缘体而存在。债权契约无效、被撤销，物权行为的效力也不受影响。此即物权行为的无因性。[5]

自《德国民法典》就物权变动的物权形式主义作出规定以来，迄今已历时百余年。百余年来，《德国民法典》的此种规定曾激起各国学者们的热烈讨论甚至批判，即使今天，学者对于它的批判和怀疑也依然未有止息。事实上，《德国民法典》关于物权变动之采物权形式主义，并未有什么深奥的理论存在于其间，它只是德国民法史的传统以及当时德国民法学发展水平的结晶。概言之，它是德国历史的产物，因而深深地烙上了德国历史发展进程的鲜明印迹。对于这一点，下

1　［日］舟桥谆一编集：《注释民法》（6），有斐阁1967年版，第112页。

2　［日］舟桥谆一编集：《注释民法》（6），有斐阁1967年版，第112页。

3　［日］松坂佐一：《物权法》（第四版），有斐阁1980年版，第25页。

4　［日］三和一博、平井一雄：《物权法要论》，青林书院1989年版，第25页。

5　［日］三和一博、平井一雄：《物权法要论》，青林书院1989年版，第28页。

文将会进一步论及。

3.《德国民法典》物权形式主义规制模式所蕴含的历史性格

（1）德国民法物权形式主义，其谱系上乃来源于“形式的支配的物权”（与其相对的为“观念的支配的物权”）的日耳曼法制度。无论动产所有权移转需以交付为要件，还是不动产所有权移转需有移转的合意（Auflassung）与登记，其皆与日耳曼法存在密切的历史关联性。[1]但在日耳曼法时代，十分清楚的是：Auflassung 并不是一个单独而独立的物权契约，而仅仅是作为债权契约的方式而加以考量。[2]即近代以前，德国系为如下的法的社会意识所支配：如果权利主体不对权利客体予以“形式上的支配”，那么其对该客体即未有权利。德国民法物权形式主义规定的最初来源和起点正在于此。但是，德国民法又赋予建立于前近代土壤基础上的传统制度于新的条件下以全新的功能与构造，登记与交付于是成为“观念的所有权”得以成立的基础。而使观念的、眼睛不能看到与触及的权利有形化，正是公示制度于近代社会中所肩负的重大使命。[3]德国民法通过将当事人之间的物权变动的生效要件转换成对第三人的公示手段，统一了物权变动中当事人之间的对内关系与对外关系，创立了“物权变动如未能依一定公示方法表现其变动的内容，则物权变动的法律效果即无从发生”的近代物权制度原则。[4]同时，就将传统制度原封不动地移植到近代法的土壤上而言，德国民法的立法技术具有极端的巧妙性。[5]故此，德国民法规定的物权变动的“现实性”，绝不能与德国古法——日耳曼法之同类制度相提并论。之所以如此，乃是因为，日耳曼古代法物权变动之“现实性”在经由近代所有权的观念性否定与“冶炼”后已获“纯化”，以至于蜕变为新的“现实性”。现今德国民法所谓物权变动的“现实性”，乃是“观念的所有权”与现实的“公示”的统一。

（2）在物权变动上，德国民法使旧有制度转换为近代制度的另一要点是，物权行为（尤其是 Auflassung）“无因性”或“抽象性”制度之确立。不动产所有

1 ［日］川岛武宜：《所有权法的理论》，岩波书店 1987 年版，第 203 页。

2 ［日］川岛武宜：《所有权法的理论》，岩波书店 1987 年版，第 204 页。

3 ［日］川岛武宜：《所有权法的理论》，岩波书店 1987 年版，第 204 页。

4 ［日］川岛武宜：《所有权法的理论》，岩波书店 1987 年版，第 204 页。

5 ［日］川岛武宜：《所有权法的理论》，岩波书店 1987 年版，第 205 页。

权是否有效移转，仅判定Auflassung是否有效即可。即使作为Auflassung的“实质原因”的债权契约无效、被撤销，不动产所有权之移转的效力也不受任何影响。[1] Auflassung与债权契约完全绝缘了！于日耳曼法上，Auflassung与债权契约并未发生分裂而成为一个独立的行为。而历史上，真正使Auflassung成为一个独立的行为并与原因行为（债权契约）相隔断，使仅有Auflassung的意思表示即可发生所有权移转的民事立法是1872年的《普鲁士土地所有权取得法》。这个立法开启了德国民法承认和确立物权行为无因性的先河。1896年《德国民法典》原原本本地承袭了该法关于物权行为及其无因性的基本规定与规范意旨。可见，德国民法之规定物权行为无因性制度，全然不是民法典起草者与立法者的独创，而是德国民法传统和民法史发展的自然结果与归结。从日耳曼法到《普鲁士土地所有权取得法》（1872年），再到《德国民法典》（1896年），其间关于物权变动规则的历史变迁及运行轨迹，正表明了涵括法制史在内的人类全部历史发展的不可分割性、继起性和连续性。可见，物权行为无因性完全是德国法学史与民法物权制度（当然主要是不动产交易制度）长期发展的产物，是一个历史的范畴。

（三）法国法

1. 法国古法与《法国民法典》制定前的立法与学说

自法兰克时代以降的封建时代起，法国在物权交易上采取了与德国同一时期大抵相同的交易形式。其后因继受罗马法，动产所有权一般按罗马法规则予以移转。而在不动产，即使在继受罗马法以后的一个较长时期内，也仍然是按法国“封建法”规则转移之：让与人将土地交与领主，再由领主授予受让人，称为ensaisinement [2]。但是，随着封建制度的日渐式微，土地让与也发生了重大变化，即不再经由领主“授封”，而仅依当事人之间的契约即可完成。16世纪时，此种交易方式变成一般化而广泛蔓延开来。另一方面，大约与此同时，法国一些地方则尝试采用不以标的物的实际交付为必要的新的所有权交易方式。“假装的占有改

1 《德国民法典》对此未作明文规定。本来于《德国民法典第一草案》中，系将此置于第829条加以规定，但在草案审议时的第二“读会”上，该明文规定被剔除了。理由为：物权行为无因性从第873条的规定上已是非常清楚、明确，故无特别加以规定的必要。参见［日］川岛武宜：《所有权法的理论》，岩波书店1987年版，第209页。

2 ［日］舟桥谆一编集：《注释民法》（6），有斐阁1967年版，第112页。

定”（dessaisinesaisine）与交付（traditio feinte）的约款方式由此登场。按照这些方式，交易证书通常载明如下约款：“卖主于现在向买主为物的交付，买主基此事实而取得占有。”[1]不久，该约款日渐演绎为“惯例性”条款而普遍订入所有权移转契约中，最后乃干脆将其省略而默认为当然条款。[2]此种交易及其发展趋向之后受到18世纪推崇个人主义与自由主义的格劳秀斯（Grotius）和普芬道夫（Pufendorf）等人的鼓吹与欢迎。他们指出，应对所有权与占有两种制度加以明确区别。占有为一种事实，因而其移转必须要求有交付这一有形的事实，否则不得发生。所有权移转则与此不同，其本身因是一种纯粹的观念性质的东西，故在进行所有权移转时，无需像占有那样必须履行有形的交付行为，而只要有单纯的、诺成性的合意这一观念的形式，所有权移转即可发生。[3]这些思想引起了当时大多数自然法学者的共鸣，迎合了当时法国社会正在广泛兴起和崛起的“自由与平等”的社会思潮与社会意识。如此一来，关于物权交易的支配性见解不久得以形成：产生物权变动的意思表示与产生债权的意思表示相同，即均不要求以某种形式为必要，而仅基于当事人之间的债权契约的意思表示即获满足。[4]随后的事实表明，1804年《法国民法典》关于物权变动的规定，完全是以这种支配性见解为基础而形成起来的。这就是，《法国民法典》就物权变动采取了纯粹的意思主义（债权合意主义）。

2.《法国民法典》

1804年《法国民法典》对于物权变动采取了与德国民法迥然不同的立法主义，判例学说谓为“债权合意主义”[5]或“意思主义”[6]。按照该民法典的规定，此“债权合意主义”（意思主义）的内容涵括如下基本要点。

（1）物权变动仅依当事人之间的债权合意（债权契约）即能实现。不动产物权移转所为的登记，系对抗要件，而非成立或生效要件。

---

1 ［日］松坂佐一：《物权法》（第4版），有斐阁1980年版，第24页。

2 ［日］松坂佐一：《物权法》（第4版），有斐阁1980年版，第24页。

3 ［日］舟桥谆一：《物权法》，有斐阁1960年版，第113页。

4 ［日］舟桥谆一编集：《注释民法》（6），有斐阁1967年版，第113页。

5 谢在全：《民法物权论》（上册），文太印刷有限公司1994年版，第64页.

6 ［日］星野英一：《民法概论2·物权》，良书普及会1977年版，第26页。

(2) 不存在独立于债权合意（Convention）之外的“物权的合意”。物权变动只是债权契约的当然结果，无物权行为独立性之可言。

(3) 物权变动既然不存在物权行为独立性，因而物权变动的效果自然受原因行为（债权行为）的影响。物权行为无因性无从谈起。至于受如何影响，则依法律行为一般原则予以决定。交易安全的保护，委诸公示与公信原则。

(4) 基于双方当事人缔结的债权契约，债权债务关系及物权变动的双重效果即可发生。即所有权系居于“债权的效力”而发生移转（《法国民法典》第711条）。“应为物的给付的债务，仅依当事人的合意即获完成，债权人因此而成为所有人。”[1]换言之，当事人就标的物及其价金相互同意时，即使标的物尚未交付，买卖即告成立，标的物所有权也于此时由出卖人移转给买受人。《法国民法典》对于物权变动的此种规定，可以表示为：买卖契约→所有权转移。

这里有必要涉及法国法关于不动产物权变动之公示方法的“登记”制度问题。早在1804年《法国民法典》制定时，这一问题即引起了人们的注意。这一时期，由于物权变动仅依当事人双方的债权合意即可发生，除此并无任何公示方法。此种交易习惯肇致对标的物有利害关系的第三人以深切不安，痛感有加以改善的必要。受1794年普鲁士抵押权法的刺激和影响，法国于1798年11月1日颁行法律，决定在全国范围内实行所谓登记制度（transcription，in Scription）。但是按照该法律，登记制度之适用范围极其有限。《法国民法典》制定时，对于应如何把握和处理此登记制度，曾发生激烈争论。结果立法规定：不动产的赠与（《法国民法典》第839条以下、第1069条以下）、先取特权（《法国民法典》第2106条以下）及抵押权（《法国民法典》第2134条以下）等物权变动方可适用登记制度，而买卖等有偿让与原则上即不应采取登记制度，仅依当事人双方的债权契约即可发生物权变动的效力。其后，随着法国社会经济的发展与物权交易的日渐频繁，痛感该登记制度的狭隘适用范围对交易安全有着深刻的弊害，故1806年《法国民事诉讼法》乃在第834条和835条间接地承认登记制度对于所有权的

1　[日] 松坂佐一：《物权法》（第4版），有斐阁1980年版，第25页。

让与实为一项必要的制度。[1]往后历时近50年，登记制度对于不动产物权变动之必要性才为立法所明文确定，此即所谓《1855年3月23日法律》。按照该法律第3条，举凡不动产物权的设定、移转，如果未经登记，将不能对抗第三人。而关于动产，立法未作此种规定。

3.《法国民法典》物权变动的债权合意主义（意思主义）所蕴含的历史性格

与《德国民法典》相同，《法国民法典》关于物权变动之采债权合意主义（意思主义），仍然是其历史发展的产物，依旧具有浓厚的历史主义性格。

（1）按照《法国民法典》，物权移转不以交付为必要，而仅依当事人之间单纯的合意即可发生所有权移转的效力。毫无疑义，此种立法规定反映了近代以降所有权的观念性，为近代社会本身的产物。本来，在此以前，法国民法系受罗马法支配，关于物权变动，受罗马法交付主义规则之左右。但是，伴随法国资本主义的发展，所有权的观念性不断崛起与成长，交付本身因此被拟制化，公证人制作的"交易证书"通常记载"交付完备"的条款，《法国民法典》对此从正面加以了确认。结果产生了所有权移转行为被观念的债权契约所吸收并使之单纯作为其效果而构成的意识。如此一来，《法国民法典》也就不存在与债权契约相区别的独立存在的另一个法律行为——物权行为。

（2）就《法国民法典》对于物权变动的规定而言，如下二点表现了此种构成具有并不充分的"近代性"：第一，严格而言，在法国民法上，所谓所有权让与的意思主义乃是仅限于不动产，而动产则系受具有权利表彰效力的"占有法"系统的支配。[2]故此，这里并不存在动产所有权的物权的请求权与占有诉权的界分。虽然《法国民法典》第2179条往后在结果上变成了实现动产交易的占有公信力保护的手段，但无论如何，其本身则完全是以这种"占有法"的构成体系为基础而成立起来的。故而它仍然是动产所有权的观念性权利的未完成状态。[3]此表明，《法国民法典》规定的物权变动制度未实现充分的近代性。第二，《法国民法典》对于不动产交易中的所有权如何具体移转、近代交易法的最大理想的"交易安

---

1 ［日］舟桥谆一编集：《注释民法》(6)，有斐阁1967年版，第113页。

2 ［日］川岛武宜：《所有权法的理论》，岩波书店1987年版，第200页。

3 ［日］川岛武宜：《所有权法的理论》，岩波书店1987年版，第200页。

全”如何实现、物权交易对于第三人的效力以及第三人的保护等问题均未作详尽考虑，只是好不容易才将抵押权的“登记”规定为“对抗第三人的要件”[1]。毫无疑义，此显示了《法国民法典》在物权变动上具有并不充分的“近代性”。

（四）日本法

1. 现行民法施行前的状况

（1）近代登记制度施行前物权（尤其是不动产物权）变动的所谓“地券制度”与“公证制度”。日本现行民法物权变动制度（以《日本民法》第176条为中心而构成）系以明治初年不动产交易中采行的地券制度及户长公证制度为其滥觞。明治初年，日本政府为了准备进行地租改革，允许土地进入市场进行流通、交易，同时创设了所谓地券制度。按照这一制度，土地的买卖、让与必须对地券加以“改写”，若不履行这一手续，则被视为“密买卖”，有关之人会被处以征收捐税的处罚。自此意义看，地券制度与其说是为私法的交易而设，毋宁说是为税收上的目的而设。但是，地租改革施行后，地券的“改写”即成为所有权移转发生效力的要件，地券的私法的物权法要素由此显现出来。但是，此一明治政府的新制度由于不是建立在幕藩时代以降民众传统的交易习惯基础之上，故它并未受到民众的亲近与喜好。民众仍然按过去的习惯，以买卖证书等方式进行土地的买卖、让与（以此种方式为土地交易被明治7年发布的“布告”宣布为无效），特别是在当时的农村，由于推行非永久性买卖的“年限买卖”，所以作为近代永久性买卖的地券制度乃与农村的此种（买卖）情形发生龃龉。不仅如此，而且作为买卖的确定性记录的地券，也不适用于担保权的设定。明治13年（1880年）以降，地券制度完全失去了制定法上的私法功能，时至日本登记法（旧登记法）制定时，公证制度被登记制度取代而成为物权交易的新方式。[2]

（2）日本旧登记法和日本旧民法。由于以上情况，公证制度被近代登记制度（旧登记制度）取代。而促使物权交易由公证制度进到登记制度的因由，是公证过程中诈欺情形的不断发生等。[3]亦即，由于土地交易的日渐频繁，公证制度并不

1 ［日］川岛武宜：《所有权法的理论》，岩波书店1987年版，第200页。

2 ［日］川岛武宜：《所有权法的理论》，岩波书店1987年版，第209页以下。

3 ［日］川岛武宜：《所有权法的理论》，岩波书店1987年版，第215页。

能完全保障交易的安全，为了完善所有权变动的公示制度，有必要确立能满足近代化交易要求的公示制度。而与此同时，从财政上考虑，日本政府也急于实现近代化的国家登记制度。基此背景，明治 19 年（1886 年）8 月 12 日，日本政府公布了其最初的登记法律，此即所谓“旧登记法”。依此法律，登记系国家的事务，原则上由治安法院管辖。仅在离治安法院较远的地区，于国家的监督下，由户长役场管辖。如此，登记改变了此前的公证之由户长把持的局面，而系由国家掌管，因此使物权交易的法律构造发生了很大的变化。依该旧登记法第 6 条的规定，物权变动并不必须要求公证，只是为了使物权变动有对抗第三人的效力，则必须以登记为必要。另外，依旧登记法，土地所有权及担保物权的享有也不要求非对证书、地券加以占有不可，而仅需于国家管理的登记簿上作相应的登记与记载即可。学者指出，这个意义上的所有权已不是“现实性”的东西了，而是发生了向“观念性”的转化。[1]但是，当事人之间的所有权是否仅依单纯的意思表示即可完成移转，如从该登记法的条文上看，则并不明确、清楚。

明治 3 年（1870 年）8 月，日本政府在太政官下设制度局，由江藤新平任局长，着手翻译《法国民法典》，同时聘请法国学者波伦索那德（Boissonada）起草民法典，明治 23 年（1890 年）公布，此即所谓日本旧民法。作为旧登记法的延续物的日本旧民法如何解决当事人之间的所有权移转？按照该旧民法财产编第 331 条、第 332 条的规定，其乃是直接仿效和继受了法国民法的相关规定。作为起草者的法国学者波伦索那德于说明这些规定时指出，这些规定旨在将土地交易自封建时代以来的诸种烦琐方式中解放出来，从而实现仅依意思表示即可发生所有权移转的效力。[2]

---

1 ［日］川岛武宜：《所有权法的理论》，岩波书店 1987 年版，第 215 页。

2 波伦索那得指出：“日本民法在此规定（旧民法的财产法第 331 条）上具有近代性而应予注目，进而应承认其为法的一种进步。一切的原始的法制，对于所有权由此向彼的移转常常要求必须依烦琐的‘行为’而移转，即不仅要求当事人有意思表示，而且要求为一种人的眼睛所能看见的、外部的、至少是有形的可以表明所有权确实发生了交换的‘外部行为’，……本条抛弃了既往的旧有法理，此虽然并不绝对，但至少在特定物领域获得实现。”参见［日］川岛武宜：《所有权法的理论》，岩波书店 1987 年版，第 216 页以下。

2. 日本现行民法

法史上，日本现行民法系作为1890年旧民法的否定物而存在。1890年公布的旧民法因家族法部分完全因袭法国民法制度，社会舆论反映强烈，由此遭到反对派的激烈反对。结果日本政府不得不于1893年又重新设置新的法典编纂委员会，任命穗积陈重等人为起草委员，重新起草民法典，分别于1896年与1898年予以公布，史称“日本新民法”。新民法不仅在法典的结构上采取了潘德克吞体系，而且于内容上也着重参考、仿效了《德国民法典第一草案》的诸多规定，然在物权变动上却一改此种立场，其非但未仿效德国民法的规定，而且原原本本地将旧登记法及旧民法的规定加以承继，坚持其已然采取的《法国民法典》的立法主义。第176条规定：“物权的设定及移转，只因当事人的意思表示而发生效力”，而不需要任何形式。因此被称为债权合意主义或纯粹意思主义。只是为了对抗第三人，不动产以登记、动产以交付为必要（第177条、第178条）。质言之，登记或交付系物权变动的对抗要件，而非物权实际发生变动的成立要件或生效要件。[1]但是，作为此种规定的例外，质权的设定则以交付为成立要件（《日本民法》第344条。另外，矿业权与租矿权的变动及特许权的变动则以在矿业原簿或特许原簿上进行登录为其成立要件[2]）。由此可见，日本民法在物权变动立法上，除规定动产以交付为对抗要件而区别于法国民法外，其他方面皆与法国民法相同，即不承认因法律行为所生物权变动有所谓物权行为独立性与无因性，认为仅依债权契约的效力即得产生物权变动。

这里有必要涉及日本民法学理围绕该《日本民法》第176条而展开的关于《日本民法》是否承认物权行为独立性的法解释论争。此一论争就其实质而言，乃是学者对于《日本民法》第176条的“意思表示”的涵义及该条与《日本民法》第555条、第533条的关系于解释和理解上所发生的分歧：以物权变动为目的的物权契约和以债权之发生为目的的债权契约得否可以截然区别，以及物权行为得否具有独立性。《日本民法》制定当时，按照作为这些规定的母法的法国法进行意思主义解释，即否定物权行为的独立性。之后，民法学中德国法学的潮流

1　[日]松坂佐一：《物权法》（第4版），有斐阁1980年版，第27页。

2　参见《日本矿业法》第59条、第60条、第84条、第85条，《特许权法》第27条。

和倾向成为压倒性的东西，故此依德国法所做的解释遂成为支配性的见解。然从大正末年起，依法国法进行解释再度成为有力的见解。之后，折中的见解也产生出来，于是，学界出现了混沌的现象。[1]

（1）物权行为独立性否认说，也称意思主义说。该说从解释《日本民法》第176条规定的“意思主义”的涵义出发，认为《日本民法》对物权行为与债权行为并未加以区别，或者认为物权行为虽然在观念上应予承认，但现实上则应使物权行为与买卖契约结为一体。买卖契约生效的同时，也就发生了物权的变动，故不存在所谓物权行为独立性，当然更无所谓物权行为有因或无因问题。[2]

此说从《日本民法》制定当时迄至明治末年，于日本民法学界处于支配地位而成为有力说，之后一度衰落。二战结束后，民法学者我妻荣继承和发扬了该说。该说关于物权变动的时间采所谓“债权契约说”，[3]认为所有权移转只需依当事人的意思表示（债权契约）即可发生，而不需要特定形式或方式，因而物权行为与债权行为一样，都属于非要式行为，它们可以成为“合体行为”，于缔结特定物买卖契约的同时，标的物的所有权也就由卖方转移至买方。概言之，基于债权契约的效力而发生了物权变动的效果。

（2）物权行为独立性肯定说。此为少数说。该说仿效德国法，将《日本民法》第176条的“意思表示”解为与“债权契约”有别的专以物权变动为目的的物权的合意，基此物权的合意而发生物权的实际变动。此物权的合意被进一步解为物权行为。基此立论，该学说进一步主张物权行为无因性，认为债权行为因某些原因失去效力时，物权变动作为原则仍然有效。[4]

（3）折中说。[5]该说诞生于第二次世界大战结束后的初期，倡导者为川岛武

---

1 ［日］铃木禄弥：《物权法讲义》（第4版），创文社1994年版，第96页。

2 ［日］铃木禄弥：《物权法讲义》（第4版），创文社1994年版，第98页。

3 在主张物权行为独立性否认说的学者中，对于物权变动，有学者提出了“所有权移转时期无需确定说”，即认为在特定物买卖的全过程中，所有权的各种机能已通过缔结契约、支付现金及进行不动产让与的登记等不同阶段而移转，因此，具体确定所有权移转的时期不仅未有实益，而且理论上也不可能。参见［日］铃木禄弥：《物权法讲义》（第4版），创文社1994年版，第98页。

4 ［日］铃木禄弥：《物权法讲义》（第4版），创文社1994年版，第97页。

5 ［日］铃木禄弥：《物权法讲义》（第4版），创文社1994年版，第97页对此见解作有介绍。

宜，后又得到舟桥谆一等人的赞同。该说以物权行为独立性否认理论为立论前提，一方面认为以特定物为标的物的买卖契约是债权行为，同时又从契约的有偿性原理出发（参见《日本民法》第533条），认为只要完成支付价金、特定物登记或特定物转让行为中的任何一种行为，即意味着同时履行抗辩权的消灭，因而于完成任何一种行为的同时，所有权也就自卖方转移至了买方。[1]

日本民法学界对于是否存在物权行为独立性及由此而引发的有关物权变动的时间的诸学说的对立，其因由是多方面的。其中，最重要的学理原因是，由于《日本民法》关于物权变动采用法国民法意思主义，但同时又仿效德国民法体系，使整部民法由总则、物权、债权、亲属和继承五编构成，尤其严格区分物权行为与债权行为，从而导致学说之间于法解释上的冲突。多数学说认为，于德国民法对发生物权变动的法律行为的成立要求履行登记或交付这一必要形式的法制下，如果说存在必须承认物权行为独立性的必要的话，则于《日本民法》关于发生物权变动的法律行为之成立并不要求任何形式的法制下，基于一个意思表示（债权契约）而同时发生债权关系与物权变动，乃是一点也无妨碍的。故此，不仅没有承认物权行为独立性的必要，且即使承认它的存在，也非但不会带来德国民法的那些实益，相反还必须采取与当事人意思相悖的无因性的理论构成。[2]正是如此，以上物权行为独立性否认说遂成现今日本学界的通说。由此推论，所谓物权行为的无因性也就当然被否定和抛弃了。

于日本民法下，物权变动采债权合意主义或意思主义，登记或交付为物权变动的对抗要件，不发生物权行为独立性与无因性问题。另外，判例在此问题上的立场和态度也大体始终一贯，认为经由买卖、赠与、交换等方式发生物权变动时，于当事人未有特别的意思表示的情形下，物权变动仅以当事人之间有意思表示为必要，而不需要有某种特别的合意（物权的合意）。[3]

1　邓曾甲：《日本民法概论》，法律出版社1995年版，第153页以下。

2　［日］高岛平藏：《物权法制的基础理论》，敬文堂1986年版，第69页以下；［日］松坂佐一：《物权法》（第4版），有斐阁1980年版，第27页。

3　［日］舟桥谆一编集：《注释民法》（6），有斐阁1967年版，第121页；［日］松坂佐一：《物权法》（第4版），有斐阁1980年版，第27页。

(五) 奥地利法、瑞士法及韩国法

自历史传统看，奥地利与瑞士均属于德意志法系国家。但是，这种地缘上的近邻关系非但没有促成奥地利与瑞士二国于物权变动的立法规定上走与德国民法相同的道路，相反却使奥、瑞二国于对德国民法关于物权变动的立法规定有深刻理解后毅然决然地走上了另外的新的道路，即与《德国民法典》物权形式主义分道扬镳的债权形式主义道路。

按照奥、瑞民法，物权因法律行为发生变动时，除当事人之间需有债权合意外，仅需另外践行登记或交付的法定方式，即发生物权变动的效力。此种立法例以奥地利民法为其典范，故又称“奥国主义”[1]。按照1811年6月1日公布的《奥地利普通民法典》，此一主义涵括如下基本要点：(1) 发生债权的意思表示即为物权变动的意思表示，二者合一，并无区别，此与债权意思主义同，而与物权形式主义相异。(2) 发生物权变动的法律行为，仅有当事人之间的债权意思表示尚有未足，仍须履行登记或交付的法定方式，始足当之。因此，公示原则所需的登记或交付，系物权变动的成立或生效要件。(3) 物权的变动，仅须在债权的意思表示之外加上登记或交付即为已足，不需另有物权的合意，故无所谓物权行为的独立性。(4) 物权行为既无独立性，则物权行为的效力自然受其原因关系及债权行为的影响，故也无物权行为无因性可言。[2]

1907年12月10日制定、公布的《瑞士民法典》于解释上系采与奥地利民法相同的债权形式主义立场。其以原因行为、登记承诺与登记相结合而发生物权变动的效力。第657条第1项规定，以土地所有权移转为目的的契约，为使其发生法律效力，应以公证书为之。此所谓契约，通说解为发生移转义务的债务契约(买卖、交换及赠与等)。所谓发生物权变动的登记承诺，指所有人就标的物所有权同意予以无保留的移转而作的同意登记的表示。此登记承诺有二重意义：一方面为“登记”本身的形式要件，另一方面为物权成立的实质要件。同时，《瑞士民法典》第974条第2项规定，凡无法律原因，或依无约束力的法律行为而完成的登记，为不正当。可见原因行为无效时，所有权移转行为原则上无效。此表

---

1 谢在全：《民法物权论》(上册)，文太印刷有限公司1994年版，第65页。

2 谢在全：《民法物权论》(上册)，文太印刷有限公司1994年版，第65—66页。

明瑞士民法对于基于法律行为而生的不动产物权变动并不适用物权行为无因性理论。第714条规定：动产所有权移转，应移转占有。此外是否应有物权的合意及该合意是否为无因，立法者对此问题的态度故意暧昧，学者见解不一，但1929年的联邦法院判例采否定说。于此可见，《瑞士民法典》对于土地所有权及动产所有权的让与，并不适用物权行为无因性理论。[1]此与《德国民法典》是不同的。

《韩国民法典》制定于1958年。该民法典是第二次世界大战后现当代民事立法的一项重要成果。对于基于法律行为的物权变动，其采取了与奥、瑞民法相同的立场。第188条规定："在不动产场合，基于法律行为的不动产物权的取得、丧失及变更，非经登记，不生效力。关于动产物权的让与，非将动产交付，不生效力。"本来，韩国在此以前，对于物权变动系采所谓纯粹意思主义。[2]现今民法立法改采登记或交付的生效要件主义，学说称为"从意思主义到形式主义的转换"[3]。《韩国民法典》制定之际，关于物权变动之采此种形式主义，曾有强烈反对意见。此种意见指出，由于韩国人民长久以来一直生活在意思主义之下，登记之习惯并未于韩国各地定着下来，故此形式主义势将引起社会混乱，还不如采《日本民法》的意思主义更称优良和妥恰。[4]立法者最终采取了以奥、瑞民法为代表的债权形式主义模式，使物权基于债权契约、交付或登记而发生变动。其《立法理由书》就此指出了二点因由：使物权变动的存在与否获得明确，以期保护交易安全；避免因当事人间的关系与第三人关系的不同而产生法律关系上的复杂状态。

至此，可将奥地利、瑞士及韩国民法对于物权变动的债权形式主义立场归并、概括如下：

物权变动=契约（法律行为）+登记或交付

⇒登记或交付系效力要件

---

1 梁慧星：《民法学说与判例研究》，中国政法大学出版社1993年版，第120—121页。

2 ［韩］郑钟休：《韩国民法典的比较法研究》，创文社1989年版，第210页。

3 ［韩］郑钟休：《韩国民法典的比较法研究》，创文社1989年版，第210页。

4 日本民事法研究会：《民法草案意见书》（1957年），第67页；［韩］郑钟休：《韩国民法典的比较法研究》，创文社1989年版，第210页。

三、对诸立法规制模式的比较、考量及分析

以上德国法、法国法、日本法、奥地利法、瑞士法及韩国法对于因法律行为而生物权变动的立法规制，得概括为三种类型：物权形式主义（德国法）、债权形式主义（奥地利法、瑞士法及韩国法）及债权合意主义（意思主义）。此三种类型反映了近代以降大陆法系民法立法对于物权变动的基本立法规制状况。其中，“物权形式主义”与“债权合意主义”（意思主义）是两种显著对立的不同立法主义，债权形式主义介于其间，因而被称为“折中主义”。如下乃对此三种立法主义的差异作一比较分析。

（一）物权形式主义与债权合意主义（意思主义）

此两种立法模式为近代以降各国家或地区关于物权变动的对立的模式。这两种对立模式即使今天也依然深刻地影响着各国家或地区民事立法尤其是物权立法运动及其实践。于民法学术领域，此两种对立的规制模式曾广泛引起学者们的研究兴趣，学者纷纷研究它、释明它、论证它。为说明之便，如下试将此两种主义的构成概要及其差异表解如下。[1]

物权形式主义与债权合意主义（意思主义）之比较

内容	物权形式主义（德国法）	债权合意主义（法国法、日本法）
债权行为与物权移转行为分离之有无	物权行为独立性。基于原因行为（例如买卖契约），仅在当事人之间发生所有权移转、价金支付等债权性义务。要发生物权变动（例如所有权移转、价金支付），须有与原因行为分离的另一法律行为，即物权行为。	基于原因行为（例如买卖契约），当事人之间不仅发生标的物移转的债权性义务，而且物权变动自身也作为债权契约的效力而发生，即不存在物权行为的独立性。

1 ［日］铃木禄弥：《物权法讲义》（第4版），创文社1994年版，第95页。

内容	物权形式主义（德国法）	债权合意主义（法国法、日本法）
物权变动的要件	物权的合意与形式主义（登记或交付），即物权变动自身因独立的物权行为（物权的合意）加上登记或交付而发生。	意思主义。物权变动系基于原因行为而发生，不要求物权变动必须采取一定形式。
登记或交付所具有的意义	成立或生效要件主义。公示手段的登记或交付不仅在对第三人关系上有其意义，而且即使于当事人之间，也是使物权变动实际发生的要件。	对抗要件。作为公示手段的登记或交付（日本法），对当事人之间的物权变动不生直接关系，而只发生对抗第三人的效力。
原因行为之瑕疵对物权变动的影响	无因主义。原因行为因某些理由（如无效、被撤销）而失去效力时，物权变动本身不因此而受影响。当事人之间基于不当得利规则回复物权关系。	物权行为独立性并不存在。物权变动系基于债权的效力而发生。原因行为因某些理由（如无效、被撤销）而失去效力时，物权变动也当然失去效力。无因、有因的问题无从谈起。

如前述，德国法物权形式主义与法国法、日本法债权合意主义（意思主义）作为两种截然不同而显著对立的立法成例，其本身具有相当的历史性格，它们分别为不同的历史传统、物权交易习惯以及民法立法史不断演进的结果。近代以前，某人对于某物之有支配权（物权）关系，通常必须表现为某人对某物予以事实上的实际占有。物权的移转因而乃是物的实际占有与支配力的移转。迄至近代，物权日渐作为与对物的事实上的支配相分离的观念性权利而存在，物权交易也因此逐渐从物的实际占有和支配的移转中脱离出来，物权变动仅基于当事人之间的意思表示即可实际发生。《法国民法典》债权合意主义（意思主义）所反映的首先正是此种实际物权关系的基本情形。此外，《法国民法典》之采债权合意主义（意思主义）也有如下意识形态方面的背景：《法国民法典》制定之前，个人主义、自由主义思潮早已弥漫并浸透了整个法国社会，个人尊严及人存在的价值高于一切，个人的意思应受绝对尊重的思潮为社会大众广泛接受，认为个人意思之所至，物权关系即应因此而变动。结果，物权变动当然也就不存在所谓独立的物权行为。物权交易的烦琐方式被荡涤，物权变动的纯粹意思主义获得确立。但在《法国民法典》制定、公布之后，欧洲大陆自由资本主义经济获得迅速发

展，种类物买卖、信用交易兴盛起来，作为原因的债权行为与发生物权移转的物权行为，无论在时间还是外形上，都显示出“分离”的迹象，并产生了使当事人之间的物权变动关系与对第三人的公示手段直接联系起来加以统一处理和把握的必要。《德国民法典》首先反映的正是此种社会经济关系的客观要求。其次，在德国资本主义的高度化发展过程中，由于物权行为性质上属于中性、无色透明的行为，故不发生因违反公序良俗而无效的问题，因此大企业的横暴和为所欲为完全变得合法化。[1]《德国民法典》物权形式主义也反映了这一重要经济背景及其要求。

物权形式主义虽然发生于债权合意主义（意思主义）之后，但是，这并不意味着其绝对优于债权合意主义。事实上，如果理性地分析和考量，则可发现，二者乃是“一长一短”[2]。

首先考察法国法、日本法的债权合意主义（意思主义）。这种主义使物权交易当事人的自主意思获得彻底而淋漓尽致的表现，排除了国家权力对于物权交易的介入和干涉，避免了国家干预个人意志和人格尊严的弊害。在此方面，债权合意主义无疑具有重大的历史意义，这一点我们决不应该忘记。[3]其次，由于债权合意主义是完全建立在当事人意思自由的尊重基础之上的，以物权变动为债权行为的当然结果，不需要任何形式，因而避免了此前物权交易的烦琐形式。[4]此种作为“对形式主义的反动而存在的意思自由主义”，[5]有使交易获得便捷、迅速的优点。同时，从辩证的另一方面看，这种主义也存在着缺陷与不足，即此种主义由于是以当事人之间的法律关系为中心而成立起来的立法主义，故而物权变动仅依当事人之间债权行为的意思表示即足生效力。如此就使社会第三人不能从外部认识当事人之间物权变动的时间及物权变动之有无，从而使物权变动法律关系不能获得明确化。其结果乃不得不以登记或交付作为对抗第三人的要件，但由此却产生了

---

1 ［日］铃木禄弥、筱塚昭次：《不动产法》，有斐阁 1973 年版，第 157 页。

2 ［日］高岛平藏：《物权法制的基础理论》，敬文堂 1986 年版，第 74 页；［日］甲斐道太郎：《物权法》，日本评论社 1979 年版，第 103 页。

3 ［日］铃木禄弥：《物权法讲义》（第 4 版），创文社 1994 年版，第 96 页。

4 ［日］铃木禄弥：《物权法讲义》（第 4 版），创文社 1994 年版，第 96 页。

5 ［日］舟桥谆一编集：《注释民法》（6），有斐阁 1967 年版，第 176 页。

当事人之间的内部关系与对第三人的外部关系不一致的问题。

德国法物权形式主义以登记或交付作为物权变动的生效要件，不仅有保障交易安全及使法律关系明确化、客观化的功能，也使当事人之间的物权变动关系与对第三人的法律关系一元化，物权变动关系之存否及变动时期因此而明确化，当事人之间的内部关系与对第三人的外部关系完全一致，避免了债权合意主义下物权变动法律关系被分裂为对内关系与对外关系的复杂问题。但是，较之于这些优点，该主义更存在如下严重缺点：其一，就物权变动中当事人的意思尊重而言，较之于法国法、日本法的意思主义，物权形式主义乃是大大退步。此种主义与其说是以交易双方的法律关系为中心而构成，毋宁说是以交易秩序之保护为中心而构成。[1]其二，虚构物权变动中的物权的合意并使之具有独立性与无因性，此不仅徒增物权变动之际的法律关系的混乱，而且与社会生活的实际状况不符，进而使法律对财产的静的安全之保护失之不周。盖物权变动关系的明确化、客观化，严格而言系来自于物权变动的公示方法——登记或交付——本身所具有的功能，而非由于交付或登记的形式主义本身所使然。其三，这种主义由于采取物权变动的无因构成，故将产生重大弊端，此为该主义所具有的最大缺点。对此，后文将作翔实分析。

（二）债权合意主义（意思主义）、物权形式主义与债权形式主义

此三种关于物权变动的立法主义，反映了近现代及当代大陆法系民法立法对于物权变动的基本规制立场。此三种主义中，就物权变动采取登记或交付的形式主义而言，德国法物权形式主义与奥、瑞及韩国法债权形式主义完全相同，[2]而这正好区别于法国法、日本法的债权合意主义。就债权合意主义与债权形式主义而言，其皆不存在和发生物权行为独立性与无因性问题，债权契约成为物权变动的决定性动力（法国法与日本法）抑或基本动力（瑞士法、奥地利及韩国法）。另外，在此两种主义下，虽然存在着登记或交付这些公示手段，但其所具有的功能

1　［日］舟桥谆一编集：《注释民法》（6），有斐阁1967年版，第176页。

2　在此有必要指出，长期以来，学说理论正是因此而简单地将德国法物权形式主义与奥地利法、瑞士法的债权形式主义予以同等对待，以至于给人造成一种假象：凡提及形式主义，就是指德国法物权形式生义。事实上，二者虽然均属形式主义，但于构成上却是迥乎不同的，此点需予注意。

与特性却并不相同，即债权合意主义的登记或交付为物权变动之际对抗第三人的要件，而债权形式主义下的登记或交付则为发生物权变动之债权契约的生效要件，即所谓物权变动的登记或交付的生效要件主义。

至此，可以知悉，债权形式主义既具有债权合意主义与物权形式主义所具有的优点，同时也克服和避免了其他两项主义所具有的缺点。换言之，债权形式主义既有使物权交易敏捷、当事人意思表示之受尊重的优点，同时也使当事人之间的内部关系与对第三人的外部关系完全一致，保障了物权交易所必需的安全需要，并平衡了当事人之间于物权变动上的利益关系。正是因为债权形式主义具有此等优点，故而近代以来它普遍受到各国民事立法的肯定和接受，并引起了各国家或地区实务与学理的广泛注目。某些此前采取德国法物权形式主义与法国法意思主义的国家或地区纷纷检视既有立法规定，试图通过法解释学途径变更立法规定及立法意旨乃至立法目的，进而采行物权变动的债权形式主义。于作意思主义与物权形式主义的“原产地”的法国与德国，新近判例实务与学理不仅主张对这些立法主义之适用予以限制，而且有学理干脆主张废弃既有主义，改采债权形式主义立法，抑或主张于立法论上舍弃独立的物权行为，而将物权变动的意思表示纳入买卖或赠与等债权行为之内。德、法二国中，以德国的情况最值注目，学理也最为活跃，尤其对于无因性理论的批判最为严厉。[1]需特别提及的是，不仅德国学者，而且大陆法系的日本、我国及我国台湾地区的学者，也都对无因性理论加以了批判，这一情况无疑值得我们注目。我国 2007 年 3 月 16 日通过的《物权法》，采债权形式主义及不采物权行为无因性，这一立场无疑为正确的立场，将来应继续坚持不变。尽管如此，这丝毫也不妨碍和影响我们对物权行为及无因性理论进行研究。盖此种研究，自学术的旨趣与立场看，乃是具有积极价值与意义的。

1　以德国民法学者拉伦茨为代表的学者即是典型代表。拉伦茨本人主张变更德国民法现行立法主义（物权形式主义），而改采意思主义与登记或交付的混合制度。参见王泽鉴：《民法学说与判例研究》（第 1 册），中国政法大学出版社 1998 年版，第 272 页。

四、物权行为概念诸问题分析

（一）物权行为概念的缘起、背景及基本评价

如所周知，自《德国民法典》施行以来，物权行为即成为大陆法系中的德国民法及受德国民法影响的某些民法（如现今我国台湾地区“民法”）的一项重要概念。[1]这一概念及有关理论是法律抽象思维的产物，其本身令人难以理解。欲深刻理解和把握物权行为概念及与此有关的理论（如物权行为的独立性与无因性理论），需从法律行为概念的提出说起。

自法史上看，距今约3000年的古罗马契约法及遗嘱法虽然存在着现今所谓法律行为的若干具体类型，如“适法行为”，“一方行为”与“双方行为”，“有偿行为”与“无偿行为”，“要式行为”与“略式行为”，“死因行为”与“生前行为”等，但囿于当时的立法技术与法学理论水平，立法与学理都始终未建立起对一切表意行为普遍适用的统一的法律行为概念，当然更无所谓物权行为概念。1805年德国理性法学派及其承前启后的著名学者胡果（Gustav Hugo）于《日耳曼普通法》中首先提出法律行为（Rechtsgeschäft）概念，[2]用以解释罗马法上“适法行为”概念的内涵。依其解释，所谓法律行为，是指具有法律意义的一切合法行为。然历史上，以类似涵义使用法律行为这一概念的岁月还要早些，至少德国启蒙时期的理性法学派就已经使用了法律行为（actusiuridicus）和自愿表示（declratio voluntatis）等概念。但是，赋予法律行为概念以意思表示的本质，从而真正建立起近现代及当代民法学意义上的法律行为概念理论的，乃是德国海得堡大学的民法学者及法官海瑟（Heise）。于广泛采用了海瑟关于法律行为的一般意义、类型及成立要件的基础上，德国历史法学派创始人、著名的罗马法学者萨维尼在《当代罗马法体系》中进一步将法律行为概念和理论予以精致化。[3]正是在这里，他创立了与法律行为概念有种属关系的物权契约（物权行为）概念。

1　英美法上并无与此相当的概念，物权行为概念为大陆法系民法所特有。

2　关于法律行为概念的产生，有学者指出，罗马法时代的法学家即已创造了这一概念。参见何勤华：《西方法学史》，中国政法大学出版社1996年版，第57页。本书作者从通说。

3　转引自董安生：《民事法律行为》，中国人民大学出版社1994年版，第30页。

早在1820年代的大学讲座活动中，萨维尼已经谈到，为履行买卖契约或其他以转移所有权为目的的契约而践行的交付，并不是一种单纯的事实行为，而是包含一项以转移所有权为目的的物权契约。其后，在1840年出版的《当代罗马法体系》著作中，他进一步阐述了物权契约的概念。他写道：“私上的契约，以各种不同制度或形态出现，甚为繁杂。首先是基于债权关系而成立的债权契约，其次是物权契约，并有广泛之适用。交付（tradition）具有一切契约的特征，是一个真正的契约，一方面包括占有的现实交付，他方面也包括移转所有权的意思表示。此项物权契约常被忽视，例如在买卖契约，一般人只想到债权契约，但却忘记tradition之中也包括一项与买卖契约完全分离，而以转移所有权为目的的物权契约。”[1]

按照萨维尼的主张，在基于买卖契约而发生的物权交易中，同时包含两个法律行为——债权行为与物权行为（物权契约），而且后者的效力不受前者的影响。萨维尼的这一思想极大地影响了其后的继承者，[2]以至于这一思想在《德国民法典》制定当时即完全风靡于德国学术界。《德国民法典》的制定因此而受影响。立法者认为，在财产法领域，确立债权契约与物权契约这一显著对立的概念应是德国民法的基本原则。因为“此前的立法，特别是普鲁士普通邦法及法国民法，常常将债权法上的规定与物权法上的规定相混淆……此种方法未能符合债权行为与物权行为在概念上的不同，增加对法律关系本质认识的困惑，并威胁法律的正确适用”[3]。1896年《德国民法典》正式采纳了物权契约概念及其理论。至此，与债权行为显著对立的物权行为概念遂在德国民法上完全定着下来。以此为基础，德国民法进一步确立了百余年来一直遭受学者非议的所谓物权行为的独立性与无因性制度。

深究德国民法之严格界分债权行为与物权行为的因由，除了上述《立法理由书》所叙述的缘由外，更重要的因由是：近代以降的德国社会经济基础以及直接表现这一基础的法律制度中，业已发生了财产关系被区分为物权关系与债权关系

1 王泽鉴：《民法学说与判例研究》（第1册），中国政法大学出版社1998年版，第263页。

2 ［日］广濑稔：“无因性理论的考察：以德国普通法学的所有权让与理论为中心”，载《法学论丛》第77卷2号，第48页。

3 刘得宽：《民法诸问题与新展望》，五南图书出版公司1995年版，第468页。

的普遍情形，财产关系领域形成了物权关系与债权关系相互独立存在的法秩序。如前述，近代以前的德国，对物予以现实支配的“Gewere（占有）法”体系一直处于支配地位，对于物的支配权，一般采取Gewere的形式。在此形式下，占有与本权系不可分的结合体，由占有之角度观察自然为占有，但就另一面观察则为本权。[1]故在日耳曼法体系下，与现实支配相分离的本权并不存在。[2]质言之，某人对某物之支配关系要获社会承认，常常必须以该人对该物进行事实上的现实的支配为必要，而不存在与现实性支配相分离的“观念性权利”（如“观念的所有权”）[3]。之后，由于继受罗马法和受自然法思想的影响，所有权概念获得确立，“占有法”体系因此而被止扬。与物的现实性支配相分离的“观念的权利”崛起并成长起来，物权蜕变为观念性的权利。此观念性的物权的成立过程同时也是与物权关系决裂的债权关系的独立化过程。[4]这样一来，对于财产关系，人们也就从物权关系与债权关系的相对独立的区别上加以把握，即某人对于某物的观念性支配权，从与该物有关的种种的人的拘束下解放出来而径直以物自身为标的，形成完结的物的秩序。另一方面，债权关系在自由人格者之间也形成不受物的拘束的独立的秩序。[5]财产关系于客观上被分裂为物权关系与债权关系，进而成为两种独立的法秩序（物权关系秩序与债权关系秩序），是德国民法立法严格界分物权行为与债权行为之不同，从而赋予其各自不同的法律效力的基本因由。

1　史尚宽：《物权法论》，荣泰印书馆股份有限公司1979年版，第3页。

2　温丰文：《现代社会与土地所有权理论之发展》，五南图书出版公司1984年版，第35页。

3　前资本主义的封建时代，是以物权为中心的静态生活时代，物的利用关系与所有权关系原则上系属一致，劳动者既是生产手段，又是劳动生产物的所有权人。即使需利用他人从事生产，所有权人与被利用人之间也是建立在身份关系的结合基础之上，即所有权人以家长、领主、主人、师傅的身份，分别对其家属、属民、农奴、学徒予以支配，家属等人同属支配客体，经济上属于自给自足形态。因而在此时代，债权不过是获取物权的手段，生产者与消费者之间的短短架桥，臣服于物权之下，故属于“物权君临”时代。但自近代始，随着身份关系的解体与资本主义的发达，财产的分配与交易日趋频繁，已非自给自足所能因应，经济上必须分工合作。此时，各个人的结合与分工惟有依据自由意思而成立的契约方可，在此背景下，债权关系独立出来。参见谢在全：《民法物权论》（上册），文太印刷有限公司1994年版，第11—12页。

4　［日］广瀬稔：“无因性理论的考察：以德国普通法学的所有权让与理论为中心”，载《法学论丛》第77卷2号，第48页。

5　［日］广瀬稔：“无因性理论的考察：以德国普通法学的所有权让与理论为中心”，载《法学论丛》第77卷2号，第48页以下。

如果说近现代及当代民法中的法律行为概念和系统的法律行为理论之创立是19世纪德国民法学最辉煌的成就，则物权行为概念的创立可谓是德国民法立法与学说理论于法律行为上取得的另一辉煌成就。这一概念毋庸置疑是法律拟制和极端形式主义的产物，但这一概念本身的提出和创立则具重要意义。这就是：由于将财产行为进一步区分为物权行为与债权行为，因此使法律行为概念更趋精致与科学，法律行为概念的内核由此更加充实与丰满，法律行为的分类由此更加完善。另一方面，该概念的创立解决了民法上尤其是物权法领域某些以物权变动为直接目的的法律行为的性质问题，譬如地上权、抵押权之设定及物权的抛弃等行为的性质问题。这些行为本身或者这些行为发生之际，即意味着权利的实现，无所谓履行问题，此与债权行为完全不同。因而试图用债法上的概念如债权契约解释这类行为，显然未尽科学和精确，从而也必然使债权行为尤其是债权法的制度体系遭到破坏。至此可以肯定，物权行为概念的创立于民法尤其是在物权法领域具有重大意义。自此以后，民法物权法理论及制度体系完成了其科学化与近代化进程，法律行为的分类趋于精确与完善。这一点，正是物权行为概念之创立所具有的重要意义，也是我们对物权行为概念本身所应作出的基本评价。

（二）物权行为概念的理论构成

由于法律拟制与极端抽象主义的结果，物权行为概念成为近现代及当代民法学上最难理解与最感困惑的概念之一。一方面，该概念为法律抽象思维的产物，其本身不易理解；另一方面，学说理论关于法律行为的论述，往往偏重于债权行为概念的论述，而忽略于物权行为。在我国，如所周知，民法学界对于物权行为问题的研究仍是不足，这就更有对物权行为概念本身的理论构成加以研究的必要。

1. 物权行为的涵义

自德国法儒萨维尼创立物权契约概念以来，迄今已历时百余年。岁月的沧桑非但未能统一学者关于物权行为概念是什么的歧见，反而更固化了学者于各自立场上的不同见解。关于物权行为概念，《德国民法典第一草案》曾使用物权契约（Dinglicher Vertrag）概念，[1]但受到批判，认为未臻精确。第二次委员会决定不采

1 参见《德国民法典第一草案》第828条、第868条、第874条及第983条。

Dinglicher Vertrag 用语，而以 Dingliche Einigung（物权合意）代之，并表示 Dingliche Einigung 是否为物权契约，是一项法律理论构成（juristische Konstruktion）问题，应由学说决之。[1]发生此争论的关键和实质在于，物权合意本身是否即为物权契约？质言之，物权行为的涵义究竟是什么？对此，德国学说中存在着两种显著对立的见解：其一是认为物权的合意本身即是物权行为。学者鲍尔（Baur）、韦斯特曼（Westermann）及郎特·施瓦布（Lent·Schwab）等均持此种观点。[2]其二是认为物权的意思表示与外部的变动象征（登记或交付）相结合而构成物权行为。德国学者罗森贝格（Rosenberg）、沃尔夫·赖扎（Wolff·Raiser）及艾内克鲁斯·尼培尔代（Enneccerus·Nipperdey）等采之。他们指出："就法律行为概念而言，以发生一定法律效果为必要，物权变动需以物权的合意（意思的要素）与登记或交付相结合为要件。物权的合意由于尚不足以引起物权变动，故非法律行为。"[3]

现今施行于我国台湾地区的1929—1930年制定的《中华民国民法》解释上系采物权变动的物权形式主义。但是，该民法对物权行为概念未设定义性规定，故何谓物权行为遂发生疑问，学者之间见解不一。施启扬谓：物权行为乃以发生物权直接变动为目的之法律行为，如移转动产或不动产所有权、抛弃动产所有权、设定抵押权等，即属之。[4]胡长清指出，所谓物权行为，指"发生物权法上的效果的法律行为。有为单独行为者，如所有权、地上权之抛弃是。有为契约者，如抵押权之设定是。其契约则称为物权契约"[5]。其他学者多采与此相类似的定义。但是，具备何等要件的法律行为方足生物权法上的效力或可达物权变动的直接目的，依此定义难获释明。于是学者自新的角度尝试作新的定义。此即以姚瑞光和王泽鉴为代表的见解。姚瑞光指出：物权行为"指由物权的意思表示与登记或交付相结合而成之要式行为"。因为"惟有完成此项方式后的物权行为，始能发生物权的取得、丧失及变更的效力，始能不残留所谓履行问题，也即物权行为

1　王泽鉴：《民法学说与判例研究》(5)，台湾1992年自版，第46页。

2　王泽鉴：《民法学说与判例研究》(5)，台湾1992年自版，第46页。

3　王泽鉴：《民法学说与判例研究》(5)，台湾1992年自版，第46页。

4　施启扬：《民法总则》，三民书局2007年版，第248页。

5　胡长清：《中国民法总论》，中国政法大学出版社1998年版，第212页。

一经成立即生效力。不可认为物权行为因意思表示而成立，交付或登记不过其生效要件而已”。[1]王泽鉴认为，对于物权行为，应作如下定义：物权的意思表示（包括物权的合意）本身即为物权行为（单独行为与物权契约），登记或交付则为其生效要件。[2]可见姚、王二人之见解大体上分别相当于前述德国学者 Rosenberg 与 Baur 等人的见解。有必要指出的是，在我国台湾地区，以姚瑞光为代表的关于物权行为定义的见解现今处于有力的支配地位，成为事实上的通说。

日本民法、学者通说及司法判例虽不承认物权行为独立性与无因性理论，但关于物权行为的概念本身，学者通说及判例实务则从未予以否定。对于物权行为的涵义是什么，学者之间见解歧异，未获统一。我妻荣谓：物权行为，即可生物权之发生、变更或消灭之法律行为。地上权、抵押权之设定契约，是其适例。就其不残留所谓履行问题之点，与债权行为有异。[3]石田文次郎谓：物权行为或称为物权的法律行为，指以物权的设定、移转、变更及消灭为目的的法律行为。所谓物权的设定，指设定他物权的情形，如设定地上权或抵押权等；所谓物权的转移，指占有权、所有权或既存的他物权之转移。[4]松坂佐一谓：物权行为乃是以物权的变动为直接目的的行为，在不残留履行问题上，其区别于债权行为。[5]其他学者如铃木禄弥、高岛平藏及川岛武宜等多采与此相类似的定义。[6]但学者三和一博与平井一雄则认为，物权行为在内容上应由发生物权变动的意思表示（物权的意思表示）与形式（登记或交付）相结合而构成。[7]至此可以知悉，日本学理对于何谓物权行为，其见解依然分歧，未获一致。

上述德国与我国台湾地区学者关于物权行为意义的见解约可归并为二类：其一，物权的意思表示说，认为物权的意思表示本身即为物权行为（单独行为与物权契约）；其二，认为物权的意思表示与形式（登记或交付）相结合构成物权行

---

1 姚瑞光：《民法物权论》，吉锋彩色印刷股份有限公司 2011 年版，第 17 页。

2 王泽鉴：《民法学说与判例研究》（5），台湾 1992 年自版，第 47 页。

3 ［日］我妻荣：《民法总则》，岩波书店 1983 年第 9 刷发行，第 246 页。

4 ［日］石田文次郎：《物权法论》，有斐阁 1937 年版，第 46 页。

5 ［日］松坂佐一：《民法提要》（第 3 版），有斐阁 1974 年版，第 23 页。

6 ［日］铃木禄弥：《民法总则讲义》，创文社 1989 年版，第 356 页；高岛平藏：《民法制度的基础理论》，敬文堂 1989 年版，第 198 页；川岛武宜：《民法总则》，有斐阁 1978 年版，第 162 页。

7 ［日］三和一博、平井一雄：《物权法要论》，青林书院 1989 年版，第 27 页。

为。比较分析并衡量此两类见解，笔者认为，应以第二种见解最为恰当，可资采取。盖所谓物权的意思表示，乃是仅指直接以物权的取得、丧失及变更为目的的合意，而不是旨在使物权的取得、丧失及变更实际发生的合意。由于仅依物权的意思表示通常不能发生物权变动的效果，故此物权的意思表示本身并非法律行为，而只有物权的合意与登记或交付相结合方可构成一个法律行为，即物权的法律行为，涵括单独行为与物权契约。故此，第二种见解最为恰当。

2. 物权行为与处分行为

为深入理解物权行为概念，这里有必要涉及与物权行为概念有密切关联的处分行为概念。所谓处分行为，系德文 Verfügungsgeschäft 一词的移译。按照德国法，“权利的丧失”（Verlust）或“权利的单纯的改变”（Rechtsahderung）系因意思表示而引起的，即谓为处分或处分行为。因而处分行为系指产生如下后果的法律行为：立刻移转权利、权利内容的改变或缩小、于权利上设定物权负担（belastet）及使权利消灭等行为。[1]可见处分行为囊括了所有的物权行为（亦即凡物权行为皆为处分行为）。但并非所有的处分行为皆系物权行为，譬如诸多涉及债权债务关系的处分行为——债务免除、抵销、债权让与及解除双务合同等——即非属物权行为。此类涉及债权债务关系的处分行为虽不以发生物权变动为其效果，但基于行为本身也将发生权利之变动，颇与物权行为类似，故学理谓为准物权行为或债法上的处分行为。行文至此，有必要将处分行为与物权行为的关系图解如下：

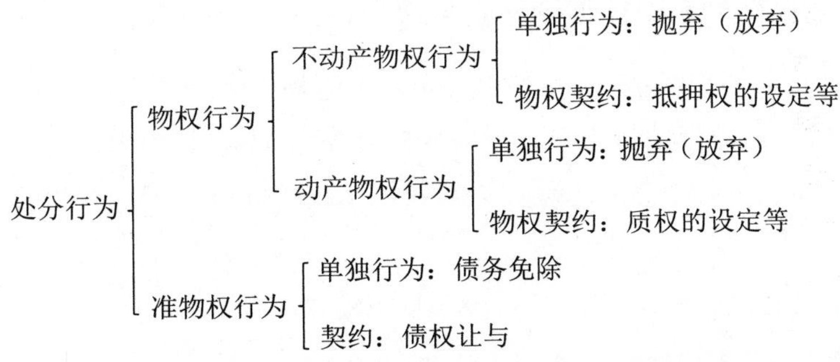

1　沈达明：《德意志法上的法律行为》，对外贸易教育出版社 1992 年版，第 56—57 页。

3. 物权行为的成立、生效与附条件、附期限问题

物权行为既然为法律行为之一种，则法律行为的一般成立要件对于其当有适用余地，即物权行为的成立需有当事人、意思表示及标的。物权行为的生效也需具备法律行为的一般生效要件，即物权行为的当事人需有行为能力，物权标的需适当（包括标的可能、标的确定及标的合法）；意思表示需健全（意思表示须无瑕疵、无欠缺）。物权行为若不具备这些要件时，应以民法总则的有关规定确定其效果。例如，物权行为得因当事人行为能力之受限制而受影响，因通谋虚伪意思表示而无效，因错误、被诈欺或胁迫而被撤销。另外，这里尚有必要涉及物权行为可否附条件或附期限问题。《德国民法典》第 925 条第 2 项规定："附条件或附期限而达成的关于土地所有权转移的合意，不生效力。"可见德国民法就不动产所有权的让与合意，明令禁止附条件或附期限。《德国民法典》作此规定的因由在于，《德国民法典》第 873 条已就不动产让与合意设有需以一定方式（例如由法院或公证人作成证书）为之的规定，这就使物权行为更臻明确化和显形化。[1]于此情形下，如允许附条件或附期限，则显有不妥。另外，此种规定还在于使当事人无从以债权行为之有效成立作为物权行为的条件，以便更能贯彻所有权移转的物权行为无因性。[2]但在此外的其他不动产或动产物权行为场合，因立法未设明文禁止规定，故学理通说认为仍可附条件或期限。另外，我国台湾地区"民法"对物权行为可否附条件或期限并无禁止的明文，通说认为可以附条件或期限。[3]

五、物权行为无因性理论考察与评释

如前述，《德国民法典》对于因买卖而生的物权变动，系采物权合意主义。按照此种主义，直接发生物权变动的物权行为乃是与作为原因的原因行为（债权契约）相对立的另一个独立行为。该物权行为的效力并不因原因行为的无效或被

1　谢在全：《民法物权论》（上册），文太印刷有限公司 1994 年版，第 73 页。

2　谢在全：《民法物权论》（上册），文太印刷有限公司 1994 年版，第 73 页。

3　张龙文："论物权契约"，载郑玉波编：《民法物权论文选辑》（上册），五南图书出版公司 1984 年版，第 17 页。

撤销而受影响，此即物权行为无因性或“无因构成”[1]。这一理论是德国民法创立物权行为概念，尔后又进一步肯定物权行为独立存在后的必然逻辑结论。因为债权行为与物权行为（物权契约）既然是一个物权变动中的两个不同行为，物权行为本身不因瑕疵而成为无效时，该物权契约当然有效，物权变动的效果由此发生，其后发现债权契约因有瑕疵而无效时，丧失标的物的原所有权人仅能依不当得利规则请求返还。[2]

德国民法的这一物权行为无因性制度引起了涵括德国学者在内的世界各国家或地区学者的积极讨论。在我国，也曾有学者对这一制度进行研究，但仍然不够。更重要的是，我国《物权法》毅然决然地否定了这一制度，应该说这是正确的立场。但对于这样做的因由，仍旧有必要于对该理论进行理性和缜密的研究后作出回答。

（一）无因性理论的缘起

德国自15世纪开始全面继受罗马法后，罗马法便成为适用于德意志全国的一般法，称为“德国普通法”，该普通法成为日后德意志法学理论的先驱。物权行为无因性或抽象性理论正是在德国普通法时期的普通法理论上获得形成。

随着罗马法的继受与欧陆自然法思想的影响，长期支配德国社会的占有（Gewere）法体系日趋式微。以所有权概念的确立为端绪，与物的现实支配相分离的观念性权利的物权得以形成。此观念性物权的成立过程同时即是财产关系被分裂为物权关系与债权关系以及二者各自独立化的过程。其结果，所谓财产关系，学理及社会观念也就从物权关系与债权关系的分离及相对独立上予以理解和把握。

于德国普通法学上，使物权关系与债权关系分离开来的考量方式进一步被贯彻到所有权的让与过程中，由此形成抽象的或无因的物权契约理论，[3]其始祖即是

---

1 ［日］广濑稔：“无因性理论的考察：以德国普通法学的所有权让与理论为中心”，载《法学论丛》第77卷2号，第44页。

2 ［日］山田晟：《德国法概论》（2），有斐阁1987年版，第197页。

3 “abstrakter dinglicher Vertrag”中的“abstrakt”一词，有“抽象”与“无因”两种意义。为了准确说明问题，本文论及所有权让与行为从全过程中独立出来而成为无色的出捐行为时，使用“抽象”一语，论及所有权让与行为的效果不受原因关系之是否有效存在的影响时使用“无因”一语。

历史法学派创始人、著名的罗马法学家萨维尼。[1]法史上，萨维尼之最早提出抽象的物权行为理论乃是在1820年于柏林大学的讲学过程中，因此该理论被称为是他“最最重要的教义学的创见之一”[2]。他在讲学中指出：为履行买卖契约或其他以转移所有权为目的的契约而践行的交付，并不是一种单纯的事实行为，而是一项包含有以移转所有权为目的的物权契约。1840年和1853年他分别出版了《当代罗马法体系》（第3卷）和《债权法》（第2卷）。在这些著作中，抽象的物权契约理论思想得到全面阐释。

他首先将物权和债权从体系上加以了明确分离，指出：“罗马法即开始区别物权与债权之不同，并将双方置于不同领域加以独立把握：作为独立的物上支配的所有权（作为物权的媒介物或前阶段而起作用的债务不予考虑）与对他人的行为加以独立支配的债务。”[3]其后，他区别了作为原因的债权行为与作为结果的物权行为之不同，指出：“私法上的契约常常以各种不同制度或形态出现，甚为繁杂：首先是基于债之关系而成立的债权契约，其次是物权契约”，“交付本身是一个真正的契约：它不是债权契约而是物权契约。它必须与作为其存在基础的在此以前实际上业已先行存在的债权契约（如买卖、赠与）区别开来”[4]。“对于所有权让与的‘交付’这一物权契约，作为原因的债权行为只不过是该物权契约的动机。”[5]在对债权行为与物权行为作了如此的区分后，萨维尼更进一步主张物权行为必须抽象化（无因化），使之与作为基础的债权行为相分离。一方当事人本为履行买卖契约而交付某物，但对方当事人却误为赠与而受领时，这种错误对物权

1　对此，有学者指出，这个理论乃最早萌芽于启蒙时期的自然法。言外之意，是不承认萨维尼为该理论的始祖。参见［日］广濑稔：“无因性理论的考察：以德国普通法学的所有权让与理论为中心”，载《法学论丛》第77卷2号，第48页。但是，19世纪末期以来的通说皆认萨维尼为该理论的始祖。本文从通说。

2　［日］有川哲夫：“物权契约理论的轨迹：萨维尼以后一世纪间”，载［日］原岛重义编：《近代私法学的形成与现代法理论》，九州大学出版会1987年版，第317页。

3　［日］广濑稔：“无因性理论的考察：以德国普通法学的所有权让与理论为中心”，载《法学论丛》第77卷2号，第48页。

4　王泽鉴：《民法学说与判例研究》（第1册），中国政法大学出版社1998年版，第263页。

5　［日］广濑稔：“无因性理论的考察：以德国普通法学的所有权让与理论为中心”，载《法学论丛》第77卷2号，第48页。

契约的效力不生影响，因而不影响所有权已然发生的移转。萨维尼就此写道："基于错误的买卖契约乃是不可撤销的买卖契约，基于错误的交付也是完全有效的"[1]，丧失所有权的人仅能依不当得利规定请求返还。

至此可以看到，萨维尼关于物权行为的无因性理论乃是仅从原因行为（债权行为）"错误"的场合加以展开与讨论的，而对于原因行为"无效"或"不成立"的情形，物权行为的效力是否受影响的问题，则全然未有涉及。但往后不久，这一无因性理论遂立刻扩张到原因关系的不合意（Dissens）场合：即使原因关系无效或不成立，物权契约的效力也不受影响，仅因原因的欠缺，让与人享有不当得利请求权。[2]

自物权与债权关系的分离上考察，抽象的物权行为理论首先是潘德克吞法学体系形成的体现。[3]其次，这一理论在不当得利请求权与所有物返还请求权既对立又统一的普通法学上，乃与不当得利请求权的理论体系具有完全的整合性。[4]此理论虽然受到当时一部分普通法学者的坚决反对，但因萨维尼的强大影响力，并受到温德沙伊得、鲍尔（Bähr）、耶林等人的鼓吹，其最终成为德国普通法学的"通说"[5]、"一个原理"，[6]进而产生日益广泛的影响。一些熟悉潘德克吞法学的法学家将这一理论移植到《普鲁士普通邦法》（1794 年）和《奥地利普通民法典》（1811 年）上，并从法的构成和解释论上说明这些法律上的所有权让与制度的规范意旨。[7]例如，E. 斯卓纳（E. Stronal）指出，对于一般民法典上的所有权让与制度，于动产场合，应使交付构成为物权契约，在不动产场合，应将买受人

---

1 ［日］广濑稔："无因性理论的考察：以德国普通法学的所有权让与理论为中心"，载《法学论丛》第 77 卷 2 号，第 52 页。

2 ［日］广濑稔："无因性理论的考察：以德国普通法学的所有权让与理论为中心"，载《法学论丛》第 77 卷 2 号，第 50 页。

3 ［日］好美清光："Jus ad remとその发展的消灭：特定物债权の保护强化の一断面"，载一桥大学研究年报《法学研究 3》（1961 年），第 348、357 及 367 页特别强调了这一点。

4 ［日］广濑稔："无因性理论的考察：以德国普通法学的所有权让与理论为中心"，载《法学论丛》第 77 卷 2 号，第 50 页。

5 ［日］广濑稔："无因性理论的考察"，载《法学论丛》第 77 卷第 2 号，第 50 页。

6 ［日］广濑稔："无因性理论的考察"，载《法学论丛》第 77 卷第 2 号，第 50 页。

7 ［日］有川哲夫："物权契约理论的轨迹：萨维尼以后一世纪间"，载［日］原岛重义编：《近代私法学的形成与现代法理论》，九州大学出版会 1987 年版，第 317 页。

的登记申请与出卖人的登记许诺（登记承诺）予以结合，径直使用物权契约概念加以说明。[1]另外，这一学说的影响不仅及于这些民法典，而且影响到德意志法圈诸国自19世纪中期开始的民事立法计划。[2]1888年以五卷的宏大篇幅公开出来的《德国民法典第一草案理由书》，更使该理论的影响达到了顶峰。在这种情势下，无因性理论也就传播开来了，乃至其直接影响到了1872年《普鲁士土地所有权取得法》及《德国民法典》的制定。

（二）1872年《普鲁士土地所有权取得法》与无因性理论

法史上，现行《德国民法典》第873条与第925条所规定的物权行为无因性制度，乃是直接继受1872年《普鲁士土地所有权取得法》的规定而来。因此，欲深刻理解现行《德国民法典》确立物权行为无因性的意义，乃有必要探求1872年《普鲁士土地所有权取得法》确立无因性制度时的诸情事及确立该制度的背景。毫无疑义，此系理解《德国民法典》确立无因性制度的根本路径。

1.《普鲁士一般抵押令》（1783年）、《普鲁士普通邦法》（1794年）与登记的实质审查主义制度

从法制史的因果锁链上看，1872年《普鲁士土地所有权取得法》与1794年《普鲁士普通邦法》具有密切的关联性，前者系对后者的直接否定。因此，欲深刻把握和理解1872年《普鲁士土地所有权取得法》的立法目的及规范意旨，非首先理解《普鲁士一般抵押令》和《普鲁士普通邦法》的规定及其精神不可。而要达到这一目的，则又必须首先理解和把握《普鲁士一般抵押令》与《普鲁士普通邦法》的立法前史。

（1）《普鲁士一般抵押令》与《普鲁士普通邦法》制定的前史。如所周知，19世纪初期，普鲁士发生了所谓“农民解放运动”。根据1807年“十月令”（Oktoberedikt）、1811年“调整令”（Regulierungedikt）及1816年关于该调整令的“布告”，普鲁士王国的农民获得了人身自由，得到了解放。在此过程中，作为解

1　E. Strohal, Zur lehre vom Eigentum an immobilien, S. 30—33；［日］有川哲夫：“物权契约理论的轨迹：萨维尼以后一世纪间”，载［日］原岛重义编：《近代私法学的形成与现代法理论》，九州大学出版会1987年版，第317页。

2　［日］有川哲夫：“物权契约理论的轨迹：萨维尼以后一世纪间”，载［日］原岛重义编：《近代私法学的形成与现代法理论》，九州大学出版会1987年版，第317页。

放的代价，农民所保有的土地的一部不仅被贵族的直辖领地所合并，而且土地所有贵族还利用所谓“贵族金融组合制度”，买取周边属于农民的所有地（直辖土地因解放的结果而成为农民的自由地）。他们日益扩大经营，不久即摇身一变，成为带有几分封建贵族色彩的农业资本家，即所谓容克贵族。[1]这一时期，作为封建制度存在基础的专制的封建支配权依旧存在，各种各样的特权如容克贵族地主的领主裁判权、警察权、地租免除的特权仍旧保留着。农民自给自足的自然经济小生产被卷入资本主义商品经济的漩涡中。同时，容克贵族对农民的榨取也采取了带有资本主义因素的新形态，即工业劳动雇佣与小生产者的劳动地租的形态。[2]总之，这一时期中，普鲁士的土地所有关系与农业经营状况发生了根本变革。

随着普鲁士农业的日渐资本主义化，立足于自由的私的土地所有权与土地利用权基础上，进行与农业资本主义发展相适应的土地立法的必要性日渐凸显，其中尤其要求整备登记制度和抵押权制度。[3]盖“因农业的资本主义的土地不仅是生产手段，而且是商业经营者及工业资本家利用和经营大企业的信用手段。家族的繁荣与幸福的大部分，都要求保障资本所有者抵押投资的安全及投下资本的确实收回”。[4]但是，当时广泛继受的罗马法抵押权法，却丝毫不能满足此种要求。而且，这一时期欠缺公示的“默示抵押制度”、抵押权效力及于未有公示的债务人的总财产的一般抵押制度，以及此时期存在的所谓优先于其他抵押权的特殊抵押权——法定抵押权（Legalhypothek）制度，皆给土地的信用发展带来了极大障碍，利害关系人强烈要求加以改革。1783 年和 1794 年，《普鲁士一般抵押令》与《普鲁士普通邦法》因应此种情势终于出台，由此满足了实践上的迫切要求并促进了普鲁士不动产交易法——抵押权法与登记法——的飞跃发展。

（2）1783 年《普鲁士一般抵押令》、1794 年《普鲁士普通邦法》与登记的实质审查主义。1783 年《普鲁士一般抵押令》和 1794 年《普鲁士普通邦法》为德国 18 世纪制定法上最值得注目的两项法律。尤其关于不动产物权变动，该二法采

1　［日］铃木禄弥：《抵押制度研究》，一粒社 1968 年版，第 18 页。

2　［日］原岛重义：“无因性确立的意义”，载《法政研究》第 24 卷 1 号，第 71 页以下。

3　［日］原岛重义：“无因性确立的意义”，载《法政研究》第 24 卷 1 号，第 71 页。

4　［日］原岛重义：“无因性确立的意义”，载《法政研究》第 24 卷 1 号，第 74 页。

取的实质审查主义登记制度曾长期影响了德国物权交易的实务，以至最终成为普鲁士物权交易进一步发展的障碍。人民的私的生活也因此受到干涉。如下首先考量此两部法律规定的所谓“实质审查主义登记制度”。

1）1783 年《普鲁士一般抵押令》（第 2 节）。第 11 条：专任官吏及委员会对于当事人提出的申请书及附件，必须从形式和内容两方面加以缜密地审查。

第 58 条：欲订正抵押权登记簿的所有名义的人，对备有登记簿的登记委员会，应提交买卖契约书、赠与证书、遗言书、判决书及取得证书的原本。

第 59 条：委员会必须依本“法令”第一章第一节以下的总则的规定，对当事人提出的申请加以审查，并必须对如下事项加以检视：有关当事人对标的物在形式上有无处分权、这些人自身的所有名义是否被订正、交易本身是否依法存在着向新的所有人进行所有权让与时所必须具备的原因关系，以及最后作成的证书是否具备适法的要件等。

2）1794 年《普鲁士普通邦法》。1794 年《普鲁士普通邦法》第 427 条规定：抵押权取得的登记，依 1783 年《普鲁士一般抵押令》的有关规定处理。可见 1794 年《普鲁士普通邦法》首先将 1783 年《普鲁士一般抵押令》所规定的实质审查主义登记制度承继下来。不仅如此，该法对于实质审查主义还进一步作了补充性规定：管理登记簿的官厅（机关），若登记上存在着“法定方式”的欠缺，必须承担责任。

此种登记的实质审查主义制度，显然是一种审查范围无所不及的全面的审查主义制度。在此制度下，登记官吏的审查义务不仅及于引起物权变动的物权行为本身，而且及于作为基础的债权关系（债权契约）。关于审查的方式，不仅要审查申请书是否符合一定的形式要求，而且对申请书背后的事实关系也要加以稽查。如果登记官吏因审查不周而作成“不正登记”时，登记官吏必须负损害赔偿责任。[1]这种严格的审查主义，如果从谋求交易安全的真的权利关系与登记的一致性上看，毋庸置疑是恰当的。但是，它因此而引起的弊害则更是显而易见的。首先，由于国家对引起物权变动的原因关系也加以审查，故而使得审查的时间必定

1 ［日］铃木禄弥：《抵押制度研究》，一粒社 1968 年版，第 19 页。

延长，审查手续也必然因此而繁杂，物权交易本身对便捷的要求必然受到影响。其次，由于登记官吏对于自己所为的“不正登记”需负损害赔偿责任，登记官吏为避免承担责任，必须时刻注意登记审查的全过程乃至每一个细节，如此，登记官吏的审查范围不断扩大，即使与不动产交易未有直接关系的当事人的私事也要审查。其结果，经由登记之际的“审查”而发生了对个人私生活的侵害、干涉现象。[1]无疑，对于此种严重的不正常状况，必须予以改善。

2. 1872 年《普鲁士土地所有权取得法》与无因的物权行为理论

历史的车轮驶入 19 世纪初期后，随着普鲁士不动产交易的日益频繁，农业领域对资本投入要求的不断增强，登记实质审查主义的繁杂程序对于不动产交易的拘束（限制）显得愈益深刻。特别是自 19 世纪肇端以降，由于市民的自由精神次第发达，此种缜密的审查对私的生活与市民自由的不当干涉越来越不能再容忍下去。[2]

在这种形势下，要求改革登记制度，尤其要求限制登记官吏的审查义务的范围，也就为社会大众所期盼。但是，奠基于容克贵族地主之上并以之为社会基础而构筑起来的普鲁士政府并未轻易接受此种改革的要求。[3]1848 年，欧洲大陆先后爆发了资产阶级革命，由此引起了欧洲一般政治势力对比状况的深刻变化。莱茵地区与西德意志地区的合并，导致普鲁士整体的封建土地所有贵族的势力相对衰退，资本主义因此变得相对发达，加之随后土地所有贵族本身的日渐资本主义化等，最终促成普鲁士政府转到进行改革的立场上来。[4]如此，对登记的实质审查主义加以改革的政治条件成熟了。

在理论上，萨维尼倡导的物权行为无因性理论则直接成为这一改革的理论基础和启动力，即经由利用无因的物权行为理论，物权变动之际的登记程序简便化，不动产交易的障碍与登记官吏对私的交易的过分介入被排除与摒弃。因为，依物权行为理论，物权变动的效力应与发生变动的基础关系（债权关系）相分

1　［日］铃木禄弥：《抵押制度研究》，一粒社 1968 年版，第 100 页。

2　［日］铃木禄弥：《物权法讲义》（第 4 版），创文社 1994 年版，第 101—102 页。

3　［日］铃木禄弥：《物权法讲义》（第 4 版），创文社 1994 年版，第 101 页。

4　［日］铃木禄弥：《物权法讲义》（第 4 版），创文社 1994 年版，第 102 页。

离，不动产变动之际，登记官吏的审查范围也就仅限于审查直接发生物权变动的物权行为。

1872 年，直接利用物权行为无因性理论而制定的《普鲁士土地所有权取得法》于千呼万唤中出台了。由于采用物权行为无因性理论，登记的实质审查主义被排除。《立法理由书》就摒弃实质审查主义而改采新的以物权变动的无因构成为基础的形式审查主义的因由作了如下释明："自 19 世纪 20 年代尤其是 50、60 年代以降，土地所有与资本所有的社会及法律关系次第发生了急剧变化，土地所有人和土地本身因农业立法而逐渐从人格的制约与残留负担的束缚下解放出来，土地的闭锁性（Abgesehlossenheit）逐渐向日益变得频繁的土地的分割与结合的变动让步。因此，既有不动产立法也就不能满足土地的迅速与可动性的要求，加之对法律行为适法性的严密审查，致审查过程极其缓慢并由此阻碍交易的便捷，因而有加以改正的必要。"[1]

《普鲁士土地所有权取得法》第 1 条规定：在自由让与场合，土地所有权基于 Auflassung（让与土地所有权的物权合意）而转移，受让人仅于土地登记簿册上为所有权转移登记即可取得。第 2 条规定：土地的 Auflassung 在有管辖权的登记官吏面前以口头方式进行，登记由取得人的意思表示、登记申请及出让人同意登记的意思而为之。[2]亦即，土地所有权的让与依包含意思表示的 Auflassung 方式即可发生转移，可见明示采物权行为无因性。如此一来，审查的对象也就仅限于 Auflassung，作为原因的债权行为则不属审查范围。《土地登记法》第 46 条就此规定：登记法官就 Auflassung 中的登记申请与同意注销登记的适法性，仅需自形式与内容上加以审查。审查之际发现登记申请或注销有不正当事由时，登记法官需将此情况通知申请人。这样，因采用无因的物权行为理论，阻碍不动产信用交易进一步发展的最后障碍——实质审查主义被排除和摒弃了。此系经由启用特殊的法律理论（物权行为无因性理论），而为完成改革所创造的法律制度。[3]因此，所谓物权行为无因构成的保护交易安全的功能于这里始终未能显现。《普鲁士土地

1 ［日］原岛重义："无因性确立的意义"，载《法政研究》第 24 卷 1 号，第 88 页。

2 ［日］原岛重义："无因性确立的意义"，载《法政研究》第 24 卷 1 号，第 88 页。

3 ［日］原岛重义："无因性确立的意义"，载《法政研究》第 24 卷 1 号，第 92 页。

所有权取得法》的此种法律构成为1896年《德国民法典》第873条及第925条原原本本加以承继。[1]至此，我们不难看到，物权行为无因性这一德意志社会的特殊法概念是如何于制定法上得以登场的：它是为排除登记的实质审查主义带来的弊害而得以登场的。这是今人研习物权行为无因性理论时应特别注意的。

3. 小结

综上所言，可以明了，物权行为无因性理论，乃是肩负排除与摒弃不动产登记的实质审查主义的使命而于制定法上定着下来的。由此产生的直接后果是：普鲁士完备的不动产登记制度获得确立，并使登记制度的近代化得以最终完成。此种奠基于无因性理论基础之上的不动产形式主义登记制度得以成立的社会基础是：土地所有人要求对自己的土地进行资本主义式的农业经营。[2]实质审查主义的排除，意即这些阶级与之前曾是其盟友的旧的生存基础的决裂。德国民法史上，物权行为的无因性正是在如此的背景下于制定法上得以确立的。

（三）《德国民法典》与无因性理论

如所周知，自法律渊源上看，《德国民法典》是19世纪德国法尤其是德意志同盟时代的立法发展的归结；就学理基础而言，则是潘德克吞法学的法典化。该法典采用了物权让与的无因构成理论，从而使抽象的物权行为理论正式于近代民法典上定着下来。

为全面把握和理解《德国民法典》确立的抽象物权行为制度，这里有必要从《德国民法典》的制定谈起。法史上，《德国民法典》的制定系以1871年德意志第二帝国的成立为肇端。但是，按照1871年第二帝国宪法，必须等到帝国立法权扩大到全部民法后，民法典的编纂才能真正开始。1873年，帝国立法权扩大到全部民法。1874年产生了民法典第一委员会，负责民法典起草工作。3年后的1887年末，民法典草案的起草得以完成，史称“第一草案”。此草案其后因遭受各方批判而复产生出“第二草案”和“第三草案”，但是“第一草案”规定的若干重要制度如物权行为的无因性制度于各草案上沿袭了下来，直至为1896年民法典正式确立。因此，考察第一草案对物权变动的无因构成的确立过程，乃是理解《德

---

1 ［日］原岛重义：“无因性确立的意义”，载《法政研究》第24卷1号，第99页。

2 ［日］原岛重义：“无因性确立的意义”，载《法政研究》第24卷1号，第79页以下。

国民法典》确立无因性制度的关键所在。

1873年德意志帝国的立法权扩大到民法全体后，德国联邦参议院即设置了“预备委员会”，准备起草民法典。该委员会确立了关于德意志帝国统一民法典之制定的下述指导方针：为了满足德意志国民的希望、一切被统治地区的利益及学问与法的惯行，应维持帝国内既存各民事法体系的共同的确凿有力的制度及法规。[1]

1874年起草民法典的第一委员会成立。在作为第一草案基础的各编的“准备草案”制成前，第一委员会规定了拟定一些重要制度时应遵循的“准据性基本方针”。[2]较之动产而言，物权法中的土地法制度应当怎样形成更成为一个重大的难题。[3]委员会检讨了业已存在而可供借鉴的关于不动产物权变动的两项立法成例：交付主义的普通法体系与法国法的登记制度体系（对抗要件主义）。就设计登记簿制度而言，又有两类情形：其一是关于土地所有权和土地上的其他物权的取得的土地登记簿制度；其二是抵押权、土地负担等的变动采登记主义的抵押登记簿制度。其中，就土地登记簿制度而言，又有如下两种情形的区别：以普鲁士土地所有权法为代表的合意与登记主义，以及与有效的原因行为、物权契约的存在无关系，而只要于土地登记簿中为所有权转移的登记，即发生所有权转移的效果的“效力主义”。由于这些不同的土地制度的存在，试图要将他们“统一”起来形成“统一”的制度，显然是不可能的。[4]于此情形下，委员会不得不决定：应按照以土地登记簿制度为前提的《普鲁士土地所有权取得法》的规定加以解决。而关于动产所有权的取得，委员会决定不采法国民法的“契约主义”（意思主义），而采

---

1 ［日］有川哲夫：“物权契约理论的轨迹：萨维尼以后一世纪间”，载［日］原岛重义编：《近代私法学的形成与现代法理论》，九州大学出版会1987年版，第318页。

2 ［日］有川哲夫：“物权契约理论的轨迹：萨维尼以后一世纪间”，载［日］原岛重义编：《近代私法学的形成与现代法理论》，九州大学出版会1987年版，第318页。

3 ［日］有川哲夫：“物权契约理论的轨迹：萨维尼以后一世纪间”，载［日］原岛重义编：《近代私法学的形成与现代法理论》，九州大学出版会1987年版，第318页。

4 ［日］有川哲夫：“物权契约理论的轨迹：萨维尼以后一世纪间”，载［日］原岛重义编：《近代私法学的形成与现代法理论》，九州大学出版会1987年版，第318页。

德国普通法与各邦法的交付主义制度。[1]

1880 年，莱茵霍尔德·约霍夫（Rheinhold Johow）完成了物权法的“准备草案”[2]。按照该草案第 132 条和第 133 条，在“让与”的场合，动产所有权因完成“让与意图”的交付而完成所有权的移转过程。让与原因即使有“误会、误解”，也对受让人取得所有权无丝毫影响。委员会对草案予以审议时，认为“所有权移转的意图”一语未臻精确，决定由“物权契约”一语取代之，并同时表示，以意思表示为核心的该“物权契约”的成立和生效，民法典总则编有关“契约”的规定对其有适用的余地。[3]对于温德沙伊得将交付解为物权契约的形式（Form）的见解，委员会认为这是一项纯粹的理论问题，其妥当与否，应完全委由学说决之，然无论如何，至少应将交付解为物权契约的必要条件。[4]另外，关于土地所有权的让与，根据莱茵霍尔德·约霍夫的意见，土地所有权制度系依 Auflassung 与在土地登记簿册为登记而取得。所谓 Auflassung，系指由出让人同意登记的承诺与取得人的登记申请的意思，而以口头方式作出的同时表示（第 117 条、第 118 条第 1 项）。[5]

至此可以看到，《德国民法典第一草案》对于由萨维尼倡导，巴尔（Bähr）和温德沙伊得继受并予以传播的无因的物权行为理论忠实地加以了法律条文化。[6] 1888 年初公布的《德国民法典第一草案立法理由书》在解释物权变动之采无因构成的理由时指出：这首先是基于体系上的理由，因为与债权契约独立的物权行为必然具有无因的性质；其次是对 1872 年《普鲁士土地所有权取得法》予以继受

---

1 ［日］有川哲夫：“物权契约理论的轨迹：萨维尼以后一世纪间”，载［日］原岛重义编：《近代私法学的形成与现代法理论》，九州大学出版会 1987 年版，第 318 页。

2 ［日］有川哲夫：“物权契约理论的轨迹：萨维尼以后一世纪间”，载［日］原岛重义编：《近代私法学的形成与现代法理论》，九州大学出版会 1987 年版，第 318 页。

3 ［日］有川哲夫：“物权契约理论的轨迹：萨维尼以后一世纪间”，载［日］原岛重义编：《近代私法学的形成与现代法理论》，九州大学出版会 1987 年版，第 318 页。

4 ［日］有川哲夫：“物权契约理论的轨迹：萨维尼以后一世纪间”，载［日］原岛重义编：《近代私法学的形成与现代法理论》，九州大学出版会 1987 年版，第 319 页。

5 ［日］有川哲夫：“物权契约理论的轨迹：萨维尼以后一世纪间”，载［日］原岛重义编：《近代私法学的形成与现代法理论》，九州大学出版会 1987 年版，第 319 页。

6 ［日］广濑稔：“无因性理论的考察：以德国普通法学的所有权让与理论为中心”，载《法学论丛》第 77 卷 2 号，第 68 页以下。

的结果以及保护交易安全的需要。[1]《德国民法典第一草案》关于物权变动的此种无因构成被其后的第二草案及第三草案秉承，1896年《德国民法典》公布时，物权变动的无因构成遂在民法典上正式确立下来。《立法理由书》对于确立此制度的因由的说明大抵与第一草案理由书的说明相同。民法典立法理由书于叙述了将债权行为和物权行为（尤其将债权契约与物权契约）予以分离所具有的极大意义后，指出原因行为的债权契约无效而物权契约依旧有效的这种法的构成，对于遏制国家对不动产交易的迅速进行产生的阻碍和过分干涉具有重要意义。[2]学者指出，这是德国资产阶级为达成其自身目的而觅到的一种法律构成，在这种构成下，作为基础的社会关系被完全掩盖和隐蔽起来了。[3]

六、物权变动无因构成的所谓交易安全保护功能考察

自萨维尼1820年代首倡物权行为无因性理论，尔后分别为1872年《普鲁士土地所有权取得法》与1896年《德国民法典》所确立，迄今已历时百余年。百余年来，对于该无因性理论的功能是什么、《德国民法典》何以确立此制度等，涵括德国学者在内的世界各国家或地区学者曾展开了广泛的讨论，并由此引出了是接受、肯定，还是摒弃、拒绝该物权变动无因性理论的重大论争。论争的焦点集中于：萨维尼为何建立此物权行为无因性理论、《德国民法典》何以接受此理论并采为立法基本原则，以及物权变动的无因构成与善意取得制度有何关联性等。毫无疑义，对于这些问题的解明将极大地有助于理解和把握物权行为无因性之本旨，进而窥测该理论的未来发展趋向等。

如果从1820年代算起，萨维尼创立的物权行为无因性理论迄今已承载了近200年的历史沧桑。此间，经过学者长时期的激烈论争，所谓“物权交易的安全保护功能”被认为是该理论最重要的功用，而正是此功用，决定了该理论有其根

---

1 ［日］加藤一郎：“无因主义的历史的制约”（评介），载《法学协会杂志》第72卷第3号，第297页。

2 ［日］加藤一郎：“无因主义的历史的制约”（评介），载《法学协会杂志》第72卷第3号，第288页以下。

3 ［日］原岛重义：“无因性确立的意义”，载《法政研究》第24卷1号，第84页以下有翔实论述。

本的存在价值。换言之，在无因性论者看来，物权交易的安全保护功能是无因性理论应该被保留和继续存在的最重要的因由。事情果真如此？于近代以降的民法立法已然确立起善意取得制度（涵括《德国民法典》本身）的情形下，物权变动无因构成的交易安全保护功能是充分的吗？抑或已经被大大减杀甚至被抵销？自利益衡量角度看，物权变动无因构成对即使因恶意而取得标的物所有权的人也加以保护，这与当代人类文明下一个国家的人民的法感情、法意识及社会伦理的基本理念是否相合？于如下篇幅，对于这些疑问，笔者将围绕所谓物权变动无因构成的交易安全保护功能而展开并尝试作出回答。

（一）德国普通法时期物权变动无因构成的“交易安全保护功能”考察

1. 德国普通法时期学理对萨维尼物权行为无因性理论的“交易安全保护功能”的释明

如前述，自中世纪以降，德国在继受罗马法、教会法的基础上，逐渐形成一种在全国范围内适用的法，称为“普通法”。自此，德国法制史迈入所谓“普通法时期”。这一时期，“无论何人均不能将大于自己的权利让与他人”的罗马法原则严格地支配着物权的交易实践活动，“从无权利人处取得制度”（善意取得制度）并不为交易实务所承认。于此背景下，这一时期的大部分学者遂将物权行为无因性理论的功能解为交易安全的保护，或至少从主观上期待该理论有此功能。

抽象物权行为理论的始祖萨维尼于《当代罗马法体系》一书中指出：“基于错误的买卖契约是不得撤销的买卖契约，基于错误的交付为完全有效，此‘错误原则’对交易的无影响性，是对无边无际的不安定与恣意的交易的惟一保护。”[1]萨维尼的这段话语是否表明了其创立物权行为无因性理论的“目的衡量”，即物权交易安全的保护？德国普通法时期的学者围绕此一话语而进行了各种不同的解释，并由此展开了物权行为无因性的功能是什么的论争。

学者费尔根特雷格（Felgentrager）认为，萨维尼的这一话语表现了其创立物权行为无因性理论的“目的衡量”——交易安全的保护，但学者富克斯（Fuchs）

1 ［日］广濑稔：“无因性理论的考察：以德国普通法学的所有权让与理论为中心”，载《法学论丛》第77卷2号，第52页。

则持否定见解。[1]他解释道："这一话语并不能表明萨维尼将交易安全置于第一次性的地位加以考量，交易安全的保护充其量只是这一理论所期盼得到的附随性结果，'基于错误的交付也是完全有效的'乃是这个理论所带来的福祉。但是，由于这是将动机错误与一般情形联系起来加以把握，故而实难断言萨维尼在此业已表达了他的这一理论所期望达到的目的。"[2]巴尔（Bähr，Anerkennung，1855，S. 14）对萨维尼的这一话语作了如下解释：使所有权的让与与其原因分离、独立的因由，若与债务的设定对比，则是"所有权就本质而言乃是属于从手到手的移行，于达到的任何一个地方即开始其新的生活而定着下来的缘故，假若所有权因其让与原因的瑕疵而受影响，则所有权将不能完成这一使命"。[3]学者施莱辛格（Schlesinger，Formalcontract，1858，S. 11）从交易对方安全且容易地取得标的物所有权的角度解释了萨维尼的上述话语。他指出，必须将作为原因的当事人的意思与所有权让与的"构成部分"加以分离，否则新的所有人必"附着"于前取得人，并必须时刻悬念因原因关系的瑕疵而丧失权利的可能性，如此交易遭受妨碍也就难以避免。[4]

在德国普通法学上，耶林是将物权变动的无因性理论从交易安全保护的论理构造上清楚地加以展开的第一人。他在《罗马法的精神》中指出：使所有权让与的原因关系与物权行为分离开来而产生的利益至少有二：其一，所有物返还请求权的证明变得单纯化；其二，在耶林看来，基于此种构成，原权利人的原因关系上的权利主张，仅限定于对第一受让人行使，而不得对自第一受让人处转而取得标的物的第三人（第二受让人）行使。如此，第三人（第二受让人）获得保护。耶林的此见解与前述施莱辛格的见解既有区别也有关联性。在施莱辛格看来，由于无因构成，使取得人对交易对方的检查范围缩小，因而交易对方对标的物的取

1 ［日］广濑稔："无因性理论的考察：以德国普通法学的所有权让与理论为中心"，载《法学论丛》第77卷2号，第52页。

2 ［日］村上淳一：《德国的近代法学》，东京大学出版会1984年版，第21页。

3 ［日］广濑稔："无因性理论的考察：以德国普通法学的所有权让与理论为中心"，载《法学论丛》第77卷2号，第53页。

4 ［日］广濑稔："无因性理论的考察：以德国普通法学的所有权让与理论为中心"，载《法学论丛》第77卷2号，第53页。

得也变得非常容易，进而使交易本身获得安全与便捷。[1]与耶林见解相较，施莱辛格是从事前的立场论述如何使标的物的取得变得容易化的，而耶林则是从事后排斥原权利人的权利主张而保护第三取得人利益的立场加以论述的。二者的共通点在于实现交易的容易化与安全性。因此，通常认为，于论及无因构成的交易安全的保护功能时，并无对二者予以特别区分的必要。[2]

耶林和施莱辛格指陈萨维尼的物权行为无因性论理论具有交易安全的保护功能时，正值并不承认“从无权利人处取得”（善意取得）制度的德国普通法时期。于这样的法制背景下，对前主（第一受让人）的权利加以限制乃是非常必要的。物权变动的无因构成是保护从前主那里转而取得标的物的第二受让人，就此而言，它是善意取得制度的代用物。[3]另外，物权变动的无因构成对于所有权让与以“占有让与”方式进行的场合，也有“目的适合性”。[4]因为，取得原因有瑕疵的前主既然对标的物予以“占有”，则从外形上看，该人即是标的物的所有人（此为“占有”本身所具有的公信力所使然）。于这样的场合，经由“无因构成”而应获保护的人，当然应当是从“所有人”那里取得标的物的人。但是，前主并未像所有人那样基于“所有权权利”而对标的物予以“占有”（譬如只是基于租赁权对标的物予以占有）时，无论怎样采用无因构成，前主也都是无权利人（即非所有权人）。[5]于此情形，只有通过善意取得制度才可保护第三人的权利。可见，即使以物权行为的无因构成对交易安全加以保护也不具有完全性和彻底性。但是，于不知善意取得制度为何物的法制下，物权让与的无因构成的确可以除去市

1　［日］广濑稔：“无因性理论的考察：以德国普通法学的所有权让与理论为中心”，载《法学论丛》第77卷2号，第54页。

2　［日］广濑稔：“无因性理论的考察：以德国普通法学的所有权让与理论为中心”，载《法学论丛》第77卷2号，第54页。

3　［日］广濑稔：“无因性理论的考察：以德国普通法学的所有权让与理论为中心”，载《法学论丛》第77卷2号，第54页。

4　［日］广濑稔：“无因性理论的考察：以德国普通法学的所有权让与理论为中心”，载《法学论丛》第77卷2号，第54页。

5　［日］广濑稔：“无因性理论的考察：以德国普通法学的所有权让与理论为中心”，载《法学论丛》第77卷2号，第54页。

场交易中交易危险的相当大的部分，这一点乃是毫无疑义的。[1]

耶林对于物权变动无因构成具有保护交易安全的功能的论述逐渐浸透和弥漫到了普通法学者中。例如斯特罗尔（Strohal）、库伦贝克（Kuhlenbeck）、布沃（Buhl）等即是将无因构成解为具有保护交易安全的功能的著名代表。学者库伦贝克在《从潘德克吞到民法典》这一著作中，引用其老师耶林关于无因构成的交易安全保护功能的长篇论述，进一步释明了这一时期物权变动的无因构成对于交易安全所起到的保护功用。[2]学者斯特罗尔的叙述也颇为引人注目，因为他首次触及并叙述了无因构成与善意取得制度的关联性。其指出，罗马法上并不存在善意取得制度，这也影响到了德国普通法。于这种法状态下，使所有权让与效果的发生与原因行为的瑕疵尽可能独立存在，是交易利益的要求。[3]此外，在德国普通法时期，德恩堡（Dernburg）、阿恩茨（Arndts）等人依据潘德克吞法学理论，也对物权行为无因性理论的这种功能作了论述。[4]

至此可见，在普通法时期的代表性学者中，萨维尼倡导的物权行为无因性理论的功能几乎被一致解为系在于实现交易安全的保护，或者至少期待该理论应有如此功能。事实上，在不知善意取得制度为何物的德国普通法时期，物权行为的无因构成确有保护交易安全的功能。至此也就可以得出结论：物权行为无因性理论在普通法上的存在是妥当的、合理的、无可指责的。当然也有必要提及，在此时期，积极否认该理论有此功能的学者也并不是没有的。莱斯特（Leist）即是持反对意见的著名代表。他指出："按照罗马法的交付方式进行所有权让与，无疑具有实际的合目的性与理论上的清晰性，因此专门依照物的自由让与性（即物权移转不受原因关系的影响——笔者注）思想而构筑的新见解并不正确……生活中

---

1 ［日］广濑稔："无因性理论的考察：以德国普通法学的所有权让与理论为中心"，载《法学论丛》第77卷2号，第54页。

2 ［日］广濑稔："无因性理论的考察：以德国普通法学的所有权让与理论为中心"，载《法学论丛》第77卷2号，第54页。

3 ［日］广濑稔："无因性理论的考察：以德国普通法学的所有权让与理论为中心"，载《法学论丛》第77卷2号，第54页。

4 参见［日］广濑稔："无因性理论的考察：以德国普通法学的所有权让与理论为中心"，载《法学论丛》第77卷2号，第54—56页。

最频繁进行的因买卖而发生的所有权让与，其原因是必须有的。”[1]但是，很显然，这一反对立场的根据和立论并非有力，故此在德国普通法学上，物权让与的无因构成具有保护交易安全的功能也就成为通说。

2. 德国普通法时期物权变动无因构成的“交易安全保护”功能的实效性及受到的限制

如前述，在不承认善意取得制度的德国普通法上，物权变动的无因构成确有保护交易安全的功能，但是，其又发挥了多大程度的实际的“交易安全保护”功能呢？这不能不说是另一个值得探讨的问题。事实上，即便在德国普通法上，遏制物权变动无因构成之交易安全保护功能发挥的因素始终是存在的。这就向我们提出，在德国普通法上，物权变动的无因构成对于交易安全的保护究竟产生了多少“实有”的实效性？对此，乃有必要加以考量。

首先，应该指出，在德国普通法学上，从很早开始即存在着所有权让与行为的效果应以原因关系的有效存在为前提的见解，此即所谓相对的无因说。《德国民法典》制定初期，温德沙伊得鉴于物权让与的无因构成所带来的严重弊害，于是提出了破坏当时居于支配立场（物权让与的无因构成）的所谓“前提理论”。他将所有权让与的原因关系称为“前提”（Vorausset zung），指出为了强调所有权让与的原因关系的重要性，需将“前提”作为意思表示的内容而以“条件”加以把握。此种“条件”第三人也可主张，因此所有权让与后，假如原因行为未有效（解除条件的成就）成立，则原所有人即未有溯及性的让与权利（解除条件的效力）。从而对第三人也可行使所有物返还请求权。另外，所有权让与附有原因行为有效成立这一停止条件时，即使有物的交付，如果原因关系未有效成立，所有权也不能转移，从附停止条件的取得人那里转而取得的人，则须“屈服”于原所有人的所有物返还请求权主张。像这样，基于当事人的意思而使所有权让与的效果与原因关系之有效存在相关联，即使物权变动的无因构成的交易安全保护功能

---

1 ［日］广濑稔：“无因性理论的考察：以德国普通法学的所有权让与理论为中心”，载《法学论丛》第77卷2号，第57页。

发生了大步的后退。[1]

其次，这一时期，因交付而生的所有权变动，如发生在买卖契约场合，于买卖价金未给付或担保未设定前，所有权不得移转（法定条件）的见解也是居于支配地位的。按照该见解，即使进行了交付而所有权也不发生移转的情形明显增多，如此，无因构成对于物权交易安全保护功能的实现程度不得不大打折扣。[2]莱斯特基此而断定，"认为无因构成具有交易保护功能的见解是错误的"，[3]进而根本否认因买卖而生的所有权变动具有无因性。

再次，这一时期出现了颇值注目的如下情形：作为原因的债权契约存在瑕疵时，该瑕疵也及于物权契约，从而使物权契约与债权契约具有同一瑕疵。

最后，在德国普通法上，于某些特定场合，所有权让与行为乃是被完全禁止的。例如，关于妻的作为嫁资的土地、父母所管理的子女的特有财产、夫妇间赠与的某些家庭财产等，在法律上即禁止予以让与。违反此种禁止而进行让与的，让与本身不生效力。法院禁止让与的，违反者，也依然无效。[4]如此的状态对于交易本身来说无疑意味着一种危险，此危险即使依无因构成也不能排除。所有权让与的禁止，即使依当事人之间的合意也可发生。但是，其却与物权让与的无因性没有直接关系。另外，若法律行为的内容违反伦理规范时，该行为即属无效，此一般原则即使于德国普通法上也是存在的。但是，以违反伦理内容的债权契约为原因而进行所有权让与时，债权契约的无效是否也及于所有权让与行为，对此，德国普通法学的立场并不明确。惟通常认为，所有权让与因为是作为抽象的契约而存在，且仅以所有权移转为内容，故其自身在伦理上系属中性，原则上并不具

---

1 ［日］广濑稔："无因性理论的考察：以德国普通法学的所有权让与理论为中心"，载《法学论丛》第77卷2号，第60页。

2 ［日］广濑稔："无因性理论的考察：以德国普通法学的所有权让与理论为中心"，载《法学论丛》第77卷2号，第61—62页。

3 ［日］广濑稔："无因性理论的考察：以德国普通法学的所有权让与理论为中心"，载《法学论丛》第77卷2号，第52页以下。

4 ［日］广濑稔："无因性理论的考察：以德国普通法学的所有权让与理论为中心"，载《法学论丛》第77卷2号，第62页。

有反伦理性，故所有权让与行为依然有效。[1]

3. 小结

至此，可以对物权让与的无因构成于德国普通法时期所具有的“功能”做一小结。在此时期，物权让与的无因构成对于物权交易的安全的保护功能是存在的，抑或至少是可以期待的。但是，这一功能就其实效性而言，又不可避免地遭遇到各种障碍，受到各方面的限制。物权契约的“法的原因”（债权契约）的错误不对物权契约的效力发生影响，立基于无效或不成立的债权契约之上的物权契约原则上仍然有效，以及物权契约自身因不具有反伦理的性质，于这些场合及基于这些理论，无因性理论得发挥保护交易安全的功能，此点是比较明确和清楚的。

（二）18 世纪后半叶法典编纂蓬勃时期

自 18 世纪后半期开始，德意志兴起了蓬勃的法典编纂运动，1759 年《巴伐利亚民法典》、1794 年《普鲁士普通邦法》、1811 年《奥地利普通民法典》及 1803 年《萨克森民法典》相继问世。在这些法典中，以当时已然形成的所有权概念为基础，罗马法和普通法的所有权“回复主义”（Vindicationsprinzip）与“无论何人不得将大于自己的权利让与他人”的原则依旧占据支配地位。这些法律为了适应资本主义商品经济和土地金融的发达对物权交易安全的急迫要求，而逐渐对这两项原则于动产、不动产领域的适用予以种种修正。关于动产，例如依《普鲁士普通邦法》，以善意且有偿方式取得标的物的人，虽然应当“屈服”于原所有人的“回复请求”主张，但要求返还标的物的人必须支付“赎金”。在此基础上的更进一步的发展，是取得人以善意方式而从国库或竞买场所，抑或从享有基尔特（或同业行会）的成员资格的商人处买得标的物时，原所有人的所有物返还请求权被彻底排除。迄至 19 世纪中期，德国交易法统一运动因 1848 年《普通票据法》的制定而获成功。1861 年，作为更大成果的《德国普通商法典》颁行。按照该商法典，物权变动虽然应当首先适用普通法确立的一般原则，但就善意取得人而言，某物从商人那里的营业范围内被让与了时，如果取得人系善意且该物非

1 ［日］广濑稔：“无因性理论的考察：以德国普通法学的所有权让与理论为中心”，载《法学论丛》第 77 卷 2 号，第 62—63 页。

属盗品或遗失物的，则从“无权利人处”取得标的物的人，作为例外，将承认其享有标的物的所有权。[1]

关于不动产，这一时期登记簿制度逐渐获得建立，保护对登记簿记载内容的信赖制度（登记的公信力制度）得以确立。譬如，按照《普鲁士普通邦法》，虽然基于单纯的交付也可取得所有权，但从登记簿上被记载为“所有人”的人那里接受抵押权设定的人，其善意取得的抵押权也是获得承认的。由此至1872年《普鲁士土地所有权取得法》颁行时，善意取得制度开始向土地所有权取得场合扩张。实际不动产交易的此种运作状态，至少在一般商法典施行后，再以无因构成来保护交易安全根本没有必要。另外，即使于《普鲁士普通邦法》上，所有人的所有物回复请求权也被极大地加以了限制，因而也不至于对交易的顺利及便捷运行产生障碍。此外，在承认土地所有权的善意取得的《普鲁士土地所有权取得法》颁行后，普鲁士社会对交易的保护也是充分的。[2]可见在承认了善意取得制度后，不再经由无因构成也可使物权交易的安全获得根本性保障。

（三）《德国民法典》制定前后

《德国民法典》乃是以潘德克吞法学为基础而成立起来的近代民法典。该民法典首先基于体系上的理由而采用了物权让与的无因构成。《德国民法典第一草案理由书》曾谓：与债权契约对立的物权行为必然具有“无因”的性质。但是，被认为是德国普通法学之一原理的物权行为无因性于由民法典采为正式立法条文时，《立法理由书》对于这一“原理”的存在根据并未明确指出。即使如此，从立法草案理由书（尤其是第一草案理由书）的叙述中，我们仍然可以推知如下二种情况是促成《德国民法典》采用物权让与的无因构成的最重要因由：其一，排除不动产让与之际，登记官吏连同原因关系也要审查的实质审查主义，避免不动产交易的便捷遭受妨碍。其二，交易安全的考量。《第一草案理由书》写道：无因构成如果无助于法律关系的明确，则必然危及交易安全。第二“读会”议事录

---

1 ［日］广濑稔：“无因性理论的考察：以德国普通法学的所有权让与理论为中心”，载《法学论丛》第77卷2号，第68页以下。

2 ［日］广濑稔：“无因性理论的考察：以德国普通法学的所有权让与理论为中心”，载《法学论丛》第77卷2号，第68页以下。

写道："即使原因行为无效，所有权让与的效力也是正当存续，但是，前权利者依不当得利规则可要求取得者为所有权变动。只是被回复的取得者（第一受让人）一直是正当的所有者。如果该人将标的物让与第三人，则该第三人的权利应是正当存续的。"[1]此后，由帝国议会提出的"觉书"指出：关于物权让与的无因性，"如果因当事人之间的原因关系的瑕疵，登记的所有权及以之为根据的权利被撤销的话，……则土地交易将欠缺必要的安全性。"[2]从这些叙述可以看到，《德国民法典》之采用物权变动的无因性，在立法者的脑海中，"交易安全"这一"目的衡量"是存在的（关于动产的无因性也大抵与此相同）。换言之，立法者之采用物权变动的无因性，"交易安全的保护"是其基本因由。由于立法者于立法之际所表明的这种立场，自《德国民法典》制定迄至1920年，物权变动无因构成之存在因由乃在于保障交易安全的见解遂一直占据支配地位，并成为事实上的通说。

《德国民法典》在规定物权变动的无因构成后，同时又将作为德国"领邦法"的产物的"从无权利人处取得"的善意取得制度导入于该民法典中。这里有必要指出的是：在这种情况下，物权变动的无因构成究竟能于多大程度上起到交易安全的保护功用？研究表明，于承认善意取得制度后，物权变动的无因构成的交易安全保护功能绝大部分即被善意取得制度吸收。只是因"重过失"而未发现前主（第一受让人）取得原因有瑕疵而取得动产的人（第二受让人），可基于无因构成而得到保护。同时，从对取得者（第一受让人）的调查范围减少、交易容易化上考虑，善意取得制度不可弥补无因构成的功能，因为善意取得之成立，以对前主取得原因的调查为必要，此种调查不能免除。但是，经由无因构成对交易加以保护却不以"善意"为其构成要件，即便明知前主的取得原因有瑕疵而仍取得了标的物的"恶意取得者"，也完全获得保护，而原权利者的权利主张不予支持。最后，在没有"原因"而取得标的物的受让人受到强制执行、破产时，让与人将未

1　［日］广濑稔："无因性理论的考察：以德国普通法学的所有权让与理论为中心"，载《法学论丛》第77卷2号，第73页以下。

2　［日］广濑稔："无因性理论的考察：以德国普通法学的所有权让与理论为中心"，载《法学论丛》第77卷2号，第73页以下。

有“异议权”乃至“取回权”，而仅享有一般债权人的地位。[1]毫无疑义，物权变动的无因构成所产生的这些后果，从利益衡量角度加以考察，乃是与近现代及当代人类文明下人民的法感情、法意识及社会道德的基本理念相悖的。正是有鉴于此，学者通说乃极力倡导废止立法论上的物权行为无因性，或者对其持相当大的怀疑态度。

（四）小结

至此，我们可以对德国普通法时期物权变动无因构成所具有的功能作一小结。如果从抽象性上看，该理论及其构成确实“应该”具有交易安全的保护功能（可称为“应有功能”），但是，当从体系的关联上考察时，则这种功能乃被大大减杀，甚至被吸收。退一步论，如果说无因构成还有一点点“交易保护”的功能的话，则它也仅限于在一定的范围内始可发挥。而这一点点的功能如果从“利益衡量”上审查，则无存在的余地。可见，物权变动无因构成的“交易保护”的“应有功能”与“实有功能”之间产生了极大的分离，“实有功能”被善意取得制度的功能与“利益衡量”的结果所湮没、吸收与排斥，物权变动无因构成的交易保护功能几乎被完全抽空。对此，如果在考察了德国学者黑克（Heck）从“利益衡量”的角度对无因构成所做的致命一击，则更能清楚地证明这一点。

七、物权变动无因构成批判与无因构成的相对化

（一）对物权变动无因构成的批判：以黑克（Heck）“利益衡量”批判为中心

如前述，早在萨维尼倡导物权行为无因性理论的普通法时期，涵括无因性理论在内的全部物权行为理论即受到了一部分普通法学者的反对和质疑，其典型代表即是莱斯特。《德国民法典》制定时，对物权行为理论尤其是无因性理论的批判变得愈发强烈。学者指出这完全是一个不顾人民生活感情而由法学家拟制出来的“技术的概念”（Kunstbegriff）。著名学者基尔克的批判被认为是这一时期对无因性理论最猛烈的开火。他指出：“如果我们勉强地将单纯的动产让与分解为相互完全独立的三个现象时，的确会变为学说对实际生活的凌辱。到商店购买一副

1 ［日］广濑稔：“无因性理论的考察：以德国普通法学的所有权让与理论为中心”，载《法学论丛》第77卷2号，第75页以下。

手套，当场付款取回标的物者，今后也应当考虑到会发生三件事情：其一，债权契约，基此契约发生当事人双方的债权债务关系；其二，与此法律原因完全分离的物权契约，纯为所有权的让与而缔结；其三，交付的行为完全是人为的拟制，实际上只不过是对于单一的法律行为有两个相异的观察方式而已。今捏造两种互为独立的契约，不仅会混乱现实的法律过程，实定法也会因极端的形式思考而受到妨碍。”[1]《德国民法典》制定、公布后，学说对物权行为无因性理论的批判非但未因《德国民法典》明文确立物权行为无因性制度而偃旗息鼓，相反，学者之批判变得更加有力和深刻，并由此引起了更加广泛的影响，其中20世纪30年代中期，著名学者黑克基于利益衡量方法论对物权行为无因性所作的批判，被认为是对无因性理论所做的最具决定意义的批判，这一批判于反对无因性理论的学说史上占有重要地位，自那以后，力倡无因性理论的学者未再提出更深刻的理由予以反击。鉴于此批判的重要性，有必要对黑克所作批判的要点介绍如下。[2]

1937年，黑克出版了《无因的物权行为论》（Philipp Heck，Das Abstrakte dingliche Rechtsgeschäft，1937，S. 68）一书。在书中，他首先阐明了“无因性”的意义，对赞成与反对该理论的学界情况予以了概观。之后他指出，是承认、维持，还是否定、废止无因性理论和制度，完全应该在对其所具有的“利益”加以考量后而予决定。换言之，对这个理论和制度作“利益衡量”乃是判定这个理论与制度应否存在的“审判者”。于是，他基于利益法学的方法衡量了“无因论者”声称的物权变动无因构成所具有的三种“利益”：使对方或第三者获得保护的交易上的利益（Verkehrsinteresse），简称“交易上的利益”；使物权的概念与物权的法律关系容易识别及使确定的法律关系获得明了的利益（Klarheitsinteresse），简称“使法律关系获得明了的利益”或者“明确性利益”；“举证责任减轻（Beweisinteresse）的利益”或“举证的利益”。为了说明问题，黑克设定了如下的例子：A将被继承人遗赠的特定不动产和一幅名画的所有权移转于B，并完成对B的所有权移转行为，其后发现遗赠无效。在此例中，如果以物权变动的有因性为

1 刘得宽：《民法诸问题与新展望》，五南图书出版有限公司1995年版，第468页。

2 以下非有特别说明，其内容皆出自于日本我妻荣：“Heck无因的物权行为理论”（评介），载《法学协会杂志》第56卷3号。

前提，则所有权不能从 A 移转至 B，A 可以自动受到保护。相反，如果以无因性为前提，则所有权发生移转，A 对 B 限于仅可依不当得利的规定而受到债权保护。如下分析此种物权变动无因构成下所谓“无因构成”的此三种“利益”。

1. 关于“交易上的利益”

此又分两种情形，首先以最初的第一受让人的立场为中心，其次以“转得者”即第二受让人 C 的立场为中心加以考察。

（1）对第一受让人 B 与让与人 A 的利害予以较量，其结果是，肯定无因性未有任何理由。

1）在无因性下，受让人对其取得的权利极容易加以证明，这仅是诉讼法上的利益。如果从私法的立场考量，对 B 而言，无论有因性还是无因性，都不会产生大的差异，即均应返还标的物。返还请求权的基础是物权抑或债权也几乎未有差别。当然，在德国民法下，如所周知，在基于所有权的返还请求权与基于不当得利的返还请求权之间，对于孳息、费用所应返还的范围乃是不同的。黑克指出，这种规定未尽合理，将来立法或修法时应予剔除。

2）B 明知原因（债权契约）存在“欠缺”（瑕疵）而仍将标的物出让给第三人时，在有因性下即构成侵占罪。此构成侵占罪乃与社会观念、伦理及人民的法感情完全相符，并且也符合 A 的利益。

3）如果将 B 的债权人与 A 的利害加以对比，则产生强烈而明显的差异。有因性下，债权人即使被查封，A 仍然享有异议权，B 即使破产，A 也有取回权。与此相反，无因性下，标的物成为债权人的一般担保，A 也仅仅立于债权人的地位。较量此种利害，采取有因性乃是绝对为优。

（2）对让与人 A 与从受让人 B 那里转而取得标的物的人 C 或 B 的债权人 D 的利害予以较量。首先将它们的关系图式如下：

A（让与人）——B（第一受让人）——C（第二受让人）

↓

D（B 的债权人）

在这里，是采取物权变动的无因性还是有因性，差异显著。如果对差异所产生的利害加以判定，则显然以有因性为优。当然，这个较量是以德国民法承认不动产交易的登记簿具有公信力为立论前提的。

1）在罗马法“无论何人不得将大于自己的权利让与他人”的法制下，受让人C如想获得交易的安全、确实，则必须审查让与人B有无真实的权利。而且，与无因性下仅审查A与B的物权行为有无瑕疵即获满足相反，有因性下则必须审查原因关系（债权契约）有无瑕疵。正如无因性的激进拥护者耶林所谓：这种交易如果从不动产信用交易的迅速、安全的理想上看乃是显然不妥。因此，在既欲实现不动产担保确实化这一伟大理想，而又未有建立起公信力制度的19世纪法制上，无因性是最接近并可实现这一理想的极好手段。但是，在《德国民法典》确立起不动产和动产的公信力制度后，再以无因性作为达成这个理想的手段乃是全然没有意义。盖基于公信原则，交易的迅速、安全及确实的理想的确可以合理地达成而受到保护。

2）虽然依公信原则也有不可能依无因性而达到的保护领域，但如果仔细考察，则可发现，这是无因性保护的不当扩大。公信力完全可以达到的而由无因性加以保护的领域有三：转得者C是受让人B的继承人的场合；C作为B的债权人而对于标的物取得了法律上的物权（法定抵押权或法定质权）的场合；C因为恶意（关于不动产）或重过失（关于动产），不能受到公信力原则保护的场合。在这三种场合中，最值得检讨的是第三种场合。

首先考察不动产的情形。C如果是善意，那么依公信原则其可以受到保护（《德国民法典》第892条）。产生差异的是C有恶意的场合，即在无因性下，C即使有恶意也可取得所有权，在有因性下，C不能取得所有权。黑克指出，若比较这二种结果的差异，难道我们不能看到有因性更贴近于人民的感情吗？同时，他进一步指出，“如果按照正当的见解，违反公序良俗的行为将被认定为无效”，因此基于恶意而取得标的物的C的物权行为也是无效的。如此，即使在无因性下，C也不能取得所有权，这就实际上与有因性没有什么差异。如果不这样考虑而退一步说，由于恶意的C的行为在多数场合皆要构成侵权行为（《德国民法典》第826条），故此C负有损害赔偿义务，其结果是C应返还标的物（因为按照《德国民法典》，回复原状是损害赔偿的基本原则）。如此考量和观察，可以发现，无因性仍然不是C的“朋友”。换言之，无因性仍然不能保护C。

其次考察动产的情形。在此场合，C仅是善意且未有重过失时，依《德国民法典》第932条可以受到公信力原则的保护。因此，不仅C有恶意的场合，而且C有重过失的场合，也产生差异，即与无因性下，C即使有重过失也可取得所有权相反，在有因性下，C即不能取得所有权。不仅如此，因为C的重过失仍然尚不足以构成公序良俗违反行为，故其行为不能认为是无效的。另外，按照德国学者通说，由于不承认此可适用《德国民法典》第823条的规定，故此也不是侵权行为。而在无因性下，C尽管有重大过失，也仍然可以取得动产所有权，且不负任何债法上的责任。对于这个结果，无因性的急先锋齐特勒曼（E. Zitelmann）说，“这一点因为确保了动产交易的安全，所以系为肯定无因性的一个重要因由”。但是黑克对此指出，交易之时应该避免犯这样的重大过失，这正好是交易法原则的基本要求与应有之义。违反此种原则的基本要求来谈谋求动产交易的安全则完全没有必要。

2. 关于“使法律关系明了的利益”

黑克首先指出，认为无因性有这种“利益”的人是从两项立场上加以说明的，即法律概念的立场与立法政策的立场。

其一，认为无因性有使法律概念的关系明了的优点的典型代表是《德国民法典》立法理由书。该“理由书”谓：民法既然将债权与物权作为全然不同的权利体系加以把握，则就必须承认它们在各自体系上的独自的变动原因。换言之，在民法的体系中，物权既然被赋予了与债权不同的独立地位，因此其变动原因也当然不应依存于债权，而这正是民法的论理体系的要求所在。对此，黑克指出，有因性、无因性并不是一个论理上的问题，也不是自然事实上的问题，而完全是一个立法政策上的问题。民法典立法理由书在决定采用一个制度之时，与其是考虑了该制度所具有的社会功用，毋宁说只是期待其论理体系的协调与“正确”，这就赤裸裸地暴露了概念法学的态度。

其二，近世学者中，同意“理由书”所称无因性有助于在理论上使概念明确的人并不多。更多的学者则是认为，基于“无因性”，“物权具有了极度明了的法律事实的实益”。对此见解，黑克指出，此见解在方法论上是当然正确的，因为法律关系变得明了，法官和当事人容易明确识别，而这也正是社会的要求所在。但是，有疑问的是，采用无因构成后，这些实益是否就具备了呢？黑克指出，遗憾得很，无因性并不能带来这些实益。

3. 关于举证责任减轻的利益

无因性理论的拥护者从二点出发，认为物权变动的无因性制度可以产生使物权取得者的举证责任减轻的利益。所称二点是：物权存在的主张与登记手续。

（1）由于无因性，主张有物权权利的人可因此而减轻举证责任。而这又是基于如下两个前提：权利的主张常常以对权利取得的举证为必要；举证取得权利，需举证取得权利的实质要件，涵括积极要件与消极要件。但是，黑克指出，无论哪个前提皆是与法理及立法相悖的。

首先，就第一个前提而言，如果在普通法时代，则另当别论，但于今日乃不通用。在现今，依《德国民法典》第 891 条、第 1006 条，有登记或对标的物加以占有的人即被推定为物权人，而不需要再举证什么。

其次，关于第二个前提。在无因性下，如果要对权利的取得加以举证，则必须证明物权行为的有效存在。但是，如果进行这样的举证，与之相伴随的法律原因也应推定为存在。这正是经验法则的教导。因此，与物权行为相伴的原因行为如果不存在，则作为物权取得的实质要件正是消极要件。故此，主张物权取得时，如果也要举证这个消极要件存在，则是非常悖理的。

（2）考察无因性使登记手续简易这一点。黑克指出，这只不过是一种误解。在办理登记手续时，申请登记者应证明什么、登记官吏应审查什么，与物权取得的有因、无因全然未有关系，而是一个立法政策上的问题。在德国现行法制下，登记的进行仅需登记义务者一方的意思表示即为已足（德国《土地登记法》第 19 条）。与此相反，在德国各州法上，以物权的意思表示以外的要件为必要也是可能的（德国《土地登记法》第 98 条）。同样，即使在有因性下，也可以规定登记手续的必要要件是什么。另外，自近代以降，保障登记真实的理想与使登记手续简易、迅速的理想发生了众所周知的冲突。立法例于此二者之间作了种种不同的处置，从而出现了两种极为对立的基本模式：法国的登记主义与贯彻实质审查主义的“普鲁士主义”。另外，在此两极之间还出现了其他形态。但是，无论出现的是哪一种形态，皆是两种理想较量的结果，而与有因、无因也没有丝毫联系。

在作了以上分析后，黑克修正了长期以来学说关于无因性的渊源与形成史的谬误。他指出，《德国民法典》制定时，人们关于无因性渊源与历史的最初肇端的几乎一致的见解是："罗马法始终一贯地承认无因性，德国继受罗马法之际，因误解而将其解为有因性，这当然是受德国地方立法影响的结果。然而，历史法学派修正了这一谬误，恢复了罗马法关于这一问题的本来面目，从而使从《普鲁士土地所有权取得法》到《德国民法典》的民法立法运动在此问题上沿着正确的轨道前进。"黑克指出，对此应作两点修正：

其一，认为罗马法始终承认无因性的见解是错误乃至荒诞无稽的。对罗马法的研究表明，罗马法非但不承认所谓无因性，反而采用了有因性。这一点是很明确的。

其二，德国地方法按照有因性进行立法，这不是单单盲信德国普通法的结果，而是得到了德国当时社会观念的支持的，此点不能遗漏。

4. 简短的小结

黑克基于利益衡量方法论对无因性理论及其制度所做的批判即使今天也有极大的说服力。并且，即便是激进的无因论者，面对黑克的这种批判，也不能复提出更强有力的反击主张。黑克的这些见解对于我们现今正确认识及明了德国无因性理论和制度，具有积极的意义与价值。

（二）物权变动无因构成的相对化

鉴于学说批判及为了减轻物权行为无因性所带来的弊害，德国判例实务及学说理论（使物权行为无因性相对化的理论自德国普通法时期就出现了）于是想尽办法，不得不于若干情形尽量限制物权行为无因性的适用范围，使物权行为与债权行为同其命运，即在坚持无因性的前提下，承认其例外，其方法大抵如下。

（1）共同瑕疵（Gemeinsame Fehlerquelle），即使物权行为与债权行为得因共同的瑕疵而致无效或被撤销。例如，因当事人无行为能力或限制行为能力，因欺诈、胁迫、错误、显失公平及公序良俗违反，使物权行为与债权行为皆为无效或一并撤销。

（2）债权行为如果是暴利行为，其效力也必然对物权行为产生影响。《德国民法典》第138条第2项规定："法律行为系利用他人急迫情形、无经验、欠缺判断能力，或明显意志薄弱，使其对自己或第三人为财产利益给付之承诺或其给付显失公平者，该法律行为无效。"但是，债权行为违反该条第1项所定的"善良风俗"的，则不得使物权行为无效。[1]

（3）法律上的禁止。亦即，《德国民法典》第134条规定："违反法律禁止规定之法律行为，除法律另有规定外，无效。"

（4）判例上，因欺诈、胁迫致债权行为撤销时，此撤销的效果及于物权行为。另外，因受欺诈或违法胁迫而为意思表示的人，得撤销意思表示（《德国民法典》第123条"因受欺诈或被胁迫的撤销"），法律行为自始无效（《德国民法典》第142条对于"撤销的效力"的规定）[2]。

事实上，早在德国帝国法院时代的1908年11月24日的判决中，德国法院即明示：因欺诈而引起的意思表示的撤销应当然及于物权行为（RGZ70，55）。该案的概要如下：A与Y缔结买卖若干毛皮的契约，约定以票据买进毛皮。数日后，毛皮送交于A。其后不久A遭破产。Y就在A即将破产之前，获悉A有破产的可能，于是以欺诈为理由撤销了买卖契约，收回了置留于A处的大部分毛皮。A的破产管理人X对Y的回收行为行使破产法上的否认权，诉请Y返还毛皮。结果第一审认许了X的请求。Y上告，指出以欺诈为理由而撤销债权行为时，所有权的让与也应被撤销，进而主张该毛皮系自己的所有物。帝国法院推翻原判，发回重审。同法院指出，民法虽然使作为让与的具体法律原因的债权行为和与该原因行为完全分离而有独立性效力的无因的物权行为明确界分并赋予不同效力，但是基于欺诈而缔结买卖契约时，物权行为虽然并不存在瑕疵，但如果债权行为系因欺诈事由而被撤销时，物权的所有权让与行为亦即变得无效。[3]

---

1 ［日］圆谷峻：《比较财产法讲义：德国不动产交易的理论与判例》，学阳书房1992年版，第15页。

2 ［日］圆谷峻：《比较财产法讲义：德国不动产交易的理论与判例》，学阳书房1992年版，第15页。

3 ［日］圆谷峻：《比较财产法讲义：德国不动产交易的理论与判例》，学阳书房1992年版，第15—16页。

（5）其他因原因行为的瑕疵而使物权行为受到同样影响的场合。此即《德国民法典》第119条第2项："关于人或物之性质，交易上认为重要者，其错误视为意思表示内容之错误。"债权行为如果出现本条所称"错误"时，物权行为也当然因此而受影响。[1]

（6）条件关联。亦即，债权行为与物权行为虽为两个行为，但可解释第三人的意思，使物权行为的效力系于债权行为的存在，债权行为有效存在时，物权行为方能生效。

（7）法律行为一体性。亦即，将物权行为与债权行为合为一个整体的法律行为，债权行为无效，物权行为也归于无效。

在德国法上，物权行为无因性是物权行为独立性的必然结果，一方面主张独立性，另一方面又主张无因性相对化，此不仅在论理上存在矛盾，而且于适用上也相当困难。按照共同瑕疵说，债权行为所存在的瑕疵也会反射到物权行为上。如此，凡有债权行为的场合，物权行为即和债权行为同其命运，故无承认物权行为独立性之必要，因为物权行为系以履行债权行为所生的债务为目的，如果采共同瑕疵说，则只有物权行为与债权行为不发生关系时，才能使物权行为独立存在，物权行为独立性的存在价值由此大为降低。条件关联说的弊端大抵与此相同。另外，法律行为一体说乃是完全抵触债权行为与物权行为是两个独立法律行为的见解的。此说实质上是否认了物权行为是独立的法律行为，物权行为与债权行为既然连为一体，当然也就无所谓物权行为有因与无因的问题。[2]

鉴于无因性理论及制度有其弱点，同时无因性相对化又使该理论更趋复杂，使普通人民更加不易了解，习法者更是深感困惑。为此，学者乃主张改弦易辙，干脆否定物权行为无因性，简化法律关系，使法律与社会生活之体认相结合，于物权变动上，改采意思主义与登记或交付之混合制度。此项混合制度的内容计有

1 ［日］圆谷峻：《比较财产法讲义：德国不动产交易的理论与判例》，学阳书房1992年版，第16页。

2 自此视角所做的批判，参见谢哲胜："物权行为独立性之检讨"，载《法学评论》1994年第52期，第345页以下。

四点。[1]

其一，基于法律行为而生的物权变动，无需另有一个独立的物权行为。

其二，使物权发生变动的意思表示，在观念上虽有独立存在价值，但可纳入债权行为之中，与成立债之关系的意思一并表示之，而不必加以独立化，自成一体。

其三，为使物权变动具有外部的表征，以达公示的原则，应以“交付”为动产物权变动的要件，登记为不动产物权变动的要件。

其四，既然不承认独立的物权行为于物权变动中的存在，则也就不存在所谓物权行为无因性。

八、我国《物权法》对物权变动规制模式的选择及对物权行为无因性的态度

（一）二项基本物权理论问题的澄清

1. 物权行为无因性理论与“物权行为理论”

由萨维尼于1820年代所倡导，巴尔及耶林等学者继承并发扬光大，尔后为1872年《普鲁士土地所有权取得法》和1896年《德国民法典》所规定下来的物权行为制度或“物权行为理论”，乃是一个涵括物权行为概念本身的创立、物权行为独立性及物权行为无因性在内的一个完整理论系统。在此理论系统中，物权契约（物权行为）概念的创立是基础，没有物权行为概念本身，物权行为的独立性与无因性当然也就无从谈起，而以此为基础，物权行为独立性与无因性理论获得建立。这样，承认物权行为无因性，当然也就意味着承认了物权行为的独立性及物权行为概念本身，即承认了物权行为理论的全部。但反过来却并不必如此。亦即，虽然承认物权行为概念本身，但并不一定必须承认物权行为独立性与无因性，抑或虽然承认物权行为概念及物权行为的独立性，但并不一定必须承认物权行为的无因性。换言之，承认物权行为理论即意味着承认物权行为概念本身、物

1 王泽鉴：《民法学说与判例研究》（第1册），中国政法大学出版社1998年版，第270—273页，尤其是第272—273页。

权行为独立性与无因性。但不承认物权行为理论全部，而只承认其中一项的情形也是存在或可以的。由于物权行为独立性与无因性通常同时表现于一个物权变动的同一过程中，而尤以物权行为的无因性因与交易各方当事人的利益关系最为密切而最称重要。正是因此，物权行为无因性遂被认为是德国普通法学的"一个原理"，为德国法系"最具风格的特征"。故此，自一定意义上而言，物权行为无因性乃是物权行为理论的核心，物权行为概念的实践意义主要在于实现无因性原则。鉴于物权行为无因性理论与物权行为理论的此种"部分"与"整体"的辩证关系，因而否定物权行为无因性理论这一"部分"，也就必然不表明否定物权行为理论这一"整体"。反之，则是成立的。如下着重讨论我国应否继受物权行为无因性问题。而对于物权行为的独立性问题，笔者拟另设专文研究。

2. 物权变动的"登记"或"交付"的形式主义与是否承认"物权行为制度"或"物权行为理论"的关系

如前述，自近代以降迄至今日，各国家或地区关于物权变动的立法规制模式大抵可类别为债权合意主义（意思主义，法国法与日本法）、物权形式主义（德国法）及债权形式主义（奥地利法、瑞士法和韩国法）三种立法主义。此三种立法例皆规定登记和交付为物权变动的公示方法，就此而言，此三种立法例具有"同一性"。所不同者，是物权变动的登记或交付所具有的效力。即在法国法、日本法债权合意主义（意思主义）下，登记或交付系物权变动得对抗第三人的要件（简称"对抗要件"）；德国法与奥地利法、瑞士法则以登记或交付作为物权变动的生效要件。奥、瑞及韩国法虽采与德国法相同的登记或交付的生效要件的形式主义，但这些国家的法律并不承认物权变动过程中存在所谓物权的合意（物权契约、物权行为）。质言之，是否承认和采取物权契约（物权行为）的独立性与无因性，乃与是否采取以登记或交付作为物权变动的生效要件的"形式主义"并无必然联系，甚至是风马牛不相及。问题的关键在于，债权契约之外，是否还采取和承认与之相对立的"物权契约"（物权行为）的概念问题。如以所有权移转为例，奥地利和瑞士法除要求有债权契约外，尚需要求有交付或登记的形式要件，物权变动才会实际发生。而依德国民法，除债权契约和交付或登记的形式要件外，还需有与债权契约相对立的另一个行为，即物权行为，并由此产生物权行为独立性与无因性问题。至此可知，是否承认物权契约（物权行为），与形式主义立法论并无直接关系，而是否采取和承认物权的合意主义（物权契约主义），则为问题的关键。故此，凡认为只要存在以登记或交付作为物权变动的生效要件的立法即承认了所谓物权行为理论的见解，显然是一项重大误解，应予澄清。

（二）我国《物权法》对物权变动规制模式的选择及对无因性的摒弃

1. 我国《物权法》对物权变动规制模式的选择

如所周知，我国在1986年制定《民法通则》前，立法关于物权变动（例如“财产所有权移转”）问题未有明文规定。民法理论与实务所持立场是允许双方当事人在买卖合同中就标的物所有权的移转作出约定。当事人无约定时，则所有权移转时间依标的物是特定物或种类物而分别确定。标的物为特定物，所有权在契约成立时移转于买受人；标的物为种类物，则所有权移转时间以标的物实际交付时间为准。这是采纳了1922年《苏俄民法典》第66条的立场。从1979年起，我国开始第三次民法起草工作，着重参考1964年《苏俄民法典》、1964年《捷克民法典》、1975年前东德民法典及1979年经修订而重新颁布的《匈牙利民法典》，注意到这些民法典关于所有权移转立法方针的改变，并采纳了1964年《苏俄民法典》第135条的新规定。1981年4月民法草案（征求意见二稿）第73条规定：依照合同或其他合法方式取得财产的，除法律另有规定或当事人另有约定外，财产所有权从财产交付时起转移。1986年4月正式颁布的《民法通则》第72条与此相同。

《民法通则》第72条规定：“按照合同或者其他合法方式取得财产的，财产所有权从财产交付时起转移，法律另有规定或者当事人另有约定的除外。”从这一规定可以窥知：（1）基于买卖合同、赠与合同、互易合同而发生的所有权转移以交付为准。因此，当事人虽然就某项财产的买卖达成了协议（债权契约），而尚未交付，仍不发生所有权移转。交付为动产物权变动的生效要件。（2）所有权移转不要求另须有移转所有权的合意（物权的合意），系以所有权移转作为债权契约的当然结果。（3）交付的规定属于任意性规范，当事人可以通过特别约定而排除适用这一规定。可见，我国《民法通则》第72条关于物权变动的立法主义，非采德国民法物权形式主义，不要求所有权的移转须同时具备债权契约加物权合意或登记，也不是法国、日本民法的债权合意主义（意思主义），以交付或登记为对抗第三人的要件，而是采取奥地利、瑞士及苏联、捷克、匈牙利等东欧国家民法的债权形式主义。虽然允许当事人就所有权转移期间作另外的约定，但这种约定属于债权行为的合同内容之一部，并不构成独立于债权契约之外的物权的合意。

我国现今不动产物权变动（主要是不动产所有权的转移）被规定于若干单行民事法律中。根据这些法律的规定，我国有关不动产所有权移转的立法规定，非采德国物权形式主义，而是采债权形式主义，以登记作为不动产物权变动的生效要件，不承认于此之外尚存在所谓“物权的合意”，当然也就更无所谓物权变动的无因构成了。1983 年颁布的《城市私有房屋管理条例》第 6 条规定：“房屋所有权转移或房屋现状变更时，须到房屋所在地房管机关办理所有权转移或房屋现状变更登记手续。”《城镇国有土地使用权出让和转让暂行条例》（1990 年 5 月）规定：土地所有权的转让除须有转让协议（债权契约）外，尚须依法进行登记，否则不生物权变动的效力。《城市房地产管理法》是我国迄今为止关于土地所有权出让、房地产交易及房地产权属登记管理的最系统的一项重要立法。该法第 40 条及第 60 条规定：房地产转让，应当签订书面转让合同（债权合同），并向房产管理部门申请房产变更登记，否则转让依法不生效力。1989 年 10 月国家土地管理局发布《土地登记规则》，第 25 条规定：国有土地所有权、集体土地所有权、城市土地建设用地使用权及土地的主要用途发生变更的，土地使用者、所有者及他项权利拥有者，必须及时申请变更登记。不经变更登记的，土地所有权、使用权及他项权利的转移，属于非法转让，不具有法律效力。至此可见，我国关于不动产物权变动系采“债权契约与登记生效”的立法主义，不要求另有不动产物权变动的“物权的合意”，在立法主义上，系与奥地利、瑞士、韩国、苏联及东欧各国民法立法的立场完全一致，不承认所谓物权变动的无因构成。

2007 年 3 月 16 日通过的我国《物权法》于《民法通则》及其他民事单行法关于动产物权变动和不动产物权变动采债权合同与交付或登记之结合的“债权形式主义”的经验和基础上，又作了“发展”。此即《物权法》第 15 条所谓“区分原则”。该条规定：“当事人之间订立有关设立、变更、转让和消灭不动产物权的合同，除法律另有规定或者合同另有约定外，自合同成立时生效；未办理物权登记的，不影响合同效力。”

这里讲的“区分原则”，是指“区分”原因行为和物权变动的“生效时间和生效条件”。作为原因行为的“买卖合同”，应当按照《合同法》的规定，“自合同成立时生效”；而作为“物权变动”的“标的物所有权移转”，应当按照《物权法》规定办理“产权过户登记”，自“记载于不动产登记簿”之时生效。作为原因行为的“抵押合同”，亦应按照《合同法》的规定，“自合同成立时生效”；而作为物权变动的“抵押权设立”，则应依照《物权法》的规定办理“抵押登记”，“自记载于不动产登记簿之时”生效。订立房屋买卖合同，没有办理产权过户登记的，只是不发生“产权过户”的效果，买卖合同的效力不受影响；订立抵押合同，没有办理抵押登记的，只是不发生“抵押权设立”的效果，抵押合同的效力不受影响。总之，《物权法》规定“区分原则”的重要意义就在于，要纠正混淆原因行为生效和物权变动生效的错误做法和原担保法的错误规定。在原因行为有效，因未办理登记而未发生物权变动的情形，应当执行原因行为。按照《合同法》第 135 条和第 110 条的规定，强制出卖人办理产权过户登记（或者抵押登记）；如果标的物已经被第三人合法取得、不可能办理产权过户登记（或者抵押登记）的，则应当按照《合同法》关于违约责任的规定，追究出卖人（或者抵押人）的违约责任。[1]可见，该条规定进一步宣示我国物权变动中的不动产物权变动采“债权形式主义”。至于动产物权变动，依《物权法》第 23 条，也同样采“债权形式主义”。

综上所言，我国关于物权变动系采债权形式主义，不承认有独立物权行为（物权契约），当然也就更不承认物权变动的所谓无因构成。需特别提及的是，在现行法下，立法关于物权变动虽然采取了交付或登记的生效要件的形式主义，但并不要求另有“物权的合意”，因而在立法主义上系与奥地利等民法的“债权契约与登记或交付的生效要件主义”的规定完全一致。此种债权形式主义与现当代民法判例、学说之最新发展趋势正相吻合。正是因此，我国未来无疑应继续坚持

1　梁慧星：“《物权法》基本条文讲解”，载孙宪忠主编：《物权法名家讲座》，中国社会科学出版社 2008 年版，第 16—21 页。

此一主义。那种认为我国民法立法（尤其是《物权法》）因规定了不动产物权的设立和移转必须移转占有，而且行为自占有转移时生效，以及《物权法》第15条规定了所谓“区分原则”，因而就断言这些规定正是“物权行为理论”的表现，并由此称这是我国立法承认“物权行为理论”的标志，毫无疑义是重大误解，而应予以摒弃和澄清。

2. 我国《物权法》对物权行为无因性的基本立场

我国2007年3月16日通过的《物权法》，关于物权变动未采德国民法所谓无因性理论及制度。毫无疑义，此为正确立场。而《物权法》之摒弃物权行为无因性的因由，则可进一步概括为如下四点。

（1）《德国民法典》确立的物权行为无因性制度乃是德国普通法时期的学说和18—19世纪德国民法立法史发展的“历史的归结”。因此，这项制度所包含的规则都是早已适用过的、确定了的社会的法律的概念，这一概念属于20世纪以前行将结束的19世纪，而不是针对20世纪未来的社会发展。它是“19世纪的成果，而不是20世纪的先驱”，当然更不是21世纪物权变动立法的“引领者”。它只能是“法学的成果而绝不是法学的种子”。从法史上看，它首先是为排除和摒弃不动产登记的实质审查主义的使命而于德国制定法上登场的。因而它是而且只能是德国法制史的产物，是一个法史的范畴。概言之，这一概念所包含的一切规则都只属于德国自己，而绝不是“放之四海而皆准”。此种物权变动的“无因构成”对于英美法系各国及其他绝大多数大陆法系国家或地区而言，也是没有的。《德国民法典》之确立无因性制度，完全是对德国15世纪以来尤其是18、19世纪以来的普通法学和有关不动产物权变动制度的立法史的“总结”，表现了德国在物权变动立法规制上的历史的继起性、连续性及不可分割性。对这一属于德国社会之历史本身（尤其是民法史）的发展归结的制度，我国《物权法》作为21世纪的物权法，理当应予拒绝。

（2）在现当代物权法确立起物权变动的特殊的善意取得制度与物权变动的公示、公信及登记的推定力制度后，无因构成的作用空间几已丧失殆尽，其所谓“交易安全保护的功能”几已被这些制度抽空。如果从“利益衡量”上审视无因构成对“交易安全保护”的后果，则可发现，无因构成乃是与近现代及当代文明社会的人类的法感情、法意识及一个国家社会伦理的基本观念相悖的。概言之，在现当代物权法制度下，物权变动的所谓“无因构成”已被湮没于善意取得制度、公示公信制度、推定力制度及“利益衡量”结果的汪洋大海之中，于我国《物权法》已然完整或基本确立起这些制度的情形下，物权变动的无因性已无存在余地。此点是明确的、肯定的。

（3）从比较法上观察，《物权法》也完全没有采纳物权行为无因性之必要。如果从《德国民法典》确立无因性算起，迄今已历时百余年。百余年来，真正明文采纳和承继《德国民法典》这种无因性制度的只有《德国民法典》本身（我国台湾地区“民法”主要只是在“解释”和“法院判决”上采取了这一制度），除此以外，并无其他国家或地区继受与采行之。

1）英国法与法国法（法国法的情况前已述及）始终不承认无因性，而是坚持有因性，物权变动采“意思主义”或“契约主义”，无需“物权行为”这一特别方式。《法国民法典》的这种立法态度被西班牙、意大利、拉丁美洲各国及东方国家（涵括苏联、现今东欧国家、中国、韩国、日本等）继受和采取。两大法系具有不同发达史的绝大多数国家始终坚持有因性，这一点颇值注目。另外，在英国法与法国法上，尽管公信原则被承认的范围非常狭窄甚至为零，但是，它们仍然采用了有因性。对此，黑克指出：“交易上的利益，即使欠缺公信原则，也无采用无因性的必要。”[1]

2）更值得提及的是，《德国民法典》制定后，即使将该民法典奉为蓝本的立法中，也仅仅是未有秉承该物权行为的无因性。其例证的第一个毋庸说是1907年制定的《瑞士民法典》。按照该民法典条文，不动产物权变动采有因性乃是不争的事实。关于动产虽多少有点争议，但大势的压倒性见解仍是解为有因性。第二个例证是1926年丹麦的登记法。在此以前，德国无因性学说曾一度风靡丹麦，但其之后有因性学说逐渐取得支配地位。著名学者克鲁泽（Kruse）在所著《所有权论》（Kruse，Das Eigentumsrecht）中详尽检讨了德国民法后，最终得出物权变动应坚持无因性否认说的结论。丹麦立法因此而受到影响。1926年由克鲁泽提出

1　［日］我妻荣：“Heck无因的物权行为理论”（评介），载《法学协会杂志》第56卷3号，第99页。

的《不动产登记法草案》获得完成，依该草案，物权变动系以有因性学说加以构成。往后，丹麦的这种立法态度也影响到了挪威的立法。此外，即使北欧其他国家如芬兰、瑞典，其关于物权变动的立法也拒绝采行无因性。

于作了比较法上的这种考察后，可以看到，物权变动的无因性仅仅是德国的制度，它属于德国自己。在法史上，德国人齐特勒曼（E. Zitelmann）于《德国民法典》制定、公布后不久即傲慢地宣称：一切的民法在不久的将来都将采用无因性。但百余年后的今天，他的预想并没有变成现实。世界各国家或地区物权立法的实践摧毁了他的期望和预想。事实是，德国民法的无因性并未能逾越其国界，而影响到各国家或地区的物权立法运动。盖因无因性，乃是以错误的学说为基因的错误的法制（黑克语）！

（4）法律之通俗化、本土化及明了化是现当代法治建设的基石。物权变动独立性与无因性不仅困扰学术界，而且对普通人民而言更如不可捉摸的技巧魔术，而奥、瑞及韩国法之债权形式主义将相关问题单纯化，并符合一般社会生活之体认，普通人民易于了解，这将有助于法律的通俗化、本土化及明了化。[1]两相比较，无疑以债权形式主义更适合于我国。

1　对此，我国台湾地区学者谢哲胜也表明了类似的见解，参见其所著：“物权行为独立性之检讨”，载《法学评论》1994年第52期，第363页。

主要参考文献

一、著作

（一）中文著作

1. ［古罗马］凯撒：《高卢战记》，任炳湘译，商务印书馆 1979 年版。
2. ［古罗马］塔西佗：《阿古利可拉传：日耳曼尼亚志》，马雍、傅正元译，商务印书馆 1959 年版。
3. ［古罗马］优士丁尼：《法学总论——法学阶梯》，张企泰译，商务印书馆 1989 年版。
4. 李宜琛：《日耳曼法概说》，中国政法大学出版社 2003 年版。
5. 梅仲协：《民法要义》，中国政法大学出版社 1998 年版。
6. 郑玉波：《民法债编各论》（下册），台北 1981 年自版。
7. 郑玉波著，黄宗乐修订：《民法物权》，三民书局 2007 年版。
8. 王泽鉴：《民法学说与判例研究》（第 5 册），台北 1992 年自版。
9. 梁慧星：《民法学说判例与立法研究》（二），国家行政学院出版社 1999 年版。
10. 梁慧星：《民法学说与判例研究》，中国政法大学出版社 1993 年版。
11. 谢怀栻：《票据法概论》，法律出版社 1990 年版。
12. 江平、米健：《罗马法基础》，中国政法大学出版社 2004 年版。
13. 谢在全：《民法物权论》（下册），文太印刷有限公司 1994 年版。
14. 廖毅编著：《民法（总则编）整合式案例研习》，新保成出版事业有限公司 2007 年版。
15. 苏永钦主编：《民法物权争议问题研究》，五南图书出版公司 1999 年版。
16. 苏永钦：《跨越管制与自治》，五南图书出版公司 1999 年版。
17. 黄立：《民法债编总论》（修正第 3 版），元照出版有限公司 2006 年版。

18. 黄立:《民法总则》，元照出版有限公司 2005 年版。
19. 杨仁寿:《法学方法论》，三民书局 1987 年版。
20. 温丰文:《现代社会与土地所有权理论之发展》，五南图书出版公司 1984 年版。
21. 姚瑞光:《民法物权论》，吉锋彩色印刷股份有限公司 2011 年版。
22. 周枏:《罗马法原论》，商务印书馆 2005 年版。
23. 邓曾甲:《日本民法概论》，法律出版社 1995 年版。
24. 胡长清:《中国民法总论》，中国政法大学出版社 1998 年版。
25. 许章润主编:《萨维尼与历史法学派》，广西师范大学出版社 2004 年版。
26. 徐国栋主编:《中国民法典起草思路论战》，中国政法大学出版社 2001 年版。
27. 何勤华主编:《德国法律发达史》，法律出版社 2000 年版。
28. 何勤华:《西方法学史》，中国政法大学出版社 1996 年版。
29. 黄风:《罗马法词典》，法律出版社 2002 年版。
30. 沈达明:《德意志法上的法律行为》，对外贸易教育出版社 1992 年版。
31. 丁玫译:《契约之债与准契约之债》，中国政法大学出版社 1998 年版。
32. 周长龄:《法律的起源》，中国人民公安大学出版社 1997 年版。
33. 杜美:《德国文化史》，北京大学出版社 1990 年版。
34. [比利时] 亨利·皮雷纳:《中世纪的城市》，陈国樑译，商务印书馆 2006 年版。
35. 杨代雄译，胡晓静校:《萨维尼法学方法论讲义与格林笔记》，法律出版社 2008 年版。
36. 吴友法:《德国现当代史》，武汉大学出版社 2007 年版。
37. 侯树栋:《德意志中古史》，商务印书馆 2006 年版。
38. 徐健:《近代普鲁士官僚制度研究》，北京大学出版社 2005 年版。
39. [德] 鲍尔、施蒂尔纳:《德国物权法》(上册)，张双根译，法律出版社 2006 年版。
40. [德] 鲍尔、施蒂尔纳:《德国物权法》(下册)，申卫星、王洪亮译，法律出版社 2006 年版。
41. [德] 格尔德·克莱因海尔、扬·施罗德主编:《九百年来德意志及欧洲法学家》，许兰译，法律出版社 2005 年版。
42. [日] 北川善太郎:《日本民法体系》，李毅多、仇京春译，科学出版社 1995 年版。
43. [日] 石田文次郎:《土地总有权史论》，印斗如译，台湾土地银行研究室印行 1959 年版。

44. ［日］我妻荣：《债权在近代法中的优越地位》，王书江等译，中国大百科全书出版社1999年版。

45. ［日］我妻荣著，有泉亨修订：《日本物权法》，李宜芬律师校订，五南图书出版公司1999年版。

46. ［意］桑德罗·斯奇巴尼选编：《物与物权》，范怀俊译，中国政法大学出版社1993年版。

47. ［日］加藤雅信等编：《民法学说百年史：日本民法施行100年纪念》，牟宪魁等译，商务印书馆2017年版。

48. 李长山等编著：《德国历史辞典（843—）》，上海辞书出版社2014年版。

49. 李秀清：《日耳曼法研究》，商务印书馆2005年版。

50. 彭小瑜：《教会法研究》，商务印书馆2003年版。

51. 吴于廑：《吴于廑学术论著自选集》，首都师范大学出版社1995年版。

52. 史尚宽：《民刑法论丛》，荣泰印书馆1973年版。

53. 杨与龄：《强制执行法论》（修正10版），五南图书出版公司1999年版。

54. 古振晖：《共同所有之比较研究》，台湾财产法暨经济法研究协会2006年版。

55. 赵文洪：《私人财产权利体系的发展：西方市场经济和资本主义的起源问题研究》，中国社会科学出版社1998年版。

56. 马克垚：《西欧封建经济形态研究》，人民出版社2001年版。

57. 马克垚主编：《世界文明史》，北京大学出版社2004年版。

58. 薛波主编：《元照英美法词典》，法律出版社2003年版。

59. ［日］穗积陈重：《法窗夜话》，曾玉婷、魏磊杰译，法律出版社2015年版。

60. ［日］穗积陈重：《续法窗夜话》，曾玉婷、魏磊杰译，法律出版社2017年版。

61. 何九盈、王宁、董琨主编：《辞源》（第3版），商务印书馆2015年版。

（二）日文著作

1. 穗积陈重：《法典论》，信山社1991年版。

2. 山田晟：《德国法律用语词典》，大学书林1995年版。

3. 山田晟：《德国法概论》，有斐阁1987年版。

4. 山田晟：《德国物权法》（上册），弘文堂书房1944年版。

5. 山田晟：《德国物权法概说》，弘文堂1949版。

6. 於保不二雄著，高木多喜男补遗：《德国民法Ⅲ》（物权法），有斐阁 1955 年版。
7. 铃木禄弥：《物权的变动与对抗》，创文社 1996 年版。
8. 铃木禄弥：《抵押制度研究》，一粒社 1968 年版。
9. 铃木禄弥：《物权法讲义》，创文社 1994 年第 4 版。
10. 铃木禄弥、筱塚昭次：《不动产法》，有斐阁 1973 年版。
11. ［德］Franz Wieacker：《近世私法史》，铃木禄弥译，创文社 1961 年版。
12. 村上淳一等编：《德国法讲义》，青林书院新社 1974 年版。
13. 石田文次郎：《土地总有权史论》，岩波书店 1937 年第 2 刷发行。
14. 石田文次郎：《投资抵押权的研究》，有斐阁 1932 年版。
15. 我妻荣著，有泉亨补订：《物权法》，岩波书店 1977 年版。
16. 我妻荣：《新订担保物权法》，岩波书店 1973 年版。
17. 原田庆吉：《日本民法典的历史的素描》，创文社 1954 年版。
18. 川岛武宜：《所有权法的理论》，岩波书店 1987 年版。
19. 川岛武宜编集：《注释民法》（7），有斐阁 1960 年版。
20. 原岛重义编：《近代私法学的形成与现代法理论》，九州大学出版会 1987 年版。
21. 广中俊雄、星野英一等：《民法典的百年》（1—4），有斐阁 1998 年版。
22. 星野英一：《民法概论》（物权），良书普及会 1973 年版。
23. 水本浩、平井一雄：《日本民法学史·通史》，信山社 1997 年版。
24. 水本浩、户田修三、下山瑛二：《不动产法制概说》，青林书院 1995 年版。
25. 松坂佐一：《物权法》（第 4 版），有斐阁 1980 年版。
26. 松坂佐一：《民法提要》（总则），有斐阁 1979 年版。
27. 舟桥谆一编集：《注释民法》（6），有斐阁 1967 年版。
28. 松井宏兴：《抵押制度的基础理论》，法律文化社 1997 年版。
29. 赤松秀岳：《十九世纪德国私法学的实像》，成文堂 1995 年版。
30. 林锡璋：《债权与担保》，法律文化社 1997 年版。
31. 三和一博、平井一雄：《物权法要论》，青林书院 1989 年版。
32. 田中整尔编集：《物权法》，法律文化社 1985 年版。
33. 东孝行：《相邻法的诸问题》，信山社 1997 年版。
34. 东孝行：《基于判例的法的形成》，信山社 1996 年版。

35. 碧海纯一、伊藤正己、村上淳一编:《法学史》，东京大学出版会 1981 年版。
36. 林毅:《德国中世城市法的研究》，创文社 1972 年版。
37. 林毅:《德国中世城市与城市法》，创文社 1980 年版。
38. 林毅:《西洋中世城市的自由与自治》，敬文堂 1986 年版。
39. 林毅:《西洋中世自治城市与城市法》，敬文堂 1991 年版。
40. 林毅:《德国中世自治城市的诸问题》，敬文堂 1997 年版。
41. 河上伦逸:《法的文化社会史》，ミネルヴァ書房 1993 年版。
42. 河上伦逸、M. ハーダー编:《德国法律学的历史的现在》，ミネルヴァ書房 1989 年版。
43. 河上伦逸:《德国市民思想与法理论——历史法学及其时代》，创文社 1978 年版。
44. 原田纯孝编:《日本的都市法 1》（构造与展开），东京大学出版会 2001 年版。
45. 原田纯孝编:《日本的都市法 2》（诸相与动态），东京大学出版会 2001 年版。
46. 原田纯孝、大村谦二郎编:《现代都市法的新展开》（德国、法国），东京大学社会科学研究所 2004 年版。
47. 原田纯孝、渡辺俊一编:《英国、美国的都市计划与住宅问题》，东京大学社会科学研究所 2005 年版。
48. 石田喜久夫:《物权变动论》，有斐阁 1979 年版。
49. 鹰巢信孝:《物权变动论的法理的探讨》，九州大学出版会 1994 年版。
50. 滝沢聿代:《物权变动的理论》，有斐阁 1987 年版。
51. 船田享二:《罗马法》（第二卷），岩波书店 1969 年版。
52. 甲斐道太郎:《物权法》，日本评论社 1979 年版。
53. 高岛平藏:《物权法制的基础理论》，敬文堂 1986 年版。
54. 久保正幡先生还历纪念:《西洋法制史资料选 3》（近世），创文社 1979 年版。
55. 日本近代立法资料丛书（26）:《法典调查会·不动产登记法案议事笔记》，商事法务研究会 1986 年。
56. 石田穰:《民法总则》，悠悠社 1992 年版。
57. 末川博:《物权法》，日本评论社 1956 年版。
58. ［德］基希曼:《论法律学的无价值性》《对于概念法学的挑战》，田村五郎译，有信堂 1958 年版。
59. ［德］Heinrich Mitteis:《德国法制史概说》，世良晃志郎译，创文社 1971 年版。

60. ［德］Nußbaum：《德国抵押制度论》，宫崎一雄译，清水书店 1932 年版。
61. 槙悌次：《担保物权法》，有斐阁 1981 年版。
62. 柚木馨、高木多喜男：《担保物权法》，有斐阁 1982 年版。
63. 清水元：《留置权概念的再构成》，一粒社 1998 年版。
64. 广中俊雄：《物权法》，青林书院新社 1982 年版。
65. 林良平：《物权法》，青林书院 1986 年版。
66. 田山辉明：《物权法》，三省堂 1992 年版。
67. 日本内阁法制局编：《法律用语词典》，有斐阁 1998 年版。
68. 木下毅：《美国私法》，有斐阁 1988 年版。
69. 国生一彦：《现代英国不动产法》，有斐阁 1988 年版。
70. 圆谷峻：《比较财产法讲义：德国不动产交易的理论与判例》，学阳书房 1993 年版。
71. 大木雅夫：《近世私法史要论》，有信堂 1988 年版。
72. 坚田刚：《历史法学研究：历史与法及语言的三位一体》，日本评论社 1992 年版。
73. 滝沢聿代：《物权法》，三省堂 2013 年版。
74. 松井宏兴：《物权法》，成文堂 2017 年版。
75. 古積健三郎：《作为换价权的抵押权》，弘文堂 2013 年版。
76. 於保不二雄：《物权法》（上册），有斐阁 1989 年初版第 4 刷发行。
77. ［韩］郑钟休：《韩国民法典的比较法研究》，创文社 1989 年版。
78. 舟桥谆一：《物权法》，有斐阁 1960 年版。
79. 村上淳一：《近代法的形成》，岩波书店 1979 年版。
80. 村上淳一：《德国的近代法学》，东京大学出版会 1984 年版。
81. 村上淳一、［德］Hans Peter Marutschke：《德国法入门》（改订第 2 版），有斐阁 1994 年版。
82. ［德］Heinrich Mitteis：《德国法制史概说》，世良晃志郎译，创文社 1971 年版。
83. ［德］W·Ebel：《德国立法史》，西川洋一译，东京大学出版会 1985 年版。
84. 黑田忠史：《西欧近世法的基础构造》，晃洋书房 1995 年版。
85. 吉野悟：《近世私法史中的时效》，日本评论社 1989 年版。
86. 村上淳一：《德国市民法史》，东京大学出版会 1985 年版。
87. 村上淳一：《读〈为权利而斗争〉》，岩波书店 1987 年版。

88. 村上淳一:《日耳曼法史中的自由与诚实》, 东京大学出版会 1980 年版。

89. 河上伦逸:《法的文化社会史》, ミネルヴァ書房 1993 年版。

90. 栗生武夫:《中世私法史》, 弘文堂 1932 年版。

91. 平野义太郎:《民法中的罗马思想与日耳曼思想》, 有斐阁 1947 年版。

92. 隈崎渡:《西洋法制史》, 大都书房 1937 年刊行。

93. 河上伦逸:《德国市民思想与法理论——历史法学及其时代》, 创文社 1978 年版。

94. [德] Heinrich Mitteis:《德国私法概说》, 世良晃志郎、广中俊雄译, 创文社 1971 年版。

95. [德] Max Kaser:《罗马私法概说》, 柴田光藏译, 创文社 1960 年版。

96. [德] Philipp Heck:《利益法学》, 津田利治译, 庆应义塾大学法学研究会 1985 年发行。

97. 滝沢聿代:《物权变动的理论》(2), 有斐阁 2009 年版。

98. 池田真朗:《新世纪民法学的构筑: 探求民与民的法》, 庆应义塾大学出版会 2015 年版。

99. 於保不二雄:《物权法》(上), 有斐阁 1989 年初版第 4 刷发行。

100. [德] Hans Thieme:《欧洲法的历史与理念》, 久保正幡监译, 岩波书店 1978 年版。

101. 田中英夫等编集:《英美法辞典》, 东京大学出版会 1991 年版。

102. 河上伦逸:《德国市民思想与法理论》, 创文社 1978 年版。

103. 福岛正夫:《日本资本主义的发达与私法》, 东京大学出版会 1988 年版。

104. 吾妻光俊:《法西斯民法学的精神》, 岩波书店刊行 1942 年版。

105. 铃木禄弥:《居住权论》, 有斐阁 1959 年版。

106. 吉田克己:《法国住宅法的形成: 围绕住宅的国家·契约·所有权》, 东京大学出版会 1997 年版。

107. 铃木禄弥:《围绕物的担保制度的论文集》, 株式会社テイハン2000 年版。

108. 吉野悟:《近世私法史中的时效》, 日本评论社 1989 年版。

109. 西垣刚:《英国不动产法》, 信山社 1997 年版。

（三）德文[1]

1. Christian Friedrich Glück，Ausfuhrliche Erläuterung der Pandecten nach Hellfeld，ein Commentar，Bd .8，Erlangen 1807.

2. Wilhelm Felgentraeger，Friedrich Carl v. Savignys Einfluß auf die Übereignungslehre，Lucka i. Th .1927.

3. Leopold August Warnkönig，Bemerkung über den Begriff der justa causa bei der Tradition，in：Archiv für die civilistische Praxis，Bd .6（1823）

4. Savigny，System，Bd .3，Beylage Ⅷ · Irrthum und Unwissenheit. X.

5. Savigny，Das Obligationenrecht als Theil des heutigen römischen Rechts，Bd. 2，Berlin 1853.

6. Savigny，System des heutigen römischen Rechts，3. Bd.，Berlin 1840.

7. Bernhard Windscheid，Lehrbuch des Pandektenrechts，Frankfurt-Main，1. Bd.，1874.

8. Georg Friedrich Puchta，Vorlesungen über das heutige römische Recht，hrsg . von Adolf August Friedrich Rudorff，Leipzig，1. Bd.，1852.

9. Windscheid，Lehrbuch des Pandektenrechts，1. Bd.

10. Friedrich Ludwig von Keller，Pandekten Vorlesungen，Leipzig，1861.

11. Ch. G. Adolf von Scheurl，Sachenerwerb durch Tradition，in：Beiträge zur Bearbeitung des Römischen Rechts，Erlangen 1853.

12. Moritz Voigt，Über die condictiones ob causam und über causa und titulus im allgemeinen，Leipzig 1862.

13. Filippo Ranieri，Die Lehre der abstrakten Übereignung in der deutschen Zivilrechtswissenschaft des 19. Jahrhunderts，in：Helmut Coing-Walter Wilhelm，Wissenschaft und Kodifikation des Privatrechts im 19. Jahrhunder，Bd. 2，Frankfurt Main 1977.

14. Puchta,，Cursus der Institutionen，Leipzig，2. Bd.，1841.

15. Puchta，Vorlesungen über des heutige römische Recht，1. Bd.，Beilage XV. Von der justa causa traditionis，1854.

16. Rudolf von Jhering，Kritisches und exegetisches Allerlei，Ⅵ. Vereinigung von. 1. 18 pr. de reb. cred.（12. 1）und 1. 36 de A. R. D.（41. 1），in：Jahrbücher für die Dogmatik des heu-

---

1 此处的德文文献，系源自于本书撰写过程中参考的日本学者的文献著述，本书作者并不拥有这些文献的实体，为方便读者作进一步研究，故将它们罗列于此，此点于此谨特别说明。

tigen römischen und deutschen Privatrechts, 12. Bd. 1837.

17. Heinrich Dernburg, Beitrag zur Lehre von der Justa causa bei der Tradition, in: Archiv für die civilistische Praxis, Bd. 40 1857.

18. Motive zu dem Entwurfe eines Bürgerlichen Gesetzbuches für das Deutsche Reich, Bd. Ⅲ. Sachenrecht, Amtliche Ausgabe, Berlin und Leipzig 1888.

19. Ernst Rabel, Grundzüge des römischen Privatrechts, in: Holtzendorff、Kohler,, Enzyklopädie der Rechtswissenschaft in systematischer Bearbeitung, 7. der Neubearbeitung 2. Aufl., 1. Bd. München und Leipzing 1915.

20. Günther Jahr, Zur iusta causa traditionis, in: Zeitschrift der Savigny Stiftung für Rechtsgeschichte, 80. Bd. 1963.

21. Glück, Ausführliche Erläuterung der pandecten, Bd. 4, 1796.

22. Bähr, Anerkennung als Verplichtungsgrund, 1855.

23. Robert Neuner, Abstrakte und kausale Übereignung beweglicher Sachen, in: Rheinische fur Zivilund Prozebrecht des In-und Auslandes, 14 . Jg . 1926.

24. C. Wieland, Das Sachenrecht (Kommentar zum Schweizerischen Zivilgesetzbuch Ⅳ)

25. C. Wieland, Wechsel und seine civilrechtlichen Grundlagen.

二、论文

(一) 中文论文

1. 梁慧星:“《物权法》基本条文讲解”,载孙宪忠主编:《物权法名家讲座》,中国社会科学出版社 2008 年版。

2. 王泽鉴:“法学上之发现”,载其所著《民法学说与判例研究》(第 4 册),台湾 1992 年自版。

3. 谢怀栻:“评新公布的我国票据法”,载《法学研究》1995 年第 6 期。

4. 谢怀栻:“瑞士民法典研究”,载《外国法译评》1995 年第 2 期。

5. 张龙文:“论物权契约”,载郑玉波编:《民法物权论文选辑》(上册),五南图书出版公司 1984 年版。

6. 由嵘:“日耳曼法及其在西欧法律史上的地位”,载陈守一等著:《法学论文集》,北京大学出版社 1984 年版。

7. 叶秋华："论日耳曼人国家的形成和法兰克王国的法律"，载《法学家》1999 年第 6 期。
8. 陈忠馨译："德国民法典的编纂经验"，载《法学丛刊》第 127 期。
9. 郑冠宇："物权行为无因性之突破"，载《法学丛刊》第 43 卷第 4 期。
10. 陈自强："无因债权契约体系之构成"，载《政大法学评论》第 57 期。
11. 谢哲胜："物权行为独立性之检讨"，载《政大法学评论》1994 年第 52 期。
12. 顾祝轩："论不动产物权变动'公信原则'的立法模式：'绝对的公信'与'相对的公信'之选择"，载孙宪忠主编：《制定科学的民法典：中德民法典立法研讨会文集》，法律出版社 2003 年版。
13. 张晋藩："中华法制文明的世界地位与近代化的几个问题"，载《全国人大常委会法制讲座汇编》（第 1 辑），中国民主法制出版社 1999 年版。

（二）日文论文

1. 山田晟："德国法的顺位保留及其批判"，载《法学协会杂志》第 54 卷第 9 号。
2. 山田晟："关于登记主义与有因主义的结合"，载《杉山教授还历祝贺论文集》。
3. 山田晟："德国民法的占有的取得与意思"，载《法学协会杂志》第 57 卷。
4. ［德］Krause："德国的杂志论文与法律杂志"，山田晟译，载《法学协会杂志》第 57 卷第 9 号（学界思潮）。
5. 石田文次郎："Gewere 的观念"，载《法学论丛》第 16 卷第 3 号
6. 有川哲夫："物权契约理论的轨迹：萨维尼以后一世纪间"，载原岛重义编《近代私法学的形成与现代法理论》，九州大学出版会 1987 年版。
7. 有川哲夫："关于物权契约的学说史的考察"，载福冈大学《法学论丛》第 20 卷第 4 号。
8. 有川哲夫："1872 年土地所有权取得法的研究"（3），载《名城法学》第 22 卷 2 号。
9. 我妻荣："Heck 无因的物权行为理论"（评介），载《法学协会杂志》第 56 卷 3 号。
10. 我妻荣："抵押权制度的发达"，载《民法研究》（担保物权），有斐阁 2001 年版。
11. 加藤一郎："无因主义的历史的制约"（评介），载《法学协会杂志》第 72 卷第 3 号。
12. 星野英一："法国不动产物权公示制度的沿革概观"，载《民法论集》第 2 卷，有斐阁 1970 年版。
13. 星野英一："法国 1955 年以后不动产物权制度的修订"，载《民法论集》第 2 卷，有斐阁 1970 年版。
14. 好美清光："Jus ad remとその发展的消灭——特定物债权の保护强化の一断面"，载一

桥大学研究年报《法学研究 3》(1961 年)。
15. 海老原明夫:“德国民法典的一百年”,载《比较法研究》1997 年第 3 期。
16. 海老原明夫:“19 世纪德国普通法学上的物权移转理论”,载《法学协会杂志》第 106 卷第 1 期。
17. 原岛重义:“债权契约与物权契约”,载《契约法大系Ⅱ·赠与·买卖》,有斐阁 1962 年版。
18. 原岛重义:“无因性确立的意义——无因性概念的研究”(2),载九州大学《法政研究》第 24 卷第 1 号。
19. 原岛重义:“无因性概念的系谱”(无因性概念的研究 1),载九州大学法学部创立 30 周年纪念论文集《法与政治的研究》(1957 年)。
20. 七户克彦:“德国民法不动产让与契约的要式性”,载《法学研究》第 62 卷第 12 号。
21. 七户克彦:“不动产物权变动中的意思主义的本质——以买卖契约为中心”,载《庆应大学院法学研究科论文集》第 24 号。
22. 广濑稔:“无因性理论的考察:以德国普通法学的所有权让与理论为中心”,载《法学论丛》第 77 卷 2 号。
23. 伊藤进:“德国债权担保制度概观”,载《物的担保论》,信山社 1994 年版。
24. 松仓耕作:“瑞士民法典的统一及其特色”,载《名城法学》第 23 卷第 2 号。
25. 沢井裕:“瑞士相邻法”,载《关西大学法学论集》第 9 卷第 5、6 合并号。
26. 坚田刚:“各国的法律学(民法学)史:德国”,载水本浩、平井一雄编:《日本民法学说史》(分论),信山社 1997 年版。
27. 石部雅亮:“关于德国民法典的成立史的考察”,载《比较法研究》1997 年第 3 期。
28. 鸠山秀夫:“论不动产物权得丧变更的公信主义与公示主义”,载《民法研究》第 2 卷,有斐阁 1955 年版。
29. 滝沢聿代:“物权变动的意思主义·对抗要件主义的继受——以不动产法为中心”(4),载《法学协会杂志》第 94 卷第 4 号。
30. 安达三季生:“第 177 条的第三人”,载《判例演习·物权法》,有斐阁 1963 年版。
31. 镰田薰:“二重让与的法律构成”,载《民法的争点Ⅰ》(《法学家》增刊)。
32. 镰田薰:“不动产物权变动”(1),载《法学教室》第 109 号。
33. 末川博:“关于耶林的占有意思的理论”,载《民法上的特殊问题研究》。

34. 奥田昌道："关于温德沙伊得的 actio 理论"，载《法学论丛》第 63 卷第 3 号。
35. 奥田昌道："德国普通法学的请求权概念的发展"，载《法学论丛》第 64 卷第 1 号。
36. 奥田昌道："德国民法的请求权概念"，载《法学论丛》第 64 卷第 6 号，第 65 卷第 1、2 号。
37. 高岛平藏："德国抵押权法的发达"，载《早比》第 7 卷第 2 号。
38. 小川浩三："普通法学上的 causa 论的考察"，载《法学协会杂志》第 96 卷第 6 号（1979 年）。
39. 谷口贵都："物权契约的历史的展开"，载早稻田大学院《法研论集》第 31 号及其以下。
40. 野田龙之："萨维尼与普鲁士普通邦法：1824 年讲学记录的研究"（1），载九州大学《法政研究》第 48 卷第 4 号（合并号）。
41. 月冈利男："德国民法典制定时期的登记主义和公信主义"，载《松山商大论集》第 29 卷第 4 号。
42. 山木户："德国民法物权变动的合意的否定"，载《法律时报》第 13 卷第 2 号（学界思潮）。
43. 上柳克郎："法国票据理论之考察"，载《竹田先生古稀纪念论文集》。
44. 藤本秀磨："德国法系不动产登记簿的公信力"，载《法学协会杂志》第 53 卷第 4 号。
45. 幾代通："英国登记法"，载《法律时报》第 24 卷第 3 号。
46. 关口晃："法国登记法"，载《法律时报》第 24 卷第 3 号。
47. 熊谷开作："入会权的起源"，载《入会林野》第 5 号。
48. 新井英夫："土地债务的考察"，载《法学协会杂志》第 49 卷。
49. 伊藤真："不动产拍卖的消除主义·引受主义问题"（2），载《法学协会杂志》第 89 卷 9 号。
50. 田中克志："普鲁士投资抵押权的制定史"，载《民商法杂志》第 75 卷第 3 号。
51. 田中克志："普鲁士投资抵押权的成立史"，载《民商法杂志》第 75 卷第 3 号。
52. 田中克志："德国民法典不动产担保法的形成过程"（1—4），载《富大经济论集》第 24 卷第 2 号、第 3 号，第 25 卷第 1 号、第 3 号。
53. 田中克志："普鲁士投资抵押权的制定史"，载《民商法论丛》第 75 卷第 3 号。
54. 石部雅亮："Schlesien 的土地银行制度（1—3）"，载《法学协会杂志》第 10 卷第 4

号，第11卷第1号，第12卷第1号。
55. 香山高广："近现代抵押权论的'标的物扩张'论的意义"，载《都法》第36卷第2号。
56. 福岛正夫、清水诚："日本资本主义与抵押制度的发展"，载《法律时报》第28卷第11号。
57. 今春与一："抵押证券法的历史考察"（1、2），载《都法》第23卷2号（1982—1983），第24卷1号。
58. 浦野雄幸："抵押立法史的轨迹"（1），载《东海法学》第17号（1997年）。
59. 上原由纪夫："奥地利抵押制度的展开与投资抵押权"，载《早稻田法学杂志》第29卷。
60. 冈本："德国的消灭时效制度"，载《比较法研究》第22号。
61. 矢头："英国的出诉期限法"，载《比较法研究》第22号。
62. 海原："让与抵押的历史的考察"，载《法文论丛》第5号。
63. 海原："关于让与抵押取回权的再考"，载《金泽法学》第7卷第2号。

三、法典

1. 台湾大学法律学院、财团法人台大法学基金会：《德国民法（总则编、债编、物权编）》（上册、下册）（第2版），元照出版有限公司2016年版。
2. 郑冲、贾红梅译：《德国民法典》，法律出版社2001年版。
3. 赵文伋、徐立、朱曦译：《德国民法》，五南图书出版有限公司1992年版。
4. 梅仲协等译：《德国民法》，台湾大学法律学研究所编译，1965年6月印行。
5. 殷生根、王燕译：《瑞士民法典》，中国政法大学出版社1999年版。
6. 殷生根译，艾棠校：《瑞士民法典》，法律出版社1987年版。
7. 梅仲协等译：《瑞士民法》，台湾大学法律学研究所编译，1967年7月印行。
8. 渠涛编译：《最新日本民法》，法律出版社2006年版。
9. 曹为、王书江译：《日本民法》，法律出版社1986年版。
10. 罗结珍译：《法国民法典》，中国法制出版社1999年版。
11. 戴永盛译：《瑞士民法典》，中国政法大学出版社2016年版。
12. 戴永盛译：《瑞士债务法》，中国政法大学出版社2016年版。

13. 戴永盛译:《奥地利普通民法典》，中国政法大学出版社 2016 年版。

14. 谢怀栻译:《德意志联邦共和国民事诉讼法》，中国法制出版社 2001 年版。

15. 陶百川等编纂:《最新综合六法全书》，三民书局 1986 年版。

16. 陈聪富主编:《月旦小六法》，元照出版有限公司 2014 年版。

17. 陈卫佐译注:《德国民法典》(第 2 版)，法律出版社 2006 年版。

18. 王融擎编译:《日本民法条文与判例》，中国法制出版社 2018 年版。

后 记

本书系为一部考疏近现代及当代物权法中的诸制度之肇源或流变的著作，故而整个撰写过程充满了一些难度与挑战，盖因写作如此的著作乃需要有较多且深厚的累积。按照研究计划（规划），此著作系为本人学术生涯中撰写（欧陆）私法史的一部分。愿本书的出版与面世能为远期的（欧陆）私法史的写作开辟先声。特谨记于此，以示励志。

于本书付梓之际，我们已经走过了21世纪的近二十年，即21世纪将近五分之一的时间。在这个世纪中，我们将颁行民法典，于新中国建立100周年即到21世纪的中叶，我国将实现经济与社会发展的第三步战略目标，达到中等发达国家的水平。之后复经过20至30年的努力，将我国建设成为一个经济大国，实现中华民族自唐、宋，以至清康、嘉、乾以后的伟大复兴。与此同时，我们还要力争使我国于21世纪变成真正的文明大国、学术大国和思想大国，以裨益于人类的文明与进步事业！愿这些憧憬，能与学者同仁共勉之！

另外，应予指明的是，此著作的本次修订参考了日本、德国乃至我国台湾地区相关学者的新近著述，凡所参考之处皆以注释一一注明，并于书末以“主要参考文献”列出。于此，谨对各参考著述的作者致以敬意。此外，我的硕士生雷悦、刘欣戎、易小雯、陆畅及王一舟协助核校本著作的目录、序号及图表，于此谨记之，以供忆念。

以上所述，是为后记！

陈华彬

二〇一八年十月八日